KB097481

북한개발협력과
지속가능발전목표

국제개발협력학회 연구총서 II

북한개발협력과
지속가능발전목표

인 쇄 | 2020년 6월 25일
발 행 | 2020년 6월 30일

지은이 | 박지연 · 손혁상 외
발행인 | 부성옥
발행처 | 도서출판 오름
등록번호 | 제2-1548호 (1993. 5. 11)

주 소 | 서울특별시 중구 퇴계로 180-8 서일빌딩 4층
전 화 | (02) 585-9122, 9123 / 팩 스 | (02) 584-7952
E-mail | oruem9123@naver.com
ISBN   978-89-7778-513-7   93340

국제개발협력학회 연구총서 II

북한개발협력과
지속가능발전목표

박지연 · 손혁상 외

Development Cooperation and Sustainable Development Goals in North Korea

Jiyoun Park · Hyuk-Sang Sohn et al.

ORUEM Publishing House
Seoul, Korea
2020

발간사

전 세계가 함께 추진하고 있는 지속가능발전목표는 북한에게도 적용됩니다. 이를 위해서는 현실에 대한 체계적인 분석과 목표달성을 위한 합리적 대안을 연구해야 합니다. 그러나 국제개발협력 분야에서 북한에 대한 체계적이고 심도 있는 연구들은 지금까지 많지 않았습니다. 그것은 북한이 국제개발협력 연구의 대상이 아니라고 보는 시각 때문입니다. 또한 체계적인 연구를 위한 연구자료를 획득하기가 매우 어렵다는 점도 원인으로 작용했습니다. 그러나 북한 역시 사회·경제적 측면에서 변화와 발전이 필요한 개발도상국에 속하며, 국제사회와 협력을 통해 지속가능한 발전을 추진하는 것이 필요합니다.

이러한 시각에서 볼 때 『북한개발협력과 지속가능발전목표』는 우리의 학문적 갈증을 풀어주는 신선한 연구입니다. 한국 최고의 국제개발협력 전문가들이 참여하여 개발협력의 관점에서 북한의 지속가능발전목표 달성을 위한 전략을 연구·분석하고 있습니다. 사회발전, 경제발전, 생태계 보호 및 평화의 유지라는 큰 틀에서 각각의 세부 영역을 다루고 있습니다.

이 책은 그동안 남북한 분단체제와 통일이라는 관점에서 진행된 북한 연구에도 신선한 새바람을 불러일으킬 것으로 생각됩니다. 북한의 지속 가능한 발전은 통일과 평화체제 구축 이후의 문제가 아니라 우리가 지금 부터 함께 고민해야 할 과제이기 때문입니다. 또한 북한의 지속가능발전 에 있어서 그동안 국제개발협력 분야에서 축적해온 이론과 정책적 노하 우를 적용하고 있는 『북한개발협력과 지속가능발전목표』는 매우 유용한 대안과 추진방안을 제시하고 있습니다.

국제개발협력학회가 손혁상 전임 회장님의 책임 하에 펴낸 이 책의 연구·분석 논문들은 북한 연구자와 실무자 모두에게 유용한 길잡이가 될 것입니다. 아시아, 아프리카, 라틴 아메리카의 개발도상국에 더해 북한에 대한 국제개발협력 연구라는 새로운 이정표를 제시한 이 책에 대해 앞으 로 많은 학술연구자, 정책실무자 모두의 큰 관심을 기대합니다.

2020년 6월 19일
서울대학교 교수·국제개발협력학회 회장
권혁주

머리말

이 책을 처음 구상하던 2018년에는 한반도에 희망의 메시지들이 넘쳐 나던 시기였다. 2018년 초까지만 해도 북한의 핵·미사일 도발과 국제사 회의 경제제재가 반복되며 한반도의 갈등이 파국에 이를 것만 같던 분위 기가 돌연 평화의 분위기로 바뀌었다. 그해 4월 판문점에서 남한의 대통 령과 북한의 국무위원장이 만나 한반도 평화를 약속하였다. 같은 해 6월, 미국과 북한은 싱가포르에서 정상회담을 개최하였으며, 2019년 2월, 하 노이에서 북미정상회담이 개최된 바 있다. 만남은 평화에 대한 희망의 메 시지들을 전달해주었고, 많은 연구자들은 국제사회로 나와 다양한 만남에 참여하는 북한과의 협력 방안을 논의하였다.

국제사회로 한 발짝 걸어 나오는 북한을 가장 적극적으로 마주한 사람들 중 한 그룹이 국제개발협력 분야의 연구자들이다. 이 책의 집필진 들은 북한이 전 지구적 발전목표로서 유엔이 2015년 채택한 지속가능발 전목표(Sustainable Development Goals) 논의에 참여하거나 관심을 표명하 고 있음을 확인하며, 북한개발협력에서 지속가능발전목표가 가지는 의미 와 가능성을 이해하려고 애썼다. 지난 2년 동안의 논의 결과가 이 책에 담겨 있다.

이 책의 주요 내용을 살펴보면, 먼저 1부에서는 지속가능발전목표 논의를 북한 영역으로 불러들이기 위한 기본 토대를 제공한다. 손혁상은 지속가능발전의 담론을 체계적이며 구체적으로 소개함으로써 북한에 대한 지속가능발전목표를 상상할 수 있도록 준비시킨다. 다음으로 김태균과 김지영은 북한이 유엔의 지속가능발전목표를 어떻게 인지하고 대응하는가에 대한 현상을 일목요연하게 설명해주고 있다.

2부는 유엔의 지속가능발전목표들 중 인간과 사회발전 영역을 연구한다. 구체적으로 이지선은 빈곤종식(지속가능발전목표 1), 이효정은 지속가능 농림업(지속가능발전목표 2와 15), 이혜원은 보건의료(지속가능발전목표 3), 박환보는 교육(지속가능발전목표 4), 장은하는 성평등(지속가능발전목표 5), 그리고 홍지영은 물과 위생(지속가능발전목표 6)에 대하여 북한의 개발 현황, 지속가능한 발전목표, 이행 등을 검토한다.

3부는 유엔의 지속가능발전목표들 중 번영과 경제발전 영역을 탐색한다. 예컨대 홍제환은 경제성장(지속가능발전목표 8), 박지연은 지속가능 산업화(지속가능발전목표 9), 최은희는 도시와 주거지(지속가능발전목표 11)와 관련한 북한의 개발 현황, 지속가능한 발전목표, 이행 등을 논의한다.

4부는 유엔의 지속가능발전목표들 중 지구환경과 생태계 영역을 분석한다. 정은이는 소비와 생산(지속가능발전목표 12), 김성진은 기후변화(지속가능발전목표 13), 그리고 윤인주는 해양생태계(지속가능발전목표 14)와 관련한 북한의 개발 현황, 지속가능한 발전목표, 이행 등을 다룬다.

마지막으로 5부는 유엔의 지속가능발전목표들 중 목표 16 평화와 목표, 17 글로벌 파트너십에 대한 논의이다. 여기서 문경연은 평화, 인권, 제도적 측면에서 북한의 지속가능발전을 연구한다. 강우철은 북한개발협력을 위한 재원 조달 이슈를 분석하며, 권율은 글로벌 파트너십의 측면에서 북한의 지속가능발전을 위한 한반도의 이행 과제 등을 살펴본다.

　이 책은 유엔 지속가능발전목표의 전반을 북한 맥락에 맞추어 다루고 있는 첫 번째 단행본으로서 발간의 의의를 가진다. 이 책은 국제개발협력 및 북한개발 관련 연구자들에게는 기초 자료로 활용되고, 더불어 북한과의 국제개발협력 사업 추진을 준비하는 국내외 정부 혹은 비정부 기관의 종사자들에게도 다양한 정보와 아이디어를 제공할 수 있을 것으로 기대된다. 아쉽게도 이 책에서 다루지 못한 지속가능발전목표(목표 7 에너지, 목표 10 불평등)들이 남아 있으나, 이는 추후 연구로 남긴다.

　이 책을 발간하는 2020년 현재의 한반도는 이 책을 처음 구상하던 2018년과는 매우 다른 상황이다. 따라서 이 책이 현재의 위기 상황에 적합한 시의성을 가졌는지에 대한 우려도 있을 수 있다. 그러나 이 책의 집필에 참여한 연구자들은 시의성 여부를 떠나 지속가능발전목표라는 국제규범을 통해 현재 가장 적절한 북한개발협력의 방향성 제시노력은 지속되어야 한다는 데 동의하였다. 물론 쉽지 않은 일이며, 장기적인 과제일 수 있지만, 북한이 변화하고, 국제사회가 그 변화에 발전적으로 대응하며 앞으로 나가기 위해서 우리 연구자들은 전 지구적 차원의 발전목표를 북한에 적용하여 논의하는 것을 지속해야 할 것이다.

　이 글을 빌어 연구총서 발간에 전폭적인 지지를 보내준 국제개발협력학회 권혁주 회장님께 감사의 마음을 전한다. 더불어 물심양면으로 연구모임을 지원해주신 국제개발협력학회 집행부와 경제·인문사회연구회 담당자께도 감사 말씀을 드리며, 헌신적으로 발간 사업에 참여해주신 문경연 교수님과 이효정 박사님께 특별한 고마움을 전한다. 끝으로 이 책을 발간한 도서출판 오름의 부성옥 대표님과 세심하게 교정과 편집에 수고해주신 최선숙 부장님 그리고 신정규님께도 심심한 감사를 전한다.

박지연(전북대학교)·손혁상(경희대학교)

차 례

제1부 **논의와 개념**

제2부 　인간과 사회발전 영역

제3부　번영과 경제발전 영역

제4부   지구환경과 생태계 영역

제5부   평화와 글로벌 파트너

제1부

논의와 개념

제1장

지속가능발전 담론:
형성, 역사적 변화와 다양한 시각*

손혁상 | 경희대학교

I. 서론

2015년 9월 유엔총회에서 새천년개발목표(Millennium Development Goals, MDGs)의 후속 의제로 '2030 지속가능발전 의제'가 채택된 이후 지속가능발전은 개발분야의 주류담론으로 자리 잡고 국제사회 논의도 더욱 확산되고 있다. 지속가능발전 의제는 17개의 목표와 169개의 세부목표, 231개 지표를 제시하고, 유엔은 '이 목표들이 통합적이고 불가분하며, 지속가능발전의 경제, 사회, 환경이라는 세 가지 차원이 균형을 이루고 있다'고 명기하고, 이 세 가지 차원을 '균형 있고 통합적인 방식으로 달성할 것을 약속'하였다(UN 2015). 그러나 지속가능발전에 대한 정의와 개념은 여전

* 이 글은 2018년 대한민국 교육부와 한국연구재단의 지원을 받아 수행된 연구임(NRF-2018S1A3A2075117).

히 혼재된 상태이고, 더불어 다양한 접근과 시각이 공존하는 것도 사실이다. 지속가능발전에 대한 정의는 기관별·학자별로 다양하지만, 세계환경개발위원회(World Commission on Environment and Development, WCED)의 정의가 가장 보편적으로 사용된다. 세계환경개발위원회는 1987년 보고서 『우리 공동의 미래(Our Common Future)』에서 지속가능한 발전을 '미래 세대의 요구를 충족시킬 수 있는 능력을 훼손하지 않는 범위에서 현재 세대의 필요를 충족시키는 발전'으로 정의하고, 자원의 이용과 투자의 방향, 기술 발전의 지향, 제도적 변화가 모두 조화를 이루고 인간의 필요와 열망을 충족시켜주는 현재적 가능성과 미래적 잠재능력을 동시에 증진시켜줄 수 있는 변화의 과정'으로 정의한다(세계환경발전위원회 2005). 이에 비해, 국제자연보전연맹(International Union for Conservation of Nature, IUCN), 국제연합개발계획(United Nations Development Programme, UNDP), 세계자연기금(World Wildlife Fund, WWF)은 지속가능발전을 삶의 질을 향상시킴과 동시에 생태계를 유지하는 능력을 가진 생활환경에서 사는 것으로 규정한다(IUCN, UNDP, WWF 1991).[1]

한국의 경우, 2007년 공포된 지속가능발전법[2]은 먼저 지속가능성을 '현재 세대의 필요를 충족시키기 위하여 미래 세대가 사용할 경제, 사회, 환경 등의 자원을 낭비하거나 여건을 저하시키지 아니하고 서로 조화와 균형을 이루는 것'으로 인식하고, 이러한 '지속가능성에 기초하여 경제의 성장, 사회의 안정과 통합 및 환경의 보전이 균형을 이루는 발전'을 지속가능한 발전으로 정의한다.[3]

---

1) 원문은 다음과 같다: "Sustainable development is used to mean: improving the quality of human life while living within the carrying capacity of supporting eco-system"(IUCN, UNDP, WWF 1991, 10).

2) 2007년 8월 공포되었던 「지속가능발전기본법」은 2010년 1월 「저탄소 녹색성장 기본법」이 제정되면서 기존의 「지속가능발전기본법」은 「지속가능발전법」으로 명칭이 변경되었다(지속가능발전포털).

3) 지속가능발전법 제2조 제1호, 제2호(국가법령정보센터).

북한 개발협력에 대한 논의에서도 지속가능발전목표가 국제사회의 대북지원 확보의 수단으로 사용될 가능성이 매우 높기 때문에 지속가능성과 지속가능발전이 향후 중요한 핵심 규범이 될 것으로 예상된다. 이에 한국 정부, 기업과 민간단체의 대북지원도 지속가능발전과 지속가능발전목표라는 보편적 국제규범 틀 안에서 북한협력 방안을 논의할 필요성이 제기된다. 이러한 배경에서 지속가능발전에 대한 다양한 시각, 담론의 역사적 경로와 글로벌 규범화 과정을 살펴보고, 끝으로 지속가능발전목표에서의 지속가능성을 조망하고자 한다.

II. 지속가능발전에 대한 다양한 시각들

지속가능발전목표의 수립과 함께 경제, 보건, 교육, 범분야(cross-cutting) 등 폭넓은 분야에서 지속가능발전을 위해 노력하고 있지만, 개발(development)과 지속가능성(sustainability) 개념 자체의 대립은 여전히 남아 있다. 그리고 이러한 대립적인 두 개념에 대한 이해는 다각적인 시각과 접근에서 분석되어져 왔다. 이 절에서는 지속가능발전에 대한 주요 논의를 시장기반 대(對) 생태 중심 관점과 약한 지속가능성 대(對) 강한 지속가능성이라는 두 개의 부분으로 나누어 살펴본다.

1. 시장기반(market-based) 관점 vs. 생태 중심(ecology-centered) 관점

산업혁명 이래로 경제성장을 우선적으로 강조하는 관점은 경제학의 핵심 논점 중 하나로 자리 잡았고, 이는 지금도 주류 경제학자들의 기본적인

시각이다. 그러나 지속가능발전 개념은 환경 이슈와 분리된 개념으로 이
해될 수 없기 때문에 생태학적 관점에 밀접하게 연관되어 논의되어 왔다.
따라서 지속가능발전의 논의에 있어 가장 많이 다루어지는 두 가지 견해
는 전통적인 경제성장(traditional economic growth)을 강조하는 입장과 이
와 반대로 인간 활동보다 생태계의 보전을 강조하는 입장으로 나누어 볼
수 있다. 먼저 주류 경제학자들은 경제성장을 생태학적 지속가능성(eco-
logical sustainability)을 달성하기 위한 전제조건으로 보고 지속가능발전을
위해 경제 성장이 우선시되어야 한다고 주장한다. 이는 일정 수준의 성장
을 달성하면 범세계적 환경 문제는 해결될 수 있는 문제라고 인식하는데
서 출발하는데, 세계 빈곤층의 삶을 개선하는 수단으로서 경제성장을 우
선시한 개발을 주장한 세계환경발전위원회의 브룬트란트 보고서가 이 주
장에 기초한다(세계환경발전위원회 2005; Dilworth 1994).

> "새로운 경제성장기가 오지 않는다면 빈곤과 저개발 문제는 해결될
> 수 없다는 인식이 지속가능한 발전이라는 개념에 포함되어져 있다 …
> 세계의 거대한 지역이 경제적-사회적-환경적 재앙을 피할 수 있으려면,
> 지구적 차원에서 경제성장이 부활되어야 한다. 구체적으로 말하면, 선진
> 공업국과 개발도상국 모두에서 경제성장이 급속하게 이루어져야 하며
> … 전체적으로 본 위원회는 국제경제가 환경적 제약요인을 함께 고려하
> 면서 세계경제의 성장속도를 가속화시켜야 한다고 평가한다(세계환경발
> 전위원회 2005, 71)."

하지만 환경주의자들은 환경에 대한 고려 없이 추구하는 경제성장으
로부터 야기되는 환경 문제를 지적하며, 세계환경발전위원회의 주장을 비
판한다. 특히 시스템생태학 교수 안마리 얀손(AnnMari Jansson)은 국제경
제는 세계 성장을 가속화해야만 한다는 브룬트란트 팀의 주장을 지적하
며, 지속가능성의 실현을 위해 자원파괴가 전제된 경제성장으로부터 벗어
나 환경관리를 전제로 하는 새로운 전략의 필요성을 제기하였다. 또한 얀
손은 시장경제는 경쟁과 이윤 극대화를 강요하며 단기 생산성을 장려하

는 시장경제 대신 인간사회에 기여할 수 있는 자연 수용력의 경제적 중요성을 강조해야 한다고 지적하였다(Dilworth 1994).

이와 비슷한 맥락으로 시장기반 관점에 입각하여 환경과 경제성장의 상관관계를 다룬 견해도 있다. 대표적으로 환경과 개발, 특히 경제성장과의 관계를 시간적인 차원(temporal dimension)으로 이해하는 환경 쿠츠네츠 곡선이 그것이다(〈그림 1〉). 이 견해는 산업화 전 개발 초기의 국가들은 산업화와 도시화로 인해 환경의 질이 악화되는 것을 경험하지만, 일정 수준의 성장을 이룩한 이후(turning point)에는 삶의 질 향상에 대한 관심이 증대함에 따라 환경에 대한 투자가 증가하게 되고 결과적으로 환경오염의 감소로 이어진다는 주장에 기초한다.

따라서 지속가능한 발전을 위해 경제성장이 우선시되어야 함을 강조하는데, 이 가설은 저개발국이 선진국에 비해 높은 환경 오염도를 보이고 있는 현상을 설명하는 데 도움을 주기도 하였다. 하지만 많은 학자들은 경제성장 하나의 요소로 환경의 질을 향상시키기 어렵다고 주장하며 사실상 환경 쿠츠네츠 곡선의 한계를 지적한다. 이들은 장기적인 관점에서

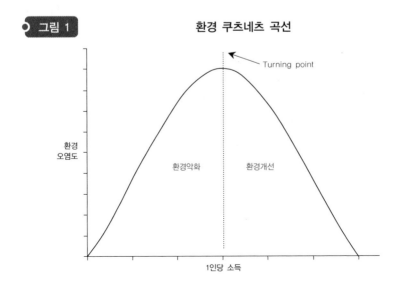

● 그림 1　　　　　**환경 쿠츠네츠 곡선**

Turning point

환경
오염도

환경악화　　　환경개선

1인당 소득

지속가능한 경제개발을 위해서는 무조건적으로 성장에 우선순위를 두는 것이 아니라, 환경의 질을 개선하기 위한 효과적이고 일관성 있는 환경 정책 체계와 경제 성장 계획이 함께 수립되고 실행되어야 한다고 주장한다(김정인·오경희 2005; Almeida et al. 2017; Davis 2013; Stern 2004).

시장중심 관점의 반대편에는 발전전략에서 환경을 경제성장보다 우선 시해야 한다고 주장하는 생태학자와 환경주의자가 있다. 그들은 경제성 장이 우선시되는 발전정책에서 벗어나 환경보전을 우선시하는 새로운 발 전 패러다임 구축의 필요성을 강조하며 발전의 개념을 특정 수준의 성장 과 근접하게 연관시킨 브룬트란트 보고서의 주장을 강하게 비판한다. 또 한 생태학적 지속가능성을 중시하는 이 관점은 환경보호와 지속가능발전 을 각기 다른 개념으로 인식하지 않고 범지구적인 생태학, 사회경제, 정치 적 맥락에서 지속가능발전을 이해하는 전체주의 관점에 기초한다. 인간 생태학을 주로 연구하는 철학자 딜워스(Dilworth)는 현재의 세계 경제 문 제를 우리가 의존하고 있는 환경의 과도한 착취로부터 야기되는 '증상'으 로 표현하였다.

우리사회는 이러한 '부정적인 증상'을 경감시키기 위해 다양한 정책들 을 제시하지만, 실제적으로는 이 정책들이 본질적인 문제를 해결하지 못 하고 오히려 이 '증상'을 더 촉진하고 결과적으로는 악화시키고 있음을 지 적하였다. 이와 같은 맥락에서 생태계 중심 관점의 지지자들은 지속가능 발전의 주 목표인 지속적인 경제성장이 아닌 생태계를 고려한 환경적 지 속가능성을 확보하는 것이 우선되어야 한다고 주장한다(Dilworth 1994). 생태경제학자 데일리(Daly)도 지속가능발전에 있어 특히 자원 사용에 초 점을 맞춘 환경적 지속가능성 확보를 강조하였는데, 재생 불가능한 자원 은 재생 가능한 대체물의 창출과 같은 비율로 사용되어야 함을 주장하며 서구적인 경제관을 반영한 브룬트란트 보고서와 근본적으로 다른 새로운 접근법을 제시하였다(Daly 1990).

2. 약한 지속가능성 vs. 강한 지속가능성

1980년대 후반 세계환경개발위원회가 제시한 지속가능발전에 대한 개념
이 1990년대에 비판의 대상이 되면서 지속가능발전에 대한 개념이 새롭게
정립되기 시작하였다. 그중 하나가 약한 지속가능성(weak sustainability)
과 강한 지속가능성(strong sustainability)의 등장이다. 약한 지속가능성과
강한 지속가능성은 우선 자원을 네 가지 범주로 구체화하고, 이 자원들의
대용가능성에 따라 약한 지속가능성과 강한 지속가능성으로 구분하였다.[4]
약한 지속가능성은 신고전주의 경제학자 로버트 솔로우(Robert M. Solow)
와 존 하트윅(John M. Hartwick)의 주장에 기초를 두고 있는데, 이는 신고
전학파의 후생경제학의 연장선으로 이해될 수 있다. 신고전주의 경제학
자들은 경제성장이 감소되지 않는 한 고갈될 수 있는 자원(exhaustible
resources)의 대체품은 항상 존재한다고 믿었는데, 이와 같은 맥락에서 약
한 지속가능성은 총 고정자산의 양은 일정하다고 보고, 네 가지 자본이
현재의 동일한 경제활동 범위와 부존자원 안에서 서로 완벽하게 대체 가
능하다고 주장한다.

　다시 말해, 약한 지속가능성은 모든(또는 대부분의) 전 세계의 자연자
원은 인간이 만들어낸 자본 또는 제조된 자본(manufactured capital)과 완
전하게 대체 가능하며, 자연으로부터 온 모든 자본 및 서비스는 경제성장
이나 복지(welfare)에 긍정적으로 기여할 때만 그 가치를 드러낸다고 본
다. 더 나아가 자본이 서로 대체 가능하다는 것은 경제활동과 환경의 분
리가 가능하다고 보고 경제활동으로부터 야기되는 환경 영향은 기술의
진보로 해결할 수 있다고 주장한다. 터너(Turner)는 이를 지속가능성의 과
학기술 낙관주의(techno-optimistic) 또는 과학기술 중심(techno-centric) 관

---

4) 네 가지 자본은 다음과 같이 요약할 수 있다: (1) 인간이 만들어낸 자본(human-made
　capital): 재정적 또는 경제활동과 관련이 있는 자원; (2) 자연자본(natural capital); (3)
　인적자본(human capital): 지식, 기술 등 인간이 창출해낼 수 있는 자원; (4) 사회자본
　(social capital): 문화, 제도, 규범 등(Goodland, Daly 1996).

점이라고 정의하였다(장영근·장민수 2007; Ang, Passel 2012; Brand 2008; Davies 2013; Ekins et al. 2003; Goodland, Daly 1996).

이와 반대로 강한 지속가능성은 자연자원과 인간이 만들어낸 자본(또는 인위자본)은 서로 완벽한 대체물이 될 수 없다고 보는 견해이다. 이는 자연자본과 인간이 만들어낸 자본이 서로 대체할 수 있는 대용물이 아니라 생산 기능에 있어 상호보완물로 인식하는데, 강한 지속가능성은 자연자본과 인간이 만들어낸 자본이 서로 대체될 수 없는 여러 가지 이유를 제시하며 약한 지속가능성을 비판한다. 먼저 강한 지속가능성은 제조자본(manufactured capital)과 자연자본은 질적으로 다르다고 본다. 자세히 말하자면, 제조자본은 재생산이 가능하며 파손되었을 때 이전상태로 회복할 수 있지만, 자연자본은 소비되면 이전상태로 되돌릴 수 없는 특징을 가지고 있다. 예를 들면, 멸종된 자연자본을 다시 멸종되기 전의 상태로 돌려놓을 수는 없지만, 유형재화 또는 사회기반시설 등이 파괴된 경우에는 다시 이전 상태로 복구할 수 있듯이 제조자본은 이전상태로 회복이 가능하다는 특징이 있다. 따라서 두 자본은 근본적으로 다른 성질을 가지고 있다고 주장하는 것이다.

두 번째 이유는 제조자본은 제조자본의 생산을 위하여 자연자본을 필요로 하기 때문에 제조자본은 자연자본의 생물물리학적 구조로 완전하게 대체될 수 없다고 본다. 또한 자연자본은 인간이 웰빙(well-being)을 증진하는 데 있어 굉장히 다차원적으로 기여한다고 주장한다. 우리 인간은 지구의 생태계 시스템으로부터 음식, 깨끗한 물, 기후 등을 제공받는 등 생태계에 완전히 의존적인 존재로 살아간다. 따라서 인간의 웰빙이 자연자본과 밀접하게 연관되어 있는 점은 필수불가결하며, 생태계가 인간 웰빙에 다각적인 측면에서 영향을 미칠 수밖에 없다. 이러한 이유로 자연자본은 인간의 웰빙을 증진함에 있어 제조자본과 인적, 사회자본 등의 기타 자본들과 상호보완적인 것처럼 보여질 수 있지만, 반대로 제조자본은 완전한 자연자본의 대체물이 될 수 없다.

세 번째로 강한 지속가능성은 미래 자원의 소비 증가가 자연자본의 손실을 위한 적절한 대체물이 될 수 없다고 본다. 이는 UNDP 보고서에서 구체적으로 명기하고 있는데, UNDP는 현재 세대가 미래 세대에게 재화 및 서비스 생산 능력 증대에 대한 대가로서 오염된 공기를 제시하는 것 자체가 그들이 신선한 공기를 선택할 수 있는 자유를 제한하는 것이라고 주장하며 미래의 자연자본의 손실과 기타 자원의 사용이 대체될 수 없음을 설명한다(UNDP 2011).[5] 따라서 강한 지속가능성은 현 세대 소비자들이 누리는 만큼 풍부한 자연자원을 미래 세대에 제공할 수 있도록 자연자원의 고갈을 막기 위한 투자가 함께 이루어져야 함을 강조하며, 이는 지속가능발전의 생태학적 관점에 기반하고 있음을 명백히 알 수 있다(장영근·장민수 2007; Ang, Passel 2012; Brand 2008; Davies 2013; Ekins et al. 2003; Goodland, Daly 1996).

이와 같이 지속가능발전에 대한 논의는 환경과 경제적 관점에 집중되어 이루어져 왔음을 알 수 있다. 하지만 더 이상 지속가능발전은 환경보전 또는 환경과 경제성장의 상관관계에 국한된 개념이 아니라 사회, 경제, 문화 등 인간사회 전반에 적용될 수 있는 개념으로 확장되어가고 있다. 따라서 2002년 요하네스버그에서 열린 세계정상회의에서 강조되었듯이 지속가능한 발전을 위하여 경제개발, 사회개발, 환경보전이 지속가능발전의 세 가지 기본적이고 상호보완적인 요소로서 다각적으로 고려될 필요성이 제기된다(UN 2002).

---

5) 원문은 다음과 같다. "Today's generation cannot ask future generation to breathe polluted air in exchange for a greater capacity to produce goods and services. That would restrict the freedom of future generations to choose clean air over more goods and services."

III. 지속가능성 개념과 지속가능발전 규범의 역사적 경로

인간 활동이 환경에 미치는 부정적 영향에 대한 논의의 역사는 기원전으로 거슬러 올라간다. 고대시대에도 삼림벌채, 토양 염류화, 비옥한 토양의 손실 등과 같은 오늘날 지속가능성 문제로 대두되는 환경 문제가 존재하였고, BC 5세기의 플라톤(Plato), BC 1세기의 스트라보(Strabo)와 콜루멜라(Columella)도 농업, 벌목, 광산업 등 인간의 활동으로부터 야기되는 환경의 질 저하 문제를 지적했다(Pisani 2006).

이와 같이 환경 문제에 대한 논의는 고대시대부터 있었지만, 본격적으로 수면 위로 드러나기 시작한 시점은 18세기 맬서스(Malthus)의『인구론(An Essay on the Principle of Population)(1798)』이 나온 이후부터이다. 맬서스는 인구증가는 기하학적인 성장률을 보이는 데 반해 인간이 식량을 재배할 수 있는 능력은 산술적으로 증가한다고 믿었는데, 기하학적인 성장률은 산술적인 증가를 넘어설 것임으로 인구증가 속도가 인간의 식량 재배 능력을 빠르게 추월할 것이라고 예측하였다. 이는 결국 미래에 빈곤, 기근, 질병, 전쟁 등의 재앙으로 이어질 것이라고 주장하며 인구 조정의 필요성을 강조하였다. 비록 맬서스의 인구론이 과학기술적인 진보에 대한 예측이 없었다는 비판도 있지만, 맬서스의 인구론 이후 환경에 대한 다양한 관점을 다룬 출판물이 등장하였고 이후 자원의 효율적인 사용에 대한 인식이 확립되는 데 중요한 역할을 하였다.

18세기 환경 논의에서 또 한 가지 주목할 만한 점은 '지속가능성(sustainability)' 개념의 등장이다. 지속가능성이라는 개념은 카를로비츠(Carlowitz)의 저서『산림경제(Sylviculture Oeconomica)(1713)』에서 처음 등장하였다. 카를로비츠는 급격한 목재 부족 문제의 해결책으로서 세 가지 삼림규칙을 제시하였는데, 그중 하나가 지속가능한 사용이다.[6] 카를

---

6) 여기에서 사용된 독일어 단어 'Nachhaltigkeit'가 지속가능성(sustainability)을 의미한다.

로비츠가 제안한 삼림자원의 지속가능한 사용은 벌목한 고목의 수와 벌목한 나무를 대체할 수 있는 충분한 유목 수의 균형을 유지하는 것을 의미하는데, 이 맥락에서 지속가능성은 목재의 고갈에 뒤따르는 경제적, 사회적 재앙으로부터 유럽을 보호하기 위한 필수적인 규칙으로서의 의미를 가진다. 2차 세계대전 이후에도 인구증가, 공해, 자원고갈 등을 환경과 인간 생존에 위협을 가하는 요소에 대한 논의가 계속되었고, 더불어 개발패러다임에서도 변화의 조짐이 보였다(Kuhlman, Farrington 2010; Pisani 2006).

1960년대까지 개도국의 개발 문제는 전 세계의 경제성장과 함께 빠르게 해결될 수 있다는 낙관적인 견해가 지배적이었으나, 1970년대에 이르러 경제성장이 세계적인 불평등의 해결책이 아니라는 것이 증명되면서 1960년대의 낙관주의가 희미해지기 시작하였다. 이러한 변화는 새로운 개발 패러다임으로의 전환 필요성이 대두되는 데 중요한 역할을 하였고, 대립된 개념으로 여겨졌던 개발(development)과 보전(conservation)이 상호의존적인 개념으로 인식되기 시작하였다. 이러한 변화가 본격적으로 확산되기 시작한 계기는 로마클럽(The Club of Rome)이 발간한 보고서 『성장의 한계(The Limits to Growth)』부터이다. 저명한 경제학자와 과학자를 중심으로 결성된 로마클럽은 1972년 보고서 『성장의 한계』를 발표하고, 맬서스의 인구론에서 논의되었던 인구 문제와 식량 문제에 대한 해결방안으로 지속가능성을 주장하였다(김판석·사득환 1999; 성정희·최정원 2006; 정지원·강성진 2012; 조창현·유평준 2015; Kuhlman, Farrington 2010; Pisani 2006).

이와 같이 미래에 대한 우려가 높아지는 가운데 같은 해 6월 유엔은 스웨덴의 스톡홀름에서 유엔 인간환경회의(UN Conference on the Human Environment)를 개최하였다. 인간환경회의는 '하나뿐인 지구, 작은 행성의 보호와 유지(Only One Earth, The Care and Maintenance of a Small Planet)'라는 슬로건 아래 개발은 경제, 사회적 문제들에 초점을 맞출 뿐 아니라 자연자원의 사용과 관련된 문제도 함께 다루어져야 함을 강조하였고, 환경의 보전 및 개선을 이끌고 고무하기 위한 공통 원칙의 필요성을 고찰시켰다. 이후 113개국 대표는 7개조의 스톡홀름 선언(또는 유엔인간환경선언)

을 채택하고, 26개 원칙에 기반을 둔 109개의 행동계획에 합의하였다.[7] 스톡홀름 선언에서 채택된 7개조 선언에 대해 김희강 외(2012)는 15년 후에 발간되는 브룬트란트 보고서에서 제시한 핵심 목표의 초석을 제공했다고 평가한다. 인간환경회의를 통해 환경 문제가 국제적 차원에서 다뤄지기 시작하였는데, 유엔도 환경 문제 전담기구로서 유엔환경계획(UN Environment Programme, UNEP)을 설립하고 환경과 관련된 활동들을 조정, 지휘 및 추진하여 지구환경 문제에 대한 국제적인 인식을 촉진하기 위해 노력하였다(김희강 외 2012; Pisani 2006; Salunkhe 2003; UN 1973).

　지속가능성 개념의 국제적인 확산과 함께 '지속가능개발(sustainable development)'이라는 새로운 개념이 등장하게 되는데, 이는 영국인 경제학자 바바라 워드(Barbara Ward)에 의해 처음 조합된 것으로 추측된다. 워드는 그녀의 저서 『지구 우주선(Spaceship Earth)(1966)』에서 개발과 환경에 관한 문제는 통합적인 관점으로 고려되어야 한다고 주장하였고, 또 다른 저서 『단 하나뿐인 지구(Only One Earth: The Care and Maintenance of a Small Planet)(1972)』에서는 개발과 환경에 대한 연관성을 명확히 드러냈다. 새터스웨이트(Satterthwaite)는 워드의 『단 하나뿐인 지구』를 인간 욕구 충족을 위한 노력과 지구 자원의 유한성에 대한 인식의 결합 필요성을 인지한 첫 번째 책으로 높게 평가하기도 하였다. 또한 워드는 인간환경회의에서 '환경적인 제약을 고려하지 않는 경제개발은 낭비적이고 지속불가능하다'라고 주장하며 지속가능발전에 대한 개념을 공식적으로 언급하였고, 이후 1980년대부터 지속가능발전이라는 새로운 패러다임이 널리 사용되기 시작하였다(지속가능발전포털; Satterthwaite 2006).

　1982년 유엔은 스톡홀름선언의 10주년을 기념하여 나이로비에서 유엔환경개발회의(UN Conference on Environment and Development)를 개최

---

7) 7개조는 다음으로 요약할 수 있다: 물질적인 생계수단의 제공(제1조), 환경의 보호와 개선(제2조), 삶의 질 향상을 위한 기회와 발전의 혜택 공유(제3조), 개발도상국의 환경과 개발(제4조), 인구증가(제5조), 인류의 공동 추구 필수 목표(제6조), 미래세계 환경 조성을 위한 공동행동의 촉구(제7조).

하였다. 이후 나이로비선언(Nairobi Declaration)이 채택되었고, 국제적인 차원의 상호협력에 기반을 둔 장기적인 환경 전략 수립을 목표로 한 특별 위원회인 세계환경개발위원회(World Commission on Environment and Development)의 발족이 결의되었다. 노르웨이 브룬트란트 수상을 위원장으로 한 세계환경개발위원회는 1987년 보고서 『우리 공동의 미래(Our Common Future)』를 발표하여 지속가능발전에 대한 정의를 제시하고, 이를 국제사회의 핵심 규범으로 정착시키는 데 결정적인 계기를 제공하게 된다. 브룬트란트 보고서(Brundtland Report)라고도 잘 알려진 이 보고서는 주로 인간의 욕구와 관심사에 초점을 두고 있으며, 국제적인 경제, 인구, 식량, 에너지, 제조업, 도시, 제도 변화와 관련된 권고사항을 담고 있다. 이를 통해 세계환경개발위원회는 지속가능한 발전을 위해 환경이 우선적으로 고려되어야 한다고 주장하며, 개발과 환경이 조화를 이루는 것이 아니라 환경보전을 조건으로 한 개발을 강조하였다.

브룬트란트 보고서 이후 지속가능발전 담론은 국제적 차원으로 확대되기 시작하였고, 이후 국제사회의 관심은 1992년 6월 브라질 리우데자네이루에서 열린 유엔 환경개발회의(UN Conference on Environment and Development)로 이어졌다. 지구정상회담(The Earth Summit)이라고도 알려진 본 회의에서 171국 정부대표단은 유엔 3대 환경협약인 기후변화협약, 생물다양성협약, 사막화방지협약을 체결하고, '리우선언(The Rio Declaration on Environment and Development)'과 향후 정책방향과 행동계획을 구체화한 '의제21(Agenda 21)'을 채택하였다.[8]

리우선언 이후 환경에 대한 국제적인 관심이 고조됨에 따라 환경을 배제시킨 개발 계획들로 환경주의자들의 표적이 되어온 세계은행조차 환경부처를 설립하여 1992년 세계환경보고서(World Environment Report)를

---

8) 리우선언에서는 발전권(right to development)이 현재와 미래 세대의 개발 및 환경적 요구를 공평하게(equitably) 충족시키기 위해 이행되어야 하고(Principle 3), 지속가능 발전을 달성하기 위해서는 환경보호가 개발 과정의 구성요소가 되어야 한다는 원칙 (Principle 4)을 담고 있다(UN 1992).

발표하고 지속가능발전의 지표 개발에 관한 연구를 후원하기 시작하였다. 또한 1997년 뉴욕에서 개최된 유엔 환경개발특별총회(UN General Assembly Special Session to review implementation of Agenda 21)에서 '의제 21 실행 강화를 위한 계획'이 채택되어 지속가능한 발전을 위한 행동계획이 구체화되었다. 이와 같이 지구정상회담은 지속가능발전에 있어 환경과 경제, 사회적 개발이 각기 다른 영역으로 고려되는 것이 아니라 통합적인 관점에서 인식되기 시작했다는 점에서 의의를 가진다. 또한 지구정상회담은 이후 지속가능발전 개념에 대한 인식 변화에도 영향을 미쳤는데, 이는 단순히 국제적인 환경 문제로서 인식되었던 지속가능발전이 저소득국들의 경제발전을 도모하는 전략의 구성요소로서 인식되는 데 큰 역할을 하였고, 크게는 지속가능발전 개념이 빈곤 문제에 초점을 둔 개발 논의로 흡수되는 데 결정적인 역할을 하였다(권율 2002; 권혁주 2005; 드라이제크 2005; 세계환경발전위원회 2005; 장영근·장민수 2007; Borowy 2017; Pisani 2006; UNEP 1982).

2000년 초 경제협력개발기구(Organization for Economic Co-operation and Development, OECD), 유엔, 세계은행은 1990년대에 논의되었던 국제개발목표들을 평가하는 합동포럼을 개최하였고, 동년 4월 유엔 사무총장은 보고서 『21세기 UN의 역할(We the Peoples: the Role of the United Nations in the 21st Century)』을 통해 2015년까지 절대빈곤 비율의 반감을 촉구하였다.[9] 같은 해 9월 유엔은 새천년정상회의(The Millenium Summit)를 개최하여, 새천년선언(Millenium Declaration 또는 밀레니엄 선언)을 채택하고 새천년개발목표(Millenium Development Goals, MDGs)의 기본합의를 이루었다. 이후 유엔은 '밀레니엄선언 이행을 위한 로드맵(Roadmap towards the Implementation of the UN Millenium Declaration)'을 통하여 MDGs의 8개 최종 목표와 18개 세부목표를 발표하였다(조창현·유평준 2015; 지속가

---

9) 세계은행은 2008년 국제 빈곤선을 구매력 평가 기준(Purchasing Power Parity, PPP) 1일 1.25달러로 규정하고, 1일 1.25달러 미만의 소득자를 절대빈곤 상태에 있다고 간주하였다. 하지만 2015년 물가 변동률을 고려하여 빈곤 기준선을 1인 1.90달러(2011년도 PPP 기준)로 상향 조정하였다(World Bank Website).

능발전포털).[10)]

리우선언 10년 후인 2002년 8월, 후속회담으로 남아프리카공화국 요하네스버그에서 지속가능발전 세계정상회의(World Summit on Sustainable Development, WSSD)가 개최되었다. 각국 대표들은 본 회의를 통해 지속

<table>
<tr><td colspan="2">● 표 1 　　　　세계 지속가능발전 이행계획의 주요 내용</td></tr>
</table>

실행부문	이행계획
빈곤퇴치	• 2015년까지 1달러 미만 소득의 빈곤층 비율 반감 • 2015년까지 안전한 식수에의 접근이 어려운 인구 비율 및 기초 공중위생에 접근이 어려운 인구 비율 반감 • 2020년까지 빈민가 없는 도시(Cities without Slums) 달성 • 세계연대기금(World Solidarity Fund) 설립
지속가능한 소비와 생산 패턴 촉진	• 지속가능한 소비 및 생산으로의 변화를 위한 프로그램틀 개발 장려 • 청정 생산 및 생태적 효율성에 대한 투자 증진 • 재생가능한 에너지 자원의 이용 촉진 • 기업의 환경 및 사회적 책임 강화 • 2020년까지 화학제품의 부정적 영향 감소
자연자원 보전 및 관리	• 2005년까지 모든 수준에서 통합된 수자원 관리 및 수자원 효율방안 개발 • 2015년까지 가능한 고갈어종(Depleted Stocks) 유지 또는 재건 • 온실가스 배출량 필수 저감을 위해 교토의정서 발효 보장 • 대기오염 감소를 위한 몬트리올 의정서 이행 촉진 • 심각한 가뭄 및 사막화 대처를 위해 유엔 사막화방지협약 이행 강화
이행수단	• 해외직접투자(FDI) 장려 • 선진국의 GNP 대비 ODA 비율 0.7%의 목표 촉구
지속가능발전을 위한 제도 틀 강화	• 지속가능한 발전을 다루는 국제조직체 및 기구, 관련 지역 및 국가, 지방 기구들의 강화

출처: 권율(2005), 외교통상부(2002) 참고하여 저자 작성

---

10) 8개의 목표는 다음과 같다: (1) 극심한 빈곤과 기아퇴치; (2) 보편적 초등교육 제공; (3) 성평등과 여성 자력화의 촉진; (4) 아동사망 감소; (5) 산모 건강증진; (6) HIV/AIDS, 말라리아 등의 질병 퇴치; (7) 지속가능한 환경보장; (8) 개발을 위한 국제적 협력관계 구축(지속가능발전포털).

가능한 소비와 생산 촉진, 자연자원 보전 및 관리, 세계화에 대처할 수 있는 정책 시행, 재정, 무역, 과학, 교육 등의 이행수단 확보, 지속가능발전을 위한 체제 정비 등을 논의하였고, 이후 지속가능발전을 위한 구체적인 행동계획인 세계 지속가능발전 이행계획에 합의하였다(〈표 1〉). 세계 지속가능발전 이행계획서는 일부 이행 부문별 추진 계획이 구체적이지 않다는 비판도 있지만 그럼에도 불구하고 지속가능발전에 대한 국제적인 의지를 확인하고 MDGs의 핵심목표 중 하나인 빈곤퇴치를 다시 강조함으로써 환경 문제, 개발, 빈곤퇴치가 긴밀한 연관관계를 가지고 있다는 점을 재확인할 수 있는 기회를 제공하였다는 점에서 큰 의미를 가진다(권율 2005; 외교통상부 2002; 주정 2006; 환경부 2002; UN 2002).

2012년 초부터 새로운 국제 개발목표 수립의 움직임이 일어나기 시작하는데, 이는 크게 두 갈래로 나누어 볼 수 있다. 하나는 유엔 사무총장을 주도로 한 Post-2015 수립 활동이고, 다른 하나는 리우선언의 20주년을 기념하기 위해 개최된 유엔 지속가능발전정상회의(UN Conference on Sustainable Development)에서 논의된 지속가능발전목표(Sustainable Development Goals, SDGs) 의제 수립이다.

먼저 2010년에 개최된 제65차 유엔총회는 MDGs의 종료시점이 다가옴에 따라 새로운 개발 목표를 구상할 것을 촉구하는 결의문을 채택하였다. 또한 UNDP는 2011년 인간개발보고서에서 Post-2015에 대한 논의 필요성을 명기하였다. 이러한 배경에서 유엔 사무총장은 2012년 1월 경제사회국 하에 Post-2015 수립활동을 지원하기 위한 유엔 Post-2015 개발의제 특별반(UN System Task Team on Post-2015 Development Agenda)을 설치하였다. 유엔 특별반은 6개월의 논의 끝에 동년 7월 보고서『우리가 원하는 모두를 위한 미래의 실현(Realizing the Future We Want for All)』을 발표하고, 경제성장-사회개발-평화와 안보-지속가능한 환경을 요지로 하는 Post-2015 기본 구성안을 제시하였다.

이어 6월 반기문 유엔 사무총장은 영국 총리 등 주요 국가 대표, 분야별 전문가, 국제단체 등을 포함한 유엔 고위급패널(UN High Level Panel of Eminent Persons on the Post-2015 Development Agenda, HLP) 27명을 임명하였는데, HLP의 주요 임무는 유엔 특별반 보고서에 대한 다양한 의견을 수렴하고 이를 체계화하여 새로운 아젠다인 Post-2015를 수립하는 것이었다. 이에 HLP는 1년여에 걸친 의견 수렴 활동 후에 2013년 7월 보고서『새로운 글로벌 파트너십: 지속가능한 발전을 통한 빈곤퇴치와 경제전환(A New Global Partnership: Eradicate Poverty and Transform Economics through Sustainable Development)』을 통해 Post-2015의 목표와 세부 행동강령을 제시하였다. HLP 보고서에서 제시한 목표의 핵심 키워드는 빈곤종식, 환경적 지속가능성, 경제적 지속가능성, 평화와 안보, 글로벌 파트너십으로 요약할 수 있다. 이 중 빈곤종식, 평화와 안보, 글로벌 파트너십과 같이 이미 MDGs에서 강조되었던 내용 이외에도 자연 자원의 지속가능한 관리, 일자리 창출 및 공평한 성장 등 환경 및 경제적 지속가능성과 관련된 새로운 목표를 제시함으로써 사실상 HLP는 Post-2015 아젠다에서 지속가능성을 강조하고자 하였음을 알 수 있다.

이후 2013년 7월 26일 유엔 사무총장은 유엔 특별반과 HLP의 보고서의 내용을 종합하여 보고서『모두를 위한 품위 있는 삶(A Life of Dignity for All: Accelerating Progress towards the Millenium Development Goals and Advancing the UN Development Agenda beyond 2015)』을 유엔에 제출하였는데, 반기문 사무총장은 이 보고서를 통해 Post-2015 개발의제의 방향성을 제시하고자 하였다. 그리고 본 보고서는 2013년 9월에 개최된 제68차 유엔 총회에서 채택되었다. 유엔 사무총장을 중심으로 한 Post-2015 프로세스의 가장 두드러지는 특징은 소수의 전문가와 국가의 합의로 이루어졌다는 MDGs에 대한 비판을 수용하여 시민사회와 다양한 이해관계자의 의견을 받아들이고자 노력했다는 점이다(권상철·박경환 2017; 김지현 2014).

두 번째는 유엔 지속가능발전정상회의에서 논의된 지속가능발전목표 의제를 중심으로 한 움직임이다. 1992년 지구정상회의 20주년을 기념하여 지구정상회의의 기본 원칙을 재확인하고자 2012년 6월 브라질 리우데자네이루에서 지속가능발전정상회의(또는 Rio+20)가 개최되었다. 본 회의

● 표 2	Post-2015 논의 동향	
MDGs	2013 HLP 보고서	2013 사무총장 보고서
1. 극심한 빈곤과 기아퇴치 2. 보편적 초등교육 제공 3. 성평등 4. 아동사망 감소 5. 산모 건강증진 6. HIV/AIDS, 말라리아 등의 질병 퇴치 7. 지속가능한 환경보장 8. 개발을 위한 국제적 협력관계 구축	1. 빈곤종식 2. 양질의 교육과 평생교육 제공 3. 여아와 여성 역량강화와 성평등 달성 4. 건강한 삶 보장 5. 식량안보와 영양보장 6. 물과 위생 7. 지속가능한 에너지 8. 일자리창출 및 공평한 성장 9. 자연자원의 지속가능한 관리 10. 건전한 거버넌스와 효과적인 제도 확립 11. 안정되고 평화로운 사회 12. 장기재원조달과 글로벌 환경 조성	1. 모든 종류의 빈곤 퇴치 2. 소외와 불평등 해결 3. 여성과 소녀의 권한 강화 4. 양질의 교육과 평생교육 제공 5. 보건증진 6. 기후변화 7. 환경 8. 포용적이고 지속가능한 성장과 양질의 일자리 9. 기아와 영양실조 종식 10. 인구이동 문제 11. 이주민의 긍정적 기여 강화 12. 도시화 13. 법치와 건전한 제도에 기반을 둔 평화와 효과적 거버넌스 구축 14. 글로벌파트너십 개선 15. 국제개발협력 체계 강화

출처: 김지현(2014), p.3 재인용

에서는 지속가능발전과 빈곤퇴치 맥락에서의 녹색경제(A green economy in the context of sustainabie development and poverty eradication), 지속가 능발전을 위한 제도적 틀(Institutional framework for sustainable develop-ment)이 주요 의제로 채택되었고, 이후 유엔은 Rio+20의 결과보고서인『우 리가 원하는 미래(The Future We Want)』를 발간하였다. 특히 본 보고서에 서는 세 번째 의제와 관련하여 '지속가능한 개발목표(sustainable develop-ment goals)'라는 용어를 처음 사용하였고, 이외에도 경제성장, 환경보전, 사회복지의 상호결합적인(inter-linkages) 접근법과 새로운 국제적 개발전 략에 대한 기본방향을 제시하고, 지속가능발전이 빈곤, 환경 및 기후 문제 등 범지구적인 이슈들에 대한 해결책임을 천명하였다.

또한 이 아젠다에는 새로운 의제 수립 과정이 유엔 사무총장을 중심으로 한 Post-2015 수립 활동과 함께 조정하여 추진되어야 한다고 명기함으로써 일관성 있는 의제 수립의 중요성을 강조하였다. Rio+20의 결과로 세계 주요 정상들은 UNEP를 강화하기로 결정하였고, 각국의 고위 대표단으로 구성한 유엔 고위급 정치포럼(High Level Political Forum)의 설치에 합의하였다. 유엔 밖에서도 지속가능발전에 대한 논의가 진행되었는데, 이 중 주목할 만한 활동은 제프리 삭스(Jeffrey Sachs)를 중심으로 진행된 지속가능발전해법네트워크(Sustainable Development Solution Network, SDSN) 활동이다. 민간독립자문기구로 설립된 SDSN은 지속가능발전을 위해 실현가능한 해결책을 모색하였고, 2013년 10개 목표와 30개 세부목표 그리고 100개의 성과지수 세트를 제시한 보고서 『지속가능발전을 위한 행동강령(An Action Agenda for Sustainable Development)』을 유엔 사무총장에게 제출하였다(강상인 2015; 권상철·박경환 2017; 김지현 2014; 제프리 삭스 2015; UN 2012a; UN 2012b; UN Sustainable Development Knowledge Platform).

이후 2013년 1월 유엔 총회의 결정으로 공개작업그룹(Open Working Group, OWG)이 발족되었다. OWG는 아프리카, 아시아-태평양, 라틴아메리카 지역이 포함된 30명의 대표들로 구성되었는데, 이는 새로운 개발목표 수립에 있어 주요 공여국뿐 아니라 개발도상국의 참여를 유도하여 그들의 목소리를 반영하고자 하는 노력의 일환으로 볼 수 있다. 이 공개작업그룹은 2013년 3월부터 2014년 6월까지 Post-2015 아젠다와 세부목표 설정을 위한 총 13차례에 걸친 회의 끝에 2014년 8월 『지속가능목표를 위한 공개작업그룹 제안서(Open Working Group Proposal for Sustainable Development Goals)』를 작성하여 2014년 9월 제69차 유엔 총회에 제출하였다. OWG는 이 보고서에서 Post-2015 아젠다의 명칭이 지속가능발전목표임을 재확인하고 17개의 목표와 169개의 세부목표를 제시하였다. 같은 해 12월 유엔은 지속가능발전목표 제안서를 바탕으로 한 사무총장 종합보고서(Secretary-General's Synthesis Report on Post-2015 Development Agenda)를 발표하고, 2015년 9월 제70차 유엔 총회에서 본 보고서의

| 표 3 | | | 지속가능발전목표 논의 동향 |

Rio (우리 공동의 미래)	Rio+20 (우리가 원하는 미래)	SDGN	SDGs

1. 빈곤의 해결을
  목표로 하는 성장
2. 성장의 질적 변화
3. 직업·식료품·에너
  지·물·위생설비에
  대한 인간 기본욕구
  의 충족
4. 지속가능한 인구
  수준 및 사회발전
  계획에 따른 인구
  정책
5. 자원기반의 보존과
  사용효율 증대
6. 기술혁신능력의
  배양과 위험관리
  방향 재설정
7. 의사결정 과정에서
  환경과 경제에 대한
  종합적 고려
	1. 빈곤퇴치
	2. 식량안보·영양·
	  지속가능한 농업
	3. 물과 위생
	4. 에너지
	5. 지속가능한 관광
	6. 지속가능한 교통
	7. 지속가능한 도시
	  및 거주지
	8. 보건·건강 및 인구
	9. 생산적인 고용확대,
	  양질의 일자리,
	  사회적 보호촉진
	10. 해양
	11. 도서국 개발
	  (모리셔스 전략)
	12. 최빈국 개발
	13. 내륙 개도국 개발
	14. 아프리카 개발
	15. 지역적 노력
	16. 재난위험 감소
	17. 기후변화
	18. 산림
	19. 생물다양성
	20. 사막화, 토지
	  황폐화, 가뭄
	21. 산, 산악지역 개발
	22. 화학물질 및
	  폐기물
	23. 지속가능 소비와
	  생산
	24. 광업
	25. 교육
	26. 양성평등 및
	  여성역량 강화
		1. 절대빈곤 퇴치
		2. 지구적 한계
		  내에서의 국가 발전
		  실현
		3. 모든 아동과 청년
		  들의 생애주기와
		  생계를 위한 효과적
		  교육
		4. 성평등, 사회적
		  통합 및 인권의
		  실현
		5. 생애주기 건강과
		  웰빙의 실현
		6. 영농시스템과 농촌
		  생산성 향상
		7. 통합적이고 생산적
		  이며 회복력있는
		  도시로의 도시발전
		  역량 배양
		8. 인간유발 기후변화
		  의 억제 및 지속
		  가능한 시스템으로
		  전환
		9. 생태계 서비스 및
		  생물 다양성의 확보
		  와 물 및 기타 자연
		  자원의 관리
		10. 지속가능발전
		  지향 거버넌스로
		  의 전환
			1. 빈곤퇴치
			2. 기아해소와
			  식량안보 달성 및
			  지속가능농업 발전
			3. 보건 증진
			4. 교육 보장과
			  평생학습 향상
			5. 성평등 달성과
			  여성역량 강화
			6. 물과 위생 제공과
			  관리 강화
			7. 에너지 보급
			8. 경제 성장과 일자리
			  증진
			9. 인프라 구축과
			  산업화 확대
			10. 불평등 해소
			11. 지속가능도시 구축
			12. 지속가능소비생산
			  증진
			13. 기후변화 대응
			14. 해양과 해양자원의
			  보존과 지속가능
			  이용
			15. 육상 생태계 등의
			  보호와 지속가능
			  이용
			16. 평화로운 사회
			  증진과 제도 구축
			17. 이행수단과 글로벌
			  파트너십 강화

출처: 김지현(2014), p.7 재인용

내용이 포함된 새로운 의제 '2030 지속가능발전 의제(The Agenda 2030 for Sustainable Development)'가 채택되었다(권상철·박경환 2017; 김지현 2014).

이와 같이 지속가능발전목표의 수립 과정은 크게 두 갈래에서 논의되어 왔음을 확인할 수 있다. 하지만 Rio+20의 결의문에서 새로운 개발의제 수립은 유엔 사무총장을 중심으로 한 Post-2015 수립 활동과 인식을 같이 해야 한다고 명기한 점 그리고 Rio+20 보고서의 내용이 유엔 사무총장 보고서에서 제시한 핵심 키워드를 대부분 내포하고 있는 점 등을 고려하였을 때 Post-2015 아젠다 수립 과정에서 두 프로세스는 같은 방향성을 가지고 하나의 틀에서 논의되었음을 알 수 있다. 또한 공개작업그룹이 최종적으로 제시한 지속가능발전목표 17개 목표는 HLP 보고서와 유엔 사무총장 보고서의 내용과 Rio+20에서 논의되었던 대다수의 내용이 포함된 점은 OWG의 제안서가 사실상 광범위하고 다양한 주체를 통해 진행되어 왔던 Post-2015 논의를 전체적으로 정리하였다는 점을 함의한다(권상철·박경환 2017).

IV. 결론: 지속가능발전목표에서 지속가능성

본 장에서 논의한 것 같이 지속가능발전의 달성을 위해 국제적인 노력이 집중되고 있지만, 여전히 지속가능발전에 대해 다양한 정의와 견해가 존재한다. 이와 관련하여 이 절에서는 지속가능발전목표에 반영된 지속가능성에 대한 개념과 이들 목표에 내포되어 있는 지속가능성의 수준에 대해 논하고자 한다. 2015년 유엔총회에서 결의된 지속가능발전목표는 '단 한사람도 소외되지 않는 것(Leave no one behind)'이라는 슬로건 아래 인간, 지구, 번영, 평화, 파트너십이라는 5개 영역에서 17개의 목표와 169개의 세부목표를 제시한다. 지속가능발전목표는 모든 국가와 인류의 번영

과 환경보호를 동시에 촉구한다는 점에서 MDGs보다 더 포괄적인 목표라
고 할 수 있다. MDGs는 빈곤, 질병, 환경 문제 등과 같은 개발을 저해하
는 범세계적 문제의 해결을 위해 8개의 목표를 제시하는데, 이 중 환경적
지속가능성과 관련된 목표(Goal 7. 지속가능한 환경 보장(Ensure Environ-
mental Sustainability))만 제시할 뿐 사회적, 경제적인 관점에서의 지속가
능성은 직접적으로 다루어지지 않았다. 하지만 유엔은 보고서『세상의 변
혁: 2030 지속가능발전 의제(Transforming Our World: the 2030 Agenda for
Sustainable Development)』에서 지속가능발전목표의 17개의 목표와 169개
의 세부목표는 통합적이고 불가분하며(integrated and indivisible), 모든 목
표가 경제적, 사회적, 환경적 세 가지 차원에 있어 균형을 이루고 있음을
분명하게 명기하고 있다(UN 2012a; UN 2015).

　　이를 조금 더 자세히 살펴보면, 지속가능발전목표에서는 번영의 필수
요소로서 지속적이고 포용적이고 지속가능한 경제성장(sustained, inclusive
and sustainable economic growth)을 제시한다. 이를 위해 모든 국가의 경
제적 기반 구축을 촉구하는데 특히 청년고용, 여성의 경제적 권익신장을
통한 인간중심의 경제 구축(building people-centered economies)을 강조한
다.[11] 특히 연간 국내총생산(GDP)의 성장률 유지(세부목표 8.1)뿐 아니라
남녀 평등한 일자리 및 임금 달성(세부목표 8.5), 아동노동의 금지(세부목표
8.7), 취약계층(이주노동자 및 불안정한 고용상태의 노동자 등)의 노동권 보장
(세부목표 8.8), 청년고용 전략 개발 및 운영(세부목표 8.10b) 등과 같은 세
부목표를 제시함으로써 인간개발, 취약계층의 인권 보장 등 경제개발과
사회개발의 직접적인 연관성을 확인한다. 더불어 세부목표 8.4(전 세계적
인 자원 효율성을 2030년까지 점진적으로 개선하고, 경제성장을 환경 악화로부
터 분리시키도록 노력한다)를 통해 지속가능한 경제성장을 위해서는 사회개
발과 환경보전이 함께 달성되어야 함을 강조한다.

---

11) Goal 8. 지속적·포용적·지속가능한 경제성장, 완전하고 생산적인 고용과 모두를 위
　　한 양질의 일자리 창출.

동시에 유엔은 본 의제를 통해 사회, 경제개발이 자연자원의 지속가능한 관리에 달려 있음을 재확인한다. 이를 위해 지속가능한 사회개발 및 경제개발의 이행을 위해 해양, 산림 등 자연자원의 지속가능한 사용과 생태계 및 야생동물 보호, 물 부족, 수질 오염, 사막화 등과 같은 자연자원으로 인해 야기되는 각종 문제의 대응을 촉구하는데 세부적인 내용은 다음과 같다.[12) 먼저 지속가능발전목표는 Goal 14.을 통해 지속가능한 발전을 위한 해양 생태계의 보전을 강조한다. 이는 세부목표를 통해 더 자세하게 설명하고 있는데 해양과 연안의 생태계의 오염 예방, 보전 및 지속가능한 이용(세부목표 14.1, 14.2, 14.3, 14.4, 14.c) 등을 촉구할 뿐 아니라 해양자원의 지속가능한 사용과 경제적 이익창출의 상관관계도 확인하고자 하였다(세부목표 14.7). 반면에 Goal 15.는 산림, 습지, 산지 등의 육상 생태계의 보호를 다루고 있는데, 12개의 세부목표를 통해 육지 생태계의 보호 및 보전을 지속가능발전에 필수적인 혜택을 제공하는 요소로 인식하고 있음을 드러낸다(지속가능발전포털; UN 2015; UN Sustainable Development Goals).

이와 같이 유엔은 지속가능개발목표라는 새로운 의제를 통해 경제개발, 사회개발, 환경보전의 통합적이고 불가분한 관계를 재확인하고, 17개 목표와 169개 세부목표를 통해 지속가능개발의 달성은 이 세 요소의 균형 유지를 통해서 성취될 수 있다는 전제를 강조하고 있음을 알 수 있다. 따라서 지속가능발전을 위해 경제개발과 사회개발, 환경보전이 각각 분리된 개념으로서 성취되는 것이 아니라, 서로 다른 세 가지 개념이 상호 협력하는 존재로 인식되어야 함을 의미하고, 이는 환경보전, 경제성장, 사회개발이 포지티브섬의 관계로서 상호보완적으로 협력할 때 지속가능발전의 달성이 가능하다는 관점에 기초하고 있음을 전제한다. 또한 지속가능발

---

12) Goal 14. 지속가능발전을 위하여 대양, 바다, 해양자원의 보전과 지속 가능한 이용;
　　Goal 15. 육상생태계 보호, 복원 및 지속가능한 이용 증진, 지속가능한 삼림 관리,
　　사막화 방지, 토지황폐화 중지와 회복, 생물다양성 손실 중단.

전목표는 현세대와 미래 세대의 필요를 지원할 수 있는 자원의 지속적인 소비와 사용을 강조한다. 이는 기타 인위자본으로 자연자원을 대체할 수 없음을 의미하고, 이것은 지속가능발전목표가 앞서 살펴보았던 강한 지속 가능성 견해에 기초를 두고 있음을 유추할 수 있다. 따라서 지속가능발전 목표는 경제적, 환경적, 사회적 관점을 모두 아우르는 목표를 제시함으로 써 이전의 국제적 차원의 개발목표인 새천년개발목표 보다 더 광범위한 목표를 제시할 뿐 아니라 통합적이고 다차원적인(multi-dimensional) 관점 에 기초한 지속가능성의 개념을 내포하고 있음을 알 수 있다.

참고문헌

강상인. 2015. "UN 지속가능 발전목표(SDGs) 이행."『KEI 포커스』Vol.3, No.1, 1–16.

국가법령정보센터. "지속가능발전법." http://www.law.go.kr/법령/지속가능발전법(검색일: 2020.4.30).

권 율. 2002. "지속가능발전 세계정상회의의 성과와 과제."『월간 KIEP 세계경제』제5권 9호, 8–15.

권상철·박경환. 2017. "새천년개발목표(MDGs)에서 지속가능발전목표(SDGs)로의 이행: 그 기회와 한계."『한국지역지리학회지』제23권 제1호, 62–88.

권혁주. 2005. "지속가능한 발전: 세계적 논의와 한국의 정책대안."『국제협력동향』2005년 제 6호, 11–20.

김정인·오경희. 2005. "한국의 환경쿠즈네츠 곡선에 관한 고찰."『통계연구』제10권 제1호, 119–144.

김지현. 2014. "Post-2015 개발의제 동향연구1: SDGs 초안분석."『개발과 이슈』한국국제협력단 제19호.

김판석·사득환. 1999. "'지속가능한 발전'에 대한 이해와 개념정립."『한국정치학회보』제32권 4호, 71–88.

김희강 외. 2012. "지속가능한 발전 목표(SDGs) 논의 대응 및 발전방안 연구: 최종보고서." 한국정치사상학회 연구보고서.

성정희·최정원. 2006. "지속가능발전(Sustainable Development)을 위한 일본의 이행전략과 실태."『동서연구』제18권 1호, 103–125.

세계환경발전위원회 저·조형준·홍성태 역. 2005.『우리 공동의 미래』. 서울: 새물결.

외교통상부. 2002. "지속가능발전 세계정상회의(WSSD) 요하네스버그선언문 및 이행계획 (국문)." 외교통상부 국제경제국.

장영근·장민수. 2007. "지속가능발전의 개념과 논의 전개."『서울동서경제연구』제19집 1권, 143–164.

정지원·강성진. 2012.『녹색경제와 지속가능발전: 논의 동향과 ODA 정책 시사점』. 서울: 대외경제정책연구원.

제프리 삭스. 2015.『지속 가능한 발전의 시대』. 파주: 21세기북스.

조창현·유평준. 2015. "지속가능발전 추진동향과 정부의 대응방향: 향후 Post-2015 SDG의 맥락에서."『창조와 혁신』제8권 3호, 217–254.

존 S. 드라이제크 저·정승진 역. 2005.『지구환경정치학 담론』. 서울: 에코리브.

주 정. 2006. "지속가능성 보고서의 개념적 배경과 논의점."『복지행정논총』16권 1호, 137–163.

지속가능발전포털. http://ncsd.go.kr/app/index.do(검색일: 2020.4.24).

환경부. 2002. "지속가능발전 세계정상회의(WSSD) 참고자료, 2002." 환경부.

_____. 2018. "유엔 지속가능발전목표." 환경부.

Almeida, Thiago A. N., Luis Cruz, Eduardo Barata, Isabel-Maria Garcia-Sanchez. 2017. "Economic Growth and Environmental Impacts: An Analysis based on a Composite Index of Environmental Damage." *Ecological Indicators* 76: 119-130.

Ang, Frederic, Steven V. Passel. 2012. "Beyond the environmentalist's paradox and the debate on weak versus strong sustainability." *BioScience* 62(3): 251-259.

Borowy, Iris. 2017. "Sustainable Development and the United Nations." Jeremy L. Caradonna, eds. *Routledge Handbook of the History of Sustainability*. New York: Routledge.

Brand, Fridlin. 2008. "Critical Natural Capital Revisited: Ecological Resilience and Sustainable Development." *Ecological Economics* 68: 605-612.

Daly, Herman E. 1990. "Sustainable development: from concept and theory toward operational principles." *Population and Development Review* 16: 25-43.

Davies, George R. 2013. "Appraising weak and strong sustainability: Searching for a middle ground." *Consilience* 10(1): 111-124.

Dilworth, Craig. 1994. "Two perspectives on sustainable development." *Population and Environment* 15(6): 441-467.

Ekins, Paul et al. 2003. "A Framework for the Practical Application of the Concepts of Critical Natural Capital and Strong Sustainability." *Ecological Economics* 44: 165-185.

Goodland, Robert, Herman Daly. 1996. "Environmental Sustainability: Universal and Non-negotiable." *Ecological Applications* 6(4): 1002-1017.

IUCN, UNDP, WWF. 1991. "Caring for the Earth. A strategy for sustainable living." Gland, Switzerland: International Union for Conservation of Natural Resources, United Nations Environment Programme, World Wide Fund for Nature.

Kuhlman, Tom, John Farrington. 2010. "What is Sustainability." *Sustainability* 2: 3436-3448.

Pisani, Jacobus A. Du. 2006. "Sustainable Development—Historical Roots of the Concept." *Environment Sciences* 3(2): 83-86.

Salunkhe, Sarjerao A. 2003. "The Concept of Sustainable Development: Roots,

Connotations and Critical Evaluation." *Social Change* 33(1): 67-80.

Satterthwaite, David. 2006. *Barbara Ward and the Origins of Sustainable Development*. London: International Institute for Environment and Development.

Stern, David I. 2004. "The rise and fall of the environmental Kuznets Curve." *World Development* 32(8): 1419-1439.

UN. 1973. "Report of the United Nations Conference on the Human Environment." New York: United Nations.

_____. 1992. "Rio Declaration on Environment and Development." In Report of the United Nations Conference on Environment and Development, UN Doc. A/CONF.151/26 Vol.1.

_____. 2002. "Report of the World Summit on Sustainable Development." New York: United Nations.

_____. 2012a. "Report of the United Nations Conference on Sustainable Development." New York: United Nations.

_____. 2012b. "The Future We Want." New York: United Nations.

_____. 2015. "Transforming Our World: the 2030 Agenda for Sustainable Development, Resolution adopted by the General Assembly on 25 September 2015." New York: United Nations.

UN Sustainable Development Goals. "About Sustainable Development Goals." https://www.un.org/sustainabledevelopment/sustainable-development-goals/(검색일: 2019.12.11).

UN Sustainable Development Knowledge Platform. "Post-2015 Process." https://sustainabledevelopment.un.org/post2015(검색일: 2019.6.9).

UNDP. 2011. "Human Development Report 2011: Sustainable Development and Equity: A Better Future for All." New York: United Nations Development Programme.

UNEP. 1982. "United Nations Environment Programme: Nairobi Declaration on the State of Worldwide Environment." *International Legal Materials* 21(3): 676-678.

World Bank Website. "FAQs: Golobal Poverty Line Update." https://www.worldbank.org/en/topic/poverty/brief/global-poverty-line-faq(검색일: 2020.4.27).

제2장

유엔 지속가능발전목표와
발전 이데올로기:
북한의 자발적국가리뷰(VNR) 준비과정을 중심으로*

김태균 | 서울대학교 국제대학원

I. 서론: 유엔의 지속가능발전목표와 발전 패러다임

2015년 9월 제70차 유엔총회에서 새천년개발목표(Millennium Develop-ment Goals, MDGs)를 대신할 포스트-2015 개발의제로 '지속가능발전을 위한 2030 의제(2030 Agenda for Sustainable Development)'가 승인되어 이른바 지속가능발전목표(Sustainable Development Goals, SDGs) 체제가 2030년까지 유엔 회원국들이 국내외로 이행해야 하는 인류 공동의 여정으로 야심차게 시작되었다(United Nations 2015). 야심차게 기획된 지속가능발전목표의 달성은 곧 한 국가가 발전전략을 수립하는 데 필요한 모든 인적·제도적·거버넌스 역량, 그리고 다양한 행위주체 간의 협치를 유기적으로

* 이 글은 2018년 대한민국 교육부와 한국연구재단의 지원을 받아 수행된 연구임(NRF-2018S1A3A2075117).

동원한다는 것을 함축한다. MDGs와 달리 지속가능발전목표가 이러한 '범사회적 접근법(whole-of-society approach)'을 강조한다는 측면에서 지속가능발전목표 자체가 대단히 변혁적(transformative)이면서도 포용적인 (inclusive) 발전 패러다임의 도구로 작동한다는 긍정적인 예상을 유발할 수 있다(김태균·김보경·심예리 2016).

그러나 지속가능발전목표에 관한 긍정적인 시도가 결코 긍정적인 성과로 바로 이어지지 않는다. 무엇보다 거시적으로 예상되는 지속가능발전목표의 부정적인 결과는 크게 국내 수준과 글로벌 수준으로 나누어 접근할 수 있다. 국내 수준에서는 발전전략으로서의 지속가능발전목표가 국내 정치에 의해 발전주의(developmentalism)에 기반한 이데올로기로 정치화될 수 있다. 이른바 '안보화(securitization)' 이론과도 접목되는 현상으로 지속가능발전목표 이행을 주류 정치집단의 정치적 목표와 동일시함으로써 정치 이데올로기로 지속가능발전목표가 정치화되고 지속가능발전목표 이행을 거부하거나 수정을 요구하는 집단은 사회에서 배제되어야 할 대상으로 이단화할 위험이 있다(Buzan, Waever and de Wilde 1998). 글로벌 수준에서는 지속가능발전목표가 특정 발전방향으로 전 세계 국가들을 압박하는 효과를 창출하여 서로 다른 국내 발전환경에도 불구하고 지속가능발전목표 중심의 발전모델을 일방적으로 ─ 'one-size-fits-all' 원칙 ─ 수용하게 되는 일종의 '강압적 동형화(coercive isomorphism)'가 정착될 수 있다(DiMaggio and Powell 1983).

이러한 현상이 예상되는 이유는 지속가능발전목표라는 발전 패러다임을 유엔이 제시하고 MDGs와 달리 유엔 회원국 전체가 지속가능발전목표 이행에 관한 '자발적국별리뷰(Voluntary National Review, VNR)'를 유엔고위급정치포럼(UN High-Level Political Forum, HLPF)에 4년마다 제출하도록 권고하고 있다는 사실에서 찾을 수 있다. MDGs의 경우, 주요 8대 목표가 저개발국가와 취약국에 적용되도록 설정되어 있는 반면, 지속가능발전목표는 개도국과 선진국을 모두 포함한 유엔 회원국 전체가 달성해야 될 공동의 목표라는 점에서 의무가 아닌 자발적인 선택에 따라 제출하는

VNR조차 회원국 전체가 하나의 발전방향으로 수렴하고 이와 다른 발전 패러다임은 허용되지 않는 획일적인 장치로 해석할 수 있다. 지속가능발전목표 기준에 입각하여 VNR을 준비해서 HLPF에 보고하는 절차가 표준화되면서, 이러한 과정이 지속가능발전목표 이외의 발전 패러다임을 허용하지 않는 것처럼 인식되거나 실제 다른 발전전략을 의도적으로 지속가능발전목표로 해석하는 경향, 그리고 스스로 회원국이 자국의 발전전략을 지속가능발전목표와 무리하게 맞추려는 경향이 확장될 수 있다. 특히, 원조를 받는 개도국일 경우 선진공여국과 국제기구로부터 많은 개발원조를 받기 위하여 더더욱 유엔이 공동의 목표로 설정한 지속가능발전목표에 자국의 발전계획을 맞추려고 노력을 경주할 수밖에 없으며, 선진공여국은 이러한 관계성을 십분 활용하여 지속가능발전목표의 맥락과 자국의 국제개발 정책에 접목하는 전략적인 접근을 시도할 것이다.

과연 국가의 발전에 관한 개념과 정책이 시대에 따라 그 시대를 반영하는 국제적 기준에 의해 발전의 방향과 형성과정이 결정되는 것인가? 그렇다면 지구상에서 가장 폐쇄적이고 비민주주의적인 권위주의 정치체제로 평가되는 북한의 경우도 국제 기준의 발전 패러다임에 동조하려는 전략적인 계획이 있는가? 북한에게 지속가능발전목표라는 국제사회의 발전 패러다임은 어떤 의미를 주고 북한은 지속가능발전목표를 국내외 전략자산으로 어떻게 활용하고 있는가에 대한 연구가 북한과 지속가능발전목표 간의 상호작용 분석의 토대로 제공되어야 한다. 이를 위하여 본 연구는 먼저 글로벌 수준에서의 발전 패러다임의 변화와 지속가능발전목표의 특성에 연구의 초점을 맞춘다. 따라서 발전 패러다임의 역사적 변천과정을 간단히 고찰하고, 지속가능발전목표의 전 지구적 확장으로 지속가능발전목표가 국가발전의 이데올로기로 도구화될 수 있는 위험을 진단하며, 도구화 과정을 보다 구체적으로 지속가능발전목표에 동화되는 동형화(isomorphism) 유형과 이에 도전하는 탈동조화(decoupling)로 구분하여 분석한다. 이를 토대로 분석 수준을 글로벌에서 북한의 국가 수준으로 낮추어 북한의 VNR 준비과정을 지금까지 북한이 유엔기구에서 발표한 공식자료를 중심으로 분석함으로써 북한이 국제사회의 지속가능발전목표에 어떻게 전략적으로 대응하고 있는가를 검토한다. 마지막으로 새로운 발전 패러다임으로의 지속가능발전목표가 2030년 이후에는 어떠한 개발의제로 전환할 것인가에 관한 간단한 예견으로 결론을 갈음한다.

II. 발전 패러다임의 역사적 변천

인류가 '발전(development)'이라는 개념을 국가의 전략으로 도입하기 시작한 역사적 배경은 인류가 사회적 공동체를 구성하고 공동체의 성장을 도모할 때부터 발전과 유사한 논의를 모색하거나 공동체에 적절하게 대안적 개념을 창안하는 시도에서 찾을 수 있다. 역사적 시기마다 사회발전 및 경제성장에 관한 논의와 패러다임이 국가 또는 국가와 유사한 집단공동체에서 형성되고 다른 패러다임 간의 경쟁 또는 융합을 통해 중핵적인 발전 패러다임이 한 시대의 주류 발전이론으로 인정받는 패러다임 전환(paradigm shift)이 지속적으로 이루어져 왔다(Kuhn 1970).

　19세기부터 만연해 온 서구 열강의 제국주의와 식민지 경영으로 글로벌 남반구 영역은 주변부(periphery)로 전락하고 중심부(core)는 주변부 국가로부터 자원과 노동력을 착취하는 발전 패러다임을 자국의 산업화 과정과 접목하여 보편적 방식의 발전전략으로 확장되어 제2차 세계대전까지 식민지경영은 다양한 방식으로 그 맥을 이어왔다. 그러나 제2차 세계대전이 종료된 후, 미국과 서유럽을 위시한 자유주의 진영은 이른바 근대화(modernization)라는 이름으로 자유주의 시장경제의 경제발전과 민주주의라는 정치발전을 쌍두마차로 국가발전을 규정지었고 소련 중심의 공산주의 진영은 국가 중심의 집단소유인 사회주의 발전모델을 각 진영에 속해 있는 국가들에게 국가발전의 해법으로 제시하게 된다. 근대화 발전이론은 제2차 세계대전 이후 독립하기 시작한 신흥독립국과 제3세계에 수출지향(export-oriented)과 수입대체(import-substitution) 산업화 전략을 국가발전 해법으로 제시하고, 이는 다시 넉시(Ragna Nurkse) 등의 균형성장론(Balanced Growth Theory)과 허쉬만(Albert Hirschman)의 불균형성장론(Un-balanced Growth Theory)이 각각 제3세계의 경제발전 해법으로 제시되면서 국가의 발전전략으로 모든 국가에게 적용될 수 있는 공통의 궤적을 찾기위한 다양한 시도가 1950년대와 1960년대에 정점에 달하게 된다(Nurkse 1961; Hirschman 1958; Rostow 1960). 후발주자인 개도국이 서구 선진국의 발전경로를 답습하면 언젠가 유사한 정도의 경제발전을 이룰 수 있다는 선형적(linear) 관계를 강조하면서 이러한 학습의 기회가 마치 개도국만이 누릴 수 있는 혜택인 것처럼 포장하여 식민지 시대에 서구 선진국이 착취한 글로벌 남반구의 경제발전 기회에 대한 책임에 대한 논의를 원천적으로 배제한 이론도 이러한 근대화론과 궤를 같이 한다(Gerschenkron 1962).

한편, 미국 중심의 제1세계와 소련 중심의 제2세계 발전모델에 대항하여 개도국 중심으로 제시된 1970년대의 라틴아메리카 중심의 제3세계의 발전모델인 종속이론(Dependency Theory) 및 신경제질서(New International Economic Order, NIEO)가 2000년대에 들어와 남남협력(South-South Cooperation)이라는 방식으로 재현된다(Comaroff and Comaroff 2012). 제국주의가 종식되었음에도 불구하고 중심부의 주변부 착취관계는 자유주의 국제경제라는 새로운 세계체제(world-systems)로 대체되었고 반주변부(semi-periphery)라는 중간단계의 국가군이 가미되면서 더욱 안정된 세계체제를 제도화하고 각 영역에 속한 국가는 그 경제 위치에 맞는 발전 패러다임을 국가발전 전략으로 활용하여 세계체제를 안정화시키는 데 강요된 역할을 수행하게 된다(Wallerstein 2004). 1980년대에 들어와 신자유주의(neo-liberalism)가 발전전략의 주요 이데올로기로 부상하고 1970년대 2차례의 오일쇼크로 인하여 G-77 중심으로 주창되었던 NIEO가 큰 타격을 입게 되어 대부분의 글로벌 남반구 국가들이 신자유주의 국제경제 체제에 합류하게 된다. 이로써, 발전 패러다임으로서 종속이론은 사망신고와 다름없는 충격을 입게 되지만, 남반구 국가들끼리 상호 협력하는 남남협력이 대안적 협력방식으로 또한 지속가능발전목표의 이행기제로 다시 세계의 주목을 받게 된다(김태균·이일청 2018).

종속이론의 대두와 비슷한 시기인 1970년대부터 지구 반대편에 위치한 동아시아의 개도국(한국, 대만, 싱가포르, 홍콩)이 다른 지역의 개도국과 달리 급격한 속도로 경제발전을 이루어내고 정도 차이는 있지만 일정 수준의 민주주의까지 도입하는 데 성공하게 되어 정부주도의 '발전국가론(developmental state)'이라는 특유의 발전모델을 제시하게 된다(Woo-Cumings 1999; Amsden 1989; Wade 1990). 주지하다시피, 이러한 발전국가론은 일본의 MITI 사례에서 시작되었으며, 정부주도, 관료제도의 투명성과 높은 수준의 역량, 평등한 교육제도 등의 특징을 정부중심으로 중앙집권하는 유형의 거버넌스가 점차 한국과 대만, 그리고 싱가포르까지 공유되면서 아시아의 기적이라 불릴 정도의 경제성장을 단기간 내에 성취하게 된다(Johnson 1982; 구종서 1996). 대부분의 발전국가론을 채택한 아시아 국가들은 미국의 동맹체제 또는 영향 하에서 자본주의를 지향했기 때문에 다른 개도국과의 외부환경 조건이 상이하다는 점에서 아시아의 발전국가론적 경험을 개도국의 발전 패러다임으로 일반화하기는 어렵다. 특히, 한국의 발전국가론을 분석할 때 정부와 재벌 간의 '공생적 동맹(symbiotic alliance),' 기업과 시민사회 등 비정부 행위주체와 정부 간의 협치 관계와 이를 선도하는 정부의 통치성(governability)을 함축하는 '배태된 자율성(embedded autonomy)' 또는 '혼합적 거버넌스(mixed governance)' 등의 개념이 이론화되었으며, 이는 한국적 맥락에서 발전 이데올로기가 어떻게 특수한 관계성을 형성했는가를 암시한다(Kim 1997; Evans 1995; Ringen et al. 2011; Kim et al. 2011; 박기덕 1999).

1970년대 종속이론을 주요 국제무대에서 사라지게 한 새로운 발전 이데올로기는 영국의 대처(Margaret Thatcher) 수상과 미국의 레이건(Ronald Reagan) 대통령이 쌍두마차로 정부의 공공지출을 최소화하고 시장주의의 극대화를 발전전략의 전면에 내세운 신자유주의식 발전모델에 근거한다.

이른바 '워싱턴 컨센서스(Washington Consensus)'로 축약되는 신자유주의형 발전모델은 무역과 자본의 자유화, 감세와 균형적 재정운영 등의 10대 과제를 제시하고 있고 이러한 주요 과제가 적용되기 어려운 국가는 '구조조정(structural adjustment)'을 통해 신자유주의적 처방을 감내해야 되기 때문에(Williamson 1994), 국가의 주권이 침해되고 초국적 자본에 의해 국내 자본이 잠식되는 등 정부와 국가의 역할이 치명적으로 제한되는 이데올로기가 주류로 제도화된다. 신자유주의 이데올로기는 2010년대 트럼프(Donald Trump)가 미국 대통령으로 선택되기 전까지 미국식 시장경제 체제가 다른 국가의 경제발전 모델로 이식되었으나, 트럼프 대통령의 'America First' 및 'Make America Great Again' 등 미국우선주의가 미국 경제정책과 외교정책의 주요 원칙으로 중용되면서 신자유주의적 다자주의에서 자국중심의 보호무역주의로 회귀하고 있는 추세이다. 이에 더불어 영국 존슨의 브렉시트(Brexit), 중국 시진핑의 일대일로 등 대국굴기, 일본 아베의 정상국가론 등 스트롱맨(strong man)에 의한 자국 국익의 극대화를 위한 다자협력의 희생은 1980년대부터 굳건히 발전 이데올로기로 자리 잡아 온 신자유주의적 처방이 심각한 수준으로 약화되어 가고 있음을 의미한다. 여기에 최근 팬데믹으로 창궐하고 있는 코로나-19 신종 감염병으로 인하여 각 국가가 자국의 문을 닫고 봉쇄정책을 전면에 내세우고 있기 때문에 향후 세계화 흐름은 크게 쇠퇴하고 국가중심의 보호주의가 당분간 지속될 것으로 예견되고 있다(김태균 2020).

이러한 국민국가 중심의 보호정책으로 후퇴하는 경향은 유엔이 선도해 온 MDGs와 지속가능발전목표 이행에 큰 걸림돌이 되고 있다. 제2차 세계대전 이후부터 냉전 종료까지 국제 수준에서 정치적으로 어느 그룹에 속하는가에 따라 특정 방식의 발전모델을 공유하는 경향이 강하였던 것에 반해, 냉전 이후 양극 체제가 붕괴하고 다극 체제가 도입된(또는 미국 중심의 단극 체제가 형성된) 이후에는 미국 중심의 신자유주의가 발전 이데올로기로 강조됨과 동시에, 특정 국가 그룹이 발전 이데올로기를 선도하는 것이 아니라 대표성(representation)이 강한 유엔이 중심이 되어 MDGs

와 지속가능발전목표 같은 인류 공동의 발전목표를 설정하는 경향성이 강해지고 있다. 과거에 비해 냉전 이후 시대에서는 국제 수준에서 정해진 발전 이데올로기가 국가 수준에 강압적으로 제기되는 방식이 아닌 상대적으로 국가가 자국의 발전전략에 필요한 패러다임을 선택할 수 있는 자율성이 제고되었다는 평가를 받을 수 있다(Agné 2011; Suh 2014). 그럼에도 불구하고, 정치적 이데올로기와 상관없이 인류 공동의 목표를 설정함으로써 지속가능발전목표를 강조하는 것이 과연 유엔 회원국들이 자국의 발전경로를 독자적으로 결정하는 데 긍정적인 영향을 미치는가? 아니면 정해진 지속가능발전목표의 공동 목표 프레임을 만족시킨다는 전제 하에 자국의 독자적인 발전경로가 인정되는 배태된 자율성이 아닌 '제한된 자율성(limited autonomy)'만이 허용되는가? 모든 국가가 서로의 상이한 경제발전 조건과 사회발전 조건을 가지고 있는 상태에서 과연 지속가능발전목표의 거대한 규범은 어떻게 이행되어야 하고 개별 국가는 어떠한 발전전략을 통해 자국이 원하는 발전목표를 달성할 수 있는가?

이를 분석하기 위하여 본 연구는 사회학의 신제도주의 접근인 '동형화(isomorphism)' 이론을 활용하여 왜 다른 방식의 행위주체가 동일하거나 유사한 유형의 행위를 선택하고 결과가 수렴되도록 행동하는가에 대한 분석을 시도한다. 제도적 동형화 이론을 유엔 지속가능발전목표와 각 회원국이 정기적으로 4년에 한 차례 UN HLPF에 보고해야 하는 VNR에 적용하여 어떤 이유에서 특정 국가(특히, 미국)는 모든 회원국이 제출해야 하는 VNR을 아직까지 거부하고 있고, 어떤 이유에서 글로벌 규범에 적극적이지 않았던 북한이 VNR을 HLPF에 제출하는 과정에서 상당한 정도로 동형화 현상을 보이게 되었는가를 분석한다.

따라서 시대별로 발전 패러다임은 주류적 위치를 선점하는 중핵적 이데올로기로 성장하고 이를 토대로 하부 이데올로기로 분화하는 유사 패러다임은 국가가 추진하는 발전전략이 그 시대의 주요 이데올로기를 반영하도록 압박하는 강압적 동형화를 선호하게 되며, 이는 발전 이데올로기라는 구조의 물리적 힘과 행위자인 국가의 자율성 간의 상호작용으로

구성되는 역사적 산물이다(Bendix 1984). 이러한 맥락에서 지속가능발전
목표가 유엔 회원국 전체의 발전전략에 침투하게 되고 이에 따라 국가발
전의 이데올로기와의 경합을 통해 지속가능발전목표가 반영되는 정도와
유형이 정해지게 된다.

III. 지속가능발전목표의 전 지구적 발전과 국가발전 이데올로기의 도구화

지구공동체로서 유엔의 모든 회원국이 지속가능발전목표를 2030년까지
이행하기로 합의한 것은 한층 인류의 발전이 진보할 것이라는 낙관적인
예상을 가능케 한다. 이러한 낙관적인 예상에 이의를 제기하는 일이 쉽지
않으나, 과연 지속가능발전목표라는 공동 목표에 모든 국가가 자국의 발
전방향을 맞추어 수렴시키는 프로세스를 자연스럽고 바람직한 현상으로
받아들여야 하는가라는 본질적인 질문에 어떤 답을 할 수 있는지는 깊은
고민이 필요하다. 지속가능발전목표가 마치 신자유주의적 처방과 같이
지속가능발전목표 이행을 동조하지 않으면 적절한 제재가 구조적으로 동
원될 수 있는 일종의 정치적 이데올로기로 작동하고 있는가에 대한 질문
도 이와 연결된다. 즉, 지속가능발전목표의 전 지구적 확장과 발전이 개
별 국가에게는 지속가능발전목표를 국가발전의 이데올로기로 수용하게
만드는 일종의 도구적 목적에 지속가능발전목표가 정치화된다는 문제가
발생할 수 있다는 의미이다.

　　제2차 대전 이후 자유진영과 공산진영 간에 형성된 양극 체제와 각
진영에서 공유하는 국가 발전모델이 정치 이데올로기로 발전하면서 사실
상 어느 진영에 속하는가에 따라 자본주의와 시장경제, 그리고 자유민주
주의가 국가의 발전모델이 되거나 사회주의 경제관리 방식이 모델로 결

정되는 이분법적인 현상을 국제정치 역사를 통해 확인할 수 있다. 또 다른 이분법적 현상은 제3세계의 글로벌 남반구 국가들이 도모하는 NIEO, G-77, 그리고 남남협력 중심의 독자적인 행보가 글로벌 북반구 선진국의 발전모델과 구분되어 갈등을 빚는 과정에서 찾아볼 수 있다. 그러나 냉전이 붕괴되고 자유진영의 시장경제와 민주주의의 승리가 재확인되어 사실상 국가발전의 모델이 정치적인 이데올로기에 의해 결정되었던 과거의 방식에서 국가가 주체가 되어 자국의 발전모델을 자율적으로 결정할 수 있는 방식으로 전환되었다는 평가가 지배적이다(Fukuyama 1992; 2004).

그럼에도 불구하고, 신자유주의 처방이 핵심인 시장경제 중심의 세계화가 모든 개도국에 지원되는 개발원조의 조건부(conditionality)로 작동하여 개도국의 신자유주의적 전환을 유도하였고, 이후 트럼프 행정부를 비롯하여 주요 강대국이 자국 중심의 경제보호주의로 회귀하면서 개도국의 발전모델이 과연 어떤 방식을 취하는 것이 바람직한가에 대한 근본적인 도전이 아직도 선진국으로부터 출발하고 있는 형국이다. 이른바 '굿거버넌스(good governance)'라는 미명 하에 신자유주의적 경제개혁을 개발원조의 조건으로 부과하여 사실상 협력대상국의 경제시스템을 서구식으로 전환시킴으로써 고유의 생산방식을 파괴하고 현지에 적합하게 형성되어 온 경제체제와 정치체제의 발전모델이 신자유주의 발전 이데올로기에 의해 점차 사라지게 된다(Grindle 2007; Peet 2003; Goldman 2005). 신자유주의 방식의 발전모델에 익숙하게 적응된 개도국은 다시 한번 글로벌 북반구 국가들의 변덕에 시달리게 되는데, 미중 간의 패권경쟁이 심화되고 미국의 트럼프 대통령이 보호무역주의를 부활시키는 동시에 코로나-19라는 전 지구적 재앙까지 겹치게 되는 상황에서 주요 선진국은 당분간 자국 중심의 발전모델을 고수할 가능성이 크고 이에 따라 개도국들도 이러한 변화에 맞추어 자국의 발전전략을 조정하여야 한다. 이는 냉전종식 이후에도 신자유주의 또는 경제보호주의 등의 거시적인 발전 이데올로기가 선진국 및 글로벌 북반부에 의해 결정되고 이러한 새로운 발전전략의 규칙을 수용하는 객체로서 글로벌 남반구는 수동적으로 발전 이데올로기 구성과 형성과정에 대응할 수밖에 없는 구조이다.

유사한 맥락에서, MDGs가 개도국에 국한된 국제사회의 발전적 처방이라면 지속가능발전목표는 개도국과 선진국을 모든 포함한 포괄적인 처방이기 때문에 선진국이 지속가능발전목표를 통해 공통의 국가발전 모델을 이데올로기적 도구로 활용할 가능성을 배제할 수 없다. 지금까지 서구 북반구 선진국이 식민지배 및 경제착취 등 남반구 개도국에게 끼친 피해에 대한 보상으로 원조 및 개발협력을 제공해야 한다는 기존 최소한의 도덕적 취지와 달리 지속가능발전목표는 이러한 책임론을 더 이상 서구 선진국만이 껴안을 수 없으며 개도국과 공유해야 한다는 책임공유론(shared responsibility)을 제기하게 되고 지속가능발전목표가 이러한 처방의 핵심이 됨으로써 지속가능발전목표의 전 지구적 확산은 반드시 인류 공동의 목표가 균등하게 개도국과 선진국에 적용되어 모든 회원국이 경제성장 및 사회발전을 통해 국가발전을 성공적으로 인도하는 것이 아니라 일종의 지속가능발전목표라는 글로벌 약속의 덫에 개도국이 빠졌다고 부정적인 해석이 가능하다(Mawdsley et al. 2019). 이는 지속가능발전목표가 글로벌 수준에서의 발전 이데올로기로 활용되고 있다는 것을 의미하며 유엔 회원국들은 국내 수준에서의 발전 이데올로기로 지속가능발전목표를 부분적이라도 수용해야 하는 측면에서 볼 때 지속가능발전목표가 국내 발전전략에 침투하는 도구적 개입이 강화되고 개별 국가는 발전전략을 기획하고 시행할 때 지속가능발전목표로부터 완전히 자유로울 수 없게 된다. 국가발전이 한 국가의 최상위 목표로서 자국의 생사가 달려 있다는 점에서 지속가능발전목표라는 공동의 목표를 국가가 자율적으로 배제하고 자국만의 발전경로를 모색할 수 있어야 하는데 지속가능발전목표 프레임 때문에 쉽게 독자적인 행보를 취하기 어렵게 된다.

그럼에도 불구하고, 지속가능발전목표는 본질적으로 신자유주의의 워싱턴 컨센서스와는 다른 측면이 많다(McCloskey 2016; Gabay and Ilcan 2017). 우선, 신자유주의적 발전모델은 협력대상국이 원조조건을 따르지 않을 경우 또는 신자유주의적 개혁에 동의하지 않을 경우 구조조정이라

는 잔혹한 처방을 받게 되지만, 지속가능발전목표는 VNR을 제출하지 않
거나 지속가능발전 요소를 국내 경제발전계획에 포함하지 않는다 하더라
도 사실상 유엔 및 국제사회가 동료압박(peer pressure) 이외에 개별 국가
에게 실질적인 제재가 부과할 수 있는 제도적 장치가 부재하다. 둘째, 지
속가능발전목표는 특정 정치 이데올로기와 관련이 되지 않도록 중립적인
입장에서 모든 국가가 2030년까지 발전하기 위한 다양한 목표를 제시하
고 있고, 17개 목표, 169개 세부목표 전체를 모든 국가가 달성해야 하는
것이 아니라 국가별로 자국 조건에 맞게 목표의 우선순위를 정할 수 있는
등의 유연성이 확보되기 때문에 신자유주의처럼 특정 이데올로기를 옹호
하는 정치성에 지속가능발전목표는 상대적으로 둔감하다고 평가할 수 있
다. 그러나 실제로는 국가가 기획하는 발전 이데올로기에 동원되는 도구
적 플랫폼으로 지속가능발전목표가 활용되는 경우가 빈번하며, 다분히 국
가의 정치 이데올로기적 선전용으로 지속가능발전목표가 동원되는 경우
를 목도할 수 있다. 따라서 국별로 지속가능발전목표 이행을 위하여 새로
운 재원과 제도를 추진하는 것이 아니라, 기존의 발전전략을 지속가능발
전목표로 포장하고 기존 발전 이데올로기를 지속가능발전목표로 정당화
하는 작업을 각 국가가 전략적으로 시도하는 것을 확인할 수 있다. 대표적
으로, 중국 시진핑 정부가 야심차게 기획한 아프리카와 아시아부터 유럽을
연결하는 일대일로 정책을 중국의 지속가능발전목표 이행전략으로 선전
하는 사례에서 이러한 경향을 확인할 수 있다. 셋째, 신자유주의는 특정
발전 이데올로기로서 제시하는 발전상과 이에 이를 수 있는 구체적인 처
방전이 있는 반면, 지속가능발전목표는 모든 바람직한 발전상과 관련되는
모든 목표가 느슨한 형태로 나열된 백화점과 같아 이에 대한 구체적인 처
방전은 각 국가가 자국의 맥락에 맞게 만들어야 한다. 이는 발전 이데올
로기로서 지속가능발전목표가 신자유주의처럼 활용될 수 있지만 동시에
지속가능발전목표의 느슨한 통제력 때문에 상대적으로 쉽게 발전 이데올
로기가 각 국가의 맥락에 맞게 탈색될 가능성도 크다는 점을 배제할 수
없다. 다시 말해, 지속가능발전목표에 의한 동형화와 탈동조화가 동시에

나타날 수 있다는 의미이다.

신자유주의 앞에서 지속가능발전목표의 보편성과 포용성이 잠식될 것이라는 지금까지의 부정적인 전망과 달리, 신자유주의보다 더 위험한 잠재성을 지속가능발전목표가 가지고 있다고 해석할 수 있다. 신자유주의는 명확한 발전기획 방향과 정치적 성향을 보여주는 이데올로기적 역할을 충분히 수행했으며 신자유주의적 발전전략을 거부할 경우 확실한 처방이 제공되기 때문에 신자유주의 발전모델을 자국의 발전전략으로 선택할 것인가를 결정하는 것만 개별 국가가 할 일이었다. 반면, 지속가능발전목표는 신자유주의 정도의 제재 장치가 구비되지 않았고 발전 이데올로기로서 통제의 수단보다는 개별 국가가 결정할 수 있는 선택지가 많이 제공됨에 따라 국가가 선택하는 자국의 발전전략 요소와 자율성이 신자유주의보다 확장된다. 따라서 개별 국가가 지속가능발전목표의 기본 정신과 목적을 공유하지 않고 자국의 발전전략을 정당화하기 위하여 지속가능발전목표를 악용하거나 지속가능발전목표를 글로벌 수준의 발전 이데올로기인 것처럼 국내에 선전하고 이를 통해 정권의 정당성과 안정성을 추구하기 위하여 국제 규범인 지속가능발전목표를 동원하는 경우가 지속가능발전목표 입장에서는 국내 정치의 희생물이 되는 위험성으로 인식되지만 이에 상응하는 제재 방법이 마련되어 있지 않다.

IV. 유엔 지속가능발전목표의 동형화와 탈동조화

지속가능발전목표의 전 지구적 발전이 주는 의미를 분석하기 위하여 신제도주의 사회학적 방법론인 세계정체이론(World Polity Theory)의 '동형화 제도론(isomorphic institutionalism)'과 이와 연관된 탈동조화(decoupling) 현상을 동원하여 지속가능발전목표라는 제도로 왜 모든 회원국의 국가발전

모델이 유사한 유형으로 수렴하는가 그리고 왜 일부 회원국은 지속가능
발전목표 이행에 관한 의무조건을 거부하는가를 분석할 수 있다. 지속가
능발전목표의 존재론적(ontological) 가치는 모든 유엔 회원국이 2030년까
지 동일한 목표와 발전방향으로 발전전략을 세우고 그 이행을 위한 노력
을 제도화하는 동형화(isomorphism) 프로세스에 있는 한편, 지속가능발전
목표의 인식론적(epistemological) 가치는 회원국마다 상이한 국내 조건과
맥락을 토대로 지속가능발전목표의 활용도를 상이하게 인지하고 이에 맞
게 국내 이행과정을 맞춤형으로 조정하는 유연성에서 나온다.

동형화이론은 특정 이슈영역에서 다수의 행위기관이 각 기관의 내용
은 조금씩 다를 수 있지만 동일한 특정 제도로 수렴하는 현상을 의미하며,
이러한 동형이종(同型異種) 현상의 확산과 수렴이 반복되면서 행위자의
선택은 다른 행위자의 선택을 모방하게 되고 거시적 수준에서는 대다수
의 행위자가 선택한 제도가 하나로 수렴하게 된다(Meyer and Rowan 1977;
DiMaggio and Powell 1983). 따라서 지속가능발전목표의 국내이행을 위하
여 모든 회원국이 VNR을 제출하고 글로벌 규범이자 원칙인 지속가능발
전목표에 맞게 국내 발전전략을 제도화한다는 측면에서 동형화이론의 이
론적 프레임은 지속가능발전목표로의 수렴화 현상을 분석하는 데 최적의
이론적 접근법을 제공한다고 평가할 수 있다. 또는 이러한 동형화 현상을
개도국과 선진국 모두가 지속가능발전목표라는 동형화 규범과 제도에 자
국의 선택을 맞추어 가며 동종의 발전모델을 택할 수밖에 없는 구조적 제
한을 개별 국가가 저항하거나 자유를 위한 주체화 과정을 지식, 전략, 기
술 제공으로 대응해 나가는 푸코식의 글로벌 통치성(governmentality)으로
해석할 수 있다(Foucault 1991).

동형화이론에는 크게 규범적 동형화(normative isomorphism), 강압적
동형화(coercive isomorphism), 모방적 동형화(mimetic isomorphism)로 구
분할 수 있다(〈그림 1〉 참조). 지속가능발전목표의 17개 목표, 169개 세부목
표, 320여 개의 글로벌 지표를 개별 국가가 완전히 일치하게 수용할 필요
는 없지만 국가가 취할 수 있는 자율성이 어느 정도 인정되는 동시에 지

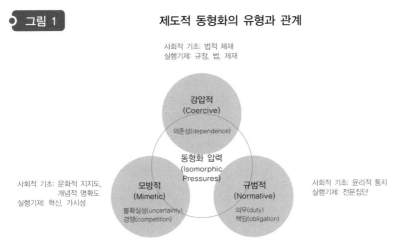

그림 1 　　　　　　　제도적 동형화의 유형과 관계

출처: DiMaggio and Powell(1983); Park(2017)

속가능발전목표의 틀 안에서 자국 국내이행의 문제를 해결하고 국가발전의 모델과 연결하여야 하는 구조의 압력과 조건이 존재한다. 이러한 제한된 자율성 안에서 국가가 취하는 선택지점이 다른 국가와 유사하게 의무와 책임을 중시한다는 측면에서 규범에 의한 동형화, 또는 국제규범의 구조적 제약에 따라 강압적으로 이루어진 동형화, 또는 국가가 스스로 지속가능발전목표를 모방하는 동형화 중 하나 또는 복합적으로 발생하는 현상으로 해석할 수 있다.

〈그림 1〉에서 확인할 수 있듯이, 세 가지 유형의 동형화는 공히 국제사회로부터 지속가능발전목표의 국내이행이라는 권고의 압력에 노출되어 있고 유엔에서 승인한 인류 공동의 목표 지속가능발전목표를 완전히 거부할 수 있는 국가는 실제로 없다고 해도 무방하다. 유엔 회원국들은 이러한 세 가지 동형화 방식을 선택할 가능성이 높고, 이 모든 선택지를 거부할 경우가 탈동조화(decoupling)의 사례가 된다. 사회학적 신제도주의의 동형화 이론은 다양한 사회현상과 국제관계에서 발생하는 정책수렴 현상을 분석하는 데 동원되는 분석틀로서 지속가능발전목표와 회원국 간의 동형화 시스템을 자세하게 이해하는 데에도 도움이 된다(Park 2017).

먼저, 강압적 동형화는 개별 국가의 발전전략이 유엔의 지속가능발전목표에 크게 의존적일 경우에 발생할 가능성이 크다. 다시 말해, 개도국의 경제발전계획은 선진공여국의 개발원조를 필요로 하기 때문에 지속가능발전목표가 요구하는 대부분의 권고사항을 개도국 회원국은 적극적으로 수용하고 VNR을 모범적으로 보고한다. 글로벌 북반구 회원국들도 지속가능발전목표가 구속력 있는 제재조치를 취하지는 못하지만 국제사회의 상호의존적인 관계에 의해 VNR 제출에 동조하는 경향을 보이고 있다. 둘째, 모방적 동형화는 개별 국가의 발전전략이 확실하게 정립되지 않고 유사한 국가들과 경제발전에 있어 경쟁상태가 지속될 경우 지속가능발전목표가 제시하는 발전모델을 모방할 가능성이 커진다. 이를 위해서는 벤치마킹을 기획하는 국가가 모방대상 발전모델을 문화적으로 수용할 준비가 되어 있고 모방할 모델에 관한 명확한 분석과 개념이 확보될수록 모방적 동형화의 성공 가능성은 커지고 이를 위한 가시성이 높은 혁신적 제도개혁이 시도된다. 셋째, 규범적 동형화는 의무와 책무 때문에 지속가능발전목표라는 글로벌 규범을 수용하는 유형으로 북유럽 국가와 같이 국제사회에서 다자협력과 인도주의적 협력을 선도하는 선진공여국의 일부가 취하는 동형화 방식이다. 이를 위한 국가의 사회적 기초는 윤리적 통치성에서 시작되며 규범적 동형화를 실행하는 행위자는 대체로 지속가능발전목표를 전문적으로 이해하고 선도하는 전문가 집단으로 수렴된다.

동형화 현상과 대조되는 탈동조화는 이러한 동형화라는 대세에 반하는 선택을 취하여 동형이종이 완전히 동형화에서 탈출하는 현상을 의미한다. 탈동조화를 선택할 수 있는 경우는 많지 않으며, 지속가능발전목표의 경우 글로벌 규범이자 약속을 이행하지 않아도 국제적 압력과 동료압박을 느끼지 못하는 국가가 탈동조화를 선택할 가능성이 높다. 다시 말해, 미국과 같은 초강대국의 경우 국제기준을 쉽게 위반할 수 있으며, 반대로 남수단과 같은 최약국 및 북한과 같은 비협조국가도 지속가능발전목표 이행에 관심을 보이지 않고 쉽게 탈선할 가능성이 있다. 미국 트럼프 행정부는 4년 단위로 HLPF에 한 차례씩 제출해야 하는 VNR 제출을 아직까지 약속하지 않고 있으며, 실제로 미국은 다자원조 및 인도적 지원에 관한 예산을 축소할 정도로 유엔과의 협력관계가 원활하게 진행되지 못하고 있는 실정이다.

한편, 북한은 예상과 달리 VNR을 2019년까지 제출하지 못하고 2020년 7월에 HLPF에 VNR을 제출하기로 약속한 상태이다. 따라서 북한은 적어도 탈동조화 선택을 취하지 않는다는 것을 선포한 것으로, 지속가능발전목표의 동형화를 전략적으로 선택한다는 것을 의미한다. 다만, 코로나-19의 창궐로 2020년 7월의 HLPF 개최가 불투명하며 북한의 VNR 제출 또한 아직까지 정확한 정보가 나오지 않고 있다. 북한은 지속가능발전목표 국내이행과 VNR 제출을 위하여 UNESCAP과 협력관계를 유지해 왔고 2차례 UNESCAP의 지원으로 국제회의에서 북한의 지속가능발전목표 이행 준비과정과 VNR 내용에 관한 발표를 하였다. 북한의 이러한 선택은 현실적으로 국제원조기관으로부터 개발협력 원조를 받기 위한 정치적 선택이기도 하지만, 어떤 동기에서 시작되었든 간에 지속가능발전목표라는 거대한 구조 안에서 북한도 다른 유엔 회원국과 마찬가지로 지속가능발전목표를 이행하기 위한 노력을 강구하고 있다는 점에서 북한의 지속가능발전목표 내용이 타국가와 다를지라도 이는 동형화 흐름에 북한이 동참하고 있다고 해석할 수 있다. 북한의 참여가 모방적·규범적·강압적 동형화 중 어떤 방식에 해당되는가는 더 연구가 필요하지만 북한도 지속가능발전목표라는 제도에 동형화되고 있다는 사실은 분명하다고 평가할 수 있다.

V. 북한의 VNR 준비과정과 지속가능발전목표와의 동형화

북한의 발전 이데올로기에 지속가능발전목표가 적극적으로 수용되는 경향이 북한 정부가 VNR을 준비하는 과정에서 목격되고 있다. 북한의 발전

모델은 역사적으로 주체사상에 입각한 사회주의 방식 하에 핵개발과 경
제발전을 동시에 추진하는 '경제국방병진노선'이 주가 되어 왔는데, 최근
김정은 체제가 정립되면서 경제건설이 병진노선을 추월하고 경제발전을
위한 국제사회와의 협력관계를 북한 스스로 강조하는 등 변화가 보이고
있다(Senghaas 1981; 김창희 2019). 북한 김정은 노동당 위원장이 2018년
4월 당 중앙위원회 제7기 제3차 전원회의에서 핵·경제 병진노선을 '결속
(結束)'한다고 밝히고 경제건설에 집중하는 새로운 전략노선을 채택하면
서 병진노선의 시대가 5년여 만에 막을 내리게 되었다.1) 병진노선을 폐
기하기 전인 2016년 5월 6일에, 36년 만에 열린 북한 노동당 7차 대회에
서 향후 5년간 북한경제발전 로드맵인 '국가경제발전 5개년 전략'을 발표
하고 북한 경제의 장기적 과제를 제시하였다.2) 노동당 7차 대회에서 북
한 김정은 국방위원회 제1위원장은 2016년부터 2020년까지의 국가경제
발전 5개년 전략을 철저히 수행해야 한다고 밝혔고 이는 공교롭게도 2015
년 유엔이 승인한 지속가능발전목표가 시작되는 2016년과 시작 지점이
공유되는 우연적인 공통점을 보여준다.

---

1) 연합뉴스, 2018년 4월 21일 자, https://www.yna.co.kr/view/AKR20180421037000014
2) 북한의 1949년부터 지금까지 추진해 온 경제발전계획은 아래 표와 같이 정리할 수 있
   다. 이 중 가장 최근의 경제발전전략이 2016년~2020년까지의 국가경제발전 5개년 전
   략이다.

명칭	기간	논의/발표
인민경제2개년 계획	1949~1950	내각 제10차 전체회의에서 논의, 결정
인민경제복구발전 3개년 계획	1954~1956	북한 노동당 중앙위원회 제6차 전체회의(1953.8.5.)에서 구상
제1차 5개년 인민경제 계획	1957~1961	북한 노동당 제3차 대회에서 발표(1956.4.23.)
인민경제발전 7개년 계획	1961~1967	북한 노동당 제4차 대회에서 발표(1961.9.11.)
인민경제발전 6개년 계획	1971~1976	북한 노동당 제5차 대회에서 발표(1970.11.2.)
사회주의 경제건설 10대 전망목표	1980년대	북한 노동당 제6차 대회에서 발표(1980.10.14)
인민경제발전 2차 7개년 계획	1978~1984	최고인민회의 제6기 제1차 회의에서 채택(1970.11.2.)
인민경제발전 3차 7개년 계획	1987~1993	최고인민회의 제8기 제1차 회의에서 채택(1986.12.30.)
국가경제발전 5개년 전략	2016~2020	북한 노동당 제7차 대회에서 발표(2016.5.6.)

자료: 일본 동아시아무역연구회의 자료를 KOTRA에서 인용

　북한 정부는 유엔 지속가능발전목표 이행을 준비하면서 UNESCAP이 주재하는 'North-East Asian Multistakeholder Forum(NEAMF)'에 두 차례 자국의 준비과정을 발표하였고 준비내용이 UNESCAP에 의해 공개되고 있을 정도로 자국의 글로벌 규범이자 유엔 회원국으로서 유엔 기준에 맞게 지속가능발전목표 이행에 협력하려는 노력을 보이고 있다. 가장 최근에 북한이 국제기구 회의에 참석하여 자국의 지속가능발전목표 이행을 발표한 사례가 2019년 10월 15일~16일 러시아 블라디보스토크에서 개최된 NEAMF이었다.[3] 이 회의에서 발표한 자료에 따르면, 북한은 지속가능발전목표 중 17개 목표, 95 세부목표, 130 지표를 설정하여 유엔의 본래 세부목표와 지표 수보다는 상당히 적은 수를 기획하고 북한의 내부 경제발전 중심으로 지속가능발전목표를 재구성하고 있다는 것을 간접적으로 인지할 수 있다. 북한 정부의 국가경제발전 5개년 전략(2016~2020)의 핵심 내용과 북한이 NEAMF에서 발표한 지속가능발전목표 이행전략 중 가장 핵심적인 내용을 교차확인해 보면, 북한 정부가 지속가능발전목표를 국가개발전략의 일부로 편입하였다는 사실을 알 수 있다. 북한의 발전전략에 글로벌 지속가능발전목표를 부분적으로 편입하고, 식수와 위생시설(지속가능발전목표 6), 소비 증진과 경제력 강화(지속가능발전목표 7), 에너지 문제해결(지속가능발전목표 8), 산림녹화(지속가능발전목표 15), 과학기술 강화(지속가능발전목표 17), 국제사회와 협력(지속가능발전목표 17) 등의 국내 목표와 지속가능발전목표를 환치하여 이행할 계획이라는 것을 간접적으로 확인할 수 있다. 특히, 지속가능발전목표 1번 목표인 빈곤종식은 북한 정권이 정책으로 강조하고 있는 인민의 삶을 지속적으로 증진하겠다는 목표와 정확하게 일치하고 이는 MDG 1번 목표와도 일치하기 때문에 북한에게는 하나의 일관된 목표로 강화하고 있다. 북한이 지금까지 국제회의에서 발표한 자료를 취합하면 지속가능발전목표 각각의 목표를 북한

---

3) https://www.unescap.org/sites/default/files/Session%201-3.%20Country%20Presen
tation_DPRK.pdf

● 표 1   **지속가능발전목표의 유엔 목표와 북한 목표 비교**

지속가능발전목표	유엔 목표	북한 목표
1 NO POVERTY	모든 형태의 빈곤 종식	북한인민의 삶의 수준 향상
2 NO HUNGER	기아종식, 식량안보와 영양 개선 달성 및 지속가능한 농업 강화	농업의 지속가능한 개발과 식량의 자급자족
3 GOOD HEALTH AND WELL-BEING	건강한 삶의 보장과 모든 세대의 복지 증진	건강한 삶의 보장과 모든 세대의 복지 증진
4 QUALITY EDUCATION	모두를 위한 포용적이고 공평한 양질의 교육보장 및 평생학습기회 증진	모든 인민의 지능을 갖춘 노동자로 역량강화
5 GENDER EQUALITY	성평등 및 모든 여성과 여아의 역량강화	성평등 및 모든 여성과 여아의 권리 보장
6 CLEAN WATER AND SANITATION	식수 및 위생시설에 대한 접근성과 관리능력 확보	모든 인민의 식수와 위생시설의 지속가능한 이용과 관리 보장
7 AFFORDABLE AND CLEAN ENERGY	적정한 가격의 신뢰성 있고 지속가능한 현대적 에너지에 대한 접근성 강화	신뢰성 있고 지속가능한 현대적 에너지에 대한 접근성 강화
8 DECENT WORK AND ECONOMIC GROWTH	포괄적이며 지속가능한 경제성장과 완전하고 생산적인 고용 및 모두를 위한 양질의 일자리 제공	자생할 수 있고 지식기반의 경제 구축과 모든 인민을 위한 일자리 보장
9 INDUSTRY, INNOVATION AND INFRASTRUCTURE	회복(복원) 가능한 인프라 건설, 포용적이고 지속가능한 산업화 및 혁신 촉진	주체사상에 기반한, 현대적이고 IT와 과학기술에 기반한 국가경제 건설
10 REDUCED INEQUALITIES	국내적 또는 국가 간 불평등 경감	모든 인민의 지위와 역할을 국가와 사회의 주인으로 제고
11 SUSTAINABLE CITIES AND COMMUNITIES	회복력 있고 지속가능한 도시와 거주지 조성	보다 풍요롭고 문명화된 삶을 영위하기 위한 생활조건과 환경 조성

12 RESPONSIBLE CONSUMPTION AND PRODUCTION	지속가능한 소비와 생산양식의 보장	지속가능한 소비와 생산양식의 보장
13 CLIMATE ACTION	기후변화 대응	기후변화 대응
14 LIFE BELOW WATER	지속가능한 발전을 위한 대양, 바다, 해양자원의 보호와 지속가능한 이용	지속가능한 발전을 위한 대양, 바다, 해양자원의 보호와 지속가능한 이용
15 LIFE ON LAND	육상생태계의 보전, 복원 및 지속가능한 이용 증진, 지속가능한 숲 관리, 사막화와 토지 파괴방지 및 복원, 생물 다양성 감소 방지	지속가능한 숲 관리, 토지파괴방지 및 복원, 생물다양성 감소 방지
16 PEACE, JUSTICE AND STRONG INSTITUTIONS	지속가능 발전을 위한 평화롭고 포용적인 사회촉진, 사법 접근성 확보, 모든 차원에서 효과적이고 신뢰할 수 있는 포용적인 제도 구축	사회주의 체제의 강화
17 PARTNERSHIPS FOR THE GOALS	이행수단과 글로벌 파트너십 강화	원활한 파트너십 강화
목표 수	목표(Goal): 17개 세부목표(Target): 169개 지표(Indicator): 3200여 개	목표: 17개 세부목표: 89개 지표: 130개

출처: https://www.unescap.org/sites/default/files/Session%201-3,%20Country%20Presen
tation_DPRK.pdf

국내상황에 맞게 어떻게 재조정했는가를 정리할 수 있다(〈표 1〉 참조).[4)]
 이러한 지속가능발전목표의 북한화 과정의 실천은 결국 어떠한 이행
체계와 추진체계를 북한 내부의 제도로 운영할 수 있는가에 달려 있다.
〈그림 2〉에서 알 수 있듯이, 북한은 사회주의의 특장점을 살려 일사불란
하게 지속가능발전목표 국내이행 추진체계를 제도화하고 북한최고인민회

---

4) 〈표 1〉에서 회색으로 칠해진 목표는 글로벌 목표가 북한의 국내 목표에 의해 각색된
 경우를 의미한다. 즉, 북한 내부 문제를 적극적으로 지속가능발전목표에 반영하여 수용
 한 결과를 의미한다.

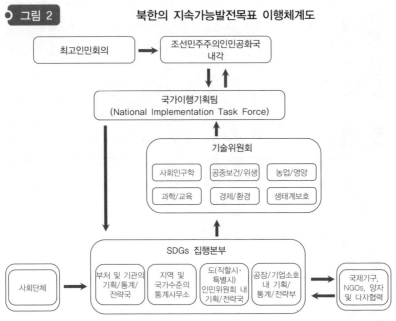

● **그림 2**   **북한의 지속가능발전목표 이행체계도**

자료: https://www.unescap.org/sites/default/files/Session%201-3.%20Country%20Present
ation_DPRK.pdf

의 주재 하에 실질적인 정책을 입안하고 실행하는 부처까지 체계적으로 연계된 것으로 보인다. 글로벌 규범이 북한 국내 정책과 깊숙이 연관되고 이를 이행하기 위하여 북한 스스로 추진체계까지 제도화한 경우는 많지 않을 것으로 판단되기 때문에 이렇게 북한 정부가 최대한 빨리 지속가능발전목표를 국내적으로 이행하기 위한 제도적 준비를 완비했다는 점은 대단히 놀라운 변화이며 이를 국제사회에 알림으로써 북한은 지속가능발전목표 이행 약속을 지키고 있다는 점을 강조하고 있다. 북한이 2020년 7월 HLPF에 제출할 것으로 예상되었던 북한 VNR에 이러한 추진체계가 포함될 예정이었음이 확실하며, VNR에 이러한 내용을 담아 제출함으로써 북한 정권은 두 가지 전략을 동시에 달성할 수 있을 것이라 예상된다.

첫째, 지속가능발전목표라는 글로벌 규범이 유엔 회원국에게 제기하는 동형화 압력을 자본주의 세력에 의해 장악된 유엔과 지속가능발전목표의 부산물이라고 이데올로기적으로 비판하고 거부하는 것이 아니라, 북한의 맥락에 맞게 적극적으로 수용함으로써 국제사회에 북한이 고립된 국제규범의 이단자가 아닌 국제규범을 공유하고 스스로 이행하려고 노력하는 유엔의 회원국이란 점을 강조할 수 있다. 이로써, 대북제재 국면에서 인도적 지원을 확장할 수 있는 기회를 노릴 수 있으며, 더 나아가 제재 국면에서도 북한에 제공될 수 있는 개발협력 프로젝트를 국제사회에 요청할 수 있는 정치적 기회구조를 지속가능발전목표 이행을 통해 확장할 수 있다는 계산이 내포되어 있을 것이다. 둘째, 지속가능발전목표 국내이행을 추진함으로써 국내적으로도 현 김정은 정권이 국제적으로 고립된 것이 아니라 국제규범을 적극적으로 수용하고 국제사회와 협력하고 있다는 긍정적인 이미지를 북한 인민에게 제공할 수 있다는 장점이 있다. 또한 지속가능발전이라는 새로운 개념을 활용하여 최고인민위원회부터 말단 조직인 공장 및 기업소에까지 제도적으로 연결시킴으로써 김정은 정권에게 사회를 전체적으로 통제하고 감시할 수 있는 뒤르켐(Emile Durkheim)식의 강제적 분업(forced division of labor)이 제도화될 수 있는 것이다 (Durkheim 1996).

북한에서 지속가능발전목표의 흔적을 찾을 수 있는 증거자료는 VNR의 준비과정에서 나온 자료와 함께, 북한에 인도적 지원을 하고 있는 유엔기구와 국제 NGO, 그리고 일부 유럽의 양자공여기관들이 북한 지원 시 준용하고 있는 글로벌 기준이 바로 지속가능발전목표란 사실에서도 북한 정부가 지속가능발전목표를 중요한 규범으로 사용하고 있다는 것을 알 수 있다. 북한에 상주하고 있는 유엔기구를 중심으로 15개 유엔기구와 북한 외교부가 상호 인준한 전략프레임워크인 'UN-DPRK Strategic Framework, 2017-2021'도 지속가능발전목표를 대북지원의 기준으로 활용하고 있어서 북한으로서는 지속가능발전목표를 중요한 원조조달 전략으로 채택할 수밖에 없는 구조이다.[5]

---

5) https://dprkorea.un.org/sites/default/files/2019-07/DPRK%20UN%20Strategic%20F

요컨대, 북한에게 지속가능발전목표는 국제적으로 이행을 압박하는 강압적 동형화의 제약으로 다가갈 수 있으며, 아니면 북한이 스스로 지속가능발전목표를 통해 자국의 문제를 해결하고자 노력하는 모방적 동형화가 될 수 있고, 글로벌 규범으로서 지속가능발전목표가 북한이 탈동조화를 피하고 최소한의 회원국으로서 지속가능발전목표를 이행하는 정치적 선택을 하는 규범적 동형화로도 해석할 수 있다. 어떤 해석이 정답이라고 주장하는 것보다 북한이 아마도 복합적인 이유 때문에 지속가능발전목표라는 글로벌 구조에 동조하고 동형화 현상을 거부하지 않았다는 사실이 중요하다(김태균 2017). 무엇보다 북한에게도 지속가능발전목표는 피할 수 없는 일종의 발전 이데올로기로 인식되었고 피할 수 없는 거대한 글로벌 구조의 압력이라면 탈동조화가 아닌 적극적으로 지속가능발전목표를 수용함으로써 국내 정치의 통합적 관리·운영에 활용하고 국제관계에서도 유엔 회원국으로서 북한의 위상을 제고하여 대북제재 국면을 극복하기 위한 다목적적인 전략이 함축되어 있다는 고도의 전술을 예상할 수 있다.

VI. 결론

앞으로 하나의 거대한 전환으로서 지속가능발전목표는 MDGs를 계승 및 대체하고 2030년까지 중요한 규범으로 확고한 자리를 잡고 있을 것이 분명하다. 북한이라는 국제규범의 이단자가 지속가능발전목표 동형화 현상에 참여하고 있다는 사실만으로도 지속가능발전목표는 발전모델의 공동분모로서 모든 회원국이 공유하는 국가발전의 핵심내용이 될 수 있는 충분한 가치가 입증되었다고 평가할 수 있다. 마치 1990년대 신자유주의

ramework%202017-2021%20-%20FINAL.pdf

모델이 전 세계 국가들에게 영향을 미친 것처럼 지속가능발전목표도 중요한 발전 이데올로기로 작동할 수 있으나, 신자유주의는 이를 비판하고 탈동조하는 세력이 강했던 것에 비해 지속가능발전목표를 탈동조할 수 있는 국가는 많지 않으며 미국과 같이 초강대국이 정치적 이유로 탈동조하는 매우 소수라는 점에서 차이가 있다. 지속가능발전목표라는 거대한 흐름에 모든 국가가 유사한 방식으로 발전하는 것이 바람직한 것인가라는 질문에 답하는 것은 아직 시기상조이며, 지속가능발전목표 시대가 종료된 2030년 이후 실질적인 지속가능발전목표에 대한 평가가 이루어질 수 있을 것이다.

지속가능발전목표가 역사적으로 한 시대의 풍미한 발전 이데올로기로서 긍정적인 평가를 받을 것인지 아니면 실제로 구속력이 보장되지 않은 지속가능발전목표가 이데올로기의 역할을 수행하기보다 특정 발전의 모델과 방향성을 제시하는 수준에서 그 역할과 함의를 도출할 수 있는지 앞으로 추가적인 연구가 필요할 것이다. 그럼에도 불구하고, 북한연구에 있어서 지속가능발전목표가 제공하는 새로운 주제와 연구방법론은 긍정적인 평가를 충분히 받을 만한 족적을 남겼다고 평가할 수 있다. 병진노선의 폐기와 경제건설의 강조, 재생에너지 강조 등 최근의 북한 내부의 변화에 관하여 전통적인 북한연구의 프레임으로는 답을 찾기가 어려웠던 한계를 지속가능발전목표 연구가 그 실마리를 제공하고 있다. 지속가능발전목표와 북한의 5개년 경제발전전략의 교차 지점에서 에너지, 경제발전, 산림녹화 등 육지생태계 보호 등 북한이 국제규범에서 제시한 사항들을 국내 문제와 연결시키면서 나오는 부차적인 성과물이 전통적 시각에서는 이해되기 어려운 내용들이지만 지속가능발전목표 시각에서는 상대적으로 쉽게 그 연결고리를 찾을 수 있기 때문이다. 앞으로 북한의 내재적 접근을 중심으로 연구하는 방법론과 함께 국제규범 등 보편적인 가치를 한반도에 적용하여 북한의 특수성에만 매몰되지 않도록 보편성과 특수성이 교차하는 지점에서 북한을 재조명하는 연구가 계속 확장되어야 할 것이다.

마지막으로 2030년 이후의 포스트-지속가능발전목표 시대에는 어떠한 개발의제가 유엔을 중심으로 전 세계 국가들이 공유할 것이며, 지속가능발전목표보다 거시적이고 미시적인 내용을 포괄할 수 있는 대안이 가능한가에 대한 회의적인 전망이 우세할 것이다. 하나의 유일한 발전모델로서 지속가능발전목표를 2015년 도입한 것이 과연 전 세계에게 희망적인 로드맵을 제시한 것인지 더는 개선될 수 없는 마지막 선택이 너무 일찍 공유된 것이 아닌가에 대한 원초적인 의문을 던지면서 결론을 갈음하고자 한다.

참고문헌

구종서. 1996. "동아시아 발전모델과 한국." 『한국정치학회보』 제30권 2호. 한국정치학회.

김창희. 2019. "북한 병진노선의 경제건설 총력집중노선으로 전환." 『정치정보연구』 제22권 2호. 한국정치정보학회.

김태균. 2017. "북한개발협력을 위한 이론적 소고: 국제사회론을 중심으로." 『국가전략』 제23권 2호. 세종연구소.

_____. 2020. "글로벌 거버넌스의 위기와 포스트-코로나 대응 전략." 제1차 KIPA 글로벌 행정포럼(2020년 5월 6일). 한국행정연구원 국제개발협력센터.

김태균·김보경·심예리. 2016. "국제개발 규범의 국내화 과정에 관한 연구: 지속가능발전목표(SDGs)와 한국의 국내이행 정책수립에 관하여." 『국제·지역연구』 제25권 1호. 서울대학교 국제학연구소.

김태균·이일청. 2018. "반둥 이후: 비동맹주의의 쇠퇴와 남남협력의 정치세력화." 『국제정치논총』 제58권 3호. 한국국제정치학회.

박기덕. 1999. "동아시아 발전모델의 구성과 동아시아 지역경제위기의 원인." 『한국정치학회보』 제32권 4호. 한국정치학회.

박형중. 2007. "구소련 동유럽과 중국의 경제체제 전환의 비교: 북한의 체제 전환과 통일한국 건설을 위한 교훈." 『유럽연구』 제5호.

Agné, Hans. 2011. "The Autonomy of Globalizing States: Bridging the Gap between Democratic Theory and International Political Economy." *International Political Science Review* 32(1).

Amsden, Alice. 1989. *Asia's Next Giant: South Korea and Late Industrialization*. New York: Oxford University Press,

Bendix, Reinhard. 1984. *Force, Fate, and Freedom: On Historical Sociology*. Berkeley: University of California Press,

Buzan, Barry, Ole Waever, and Jaap de Wilde. 1998. *Security: A New Framework for Analysis*. Boulder: Lynne Rienner

Comaroff, Jean, and John L. Comaroff. 2012. *Theory from the South: Or, How Euro-America Is Evolving Toward Africa*. Abingdon: Routledge.

DiMaggio, Paul J., & W. W. Powell. 1983. "The Iron Cage Revisited: Institutional Isomorphism and Collective Rationality in Organizational Fields." *American Sociological Review* 48(2).

Durkheim, Emile. 1996. *The Division of Labor in Society*. New York: Free Press.

Eisenstadt, Shumuel Noah. 2002. "Multiple Modernities." In Shumeul Noah

Eisenstadt (ed.). *Multiple Modernities*. Edison.

Evans, Peter B. 1995. *Embedded Autonomy: States & Industrial Transformation*. Princeton: Princeton University Press.

Foucault, Michel. 1991. "Governmentality." In Graham Burchell, Colin Gordon and Peter Miller (eds.). *The Foucault Effect: Studies in Governmentality*. Chicago: University of Chicago Press.

Fukuyama, Francis. 1992. *The End of History and the Last Man*. New York: Free Press.

_____. 2004. *State-Building: Governance and World Order in the 21st Century*. Ithaca: Cornell University Press.

Gabay, Clive, and Suzan Ilcan. 2017. "Leaving No-one Behind? The Politics of Destination in the 2030 Sustainable Development Goals." *Globalization* 14(3).

Gerschenkron, Alexander. 1962. *Economic Backwardness in Historical Perspective*. Cambridge: Harvard University Press.

Goldman, Michael. 2005. *Imperial Nature: The World Bank and Struggles for Social Justice in the Age of Globalization*. New Haven: Yale University Press.

Grindle, Merilee S. 2007. "Good Enough Governance Revisited." *Development Policy Review* 25(5).

Hirschman, Albert O. 1958. *The Strategy of Economic Development*. New Haven: Yale University Press.

Johnson, Chalmers A. 1982. *MITI and the Japanese Miracle: The Growth of Industrial Policy, 1925-1975*. Stanford: Stanford University Press.

Kim, Eun Mee. 1997. *Big Business, Strong State: Collusion and Conflict in South Korean Developments, 1960-1990*. Albany: State University of New York Press.

Kim, Taekyoon, Huck-Ju Kwon, Jooha Lee, and Ilcheong Yi. 2011. "Poverty, In-equality and Democracy: 'Mixed Governance' and Welfare in South Korea." *Journal of Democracy* 22(3).

Kuhn, Thomas S. 1970. *The Structure of Scientific Revolutions*. Chicago: Chicago University Press.

Mawdsley, Emma, Elsje Fourie, and Wiebe Nauta (eds.). 2019. *Researching South-South Development Cooperation: The Politics of Knowledge Production*. Abingdon: Routledge.

McCloskey, Stephen. "The Sustainable Development Goals Are Toothless in the Face of Neoliberalism: We Need to Pursue a New Path to Equality." *Sinergias—diálogos educativos para a transformação social | outubro*

2016 — n. º 4, 2016(http://www.sinergiased.org/index.php/revista/item/10
4—sdg—equality).

Meyer, John, and Brian Rowan. 1977. "Institutionalized Organizations: Formal
Structure as Myth and Ceremony." *American Journal of Sociology* 83(2).

Nurkse, Ragna. 1961. *Problems of Capital Formation in Underdeveloped Countries*.
Oxford: Oxford University Press.

Park, Kyung Ryul. "An Analysis of Aid Information Management Systems (AIMS) in
Developing Countries: Explaining the Last Two Decades." At the Hawaii
International Conference on System Sciences, 4-7 January 2017, Kauai,
Hawaii.

Peet, Richard. 2003. *Unholy Trinity: The IMF, World Bank and WTO*. London: Zed
Books.

Ringen, Stein, Huck-Ju Kwon, Ilcheong Yi, Taekyoon Kim, and Jooha Lee. 2011.
*The Korean State and Social Policy: How South Korea Lifted Itself from
Poverty and Dictatorship to Affluence and Democracy*. New York: Oxford
University Press.

Rostow, W. W. 1960. *The Stages of Economic Growth: A Non-communist Mani-
festo*. Cambridge: Cambridge University Press.

Senghaas, Dieter. "Self-Reliance and Autocentric Development: Historical Ex-
periences and Contemporary Challenges." *Bulletin of Peace Proposals*
12(1), 1981: 44-51.

Suh, Jaekwon. 2014. "Globalization, Democracy and State Autonomy: An Empirical
Exploration of the Domestic Consequences of Globalization." *Korean
Journal of International Studies* 12(1).

United Nations. 2015. *Transforming Our World: The 2030 Agenda for Sustainable
Development*. New York: United Nations.

Wade, Robert. 1990. *Governing the Market: Economic Theory and the Role of
Government in East Asian Industrialization*. Princeton: Princeton Univer-
sity Press.

Wallerstein, Immanuel. 2004. *World-Systems Analysis: An Introduction*. Durham:
Duke University Press.

Williamson, John. 1994. *The Political Economy of Policy Reform*. Washington, D.C.:
Institute for International Economics.

Woo-Cumings, Meredith (ed.). 1999. *The Developmental State*. Ithaca: Cornell Uni-
versity Press.

제3장

유엔 지속가능발전목표 시대
국제개발협력에 대한 북한의 인식 연구*

김지영 | 숭실대학교

I. 서론

최근 한반도를 둘러싼 안보 정세가 급변하고 있다. 2018년 4월에는 대한민국과 북한 간의 역사적인 판문점 선언이 발표되었으며 같은 해 6월에는 북-미 간 정상회담이 개최되었다. 이어서 2019년 2월에는 베트남 하노이에서 2차 북-미 정상회담이 열렸으며 6월에는 한국, 미국, 북한의 정상들이 정전선언 66년 만에 판문점에서 회동했다. 비록 제2차 북미정상회담에서는 양국이 합의문을 도출하는 데 실패하였으나 많은 전문가는 한반도의 안보 환경이 냉전 구도를 벗어나 평화체제로 들어가고 있다는 전망을 하고 있다. 이와 같은 한반도 안보 환경의 주요하고도 극적인 변화는 한반도 평화체제 구축 시대에 대비하여 북한에 대한 보다 체계적이고 효

---

* 본 장의 초고는 『국제개발협력연구』 제11권 3호(2019), pp.17-38에 출판되었음.

과적인 국제개발협력과 관련 정책의 필요성을 높이고 있다. 본 절에서는 특히 북한 로동신문의 기사 분석을 통해 국제개발협력에 대한 북한의 인식을 살펴보고자 한다.

오랜 국제개발협력의 역사가 증명하듯이, 성공적인 개발협력 활동의 주요 원칙 중 하나는 수원국과 공여기관 간의 파트너십 형성이라 할 수 있다. 따라서 보다 효과적인 북한개발협력을 위해서는 북한 정부와 공여기관 간의 신뢰 구축과 소통, 즉, 파트너십 형성이 최우선 과제 중 하나가 될 것이다. 본 연구는 북한개발협력 파트너십 형성 모색을 위해서는 우선 북한이 원조와 개발협력을 어떻게 인식하고 있는지에 대한 체계적인 연구가 필요하다는 입장에서 출발한다.

오늘날 국제개발협력은 2000년에 발표된 유엔의 새천년개발목표(Millennium Development Goals, MDGs)에 이어 2016년부터 시작된 유엔 지속가능한발전목표(Sustainable Development Goals, SDGs)까지, 유엔의 리더십 하에 국제사회의 주요 글로벌 영역으로 확고히 자리 잡아 왔으며 북한도 국제사회의 일원으로서 그 어느 때보다도 활발하게 유엔 지속가능발전목표 논의 및 활동에 참여하고 있는 것으로 보인다. 이와 같이 국제개발협력은 북한과의 교류 및 소통의 창구로서도 매우 주요한 외교적 의미가 있다고 할 수 있다. 본 절에서는 북한 국제개발협력에 대한 북한 내에서의 인식 변화를 살펴봄으로써 유엔 지속가능발전목표 시대보다 효과적이고 지속가능한 대북 개발협력 파트너십 형성을 위한 이론적·정책적 논의에 기여하고자 한다.

방법론적으로 본 연구는 내재적 접근 방식을 도입하여 대외 원조에 대한 북한의 시각을 이해하고자 한다. 즉, 북한 연구에 있어서 보다 객관적인 방식으로 여겨지는 '북한의 관점'에서 접근하는 방식을 도입하여 북한개발협력을 논의하기로 한다.[1] 이를 위해 본 연구에서는 다양한 기존 관

---

1) 기존에 많은 북한에 관한 연구는 주로 전체주의 접근법을 사용했다. 이는 냉전 시기 주로 사용되었던 북한 연구 방법론으로서 파시스트 정권을 모델로 공산주의 체제를 분

련 문헌 분석과 함께 1949~2018 기간 동안의 북한 로동신문 기사에 대한 전수 분석을 실시했다. 그리고 로동신문 기사의 내용 분석 결과에 기반하여 시기별 원조에 대한 북한의 인식이 어떻게 변화해 왔는지 정리했다.

II. 북한개발협력에 대한 기존 논의 분석

1995년 북한은 홍수로 인한 재해 상황을 토로하며 국제사회에 인도적 지원을 요청했다. 이로서 북한은 정권 수립 이후 처음으로 국제사회에 공식적으로 인도적 지원을 요청하게 된다. 그러나 실제 북한은 1948년 9월 9일 정권이 공식적으로 출범한 이래로 지속적으로 원조를 받아온 주요 수원국이다. 특히 냉전 시기 동안 북한은 수련과 중국으로부터 상당한 양의 원조를 지원받아 왔으며 중국은 오늘날까지도 북한에 대해 여러 형태의 '지원'을 제공하고 있는 주요 공여국으로 알려져 있다.

　북한개발협력에 대한 본격적인 논의는 1995년 이후 북한 정부가 국제사회에 인도적 지원을 요청하면서 발전해 왔다. 기존의 북한 연구가 주로 북한의 특수성을 이해하려는 데 역점을 둔 데 비해 개발협력의 시각에서 북한을 바라보는 북한개발협력 연구들은 수원국 및 개발도상국으로서 북한을 분석함으로써 보다 비교 분석적이며 국제적인 시각에서 북한을 설명하려고 하는 시도들을 지속해 왔다. 기존 북한개발협력 논의는 주제별로 다음과 같이 구분해 볼 수 있다. 우선 북한개발협력 자체에 대한 입장과 관련한 논의, 즉 대북 지원에 대한 찬성 또는 반대를 주장하는 논의들이 있다. 또한, 효과적인 대북 지원 방식을 모색하는 연구를 포함하여 북

석하는 방식이다. 그러나 이러한 전체주의 접근법은 객관성이 매우 미흡하다는 비판을 받아 왔다(고유환 2014).

한에 대한 지원을 실시하는 공여기관의 원조 방식에 관한 연구가 있다. 그리고 대북 지원이 북한에 어떠한 효과와 의미가 있는지에 관한 연구들이 있다. 마지막으로 유엔 지속가능발전목표와 관련하여 북한개발협력의 방안을 모색하는 접근방식을 쓴 연구가 있다.

먼저 여러 북한개발협력 관련 연구들은 대북 지원의 성과와 효과성을 둘러싸고 상반되는 주장을 펼치고 있다. 대표적으로 해거드와 놀랜드(Haggard and Noland 2007)는 대북 원조를 비판하며 원조의 상당 부분이 군부와 정치 엘리트, 그리고 시장으로 유용되고 있다고 지적했다. 저자들은 북한 정부는 인도적 지원으로 공급받은 식량을 북한 주민의 식량 문제 해결에 사용한 것이 아니라, 기존의 식량 공급량을 늘리는 데 사용했다고 비판한다. 다시 말해 북한 정부는 인도적 지원으로 받은 식량의 규모만큼 상업적 식량 수입을 줄였고 이에 발생한 차익을 다른 목적(군사비용)으로 사용했다는 것이다. 궁극적으로 해거드와 놀랜드(2007)는 북한에 대해 공여 기관들이 단합된 압박을 가해야 한다고 주장하면서, 그렇지 않을 경우, 향후 북한 정부가 도덕적 해이의 문제를 겪을 수 있음을 경고했다. 한편 대북 인도적 지원의 당위성을 강조하고 있는 연구들도 있다. 예를 들어 김태균(2008)은 대북 식량 지원이 음식의 의미와 사회질서의 근본 원리, 생명권의 지지를 받는 보편적 가치로서 정당화될 수 있다는 점을 논증했다. 그리고 배성인(2004)도 여러 문제점에도 불구하고 국제 인도주의에 기반해서 대북 인도적 지원은 계속되어야 함을 주장했다.

위의 '북한에 대한 지원을 제공해야 하는가'라는 논의가 북한개발협력 논의에 있어서 가장 먼저 등장한 주제라면 점차 북한개발협력 논의의 중심은 북한에 대한 보다 효과적인 지원 방식과 관련한 논의로 옮겨졌다. 특히 많은 연구가 한국의 대북 지원에 대한 분석과 비판적 시각을 제시하고 있다. 예를 들어 문경연(2012)은 이전 한국 정권들이 북한 주민의 인도적 상황보다는 정치적, 안보적 목적으로 북한에 대한 인도적 지원을 시행했음을 비판했다. 또한 제성호(2011)는 한국 정부가 인도적 지원을 북한의 인권 문제와 연계시키지 않고 있다고 비판하면서 대북 지원과 인권 개선의 병행을 주장했다. 그리고 박소혜, 박지연(2017)은 스위스의 대북 지원 연구를 통해 스위스의 경우 순수한 인도적 동기에 기반을 둔 지원 방식을 고수했기 때문에 대북 지원이 지속해서 증가할 수 있었음을 밝혔다. 마지막으로 이종운(2014)은 대북 지원의 효과성 제고를 위한 하나의 방식으로 다자출연 방식의 신탁기금 설립을 제안했다.

이처럼 기존의 대부분 연구가 주로 공여 기관과 관련된 주제와 문제점에 초점을 맞췄다면 최근에는 대북 지원이 북한 정치경제 및 사회에 갖는 의미에 대해 알아보고자 하는 연구들이 등장하고 있다. 특히 김지영(2016)은 북한 이탈민들을 통한 설문 조사를 시행하여 국제사회의 인도적 지원이 북한 주민의 인식 변화에 어떠한 영향을 미치고 있는지 살펴보았으며 원조가 공여 기관에 대한 북한 주민의 인식을 긍정적으로 변화시키는 데 부분적으로나마 이바지하고 있음을 밝혔다. 또한 김상기(2015)는 원조가 북한의 외교정책에 어떠한 영향을 미치는지를 유엔총회 투표 자료를 이용한 실증 분석을 통해 살펴보았다. 이 연구에서 저자는 대북한 원조가 정치적 목적보다는 본연의 인도적 목적을 지향할 때 북한의 변화에 기여할 수 있음을 밝혔다.

마지막으로 유엔 지속가능발전목표의 패러다임을 통하여 북한개발협력 실천방안을 도출하고자 한 연구들이 있다. 박지연 외(2016)는 지속가능발전목표를 북한 사례에 적용하여 북한에 특화된 지속가능발전목표를 단계별로 전망하였다. 본 연구는 북한개발협력은 기본적으로 빈곤종식, 기아종식과 지속가능한 농업, 보건과 복지, 물과 위생 등의 목표에 초점이 맞추어질 것이며 새롭게는 일자리와 경제성장, 혁신과 인프라, 지속가능한 소비생산, 고채무국에 대한 부채탕감 이슈가 추가될 것이라 주장하였다. 특히 본 연구에서 저자들은 북한 경제와 국가 취약성에 대한 국제사회의 인식을 분석한 후 유엔 지속가능발전목표 틀에서 북한개발협력 접근 방식을 도출하였고 단계별 지원 방향을 제시하였다. 또한 박지연, 문경연, 조동호(2016) 연구에서는 유엔 지속가능발전목표를 북한에 적용하기 위한 이행지표를 살펴보았다. 여러 현실적 어려움에도 불구하고 저자들

은 북한지표 개발이 북한개발협력의 우선 과제가 되어야 한다는 필요성
을 역설하였다.

지금까지 살펴본 바와 같이 북한개발협력에 대한 연구들은 지속적으
로 축적되어 왔고 특히 최근에는 유엔 지속가능발전목표의 틀에 맞춰 분
야별로 북한개발협력을 접근하는 연구들도 진행되었다. 본 연구 또한 이
러한 기존의 연구 결과와 성과를 바탕으로 한다. 그러나 북한개발협력에
대한 기존의 대다수 연구는 주로 공여 기관의 시각에서 연구 주제를 발전
시켜 왔으며 대부분 공여 기관에서 제공한 자료를 기반으로 하고 있다는
한계가 있다. 한편 북한의 입장에서 원조를 바라보는 연구는 매우 제한적
이다. 이와 같은 기존 북한개발협력의 이론적 논의 경향은 북한개발협력
을 이해하는 데 있어 균형적인 시각을 제공하지 못한다는 문제가 있겠다.
이에 따라 본 절에서는 북한에 대한 내재적 접근 방식을 통해 국제개발협
력에 대한 북한의 경험과 시각, 즉 인식을 분석해 보고자 한다. 그리고
이와 같은 분석 결과에 기반하여 유엔 지속가능발전목표 시대 북한개발
협력의 논의 및 접근 방향을 제안해 보고자 한다.

III. 국제개발협력에 대한 북한의 인식: 로동신문 기사분석

앞에서 지적한 바와 같이 1995년 북한 정부의 인도적 지원 요청 이후 한
국과 국제사회는 북한에 대해 인도적 지원을 제공해왔다. 그러나 북한에
대한 인도적 지원은 공여 기관의 정치적·외교적 목적이 크게 작용하였으
며 그 결과 매우 큰 유동성을 보였고 2000년대 중반 이후 북한의 핵 문제
가 악화되면서 급격히 감소했다. 그럼에도 불구하고 우리가 인지해야 할
점은 1995년 이후 한국과 국제사회에 의한 대북 인도적 지원은 제한된
규모일지라도 지속적으로 실시됐다는 점일 것이다. 한국뿐 아니라 다양

한 국제기구와 정부 및 비정부 공여 기관이 대북 인도적 지원 및 개발지원 활동을 펼쳐왔으며 그 과정에서 북한 정권과 주민, 그리고 한국과 국제사회의 여러 공여 기관은 비록 제한적인 규모와 범위이겠지만 상대방에 대한 지식과 이해를 축적해 왔다고 볼 수 있다. 그러나 앞서 살펴본 바와 같이 대북 원조에 대한 북한의 입장과 인식에 대한 체계적인 학술적 연구는 여전히 매우 제한적이다. 따라서 본 절에서는 시기별로 북한이 국제개발협력, 즉 대외 원조를 어떻게 인식해 왔는지 로동신문 분석을 통해 살펴보기로 한다.

대외 원조에 대한 북한 정권의 인식을 알아보기 위해 본 연구에서는 북한 로동신문의 기사분석을 실시했다.[2] 1949년부터 2018년까지 로동신문 기사의 전수 분석을 실시했으며 검색 키워드는 '원조'로 설정했다. 이는 '국제개발협력'이라는 용어 자체가 과거에는 사용되지 않았으며 통상적으로 사용되는 '국제개발협력'이라는 의미가 북한에서 사용하는 용어 중에서는 '원조'와 가장 가깝기 때문이다.[3] 우선 관련 기사들 중에서 군사 원조에 관한 기사는 제외하였다. 그리고 주로 일반 원조 관련 단순 뉴스(예를 들어 원조협정 조인식 개최 등)보다는 원조에 대한 북한 정권의 시각이 드러난 기사들을 위주로 내용 분석을 실시했다. 그 결과 총 581개의 관련 기사들을 도출했으며 기사 내용을 심층 분석하여 시기별로 원조에 대한 북한 당국의 인식을 정리했다. 분석 틀로서 우선 해당 시기의 관련 기사들의 주요 주제를 항목화하였으며 각 주제별 빈도수와 주요 키워드를 표

---

2) 객관적 자료로서 로동신문 기사의 유용성은 논란의 여지가 있다. 그러나 슈베켄디에크(Schwekendiek 2011)가 지적한 바와 같이 북한과 같은 공산주의 정권의 자료가 학술자료로서 유용하지 않다고 보기 어렵다. 그 이유는 이러한 자료들이 북한 정부에 유리하게 재구성되거나 생략되는 문제가 있긴 하지만 고의적인 허구나 근거 없는 과장이라고 보긴 어렵기 때문이다.

3) 조한덕(2012, 98)은 국제개발협력을 "선진국과 개발도상국 간, 개발도상국 상호 간, 개발도상국 내에서 발생하고 있는 개발격차를 줄이고 개발도상국의 빈곤을 해소하며 세계인권선언이 주창하고 있는 천부적 인권을 개발도상국 사람들이 누릴 수 있도록 하기 위한 국제사회의 구체적 노력과 행위"라 정의했다.

로 정리 했다.

본 연구의 시기 구분은 다소 자의적으로 10년 단위로 설정했다. 실제 독재체제인 북한 정권은 1956년 종파 사건 이후 김일성 유일체제가 확립되었고 이후 1980년대부터 김일성의 아들 김정일의 후계체제가 공식화되었으며 1994년 김일성이 사망하자 김정일이 사실상 지도자가 되었다. 그리고 2011년 김일성이 심장마비로 사망하자 2012년 김정은 체제가 출범했다. 독재체제의 특성상 한 지도자가 장기간 정권을 잡고 있으며 이에 따라 정권별 구분은 시기별 변화를 추적하기에 한계가 있다고 판단된다. 특히 원조를 가장 많이 받았던 김일성 정권 초기와 70년대 이후를 구분하여 원조의 인식 변화를 살펴보는 것이 중요할 것이다. 정권별 특성은 각 시기별 원조에 대한 북한의 인식을 논의할 때 주요 변수로 포함하여 논의하기로 한다.

1. 1950년대: 대외 원조에 대한 이분법적인 인식 성립 시기

1950년대 북한은 일본 식민지를 청산하고 소련식 사회주의 경제체제를 구축하는 데 주력했고 이를 위해 1946년 토지개혁을 단행하였으며 1947년 최초로 경제발전을 위한 계획을 수립하고 집행하였다.[4] 또한, 1948년에는 중요한 산업의 국유화를 단행하였고 주요 계획경제기구를 설치하였다. 이와 같이 1948년 9월 9일 북한 정권이 공식적으로 출범한 이후 북한은 소련식 사회주의 경제체제 구축을 목표로 다양한 경제 정책을 수립했으며 이러한 목표는 한국전쟁 이후 복구노선으로서 중공업 중심 축적 전략을 채택하면서 더욱 가속화되었다.[5] 돌이켜보면 이 시기는 북한 경제가 가

---

4) 1947년 경제계획의 주요 과제로는 공장 및 기업소 정비, 생필품 증산, 식량 문제 해결, 농업부문 계획화, 상업부문 사회주의화 추진 등이 포함되어 있었다(이영훈 2006, 108).

5) 북한의 공업과 농업의 비중은 1946년 28 : 72에서 1960년 71 : 29로 급속한 공업화가 이루어졌다(임방순·한마크만균 2015b, 270). 또한 총공업투자에서 중공업의 비율은

장 활발한 회복과 성장을 보이던 시기라 할 수 있다. 북한은 전후 복구기 (1954~1956) 및 제1차 5개년계획기간(1957~1960) 동안 20% 이상의 고속 성장을 보였고 이러한 북한의 급속한 성장과 공업화 뒤에는 사회주의 국가들로부터의 대규모 원조가 있었다. 1954~1956 기간 동안 소련을 비롯한 사회주의 국가들로부터 유입된 무상원조와 차관은 당시 북한의 총수입량의 80% 이상을 차지했으며, 주요 산업의 대부분이 원조를 기반으로 복구되었다(이영훈 2006).

〈표 1〉은 1950년대 원조에 관한 북한 로동신문 기사를 핵심 주제별로 분류하여 주제별 빈도수와 키워드를 정리해 놓은 것이다. 이 시기 로동신문의 원조 관련 기사는 총 283개로 그 어느 시기보다 원조 관련 기사의 빈도수가 높았던 시기다. 빈도수로 보면 소련 원조를 주제로 한 기사가 가장 많은 비중(76개)을 차지했고, 주요 기사 내용은 원조의 내역과 사용처에 대한 소개. 이어 공여국 관련 기사를 빈도순으로 정리하면 소련, 중국에 이어 독일, 체코슬로바키아, 몽골, 폴란드, 불가리아, 알바니아, 헝가리 순이며 이는 이 국가들이 당시 북한의 주요 공여국이었음을 시사한다.

이 시기 로동신문 분석 결과 우선 당시 북한은 소련과 중국을 포함한 사회주의 국가들로부터 많은 양의 원조를 지원받았음을 알 수 있다. 또한, 이 시기 북한에 대한 원조는 인도주의적 차원의 구호품 전달을 넘어 사회경제 기반시설 및 중화학 공업 시설 건설 및 복구에 대규모로 지원되었다는 점을 알 수 있었다. 특히 소련은 당시 북한의 최대 공여국이었으며 무상으로 10억 루블의 원조를 지원했다. 그리고 중국 역시 무상으로 8만억 위엔을 제공했다.[6] 로동신문 기사에 의하면 당시 소련의 원조는 원산 조선소, 흥남비료공장, 성진 제강소, 남포 제련소, 마동 시멘트, 평양 방직공장, 길주 합판 공장, 평양 목재 가구공장, 사리원 트랙터 수리 공장 등 주

50년대 중반 이후 지속적으로 80%를 상회했다(임방순·한마크만균 2015b).

6) 임방순·한마크만균(2015b)에 의하면 중국은 북한에 대한 원조에 긍정적이지 않다가 중-소 양국 공산당 상이에서 이념분쟁이 발생하고 북한의 전략적 가치 상승에 따라 1957년 중기 이후부터 북한에 대한 대규모의 원조를 제공하기 시작했다.

요 산업 시설의 복구 및 건설을 지원했다. 또한, 공장 복구 및 건설 외에
도 소련은 북한에 막대한 규모의 건설 기자재, 원료, 화학 비료 등을 원조
로 지원해 주었으며 병원, 학교, 도서관에 필요한 설비와 문화 기자재 및
생필품을 제공해 주었다.[7]

● 표 1   **1950년대 원조에 관한 북한 로동신문 주요 기사분석표**

기사 주제	빈도	주요 키워드
미국 원조 비판	42	남조선에 대한 미제의 흉악한 원조; 약탈적 원조
소련 원조	76	원산조선소, 흥남 비료공장, 성진제강소, 남포제련소, 중앙 라디오 방송국, 마동 시멘트 공장, 평양방직공장, 수풍 발전소 3호 발전기 복구공사, 길주 합판 공장, 평양 목제가구공장, 사리원 트랙터 수리 공장
루마니아 원조	8	순천 아스피린 공장; 평양 중앙병원
중국 원조	31	민족적 감사; 원조물자 도착; 양곡
헝가리	7	평양 도량 형기 공장; 구성 공작 기계 공장
폴란드	9	안주 탄광 복구사업; 청진시 복구사업; 함흥 의대 병원; 서평양 철도 공장 건설; 기술원조
체코슬로바키아	13	국제주의적 원조; 고귀한 원조
몽골	12	말과 젖소
알바니아	2	원조물자 도착
불가리야	5	면사와 면포; 기와공장
독일	23	함흥시 복구 건설 원조(주택건설); 흥남 복구 건설; 탁아소 지원; 중앙전문 치료 예방원; 흥남 요업 공장
형제적 원조	54	국제주의적 원조; 원조에 감사; 사심 없는 원조; 전후 복구 원조; 원조물자 도착; 농기계; 농약품
경제발전과 원조	1	후진국들의 경제적 발전에 관한 일반적 토의와 기술적 원조의 심의 종결
전체	283	면사와 면포; 기와공장

7) "소련 원조의 열매"(로동신문, 1955.8.8).

중국 또한 한국전쟁 이후 본격적으로 북한에 원조를 제공했다. 1953년 2월 23일 조·중 경제 및 문화합작에 관한 협정이 이루어졌으며 당시 중국은 양곡, 면포, 면화, 석탄, 생고무, 입 연료 등의 원조물자를 제공했다. 그리고 신의주 법랑 철기 공장과 평양 고무 공장, 평양 일용품 종합 공장 등도 중국의 원조로 신설되었다. 중국은 또한 수많은 객차, 화차, 기관차를 제공했으며 중국 인민 지원군들에 의해 16개의 교량이 건설되었고 72.7km에 달하는 철로가 설치되었다.[8]

소련과 중국에 이어 독일(당시 동독)도 이 시기 북한의 주요한 공여국이었다. 관련 노동신문 기사에 의하면 독일은 1955년 당시 수많은 의류, 생활필수품, 기계, 기구류, 건축 자재, 문화 및 의료 기자재 등을 125회에 걸쳐 북한에 제공했으며 1952년부터 1955년까지 9,500여만 루블에 달하는 원조를 제공했다.[9] 독일 원조는 또한 함흥시 복구와 탁아소 지원, 흥남요업공장 건설, 중앙전문 치료 예방원 건설 지원에 쓰였다.

로동신문 기사를 통해 이 시기 원조에 대한 북한 정권의 인식과 태도를 분석해 보면 당시 북한은 사회주의 국가의 원조와 자본주의 국가(특히 미국)의 원조에 대한 상반된 인식과 태도를 정립시켰다고 보인다. 즉, 이 시기 북한 정권은 사회주의 국가의 원조는 매우 긍정적으로 평가했지만, 미국의 원조는 강력히 비난하는 태도를 보였다. 다시 말해 사회주의 원조와 자본주의 진영의 원조를 구분하면서 원조에 대한 양분된 태도를 정립시킨 것으로 파악된다.

우선 북한은 사회주의 국가들로부터의 원조를 '형제적 원조'라 칭하며 '사심 없는 원조', '국제주의적 원조'를 강조했다. 한편 미국의 원조, 특히 대한민국에 대한 원조는 '약탈적'이라고 정의하며 비판의 목소리를 높였다. 이처럼 당시 북한 정권은 대외 원조를 정권의 정치 이데올로기 성향과 연관지어 인식하고 대중에 홍보했다. 이와 같은 분석 결과는 임방순,

---

8) "6억 형제들의 국제주의적 원조"(로동신문, 1955.11.23).
9) "형제적 독일 인민의 국제주의적 원조"(로동신문, 1955.12.18).

한마크만균(2015a)의 분석 결과와 유사하다. 전후 북한의 원조에 대한 인식 조사를 실시한 임방순, 한마크만균(2015a)에 의하면 북한은 자신들의 방식으로 자신들에게 유리하게 원조를 해석하고 인식하고 있다.

　　여러 사회주의 국가로부터 막대한 규모의 원조를 받고 있던 북한은 사회주의 국가로부터의 원조에 대해서는 매우 긍정적으로 평가했으며 경제개발에 필수적인 요소로 여기고 있었다. 로동신문은 관련 기사에서 매우 상세하게 원조의 사용처와 내용을 소개하고 있으며 경제발전의 필수적인 조건으로 원조의 필요성을 강조하고 있다. 사회주의 국가 간의 원조에 대한 북한의 긍정적인 시각은 정치 이데올로기로서 마르크스주의가 강조하고 있는 국제적 연대의 논리에 근간하고 있는 것으로 보인다. 이는 아래와 같은 관련 로동신문 기사의 내용에서 유추해 볼 수 있다.

　　　　프롤레타리아 국제주의의 기치는 엘베강으로부터 태평양 연안에 이르기까지 9억의 인민들을 형제적인 대가정[대장정]에 결속시키고 있다. 이 대가정[대장정] 속에 결속되어 있는 국가들의 호상 관계는 새 생활 건설을 지향하는 공통적인 이해에 기초하고 있으며 주권과 자주권을 호상 존중하며 경제적으로 호상 협조하는 고상한 원칙에 기초하고 있다. 바로 여기에 위대한 소련을 선두로 한 평화 애호적 민주 진영의 무궁무진한 위력의 원천의 하나가 있는 것이다("형제적 인민들의 국제주의적 원조," 로동신문, 1955.3.14).

　　반대로 미국의 원조는 '제국주의적', '침략적', '약탈적'이라고 규탄하며 특히 이승만 정권에 대한 미국의 원조를 강력히 비난했다. 특히 북한은 한국에 대한 원조는 전쟁을 재발시키려는 군사적 목적의 의도가 있다고 주장하며 미국의 원조가 '남조선의 경제발전을 위한 원조가 아니라 남조선을 약탈하며 미국인들의 비위에 맞도록 남조선에 미군의 군사 기지와 시설들을 확장하기 위한 자본투자'라고 보았다.[10]

---

10) "남조선에 대한 미국의 원조란 어떤 것인가"(로동신문, 1953.8.26).

이와 같은 원조에 대한 북한의 양분적 시각이 어느 정도 타당성이 있는지는 본 연구의 영역 밖일 것이다. 주지할 점은 1950년대 당시 북한은 이미 상당한 규모의 대외 원조 지원을 받아 성공적으로 전후 복구에 활용한 경험이 있던 수원국이었다는 점이다. 또한, 이후 서구진영의 원조, 특히 미국 원조에 대한 비판적 시각은 북한의 원조 논의에 있어 지배적인 담론으로 자리 잡게 된다.

2. 1960년대: 제국주의 수단으로서 원조 규정 및 자립경제 강조

앞에서 살펴본 바와 같이 북한은 전후, 원조를 기반으로 하여 복구 건설과 산업화의 기반 마련을 성공적으로 수행할 수 있었다. 그러나 1950년대 후반부터 사회주의 정권, 특히 소련으로부터의 원조가 급속히 감소하거나 차관으로 전환되었다. 이 시기 북한에 대한 소련의 지원 감축의 주요한 배경은 1956년 6월에서 8월 사이 일어난 종파 사건이다.[11] 이 사건을 계기로 김일성은 소련의 '탈스탈린화' 요구를 거부하고 북한 내에서 이를 요구하는 정적들을 제거함으로써 독재체제를 강화했다. 소련의 반대에도 불구하고 김일성이 독재체제를 성립시키자 당시 흐루시초프 정권은 북한에 대한 지원을 대폭 줄인 것이다. 이러한 상황에서 북한은 1957년 이후 원조 경제에서 자력갱생경제로 전환을 시작하게 되었다.

1961년부터 1967년까지 북한은 7개년 계획을 도입하여 착수했고 본 계획에서 북한 정권은 중공업 위주의 발전을 기초로 하되 경공업과 농업의 동시발전, 기술혁신과 문화혁명 및 국민 생활수준 향상을 주요 과제로 제시했다(이무철 2005, 45). 그러나 1950년대에 추진되었던 중공업 위주의

---

11) 종파사건이란 1956년 조선로동당 중앙위원회 전원회의에서 발표된 '반당 반혁명적 종파음모책동'사건을 일컫는다. 당시 연안파가 김일성의 소련파를 비판하여 당내 종파활동의 자유를 주장하며 궐기했으나 김일성의 소련파의 반격에 가혹하게 숙청당했다. 이후 북한은 김일성 독재체제가 본격적으로 시작된다.

경제발전으로 야기된 구조적 불균형 문제를 시정하기 위해 도입되었던 7
개년 계획은 투자자원의 제약으로 한계에 부딪혔으며 이후 북한은 지속
적으로 중공업 우선 정책을 유지하게 된다(이무철 2005).

당시 북한 원조 환경의 급변은 〈표 2〉에 정리한 바와 같이 원조와 관
련된 로동신문 기사에서도 유추해 볼 수 있다. 로동신문의 관련 기사분석
에 따르면 이 시기 북한에 대한 사회주의 국가로부터의 공여 사례가 급격
히 감소했으며 미국 원조에 대한 비판이 대외 원조 담론의 주요 주제로
부상한다. 특히 한국에 대한 미국의 원조에 대해 더욱 강도 높이 규탄하
고 있는 것을 알 수 있다. 이외에도 1960년대 원조 관련한 로동신문 기사

◯ 표 2   **1960년대 원조에 관한 북한 로동신문 주요 기사분석표**

기사 주제	빈도	주요 키워드
북한에 대한 원조	2	헝가리; 중국
북한의 공여 사례	5	베트남 민주 공화국 정부에 무상원조 제공 협정 체결(1966, 1967); 남부 예멘 인민공화국에 경제적 원조를 줄 데 대한 협정 조인(1969); 남부 베트남에 원조를 무상으로 제공할 데 관한 협정 조인(1969)
미국 원조에 대한 일반적 비판	69	미국 원조는 약탈 행위; 내정 간섭의 수단, 아편 착취와 예속의 쇠사슬; 케네디의 기만적인 원조 술책; 존슨 도당의 추악한 대외원조 방안; 캄보디아, 인도네시아, 아르헨티나, 버마, 콩고, 필리핀, 알제리는 미국의 원조를 배격
한국에 대한 미국 원조 비판	38	침략적 원조; 약탈적 원조; 원조 의존 경제의 함정; 자주 의식을 말살한 미국 원조
서구진영 원조 비판	6	경제원조는 식민지화 정책의 음흉한 방법; 탄자니아가 서독의 원조를 거부; 잠비아 대통령이 신식민주의자들의 약탈적 개발 원조를 규탄
사회주의 국가들의 원조	8	베트남, 콩고, 몽골에 대한 소련 원조; 사심 없는 원조; 아랍 연합 공화국에 대한 사회주의 국가들의 원조
원조 배격/ 자력경제	4	원조 배격; 자력 경제
전체	132	

의 주요 주제는 사회주의 국가들의 원조 공여 사례, 서구자본주의 진영의 원조에 대한 비판, 다른 사회주의 정권 및 정치 세력에 대한 북한의 공여 사례 등이 있다.

1960년대부터 본격적으로 북한은 대외 원조, 특히 미국 원조를 '약탈 행위', '내정 간섭의 수단', '아편', '착취와 예속의 쇠사슬' 등으로 규정하며 구조주의적 시각에서 원조를 바라본다.[12] 아래 로동신문 기사는 이와 같은 원조에 대한 북한의 구조주의적인 인식을 반영하고 있다.

> 다 아는 바와 같이 미국의 원조란 그것이 어떤 형태로 제공되든지 간에 그 침략적 본질에는 변함이 없으며 그것은 경제적 침투와 약탈, 정치적 예속, 군사적 통제를 위한 미제의 침략적 도구이다. 바로 존슨이 후진국들에 큰 선심이나 쓰는 듯이 떠들어 대고 있는 개발원조는 자본수출을 더욱 강화하여 값싼 원료 원천지와 유리한 투자지 및 유리한 판매 시장을 개척함으로써 피원조국을 정치, 경제, 군사적으로 지배하며 예속시키기 위한 신식민주주의 산물이다("미국 개발원조의 약탈적 본질," 로동신문, 1965.10.22).

특히 북한은 이전 시기에 이어 한국에 대한 미국의 원조를 신식민주의의 대표적 사례로 규탄했다. 그리고 이영훈(2006)에 의하면 이 시기 소련 원조의 대폭적인 축소는 북한 축적체제의 위기를 초래했으며, 북한이 자력갱생을 강조하는 주요한 원인이 되었다. 실제 이 시기 로동신문은 서구와 미국의 원조를 거부한 사례들(캄보디아, 인도네시아, 아르헨티나, 버마, 콩고, 필리핀, 알제리, 탄자니아, 잠비아 등)을 대대적으로 소개하며 자력갱생을 강조하고 있다.

국제정치사에서 1960년대는 세계 도처에서 식민지를 청산한 여러 신생 독립국들이 탄생한 시기였으며 냉전이 심화하면서 개발도상국을 중심

---

12) 원조를 바라보는 시각 중 구조주의에 의하면 원조는 세계 자본주의 체제 중심부에 위치한 지배국가가 개발도상국을 지배하고 착취하기 위한 수단이다(랭캐스터(Lancaster) 2007).

으로 이데올로기의 대립과 갈등이 극심한 시기였다. 이 시기 많은 신생 독립국 지역의 정치는 매우 불안정하였으며 내전으로 격화되는 사례가 종종 있었다. 이러한 상황에서 원조, 특히 미국과 소련의 원조는 각 진영의 공고화라는 외교·전략적 목적이 가장 컸다. 로동신문 기사에 따르면 당시 북한도 사회주의에 기반한 민족주의 운동을 지지하기 위하여 베트남, 시리아, 예멘 지역에 무상원조를 제공했다. 후에 기술하겠지만 오늘날 북한 정권은 이 시기 북한의 공여 경험을 다시 강조하며 당시 북한 정권이 '사심 없는', '형제애에 기반한' '무상원조'를 제공했다는 사실을 강조한다.

정리하면 이 시기 북한은 사회주의 진영, 특히 소련으로부터의 원조가 급속히 감소하면서, 이전 시기 원조를 경제개발의 주요 투자 원천으로 보던 시각은 사라지고 구조주의 시각에 기반하여 원조를 제국주의의 수단으로 보는 인식이 공고화되었다고 보인다. 특히 한국에 대한 미국의 원조를 신식민주의 정책으로 보고 비난하였으며 이와 같은 한국 원조에 대한 미국 원조에 대한 비판적 시각은 북한 로동신문 기사의 원조 관련 주요 담론으로 1970년대까지 지속된다. 이렇게 대외 원조에 대한 불신과 비난은 자연스럽게 원조 의존에 대한 경계와 자립경제 건설이라는 국가목표를 강조하는 것으로 귀결된 것으로 보인다.

3. 1970~1980년대: 한국 정부에 대한 원조 규탄

1971년 북한은 '중노동과 경노동의 차이, 농업노동과 공업노동의 차이를 줄이며 여성들을 가사 노동에서 벗어나도록 하는' 3대 기술혁명을 천명하며 6개년 계획을 발표했다. 이 계획은 기존의 산업화 노선을 더욱 가속한다는 목표를 갖고 있었으며 실제 1970년대 초, 북한은 비교적 성공적인 수준의 경제 성장을 달성한 것으로 보인다(이무철 2006). 특기할 만 한 점은 앞 절에서 지적한 바와 같이 당시 북한 경제 성장의 이면에는 서구로부터의 차관 도입이 있었다는 점이다. 1970년부터 1975년까지 북한은 OECD 국가로부터 약 124,200만 달러의 차관을 도입했고 이는 같은 시기 소련과 중국으로부터의 차관 도입액을 훨씬 상회하는 규모였으며 전체 차관 총액의 50% 이상을 차지하는 수준이었다(양문수 2001, 305). 또한, 당시 북한 정부는 서방국가로부터 선진기술과 장비 등을 도입하는 등 서구와의 우호적인 경제협력을 적극적으로 모색했다.13) 그러나 이와 같은 북한의 개방 경제 정책과 성장은 그리 오래가지 못했는데 그 주요 원인은 외채 문제의 발생 때문이었다. 미국 CIA 보고서에 의하면 1976년 당시 북한의 외채 규모는 미화 24억 달러에 달했으며 이 중 14억 달러는 서구 자본주의 국가들로부터 빌린 채무였다(이무철 2006). 실제로 1975년 이후 북한은 외채 지불연기로 인해 국제채무 불이행국이 되었고 OECD 국가로부터의 차관도 중단됐다.14)

북한뿐 아니라 1970년대 많은 개발도상국들이 채무 위기에 직면하게 되었으며 대부분은 서구의 요구에 따라 구조조정프로그램을 원조 조건으로 하는 국제금융기금(International Monetary Fund, IMF)과 세계은행의 구제 금융을 지원받게 된다. 또한 이들 대부분은 오늘날까지도 구제 금융 지원을 받고 있는 상태다. 그러나 북한은 IMF와 세계은행으로 가는 대신 다시 소련과 중국, 그리고 동유럽으로부터의 원조에 의지하는 길을 택하였다. 그리고 그 이유는 다음의 북한 로동신문의 기사에서 유추해 볼 수 있겠다.

---

13) 되돌아보면 이 시기 북한은 처음으로 개방 경제 정책을 적극적으로 모색했었다고 보인다. 당시 동서 화해의 데땅뜨 무드가 북한이 서방으로부터의 자본과 기술 도입을 모색할 수 있게 했던 주요한 국제환경이었다. 다시 북한은 기술 및 플랜트 등의 자본장비를 유럽과 일본으로부터 수입하였다(이무철 2005, 50-51).

14) 국제시장 환경 악화(북한의 주요 수출 품목인 철강과 비철철 금속의 가격 하락)와 석유파동, 그리고 구조적인 북한경제의 비효율성이 당시 북한이 채무 위기에 빠진 주요 원인이었다. 미국 CIA 보고서에 의하면 1976년 당시 북한의 채무는 24억 달러에 달했으며, 이 중 14억 달러가 발전된 자본주의 국가들로부터 들여온 차관이었다(이무철 2006).

　　미제는… 침략적이고 략탈적인 원조를 최근 시기 소위 다각적 원조
체계라는 이름 밑에 더욱 교활하고 악랄한 것으로 만들고 있다 … [미국
의 경제 악화 상황에서] 미제는 밑천을 적게 들이고 더 많이 착취하고
략탈하기 위하여 우선 저들의 대외 원조 정책에 동맹자들을 끌어들이고
있는 것이다 … 미제는 이와 같이 주구들과 동맹국을 직접 리용하는 것
과 함께 세계은행, 국제통화기금 등 국제금융기구들의 역할을 더욱 높일
것을 요구하면서 새로운 국제금융기구들을 꾸며내고 있… 미제가 국제
금융기구를 통한 원조에서 노리는 것은 이 금융기구들에서 미국 자본이
압도적 지위를 차지함으로서… 리익 배당에서는 제일 많은 몫을 차지하
는 것은 물론 여기에 망라되어있는 저들의 주구들을 통제하려는 것이다
("남조선에 대한 지배와 예속을 더욱 강화하려는 미제침략자들의 원조 정책," 로
동신문, 1970.3.28).

　　이와 같이 북한 정권은 IMF와 세계은행의 금융 지원을 미국의 착취
적, 약탈적 원조 정책의 연장선상으로 인식하고 있었다. 실제 북한 로동
신문 기사분석 결과에 따르면 1970년대부터 1980년대까지 북한 정권은

⦿ 표 3　　　1970년대 원조에 관한 북한 로동신문 주요 기사분석표

기사 주제	빈도	주요 키워드
한국에 대한 미국 원조 비판	14	남조선에 대한 지배와 예속을 더욱 강화하려는 미제 침략자; 박정희 도당에 대한 원조 중지
한국에 대한 일본 원조 비판	5	경제적 착취로서 일본 원조
서구진영 원조 비판	6	예속 수단으로서의 원조; 지배와 약탈과 간섭의 도구; 원조자의 탈을 쓴 제국주의
북한 공여 사례	3	예멘 정부에게 보내는 원조물자 전달식(1971); 캄보디아 인민의 역사적 투쟁에 전적인 지지와 원조 제공(1972); 콩고 정부에 원조 제공 합의(1973)
미국 원조에 대한 일반적 비판	5	약탈과 예속의 올가미
전체	33	

● 표 4   1980년대 원조에 관한 북한 로동신문 주요 기사분석표

기사 주제	빈도	주요 키워드
한국에 대한 미국 원조 비판	7	새로운 조선전쟁도발을 부추기는 원조; 미국은 전두환 정권에 대한 군사, 경제 원조를 중지하라
한국에 대한 일본 원조 비판	9	남조선 군사파쑈도당에 대한 모든 원조를 중지하라; 군사적 성격이 짙은 경제원조
서구진영 원조 비판	3	지배와 약탈의 올가미
북한 공여 사례	2	니카라과 정부에 원조물자 전달(1985); 마다가스카르 정부에 원조 물자 전달(1985)
미국 원조에 대한 일반적 비판	3	부시 행정부의 니카라과 원조 지원 비판; 원조를 구실로 남미에 간섭
전체	24	

줄곧 서구 원조에 대한 비판적 시각에 기반해서 한국에 대한 서방 세력의 원조를 강도 높게 규탄하는 태도를 보이고 있다. 〈표 3〉과 〈표 4〉는 각각 1970년대와 1980년대 원조에 관한 북한 로동신문 주요 기사를 주제별로 분석한 표이다.

우선 위의 표에서 알 수 있듯이 1970년대부터 로동신문에서 원조 관련 기사는 현저히 줄어든다. 그리고 앞서 지적한 바와 같이 1970년대와 1980년대까지 미국과 일본의 한국 정권에 대한 원조 지원에 대한 규탄이 원조 관련 로동신문 기사의 가장 주요한 주제였다. 당시 한국 정권과의 치열한 체제 경쟁 구도에서 북한 정권은 한국에 대한 미국 원조가 남조선에 대한 지배와 예속을 강화하며, 친미 정권을 유지하며, 전쟁을 부추기는 역할을 한다고 비난했다. 또한, 북한 정권은 미국과 함께 한국의 주요 공여국으로 떠오른 일본에 대해서도 강도 높게 비난하였다. 특히 북한은 한국에 대한 일본의 원조가 경제적 착취라고 규정하며 일본으로부터의 차관이 결국 한국 정부의 대외채무 문제를 일으키고 있다고 비판하였다. 또한, 일본의 한국에 대한 차관은 경제적 착취뿐 아니라 일본의 군사적 야욕의 의도가 숨어 있다고 비난했다.

4. 1990~2000년대: 원조에 대한 비판적 시각 일반화

1970년대 중·후반 이후부터 북한 경제는 지속적인 침체를 겪었으며 마침내 1993년 열린 제6기 제21차 전원회의와 최고인민회의 제9기 제6차 회의에서 북한 정권은 이례적으로 제3차 7개년계획의 실패를 인정하였다. 당시 북한 정권은 1980년대 말부터 진행된 사회주의 진영의 몰락이 북한 경제, 특히 무역에 큰 타격을 주었다고 발표하면서 경제개발계획의 수위와 속도에 조정이 필요하게 되었음을 공표하였다(이무철 2005). 무엇보다 북한의 주요한 무역 교역국이자 공여국이었던 소련의 붕괴는 북한 경제에 치명적인 영향을 미친 것으로 파악된다. 경제 위기 상황에서 북한 정권은 민생 안정에 시급한 농업과 경공업의 발전 속도를 늘린다고 천명했으나 기존의 중공업 우선 성장방식을 고수했으며 대중동원 방식에도 변화가 없었다(이무철 2005). 결국, 1994년 김일성 사망과 자연재해, 지속적인 안보위기 상황에서 북한은 1995년 국제사회에 인도적 지원을 요청하게 된다. 당시 북한은 유례없는 수준의 식량 위기와 기아 사태를 겪었으며 1995년부터 1997년까지를 북한 정권 스스로도 '고난의 행군' 시기라 규정했다.

앞 절에서 살펴본 바와 같이 1995년 북한이 국제사회에 인도적 지원을 요청한 이후 2000년대 초반까지 한국과 국제사회는 북한에 대해 상당한 양의 인도적 지원을 제공했다. 그러나 2000년대 들어 북한의 핵 개발 문제가 다시 불거지자 대북 인도적 지원에 대한 국제사회의 우호적 분위기는 급변했으며 한국 정부도 2000년대 중반 이후 지금까지 북한에 대한 인도적 지원을 거의 중단한 상태다.[15]

지속적인 마이너스 성장과 1995년 중반 극심한 식량 위기 사태 발발은 북한 경제에 큰 영향을 미친 것으로 보인다. 우선 정부의 배급제가 무

---

15) 그러나 앞서 밝힌 바와 같이 최근 문재인 정권은 북한에 대한 800만 달러의 인도적 지원 시행을 결정한 바 있다(앞의 각주 12 참조).

너지고 공급 부족이 만연하면서 장마당을 중심으로 비공식 경제가 급속히 확산하였다. 그러나 안보위기가 심화되는 상황에서 북한 정권은 선군정치, 그리고 그 기반인 중공업 우선 정책을 포기할 수 없었다. 결국, 이미 퍼진 비공식 경제 영역을 제어할 힘을 능력을 상실한 정권은 1990년대 이후 제한된 개방정책을 취했으며 마침내 2002년 7월 1일 계획경제의 수정 및 시장경제 메커니즘의 부분적 도입을 골자로 하는 7·1 조치를 발표한다.[16]

이처럼 1990년대에 들어 북한 경제는 유례없는 수준의 위기를 맞게 되며 1995년에는 마침내 국제사회에 인도적 지원을 요청하게 되었던 것이다. 그러나 로동신문 원조 관련 기사를 분석한 결과 이 시기에 북한이 국제사회로부터의 인도적 지원을 수혜받았다는 사실은 적어도 원조 관련 기사로는 다루어지지 않은 것으로 판단된다. 오히려 〈표 5〉에서와 같이 1990년대는 북한 로동신문에서 원조 관련 기사가 가장 적게 다루어진 시기이며 국제 원조에 대한 비판적인 기사가 대부분을 차지했다. 특기할만한 점은 이 시기 이후 기존의 원조에 대한 이분법적인 인식, 즉 자본주의 진영 내에서의 원조를 제국주의적이고 약탈적 원조로 보고 사회주의 진영 간의 원조를 형제적, 사심 없는 원조로 규정한 방식이 사회주의 진영의 붕괴로 인해 기존의 서구자본주의 원조에 대한 비판적 인식이 국제사회의 원조에 대한 비판적 시각으로 일반화되었다는 점이다. 특히 로동신문 기사분석 결과에 의하면 북한은 당시 1997년 말 러시아와 한국의 금융위기 발발 후 이들 나라에 투입된 IMF의 금융 지원을 미국이 뒤에서 조종하는 '교활한 원조 정책', '원조 속에 감추어진 비수'로 규정하면서 강도 높이 비난했다.

2000년대 원조 관련 로동신문 기사분석 결과에 의하면 우선 원조 관련 기사가 22개로 이전 시기에 비해 다소 증가했다. 여전히 미국원조와

---

16) 2002. 7. 1. 조치를 통해 북한은 우선 계획경제 구조를 개선하고자 했다. 이를 위해 북한은 가격과 임금, 환율의 대폭 인상, 기업의 경영자율권 확대, 독립채산제의 본격 실시, 노동 인센티브 확대 등을 실행했다. 또한 북한은 위의 조치를 통해 시장경제 메커니즘의 부분적 도입을 실시했다. 보다 상세한 내용은 김병연 & 양문수(2012) 참조.

표 5   1990년대 원조에 관한 북한 로동신문 주요 기사분석표

기사 주제	빈도	주요 키워드
국제사회 원조 비판	10	원조 속에 감추어진 비수; 제국주의 원조는 약탈과 예속의 올가미, 제국주의의 교활한 원조 정책
일본 원조 비판	2	경제 동물의 교활한 원조 정책
한국에 대한 미국 원조 비판	1	미국은 원조자가 아니라 침략자, 약탈자
북한 공여 사례	1	나미비아 인민에게 전면적이고 실용적인 원조를 사심 없이 제공(1992)
전체	14	

국제사회의 원조에 대해 '약탈과 예속의 올가미'이며 '제국주의의 교활한 원조 정책'이라고 비판하는 기사가 주를 이룬 한편 중국과 몽골로부터의 원조 지원 사례도 소개되었으며 아프리카 지역에 대한 일본의 원조에 대한 비판적인 기사도 포함되었다. 특기할만한 점은 이 시기부터 북한은 미국과 국제사회의 원조 조건, 특히 민주주의를 조건으로 하는 원조 제공에 대해 강력히 규탄하고 있다는 점이다. 아래는 관련 기사의 일부다.

> 세상에서 미국만큼 '민주주의'와 '원조'에 대하여 요란스레 떠드는 나라가 없다. 미국 당국자들과 그 대변인들은 기회가 있을 때마다 미국식 '민주주의'가 표본으로 된다고 떠들고 있다… 미국은 민주주의 표본국도 아니며 그들에게는 애당초 다른 나라들을 진심으로 도와주려는 생각도 없다. 미국이 민주주의와 원조를 운운하는 데는 음흉한 지배주의적 속심이 깔려있다… 한마디로 말하여 미국은 아프리카 나라들에 미국식 민주주의를 수출하여 이 나라들을 저들의 지배와 예속의 올가미에 깊숙이 매여놓고 이 지역에서 지배권을 확립하자는 목적을 추구하고 있다("기만적인 민주주의와 원조 타령," 로동신문, 2007.4.11).

로동신문 기사분석에 의하면 2000년대 이후 북한은 아프리카와 중동 지역을 포함하여 전 세계에 걸친 미국과 국제사회의 원조에 대해 비교적

| 표 6 | 2000년대 원조에 관한 북한 로동신문 주요 기사분석표 | |

기사 주제	빈도	주요 키워드
미국 원조에 대한 일반적 비판	8	니카라과에 대한 미국원조 비판; 미국의 조건부적 원조 배격; 기만적 민주주의와 원조 타령; 중동지역, 아프리카에 대한 미국원조 비판
국제사회 원조 비판	4	가시 박힌 원조 외교; 원조 조건으로 발전도상국들의 정치경제 제도 수정 강요; 제국주의자 원조는 채무올가미
북한 수원 사례	4	중국; 몽골
한국에 대한 미국 원조 비판	3	원조자의 탈을 쓴 략탈자; 미제는 극악한 살인마; 원조의 간판 밑에 감행되는 략탈만행(울산정유 사례)
일본 원조 비판	2	아프리카 지역에 대한 일본 원조 비판; 일본의 개발원조는 착취와 략탈의 올가미
미국의 대북 지원	1	자주권은 원조와 바꿀 수 없다
전체	22	

상세하게 파악하고 있었으며 원조가 수원국의 국내 정치경제 제도에 간섭하고 있음을 강력히 비판했다(〈표 6〉 참조). 이 시기는 또한 상기한 바와 같이 국제사회가 대규모로 북한에 대해 인도적 지원을 실시한 시기다. 그러나 상기한 바와 같이 국제사회로부터의 북한에 대한 지원과 관련한 로동신문 기사는 적어도 '원조'를 키워드로 검색한 결과에서는 거의 찾아볼 수 없었고 이에 따라 당시 북한에 대한 국제사회의 지원에 대해 북한 정권이 어떠한 시각을 갖고 있었는지를 적어도 로동신문 기사를 통해서 파악하기에는 한계가 있었다. 그러나 2003년 3월 19일 자 '자주권은 원조와 바꿀 수 없다'라는 로동신문 기사를 살펴보면 핵 포기를 전제로 한 국제사회의 대북 인도적 지원 방식에 대한 북한 정권의 입장을 알아볼 수 있다. 2002년 10월 북한에 파견된 미국의 켈리 특사가 북한이 비밀리에 핵무기 개발을 하고 있다는 사실을 공표했고 아래의 기사는 이를 북한 정부가 인정한 이후 발표되었다. 아래는 관련 기사의 일부다.

미국이 우리를 압살하고 민족의 생존권을 짓밟으려고 온갖 책동을 다하고 있다. 최근 미국은 핵문제를 구실로 조선반도 주변지역에 무력을 대폭 증강하고 새 전쟁도발책동에 더욱 박차를 가하는 한편 우리가 그 무슨 핵계획을 포기하고 대량살륙 무기개발을 중지하면 경제제재를 해제하고 인도주의적 원조와 경제지원에 나설 용의가 있다는 등의 소리를 늘어놓고 있다. 이것은 원조를 미끼로 우리의 무장을 완전히 해제하고 저들 앞에 알몸으로 나서게 한 다음 덮쳐 먹겠다는 승냥이의 선심과도 같은 것이다("자주권은 원조와 바꿀 수 없다," 로동신문, 2003.3.19).

이와 같이 북한 정권은 핵 포기를 조건으로 대북지원을 주장하는 미국의 입장에 대해 자주권을 주장하며 비판적인 입장을 견지해왔다고 보인다.

지금까지 1990년대와 2000년대 로동신문 원조 관련 기사를 분석한 결과 다음과 같은 소결론을 도출할 수 있겠다. 우선 이전 시기 이분법적 시각에서 동구와 서구 진영의 원조를 구분해서 대외 원조를 인식했다면 1990년대 이후 공산주의 정권이 무너지면서 원조에 대한 북한의 비판적 시각은 국제사회 전반의 차원으로 바뀌었다고 볼 수 있다. 또한, 이전 시기 한국에 대해 미국과 일본의 원조 규탄이 원조 관련 로동신문 기사의 주요 주제였던 반면 1990년대 이후 한국이 수원국 리스트에서 졸업하고 북한과의 경제발전 격차가 더욱 벌어진 상황에서 원조에 대한 북한의 비판적 목소리는 한국보다는 아프리카, 중동, 라틴아메리카 등 개발도상국이 밀집해 있는 지역으로 확대된 것을 알 수 있다. 마지막으로 앞서 지적한 바와 같이 이 시기부터 북한 정권은 국제사회가 원조 공여를 조건으로 수원국에 대해 민주주의를 강조하거나 국내 정치의 정책 결정 과정에 간섭하는 행위에 매우 민감한 자세를 취하고 있다고 판단된다.

5. 2010년대 이후: 국제적 시각에서 원조 인식

1994년 김일성 사망 이후 북한의 김정일 정권은 사회주의 강성대국(경제 강국) 건설을 국가 목표로 제시하였고 이는 2012년부터 시작된 김정은 정권에서도 변함없이 가장 주요한 국가목표로 천명되었다. 북한 정권이 주장하는 강성대국은 경제건설과 핵 무력 건설의 병진 노선이라 할 수 있다. 특히 김일성과 김정일 정권에 비해 약한 정치적 기반을 갖고 출범한 김정은 정권에 있어 경제 발전과 민생 안정은 그 무엇보다 시급한 정책과제로 채택되었다. 북한경제의 개선 및 발전을 위해 김정은 정권은 2013년 '6·28'방침으로 불리는 새로운 경제관리체계를 발표했으며, 이는 자본주의 시장 요소의 도입 및 허용을 골자로 하는 경제 개방 및 개혁 조치라 하겠다. 이 조치의 핵심적 내용은 기업소에 보다 많은 자율권을 부여하고 농산물 배분의 탄력성을 제고하는 등 북한 경제의 시장화를 촉진하는 것이었다(유현정 2018). 또한, 앞서 지적한 바와 같이 김정은 집권 이후 남북관계 및 북미 관계는 극적으로 변화하고 있으며 현재 한반도의 평화에 대한 국제사회의 기대는 그 어느 때보다 높다고 할 수 있다. 특히 현재 북한 김정은 정권은 전보다 훨씬 적극적으로 개혁·개방정책 및 국제화 노력을 추진하고 있다(유현정 2018). 그리고 이와 같은 김정은 정권의 개방과 국제화 노력은 원조 관련 로동신문 기사의 분석 결과에서도 드러나고 있다.

〈표 7〉은 2010년대 원조에 관한 북한 로동신문의 주요 기사를 분석한 표이다. 우선 이전 시기에 비해 김정은 집권 이후 원조 관련 기사가 대폭 증가한 것을 알 수 있다. 2010년 1월 1일부터 2018년 7월 11일 현재까지 원조 관련 주요 기사는 73개로 크게 늘어났다. 빈도수가 높은 순으로 주제를 구분해 보면 국제사회 원조에 대한 비판, 아프리카에 대한 국제사회의 원조, 식량 위기와 원조, 원조에 대한 배격 및 자력갱생, 미국 원조에 대한 비판, 북한의 공여 사례, 남남협력, 일본 원조에 대한 비판순이다. 이와 같이 원조와 관련된 기사가 늘어난 것뿐 아니라 주제도 주로 국제사회와 미국, 일본의 원조에 대한 비판에 치우쳤던 이전 시기와 달리 아프리카에 대한 국제사회의 원조, 식량 위기, 남남협력 등 국제사회 원조 동향과 새로운 협력 방식에 대해 더욱 적극적이고 활발하게 대응 및 인지하고 있는 것으로 판단된다.

우선 이전 시기와 마찬가지로 2010년 이후에도 원조 관련 북한 로동

⬤ **표 7**   2010년대 이후 원조에 관한 북한 로동신문 주요 기사분석표

기사 주제	빈도	주요 키워드
국제사회 원조 비판	14	유엔의 간판을 도용한 침략자의 행적; 서방의 조건부적 원조 비판; 서구주도 국제경제 질서 비판; 아프리카에 대한 서구 원조 비판;
아프리카와 원조	12	아프리카 공동의 번영을 이룩하기 위한 노력; 아프리카의 부흥은 꿈이 아니다; 아프리카를 둘러싼 세력구도 변화; 새롭게 변모되어 가고 있는 아프리카; 아프리카 지역 식량위기
식량 위기와 원조	11	식량 위기 악화; 식량안전을 위한 여러 나라들의 노력; 국제적인 식량안전보장을 위하여
원조배격/ 자력경제	11	자력갱생은 주체 조선의 불변의 전진방식; 자력갱생 선언— 잠비아, 시리아, 인디아, 나이지리아; 자력자강에 존엄도 부흥도 있다; 자력갱생은 우리의 힘, 자원, 민족자존의 정신
미국 원조 비판	10	미국의 원조를 배격—필리핀, 캄보디아, 러시아, 볼리비아; 중동정세를 격화시키는 미국의 원조; 미국의 원조는 세계재패를 노린 침략의 도구
북한 공여 사례	8	국제적 협조의 빛나는 모범; 아프리카 나라들의 새 사회건설투쟁을 지지 성원; 민족투쟁해방 투쟁사에 새겨진 국제주의적 의리; 중국인민의 투쟁을 사심 없이 도와주신 김일성 동지; 참다운 국제적 협조
남남협력	4	낡은 국제경제질서에 맞서는 남남협력; 지역적 협조와 공동의 발전을 위한 노력; BRICs
일본 원조 비판	3	일본의 아프리카 침투를 경계하여야 함; 일본의 위선적인 경제협력외교의 진짜 속심
전체	73	

* 이 시기 로동신문 기사는 2010년 1월 1일부터 2018년 7월 11일까지를 포함함

신문 기사의 가장 많은 수는 국제사회의 원조 방식 및 행위에 대한 비판이다. 북한 로동신문은 국제사회의 원조를 '단호히 끝장내야할 외세의 지배체제', '제국주의의 식량지배전략', '신식민주의 약탈체계'로 규정하며 비난하고 있다. 관련 기사들의 분석 결과 북한 김정은 정권은 유엔, IMF, 세계은행과 같은 다자기구에 의한 국제사회의 원조 활동을 비난하며, 특히 조건부적 원조와 서구주도의 국제경제 질서에 대해 규탄하고 있다. 특

히 최근 북한은 아프리카 지역에 대한 높은 관심을 보이고 있으며, 이 지역 국가에 대한 국제사회의 원조를 개입과 간섭의 수단으로 인지하고 있다고 보인다. 다음은 관련 기사의 일부다.

> 서방나라들은 저들의 가치관에 기초하여 만들어놓은 '인권기준', '민주주의 기준'을 세계 모든 나라들이 받아들여야 할 '보편적 기준'이라고 요란스레 광고하면서 아프리카나라들을 비롯한 발전도상나라들에 그것을 내려먹이려하고 있다. 심지어 서방나라들은 아프리카 나라들에 '원조 제공'을 운운할 때 반드시 그 조건부로 인권과 민주주의분야에서 서방식 기준을 따를 것을 강요하고 있다("동반자관계가 과연 성립될 수 있는가," 로동신문, 2011.6.12).

이와 같이 최근 북한은 아프리카 지역에 대해 높은 관심을 보이고 있는 것으로 파악된다. 그리고 아프리카의 경제 성장, 지역 내 세력구도의 변화 및 대립, 식량 위기 문제 등이 아프리카와 원조 관련 주요 주제로 로동신문에 소개되고 있다. 특히 아프리카에서의 세력 구도 변화의 주요 특징으로서 이전 식민지 제국들이 밀려나고 있으며 아프리카의 많은 국가들이 다른 발전도상국들로부터의 원조와 남남협력을 더 선호하고 있다고 보도하고 있다.[17) 특히 북한 정권은 남남협력을 '자체의 힘으로 새 사회건설을 촉진하며 공동의 발전을 이룩해나가려는 발전도상나라들의 의지'로 규정하며 최근 BRICs를 중심으로 더욱 활발해진 개발도상국들 간의 교류를 서구가 주도하고 있는 국제경제질서의 대안으로 인식하고 있다.[18)

더불어 원조를 배격하고 자체의 힘으로 경제를 건설한다는 자력갱생은 김정은 시기 이후에도 지속적으로 강조되고 있는 것으로 판단된다. 로동신문 관련 기사들은 자력갱생을 '주체 조선의 불변의 전진방식, 민족자존의 정신,' 이며 '사대와 외세의존은 망국의 길'이라 규정하며 원조가 아

---

17) "아프리카를 둘러싼 세력구도변화"(로동신문, 2011.11.5).
18) "남남협조 강화를 위한 적극적인 노력"(로동신문, 2011.1.28).

닌 스스로의 힘으로 경제를 건설하는 것이 발전의 길임을 강조하고 있다.

2010년대 이후 원조 관련 북한 로동신문 분석 결과 또 다른 특기할 만한 점은 세계 곳곳, 특히 아프리카 지역에서 발생하는 식량 위기와 국제사회의 대응에 대한 북한 정권의 높아진 관심이라 할 수 있다. 〈표 7〉에서와 같이 식량 원조 관련 기사는 총 11개로 국제사회 원조에 대한 비판과 아프리카 지역에 관한 기사 다음으로 높은 빈도수를 보였다. 그리고 이전 시기와 마찬가지로 미국 원조에 대한 비판적 기사는 지속적으로 북한 정권의 원조 관련 담론에 주요 주제라 하겠다. 이 시기 관련 로동신문 기사는 필리핀, 캄보디아, 러시아, 볼리비아 등이 미국의 원조를 배격한 사실을 널리 공표하고 있으며 미국의 원조가 내정 간섭과 경제적 착취 문제를 발생시키고 있다고 비판하며 중동지역과 아프리카 지역에 대한 미국의 원조를 규탄하고 있다. 마찬가지로 로동신문 기사분석에 의하면 북한은 최근 증가한 아프리카에 대한 일본의 투자와 원조를 '이 지역에 대한 경제적 명맥을 틀어쥐고 그를 발판으로 정치·외교적 야심을 실현하려는 흑심이 깔려있다'고 비난하고 있다.

마지막으로 이 시기 원조 관련 분석 결과 흥미로운 사실은 최근 들어 과거 김일성 시기, 당시 북한이 아프리카와 중국 등지에 '국제적 협조와 의리'에 기반해서 '사심 없이' 원조를 제공했다는 사실이 다시 소개되고 강조되고 있다는 점이다. 이처럼 2010년대 김정은 정권 집권 이후 북한은 이전과 마찬가지로 구조주의적 시각에서 대외 원조를 비판적으로 인식하는 한편 개혁·개방 및 국제화 정책의 큰 틀 안에서 그 어느 때보다도 국제사회의 원조 활동에 대해 높은 관심을 갖고 다양한 원조와 관련된 국제적 논의를 파악하고 있는 것으로 분석된다.

IV. 결론: 유엔 지속가능발전목표와 북한개발협력에 대한 전망

지금까지 로동신문 전수 분석을 통해 시기별 대외 원조에 대한 북한 정권의 인식 변화를 살펴보았으며 요약하면 다음과 같다. 1950년대 북한은 대외 원조에 대해 공산 진영 간의 원조는 '형제적 원조'로 매우 바람직한 국제행위로 본 반면에 서구의 원조는 '신식민주의'라 비난하였다. 1960년대에 들어서면 본격적으로 구조주의적인 시각에서 원조를 규정하며 서구의 원조를 제국주의의 수단으로 비난하면서 자립경제를 강조하였다. 1970년대와 1980년대 공산 진영으로부터의 북한에 대한 원조가 급속히 줄어들고 한국 정부와의 체제경쟁이 치열해지면서 북한의 원조에 대한 인식은 주로 한국 정부에 대한 미국과 일본의 원조를 규탄하고 비방하는 데 열중하게 된다. 1990년대와 2000년대 공산주의가 무너지고 북한의 경제가 나락으로 떨어지면서 원조에 대한 논의 자체가 매우 줄어들며 기존 비판대상이 서구의 원조에 국한되었다면 이 시기부터는 국제사회의 원조로 원조에 대한 비판적 시각이 일반화된다. 2010년 이후 김정은 정권의 지배체제가 시작되면서 북한 로동신문의 원조 관련 기사가 급증했으며 개혁·개방 정책의 연장선상에서 현재 북한 정권은 그 어느 때보다도 활발하게 국제사회의 원조 논의에 귀 기울이고 있다. 여전히 북한 정권은 구조주의적 시각에서 원조에 대한 비판적 시각을 견지하고 있으나 국제사회의 식량 원조나 아프리카에 대해 높아진 관심은 원조를 통한 발전 방식에 대해 북한 정권이 매우 큰 관심을 두고 있다는 점을 반영한다.

　다양한 요소들이 대외 원조에 대한 북한 정권의 인식 변화에 영향을 미친 것으로 판단된다. 우선 냉전의 심화, 중-소 갈등, 국제경제 침체, 소련의 해체 등 국제환경의 극적인 변화와 함께 김일성과 김정일의 사망, 그리고 이어진 김정은의 세습체제, 배급체제 붕괴 및 시장화, 핵 개발 등 주요 북한 내의 정치경제 변화가 원조에 대한 북한 정권의 인식에 영향을 미쳤다.

그렇다면 오늘날 유엔 지속가능발전목표체제는 북한개발협력에 어떠한 의미와 방향성을 제공할 수 있을 것인가? 유엔 지속가능발전목표는 이전의 MDGs와 비교해 볼 때 경제, 환경, 사회, 그리고 정치의 영역까지 매우 포괄적인 개발영역을 포함하고 있으며 다양한 수준의 목표를 설정하고 있다. 현재 국제개발협력 분야의 가장 주요한 국제레짐이라 할 수 있는 유엔 지속가능발전목표는 지난 시간 동안 발전해 온 국제사회의 개발 담론 변화의 결과물이라고 할 수 있겠다. 제2차 대전 이후 개발에 대한 여러 담론이 발전해 왔으며 최근 들어서는 발전에 대한 서구 중심의 이해와 인식을 탈피해야 한다는 목소리가 높아졌고, 주체 면에서는 글로벌 거버넌스의 개념의 등장과 함께 국제기구의 역할이 더욱 강조되었다(김지영 2017). 또한 개발의 영역이 경제 성장에 국한되는 것이 아니라 자유, 인권, 환경 등 포괄적인 영역에서의 발전을 포함해야 하며 한 국가나 개인 차원이 아니라 글로벌 문제로서 개발을 바라보아야 한다는 시각이 국제개발협력 사회에서 많은 지지를 얻게 되었고 이러한 담론들이 지속가능발전목표 시대보다 광범위하고 다차원적인 개발의 영역, 대상, 주체를 도출하는 데 영향을 미쳤다고 보인다(Ibid.).

실제 지속가능발전목표와 관련해서 논란이 있는 부분은 목표 자체가 아니라 그 목표를 실행하는 방법론, 즉 정책에 있다. 북한개발협력에 있어서도 유엔 지속가능발전목표의 실천 방안 및 정책 고안은 매우 어려운 과제임이 분명하다. 본 장의 연구 결과가 지속가능발전목표 시대 북한개발협력을 위한 정책 도출과 관련하여 제공하는 시사점은 다음과 같다. 우선 북한은 체제 정당성의 연장선상에서 근본적으로 원조를 (적어도 공식적으로는) 마르크스주의에 입각한 구조주의적 시각에서 인식하고 있다. 구조주의 시각에서 원조를 공여 기관의 착취와 신식민주의의 수단으로 바라보는 시각은 정권 초기부터 지금까지 일관적인 북한 당국의 원조에 대한 입장이다. 그리고 이는 북한 정권의 체제 정당성과 직결되는 문제이기에 앞으로도 북한 정권은 원조에 대한 비판적인 입장을 견지할 것으로 보인다. 두말할 나위 없이 공여기관의 입장에서 이는 북한과 개발협력 파트너십을 형성하는 데 있어 근본적인 한계점이자 장애 요인이 될 수 있다고 하겠다.

전술한 바와 같이 유엔 지속가능발전목표체제는 매우 다양한 개발 영역을 포함하며 실행 주체 면에서도 개별 국가뿐 아니라 비국가행위자와 국제기구의 역할이 그 어느 때보다도 강조되고 있다. 이러한 유엔 지속가능발전목표체제 하에서 국제사회는 대 북한 개발협력을 수행하는 데 있어서 북한 정부와의 파트너십이 보다 잘 이루어질 수 있는 정치적으로 덜 민감한 영역을 선정하고 실행 주체 면에서도 보다 중립적으로 여겨지는 국제기구와 비국가행위자, 특히 국제 개발 NGOs를 중심으로 북한개발협력을 실시하는 방안을 고안해 볼 수 있을 것이다. 실제로도 오늘날 북한 개발협력은 주로 보건과 위생, 교육, 극심한 빈곤 퇴치 등 정치적으로 덜 민감한 사회 개발 분야에 집중되어 있으며 국제기구와 국제개발 NGO가 주요한 역할을 하고 있다.

한편, 본 연구는 유엔 지속가능발전목표 시대 북한개발협력에 있어 다음과 같은 측면에서 긍정적인 시사점을 제공한다고 하겠다. 우선, 북한은 1950년대와 1960년대 공산 진영의 주요 수원국이었으며 당시 소련과 중국으로부터의 대규모 원조는 북한의 빠른 경제 성장과 전후 복구에 크게 이바지했다. 이처럼 북한은 매우 효과적으로 원조를 국내 정치 및 경제 안정에 사용함으로써 원조를 성공시킨 경험을 가진 국가다. 이러한 원조에 대한 북한의 역사적 경험은 북한 정권이 인도적 지원 차원을 넘어 개발원조의 유용성과 효용성에 대해 충분히 인지하고 있다는 점을 시사한다. 또한, 1970년대 북한 정권은 공산주의 진영으로부터의 원조가 줄어들자 OECD 국가들로부터 대규모 원조를 차용했다. 이는 북한 정권이 정책의 우선순위 정립 과정에서 이데올로기를 넘어 현실적인 선택과 결정을 할 수도 있음을 보여준다.

유엔 지속가능발전목표의 성공적 달성을 위해서는 목표 17을 통해 강조한 바와 같이 글로벌 파트너십이 매우 중요하다. 특히 정부뿐 아니라 민간기업과 비정부기구 및 국제기구의 활발한 참여가 필수적이라 하겠다. 또한 이전 시기 선진국이 개발도상국을 지원한다는 남북협력의 개념에서 오늘날 지속가능발전목표체제에서는 BRICs(브라질, 러시아, 인도, 중국)를 중심으로 개도국 간의 협력과 지원, 즉 남남협력으로 참여 주체가 더욱 확장되었다. 또한 개도국에 대한 시각도 수원국이 아니라 상생관계인 협력국으로 바라보아야 한다는 목소리가 일반화되었다. 이와 같이 지속가능발전목표로 상징되는 국제개발협력 분야에 있어서의 '변혁적'인 패러다임 변화는 기존의 공여국-수원국 또는 선진국-개도국의 이분법적인 접근 방식을 타파함으로써 북한 정권으로 하여금 신식민주의의 도구로서 원조를 바라보는 구조주의의 이데올로기의 틀에서 벗어나 실리적 차원에서 북한 개발협력을 추진할 수 있는 호의적인 국제환경을 제공하는 측면이 있다고 하겠다. 실제 로동신문 분석 결과 김정은 정권 출범 이후 북한 정권은 국제사회 원조 논의와 아프리카에 대해 그 어느 때보다도 높은 관심을 보이고 있으며 이는 북한이 국제사회와 개발협력 파트너십 형성에 이전보다 더 협조적일 수 있음을 시사한다고도 볼 수 있겠다.

참고문헌

고유한. 2014. "북한연구방법론의 현황과 과제." 조영주 편저. 『북한 연구의 새로운 패러다임: 관점·방법론·연구방법』. 서울: 한울 아카데미.

김병연·양문수. 2012. 『북한 경제에서의 시장과 정부』. 서울대학교: 서울대학교출판문화원.

김상기. 2015. "원조가 북한의 외교정책을 변화시키는가? 유엔총회 투표자료를 이용한 실증분석." 『21세기정치학회보』 25(4), 135-160.

김지영. 2015. "국제개발협력 레짐과 원조: 한국의 수원경험으로 중심으로." 『동서연구』 27(2), 261-280.

_____. 2016. "국제사회의 대북 인도적 지원의 실제와 효과성: 탈북민의 인식조사 결과를 중심으로." 『한국동북아논총』 78, 87-103.

_____. 2017. "국제개발 담론의 변천과 유엔 SDGs 시대." 『사회과학논총』 20(1), 1-23.

김태균. 2017. "북한개발협력을 위한 이론적 소고: 국제사회론을 중심으로." 손혁상 외 편저. 『북한개발협력의 이해』. 서울: 도서출판 오름.

문경연. 2012. "대북지원의 인간안보적 재해석." 『북한연구학회보』 16(2), 295-328.

박소혜·박지연. 2017. "스위스의 대북지원에 관한 연구." 『아태연구』 24(3), 175-196.

박지연. 2017. "북한개발협력의 역사와 현황." 손혁상 외 편저. 『북한개발협력의 이해』. 서울: 도서출판 오름.

박지연·문경연·김은영·조동호. 2016. "국제사회의 개발협력 패러다임과 북한개발협력 새천년개발목표(MDGs)와 지속가능개발목표(SDGs)를 중심으로." 『아태연구』 23(2), 249-275.

박지연·문경연·조동호. 2016. "UN 지속가능개발목표(SDGs) 담론의 북한 적용을 위한 이행지표 고찰." 『담론201』 19(4), 123-147.

배성인. 2004. "국제사회의 대북 인도적 지원." 『국제정치논총』 44(1), 255-280.

사정원. 2017. "한국전쟁시기 중국의 대북한 철도지원－전쟁지원에서 건설지원까지." 『대동문화연구』 98, 39-62.

신용수. 2000. 『북한경제론』. 서울: 답게.

양문수. 2001. 『북한경제의 구조』. 서울대학교: 서울대학교출판부.

_____. 2014. 『북한경제의 구조: 경제개발과 침체의 메커니즘』. 서울: 서울대학교출판문화원.

연하청. 2002. 『북한경제학습』. 서울: 한국학술정보.

유현정. 2018. "김정은 시기 북한 경제특구정책의 변화와 개성공단 재개에 주는 함의." 『북한학보』 43(1), 340-372.

이무철. 2005. "산업구조." 세종연구소 북한연구센터 편. 『북한의 경제』. 서울: 한울 아카데미.

_____. 2006. "북한의 산업구조." 북한연구학회 편. 『북한의 경제』. 서울: 경인문화사.

이영훈. 2006. "북한 경제발전전략의 지속과 변화." 북한연구학회 편. 『북한의 경제』. 서울: 경인문화사.

이종운. 2014. "대북 지원의 원조효과성 제고를 위한 다자간 신탁기금 설립 방안과 과제." 『유라시아연구』 11(4), 43-61.

임방순·마크만한균. 2015a. "한국전쟁직후 중국의 대북한 원조에 관한 연구." 『공공사회연구』 5(1), 368-399.

_____. 2015b. "중-소 분쟁 초기 대북한 원조: 1956-1960년을 중심으로." 『인문사회과학연구』 16(3), 267-298.

제성호. 2011. "대북 인도적 지원: 남남갈등의 현주소와 북한 인권에 대한 함의." 『전략연구』 51, 127-156.

조한덕. 2016. "국제개발협력과 ODA." 조한덕 외. 『국제개발협력: 입문편』. KOICA ODA 교육원 엮음. 성남: 시공미디어.

Haggard, Stephen, and Marcus Noland. 2007. *Famine in North Korea: Markets, Aid, and Reform*. New York: Columbus University Press.

Kim, Jiyoung. 2014. "The Politics of Foreign Aid in North Korea." *The Korean Journal of International Studies* 12(2), 425-450.

Lancaster, Carol. 2007. *Foreign Aid: Diplomacy, Development, Domestic Politics*. Chicago and London: The University of Chicago Press.

Schwekendiek, Daniel. 2011. *A Socioeconomic History of North Korea*. Jefferson, North Carolina, and London: McFarland & Company, Inc. Publishers.

제2부

인간과 사회발전 영역

제4장

빈곤종식과 북한개발협력*

이지선 | 경희대학교

I. 서론

본 글은 국제연합(United Nations, 이하 유엔)의 지속가능발전목표(Sustainable Development Goals)를 중심으로 국제개발협력 커뮤니티의 주요한 빈곤 정의와 측정 기준과 바탕으로 북한의 최근 빈곤 현황 및 빈곤 감소 노력에 대해 알아보고자 한다. 개발도상국의 빈곤 감소를 위해 개입해 온 다양한 개발협력 행위자들, 예를 들어, 개도국 정부의 공공정책입안자, 국제기구의 개발전문가, 개발현장의 전문구호인력, 그리고 개발학자들의 입장에서 북한이라는 국가 사례는 '블랙박스'와 같다. 북한경제에 대한 전반적인 거시지표들뿐만 아니라 북한인구에 대한 기본적인 통계 수치들이

* 이 글은 부분적으로 저자의 『오토피아』 제34집 제3호(2019) 논문과 『법과 정책연구』 제20집 제1호(2020) 논문을 참고하였음.

신뢰성 및 접근가능성이 매우 낮기 때문에 이들 입장에서 무엇을 어떻게 접근해야 할지를 결정할 기초정보가 다른 국가들에 비해 상대적으로 부족하다. 그럼에도 불구하고, 본 논의를 통해 북한 빈곤 문제의 근본적 이해에 있어서 언급되어야 할 학술적, 정책적 주요 빈곤담론과 과제들을 재탐색하고 북한의 현황을 상대적으로 잘 반영하는 최근의 데이터들을 소개하여 더 활발하고 지속적인 북한의 빈곤 감소 및 개발협력 논의에 기여하고자 한다.

국제사회에서 북한의 빈곤 문제는 현대 인류가 직면한 가장 극심하고 장기적 수준의 사례들 중 하나로 여겨진다.[1] 무엇보다도, 북한의 폐쇄사회경제라는 특수한 체제적 맥락에서 국가 내 저발전, 빈곤 현상이 심화되어왔다. 냉전시대가 종료된 이후 북한은 1990년대 초중반 발생한 초유의 기근 사태들로 국내의 빈곤상황이 악화되고, 1995년에 이르러 북한 정권은 식량위기 극복을 위한 첫 국제긴급지원을 요청하게 된다. 2000년대 들어서는 국제사회의 지원뿐만 아니라 북한 자체적인 노력으로 국내적인 빈곤 그리고 식량 부족 문제가 다소 완화된 듯 보였으나 국제사회에 대한 군사도발을 재개하고 핵실험을 감행하였다. 이로 인해 북한은 유엔과 미국의 강력한 경제제재를 받게 되고 최근까지 국제사회로부터 안정적인 긴급 및 개발지원을 기대하기 힘든 상황이다. 2010년대의 북한 저발전 및 빈곤 문제는 만성적인 식량 부족 현상과 함께 고질적으로 나타나며 여전히 많은 북한 주민들은 극심한 빈곤상태에서 생활하는 것으로 알려졌다.

---

1) 지난 10년간 누적된 양적 그리고 질적 데이터에 의하면 국제빈곤선을 기준으로 북한 내 빈곤인구비율을 40%에서 60%대로 폭넓게 추정하고 있다(CIA 2020). 그럼에도 불구하고, 전 세계 기준 빈곤인구의 평균비율이 22.8% 그리고 사하라이남 아프리카 지역의 평균비율이 47.5%로 추정되는 것과 비교했을 때, 북한의 빈곤상황은 국제적인 수준에서도 상당히 심각한 빈곤 수준을 보이고 있다.

1. 빈곤 정의 및 측정의 다양성

역사적으로는, 세계 2차 대전 이후 본격적으로 국제개발(Global Development)이라는 영역이 발생됨과 동시에 국제사회는 빈곤이라는 현상에 대해 끊임없이 고민해 왔다. 무엇보다도, 개도국들에서 나타나는 빈곤현상의 근본 원인들을 파악하고 빈곤 감소를 위한 해결책들을 간구해왔다. 무엇보다도, 어떻게 빈곤을 정의하고 측정할 것인가란 핵심질문에 대한 학술적 그리고 실증적 논의들이 누적되어 왔다. 빈곤 정의 및 빈곤 측정 관련 담론들은 시대에 따라 서서히 변천해 왔고 빈곤에 대한 다양한 시각들이 소개되었다. 다시 말해, 아직도 국제사회는 공통의 그리고 단일의 빈곤 정의와 측정 방식을 가지고 있지 않다.

다만, 주요 국제개발기구들 및 선진원조기관들을 중심으로 빈번하게 선호되어지는 정의 및 측정 방식들은 존재하고 이러한 접근방식들은 상이한 발전/빈곤론들에 기반한 것으로 볼 수 있다. 예를 들어, 지역적 범위를 기준으로 빈곤선은 국제 그리고 국내 빈곤선으로 나눌 수 있고, 가장 폭넓게 활용되는 국제빈곤선 중 세계은행이 정한 기준은 하루 일인당 기초생활비용으로 1.90달러(미화 기준) 이하를 획득 또는 소비하는 인구를 최빈곤층으로 정의한다.[2] 해당 지표는 최빈곤인구(extreme poverty population)를 비빈곤(non-poor) 인구집단들로부터 구분을 하고 국가 간 비교 그리고 시기별 진전 상황을 파악하기 위해 1990년부터 소개되었다. 세계은행이 정의하는 빈곤은 인간의 기초생활에 필요한 식량, 의복, 주거를 위한 비용 등을 금전적(monetary) 측면에서 파악한 것이며, 빈곤을 인간의 다차원적인 역량들(capabilities)의 결핍으로 정의하는 학파와는 그 접근에 있어 차이가 있다. 세계은행의 금전 중심적 빈곤 정의 및 측정뿐만 아니라 역량 중심적인 빈곤개념들이 복합적으로 국제 및 국가별 빈곤지표로 활용되며 추후

---

2) 세계은행은 국제빈곤선(International Poverty Line)을 주기적으로 발표하고 있으며 하루 일인당 1.90달러 기준선은 2015년 수정 발표된 것이다.

논의하게 될 유엔의 국제발전목표들의 중요 지표들로 포함되어 있다.

2. 개발협력분야에서 빈곤목표의 등장과 변천: MDG에서 SDG로

국제발전 및 국제개발협력의 국제적 규범들의 발생, 발전 그리고 쇠퇴는 국제사회가 역사적으로 직면해 왔던 시대별 정치·경제적 맥락들과 무관치 않고, 무엇보다도, 빈곤목표의 주류화와 지대한 관련성을 가지고 있다. 해외원조(foreign aid)[3]는 냉전시기에 강대국들의 외교정책적 도구로 등장, 활용되었다(Morgenthau 1962, 301). 1970년대 발생한 석유 및 원자재 가격파동사태들로 인해 개도국들의 경제상황이 파탄에 이르면서 전 인류적 차원의 빈곤 이슈가 국제사회로부터 주목을 받았다. 사적 기부 내지 종교단체의 자선활동에 국한되었던 이타적이고 인도주의적인 동기들이 국가 수준의 원조정책 분야까지 확장되었다. 1980년대를 아울러 1990년대에는 서구사회에서 발생한 신자유주의의 물결이 워싱턴 컨센서스라는 이름으로 개도국들에 전달되는 원조에도 지대한 영향을 주었으며, 개발프로그램 도입을 통해 대대적인 자유시장화를 시도하였으나 뚜렷한 경제성장 및 빈곤 감소 효과를 유도하지 못해 국제사회의 원조피로감을 높였다. 지난 반세기 동안, 공여국의 정치적 그리고 경제적 이해 중심의 현실주의적 원조동기들도 여전히 유효한 반면, '개도국의 빈곤 감소 및 경제발전'이 서구 공여국들의 주요한 원조목적으로 서서히 전면화되었다(Lumsdaine 1993, 3-4; 이지선 2020, 198-199).

2000년에 이르러서는 개발협력을 통한 발전시도 재조정으로써 유엔의 주도로 새천년개발목표(Millennium Development Goals, 이하 MDG)가

---

3) 해외원조라는 용어는 '빈곤 감소'라는 국제공동목표가 발생, 구체화되기 이전부터 강대국들의 외교정책적 도구로써 발생된 다양한 형태의 국가 대 국가 지원을 포괄한다. 다시 말해, 오늘날의 주로 언급되는 공적개발원조 내지 개발협력의 원형적 그리고 광의의 개념이다.

수립되었다. MDG에서 빈곤퇴치는 사회영역 8개의 국제개발목표 중 첫 목표로 설정되어 있는 만큼 여러 개발목표들과 비교했을 때, 전략적 중요성 및 포괄성을 지닌다고 볼 수 있다. MDG 1은 '최빈곤 및 기아퇴치(Eradicate extreme poverty and hunger)'이며 세 가지의 세부목표들을 내포하였다. 세부목표 1은 빈곤인구를 하루 1.25달러 이하를 소비하는 인구로 정의하고 세계빈곤인구를 1990년부터 2015년까지 반으로 줄이고자 하였다. 두 번째 그리고 세 번째 세부목표들은 고용과 기아에 관한 것으로 여성, 남성, 그리고 청년층의 고용률을 제고하고 기아인구를 절반으로 감소시키는 것을 포함하고 있다. 세계은행의 자료에 따르면, MDG 1의 경우, 2010년 이미 그 목표를 달성한 것으로 평가하였고, 1990년 36%로 측정되었던 세계빈곤인구 비율은 2015년 10%로 감소하였다.[4] 그럼에도 불구하고, 지역별 빈곤 감소 진전의 모습들이 불균형적으로 나타났고, 특히, 아프리카의 빈곤 감소가 상대적으로 미약하게 나타나고 아직 지구상 최빈곤인구는 7.3억 명에 이르는 실정이다.

II. 지속가능발전목표 1과 세부목표

1. 지속가능발전목표 1

2015년 지속가능발전목표가 MDG를 계승하고 2030년까지의 사회개발 및 경제성장을 위한 17개의 발전목표, 169개의 세부목표를 제시하였다. 이 중 지속가능발전목표 1은 MDG 1인 빈곤기아목표의 연장선상에서 세부목표들을 더 구체화하였고 목표를 '지구상의 모든 형태의 빈곤종식(End

---

4) https://www.worldbank.org/en/topic/poverty 참고(검색일: 2020.5.10).

poverty in all its forms)'으로 확대 설정하였다.

지속가능발전목표의 1번 목표인 빈곤종식 아래 총 7개의 세부목표들이 소개되었다(〈표 1〉 참고). 지속가능발전목표의 빈곤목표 구체화 및 세분화로서 기존의 소득 중심의 빈곤개념(세부목표 1.1 그리고 1.2)뿐만 아니라 역량과 권리 차원의 빈곤개념들(국가적 차원의 사회보호 그리고 생산성 향상 및 자원보유 관한 세부목표 1.3, 1.4 그리고 1.5)도 폭넓게 수용하였다. 세부목표 1.A와 1.B는 중앙 및 지방 정부들의 친빈곤 또는 빈곤 감소를 위한 정책 및 프로그램의 실행 여부를 가늠하기 위해 이들 공공기관들의 해당 섹터에 대한 재원확보, 투자, 관련정책입안 및 집행 등을 모니터링하고

표 1   **지속가능발전목표 1과 세부목표**

목표	세부목표
지속가능발전목표 1. 모든 지역에서 모든 형태의 빈곤 종식	1.1 2030년까지 하루 1.25달러 이하로 살아가는 빈곤층을 지구상에서 종식시킴. 다시 말해, 모든 세계 인구가 하루 일인당 1.25달러 이상 획득하거나 소비하도록 함.
	1.2 2030년까지 남성, 여성, 아동을 아우르는 모든 연령을 대상으로 국가별 정의에 따른 모든 영역의 빈곤 수준을 50%로 축소함.
	1.3 2030년까지 국내 저소득층에 대한 적절한 사회보호시스템과 조치들을 구현함.
	1.4 2030년까지 모든 남녀, 특히, 빈곤층과 차상위층이 경제적으로 활용할 수 있는 자원 및 기초서비스에 대한 동등한 권리와 모든 형태의 재산 및 부동산, 상속 받은 재산, 천연자원, 적절한 신기술, 금융재원에 대한 소유권과 통제권을 보장함.
	1.5 2030년까지 취약한 상황에 직면한 빈곤층의 대응력을 강화하고 기후변화와 관련된 위기적 사태, 기타 경제, 사회, 환경적 충격 및 재앙 등으로 인한 빈곤층의 위험과 취약성을 축소함.
	1.A 모든 범주의 빈곤 종식을 위한 프로그램과 정책을 구현하고 개발도상국을 위한 적정하고 예측가능한 수단 등을 제공하기 위해 개발협력을 강화하는 등의 다양한 출처로부터 재원확보 및 활용함.
	1.B 빈곤 종식을 지지 그리고 가속화하기 위한 투자로써 친빈곤적 성장, 양성평등에 기반한 국가, 지역, 국제적 차원의 건전한 정책 프레임을 수립함.

출처: SDG Knowledge Platform(검색일: 2020.5.10)

자 한다. 빈곤목표와 관련해 지속가능발전목표과 MDG 레짐을 비교했을 때 달라진 점들 중 하나는 MDG 1의 세부목표였던 기아와 고용이 독립적인 목표들(지속가능발전목표 2와 지속가능발전목표 8)로 설정되었다.

앞서 언급한 것과 같이, 지속가능발전목표 1은 '빈곤'이라는 사회 및 경제 그리고 인권 분야에 걸친 광범위한 저개발 현상에 대한 목표이다. 많은 연구들은 지속가능발전목표 1 달성에 있어서 특정 부문의 향상(예를 들어, 결핵퇴치, 수자원접근성향상, 교육기회확대, 여권신장 등)이 빈곤 감소에 기여하는 효과 및 정도에 대해 주로 주목하고 있으나, 지속가능발전목표 1의 독립적 또는 단독적인 의미에 대한 논의가 상대적으로 적다. 그럼에도 불구하고, 이제까지 소개된 논의에 의하면, 지속가능발전목표 1의 세부목표들은 MDG에 비해 빈곤을 더 다차원적으로 정의하고 접근하고자 하는 측면에서 진일보한 시도라 평가되어지고 있고, 지속가능발전목표 기본철학인 지역적 포괄성을 반영하는 측면에서 해당 세부목표들이 개도국 맥락에만 국한되어 적용되지 않는다. 예를 들어, 세부목표 1.2와 1.5의 경우, 고소득 및 선진국 내 빈곤 문제에 대한 고려가 엿보인다(Doidge and Kelly 2018, 4).

그러나 '2030년까지 절대빈곤의 완전한 종식'이라는 인류 공동의 발전목표의 달성 가능성 차원에서 살펴봤을 때, 빈곤 감소의 발생 과정상, 그 진전이 순차적으로 발생되지 않는 경우가 많기 때문에 기존의 절대빈곤인구 비율규모를 일정 기간 동안 큰 폭으로 감소시키는 것보다 최빈곤인구(예를 들어, 지구상 최빈곤인구비율이 3~5%로 떨어졌을 때)를 완전히 없애는 것이 실제 더 어렵고 훨씬 더 많은 시간이 요구되는 목표일 수 있기에 지속가능발전목표가 다소 무리한 목표치와 타임라인을 설정한 것이 아니냐는 비판도 있다(Ravallion 2020). 또한, 지속가능발전목표는 분명 이전의 빈곤목표보다 여러 부문에서 향상되었지만 빈곤 감소를 위한 구체적인 접근방법 및 주체(또는 이행당사자)에 대한 언급을 여전히 누락시키고 있어 목표의 실제적인 이행에 있어 혼란을 주고 있다고 비판받았다(Sengupta 2018).

2. 세부 이행지표

앞서 언급된 빈곤목표 및 세부목표들 대비 진전사항을 모니터하고자 제
안된 측정지표들은 개별 국가들의 빈곤 감소 현황을 비교적 엄밀하고 신

표 2   지속가능발전목표 1의 세부지표

세부지표
1.1.1 국제빈곤선(하루 1.25달러) 이하의 인구비율(성별, 나이, 고용여부 그리고 도시/농촌지역에 따른 구분 포함)
1.2.1 국내빈곤선 이하의 인구비율(성별, 나이에 따른 구분 포함) 1.2.2 국내빈곤기준들에 모두 충족한 남녀, 그리고 모든 연령의 아동인구 비율
1.3.1 사회보호제도 혜택을 받는 인구비율(성별, distinguishing children, 실업자, 고령자, 장애인, 임산부, 신생아, 산업재해피해자 및 빈곤, 취약계층 별로 구분 포함)
1.4.1 사회기초서비스에 접근 가능한 가구에 속한 인구 비율 1.4.2 토지 보유/보호 권리를 보장 받는 성인 인구 비율; (a) 법적으로 인정받은 문서로 보장 받거나 (b) 토지보유권리를 보장받음을 인식하는 인구(성별과 토지소유권 유형에 따른 구분 포함)
1.5.1 자연재해로 직접적으로 상해를 입거나 실종 그리고 사망한 인구 수(십만 명당) 1.5.2 국제 GDP 대비 자연재해로 직접적인 경제적 손실 1.5.3 재난위험저감을 위한 센다이 프레임워크의 이행하는 국가의 수 1.5.4 국가재난위험저감전략을 적용 및 이행하고 있는 지역정부의 비율
1.a.1 국내적으로 생산된 자원 중 정부에 의해 빈곤 감소프로그램에 투입되는 비율 1.a.2 교육, 보건 및 사회보호 등의 기초 서비스를 위한 정부지출 비율 1.a.3 빈곤감소프로그램에 투자된 증여와 부채 발생시키지 않는 국내유입재원의 합계 (GDP 비율)
1.b.1 불균형적으로 여성, 빈곤/취약계층에게 유익한 섹터들을 위해 정부가 자본지출하는 비율

출처: Global Indicator Framework After 2019 Refinement. 해당 보고서는 50th session of UN
      Statistical Commission(2019년 3월에 개최)에서 최종적으로 승인되었고 업데이트 된 내용
      을 기반으로 저자가 번역하였음5)

---

5) https://unstats.un.org/sdgs/indicators/Global%20Indicator%20Framework%20after
    %202019%20refinement_Eng.pdf 참고(검색일: 2020.5.10).

뢰성 있게 파악할 수 있는 중요 기준이 되기에 측정지표의 선택에 따라 빈곤 또는 빈곤 감소라는 현상이 왜곡되게 파악될 가능성도 충분히 존재한다. 그리고 해당 지표들은 실질적으로 빈곤퇴치 관련 국가정책 및 개별 프로그램 계획 및 운영에도 직접적인 영향을 미치기에 민감하고 중대한 사안이 아닐 수 없다. 2015년 지속가능발전목표가 발생한 이후 지속가능발전목표 지표 관련 기관 간 전문가그룹(Inter-Agency Expert Group on SDG indicators)을 중심으로 각 세부목표 대비 이행지표들을 꾸준하게 논의, 수정시켜 왔고, 최근까지(2019년 3월 기준) 총 232개의 지표들이 확정되었다. 지속가능발전목표 1의 경우, 총 14개의 관련 지표들이 제안되었다(〈표 2〉 참고).

제시된 세부지표들 가운데 가장 주요하게 논의가 이루어진 부문은 1.1.1에 관한 것이다. 빈곤의 완전한 종식 달성 여부를 가늠함에 있어서 세계은행이 설정한 국제빈곤선은 절대적인 기준을 제공하고 있다. 하지만 이와 관련해 학자 및 정책입안자들 가운데 상당한 논쟁이 벌어지고 있는데, 특히, 세계은행이 정의한 국제빈곤선(앞서 언급한 것과 같이 하루 일인당 1.90달러의 소비 또는 소득 수득을 기준으로 최빈곤인구를 정의, 측정하고 있음)은 여전히 경제 개념 중심적이기에 빈곤에 대한 다차원적인 고려가 들어간 기준을 재설정해 국제사회의 빈곤 감소 현황을 재평가해야 한다고 보는 입장들도 있다(Yi 2019). 또한, 세부목표 1.2의 지표들의 경우, 국내적으로 정의되는 빈곤인구와 관련하여, 해당 세부목표는 국내빈곤층 규모를 반으로 감소시키고자 하나, 국내빈곤선에 의한 빈곤층에 대한 정의 및 측정방법이 국가들마다 상이하기 때문에 해당 부문의 전 지구적 차원의 진전 및 달성을 모니터함에 있어 객관성 및 국가 간 비교 시 적절성에 많은 문제가 발생할 수 있다는 점도 언급되었다(Doidge and Kelly 2018, 5).

빈곤목표에 있어서 빈곤현상의 다차원성에 기반한 주요한 지표들이 제안되었으나 이와는 별개로 이를 충족시킬 수 있는 국가별 데이터가 얼마나 그리고 어느 수준으로 존재하는가는 결국 제안된 세부지표들의 실질적 유효성을 판단할 수 있는 중요 질문이 될 것이다. 즉, 관련 데이터의 존재여부, 접근가능성 및 신뢰성에 따라 국가 내 빈곤현상을 파악할 수 있는 실증적 증거가 불충분하거나 이를 왜곡되게 판단할 가능성이 국가 별로 판이하게 나타날 수 있다. 특히, 국제빈곤선을 기준으로 최빈곤인구를 판별하고 모니터링하는 작업과는 또 다르게 국내적인 빈곤 기준 및 측정방법에 의한 판별되는 빈곤인구에 대한 데이터 수집 및 분석상 많은 문제점들이 제기되기도 한다.

앞서 언급한 것과 같이 지속가능발전목표의 주요 지표들과 관련해 북한의 데이터 접근성은 다른 개도국들과 비교했을 때 매우 낮은 편이다. 삭스와 동료연구자들(Sachs et al. 2016, 40)에 의하면, 북한은 지속가능발전목표의 세부지표 전체 중 약 40%에 해당하는 데이터가 부재하기 때문에 유엔의 공식적인 지속가능발전목표 모니터링 프로세스에 포함시키지 못함을 언급하였다. 하지만 박지연 외 연구에 따르면, 2015년 제안된 지속가능발전목표의 232개 지표들 중 북한의 경우, 이를 충족할 수 있는 관련 데이터가 존재하는 지표들은 47개에 한정되어 있으며, 이는 지속가능발전목표의 지표 중 약 20%만을 커버하는 수준이라고 조사된 바 있다(박지연 외 2016). 해당 연결선상에서 다음 절부터는 구체적으로 지속가능발전목표 시대뿐만 아니라 그 이전의 북한 내 빈곤 트렌드를 파악할 수 있는 데이터들을 소개하고 2015년 이후 소개된 빈곤 감소 노력에 대해 논의해 보도록 하겠다.

III. 북한 빈곤 현황

1. 2015년 이전 빈곤 데이터 및 빈곤 실태

북한이 심각한 대기근 사태를 겪고 국제사회에 대한 지원을 공식적으로 요청한 1995년 이후에도 북한의 빈곤상황을 짐작할 수 있는 통계 및 실증적 자료에 대한 접근성이 상당히 낮고 관련 자료들에 대한 신뢰성 또한 의심되었다. 북한이 국제사회의 인도적 지원 및 개발협력의 접근성을 제한하기 시작한 2005년부터 약 십여 년 동안 북한의 발전 및 빈곤상황을 파악할 수 있는 관련 데이터들이 더욱 부재하였고 앞으로의 대북 개발협력 시도의 재도입 가능성을 논하기 앞서, 북한의 통계기술 향상 및 데이터 발굴 자체가 우선 과제로 파악될 수 있다(ibid., 124).

이를 반영하듯, 국제기구들이 발행하는 주요한 빈곤지표들 가운데 북한을 포함시키는 경우도 매우 드물다. 세계은행의 세계개발지표(World Development Indicators)와 유엔개발계획(United Nations Development Programme)의 다차원빈곤지수(Multidimensional Poverty Index)에서도 북한의 빈곤인구에 대한 정보가 전무한 상황이다. 유엔의 인간개발지수(Human Development Index, 이하 HDI)에서 1994/5년도만 예외적으로 북한의 빈곤지수를 발표한 바가 있으나 연속적인 모니터링은 하지 못하고 있다. 해당 자료에 따르면, 1995년 북한의 HDI지수는 0.766이며 175개 국가들 중 75위에 링크되었고 중위 인간개발 수준(medium human development)에 속하는 국가군으로 구분되었다(당시 북한의 일인당 실질 GDP는 미화 4,058달러로 추정됨).[6]

1990년대부터 2000년대를 아울러 국제적으로 일정한 신뢰성을 확보한 북한 빈곤 데이터 및 관련 지표들이 상당 부분 부재한 가운데 유엔아동기금(The United Nations Children's Fund, 이하 UNICEF)과 북한통계청이 공동으로 발표한 2009년도 다중지표군집조사(Multiple Indicator Cluster Survey, 이하 MICS)는 북한 내 빈곤상황을 간접적으로 가늠할 수 있는 중요 통계자료이다.[7] 해당 자료를 통해 MDG시대의 북한 내 빈곤 감소 진전사항을

---

6) http://hdr.undp.org/sites/default/files/reports/259/hdr_1998_en_complete_nostats. pdf#33 참고(검색일: 2020.5.10).

7) Central Bureau of Statistics of the DPR Korea and UNICEF, *DPR Korea Multiple Indicator Cluster Survey 2009*, Final Report, Pyongyang, DPR Korea: Central

파악하는 데 활용되었으나 MDG 빈곤세부목표 1번(빈곤인구비율)과 2번
(고용)과 관련된 데이터는 거의 찾아볼 수 없고, 대부분의 통계는 기아,
아동의 영양/발육상태, 교육, 보건 등에 초점이 맞추어져 있기에 빈곤의
다차원적인 분야들 중 기아 및 영양상태 관련된 통계들만 제한적으로 보
여주고 있다.

　　관련 학술 연구에 따르면, 인공위성을 통해 획득된 인구활동 데이터
(2007년 기준)를 가지고 북한의 빈곤 상황을 가늠했을 때(북한인구를 2천2
백만 명(2003/4년도 기준)으로 상정) 이 중 천4백만 명(총 인구의 65.1% 차지)
을 빈곤인구로 추정한 바 있다(Elvidge et al. 2009).[8] 종합해 봤을 때 북한
국내의 빈곤상황을 가늠할 직접적이고 일차적인 빈곤인구비율 파악은
MDG시대에서부터 제한적으로 추정될 뿐이었고 이를 체계적으로 그리고
공식적으로 파악하고자 한 전 국가적 통계자료수집과 분석은 대부분 빈
곤의 한 부분인 기아와 보건에 초점이 맞추어져 있어 북한 맥락에서 나타
나는 '빈곤'의 실질적 그리고 전반적 모습을 가늠하기에 커다란 한계가 존
재해 왔다.

2. 지속가능발전목표 시대의 북한 빈곤 데이터 및 빈곤 현황

앞서 언급한 지속가능발전목표 1의 7개의 세부목표들과 14개의 세부지표
들을 충족시킬 수 있는 최근의 데이터들은 얼마나 접근가능하며 최근 관
련 데이터들이 보여주는 북한 내 빈곤 현황은 어떠한지를 가늠코자 한다.
먼저, 세부목표 1번인 빈곤인구비율에 대해 북한 정부나 유엔에 의해 공

Bureau of Statistics and UNICEF, 2010.

8) 해당연구에서는 빈곤의 정의를 하루 일인당 미화 2달러 이하를 소비하는 인구로 정의하
　　였고 LandScan의 인구통계(2004년도)와 The US Air Force Defense Meteorological
　　Satellite Program의 야간불빛수치(2003년도) 등을 활용해 국가별 세계빈곤지수를 재
　　설정하였다.

식적으로 인정되는 정보가 부재하나, 일부 관련 추정치들이 제시되고 있다. 앞서 언급한 것과 같이, 유엔의 SDG Indicator 통계에서도 북한의 지속가능발전목표 1 대비 진전사항에 대한 정보가 누락되어 있고 이는 지속가능발전목표의 다른 개발목표들에 비해 빈곤목표 관련 데이터가 상대적으로 부족해 유엔통계에서 이에 대한 모니터링이 불가한 상황이다.[9] 또한, 2019년 기준으로 북한 인구를 2천5백만 명 추정하고 있고 전체 인구의 약 62.1%가 도시지역에 거주한다고 보고 있다. 유엔이 제시한 통계 외에도 미국 NGO단체인 보겐프로젝트(The Borgen Project)에 의하면, 빈곤인구는 전체 인구 중 약 40%대로 추정하기도 한다.

목표별 성과를 효과적으로 모니터하고자 2009년 이후 두 번째로 시도된 MICS가 2018년 발표되었다.[10] 해당 통계는 2013년 시행된 인구조사 결과를 바탕으로 2017년 총 8천5백 명의 다양한 인구집단(성별, 나이(15세~49세), 지역별로 구분)들을 조사하였다. 주목할 점은 해당 문서에서는 빈곤이라는 용어 자체를 언급하지 않으며 이와 관련해 재산지표(Wealth index)를 대체적으로 제시하고 있을 뿐이다(MICS 2017). 해당 지표를 통해 국제적으로 비교가능한 절대적 개념의 빈곤(즉, 국제빈곤선에 의한 국내 빈곤인구비율 또는 가구당 소득 및 지출규모)을 북한 맥락에서 파악하기는 어려우나 상대적 빈곤개념으로써 가구당 보유자산을 기준으로 국내 하위 20% 인구집단을 통해 제한적으로나마 파악 가능하다(ibid., 24).[11] 2017년 MICS에 의하면, 도시지역에 거주하는 재산 상위 40% 인구집단은 총 인구의 60%에 이르는 반면, 비도시지역에 거주하는 재산 하위 20% 인구집단은 41.2%이다. 하위 20% 재산인구집단이 가장 많이 몰려 있는 지역은 량강

---

9) https://country-profiles.unstatshub.org/prk 참고(검색일: 2020.5.10).

10) CBS of the DPR Korea and UNICEF, *DPR Korea Multiple Indicator Cluster Survey 2017, Survey Findings Report* (2017).

11) 구체적으로 해당 지표는 주거관련시설(예를 들어, 주택건축자재), 가정용품(예를 들어, 선풍기, 세탁기, 냉장고, 전화기, 자전거 등) 및 토지/가축소유 그리고 전기, 통신, 물, 위생, 방한시설들의 접근성에 집중한다.

도이며, 해당 인구집단은 평양에서 가장 적게 거주하는 것으로 나타났다.

정리해 보면 지역별 빈부격차수준이 상당하고 도시보다는 지방에 빈곤인구가 몰려 있어 결과적으로 교육, 영양, 아동성장 및 보건상태에 큰 차이를 보이고 있다. 해당 MICS문서를 통해 14개의 빈곤세부지표들을 충족할 데이터는 실제 매우 적고, 부분적으로 매칭가능한 MICS 데이터는 1.4.1 [기초서비스 접근성]에 해당되는 식수제공서비스(왕복 30분 내 접근가능한 식수원이 보유한 인구비율) 그리고 개인당 향상된 위생시설을 보유 및 접근성이며 해당수치들은 각각 93.2%, 81.5%로 나타났다(MICS 2017, 7-13).

2012년과 2017년 북한 MICS 통계내용을 비교해 봤을 때 빈곤 실태의 변화를 가늠할 수 있는 몇 가지 비교 포인트들이 있다. 기아 및 영양 측면에서 만성영양결핍의 경우, 5세 미만 전체 아동인구 중 28%에서 19%로 확연히 줄어들었으며 저체중아 비율도 5%에서 3.1%로 감소하였다. 다른 한편으로는, 수도관을 통해 물을 공급받지 못하는 인구비율은 11%에서 41.5%로 크게 늘었다. 다시 말해, 아동복지 차원에서는 많은 진전이 보인 반면, 북한 주민의 식수접근성은 동일한 기간 동안 현저하게 악화되었다.

UNICEF 북한사무소가 2019년 발간한 보고서에 따르면 식량부족으로 심각한 영양실조가 빈번하게 발생하고 있으며 사회기초서비스에 대한 접근이 제한적인 인구를 총 인구 중 약 천만 명으로 산정하고 있다(UNICEF 2019). 이들 인구집단은 남성, 여성, 아동을 포함하고 충분한 영양섭취를 못하고 있으며, 깨끗한 식수 및 기초서비스가 부재한 상황에서 살아가고 있다. 북한 농림부의 자료를 인용한 해당 보고서는 지난 3년간(2016~2018년) 북한 내 농작물 생산규모가 5.89백만 톤에서 4.95백만 톤으로 감소하였고 최소 5백만 톤의 생산량을 유지해왔던 지난 10년 동안의 추이를 고려해 봤을 때 최근 들어 빈곤상황이 더욱 악화되었다. 또한, 자연재해로 인해 2004년부터 2018년 동안 누적적으로 6.6백만 명의 인구가 피해를 입은 것으로 추산되었고, 최근 이상고온현상으로 2018년 8월 일부 지역에 대규모 홍수피해가 발생하였으며, 폭우, 태풍, 돌발홍수 등으로 약 3~4만 명이 피해를 입은 것으로 집계되었다. 이러한 상황 가운데 유엔기구들

과 국제 NGO의 인도주의적 지원규모가 지난 5년간(2014~2018년) 계속적
으로 급감해왔다.

　유엔과 북한 정부가 발표한 데이터 외에도 World Data Lab이 개발한
세계빈곤시계(World Poverty Clock)에 의하면, 북한의 최빈곤 인구는 총
인구의 67%(2천5백만 명 중 천7백만 명)로 비교적 높게 추정하고 있다. 앞
서 언급된 유엔기구와 북한 정부가 공동 발표한 자료의 경우, 빈곤인구들
이 비도시지역에 불균형적으로 밀집해 있다고 분석하였으나, 해당 데이터
에 의하면 오히려 도시 지역에 상대적으로 더 많은 빈곤인구가 거주한다
고 보았다. 또한, 2030년까지 국가별 지속가능발전목표의 성취율을 예측
해 봤을 때, 북한 내 빈곤 문제가 지속적으로 악화되리라 예견하지는 않
았지만 지속가능발전목표 1.1에 있어서 목표달성가능성이 매우 희박한
국가로 분류하고 있다(〈표 3〉 참고). 이와 관련해, 북한과 유사한 수준의
절대빈곤 인구비율(2018년 기준)을 보이는 국가들은 모잠비크(57%), 예멘
(58%), 콩고민주공화국(76%), 에리트리아(77%) 등이 있다.

● 표 3　**세계빈곤시계가 예측한 북한의 지속가능발전목표 1.1 기대달성률**

최빈곤 인구	2016	2018	2020	2022	2024	2026	2028
인구 수 (백만 명)	17.0	15.5	14.9	14.2	13.5	12.8	12.0
인구 비율 (백분율)	67	61	58	55	52	49	46
도시지역 인구 수 (백만 명)	10.6	9.6	9.3	8.8	8.5	8.4	7.8
비도시지역 인구 수 (백만 명)	6.3	5.8	5.6	5.3	4.9	4.7	4.2

출처: World Data Lab의 World Poverty Clock(검색일: 2020.5.10)

IV. 북한의 Goal 1 이행 현황

1. 북한 정부의 지속가능발전목표 내재화 노력

이번 절에서는 북한 내 실시되고 있는 정부 및 국제기구들의 빈곤퇴치정
책 및 반빈곤 프로그램 현황에 대해 소개하고자 한다. 2015년 9월 개최된
Post-2015 개발아젠다 채택을 위한 유엔회담에서 북한 정부는 국제발전
목표인 MDG와 지속가능발전목표의 중요성에 대해 언급하였다. 국제사
회로부터 경제제재를 지속적으로 받고 있으나, 지속가능발전목표 달성을
위한 자구적 의지를 밝힌 바 있다. 한 발 나아가, 2017년 유엔과 북한 정
부는 유엔전략프레임워크(UN Strategic Framework 2017-2021, 이하 UNSF)
를 공동으로 수립하였는데 이는 지속가능발전목표 달성을 위해 북한 정
부와 유엔기관들 간의 강력하고 효율적인 협력을 도모하기 위함이다. 해
당 논의를 통해 북한 정부와 북한 내 상주하는 국제기구들은 4가지 전략
적 우선순위들(식량과 영양안보, 사회개발서비스, 회복 및 지속성, 데이터와 개
발운영)을 공동으로 확인하였고 해당 아젠다들은 실상 지속가능발전목표
1과 긴밀한 관련성을 가지고 있다. 또한, UNSF은 북한의 맥락에 상응하
도록 6가지의 국가수준모델을 적용코자 하였으며, 북한의 단기적 차원의
인도적 지원뿐만 아니라 중장기적 차원의 개발협력사업 도입 등을 고려
하고 이와 함께 다양한 국제행위자들을 포괄코자 하였다.[12]

　　2020년 유엔인권최고대표사무소(Office of the United Nations High
Commissioner for Human Rights, 이하 OHCHR)에서 발행된 북한의 국가자
발적보고서(Voluntary National Review, 이하 VNR) 또한 북한 정부의 지속
가능발전목표에 입각한 발전 그리고 인권적 접근수용에 대한 의지를 일

---

12) https://sustainabledevelopment.un.org/content/documents/21023dprk.pdf 참고(검
　　색일: 2020.5.10).

부 확인할 수 있는 공식문서이다.[13) VNR 작성에 기초적인 정보를 제공하는 국가별인권상황정기검토(Universal Periodic Review, 이하 UPR)가 2019년 5월 실시되었다. 2019년 발표된 UPR에 의하면, 지속가능발전목표의 달성 측면에서 262개의 권고사항이 제안되었고 이 중 132개 사항들이 수용되었다고 발표하였다.[14) 다만, 지속가능발전목표들 중 목표 16번에 해당하는 권고사항들이 주를 이룬 반면, 지속가능발전목표 1은 상대적으로 관련한 권고사항 및 관련 정보가 매우 적다. 그럼에도 불구하고, 목표 1번과 관련해 북한 정부로부터 긍정적으로 받아들여진 권고사항은 다음과 같다. 첫째, 여성, 아동, 장애우, 그리고 노령인구의 복지와 인권을 향상시키고 북한 주민들에게 최소한의 식량, 보건, 교육, 주거공간을 보장하기 위한 지속적인 노력을 취하고, 둘째, 도시지역과 농촌지역 간의 격차를 줄이기 위한 혁신적인 방법들을 간구하며, 그리고 셋째, 북한의 전 지역에 균등하고 제한 없는 인도적 지원 접근성을 보장하고 취약계층에 대한 지원전달에 있어 유엔과 인도주의기구들에게 접근성을 보장하도록 하는 내용들을 포함한다. 해당 사안과 관련해 북한 정부의 실제적인 제도적 그리고 정책적 변화에 대한 정보들이 북한 정부가 제출한 보고서에 국한되어 있어 이에 대한 객관적인 모니터링 및 분석이 제한적이나 북한 정부의 지속가능발전목표에 대한 앞으로의 수용정도 및 의지에 대해 지속적으로 살펴볼 일이다.

2. 국제사회의 대북 빈곤 감소 전략과 프로그램

빈곤은 다차원, 전 부문적인 현상이기에 다양한 개발협력 사업들은 실상

---

13) https://www.ohchr.org/Documents/Issues/SDGS/2020VNRCountries/DPRK.pdf 참고(검색일: 2020.5.10).

14) https://www.ohchr.org/EN/HRBodies/UPR/Pages/KPIndex.aspx 참고(검색일: 2020.5.10).

빈곤이라는 발전이슈와 직간접적으로 결부되어 있다고 볼 수 있다. 반대로, 지속가능발전목표 1에 단독적으로 부합하는 목적 및 효과를 의도한 개발협력사업을 찾는 것이 어불성설일 수 있다. 그럼에도 불구하고, 빈곤감소를 위한 직접적이고 관련성이 상대적으로 높은 개발협력사업에 대해 분류해 본다면 지속가능발전목표 1 세부목표들의 세 가지 부문 중심으로 ― 절대빈곤(1.1, 1.2), 사회보호(1.3, 1.4, 1.5), 친빈곤정책 및 재원확보 (1.a, 1.b) ― 빈곤층 친화적 성장을 도모하기 위한 국제개발협력사업들을 아래와 같이 언급해 볼 수 있겠다.

먼저, 빈곤 및 취약계층의 소득수준 향상을 위해 농축어업 생산성을 향상하고 생계기반을 다양화하는 사업 등이 이에 속한다. 농업은 대표적인 빈곤층 친화 산업부문으로서 보편적 경제발전보다는 농촌개발 및 농업성장이 저소득 국가들의 빈곤 감소에 더 탁월한 영향을 미친다고 연구된 바 있다(Ivanic and Martin 2018). 이와 함께, 부의 분배 개선을 위한 소득분배정책 도입 및 실행을 위한 협력사업도 언급할 수 있다. 두 번째는 빈곤층에게 노출된 경제적 위험 및 취약/위기 상황에 대한 대비책으로 실시되는 정부의 공적조치들이 있다. 이는 정부가 빈곤층의 최소한의 소득을 보장하고 이들에게 일정한 사회보호망을 제공하는 데에 그 목적이 있다. 주로, 현물/현금 이전, 무상 급식, 아동 보호, 의료 보호, 세금 감면 등의 형태로 시행된다. 또한 취약계층의 고용증진을 위한 한시적인 기술훈련뿐만 아니라 생계지원을 위한 인프라 건설 활동도 포함하는데, 대규모 인프라 건설활동 참여(공공근로)를 통해 노동한 지역주민에게 현금이나 식량을 지원하는 방법으로서 재난 발생 이후 많이 실시하는 사업형태이기도 하다. 빈곤층의 생산적인 자산 형성 및 접근성 향상을 위한 사업으로서 소액금융사업 및 토지행정정비사업 등도 언급할 수 있다.

국제사회의 대북지원은 1995년 북한의 공식요청에 의해 시작되었고 1990년대 말까지 국제사회의 지원이 급격히 증대되었으나 2000년대 초반 북한 내 식량부족사태가 완화되면서 해외지원이 일부 감소하기 시작하였다. 북한 정부가 기존의 인도주의 원조를 거부하고 개발원조로의 전환을 요구한 2004년 이후부터는 1990년대의 지원규모에는 못 미치는 수준으로 전개되었다. 국제기구 및 국제 NGO 지원 전달과정에 있어서 북한 정부의 협조가 부족하고 외부단체의 모니터링이 허락하지 않는 등의 일련의 사건들로 인해 이들 간의 협력 및 신뢰관계가 불안정하게 형성되었고 2006년을 기점으로 유엔기관들과 몇몇 국제 NGO기관들만이 잔존하여 최근까지 인도주의 지원을 이어나가고 있다. 국제사회 대북지원의 상당 부분은 긴급구호적인 성격이 강했으며 최근까지 북한에서 진행된 국제사회의 지원들이 빈곤 감소라는 목표를 염두에 두었으나 이를 직접적으로 타깃하는 중장기적 개발협력 프로그램은 실상 찾기 어렵다.

지속가능발전목표 시대 도래 이후 북한에서 실시된 빈곤 감소 관련 인도적 지원에 대해 다음과 같이 정리해 볼 수 있겠다. 2016년부터 2019년까지 유엔 및 국제개발기구들은 영양, 보건, 식량안보(농업관련지원 포함), 그리고 물과 위생이라는 네 가지 부문들을 중심으로 활동을 해 왔으며 이는 지속가능발전목표 1의 절대빈곤인구 및 취약계층에 대한 직접적인 지원 활동이며 빈곤인구의 인간으로서의 기본권리를 보장하는 것으로 식량, 영양상태, 보건 및 교육 기회 등을 일정 수준으로 향상시키고자 함이다. 북한인도주의국가팀(DPRK Humanitarian Country Team)에서 공동의 전략적 접근으로서 2016년 결의한 사항은 첫째, 각종 재난으로부터 가장 피해를 많이 본 인구의 인명구조를 위한 긴급원조에 집중하고 무엇보다 북한 정부의 대처역량이 확보된 부문에 대한 지원을 강화하고자 한다. 둘째는, 취약계층 인구 중 임산부, 수유 중인 여성, 그리고 아동에게 충분한 영양분이 있는 식량을 제공하고, 셋째, 아동, 여성, 노령인구의 기본의료서비스, 식수, 위생안전시설에 대한 접근을 보장하도록 노력하고 있다.

〈표 4〉에서 보여지듯이 북한 내 국제기구들이 개입된 친빈곤-인도주의적 지원 사업들 중 영양부문에 가장 많은 지원이 필요한 상황이다. 지난 4년간 북한 내 필요한 인도주의 지원의 재원규모는 크게 늘지 않았으나 총 타깃인구 규모는 대폭 감소되었다. 2013년부터는 경제제재의 일환으로 제반의 금융거래들이 제한되었고, 경제제재의 범위에는 인도적 지원

표 4 유엔 및 국제기구들의 대북 지원 시 필요재원 규모(2016~2019)

	2016	2017	2018	2019
북한 내 활동 중인 주요 국제기구들과 필요재원규모(미화 백만 달러)				
WFP	46.2	45.9	43.5	53.0
WHO	20.0	22.0	23.4	22.5
UNICEF	18.0	18.2	19.6	19.5
FAO	9.2	10.1	9.0	10.0
그 외 유엔기구 및 국제 NGO	28.3	17.3	15.7	15.3
총합	121.7	113.5	111.2	120.3
분야별 필요지원규모: 타깃인구와 필요재원규모(미화 기준)				
영양	290만 명 5,470만 달러 2개 기구	250만 명 3,900만 달러 3개 기구	220만 명 3,850만 달러 3개 기구	230만 명 5,050만 달러 3개 기구
보건	1,210만 명 2,980만 달러 5개 기구	1,290만 명 3,700만 달러 8개 기구	220만 명 3,700만 달러 8개 기구	210만 명 3,200만 달러 7개 기구
식량 안보 (농업지원 포함)	140만 명 2,320만 달러 7개 기구	430만 명 3,000만 달러 9개 기구	400만 명 2,600만 달러 8개 기구	140만 명 2,850만 달러 9개 기구
물과 위생	280만 명 1,390만 달러 5개 기구	60만 명 800만 달러 7개 기구	40만 명 950만 달러 11개 기구	30만 명 920만 달러 7개 기구

출처: UN DPR Korea Country Office, "Needs and Priorities Report"(2016, 17, 18, 19)

은 예외사항이었음에도 불구하고, 실제적인 인도주의사업의 자금흐름 및 집행에 있어 지대한 영향을 미친 것으로 알려졌다.

V. 결론

MDG시대를 거쳐 북한은 국내 빈곤 문제가 이전보다 악화되고 국제사회 지원이 점차 줄고 있는 상황에서 지속가능발전목표 시대를 맞이한 것으로 보인다. 더불어, 북한의 빈곤실태를 가늠할 데이터가 최근까지도 비교적 부재하고, 활용가능한 대부분의 데이터도 빈곤의 일부개념인 식량, 영양상태, 그리고 일부 기초서비스접근성(예를 들어, 식수)에 초점이 맞추어 있기 때문에 다차원적으로 북한의 빈곤상황을 이해하고 반영할 정보가 여전히 부족하다. 그럼에도 불구하고, 본 글은 최근 발표된 북한의 공식 문서들 그리고 새로운 학술적 시도들을 통해 지속가능발전목표 1의 세부목표별 북한의 최근 빈곤 현황을 가늠하고 북한의 지속가능발전목표 1 달성 가능성과 빈곤 감소에 있어서 우선순위를 보이는 부문들을 파악해 보았다.

지속가능발전목표 시대 북한의 국내 빈곤상황과 국제사회의 대북지원 현황을 살펴보면 북한은 고질적으로 상당수의 인구가 절대빈곤 수준에 살아가고 있으며 국제사회의 지원은 인도주의적 차원의 긴급지원에 국한되어 있다. 앞으로의 지속가능발전목표 1 빈곤종식을 위해 더욱 적극적인 북한 정부의 자구책과 국제사회의 지원이 필요할 지도 모르겠다. 그러나 해당 논의를 통해 다시 한번 강조되어야 할 점은 북한에 적용 가능한 다양한 개발협력모델에 관한 논의 이전에 북한의 빈곤 현황 및 원인에 근본적인 이해가 제고되어야 하고 이와 함께 빈곤에 관한 기초 및 다차원적 데이터들이 더 확충되어야 한다. 이는 앞으로 국제사회의 더 확대된 대북지원이 이루어진 경우, 재원들이 더 유의미하게, 효과적으로 빈곤층에 도달하고 작동할 수 있는 가능성을 높일 수 있다. 또한, 북한이라는 국가 사례는 빈곤 관련 데이터의 부족이 상대적으로 첨예하게 나타나는 특수한 사례이나 지속가능발전목표 1 달성을 목표로 하는 많은 개도국들에게도 데이터 부족 문제는 여전히 빈곤정책수립 및 집행에 있어 중대한 개발

난제이자 과제이기에 유의미한 함의를 제공하고 있다(Blumenstock 2016). 2030년까지 절대빈곤의 종식이라는 지속가능발전목표 1는 북한에게는 현실적으로 달성하기 어려운 목표로 보여지나 앞으로의 더 확장된 개발 협력의 노력으로 이에 근접하는 괄목할 만한 성과가 나타나기를 기대해 본다.

참고문헌

박지연·문경연·조동호. 2016. "UN지속가능개발목표 담론의 북한 적용을 위한 이행지표 고찰." 『담론201』 19(4): 123-147.

이지선. 2020. "공여국의 이행문제에 대한 신제도주의적 접근." 『법과 정책연구』 20(1): 195-232.

Blumenstock, J. 2016. "Fighting poverty with data." *Science* 353(6301).

CBS of the DPR Korea and UNICEF. 2009. "DPR Korea Multiple Indicator Cluster Survey 2009."

_____. 2012. "DPR Korea Multiple Indicator Cluster Survey 2012."

_____. 2017. "DPR Korea Multiple Indicator Cluster Survey 2017."

Central Bureau of Statistics(CBS) of the DPR Korea and UNICEF. *DPR Korea Multiple Indicator Cluster Survey 2009*. Final Report, Pyongyang, DPR Korea: Central Bureau of Statistics and UNICEF, 2010.

Doidge, M., and S. Kelly. 2018. "SDG 1: End poverty in all its form everywhere." *Jean Monnet Sustainable Development Goals Network Policy Brief Series*.

Elvidge, C. D., P. Sutton, T. Ghosh, B. Tuttle, K. Baugh, B. Bhaduri, and E. Bright. 2009. "A global poverty map derived from satellite data." *Computers & Geosciences* 35.

Haggard, Stephan, and Marcus Noland. 2007. *Famine in North Korea: markets, Aid, and Reform*. Columbia University Press.

Ivanic, M., and W. Martin. 2018. "Sectoral productivity growth and poverty reduction: National and global impacts." *World Development* 109.

Lumsdaine, D. 1993. *Moral Vision in International Politics: The Foreign Aid Regime, 1949-1989*. Princeton Univ. Press.

Morgenthau, Hans. 1962. "A Political Theory of Foreign Aid." *American Political Science Review* 56(2): 301-309.

Ravallion, M. 2020. "SDG 1: The Last Three Precent." *Center for Global Development Working Paper* 527(March).

Sachs, J. et al. 2016. "SDG Index and Dashboards: A Global Report." *Bertelsmann Stiftung and Sustainable Development Solutions Network*.

Sengupta, M. 2018. "Transformational change or tenuous wish list?: A critique of SDG 1." *Social Alternatives* 37(1).

UN DPR Korea Office. *DPR Korea Needs and Priorities 2016-2019*.

Yi, Jisun. 2019. "Making sense of extreme poverty: An essay on the caveats of the 1.90-dollar international poverty line." *Oughtopia* 34(3).

CIA Factbook. https://www.cia.gov/library/publications/the-world-factbook/geos/kn.html

SDG Knowledge Platform. https://sustainabledevelopment.un.org/

World Data Lab(World Poverty Clock). https://worldpoverty.io/

제5장

지속가능한 농림업 발전을 위한 북한개발협력

이효정 | 한국농촌경제연구원

〈관련 SDG 목표: SDG 2, 15〉
Goal 2. 기아 종식, 식량안보 확보, 영양개선 및 지속가능한 농업 증진
Goal 15. 육상생태계의 보호, 복원 및 지속가능한 이용을 증진하고, 사막화를
 방지하며, 토양 유실 및 생물다양성 손실 방지

I. 서론

1. 국제개발협력분야 농림업부문의 중요성

FAO(2018)는 2050년에 전 세계 인구가 약 98억 명까지 증가하여 식량소비가 현재보다 70%가량 증대될 것으로 예상하고 있다. 기후변화로 인한 기상이변 현상으로 세계 식량공급은 여전히 불안한 상황이며, 도시화로 인해 농지면적과 농촌지역 노동 인력은 점점 줄어들고 있다. 이러한 상황을 극복하기 위한 국제사회의 노력은 새천년개발목표(the Millennium Development Goals, MDGs)에 이어 지속가능개발목표(Sustainable Development Goals, SDGs)에도 여전히 주요한 목표로 설정되어 이행되고 있다.

농림업은 자연 자원을 이용하여 식량을 생산하며, 이 과정에서 국가와 지역의 빈곤 극복 및 경제적·사회적 발전에 기여한다. 〈표 1〉은 SDGs의

◉ 표 1   **지속가능발전목표(SDGs)와 농업·식량시스템 및 영양의 연관 내용**

SDG	농업과 식량시스템, 영양 연관 내용
1	전 세계 빈곤인구의 80%가 농촌지역에 거주하며 농업에 종사하고 있음. 우수한 영양은 높은 노동생산성, 정신력, 건강한 삶을 유도함.
2	전 세계적으로는 충분한 식량이 공급되고 있지만, 여전히 8억 명은 만성적인 영양결핍 상태임.
3	영양불량은 전 세계에서 발생하는 질병의 가장 큰 원인 중 하나임. 40억 명은 미량원소 결핍 또는 과체중을 겪고 있음.
4	영양불량은 5세 미만 아동의 1/4의 학업성취도, 두뇌발달에 영향을 줌.
5	여성은 농업 생산 활동의 43%를 차지함에도 불구하고 토지, 기술, 시장 등의 자원 접근성에 있어 차별받고 있음. 여성과 어린이의 영양 개선은 학교 교육을 개선하고 양성 불평등 경감에 기여함.
6	식량시스템은 전 세계 담수의 70%를 이용하고 있음. 우수한 영양 공급을 위해 안전한 식수와 위생에 대한 접근 필요함.
7	현대화된 식량시스템은 전 세계 에너지의 30%를 소비하고 있으며, 대부분 화석 연료에 의존함.
8	농업은 전 세계 고용의 가장 큰 부분을 차지하며, 이 중 60%가 개발도상국의 노동자임. 모든 형태의 영양실조는 경제 생산성을 낮추고 불필요한 보건 비용의 상승 초래함.
9	9억 명의 농촌지역 주민은 농업에 종사하고 있으나 전기 접근성 없음. 생애에 걸친 영양증진은 학습과 혁신 잠재력을 향상시킴.
10	10명중 7명이 지난 30년간 건강한 식품에 대한 접근 불평등. 영양 불평등의 감축은 소득 불평등을 완화시킴.
11	2030년까지 전 세계 인구의 60%가 도시 지역에 거주할 것으로 예상되며, 소비 시장의 변화, 토지와 자원의 이용에 대한 부담 증대
12	전 세계 생산량의 약 1/3에 해당하는 13억 톤의 식량이 낭비되거나 손실되고 있음.
13	식량시스템은 전 세계 온실가스 배출량의 20~30%를 차지하며, 기후변화로 인해 작물생산성이 25% 이상 감소됨.
14	어류는 동물성 단백질 섭취의 17%를 차지하나, 이 중 30%가 남획된 자원임.
15	농업은 산림녹화에서 가장 중요한 요소로, 2016년 기준 3천만ha 이상으로 녹화가 진행 중임. 토양손실과 생물다양성 감소는 식량 생산 능력을 저해함.
16	8억 1천5백만 명은 영양부족 상태로서, 식량불안정은 분쟁의 원인이자 결과가 되고 있음.
17	파트너십은 식량시스템 전환의 결정적인 요소임. 2030년까지 민간부문에서 매년 2조 3천 억 달러 투자를 계획 중임.

출처: FAO *et al.* (2018); World Economic Forum(2018)

17가지 목표와 관련한 농림업과 식량시스템, 영양의 관계를 나타내고 있다. 개발도상국은 국가 경제에서 농림업부문이 차지하는 비중이 크고, 특히 빈곤 인구의 대부분이 농촌 지역에 거주하기 때문에 빈곤 극복과 주민의 삶의 질 향상을 위해서는 농촌 지역의 발전이 필수적이라고 할 수 있다. 식량 섭취를 통한 영양의 개선은 아동의 학업성취도와 두뇌발달에 영향을 줄 뿐만 아니라 국가 차원의 보건비용 지출도 경감하는 효과가 있다. 또한 여성 농민은 생산 활동의 상당 부분을 차지함에도 불구하고 토지 소유권, 농업 기술 교육에 대한 혜택을 받지 못함으로써 경제·사회적으로 소외되고 있는 상황이다. 지속가능발전목표에서는 양성 평등, 불평등 완화를 목표로 농업과 식량시스템에 대한 체계적인 지원을 통해 지속가능한 발전을 추구하고 있다. 전 세계 담수의 70%가량이 농업부문에서 쓰여지고 있으며, 온실가스 배출량의 20~30%를 차지하는 등 생태계 보존과 기후변화에 부정적인 영향을 미치지만, 한편으로 친환경농업, 산림녹화를 통해 토양 유실방지, 생물종다양성 보존, 이산화탄소 저감의 역할을 하고 있다. 이와 같이, 농업생산과 식량시스템의 지속가능한 발전을 위해서는 국제사회의 협력과 국내 거버넌스의 체계적 작동과 더불어 가치사슬의 한 축인 민간부문의 투자 등의 역할이 함께 고려되어야 한다.

2. SDG 2의 목표와 측정지표 및 이행 현황

식량안보(Food security)는 모든 국민이 언제든지 건강과 생활을 유지하기 위해 충분하고, 안정적이며, 영양가 있는 식량에 물리적, 경제적으로 접근이 가능한 상태를 의미한다(FAO 2006). 이는 충분양의 식량을 공급하는 것뿐만 아니라 유통과 소비과정에서 손실과 낭비를 줄이며, 지속적이고 충분한 영양을 공급하는 차원의 문제이기도 하다(UN 2013).

　SDG 2번은 식량안보를 확보하고, 영양을 개선하며, 지속가능한 농업 활동을 통해 기아를 종식시키기 위한 노력이다. 〈그림 1〉에서 보는 바와

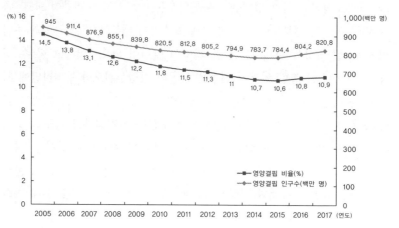

🔵 **그림 1** 　　　전 세계 영양결핍 유병률 및 인구수의 변화 추이

출처: FAO(2019)

같이, 2005년 9억 4천5백만 명(14.5%)이었던 전 세계 기아 인구수는 꾸준히 감소하여 2014년엔 7억 8천3백만 명(11%)까지 떨어졌으나, 2017년 8억 8,210만 명(약 9명당 1명)으로 다시 증가추세에 있다. 특히 아프리카는 인구의 5분의 1(2억 7,500만 명 이상)이 영양결핍 상태에 있는 것으로 보고되고 있는데, 이는 7억 6천만 명이 심각한 식량 불안에 직면해있는 상태를 의미한다(FAO 2019). 5세 미만 아동 중에서 저신장(Stunting, 연령 대비 신장이 작은 비율)은 2000년 이후 거의 모든 지역에서 감소하고 있지만, 여전히 1억 4천9백만 명 중 1명 이상은 저신장 상태이다.

SDG 2번의 이행점검을 위한 주요 성과지표로는 영양결핍 유병률 (Prevalence of undernourishment, POU), 5세 미만 아동의 저신장, 농업부문에 대한 정부의 투자가 있다. 영양결핍과 저신장 지표는 특히 임산부와 수유기의 여성, 그리고 5세 미만 아동의 경제, 보건, 식량안보, 영양, 물, 위생, 교육 등 경제적·사회적인 발전 상황을 반영하는 지표로서 장기적으로 접근해야 할 과제이다. 또한 농업에 대한 투자는 기아와 빈곤을 줄이고, 식량안보를 개선하며, 일자리를 만들고 자연 재난에 대한 회복력을 높이는 역할을 한다. 그러나 농업이 창출한 GDP 대비 정부의 농업부문 지출을 나타내는 농업 지향 지수(Agriculture Orientation Index, AOI)는 전 세계 평균 2001년 0.42에서 2017년 0.26으로 지속적인 감소가 있어왔다. 또한 농업부문에 대한 ODA 지원은 OECD DAC 기준 1980년대 25%에서 2017년 7%로 감소했다(UN SDGs 2019).

따라서, 국가 경제에서 농업이 차지하는 비중이 높은 개발도상국, 그리고 취약계층인 소농(Small-holder farmers)[1]에 대한 지원이 더욱 필요하며, 농업 생산을 위한 인프라 및 기술에 대한 투자가 여전히 시급한 상황이다. 특히 소농은 농업 기술, 자원, 정보에 대한 접근성이 낮아 이들의 회복탄력성과 적응력 강화는 기아 극복에 매우 중요한 요소이다. 아프리카, 아시아 및 남미에서 소농의 비율은 50~85%이나, 유럽은 10% 미만으로 알려져 있다. 개발도상국에서 소농의 가계 소득 향상은 국가 경제에 직접적인 영향을 미치므로, 각 국가들은 이들에 대한 투자와 지원에 대한 노력을 하고 있다. 그러나, 세계무역기구(WTO)에 보고된 수출 보조금 지출은 2010년 5억 달러에서 2016년 1억 2천만 달러로 감소했으며, 정부의 수출 보조금 감소는 농업 시장의 왜곡을 줄이는 장점에도 불구하고 전반적으로 농업부문에 대한 투자가 줄면서 기아 감소(SDG 2)에는 부정적인 영향을 미친다(UN SDGs 2019).

---

[1] 정의하는 기관에 따라 대륙별, 국가별로 소농에 대한 기준이 다르지만, 통상적으로 본인 소유의 토지가 없어 임대료를 지불하고 농사를 짓거나, 혹은 1~5ha 미만의 농지에서 스스로 농사를 짓는 농민을 의미하며, 본 저서에서는 넓은 의미로 가족농(family farming)까지 포함하여 의미함(저자 주).

● 표 2   **지속가능발전목표(SDGs) 2번의 세부목표 및 측정지표**

구분	세부목표	측정지표
2.1	2030년까지 기아를 종식시키고, 영유아를 포함한 모든 사람, 특히 빈곤층과 취약계층이 연중 안전하고 영양가 있으며, 충분한 식량에 접근할 수 있도록 보장한다.	2.1.1 영양결핍 유병률(Prevalence of undernourishment, POU) 2.1.2 식량불안정경험치(Food Insecurity Experience Scale, FIES)[2]
2.2	2025년까지 5세 미만 아동의 발육 부진 및 체력 저하에 관해 국제적으로 합의된 목표를 달성하고, 청소년기 소녀, 임산부, 수유 여성 및 노년층의 영양 필요성에 대응하며, 2030년까지 모든 형태의 영양 불량을 종식시킨다.	2.2.1 5세 미만 아동 중에서 연령 대비 신장이 WHO 아동성장표준 중간값으로부터 표준편차가 –2 미만인 발육 부진 현황 2.2.2 5세 미만 아동 중에서 신장 대비 체중이 WHO 아동성장표준 중간값으로부터 표준편차가 〉+2 또는 〈 –2 인 영양 불량 현황(형태별: 저체중, 과체중)
2.3	2030년까지 토지 및 기타 생산 자원과 투입요소, 지식, 금융서비스, 시장 및 부가가치 창출과 비농업부문 고용 기회에 대한 안전하고 평등한 접근 등을 통하여 소농, 특히 여성, 토착민, 가족농, 목축민 및 어업인의 농업 생산성과 소득을 두 배로 늘린다.	2.3.1 노동단위당 생산량(농업, 축산업, 임업 사업체 규모별) 2.3.2 소농의 평균 소득(성별, 토착상태별)
2.4	2030년까지 지속가능한 식량생산체제를 확보하는 한편, 생산성과 생산량을 증대하고, 생태계 유지에 도움이 되며, 기후변화, 극심한 기상현상, 가뭄, 홍수 및 기타 재난에 대한 적응력을 강화시키고, 점진적으로 토지와 토양의 질을 개선시키는 회복력 있는 농업 원칙을 이행한다.	2.4.1 생산적이고 지속가능한 농업 방식의 농지면적 비율

---

2) FAO가 개발한 식량불안 지표를 산출하는 방법으로, 지난 12개월 동안 식량 접근이 제한된 상황에서 취한 행동에 대한 8가지의 질문(굶거나, 섭취량을 줄이거나, 식량의 품질이 낮아지는 등의)을 통해 국별·문화권별 식량불안 현황을 분석함. '보통 수준의 식량 불안정'에 놓인 사람은, ① 건강한 식생활에 필요한 경제적 자원이 충분하지 않고, ② 식량을 확보할 수 있는 능력이 불확실하며, ③ 가끔 끼니를 거르거나 식량이 없는 상황에 직면하고 있다. '심각한 식량 불안정'에 처한 사람은 ① 식량이 바닥났거나, ② 연중 가끔 식량이 없어 온종일 굶는 것을 의미함(FAO *et al.* 2018).

2.5	2020년까지 국가적, 지역적, 국제적 수준에서 건전하게 관리되고 있는 다양한 종자 및 식물은행을 포함하여 종자, 농작물, 가축 및 관련 야생종의 유전적 다양성을 유지하고, 국제적으로 합의된 대로, 유전자원과 전통 지식 활용에 대한 접근을 촉진하고, 그로 인한 이익을 공평하고 공정하게 공유하도록 보장한다.	2.5.1 식량 및 농업을 위해 중장기 보존 시설에 확보되어 있는 식물과 동물의 유전자원의 수 2.5.2 멸종 위기에 있는, 멸종 위기에 있지 않은, 혹은 알려지지 않은 멸종 위기에 처한 것으로 분류되는 지역품종의 비율
2.a	개발도상국, 특히 최빈국의 농업분야 생산 역량을 강화하기 위하여, 국제협력 증진을 통해 농촌 사회기반시설, 농업 연구 및 지원서비스, 기술개발, 식물, 축산 유전자은행 설립에 대한 투자를 확대한다.	2.a.1 정부 지출의 농업 지향 지수 (Agriculture Orientation Index, AOI) 2.a.2 농업 부문에 대한 공식적인 전체 지원금(공적개발원조와 다른 공식적인 지원금을 합한 금액)
2.b	도하개발라운드(DDR)의 지침에 따라, 모든 형태의 농업수출보조금 및 동등한 효과를 가진 모든 수출조치의 병행적 제거를 통하여 세계 농산물시장 내 무역 제한 및 왜곡을 바로잡고 예방한다.	2.b.1 농업수출 보조금
2.c	식료품 시장 및 파생상품 시장의 적절한 기능을 보장할 수 있는 방안을 채택하고, 과도한 식량가격의 변동성을 제한할 수 있도록 식량 저장과 같은 시장 정보에 적시 접근을 원활하게하기 위한 조치를 채택한다.	2.c.1 식품 가격의 이상치 지표(Indicator of food price anomalies, IPA)

출처: UN SDG 웹사이트

3. SDG 15의 목표와 측정지표 및 이행 현황

SDG 15는 육상 생태계의 지속가능한 보존을 목표로 한다(〈표 3〉). 특히 산림을 체계적으로 관리하고, 사막화를 방지하며, 토지 황폐화를 줄여 생물다양성 손실을 최소화하는 노력이다. 그러나 육상 생태계는 사막화, 삼림 벌채, 부적절한 토양 관리, 도시화 등 인간 활동을 통해 꾸준히 손실되고 있으며, 농작물의 재배, 가축 사육 등을 위한 임지의 농지전환으로 산림이 줄어들고 있는 것으로 여겨지고 있다.

그림 2 **전 세계 지역별 산림 피복률(%) 현황(2017년 기준)**

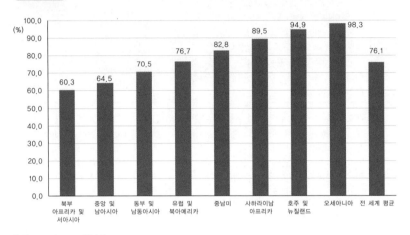

출처: UN SDGs 웹사이트

또한 산림은 고지대 산촌 지역 주민뿐만 아니라 저지대 농촌지역 사회에 생태계를 이루는 근간이 된다. 예를 들어, 산림은 전 세계 담수 중 60~80%의 원천이며, 이는 농산업의 생산과 소비, 녹색 에너지 생산 및 생물 다양성 보존과 관련이 있다. 산림 지역은 숲, 목초지·관목, 경작지 등으로 구분되며, 녹지 피복(green coverage)은 생태계의 건전성으로 이어진다. 〈그림 2〉는 2017년 전 세계 산림 지역의 피복범위를 나타낸다. 전 세계적으로 산악지역의 76.1%, 오세아니아 98.3%, 호주·뉴질랜드 94.9%의 순으로 피복률이 높다. 반면 북부 아프리카와 서아시아는 60.3%, 중앙 및 남아시아는 64.5%에 그치고 있다.

2000년~2015년 사이 전체 육지 면적 중 산림면적은 31.1%에서 30.7%로 감소했으며, 이 중 열대 지방, 특히, 라틴 아메리카와 사하라이남 아프리카에서 큰 폭의 감소율을 보였다. 이러한 산림 손실에도 불구하고 유럽과 북미, 아시아 지역의 활발한 조림 활동, 장기 관리 계획을 통해 산림면적이 증가함에 따라 산림 감소의 속도는 둔화되고 있다(UN SDG).

멸종위기종 지수(Red List Index, SDG 15.5.1)[3]는 지난 25년간 약 10%

가량 악화되었다. 유전자원을 공정하게 공유하고 더 넓은 중요 생물다양성 지역(Key Biodiversity Area, KBA)을 보호하며 지속가능한 산림관리 계획을 이행하기 위한 법적 메커니즘 채택은 한 국가뿐만 아니라 국제적인 협약 차원에서 중요하다. 국제사회는 유전자원과 생물다양성 보존 및 지속가능한 이용을 위한 공동의 대응을 위해 국제협약과 지원 체계를 구축하고 있으며, 대상은 식물, 동물, 미생물 및 기타 유전물질 및 이와 관련된 전통적인 지식까지 포함한다. 2019년 기준, 유전자원 이용에 관한 나고야 의정서는 EU를 포함한 116개 당사국에 의해 비준되었으며(2016년 대비 65% 증가), 이 중 61개 당사국은 61개 당사국은 ABS(access and benefit-sharing) 프레임워크를 채택하고 관련 정보를 ABS 정보센터에 게시하고 있다. 그러나 〈표 3〉에서 목표로 하는 2020년까지 SDG 15의 목표는 달

● 표 3　　지속가능발전목표(SDGs) 15번의 세부목표 및 측정지표

구분	세부목표	측정지표
15.1	2020년까지 국제협약상 의무에 따라 육지 내륙 담수생태계 및 서비스, 특히 산림, 습지, 산지 및 건조지의 보존, 복원 및 지속가능한 이용을 보장한다.	15.1.1 총 육지면적 중 산림 면적의 비율 15.1.2 육상 및 담수 생물다양성을 위해 생태계 형태별로 보호구역으로 지정되어 있는 중요 지역의 비율
15.2	2020년까지 전 세계적으로 모든 형태의 산림에 대한 지속가능한 관리를 이행하고, 개발을 위한 산림파괴를 중단하며, 훼손된 산림을 복원하고, 신규조림과 재조림을 대폭 확대한다.	15.2.1 지속가능한 산림관리에서의 진전
15.3	2030년까지 사막화를 방지하고, 사막화, 가뭄 및 홍수의 영향을 받는 토지를 포함한 훼손된 토지와 토양을 복원하고, 토지훼손이 없는 세계를 만들기 위해 노력한다.	15.3.1 총 토지 면적 중 황폐화된 토지 비율

---

3) 멸종위기종 지수(Red List Index): 2만여 종 이상의 포유류, 조류, 양서류, 산호 및 소철류에 대한 데이터를 추적하는 지수이며, 1의 값은 어떤 종에 대한 위협도 없는 상태, 0은 모든 종의 멸종됨을 나타냄. 1993년 0.82에서 2019년 0.73으로 악화됨(저자 주).

15.4	2030년까지 지속가능한 발전에 필수적인 이익을 제공하는 산림 생태계의 수용력을 증진하기 위해, 생물다양성을 포함한 산림 생태계 보존을 보장한다.	15.4.1 산림 생물다양성을 위한 중요 장소 보호구역 범위 15.4.2 산림 녹지 피복 지수(Mountain Green Cover Index)
15.5	자연서식지의 훼손을 줄이기 위한 긴급하고 의미있는 행동을 취하고, 생물다양성 손실을 중지시키며, 2020년까지 멸종 위기종을 보호하고 멸종을 예방한다.	15.5.1 멸종위기종 지수(Red List Index, RLI)
15.6	국제적 합의에 따라, 유전자원 활용에 따른 이익의 공정하고 공평한 공유를 촉진하고, 유전자원에 대한 적절한 접근을 장려한다.	15.6.1 공정하고 공평한 이익의 분배를 보장하기 위해 법적, 행정적, 정책적인 기반을 채택한 국가의 수
15.7	동식물 보호종의 밀렵과 밀매를 종식시키기 위한 조속한 행동을 취하고, 불법 야생 동식물 상품의 수요와 공급에 대응한다.	15.7.1 불법적으로 거래되거나 밀렵된 야생생물의 거래 비율
15.8	2020년까지 육상 및 수중 생태계를 교란하는 외래종의 유입을 방지하고, 그로 인한 영향을 현저히 감소시키며, 우점종을 통제 또는 제거한다.	15.8.1 외래 침입종의 유입 예방과 통제를 위해 국가 차원의 법률과 적당한 수단을 채택하고 있는 국가의 비율
15.9	2020년까지 생태계와 생물다양성의 가치를 국가 및 지역 계획, 발전 과정, 빈곤 감소 전략과 회계에 통합한다.	15.9.1 2011~2020 생물 다양성 전략계획의 Aichi 생물 다양성 목표 2에 따라 수립된 국가 목표의 진전도
15.a	생물다양성과 생태계를 보존 및 지속가능한 이용을 위해 모든 재원을 동원하고 대폭 확대한다.	15.a.1 생물다양성과 생태계의 지속가능한 이용과 보존을 위한 ODA 및 공공 지출
15.b	지속가능한 산림관리에 대한 재원 마련을 위해, 모든 수준에서 주요한 자원을 모두 동원하고 개발도상국이 보존 및 재조림을 위한 산림관리를 증진할 수 있도록 충분한 인센티브를 제공한다.	15.b.1 생물 다양성과 생태계의 지속가능한 이용과 보존을 위한 ODA 및 공공 지출
15.c	지속가능한 생계의 기회를 추구할 지역 공동체의 역량을 증진함과 더불어 보호종의 밀렵과 밀매 방지 노력에 대한 국제적 지원을 강화한다.	15.c.1 불법적으로 거래되거나 밀렵된 야생생물의 거래 비율

출처: UN SDG 웹사이트

성되기 어려울 것으로 전망되고 있다. 토지 수탈은 계속되고, 외래종 도입, 야생 동물의 불법 밀렵과 밀매는 끊이지 않고 있는 상황이다.

II. 북한의 지속가능발전목표와 이행 현황

1. 북한의 농림업 관련 지속가능발전목표

2016년 북한 외무성 국가조정위원회는 북한에 상주하고 있는 유엔북한 팀[4]과 협약을 체결하고 「국가전략계획(Strategic Framework for Cooperation between the United Nations and the Democratic People's Republic of Korea 2017-2021)」을 발표하였다. 해당 문서에서는 ① 식량과 영양안보, ② 사회개발 서비스, ③ 회복력 및 지속가능성, ④ 데이터 및 개발관리를 4대 주요 전략방향으로 제시했다(박지연 2019).

○ 표 4   **북한의 유엔 협력을 위한 국가전략계획(2017~2021) 중 농림업 관련 주요 목표**

전략 분야	SDGs	주요 목표
1. 식량 및 영양안보	2 9	1. 농업, 원예, 어업 축산 부문에서 식량 생산, 생산성, 가공의 지속가능성 제고 2. 가구 단위(특히 취약층)에서 연중 충분하고 다양한 식량에 접근가능할 수 있도록 생계 향상 3. 특히 가임기 여성과 5세 미만 아동, 노인, 취약층을 중심으로 영양상태 개선
3. 회복력 및 지속가능성	7, 11, 12, 13, 15	1. 재난 및 기후변화 영향으로부터 지역 공동체, 특히 여성을 포함한 취약층의 보호 및 대응력 제고 2. 지역 공동체, 특히 취약층의 저렴하고 신뢰할만하며, 지속가능한 현대적 에너지원에 접근성 제고 3. 환경관리, 에너지, 기후변화, 재난 위험관리 부문에서 정부 기관들의 통합적이고 공평한 사업수행

출처: DPRK(2016)

---

4) FAO, UNDP, UNEP, UNESCAP, UNESCO, UNFPA, UNICEF, UNIDO, UNISDR, UNOCHA, UNOPS, WFP, WHO의 대표 13인과 국가조정관(National Coordinating Committee 사무총장 김창민, 유엔 상주 조정관 Tapan Mishra, 2016.9.1일 자 서명).

SDG 2, 15번과 관련한 북한의 전략은 식량 및 영양안보, 회복력 및 지속가능성 부문으로, 주요 목표는 〈표 4〉에서 제시하고 있는 바와 같다. 먼저 SDG 2번과 관련한 목표(목표 1)에서는 농업, 원예, 어업, 축산 부문의 생산성 제고, 식량 접근성 제고 및 가구당 생계향상, 여성·아동·노인 등 취약층의 영양개선 등을 추구한다. SDG 15번과 관련해서는(목표 3) 기후변화 및 재난에 대한 회복력 제고, 에너지 현대화 및 에너지 접근성 제고, 환경관리·에너지·기후변화·위험관리 부문의 정부 관련기관 거버넌스 체계 구축 등을 목표로 한다.

2. 북한의 SDG 2 및 SDG 15 이행 현황

SDG 2번 목표인 식량안보를 측정하는 주요 지표 중 하나는 영양결핍 유병률(PoU)로, 2016년 북한의 PoU는 43.4%에 이르고 있다. 이는 전 세계 평균 10.7%, 기근이 심각하다고 알려진 사하라이남 아프리카의 유병률(22%)보다도 월등히 높은 상태이다(〈그림 3〉). 지속되는 가뭄, 이상 고온 등의 기후변화, 낮은 토양 비옥도 등으로 인해 북한의 농업 생산량은 지속적으로 낮은 수준을 보이고 있어 북한의 식량안보는 매우 위협받고 있는 상황으로, 인도주의적 차원의 식량 지원이 시급한 상태임을 알 수 있다. 또한 북한의 2012년 국가 영양 조사(National Nutrition Survey)에 따르면, 5세 미만 아동 인구의 28%가 저신장을 보이고 있으며, 가임기 여성의 31%가 빈혈 상태에 있었으나(DPRK 2016), 2017년 5세 미만 아동의 19.1%는 저신장(stunting) 상태에 있으며, 과체중인 5세 미만 아동의 비율은 2002년 0.9%에서 2017년 2.3%로 증가하였다(UN SDGs).[5]

〈그림 4〉에서는 북한의 산림 피복률 변화추이를 나타내고 있다. 2000

---

5) UN SDGs Country Profile, https://country-profiles.unstatshub.org/prk#goal-15(검색일: 2020.3.1).

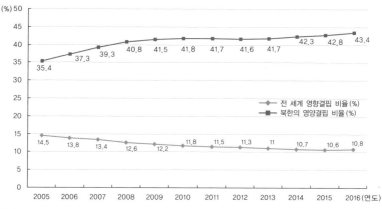

그림 3 전 세계 평균과 북한의 영양결핍 유병률 변화추이(2005~2016) 비교

출처: SDGs Country Profile

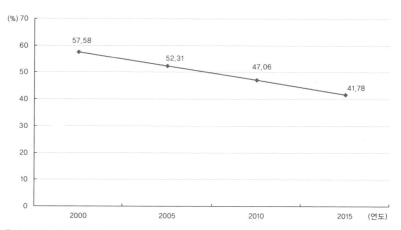

그림 4　　　　　　북한의 산림 피복률 변화 추이(2000~2015년)

출처: SDGs Country Profile

년 57.58%에서 2015년 41.78%로 감소했으며, SDG 15번의 주요 측정지
표 중 하나인 중요 생물다양성 지역(KBAs)의 현황을 2018년 기준, 보호지
역으로 관리하는 KBAs의 평균 담수비율은 0%, 평균 육지비율은 11.62%

인 것으로 조사되었다.

북한은 2019년 10월 러시아 블라디보스토크에서 개최된 '북동아시아 이해관계자 포럼(North-East Asian Multi-stakeholder Forum)'에서 17개 목표, 95개 성과지표, 130개 측정지표를 대상으로 SDGs의 이행 목표를 제시하고 현재까지의 이행 결과를 발표했다(DPRK 2019). 북한은 농업 및 식량안보를 국가 최우선 과제로 선정하고, 5세 미만 아동의 저신장, 영양결핍, 임산부 영양개선을 목표로 노력하였으나 결과는 '미흡'한 것으로 보고했다(구체적인 수치는 언급하지 않음). 향후 계획으로 농업 생산성 증대, 토양 개선, 지속가능한 생산시스템 구축을 목표로, 가축 개량, 과일 생산, 양식업을 중심으로 지원하며, 이를 위해 국제사회와 협력을 확대할 것임을 발표했다.

III. 북한의 농림업부문 지속가능발전목표 달성을 위한 지원 방향

1. 북한의 농림업부문 현황

북한의 식량안보 및 영양개선을 위해 필수적인 것이 식량 생산과 농업의 발전이다. 북한의 국토 면적은 12,054,000ha, 농지 면적은 2,630,000ha이며, 북한의 국가 경제에서 농림수산업은 22.83%(2017년)의 비중을 차지하고 있다(FAO 2019; UN SDGs 웹사이트). 한편 북한의 공식적인 산림 면적은 신뢰성 있는 공식 통계의 부재로 여러 기관에서 발표되는 자료를 통해 755~985만ha까지 추정치로 알려지고 있다(박경석 2015).

북한의 식량 생산과 관련한 자료는 국내외의 조사·발표하는 기관에 따라 편차가 큰 상황이다. 가장 최근 조사한 FAO·WFP 공동조사 보고서

(2019)에 따르면, 2018년 식량 작물 총생산량(조곡 기준)은 490만 톤으로 추정되는데, 이는 전년 대비 12% 감소한 것으로 2008~9년 이래 가장 낮은 수치로, 북한 인구의 40%에 해당하는 1,010만 명이 식량이 부족한 상태에 있어 긴급한 식량 지원이 필요함을 제기하였다.

한편, 통일부(2019)에 따르면 2018년 북한의 식량 작물 생산량은 456만 톤으로 남한 440만 톤 대비 16만 톤 많은 것으로 나타났다(〈표 5〉). 이 중 쌀 생산량은 221만 톤으로 남한 387만 톤의 절반 수준이나, 옥수수 생산량이 150만 톤으로 남한의 8만 톤보다 약 19배 많이 생산되고 있다.

○ 표 5 **남한과 북한의 식량작물 생산량 비교**

(단위: 천 톤)

연도	남한			북한		
	식량작물	쌀	옥수수	식량작물	쌀	옥수수
2008	5,498	4,843	93	4,306	1,858	1,544
2009	5,553	4,916	77	4,108	1,910	1,301
2010	4,836	4,295	74	–	–	–
2011	4,775	4,224	74	–	–	–
2012	4,565	4,006	83	4,676	2,037	1,732
2013	4,825	4,230	80	4,806	2,101	1,762
2014	4,828	4,241	82	4,802	2,156	1,722
2015	4,846	4,327	78	4,512	2,016	1,645
2016	4,707	4,197	74	4,823	2,224	1,702
2017	4,466	3,972	73	4,701	2,192	1,667
2018	4,398	3,868	78	4,558	2,205	1,498

주: 쌀은 정곡 기준, 식량작물에는 쌀, 옥수수를 포함하여 밀, 보리, 호밀, 귀리, 감자, 고구마, 콩, 기장, 수수 등이 포함됨
출처: 국가통계포털 북한통계[6)]

6) 국가통계포털, http://kosis.kr/statisticsList/statisticsListIndex.do?menuId=M_02_02& vwcd=MT_BUKHAN&parmTabId=M_02_02#SelectStatsBoxDiv(검색일: 2020.3.1).

그러나 2019년 봄의 극심한 가뭄에도 불구하고 평양의 쌀가격은 4,970원/kg(2019.7월) 안정세를 유지하고 있는 것으로 알려졌는데, 이에 대해 두 가지 견해가 존재한다. 첫째, 중국으로부터 수입과 지원을 통해 식량 생산 감소에 따른 공급 부족분을 보존했다는 견해가 있다. 2019년 5월 이후 중국으로부터 식량(주로 쌀) 수입이 크게 증가하여 2018년 대비 248%(2천 5백만 달러)가 증가하였다. 한편 북한 주민의 소득 감소로 인해 유효 수요가 하락하여 공급이 감소했음에도 불구하고 시장 가격이 안정세를 유지할 수 있었다는 견해가 있다(정성장 외 2020). 이러한 이견에도 불구하고 공통적인 사항은 여전히 북한의 식량생산이 안정적이지 못하며, 이는 가뭄, 홍수와 같은 기상이변에 대해 회복력이 취약한 구조를 가지고 있기 때문이라는 점이다.

1990년대 초반, 북한은 사회주의 국가들의 붕괴 이후 국제적으로 고립된 상황에 홍수, 가뭄 등의 자연재해까지 겹치며 식량과 에너지의 극심한 부족 사태, 소위 '고난의 행군'시기를 겪었다. 북한 주민들은 기본적으로 중앙배급체계(Public Distribution System, PDS)를 통해 식량을 배급받고 있었으나, 고난의 행군 이후 기존의 배급제를 통한 식량과 생필품을 암시장을 통해 조달하기 시작하면서 비공식적인 시장화가 확산되는 계기가 되었다(송민경 외 2017).

2019년 북한의 식량 배급 체계를 조사한 FAO·WFP에 따르면 북한 인구의 71.5%인 1,750만 명은 중앙배급체계(PDS)에 의존하고 있으며, 700만 명(28.5%)은 협동농장 등을 통해 중앙배급체계에 의존하지 않고 식량을 조달하고 있는 것으로 나타났다. 〈표 6〉에서 설명하고 있는 바와 같이, 북한은 기본적으로 국가 지도기관이 노동을 통제하는 사회주의 형태의 협업농에서 식량을 생산하는 체계이다. 그러나 '고난의 행군' 이후 비공식적으로 확산되고 있던 농민시장(장마당)을 2002년 '7.1 경제관리 개선 조치'를 통해 종합시장으로 공식화하여 확대하기에 이르렀다. 이 조치에 따르면 북한 현실에 적합한 물가와 임금의 인상, 환율 및 관세의 조정, 민간 기업의 경영자율권 확대, 식량과 생필품 배급의 단계적 폐지, 사적 경작지 확대 등을 시행한다(송민경 외 2017). 〈그림 5〉의 북한 농업지도 관리체계에서 가장 하위 단위에 있는 '분조'는 기존에 10~25명으로 구성

| 표 6 | 농업 노동과정의 요소와 경영형태 | | | |

구분	소농(가족농)	기업농	협업농	
			자본주의	사회주의(북한)
토지소유	가족 공동 소유	농업자본가 법인체	개별소유(지분) 법인체	협동적 소유
노동력 조달	가족공동체	노동시장	농가, 노동시장	농장공동체
경영목표	사용가치 일부 소득 취득	이윤획득	이윤획득	사용가치 (사회적 식량생산)
노동통제	농가 내부 (가부장 권위)	농가 외부 (법령, 기업조직)	농가 외부 (협업농 간 계약)	농가 외부 (국가 지도기관)

출처: 정정현(2018)

| 그림 5 | 북한의 농업지도 관리체계 |

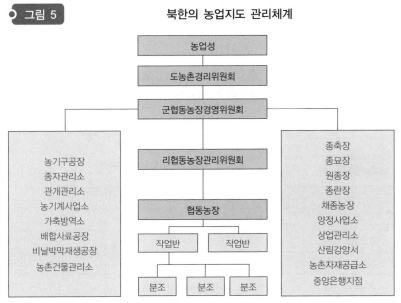

출처: 정정현(2018)

되어 있었으나, '7.1 경제관리 개선 조치'에서는 분조를 4~6명의 단위로 축소하였다. 분배 기준을 정량제에서 정률제로 개편하여 국가와 분조가 각각 7:3으로 배분하고, 시장 가격의 70% 수준으로 국가가 수매하고 나머지는 분조에서 자율적으로 판매 혹은 현물 분배를 허용하도록 했다(처분권 부여). 지속가능발전목표에서는 소농(가족농)을 포함한 여성농민, 취약층을 주요 지원 대상으로 한다. 농장 공동체 중심의 기존 북한 생산 체계가 점차 개별 가정(소농)의 사유를 허용하는 방향으로 변화함에 따라 국제 사회의 대응(지원) 방식도 달라져야 할 것이다(〈표 6〉).

한편, 2019년 FAO와 WFP의 식량안보 식량 소비 지수 조사 결과에 따르면, 북한의 식량안보 상황이 2013년 조사에 비해 열악한 단계의 비율이 34%에서 46%로 증가하고 있으며, 경계선에 있는 인구까지 포함하면 대략 92%의 주민이 식량이 부족한 상태에 있는 것을 알 수 있다(〈표 7〉).

이에 따라 북한은 식량의 부족부분을 수입하거나 원조를 통해 지원하고 있다. 2018년 북한은 쌀 4만 3천 톤, 밀 19만 6천 톤 등을 포함하여 25만 톤가량의 식량을 수입했으며, 이는 2016년의 9만 3천 톤에 비해 2.7배 늘어난 양으로, 북한의 식량 위기가 상당한 수준에 있음을 알 수 있다.

북한의 산림은 전체 국토면적의 80% 이상을 차지하는 중요한 자원이며, 1976년 국토 운영의 효율성과 생산성을 높이기 위한 '자연개조 5대 방침'을 통해 본격적으로 개발되기 시작했다(박경석 2015). 2012년 '사회주

표 7   **북한의 식량 소비량 점수 변화**

현장 연구 날짜	식량 소비량 점수		
	열악	경계선	용인 가능
2013년 11월	34	51	16
2018년 11월	37	50	13
2019년 4월	46	46	7

출처: FAO·WFP(2019)

| 표 8 | | 북한의 곡물 수입 현황(2016~2018) | | | | | |

구분	2016		2017		2018	
	천 톤	천 달러	천 톤	천 달러	천 톤	천 달러
쌀	42	24,903	35	20,940	43	24,679
옥수수	3	1,009	35	7,823	9	2,175
밀	45	12,948	95	36,731	196	66,586
기타	3	1,819	1	704	2	1,407
계	93	40,679	166	66,198	250	94,847

주: '기타'는 귀리, 대두, 보리의 합계임
출처: 김영훈(2019)

의 강성국가 건설의 요구에 맞게 국토관리 사업에서 혁명적 전환을 가져올 데 대하여' 교시를 발표한 김정은 정권은 산림조성과 보호관리 사업을 통해 수림화, 원림화(조림, 재조림) 목표를 세우고 있다.

북한은 산림을 보존해야 할 대상뿐만 아니라 경제적 목적으로 개발하는 것을 국가발전 축의 하나로 설정하고 있다. 김정은 시대의 국가전략목표는 크게 정치군사강국, 경제강국, 문명강국의 3가지로 설정하였으며, 경제강국으로 도약을 위해 특히 경공업의 원료기지가 되는 경제림의 조성에 중점을 두고 있다. 산림녹화를 '자연과의 전쟁'으로 규정하고 산림녹화 사업을 '산림복구전투'로 명명하여 김정은 위원장이 직접 지휘함을 강조하고 있는데, '경제발전 5개년 전략(2016~2022)'에서는 산림복구전투, 양묘장 조성, 환경보호 사업 등의 산림녹화사업이 포함되었으며, 국토환경보호성과 임업성으로 나뉘어서 산림 관련 업무가 추진되고 있다(〈그림 6〉).

북한의 산림관리는 중앙정부의 국토환경보호성의 산림관리국에서 총괄한다(〈그림 7〉). 산림관리국은 산림과학원, 중앙산림설계기술연구소, 중앙양묘장, 중앙산림검역소 등의 산하기관을 두고 있다. 도 단위로 내려가면 각 도의 산림관리처가 도 산림설계기술연구소, 도산림검사검역소, 도양묘장을 관리하게 된다. 시군단위에서는 각 시군의 산림경영소가 각각

그림 6   김정은 시대 국가전략목표와 산림분야 관계

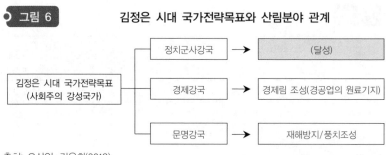

출처: 오삼언·김은희(2018)

그림 7   북한의 산림관리 체계

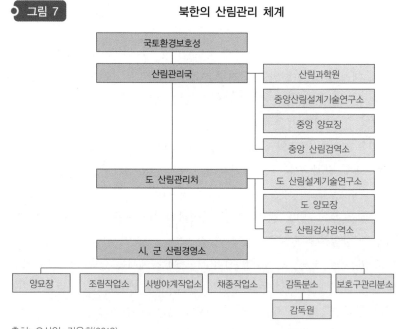

출처: 오삼언·김은희(2018)

양묘장, 조림작업소, 사방야계작업소, 채종작업소, 감독분소, 보호구관리
분소를 관할하며 관리하고 있다.

한편 김정은 위원장의 집권 이후에는 포전담당책임제로 대표되는 농

업부문의 개혁이 지속되고 있다. 이 제도의 핵심은 생산과 분배의 단위로 개인을 포함하고, 자발적인 증산 노력을 유도하며, 과학적 농업을 위해 연구와 생산의 일체화를 시도한다는 점이다(정성장 외 2020).

2019년 8월 최고인민회의 제14기 제2차 회의에서 개정된 헌법 제27조에서는'육체노동과 정신노동의 차이를 줄여나간다'는 공산주의의 이념적 목표를 삭제하고 과학기술과 경제건설을 강조하며, "기술혁명은 사회주의경제를 발전시키기 위한 기본고리이며 과학기술력은 국가의 가장 중요한 전략적 자원이다. 국가는 모든 경제활동에서 과학기술의 주도적 역할을 높이며 과학기술과 생산을 일체화하고 대중적 기술혁신운동을 힘있게 벌려 경제건설을 다그쳐나간다."고 하였다. 또한 제32조에서는 "국가는 …… 정치도덕적 자극과 물질적 자극을 옳게 결합시키는 원칙을 확고히 견지한다"는 기존의 조항을 "국가는 …… 정치도덕적 자극과 물질적 자극을 옳게 결합시키며 실리를 보장하는 원칙을 확고히 견지한다."고 수정하며, '실리 보장'의 원칙을 추가하였다.

제36조에서는 "국가는 완전한 평등과 호혜의 원칙에서 대외무역을 발전시킨다."는 항목을 "국가는 대외무역에서 신용을 지키고 무역구조를 개선하며 평등과 호혜의 원칙에서 대외경제관계를 확대발전시킨다."는 항목을 추가함으로써, 대외무역에서 '신용'을 강조하고 '대외무역'보다 폭넓은 '대외경제관계' 발전의지를 표명하고 있다. 이는 『북한의 UN 협력을 위한 국가전략계획(2017~2021)』의 네 번째 목표인 '데이터 및 개발관리'를 달성하기 위한 긍정적인 변화이기도 하다. 국제 조약, 협약 등에 대한 북한의 준수 강화와 증거에 기반한 보고 체계를 강화함으로써 국제사회에 구체적이고 신뢰할 만한 정보를 제공하기 위한 근거가 될 것이다.

한편, 북한의 국가경제발전 5개년 전략(7차 당대회)은 김정은 시대의 경제정책 방향을 제시한 5년간(2016~2020)의 경제발전 전략으로, 인민 경제 선행 부문, 기초 공업부문 정상화, 농업 및 경공업 활성화를 통한 인민 생활 향상을 목표로 하고 있다. 북한은 전통적으로 신년사를 통해 비전과 목표를 제시해왔으며, 〈표 9〉는 2012년부터 2019년까지 김정은의 신년사

표 9 김정은 신년사에 나타난 주요 산업분야의 강조점과
농업부문 주요 내용

연도	주요 산업분야의 강조점	농업부문 주요 내용
2012	① 경공업 ② 농업 ③ 선행부문(전력-석탄-금속-철도-화학순) ④ 과학기술	− 강성국가건설 주공전선: 먹는 문제, 식량 문제는 초미의 문제 − 농산-축산, 고리형 순환생산체계
2013	① 선행부문(석탄-전력-금속-철도순) ② 경공업 ③ 농업 ④ 과학기술 ⑤ 정책	− 경제건설 주공전선: 축산, 수산, 과수 부문 − 세포등판 개간
2014	① 농업 ② 건설(발전소 등 인프라-살림집-교육시설-평양시건설 등) ③ 선행부문(금속-화학-전력-석탄순) ④ 경공업 ⑤ 과학기술 ⑥ 정책순으로, 전력은 수력자원을 위주로 하면서 풍력, 지열, 태양열 강조	− 주타격 방향: 축산, 온실남새, 버섯 재배 등 − 수산부문: 국가적 대책, 인민군대 수산부문의 모범 창출, 바닷가양식
2015	① 과학기술(국방7)과 경제 ② 농업(농산, 축산, 수산 3대축) ③ 경공업 ④ 선행부문(석탄, 화력발전-전력-금속 및 화학-철도) ⑤ 대외경제(원산, 금강산 국제관광지들을 비롯한 경제개발구 개발사업) ⑥ 건설부문(조선 속도, 발전소, 공장, 교육문화 시설과 살림집들) ⑦ 정책	− 농산, 축산, 수산 3대 축으로 먹는 문제, 식생활 수준 향상 − 물절약형 농법 − 축산, 양어, 온실, 버섯 생산기지 생산 정상화
2016	① 선행부문(전력-석탄-금속-철도) ② 농업(축산-수산부문) ③ 경공업 ④ 건설부문 ⑤ 과학기술 ⑥ 정책	− 인민생활 문제 천만 가지 국사 가운데서 제일 국사: 농산, 축산, 수산부문 − 농촌경리의 종합적 기계화, 영농공정별 보장대책 수립 − 축산, 수산부문 생산 장성 주문
2017	① 과학기술 ② 선행부문(전력-금속, 화학공업-석탄-철도-기계공업) ③ 경공업 ④ 농업(수산-축산부문) ⑤ 건설부문 ⑥ 정책	− 우량종자, 두벌농사면적 확대, 농기계 도입 − 세포지구 축산기지 정상화 대책 수립 − 현대적 고기배, 동해안 지구 종합어구 생산기지 조성
2018	① 선행부문(전력-금속-화학-기계-석탄-철도) ② 경공업 ③ 농업(수산, 축산) ④ 건설(원산갈마, 삼지연 등) ⑤ 과학기술 ⑥ 정책	− 농촌경리의 종합적 기계화 기초 마련 − 다수확농장과 작업반 대렬 확대 − 대규모 세포축산기지 1단계 수행 − 우량종자와 다수확농법, 능률적인 농기계 도입 − 축산물과 과일, 온실남새와 버섯생산 강화 − 배무이와 배수리능력 조성

2019	① 정책(자립경제, 5.30조치) ② 과학기술(실용적 기술) ③ 선행부문(전력-석탄-금속-화학-철도) ④ 농업(축산-수산) ⑤ 경공업 ⑥ 건설(원산갈마, 삼지연 등)	- 사회주의경제건설의 주타격 전방인 농업전선에서 증산 투쟁 강화 - 영농물자 보장·농장원의 의사와 리익존중 - 사회주의분배원칙 정확히 구현 - 축산업발전 4대고리 - 협동농장의 공동축산과 개인부업축산 장려 - 물고기잡이와 양어, 양식 강조

출처: 김일한(2019)의 자료를 재구성함

에서 강조한 산업분야의 주요 중점 내용과 농업부문 주요 사항을 정리한 것이다. 선대 정권과 비교해 김정은 정권에서 농업분야 정책상 변화는 공업의 발전을 통한 농업 현대화에 있다. 우량 품종을 육성하고, 종자를 보급하여 식량을 증산하고, 남새(채소) 온실과 버섯 공장을 통해 채소의 공급을 늘려 영양 개선을 목표로 한다. 과학적인 농사 기술을 보급하고 농업 기계화의 비중을 높이며, 협동농장의 공동 축산과 개인 부업 축산을 장려하여 '포전담당책임제'에서 강조하는 개인의 노력과 성취를 북돋고 있다.

결론적으로, 북한은 식량증산을 위한 과학적인 영농기술 역량 강화(우량 종자, 다수확 농법, 농기계 보급), 채소 온실 재배 통한 영양 개선, 개인 축산부업 장려를 통한 소득 증대 등을 주요 지원 전략으로 삼고 있음을 알 수 있다.

2. 우리나라의 농림업부문 대북 지원 및 협력 현황

〈표 10〉은 2010년부터 2019년에 걸쳐 우리나라가 북한에 지원한 분야별 현황을 나타내고 있다. 이 시기는 남북 간 경색 국면으로, 대부분의 분야에서 교류가 중단된 가운데 지원된 약 1,769억 원 중 농업은 43.5억(2.5%) 원으로 미미한 수준이다. 한편 1995~2010년까지 북한에 지원된 식량은 〈표 11〉에서 설명하고 있다. 직접적인 지원은 유상 차관 방식으로, WFP

표 10

분야별 대북 지원 현황(2010~2019)

(단위: 억 원)

구분	지원액	비중(%)
일반 구호	150.31	8.5
긴급 구호	271.44	15.3
사회 복지	480.25	27.1
보건 의료	771.52	43.6
농업	43.53	2.5
산림	44.24	2.5
생활개선, 에너지	7.65	0.4
환경	0	0
합계	1,768.94	100

출처: 통일부 대북지원정보시스템7)

표 11

우리나라의 북한 식량지원 현황

연도	유상		무상		계 (만 톤)
	규모	지원방식	규모	지원방식	
1995			쌀 15만 톤	직접 지원	15
1996			CSB 3,409톤	WFP 경유	0.3
1997			옥수수 5만 톤 CSB 18,241톤	WFP 경유	6.8
1998			옥수수 3만 톤 밀가루 1만 톤	WFP 경유	4
2000	쌀 30만 톤 옥수수 20만 톤	직접 지원			50
2001			옥수수 10만 톤	WFP 경유	10

7) 통일부 대북지원정보시스템, https://hairo.unikorea.go.kr/stat/StatInternalTotalInfo.
do(검색일: 2020.3.5).

2002	쌀 40만 톤	직접 지원	옥수수 10만 톤	WFP 경유	50
2003	쌀 40만 톤	직접 지원	옥수수 10만 톤	WFP 경유	50
2004	쌀 40만 톤	직접 지원	옥수수 10만 톤	WFP 경유	50
2005	쌀 50만 톤	직접 지원			50
2006			쌀 10만 톤	직접 지원	10
2007	쌀 40만 톤	직접 지원			40
2010			쌀 5,000만 톤	직접 지원	0.5
계	260(8,728억 원)		76.6(2,288억 원)		336.6

출처: 통일부 대북지원정보시스템

를 통한 지원은 무상 원조의 형태로 지원되었으며, 유상 8,728억 원, 무상 2,288억 원으로 총 11,017억 원이 지원되었으나 2011년 이후는 전무하다.

농업에서 중요한 투입재 중 하나는 비료이다. 토양의 비옥도가 높아져야 작물 생산이 증가할 수 있으며, 품질도 높아질 수 있다. 2019년 FAO

표 12 　　　　　　　　　**우리나라의 북한 비료 지원 현황**

연도	규모(만 톤)	금액(억 원)
1999	11.5(민간 4)	339(민간 포함 462)
2000	30	944
2001	20	638
2002	30	832
2003	30	811
2004	30	940
2005	35	1,207
2006	35	1,200
2007	30	961
합계	251.5(민간 포함 255.5)	7,872(민간 포함 7,995)

출처: 통일부 대북지원정보시스템

와 WFP의 조사에 따르면, 북한은 지난 5년간 질소 -10%, 인산 -69%, 칼륨 -50%의 공급이 있었다고 보고되었다. 이는 곧 북한 농지의 비옥도가 지속적으로 저하되고 있음을 설명하는 것이다. 2007년 이후 우리나라가 북한에 비료 지원은 중단된 상태이며, 향후 지속가능한 식량 증산을 위해 가장 시급하게 지원되어야 할 부문이기도 하다(〈표 12〉).

2000년대 이후 남북 간 농업협력 사업에 관련한 합의 현황은 〈표 13〉과 같다. 협동농장, 종자, 농업과학기술, 산림, 투자 장려 등의 분야에서 남북농업협력위원회, 남북총리회담 등을 통한 합의가 있었으며, 과학기술을 강조하는 김정은 정권의 국가전략 방향과 함께하는 사업의 구성을 보여준다. 육묘시설, 종자의 가공·보관·처리 시설, 유전자원 저장고 등의 시설 지원뿐만 아니라 유전자원의 교환과 공동 연구를 통해 과학기술의

○ 표 13　　　　2000년대 남북 당국 간 농림업부문 사업 합의사항

구분	근거(합의서)	사업 구성
협동농장 협력	남북농업협력위원회(2005)	육묘시설, 농업기자재, 배합사료 지원, 영농기술 지원
종자분야 협력	남북농업협력위원회 농수산협력분과위원회(2007)	현대적 종자생산시설 지원 종자 가공·보관·처리시설 지원
농업 과학기술 협력	남북농업협력위원회 남북총리회담 남북경협공동위원회(2007) 농수산협력분과위원회	우량 유전자원 교환 및 공동 연구 유전자원 저장고 건설 육종 및 재배기술 협력 생물농약 개발 및 생산기술 협력 농작물 생육예보, IPM 기술 협력 검역·방역 기술 협력
개별 농업협력	남북농업협력위원회 농수산협력분과위원회	축산·과수·채소·잠업·특용작물 협력
산림분야 협력	남북농업협력위원회 남북총리회담	양묘장 조성, 산림병해충 방제 산림복구녹화
투자 장려	10.4선언(2007) 남북경협공동위원회	수출·투자확대 위한 협력방안 협의 (농업 및 관련 산업의 투자협력)

출처: 김영훈(2019)

역량을 강화하려는 데 목표가 있는 것으로 여겨진다. 특히 농업과 관련 산업분야에 대한 투자 장려를 위한 협력방안이 합의가 되었으며, 향후 경제개발구를 통해 지원이 집중될 것으로 전망된다.

〈표 14〉에서는 김정은 시대의 경제개발구를 목적별로 나누어 설명하고 있다. 해외 선진기술 및 과학적인 경영관리 기법을 도입하여 경쟁력을 갖춘 세계적인 산업단지를 조성하여 국가 경제의 활성화를 추진하는 것을 목표로 기반시설 건설과 농업·전력·석탄·석유·금속 등의 기초공업 발전, 지하자원, 에너지·지역개발을 10개년 계획의 목표로 제시하였다. 농업개발구는 현대적인 농축산어업 생산-가공-연구 중심의 경제개발구로, 2018년 현재 3곳(어랑농업개발구, 숙천농업개발구, 북청농업개발구)이 지정되어 있다. 농업개발구는 주요 농업지대에 위치하여 인근 도시의 식량공급지로 활용될 것으로 여겨진다(이부형 외 2018).

⬤ 표 14   **김정은 시대의 경제개발구 목적별 특징**

대분류	중분류	개발구 명칭	주요 특징
중앙급	관광	무봉국제관광특구	• 위치: 백두산 인근 • 특징: 중국과 합작 추진
	첨단 기술	은정첨단기술개발구	• 위치: 평양, 면적 2.4km² • 특징: 1지구(정보, 기술공업) & 2지구(농업에 첨단 기술 접목)로 나누어 개발
	경제	강남경제개발구	• 위치: 평양 • 특징: IT, 경공업 등. 김정은 위원장 관심지역
		강령국제녹색 시범지대	• 면적: 500km² • 특징: 자연에너지, 수산물양식업
	수출 가공	진도수출가공구	• 위치: 남포, 면적 1.8km² • 특징: 가공수출무역과 보세무역 결합
지방급	관광	신평관광개발구	• 위치: 평양~원산의 중간지점. 면적 8.1km² • 특징: 신평금강으로 불리는 명승지
		온성섬관광개발구	• 면적: 1.7km² • 특징: 외국인 전용 관광. 골프장, 경마장 등
		청수관광개발구	• 위치: 중국 접경지역인 평북 삭주군. 면적 1.4km² • 특징: 전력보장에 유리. 민속촌, 샘물공장 등

경제	경원경제개발구	• 위치: 두만강의 류다리섬 • 특징: 북중 교역의 거점으로 활용
	청진경제개발구	• 면적: 5.4km² • 특징: 경공업제품생산, 수출가공을 기본으로, 對중국 및 러시아 화물을 중계 수송하는 물류산업 결합
	혜산경제개발구	• 면적: 2.0km² • 특징: 백두산-보천온천-삼수호-칠보산 유람 관광을 연결. 현대적인 경공업생산기지 조성 등
	만포경제개발구	• 위치: 중국 접경지역인 자강도 만포시. 면적 3.0km² • 특징: 용수보장에 유리. 관광휴양, 무역
	압록강경제개발구	• 위치: 중국 접경지역인 평북 신의주시. 면적 6.3km² • 특징: 관광휴양, 현대농업, 무역
공업	위원공업개발구	• 면적: 3.0km² • 특징: 광물자원을 활용한 2~3차 가공품 생산
	청남공업개발구	• 면적: 1.0km² • 특징: 갈탄을 활용한 액화가스생산 등
	흥남공업개발구	• 위치: 함경남도 함흥시. 면적은 2.0km² • 특징: 화학, 제약 등을 이용한 보세수출가공업
	현동공업개발구	• 위치: 강원도 원산시. 면적은 2.0km² • 특징: 전력보장에 유리. 금강산관광과 연계 계획. 관광기념품, 경공업, 호텔용품생산
수출가공	와우도수출가공구	• 면적: 1.5km² • 특징: 남포항 중심으로 수출가공사업 확대. 서해갑문수역과 연계한 관광사업
	송림수출가공구	• 면적: 2.0km² • 특징: 수출가공조립, 철강재생산품, 창고보관 및 화물운수봉사 등을 집약한 수출가공구
농업	어랑농업개발구	• 면적: 4.0km² • 특징: 송이버섯 수출, 수산물 양식
	숙천농업개발구	• 면적: 3.0km² • 특징: 유기농법을 활용한 농업생산
	북청농업개발구	• 면적: 3.0km² • 특징: 과수재배, 산채류 가공과 관광 결합

출처: 이부형 외(2018)

3. 지속가능발전목표 달성을 위한 국제사회의 지원 현황

〈표 15〉는 농림업부문의 지원을 주로 하고 있는 세계식량농업기구(FAO), 농업개발기금(IFAD), 유엔개발계획(UNDP) 등의 국제기구들이 북한에서 추진한 개발사업의 사례이다. 여타 개발도상국에서 수행 중인 농업 및 농촌개발 사업과 유사한 사업의 목표와 투입 요소를 보이고 있다. 농업부문에서는 생산성 향상을 위한 비료, 기자재 등의 투입재를 지원하며, 산림의 황폐화를 방지하기 위해 조림 사업을 추진하는 과정에서 양묘장을 건설하거나, 종자 보관소, 온실 등의 시설지원을 통해 농림업부문의 현대화,

○ 표 15   농림업 관련 국제기구의 대북 지원 프로그램 사례

국제기구명	프로그램 (기간/예산(백만 달러))	목적 및 지원내용
IFAD	잠업개발 지원사업 (1995~2001/24.2)	(목표) 양잠업 현대화, 고치 생산력 증대, 생사 생산과 수출 증대 (지원) 뽕나무 단지 조성 및 관개시설 구축, 양잠업 협동조합 연수 및 기술 지원
	작물 및 축산복구 프로젝트 (1997~2003/32.1)	(목표) 식량위기 완화를 위한 곡물 식량생산 회복 (지원) 가금류, 농촌 금융
	전작지대 식량안보 프로젝트 (2000~2008/41.8)	(목표) 지속가능한 농업생산 및 농촌 지역 빈곤 극복 (지원) 농업 협동조합 금융사업, 감자 종서 보급, 경사지 조림지 형성
FAO	취약농가 식량안보 개선사업 (2013/0.7)	(목표) 쌀, 옥수수 등 주요 작물의 안정적인 재배 및 생산 증대 (지원) 플라스틱 시트 배포, 쌀·옥수수 생산 정보 수집 및 모니터링
	지속가능한 농업을 위한 종자생산 개선사업 (20112014/1.7)	(목표) 식량안보를 위한 종자생산체계 개선 및 관련 연구역량 강화 (지원) 농장과 종자실험센터 관련 시설 및 장비 제공, 종자보관소/온실시스템 관련 인프라 구축, 종자생산 관련 가치사슬 관리

UNDP	농업복구와 환경보고 계획 (1998~2002/340)	(목표) 북한 농업부문의 복구 (지원) 비료, 연료, 농약 등 투입재, 토지 　　　복구 및 관개 개선, 한계농지 산림 　　　환원, 양묘장, 산림조성, 종자생산, 　　　생물농약, 농업부문 연구
	식량 및 농업정보시스템강화 (2011~2014/1.6)	(목표) 식량 및 농업정보 구축을 통한 　　　식량안보 강화 (지원) 식량 및 농업정보시스템 구축
	식량안보를 위한 수확 후 손실 감소 사업 (2011~2014/1.6)	(목표) 곡물의 안전한 수확 및 건조, 보관 　　　및 제분 등의 가공·유통분야 개선 (지원) 수확후관리 방안 수립, 농기계·장비 　　　시범사업

출처: 최용호 외(2017)

지속가능성 제고 등의 성과를 추구하였다.

〈표 16〉은 최근 국제사회가 북한의 식량안보 부문에 지원한 현황이
다. 주로 유럽 국가들을 중심으로 FAO, WFP 등의 국제기구와 컨선월드

○ 표 16　　　　　　**식량안보분야 대북 지원 실적(2019.1~11월)**

지원 창구	지원국/단체	지원액(달러)
Concern Worldwide	아일랜드	113,766
FAO	스웨덴	499,634
WFP	캐나다	56,909
German Agro Action	독일	385,597
Fida International	핀란드	156,296
덴마크	덴마크	336,951
German Red Cross	독일	145,180
WFP	유엔중앙긴급구호기금	1,000,000
FAO	유엔중앙긴급구호기금	1,499,890
합계		4,194,223

출처: 한국농촌경제연구원(2019)

와이드, 독일 적십자와 같은 NGO 단체가 주로 식량 지원 사업을 추진하고 있는 것으로 조사되었다.

IV. 결론

농림업분야는 SDG 2, SDG 15와 직접적으로 연계되어 있다. 북한이 직면한 가장 시급한 문제인 기아 극복을 위해 식량안보의 확보와 영양 개선이 필수적이다. 거듭되는 가뭄과 홍수 등의 기후변화와 생산 인프라 부족으로 인한 식량 생산의 감소로 북한 주민들의 영양결핍은 심각한 상태이며, 긴급지원 형태의 식량 지원이 시급한 상황이다. 또한 장기적으로는 식량 생산의 기반이 되는 종자, 비료 등의 투입재, 식량배급 체제 등의 지원 및 보완을 통해 북한 농업의 가치사슬 체계 구축이 필요한 상황이다. 다시 말해, 인도주의적 관점에서 지원이 시급한 상황인 북한을 대상으로 쌀 등의 현물 지원이 우선시되어야 하겠지만, 보다 근본적으로 농림업 기술의 협력을 통해 지속가능한 북한의 생산 역량 강화에 지원의 초점이 맞추어져야 할 것이다.

　〈표 17〉은 북한이 발표한 지속가능발전목표별 추진 성과와 향후 계획에 대해 설명하고 있다. 농업(SDG 2)은 식량안보와 영양 개선을 목표로 하고, 수자원(SDG 6)에 대해 영향을 주고받으며, 에너지(SDG 7)부문의 현대화를 통해 목재의 연료사용을 줄이고 산림 황폐화를 방지할 수 있다. 도시화(SDG 11)가 진행됨으로 인해 발생할 수 있는 토지의 이용(농지 감소), 강·호수 등의 자연 자원 오염 증가 등의 문제에 대해 대응해야 하며, 기후변화(SDG 13)와 관련한 국제적 협약 이행을 위해 국가적 차원의 노력이 필요한 상황이다. 산림복구와 환경보호 전략을 통해 육상 생태계(지 SDG 15) 보존을 추진하고 있다.

표 17 북한의 지속가능발전목표별 추진 성과 및 향후 중점 추진 계획

SDGs 목표	추진 성과 및 교훈	향후 중점 추진 계획
2. 농업 및 식량안보	• 농업 및 식량안보는 국가 최우선 과제로 선정함. • 5세미만 아동 저체중, 영양결핍, 임산부 영양개선 노력했으나 결과는 미흡함.	• 생산성 증대 • 토양개선, 지속가능한 생산시스템 구축 • 식량안보와 영양개선을 위한 국제사회와 협력 확대
6. 수자원 및 위생	• 안전한 식수, 위생 노력했으나 성과는 미흡함. • 수질 관리 중요성 인식	• 안전한 식수 공급 • 2030년까지 전국단위의 상하수도 시설 구축 • 안정적인 물공급을 위한 국제사회와 협력 확대
7. 에너지	• 에너지 문제 해결 시급함. • 청정에너지, 기술보급 결과 미흡	• 국가 차원의 에너지 발전소 건립 • 청정연료 및 기술 도입 • 국가에너지전략 재수립 • 에너지 부문 역량강화
11. 도시화	• 1990년대 중반이후 지속되는 자연재난으로 국가의 사회경제발전에 큰 지장을 초래함. • 특히 지역의 피해가 심각하여 도시화 목표 달성 미흡	• 상하수도 시설 확충 • 교통시스템 향상 • 토지 이용제한 • 국가 문화유산 보호 • 대기, 강, 호수, 바다 오염 방지 • 재난관리 역량강화 • 도시폐기물 처리
13. 기후변화	• 농업 생산 감소, 인프라 파괴, 토양 및 수자원 감소 등으로 기후변화 대응에 대한 북한의 성과는 부정적임. • UNFCCC, 파리협약 이행 어려움. • 뚜렷한 오존 감소	• 국가재난감소계획, 국가환경보호전략, 국가 온실가스 감축계획, 국가기후변화적응전략 등 이행 • 기후변화 적응 역량 강화 • NCCC, UNFCC 이행
15. 육상생태계	• 2015~2024년간 1,670,000ha 산림복구 계획 수립 • 2020년까지 자연 서식지 감소 방지, 생물다양성 보존, 멸종위기종 보존	• 2015~2024년까지 산림회복 • 국가환경보호전략, 국가산림복구전략, 생물다양성 전략 등의 이행 • 지속가능한 산림경영 역량강화 • 생태계·산림·생물다양성의 지속가능한 보존, 관리 및 이용을 위한 연구 및 지식확산

출처: DPRK(2019)

　　한편 김정은 체제에서는 과학기술을 중시하는 노선을 채택하고 있다. 경제건설, 국방건설, 인민생활 향상에 기여하기 위해서는 첨단기술을 보유한 과학기술 강국 건설이 목표이며, 과학기술과 경제의 일체화를 위해 경제의 주체화, 현대화, 정보화, 과학화를 지향하고 있다(변학문 외 2017). 2019년 전 세계에서 발생한 아프리카돼지열병은 북한에서도 발병하여 북한 농업성은 세계동물보건기구(OIE)에 공식 통보(2019.5.30.)했으며, 전염병의 전파를 막기 위한 적극적인 수의방역 대책을 마련하고 통제구역 설정, 수송수단과 돼지 우리의 소독 강화, 돼지고기 및 가공품의 유통·판매 금지 조치 등을 시행했다(정성문 외 2019). 이는 곧 북한과 국경을 맞대고 있는 우리나라는 직접적이고 즉각적인 영향이 있는 기상 재해, 병해충, 바이러스 등에 지속적으로 대처하는 기술 협력체계를 우선적으로 구축해야 한다는 것을 의미한다.

　　이를 위해 향후 북한에 대한 제재 완화 이후 단계별 지원을 통한 지속가능한 농림업 개발 지원 전략을 수립할 필요가 있다. 과거에 추진된 농림업 분야 협력사업의 성과 및 교훈에 대한 점검을 우선적으로 시행하고, 단기적으로는 시범농장 위주의 기술협력 사업이 지원되어야 하지만, 장기적 관점에서 민간부문의 교역과 투자 촉진을 위해서 시장 경제에 대한 정책 수립과 구체적인 추진 전략이 마련되어야 할 것이다.

　　또한 국제사회와 북한의 협력과 교류를 확산하기 위해 북한 스스로 목표를 설정한 바와 같이 투명한 정보의 공개를 통해 신뢰성을 확보하기 위한 노력이 있어야 할 것이다. 특히 농림업분야는 북한 정권이 추구하는 최우선 전략 목표이며 대북 제재와 무관하게 시급하고 중요한 현안이다. 향후 제재 완화 이후 지속가능발전목표 달성과 국가 개발전략상 목표 달성에 기여하는 의미가 있다.

부 록

〈약어표〉

DAC	Development Assistance Committee	개발원조위원회
EDCF	Economic Development Cooperation Fund	대외경제협력기금
FAO	Food and Agriculture Organization	유엔식량농업기구
IFAD	International Fund for Agricultural Development	국제농업개발기금
KBA	Key Biodiversity Areas	중요 생물다양성 지역
KOICA	Korea International Cooperation Agency	한국국제협력단
MDGs	the Millennium Development Goals	새천년개발목표
PDS	Public Distribution System	중앙배급체계
PPP	Public Private Partnership	민관협력
SDGs	Sustainable Development Goals	지속가능발전목표
UNDP	United Nations Development Programme	유엔개발계획
USAID	United States Agency for International Development	미국국제개발처
WB	World Bank	세계은행
WEF	World Economic Forum	세계경제포럼
WFP	World Food Programme	세계식량계획

참고문헌

김영훈. 2019. 『한반도 미래도시 협력네트워크 포럼』 토론 자료.

김영훈·임채환. 2019. "북한의 식량수급 실태와 대북 식량지원의 과제." 『북한농업동향』 21(1): 3-16.

김일한. 2019. "2019 북한 신년사 분석과 한반도 정세 전망: 경제·사회 분야." 『2019 북한 신년사 분석과 한반도 정세 전망』. 서울대 통일평화연구원 국내학술회의 발표자료집.

박경석. 2015. "북한의 산림현황 및 산림정책." 『KREI 북한농업동향』 15(3): 3-23.

박지연. 2019. "유엔의 지속가능발전목표(SDGs)의 이행과 국제개발협력: 북한사례를 대상으로." 『KDI 북한경제리뷰』. 2019년 12월호: 29-43.

변학문·권영덕. 2017. 『북한 과학기술정책에 따른 평양시 변화와 남북 교류협력』. 서울연구원.

송민경·이종민·박경석. 2017. "북한의 시장화 확산에 대응한 대북 산림복구 지원전략 연구." 『한국임학회지』 106(4): 487-496.

오삼언·김은희. 2018. "김정은 시대 산림정책의 특징." 『북한연구학회 2018 하계 학술대회 발표 자료』 459-479.

이부형·이해정·이용화·김성환·강성현. 2018. "북한의 경제개발구와 통일경제특구 구상의 연계가능성." 『경제주평』 809호. 현대경제연구원.

정성장·이종석·김진무·이영훈·전영선·최은주. 2020. 『2019 북한 동향과 분석』. 세종연구소.

정정현. 2018. "북한의 협동농장 생산체제에 있어 분조관리제의 변화와 농업협력 방안에 관한 연구." 『협동조합경영연구』 48: 53-74.

최용오·김영훈·이윤정·임채환·고갑석. 2017. 『개혁·개방 시 북한의 농업투자유치 전망과 협력방안』. 한국농촌경제연구원.

한국농촌경제연구원. 2019. "국제사회의 대북지원실적." 『KREI 북한농업동향』 21(3): 99-106.

DPRK. 2019. "Presentation of the Implementation of SDGs in DPR Korea." *North-East Asian Multistakholder Forum*(2019.10.15~16) 발표자료.

FAO, IFAD, UNICEF, WFP and WHO. 2018. *The State of Food Security and Nutrition in the World 2018: Building Climate Resilience for Food Security and Nutrition*. Rome: FAO.

_____. 2019. *The State of Food Security and Nutrition in the World 2019: Safeguarding against Economic Slowdowns and Downturns*. Rome: FAO.

FAO·WFP. 2019. *FAO/WFP Joint Rapid Food Security Assessment*. FAO·WFP.

World Economic Forum. 2018. *Innovation with a Purpose: The Role of Technology*

Innovation in Accelerating Food Systems Transformation. Geneva: WEF.

〈웹사이트〉

국가통계포털. 북한통계주요 지표. http://kosis.kr/statisticsList/statisticsListIndex.do?
    menuId=M_02_02&vwcd=MT_BUKHAN&parmTabId=M_02_02#SelectStatsB
    oxDiv(검색일: 2020.3.1).

통일부 대북지원정보시스템. https://hairo.unikorea.go.kr/stat/StatInternalTotalInfo.do
    (검색일: 2020.3.5).

UN Sustainable Goals 목표 및 성과지표별 이행 현황. https://unstats.un.org/sdgs/
    report/2019/goal-02/; https://unstats.un.org/sdgs/indicators/indicators-
    list/(검색일: 2020.3.1).

UN Sustainable Goals 북한 Country Profile. https://country-profiles.unstatshub.or
    g/prk(검색일: 2020.3.1).

World Food Summit http://www.fao.org/wfs/index_en.htm(검색일: 2020.3.1).

이혜원 | 연세대학교

제6장
보건의료 목표와 북한개발협력

I. 서론

북한으로 지원된 보건의료분야 대북지원 영역을 1990년부터 지금까지 살펴보면 크게 소아와 산모 영양지원, 모성사망비를 줄이기 위한 병의원 및 인력을 위한 지원사업, 결핵 및 말라리아 사업 그리고 예방접종 사업의 큼직한 영역으로 구분될 수 있다. 2000년부터 2015년까지 MDGs의 보건 영역 목표 아동사망을 줄이고(MDGs 4), 모성의 건강을 증진시키며(MDGs 5), 감염성질환을 퇴치(MDGs 6)하기 위해 전 세계가 노력을 집중하였고, 관련 분야의 국제원조 규모가 지속적으로 높게 유지되었다. MDGs의 목표 아래 북한도 그동안 모자보건과 감염성질환에 대부분의 지원이 집중되었다.

북한은 2000년대 국제사회로부터 반복적으로 고립되는 상황이 형성되면서 보건의료 분야의 대외원조 의존도가 높음에도 외부지원의 규모

변화폭이 상당히 컸다. 지속적인 지원을 받는 경우는 지원규모는 작으나 북한과 긴밀한 신뢰관계를 가지고 있는 해외민간단체(INGO)이거나 MDGs 목표에 부합한 영역(모자보건, 감염성질환)에 대한 수요에 따라 수혜국으로 인정되어 지원을 받은 경우이다. 대표적으로 결핵과 말라리아의 지원을 세계기금(The Global Fund to fight AIDS, Tuberculosis, and Malaria, GFATM)이 2010년 이후 지금까지 지속하였고, 예방접종 지원을 GAVI(The Global Alliance for Vaccination and Immunization)가 2002년 이후 지금까지 유지하였다. 북한의 MDG 보건분야 목표인 4번(아동사망감소), 5번(모성건강향상), 6번(전염성질병감소)의 보건지표들은 2000년 이후 많은 개선을 보였다. 국가별로 정한 MDGs의 달성목표까지는 도달하지 못하였으나 뚜렷한 지표의 개선을 볼 수 있다.

2015년 북한의 모성사망비는 10만 명당 82명[1]으로 MDG의 목표 수준인 21명까지는 도달하지 못하였으나, 1990년 중반 120명 이상까지 증가한 지표는 이후 지속적으로 감소하여 빠른 회복력을 보였다. 5세 이하 아동 사망률은 MDG 목표 1,000명당 14명의 2배 수준인 24명까지 도달하였다. MDGs 보건영역에서는 특정 인구군 그리고 특정 질환에 집중하여 세 개의 영역을 선정하여 국가별 도달목표를 정하였다면, 지속가능발전목표에서는 건강을 인간의 보편적 권리인 건강권으로 확장된 개념에서 보고 목표설정을 하였다. 보건은 모든 연령층이 누려야 할 삶과 복지의 기본전제이며, 질병은 개인의 유전성향, 식습관, 운동습관 등에 의해서만 영향을 받는 것이 아니라, 보건의료의 제도, 인력, 그리고 환경까지 영향을 받는다. 이 개념을 지속가능발전목표의 보건개념에 포함시키고자 하였으며, MDGs에 비해 넓은 범위, 확장된 연령세대를 포괄하여 세부목표와 지표를 선정하였다.

지속가능발전목표의 특정 지표들은 전 세계가 함께 달성해야 할 목표

---

1) WHO, UNICEF, UNFPA, and the World Bank, Trends in Maternal Mortality: 1990 to 2015, 2015.

수준을 설정하기도 하였다. 모성사망비는 2030년까지 10만 명당 70명, 5
세 이하 아동 사망률은 1,000명당 25명으로 정하고 있다. 수정된 지속가능
발전목표 지표들은 사망률과 같은 결과지표, 수행률이나 공급률과 같은 과
정지표, 그리고 관련 위험요인들의 현황을 보는 투입지표까지 포괄적으로
정하고 있다. 이렇게 지속가능발전목표의 보건영역에서 바뀐 목표와 지표,
그리고 이를 기준으로 본 북한의 상황을 한국과 다른 지역국가들과 비교
하고 그러한 성적을 보이는 원인과 여건에 대해 본 글에서 살펴보겠다.

II. 지속가능발전목표 3의 목표 및 세부목표

지속가능발전목표에서는 건강의 영역을 매우 확장시켰다. 아동과 모성의
건강, 그리고 감염성질환에 초점을 맞췄던 MDGs에서 그 영역을 확장하
여, 복지의 개념과 모든 세대를 아우르는 연령층으로의 확대를 목표에 담
았다.

지속가능 발전목표 3	Ensuring healthy lives and promoting well-being for all at all ages 모든 세대의 건강한 삶과 복지 증진을 보장한다.

지속가능발전목표 3에는 9개의 세부목표(target), 4개의 세부실행목표
그리고 세부목표별 지표(indicator) 22개가 존재한다. 하단은 각 세부목표
별 지표를 정리한 표[2]이다.

세부목표별 지표들은 위험요인/결정요인 지표부터 사망률 지표까지

---

2) 한국국제협력단, 『지속가능개발목표(SDGs) 수립현황과 대응방안』(한국국제협력단, 2015),
　Goal 3의 표를 재구성하여 인용.

표 1		지속가능발전목표 3 세부목표별 지표	

세부목표(Target)		지표(Indicator)	
3.1	2030년까지 전 세계 모성사망비를 70/10만 live birth 이하로 감소	3.1.1	모성사망비
		3.1.2	전문 인력에 의한 출산 비율
3.2	2030년까지 신생아와 아동의 예방 가능한 죽음을 종식시켜서, 신생아 사망률을 12/1000 live birth 이하로, 5세 이하 아동사망률을 25/1000 live birth 이하로 감소	3.2.1	5세 이하 아동 사망률
		3.2.2	신생아 사망률
3.3	2030년까지 AIDS, 결핵, 말라리아, 소외열대질병의 유행을 종식시키고, 간염, 수인성 질병과 다른 감염성 질병의 확산 방지	3.3.1	HIV 발생률(HIV 발생/100 감수성 인년 (person years))
		3.3.2	HIV/AIDS 사망률(HIV/AIDS 사망/10만 명)
		3.3.3	결핵 발생률(결핵발생/1000인년(person years))
		3.3.4	결핵 사망자 수
		3.3.5	말라리아 발생률(말라리아 발생/1000인년(person years))
		3.3.6	말라리아 사망률(말라리아 사망/10만 명)
		3.3.7	5세 이하 아동의 B형간염 항원 유병률
		3.3.8	질병감시 및 대응을 위한 국제보건규정(IHR) 13개 핵심역량 보유 여부
3.4	2030년까지 정신건강 증진과 비전염성질병 예방과 치료로 비전염성질병으로 인한 조기 사망을 1/3로 감소	3.4.1	30~70세 사이에 심혈관질병, 암, 당뇨 또는 만성 호흡기 질병으로 죽을 확률
		3.4.2	15세 이상 인구의 흡연율
3.5	마약과 알코올을 포함한 약물남용의 예방과 치료 강화	3.5.1	마약복용자 중 마약중독대체요법으로 치료받는 사람 비율
		3.5.2	25세 이하 중 약물남용 예방 활동을 경험한 사람의 비율
3.6	2020년까지 교통사고로 인한 전 세계 사망과 상해를 1/2 이하로 감소	3.6.1	교통사고로 인한 사망자 수
3.7	2030년까지 가족계획을 포함한 성생식 보건 서비스에 보편적 접근 보장, 생식보건의 국가 전략 및 프로그램에 통합	3.7.1	청소년 출산율(10-14, 15-19)
		3.7.2	현대적인 피임법을 충족하는 수요

3.8	의료비의 재정위험으로부터 보호, 양질의 필수의료서비스 접근, 안전하고 효과적이며 양질의 비용지불가능한 필수의 약품 및 백신 접근 등 보편적 건강보장 달성	3.8.1	의료비 자부담으로 인하여 빈곤층으로 전락하는 것으로부터 보호되는 인구의 비율
		3.8.2	재앙적인 의료비 자부담으로부터 보호받는 가구의 비율
3.9	2030년까지 유해물질, 공기, 물, 토양의 공해와 오염으로 기인한 사망과 질병의 감소	3.9.1	WHO 가이드라인을 상회하는 대기오염에 노출된 도시지역의 인구
3.a	모든 국가에서 WHO의 담배규제기본협약의 이행 강화		
3.b	개발도상국에 영향을 주는 전염성, 비전염성 질병을 위한 백신과 약품의 개발과 연구 지원, 무역관련 지적재산권 협정과 공중보건에 관한 도하선언에 따라 값싼 의약품과 백신에 대한 접근 제공		
3.c	개발도상국 의료 인력의 고용, 발전, 훈련, 유지를 위한 보건재정의 확충		
3.d	국가적, 국제적 보건 위험 관리, 위험 감소, 조기 경보를 위한 모든 국가의 역량강화		

넓은 범위에서 지표들을 선정하고 있으며, 모자보건, 감염성/비감염성질환, 사고와 상해, 보건의료체계의 4개 주제를 포괄하는 지표들이 있으며 하단에 주제별로 지표들을 정리하였다.

1. 모자보건(Reproductive, maternal, newborn and child health)

○ 표 2   **모자보건 관련 지속가능발전목표의 세부목표와 지표[3]**

Type of indicator	SDG target	Proposed indicator
Impact	3.1	Maternal mortality
	3.2	Under-five mortality
	3.2	Neonatal mortality
	3.7	Adolescent birth rate

---

3) WHO, *World Health Statistics 2016, Monitoring Health for the SDGs* 의 표 재인용.

	3.9	Mortality due to unsafe water, sanitation and hygiene; Mortality due to air pollution (household and ambient)
Coverage	3.1	Births attended by skilled health personnel
	3.7	Family planning coverage
	3.8	UHC: RMNCHa tracers (family planning, antenatal and delivery care, full immunization coverage, health-seeking behaviour for suspected child pneumonia)
	37	Model life table systems
Risk factors/ determinants	2.2	Child stunting, child wasting, child overweight
	6.1	Access to safely managed drinking-water source
	6.2	Access to safely managed sanitation
	7.1	Clean household energy
	11.6	Ambient air pollution
	other	Part of targets in goals on poverty, education, gender etc.

출처: *World Health Statistics* (2016)

● 표 3   모자보건 관련 지속가능발전목표 지표들의 비교, 북한, 남한, 그리고 지역별 평균[4]

	Impact Indicators	DPRK	ROK	WHO region[5]						Global
				AR	RoA	SEAR	EurR	EMR	WPR	
3.1	Maternal mortality ratio (per 100,000 live births)	82	11	542	52	164	16	168	41	216
3.2	Under five mortality rate (per 1,000 live births)	19	3	74	14	36	9	50	13	39
	Neonatal mortality rate (per 1,000 live briths)	10	2	27	8	21	5	27	6	18
3.7	Adolescent birth rate (per 1,000 women aged 15-19)	–	1.3	99.1	48.6	33	16.6	44.5	14.2	43.9

4) WHO, *World Health Statistics 2019, Monitoring Health for the SDGs* 데이터 재조합.

5) AR: African Region, RoA: Region of America, SEAR: SouthEast Asian Region, EurR: European Region, EMR: Eastern Mediterranean Region, WPR: Western Pacific Asian Region.

		DPRK	ROK	AR	RoA	SEAR	EurR	EMR	WPR	Global
3.9	Age-standardized mortality rate attributed to air polution(per 100,000)	207.2	20.5	180.9	29.7	165.8	36.3	125	102.8	114.1
	mortality rate attributed to unsafe WASH services (per 100,000)	1.4	1.8	–	–	–	–	–	–	–

	Coverage Indicators	DPRK	ROK	WHO region						Global
				AR	RoA	SEAR	EurR	EMR	WPR	
3.1	Proportion of birth attended by skilled health personnel(%)	100	100	59	95	81	99	79	97	81
3.7	Proportion of women of reproductive age who have their need for family planning satisfied with modern method(%)	89.8	–	55.7	82.8	71.4	76.7	60.8	87.2	75.7
3.2	Prevalence of U5 stunting (%)	19.10	2.50	33.1	6.5	31.6	–	24.7	6.4	21.9
	Prevalence of U5 wasting (%)	2.50	1.20	7	0.8	15.1	–	7.8	2.2	7.3
	Prevalence of U5 overweight(%)	2.30	7.30	3.5	7.2	3.8	–	5.7	6	5.9

출처: *World Health Statistics* (2019)

지역별 평균값, 그리고 전 세계 평균값과 북한의 지표를 비교하였을 때, 아프리카, 동아시아 지역 평균값보다도 낮은 점수를 보이는 지표는 대기오염으로 인한 사망률 지표이다. 과정지표(coverage indicator) 중 전문인력에 의한 출산비율, 현대적 피임법을 충족하는 수요의 비율은 매우 높은 점수를 보이고 있다.

2. 감염성 질환(HIV, TB, Malaria, Hepatitis B, NTD)

표 4   감염성질환 관련 지속가능발전목표의 세부목표와 지표[6]

Type of indicator	SDG target	Proposed indicator
Impact	3.3	HIV incidence
	3.3	Tuberculosis incidence
	3.3	Malaria incidence
	3.3	Hepatitis B incidence
	3.3	People requiring interventions against neglected tropical diseases
	3.9	Mortality due to unsafe water, sanitation and hygiene; mortality due to air pollution (household and ambient)
Coverage	3.8	UHC: infectious diseases tracer (ART coverage, tuberculosis treatment, use of insecticide-treated nets, access to safely managed drinking-water source and sanitation)
	3.d	International Health Regulations (IHR) capacity and health emergency preparedness
Risk factors/ determinants	6.1	Access to safely managed drinking-water source
	6.2	Access to safely managed sanitation
	7.1	Clean household energy
	other	Part of targets in goals on poverty, education, cities, climate change etc.

출처: *World Health Statistics* (2016)

　　지역별 평균값, 그리고 전 세계 평균값과 북한의 지표를 비교하였을 때, 결핵발생률이 매우 높게 확인된다.

---

6) WHO, *World Health Statistics 2016, Monitoring Health for the SDGs* 의 표 재인용.

● **표 5**   감염성질환 관련 지속가능발전목표 지표들의 비교, 북한, 남한, 그리고 지역별 평균[7]

Indicators		DPRK	ROK	WHO region						Global
				AR	RoA	SEAR	EurR	EMR	WPR	
3.3	New HIV infections (per 1,000 uninfected population)	–	–	1.24	0.16	0.08	0.25	0.06	0.05	0.26
3.3	Tuberculosis incidence (per 100,000 population)	513	70	237	28	226	30	113	95	134
3.3	Malaria incidence (per 1,000 population at risk)	0.2	0.1	219.4	7.3	7.1	0	14.8	2.5	90.8
3.3	Hepatitis B surface antigen (HBsAs) prevalence among U5(%)	0.53	0.69	3	0.2	0.7	0.4	1.6	0.9	1.3
3.9	mortality rate attributed to unsafe WASH services (per 100,000)	1.4	1.8	–	–	–	–	–	–	–

출처: *World Health Statistics* (2019)

3. 비감염성 질환과 정신보건(Noncommunicable diseases and mental health)

● **표 6**   비감염성질환 관련 지속가능발전목표의 세부목표와 지표[8]

Type of indicator	SDG target	Proposed indicator
Impact	3.4	NCD mortality
	3.4	Suicide mortality
	3.9	Mortality due to air pollution (household and ambient)

---

7) WHO, *World Health Statistics 2019, Monitoring Health for the SDGs* 데이터 재조합.

8) WHO, *World Health Statistics 2016, Monitoring Health for the SDGs* 의 표 재인용.

Coverage	3.8	UHC: NCDs tracers (hypertension treatment coverage; diabetes treatment coverage; cervical cancer screening; tobacco use)
	3.a	Tobacco use
	3.5	Substance abuse (harmful use of alcohol)
Risk factors/ determinants	7.1	Clean household energy
	11.6	Ambient air pollution
	other	Part of targets in goals on poverty, education, cities, etc.

출처: *World Health Statistics* (2016)

표 7   비감염성질환 관련 지속가능발전목표 지표들의 비교, 북한, 남한, 그리고 지역별 평균[9]

| Impact or Coverage Indicators | DPRK | ROK | WHO region | | | | | | Global |
			AR	RoA	SEAR	EurR	EMR	WPR	
3.4 Probability of dying from any of CVD, CA, DM, CRD btw 30-70 age(%)	25.60	7.80	20.60	15.10	23.10	16.70	22.00	16.20	18.30
3.4 Suicide mortality rate (per 100,000 population)	11.2	26.9	7.4	9.8	13.2	15.4	3.9	10.2	7.3
3.9 Age-standardized mortality rate attributed to air polution(per 100,000)	207.2	20.5	180.9	29.7	165.8	36.3	125	102.8	114.1
3.5 Total alcohol per capita (>15) consumption(L of pure alcohol)	3.9	10.2	6.3	8	4.5	9.8	0.6	7.3	6.4

출처: *World Health Statistics* (2019)

지역별 평균값, 그리고 전 세계 평균값과 북한의 지표를 비교하였을 때, 심혈관질환, 암, 당뇨, 만성호흡기성 질환으로 인해 30~70대 인구 중 사망했을 가능성의 비율이 상당히 높게 보고되었다.

---

9) WHO, *World Health Statistics 2019, Monitoring Health for the SDGs* 데이터 재조합.

4. 상해와 폭력(Injuries and Violence)

● 표 8   상해와 폭력 관련 지속가능발전목표의 세부목표와 지표[10)]

Type of indicator	SDG target	Proposed indicator
Impact	3.4	Deaths due to road traffic injuries
	3.4	Mortality due to unintentional poisoning
	3.9	Deaths due to disasters
	3.8	Homicide
	3.a	Conflict-related deaths
Coverage/ Risk factors/ determinants	7.1	Women and girls subjected to physical, sexual or physiological violence
	11.6	Population subjected to physical, sexual or physiological violence
	other	Part of targets in goals on peaceful and inclusive societies, cities, poverty, education, etc.

출처: *World Health Statistics* (2016)

● 표 9   상해와 폭력 관련 지속가능발전목표 지표들의 비교, 북한, 남한, 그리고 지역별 평균[11)]

Impact Indicators		DPRK	ROK	WHO region						Global
				AR	RoA	SEAR	EurR	EMR	WPR	
3.4	Road traffic mortality rate (per 100,000 population)	20.8	12	26.6	15.9	17	9.3	19.9	17.3	17.4
3.4	Mortality rate from unintended poisoning (per 100,000)	1.9	0.5	—	—	—	—	—	—	—

출처: *World Health Statistics* (2019)

---

10) WHO, *World Health Statistics 2016, Monitoring Health for the SDGs* 의 표 재인용.

11) WHO, *World Health Statistics 2019, Monitoring Health for the SDGs* 데이터 재조합.

지역별 평균값, 그리고 전 세계 평균값과 북한의 지표를 비교하였을 때, 교통사고로 인한 사망률이 아프리카지역보다는 낮지만 그 외 모든 지역보다 높게 보고되었다.

5. 보건의료체계 (Health System)

> **표 10**　보건의료체계 관련 지속가능발전목표의 세부목표와 지표[12]

Type of indicator	SDG target	Proposed indicator
Impact	3.4	UHC index: tracer indicators on service access (hospital access, health workforce density by specific cadres, access to medicines and vaccines, IHR capacities)
	3.4	UHC: financial protection (catastrophic and impoverishing out-of-pocket health spending)
Coverage/ Risk factors/ determinants	3.9	Access to medicines and vaccines
	3.8	Research and development on health issues that primarily affect developing countries, including official development assistance (ODA)
	3.a	Health workforce density and distribution
	7.1	IHR capacity and health emergency preparedness
	11.6	Data disaggregation
	other	Coverage of birth and death registration; completion of regular population census

출처: *World Health Statistics* (2016)

---

12) WHO, *World Health Statistics 2016, Monitoring Health for the SDGs* 의 표 재인용.

표 11　보건의료체계 관련 지속가능발전목표 지표들의 비교, 북한, 남한, 그리고 지역별 평균[13]

Coverage and risk factor Indicators		DPRK	ROK	WHO region						Global
				AR	RoA	SEAR	EurR	EMR	WPR	
3.9	DPT3 immunization coverage(%)	96	98	74	91	88	92	80	97	86
3.9	MCV2 immunization coverage(%)	98	97	24	54	75	88	69	93	64
3.9	PCV3 immunization coverage(%)	–	98	65	84	9	62	48	14	42
3.a	Density of physicians (per 10,000)	36.7	23.7	2.8	23.3	7.4	33.8	9.9	18	15.1
3.a	Devsity of nursed and midwifery personnel (per 10,000)	44.4	69.7							
3.a	Density of dentist (per 1,000)	2.2	5							

출처: *World Health Statistics* (2019)

　　지역별 평균값, 그리고 전 세계 평균값과 북한의 지표를 비교하였을 때, 높은 예방접종률(DPT3, MCV2)과 인구당 의사 비율이 보고되었다.

---

13) WHO, *World Health Statistics 2019, Monitoring Health for the SDGs* 데이터 재조합.

III. 지속가능발전목표 3 각 세부목표의 영역별 북한 현황 검토

1. 모자보건

북한의 모성사망비는 1990년 고난의 행군시기 10만 명당 120명 이상으로 급격히 증가했던 시기가 있었으나 2000년 이후 계속 감소하여 2015년인 가장 최근 자료에서 북한의 모성사망비는 1990년 증가되기 전 북한의 보건의료체계가 정상적 기능을 수행했던 시기의 상태로 회복되었다. 북한의 모성사망비는 Census(1993, 2008), Social Demographic Health Survey (2014), Situation Analysis(2017) 등의 조사를 통해 주기적으로 산출되어 왔으며, 조금씩 다른 추정치가 발표되기도 하였지만 2000년 이후 지속적으로 모성사망비가 감소되는 추세는 모두 동일하다. 1993년 Census를 통해 10만 명당 58명의 모성사망비가 보고되었고, 1995년 140명까지 지표는 증가하였으나 이후 지속적으로 감소하여 2014년 65.9[14]명을 기록하고 있다.

　북한 보건성은 2020년까지 10만 명당 45명의 모성사망을 달성하겠다고 목표를 정하였다.[15] 하단의 그래프는 WHO에서 발간한 SDGs health monitoring을 위해 전 세계 지속가능발전목표 관련 지표들을 정리한 보고서에서 발췌한 수치를 활용하였다. 북한과 한국, 그리고 아프리카, 아메리카, 동남아시아, 유럽, 지중해 동부지역, 서태평양지역 그리고 전 세계의 모성사망비 평균을 비교해 보았다. 북한이 속한 동남아시아지역(SEAR)의 모성사망비의 평균은 북한의 2배에 달한다. 북한은 동일한 소득수준(Low income country)의 국가들과 비교했을 때에도 상대적으로 상당히 낮은 수준의 모성사망비를 보인다(〈그림 1〉).

---

14) UNFPA, *Social Demographic Health Survey* (2014)에서 도출된 추정치.
15) UNICEF, *Situational Analysis of Women and Children DPRK in 2017*(2017).

그림 1 **모성사망비, 북한과 한국 및 지역별 비교, 2015년**

AR: African
RoA: America
SEAR: SouthEast Asian
EurR: European
EMR: Eastern Mediterranean
WPR: Western Pacific Asian

(*R: Region)

출처: WHO, *World Health Statistics 2019*(2019)

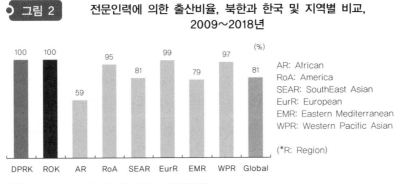

그림 2 **전문인력에 의한 출산비율, 북한과 한국 및 지역별 비교, 2009~2018년**

AR: African
RoA: America
SEAR: SouthEast Asian
EurR: European
EMR: Eastern Mediterranean
WPR: Western Pacific Asian

(*R: Region)

출처: WHO, *World Health Statistics 2019*(2019)

이는 다양한 요인에 의해 달성된 수치로 중요하게 기여한 요소가 분만 장소와 분만개조자이다. 북한의 분만 당시 전문인력이 분만개조자로 동행하는 비율이 WHO SDGs 모니터링 보고서에 의하면 100%로 나온다(〈그림 2〉). 2017년 MICS자료에서 이에 대한 내용이 조금 더 세분화되어 정리되어 있다.

MICS 보고서에 따르면 보건의료기관에서 분만한 여성은 전체 92%를 차지하였고, 의사, 간호사 또는 조산사의 전문인력이 분만개조자로 동행한 분만이 99.5%에 달하였다. 도시에서는 100% 모두 전문인력에 의한 분만으로 조사되었다(〈표 12〉). 북한의 지역별 모성사망비는 2008년도 자료

표 12   북한 산모의 분만장소와 분만개조자 동행 현황, 2017년

(단위: %)

	분만장소		분만개조자		
	의료기관	가정	전문인력		친척/친구
			의사/보조의사	간호사/조산사	
전체	92.2	7.8	89.5	10	0.5
도시	95.4	4.6	95.3	4.7	0
시골	87.3	12.7	80.8	18	1.3

출처: UNICEF, *2017 DPR Korea MICS Survey Finding Report*(2017)

이기는 하나 큰 격차를 보여, 도시는 10만 명당 70.7명, 시골은 105명의 모성사망비를 보였다. 모성사망의 2/3는 가정분만에서 발생하였으며, 시골의 가정분만에서는 사망비율이 74.3%, 도시는 58.5%의 사망이 가정분만에서 발생하였다. 임신기간을 나누어 사망이 가장 많이 발생하는 시점은 분만 과정과 분만 후로 55.8%에 달하며, 분만 과정 중 의료서비스가 필요하다고 판단하는 과정에서의 지연으로 인한 사망이 58.2%, 의료기관에서 치료가 지연되어 사망하는 경우가 28.9%, 의료기관으로의 이송이 지연되어 사망하는 경우가 19.4%였다. 북한 모성사망비의 감소를 위해서 지역별 모성사망의 격차를 줄이기 위한 노력이 중요할 것이며, 시골지역, 취약계층의 가정분만 비율을 줄이기 위한 노력이 필요할 것이다.

어떠한 요소들이 가정분만과 연관성을 가지는지 MICS데이터를 활용하여 분석해 보면, 산전관리의 횟수가 적을수록, 소득수준이 낮을수록 가정분만의 비율이 높았다. 다행히도 가정분만을 하여도 분만개조자는 의사를 포함하여 조산사와 같은 전문인력인 경우가 많았으며, 그 비율이 90%를 넘었다. 북한은 전문인력에 의한 분만의 비율이 이미 높기 때문에 이들의 역량과 전문성을 강화하는 데 더욱 중점을 두고 있으며, 같은 맥락에서 중단기 보건의료전략 보고서 2016-2020[16]에서 국가보건우선순위 12개 항목에 조산사의 전문성 강화가 강조되고 있음을 확인할 수 있다.

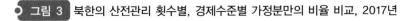

그림 3 북한의 산전관리 횟수별, 경제수준별 가정분만의 비율 비교, 2017년

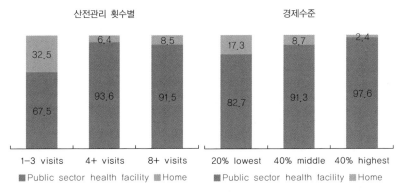

출처: UNICEF, *2017 DPR Korea MICS Survey Finding Report*(2017)

그림 4 시설분만과 가정분만시 분만개조자(의사, 조산사, 친척)의 비율 비교, 2017년

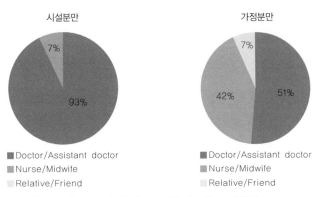

출처: UNICEF, *2017 DPR Korea MICS Survey Finding Report*(2017)

중단기 보건의료전략 보고서의 모자보건 영역에서 산모의 의료서비스 향상에 가장 큰 영향을 주는 4가지 요소는 1) 필수의료 물품, 의약품, 장

16) WHO·UNICEF, *Midterm Strategy Plan for the Development of Health Sector DPRK, 2016-2020*(2017).

비의 부족, 2) 고위험산모를 조기에 발견할 수 있는 진단기술, 3) 혹한의
시기에 상급병원으로 전원하기 위한 이송수단, 4) 일차의료기관의 제한된
기술과 수술역량으로 기술되어 있다. 북한은 의료기관에서의 분만율이
90% 이상에 달하고 있으며, 이중 74.1%가 군과 리인민병원에서 이뤄지
고 있다.[17] 따라서 분만이 가장 많이 이뤄지고 있는 일차의료기관에서의
수술역량이 산모의 사망을 예방하는 것이 중요하며, 이를 위한 필수적인
의료물품의 구비와 의료인력의 기술향상이 필요하다고 기술하고 있다.

2. 감염성 질환: 결핵, 말라리아, 간염

1) 결핵

MDGs와 Stop TB strategy의 목표 아래 1998~2015년 사이 결핵 고부담 상
위 30개 국가에도 북한이 속하였고, 지속가능발전목표와 End TB strategy
아래 2016~2020년 결핵 고부담 상위 30개 국가에도 북한은 여전히 결핵
과 다제내성결핵의 부담이 높이 높은 국가에 속한다. 북한은 2010년부터

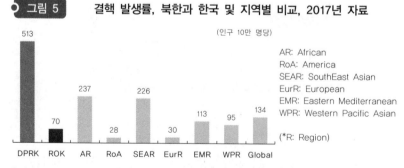

그림 5   **결핵 발생률, 북한과 한국 및 지역별 비교, 2017년 자료**

(인구 10만 명당)

AR: African
RoA: America
SEAR: SouthEast Asian
EurR: European
EMR: Eastern Mediterranean
WPR: Western Pacific Asian

(*R: Region)

513 DPRK
70 ROK
237 AR
28 RoA
226 SEAR
30 EurR
113 EMR
95 WPR
134 Global

출처: WHO, *World Health Statistics 2019*, *Monitoring Health for the SDGs*

---

17) WHO · UNICEF, *Midterm Strategy Plan for the Development of Health Sector DPRK, 2016-2020* (2017).

세계기금(Global Fund AIDS, TB and Malaria, GFATM)로부터 결핵퇴치를
위한 지원을 받기 시작하여 매년 600만 달러 이상의 지원을 받아왔다. 그
러나 세계기금의 지원에도 불구하고 북한은 50%에 가까운 예산 미충족분
이 존재한다고 보고된다.[18] 세계기금의 지원 대부분은 1차 결핵약지원에
집중되어 왔으며, 진단장비 및 기술을 위한 지원이나 내성결핵치료를 위
한 지원은 최근 단계적으로 증가하여 왔다. 외부의 지원이 지속되고 있음
에도 북한의 결핵퇴치를 위한 재정은 여전히 부족하다. 북한에서 한해 발
생될 것으로 추정되는 결핵환자, 그리고 다제내성 결핵환자 중 실제 보고
되고 있는 환자의 비율은 69%와 30% 정도(2018년)로 2016년까지 꽤 높게
(결핵환자 발견율 87%) 측정되었던 환자 발견율이 이후 다시 감소하였다.
환자 발견율은 의심환자가 늦지 않고 진단을 받도록 하는 것과 진단과정

● 그림 6　　　**결핵환자 및 다제내성결핵 환자발견율 추정치,
결핵 고부담 30국 비교, 2018**

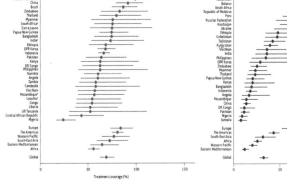

출처: WHO, *Global TB Report 2018*(2018)

---

18) WHO, *DPRK TB Control Profile 2019*(2019).

19) Treatment coverage는 해당연도에 발견되고 치료받은 신환자와 재발환자를 발생률로
추정된 환자수로 나눈 값을 말함. 환자발견율과 같은 의미로 최근 지표명이 변경됨.

에서 진단역량 부족으로 인하여 환자를 놓치지 않는 것이 중요하다.

진단시기가 늦어지는 것은 환자가 결핵을 인지를 못하거나, 질병을 의심하여도 경제적, 지리적, 사회적 문제로 인해 병원을 방문하지 않거나 일차의료의 환자발견 기능이 작동하지 않고 있다는 것을 추정해볼 수 있다. 북한은 결핵의 진단을 현미경에만 전적으로 의지하기 때문에 진단기술로 인한 낮은 민감도라는 제한점을 가지고 있다.[20] 게다가 북한의 진단 현미경은 상당히 낙후된 장비였다. 세계기금을 통해 2015년까지 현미경의 90% 이상이 교체되었으나, 여전히 영상진단을 위한 장비(X-ray)의 부족으로 진단역량의 명확한 한계를 가지고 있다. 2016년 이후 특히 환자의 의료시설 방문 지연, 일차의료에 의한 의심환자 발견이 이뤄지지 못함으로

● 그림 7 **15~24세를 기준으로 계산한 연령별 Prevalence rate ratio,[21]**
결핵 고부담 30국 비교, 2018

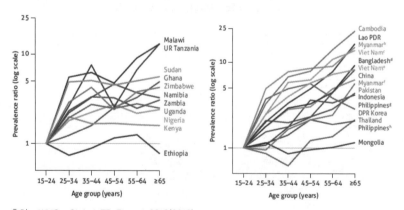

출처: WHO, *Global TB Report 2018*(2018)

---

20) 한국국제보건의료재단, 『북한보건의료백서 개정판』, 신희영 외(서울대학교 통일의학센터, 2019), 3부 1절 1. 결핵.

21) 15~24세 연령의 유병률을 기준으로 다른 연령대 유병률의 비율 분석 자료. Age-specific prevalence rate ratio of bacteriology confirmed TB in surveys implemented 2007-2018.

인해 환자 발견율이 감소하였을 것으로 추정된다.

환자가 늦게 발견되면 지역사회에 활동성결핵 환자의 수가 많아지게 되면서 면역력이 저하되지 않은 젊은 층에서도 결핵환자가 증가하게 되며, 고령층일수록 환자가 증가하는 자연스러운 패턴과 다른 패턴을 보이게 된다. 〈그림 7〉은 연령별 결핵 유병률을 비교한 그래프이다. 15~24세 결핵 유병률을 기준으로 연령별 결핵 유병률이 높고 낮음을 비교했을 때, 북한은 45~54세 연령대까지 유병률이 증가하다가 고령층에서 감소하는 경향성을 볼 수 있다. 젊은 연령층에서 결핵전파가 활발하다는 것은 지역사회에서 활동성 결핵환자가 많다는 의미와 함께 젊은 연령대의 면역상태에 영향을 주는 영양불균형 등의 요인이 있음을 추정해 볼 수 있다.

북한의 다제내성 결핵환자의 규모는 국가단위의 자료수집이 이뤄지지 않아 정확한 파악이 어렵지만, 2013년 황해북도를 중심으로 이뤄진 소규모의 결핵 약제내성조사(Drug Resistance Surveillance, DRS) 자료[22]에 기초하여 다제내성의 질병부담을 추정하여도 북한은 고부담 상위 30개 국가에서 높은 순위를 차지한다.

2) 말라리아

북한은 1970년에 말라리아 퇴치를 선언하였으나 1998년부터 말라리아 발생건수가 증가하기 시작하였다. 발생건수의 증가는 2001년 296,540명에 달하면서 정점을 찍었다. 북한은 2002년부터 WHO의 지원[23]을 받아 Mass Primaquine preventive treatment(MPPT)사업[24]을 6년간 시행하였

---

22) 황해북도 13개 군을 중심으로 rapid DRS가 시행되었으며, 362명의 객담양성 신환자와 98명의 재치료 환자가 참여한 결과, 신환자 중 2.2%에서 재치료환자 중 16.3%에서 리팜피신 내성을 포함한 다제내성환자 비율이 조사됨.

23) 한국 정부의 지원을 받아 2001년부터 2009년까지 WHO를 통해 북한 말라리아 방역 사업 수행.

24) Kondrashin et al., "Mass primaquine treatment to eliminate vivax malaria: lessons from the past," Malaria J. 13(1), 51(2014).

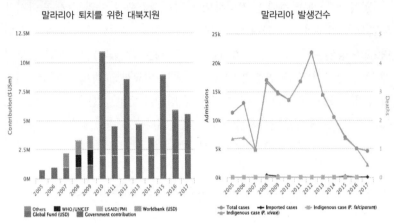

● 그림 8 말라리아 대북지원 현황 및 말라리아 발생건수, 2005~2017년

출처: WHO, *DPRK Control Profile 2020*(2020)

고 2010년부터 세계기금으로부터 치료 및 예방사업을 위한 지원을 받는다. 예방사업으로 살충 처리된 반영구적 모기장(long-lasting insecticide-treated bed nets, LLIN)의 보급이 2011년 시작되어 2015년 고위험지역 가구의 99.9%까지 확장되었고, 실내에서 살충제 도포(Indoor residual spraying, IRS) 시행 또한 2016년 98.2%까지 확산 시행되면서 북한의 말라리아 발생건수가 급속히 감소하여 2018년 3,598명[25])의 발생건수를 보고하고 있다.

3) 간염

북한은 아직 국가단위의 간염 항원 양성자 유병률 조사가 이뤄지지 않았다. 현재까지 북한에서 발표한 만성 B형간염 유병률의 유일한 자료는 2003년에 WHO에서 발표한 추정치인 4.5%뿐이다. 북한의 사망원인(2017년)에서 간암은 암 중 가장 높았으며, 전체 사망원인 중 간암은 16.2%로 4위에 해당한다.[26]) 동남아시아 11개의 국가 중 B형간염 표면항원 양성률 추정

---

25) WHO, *World Malaria Report, 2019*(2019).

26) Institute for Health Measurement & Evaluation, Global Burden of Disease Study

치가 8% 이상으로 높은 국가는 북한, 미얀마, 동티모르 세 개의 국가이
다.[27] 통일부 하나원에서 발표한 북한이탈주민의 B형간염 항원 양성자
유병률은 10%(총 6,087명 중 669명)[28]로 확인되었다. 따라서 북한의 B형
간염 유병률은 4.5%보다 상당히 높을 것으로 추정된다.

B형간염 바이러스 감염자가 만성간염 그리고 그로 인한 합병증(간경화,
간암)까지 도달할 위험성은 5세 이하에서 감염되었을 때 매우 높다. 성인
감염이 만성간염으로의 진행률이 5% 이하라면, 신생아 또는 아동 감염은
95%가 만성간염으로 진행한다. 따라서 5세 이하 아동의 시기, 특히 수직감
염에 의해 신생아가 감염되는 것을 예방하는 것이 매우 중요하다. 이에 대한
가장 효과적인 예방방법 중 하나는 태어난 지 24시간 이내에 신생아에게 B형

● 그림 9   **한국의 B형간염 정책과 B형간염 항원 양성률의 변화**

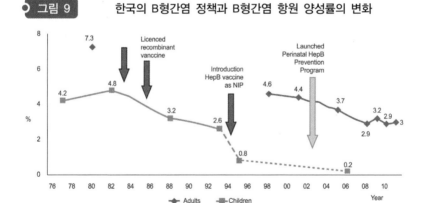

출처: 질병관리본부, "B형간염 주산기감염 예방사업 10주년 운영 성과," 『주간건강과 질병』 제6권
제12호(2013)

(2020), http://www.healthdata.org/north-korea

27) Feasibility of establishing a WHO South-East Asia regional goal for hepatitis B
control through immunization. Background paper for the Sixth meeting of the
WHO SEARO Immunization Technical Advisory Group(ITAG) meeting, 2015년 6
월 15~19일.

28) 『한국인 간질환백서』(대한간학회, 2013).

간염 예방접종을 시행하는 것이며 북한도 2004년부터 신생아에게 B형간염 출생 시 접종을 시작하였다. 출생 시 B형간염의 예방접종률은 99%[29]로 높게 유지되고 있다.

북한의 5세 이하 아동의 B형간염 항원 양성률은 2015년 자료에서 0.53%를 보이고 있다.[30] 〈그림 9〉는 한국의 B형간염 관리를 위한 정책들을 도식화한 것으로 한국도 B형간염 예방접종이 국가정기예방접종으로 시작된 것이 1995년이었고, 주산기감염 예방사업을 실시한 것이 2002년부터이다. 두 사업의 성과로 5세 이하 아동의 B형간염 항원 양성률이 1% 이하로 감소하여 유지되고 있다. 북한 또한 한국처럼 예방접종사업의 효과를 얻게 될 것으로 예상할 수 있다. 그러나 출생 시 시행하는 B형간염 예방접종의 효과는 24시간 이내에 접종했을 때 가장 높기 때문에 지체 없이 신생아에게 예방접종이 이뤄져야 한다. 아직 북한의 출생 시 접종이 실제로 24시간 이내에 이뤄지는지, 얼마나 이뤄지고 있는지에 대한 데이터가 많지 않기 때문에 접종시기가 적절한지 알기 어려우나, 북한 보건성에서 발표한 2016~2020년 B형간염 예방과 관리를 위한 정책에서 첫 번째 정책이 Birth Dose timeliness임을 보면 접종시기가 24시간 이내에 맞춰지지 못하고 있을 확률이 높다. 따라서 이를 위한 백신 보관과 운송체계인 Cold chain system의 인프라 구축 및 개선이 중요할 것이다.

3. 비감염성 질환 : 만성질환

북한의 사망 및 장애를 일으키는 원인질환의 순위를 정리한 자료 〈그림 10〉을 보면 뇌졸중(1위), 만성 폐쇄성 폐질환(2위), 허혈성 심장질환(3위),

---

29) WHO·UNICEF, *Midterm Strategy Plan for the Development of Health Sector DPRK, 2016-2020*(2017).

30) WHO, *World Health Statistics 2019, Monitoring Health for the SDGs*(2019).

교통사고 외상(4위), 신생아 질환(5위), 간암(6위), 당뇨(7위)임을 알 수 있다. 1990년대에도 1995년 고난의 행군시기 기간 외에는 만성질환과 그 합병증이 북한 사망원인에서 가장 높은 우선순위를 차지하였다. 2000년 이후 감염성질환(결핵, 하부기관지 감염성 질환)과 영양장애로 인한 사망은 크게 감소하였으나 만성질환의 질병부담은 빠른 속도로 계속 증가하고 있다. 북한과 유사한 중저소득의 경제수준국가들과 (사망 및 장애를 일으키는

◉ 그림 10 북한 사망 및 장애유발 원인질환 순위변화 비교, 1995년과 2017년

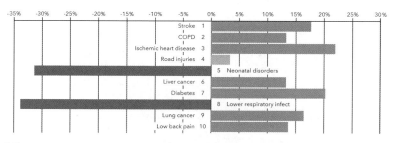

출처: Institute for Health Metrics and Evaluation(2020)

◉ 그림 11 북한 사망 및 장애유발 건강위험요인 순위변화 비교, 2007년과 2017년

출처: Institute for Health Metrics and Evaluation(2020)

그림 12

북한 사망 및 장애 원인질환의
질병부담 유사 경제수준국가와 비교, 2017년

	Stroke	COPD	Ischemic heart disease	Neonatal disorders	Lower respiratory infect	Road injuries	Congenital defects	Liver cancer	Diabetes	Low back pain
North Korea	3,582.7	3,087.7	2,048.5	1,801.8	1,189.8	1,173.1	1,043.5	732.4	658.5	613.2
Comparison group mean (Low-middle SDI)	2,065.2	1,615.3	3,108.6	3,707.2	2,253.8	1,023.2	1,015.6	178.9	1,132.8	787.3
Cape Verde	1,004.9	421.4	1,716.2	2,761.4	1,198.3	420.9	707.4	262.9	871.0	903.6
Ghana	2,419.7	816.6	2,310.5	3,922.7	2,918.4	1,047.8	960.0	424.7	1,382.1	681.8
Guatemala	882.2	463.1	1,511.7	2,037.6	2,580.8	848.8	784.4	361.7	1,951.7	787.2
India	1,591.7	2,366.4	3,291.1	3,723.6	2,045.4	804.0	874.2	78.6	970.1	608.9
Laos	3,421.4	1,393.0	3,120.9	3,994.7	3,365.0	1,433.0	1,803.3	236.1	1,417.0	868.8
Marshall Islands	4,599.6	1,647.6	5,708.8	1,903.5	1,927.2	1,277.0	975.8	369.0	3,725.3	710.1
Myanmar	1,877.9	2,237.2	1,532.7	3,053.9	2,212.5	1,092.6	1,838.1	243.4	2,150.7	631.5
Nicaragua	657.4	473.9	1,369.4	1,629.6	667.5	530.8	726.7	167.2	1,174.1	656.2
Palestine	1,494.7	446.5	2,794.4	1,747.6	484.4	461.6	784.2	126.4	1,374.8	1,006.4
Tajikistan	2,380.1	616.5	4,849.9	2,792.6	3,134.7	467.5	1,062.9	154.7	1,368.2	954.5

Significantly lower than mean　　Statistically indistinguishable from mean　　Significantly higher than mean

Age-standardized rate per 100,000, 2017

출처: Institute for Health Metrics and Evaluation(2020)

원인질환) 질병부담 〈그림 12〉를 비교해 보면 특히 뇌졸중, 만성 폐쇄성 폐질환, 그리고 간암은 만성질환의 질병부담이 높은 국가들과 비교하여도 상대적으로 더욱 높은 질병부담을 보이고 있다(2017년 기준).[31] 북한의 사망 및 장애를 일으키는 질환들을 유발하는 위험인자들은 2017년 기준으

---

31) Institute for Health Measurement & Evaluation, Global Burden of Disease Study (2020), http://www.healthdata.org/north-korea

로 1위 식사요인, 2위 흡연, 3위 높은 혈압, 4위 공기오염, 5위 높은 공복 혈당이며 10년에 비해 각 위험요인들이 차지하는 비율 더욱 증가하였다. 가장 많은 증가세를 보인 요인은 높은 혈압(2007년에 비해 20.2% 증가)과 높은 공복 혈당 수치(2007년에 비해 22.1%)였다(〈그림 11〉).

혈압과 혈당을 높이는 요인이 될 수 있는 식습관과 흡연도 조절이 되어야 할 것이지만, 높은 혈압과 혈당의 환자를 찾아내고, 고혈압과 당뇨를 진단받은 환자를 치료하는 일련의 과정들이 지역사회의 일차의료를 통해 이루어지는 것이 매우 중요하다. 북한의 중단기 보건의료전략 보고서(2016-2020년) 그리고 유엔전략보고서(UNSF, UN Strategy Framework, 2017-2020) 보건분야 우선순위를 보면 일차의료의 강화가 필요함을 강조하고 있다. 호담당의사제도를 가지고 있는 북한 보건의료체제에서 일차의료가 기능이 약하다 함은 호담당의사들의 역할수행이 어렵고, 일차의료기관들의 의료물품 및 의약품의 공급이 원활하지 않음으로 인할 것으로 추정할 수 있다.

북한의 만성질환으로 인한 사망 비율은 84%에 달한다고 WHO에서 분석하고 있으며, 만성질환에 의한 조기사망의 비율은 점점 증가할 것으로 예측하고 있다(〈그림 13〉). 북한의 경제위기로 인한 보건의료영역의 타

● 그림 13   **북한 NCD Country Profile, 2020년**

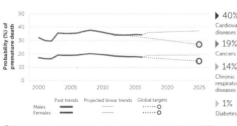

출처: WHO, DPRK Country Profile 2020(2020)[32]

---

32) WHO, Global Health Observatory data(2020), http://www.who.int/gho/countries/prk/country_profiles/en/

격은 1990년 중반 이후 국제원조에 일정부분 의존하며 극복하였다. 그 시기 이후 보건의료 분야에서 대외 의존도는 쉽게 줄어들지 못하고 있는 실정이다. 1990년 이후 현재까지 북한으로 지원되었던 보건의료 분야의 대북지원 영역은 감염성질환, 모자보건 영역과 영양 지원에 집중되었었다. 만성질환의 진단, 치료, 관리를 위한 북한 내부적 지원과 국외의 지원이 매우 부족한 상황이며, 이러한 재정적 부족에 대한 문제점 해결을 위한 대안이 쉽지 않은 실정이다.

4. 재난 및 응급의료

북한은 반복적으로 자연재해를 경험하며 1990년 중반 이후 국제사회의 지원을 받아왔다. IFRC에서 북한으로 긴급구호가 필요하여 구호지원 요청을 2000년 이후 13회에 걸쳐 반복적으로 한 것을 보면 북한에서 거의 매년 재해로 인한 피해가 발생하였음을 알 수 있다. 북한은 반복적인 재해의 여파가 지속되면서 2013년 국가계획위원회 산하 재난재해관리 부서

○ 그림 14 **북한 자연재해 및 사고 인한 사망 비율 현황, 1990~2017**

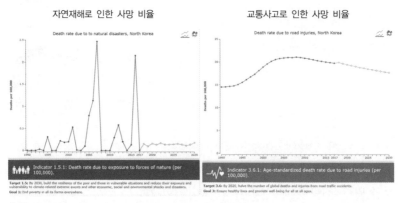

출처: Institute for Health Metrics and Evaluation(2020)

(Bureau for Disaster Management)를 신설하여 관련 부처의 업무를 지휘하
도록 하였다.[33]

북한에서 교통사고로 인한 사망은 현재 중요한 사망원인으로 사망 및
장애를 일으키는 원인 5순위 안으로 진입하였다.[34] 교통사고로 인한 사
망의 변화양상은 〈그림 14〉처럼 2000년 중반까지 빠른 속도로 증가하였
다. 재난재해에 의한 사망은 사건별로 사망률이 위와 같이 추정되고 있으
며, 많은 사상자를 양산하는 재해가 반복되어 있음을 알 수 있다. 재난재
해에 대응하는 체계는 상당히 광범위하다. 앞서 언급한 재난재해 관리 부
서가 총괄하는 관계 부처의 범위가 농업성, 수산성, 임업성, 국토환경보호
성 등을 포함하고 있다.[35] 이 중 보건의료영역에서는 사고로 인한 상해를
빠른 시간에 치료할 수 있는 시스템과 병원 역량을 갖추는 것이 중요하다.
재난 상황에서 병원 간 네트워크 속 협력, 환자의 빠른 이송, 병원에서의
적절한 조치와 치료 등을 포괄하는 시스템이 필요하다. 그러나 북한은 그
러한 통신, 교통, 상호협력 네트워크 관련 인프라 기반이 부족하고 병원의
응급의학적, 외과적 수술 역량도 부족한 것으로 파악되고 있다.[36]

---

33) FAO, "Enhancing Institutional Capacities in Disaster Risk Management for Food
   Security in the DPRK"(roadmap, 2015).

34) Institute for Health Measurement & Evaluation, Global Burden of Disease Study
   (2020), http://www.healthdata.org/north-korea

35) FAO, "Enhancing Institutional Capacities in Disaster Risk Management for Food
   Security in the DPRK"(roadmap, 2015).

36) 한국국제보건의료재단, 『북한보건의료백서 개정판』, 신희영 외(서울대학교 통일의학
   센터, 2019), 3부 4절 2.응급 및 재난의료.

IV. 보건부문 대북지원 현황 및 향후 협력 방안

보건분야 대북지원의 변화를 CRS코드를 활용하여 살펴보면 긴급구호의 성격이 강한 인도적 지원[37]의 비중이 2000년 후반까지 꽤 컸으나 2010년 이후 보건의료(CRS 120)[38]에 집중한 대북지원의 비중이 커지기 시작한다. 개발 식량 원조 및 식량 안보를 위한 지원[39]도 꾸준히 지원되었으며, 2000년 후반부터 더욱 높은 비중으로 유지되었다. 2000년 초반에는 식량을 구호 형식으로 지원하는 경향성이 컸다면, 2000년 후반 이후 식량안보를 위한 개발지원의 비중이 증가하고 보건의료의 시스템 강화를 고려한 지원의 비중이 커졌음을 확인할 수 있다. 보건의료(CRS 120) 대북지원은 크게 3

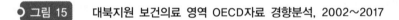

그림 15 대북지원 보건의료 영역 OECD자료 경향분석, 2002~2017

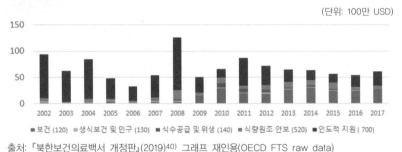

출처: 『북한보건의료백서 개정판』(2019)[40] 그래프 재인용(OECD FTS raw data)

---

37) CRS 700(인도적 지원): 720(긴급구호: 구호물자지원, 긴급식량원조, 긴급구호 조정), 730(재건구호), 740(재난방비 및 대비).

38) CRS 120(보건): 121(보건 일반: 보건정책, 의료교육, 의료연구, 의료서비스), 122(기초보건: 기초보건 진료, 기초의료 설비, 영양, 전염병 관리, 보건교육, 말라리아/결핵 퇴치, 보건 인력개발), 123(비감염성 질환: 담배, 알코올 및 마약, 정신건강, 비감염성 질환 예방/치료, 비감염성질환 연구).

39) CRS 520(개발 식량원조/식량안보): 식량 원조 식량 안보 프로그램.

40) 한국국제보건의료재단, 『북한보건의료백서 개정판』, 신희영 외(서울대학교 통일의학센터, 2019), 2부 2절.

가지 분야에 집중되어 지원되었다.

Global Fund에 의한 결핵과 말라리아 지원(2010년 이후 현재까지), GAVI에 의한 백신지원(2007년 이후 현재까지), 그리고 WFP, UNICEF, WHO의 영양을 포함한 모자보건 영역의 지원이 주요 분야이다. 보건의료 분야의 대북지원은 국제기구 및 기관들이 대부분의 비중을 차지하였고, 일부 국제 NGO들이 규모는 크지 않지만, 지역사회에서 지방정부와 신뢰 관계를 형성하며 지역 중심의 지원을 지속적으로 유지하였다. 국제 NGO들은 보건의료 외 식량 안보 및 개발지원에 많은 에너지를 들여 지역사회에서 회복탄력성을 가지고 자체적으로 식량 자급을 할 수 있는 역량을 향상시키는 데 주력하였다. OECD IDS[41]자료 외에 UNOCHA FTS[42]의 자료를 이용하여 인도적 지원의 경향성을 분석해봤을 때, 2000년 이후 2019년까지 가장 많은 지원 비율을 차지하는 기구는 IFRC였다.[43]

인도적 지원은 재난 및 재해상황에서 구호의 목적으로 하는 긴급구호의 지원 비중이 가장 컸고, 개발지원을 포괄하는 대북지원의 경향성에서는 보건의료 지원과 식량안보를 위한 개발지원이 높은 비중을 차지하였다. 북한의 유엔전략보고(UNSF)에서 Resilience & Sustainability 항목이 우선순위에 새로이 선정되면서 북한의 지역단위에서 취약계층이 재난·재해, 기후변화 등의 영향과 상관없이 지속적인 삶(에너지, 식량, 거주 등)의 유지가 가능하도록 회복탄력성을 키워야 한다고 강조하였다. 북한의 현재 보건의료적 문제들은 환경, 산림, 농업, 교통, 에너지 등 보건의료 외적인 영역의 영향을 그 어느 때보다도 많이 받고 있으며, 재해 이후의 구호를 넘어 시스템의 회복, 자생력의 향상을 위한 타분야와의 협력적 개발지원이 절실히 필요하다고 판단된다.

---

41) IDS, International Development Statistics, 국제개발통계.

42) FTS, Financial Tracking Service, 재정추적서비스.

43) 한국국제보건의료재단, 『북한보건의료백서 개정판』, 신희영 외(서울대학교 통일의학센터, 2019), 2부.

V. 결론

〈그림 16〉은 북한 지속가능발전목표 지표들 중, 보건 관련 지표들을 모아 2000년부터 2020년까지의 변화를 살펴본 그림이다. 그중 지속가능발전목표 기준 대비 상대적으로 낮은 수준의 북한 보건지표들을 정리해보면

● **그림 16** **북한의 보건영역과 연관된 지속가능발전목표 지표 성적의 연도별 변화[44]**

출처: Institute for Health Metrics and Evaluation
① 모성사망비
② 5세이하 아동사망률
③ 신생아 사망률
④ 결핵 발생률
⑤ 말라리아 발생률
⑥ 5세이하 아동의 B형간염 항원 유병률
⑦ 30~70세 사이에 심혈관질병, 암, 당뇨 또는 만성 호흡기 질병으로 죽을 확률
⑧ 자해에 의한 사망률
⑨ 교통사고로 인한 사망자 수
ⓐ 대기오염에 노출된 도시지역의 인구
ⓑ 의도치않은 중독에 의한 사망률
ⓒ 보건의료인력(의사, 간호사, 조산사, 약사) 밀도

---

44) Institute for Health Measurement & Evaluation, Global Burden of Disease Study (2020), http://www.healthdata.org/north-korea

12개의 영역으로 정리될 수 있다(〈그림 16〉). 앞서 지역별 평균값, 그리고 전 세계 평균값과 북한의 지표를 비교하였을 때, 상대적으로 낮은 점수를 보인 지표는 결핵 발생률, 비감염성지환에 의한 사망 확률, 교통사고로 인한 사망률, 그리고 대기오염에 의한 사망률이었다. 지속가능발전목표 기준 대비 낮은 점수의 영역 12개(1-9, a-c) 중 타지역의 평균치와 비교하였을 때도 여전히 낮은 점수를 보이는 4개의 항목들은 북한에서 국가전략을 세우는 과정에서 보건의료적 우선순위를 두고는 영역이기도 하다.

북한에 상주하거나 비상주 민간단체기관들과 UN Country Team (UNCT)의 합의 하에 북한사회(보건, 식수, 교육, 경제, 영양, 식량, 기후, 환경 등을 모두 포괄)의 수요에 따라 국가전략 우선순위를 정리한 유엔전략계획 (UN Strategic Framework) 보고서를 1차 보고서는 2011년부터 2015년까지 MDGs에 따라 정리하였고, 2차 보고서는 2017년부터 2021년까지 지속가능발전목표에 따라 재정리하였다. UNSF 2차 보고서는 1. 식량과 영양 안보 (Food & Nutrition Security), 2. 사회개발 서비스(Social Development Services: Health Education, WASH), 3. 회복력과 지속력(Resilience & Sustainability), 4. 데이터와 개발협력(Data & Development Management) 4개의 영역을 정하여 북한의 수요를 정리하고 우선순위를 정하였다. 또한 북한 상주 비상주 기관들과 북한 보건성이 함께 참여하여 추가적으로 보건의료에 국한하여 국가전략 보고서를 2차례 발간하였다.

'중단기 보건의료 전략보고서(Medium Term Strategic Plan, MTSP)' 2010-2015년에 1차를 그리고 2016-2020년에 2차를 정리하였다. 북한으로 지원이 집중되었던 모자보건 영역의 지표들은 많은 개선을 이루었고, 감염성 질환 중 말라리아는 퇴치를 목표로 하고 있다. 많은 지원은 받고 있으나 여전히 결핵은 다제내성결핵의 질병부담과 함께 높은 질병부담을 유지하고 있다. 간염은 예방접종의 효과를 볼 것으로 기대하고 있으나 아직 간암과 만성간질환(간경화)은 높은 사망원인이 되고 있다. MDGs의 기준에서는 간과되었던 질환인 만성질환, 사고에 의한 사망, 그리고 재난재해에 의한 사망에 대해 인지하게 되었고, 그 중요성을 지표로도 확인하게 되었

다. 만성질환으로 인한 사망은 2000년 이후 빠른 속도로 질병부담이 증가
하여 북한주민 사망원인의 주요원인이며 유사 경제수준의 타국가에 비하
여도 높은 질병부담 수준을 보이고 있다. 교통사고로 인한 사망, 그리고
재난재해 상황에서 사망을 줄이기 위한 보건의료적 대응 역량은 응급의
료, 재난의료, 외과적 수술역량과 연계된다. 재난의료와 응급의료의 시스
템적 역량과 병원의 수술적 역량강화가 함께 필요한 영역이다.

  UNSF 2차 보고서에서는 '회복력과 지속력'이라는 주제 하에 지역사회
에서 취약계층을 대상으로 자연재해로 인한 피해로부터 피해를 최소화하
고 식량, 에너지, 경제, 보건의료 영역에서 정상적인 기능을 유지 및 공급
이 가능한 시스템의 필요성을 언급한다. 그리고 MTSP 2차에서 보건의료
적으로 간과되었던 비감염성질환에 대한 중요성 강조, 감염성질환 중 다
제내성결핵, 간염, 그리고 수인성, 식품매게 기생충에 대한 관리 필요성,
그 외 응급의료 영역의 개선, 재난재해에 대응할 수 있는 응급위협관리
역량 강화의 필요성을 언급하고 있다.

  중단기 보건의료 전략보고서(Medium Term Strategic Plan, MTSP),
2016-2020년에서 정한 National Health Priority 12가지는 다음과 같다.

  1. To intensify the development of the Juche-oriented medical
     science and technology;
  2. To establish nation-wide telemedicine system and improve
     the operational quality;
  3. To upgrade the health sector to information oriented one;
  4. To strengthen systems for prevention and surveillance of
     diseases;
  5. To facilitate the modernization of medicine manufacture,
     production of Koryo traditional medicine and modernization
     of medical tools

6. To provide safe and healthy environment;
7. To strengthen section doctor system and improve the quality of health service;
8. To improve the technical competency of health workers;
9. To improve the maternal, child and aged health care;
10. To strengthen professional development of midwives for providing quality SRH services
11. To strengthen the capacity of leadership and management in public health;
12. To develop the capacity for immediate response to emergencies and disasters.

중단기 보건의료 전략보고서 2016-2020년의 국가 보건의료 우선순위에서 정책적으로 강조되고 있는 부분 중 하나는 주체적, 근거 기반의, 정보 지향적, 과학화/현대화이다.

북한의 변화된 보건의료 지표들, 북한으로 지원되었던 대북지원 영역과 미지원 영역별 지표변화의 차이, 현재 지표들의 타지역과의 비교 그리고 북한 지역사회에서 직접 보건사업을 수행한 기관들의 정책우선순위, 북한 당국이 정한 보건의료 정책우선순위들을 종합적으로 고려하여 현재 북한 보건의료의 수요와 개발협력 항목을 정리해 보면 다음과 같다.

1. 재난 및 재해로부터 지역사회의 식량공급체계를 보호하여 식량 및 영양공급을 유지할 수 있는 지역사회 식량안보 역량 강화: 소아/산모/취약계층의 영양상태, 면역상태는 감염성질환 관리에 주요요인으로 작용함
2. 지역사회의 일차의료의 역량강화 및 의약품, 의료물품, 의료장비 보완·개선을 통해 만성질환의 초기 진단과 관리를 개선하고, 일차

의료기관의 출산과정에서의 대응역량, 사고·상해에서 응급의료적
대응역량 강화 필요: 일차 의료의 초기 대응력과 상급병원으로의
전원체계를 통해 재난·재해 대응과 응급의료의 기본적인 역량을
갖춰야 함

3. 대외의존도가 높은 북한의 보건의료분야에서 대외지원이 이뤄지지
않는 질환(만성질환, 간염, 성병 등)의 관리와 치료를 위한 필수의약
품 공급 필요

4. 근거기반의 보건의료정책을 수립하기 위한, 의료정보의 체계화, 과
학화 필요

5. 북한의 주체적 보건의료체계를 확립하기 위해 의료 및 고려의학의
현대화, 북한당국의 보건의료 영역(기술강화, 연구강화 등)에의 투자
및 재정 건정성 확보 필요

참고문헌

대한간학회. 2013. 『한국인 간질환백서』.

질병관리본부. 2013. "B형간염 주산기감염 예방사업 10주년 운영 성과." 『주간건강과 질병』 제6권 제12호.

한국국제보건의료재단. 2019. 『북한보건의료백서 개정판』. 신희영 외. 서울대학교 통일의학 센터.

한국국제협력단. 2015. 『지속가능개발목표(SDGs) 수립현황과 대응방안』. 성남: 한국국제협 력단.

FAO. 2015. "Enhancing Institutional Capacities in Disaster Risk Management for Food Security in the DPRK." roadmap.

IHME. 2020. Institute for Health Measurement & Evaluation. Global Burden of Disease Study. http://www.healthdata.org/north-korea

Kondrashin et al. 2014. "Mass primaquine treatment to eliminate vivax malaria: lessons from the past." Malaria J. 13(1), 51.

UNDP. 2008. *DPRK Census 2008*.

UNFPA. 2009. *Maternal Mortality Validation Study by Central Bureau of Statistics and UNFPA. DPRK*.

_____. 2014. *Social Demographic Health Survey, DPRK*.

UNICEF. 2017. *Situational Analysis of Children and Women. DPRK*.

WHO. 2015. "Feasibility of establishing a WHO South-East Asia regional goal for hepatitis B control through immunization." Background paper for the Sixth meeting of the WHO SEARO Immunization Technical Advisory Group(ITAG) meeting, 2015년 6월 15~19일.

_____. 2016. *World Health Statistics 2016, Monitoring Health for the SDGs*.

_____. 2019. *DPRK TB Country Profile*.

_____. 2019. *World Health Statistics 2019, Monitoring Health for the SDGs*.

_____. 2019. *World Malaria Report, 2019*.

WHO. Global Health Observatory data. 2020. https://www.who.int/gho/countries/ prk/country_profiles/en/

WHO·UNICEF. 2017. *Midterm Strategy Plan for the Development of Health Sector DPRK, 2016-2020*.

WHO·UNICEF·UNFPA. World Bank. 2015. *Trends in Maternal Mortality: 1990 to 2015*.

제7장

지속가능한 교육과 북한개발협력*

박환보 | 충남대학교

I. 서론

지난 2015년 9월 유엔 총회에서는 2030년까지 전 세계 모든 나라가 달성해
야 할 지속가능발전목표(Sustainable Development Goals, SDGs)를 채택하
고, 사람(People), 지구(Planet), 번영(Prosperity), 평화(Peace), 협력(Partner-
ship)의 5P 원칙에 따라 17개 목표와 169개 세부목표를 설정했다(박성호
외 2019). 지속가능발전목표는 개발도상국의 빈곤해소라는 개발의 문제에
만 천착했던 새천년개발목표를 비판적으로 계승하고, 사회, 경제, 환경 분
야를 망라한 인류의 지속가능한 미래를 위한 목표를 담고 있다. 따라서
지속가능발전목표는 개도국과 선진국을 포함한 전 세계 모든 국가들이

---

* 이 글은 2020년 『교육연구논총』 제41권 2호에 게재된 "지속가능발전목표 관점에서 본
북한교육: 북한개발협력에 주는 시사점"을 수정·보완한 것임.

함께 달성해야 할 공동의 목표이자, 동시에 개발협력의 방향을 제시한다는 점에서 중요한 의미를 갖는다.

지속가능발전목표에서 교육분야(지속가능발전목표 4)는 "2030년까지 모두를 위한 포용적이고 평등한 양질의 교육과 평생학습 기회 보장(Ensure inclusive and equitable quality education and promote life-long learning opportunities for all)"이라는 총괄 목표 아래에 7개의 세부목표와 3개의 이행목표를 설정하고, 세부목표에 대한 이행 수준을 모니터링하기 위해 각 세부목표의 성격에 맞게 43개의 지표를 선정하였다. 지속가능발전목표 4는 전 교육단계에서의 교육기회 보장을 근간으로 하고, 형평성 제고와 교육의 질 향상을 주요한 목표로 제시하고 있다(안해정 외 2016). 그리고 이전의 글로벌 교육의제나 개발의제와 다르게 지속가능발전교육이나 세계시민교육과 같이 교육 자체의 역할을 강조한다는 특징이 있다.

북한은 유엔 회원국으로서 지속가능발전목표라는 국제사회의 공동 목표 달성을 위해 노력해야 하며, 북한의 지속가능발전목표 이행을 지원하기 위한 국제사회의 협력도 확대될 것으로 예상된다(박지연 외 2016). 북한은 빈곤의 완전한 제거 및 사회 경제적 발전을 위해서는 평화롭고 지속가능한 개발 환경이 구축되어야 한다는 입장을 견지해 왔었으며 과거 새천년개발계획(Millenium Development Goals, MDGs)에도 관심을 갖고 있었다(최규빈 2020). 최근 북한은 유엔 회원국으로서 목표 이행 점검을 위한 보고서(Voluntary National Review, VNR) 작성에 자발적으로 참여하는 등 지속가능발전목표에 높은 관심을 표명했으며, 국가 발전 전략과 연계해서 활용하고 있다. 지속가능발전목표 17개와 세부목표에 대한 북한의 구체적인 입장을 정확하게 파악하는 것은 어렵다. 그러나 관련 문서를 통해 북한이 최소한 국제사회의 새로운 규범인 지속가능발전목표에 관심을 갖고 있으며, 일부 영역에서는 목표 달성을 위한 노력에도 적극적으로 동참할 의사를 갖고 있다는 점은 확인할 수 있다(최규빈 2020).

지속가능발전목표 중에서도 교육은 과학기술 혁신과 경제 발전을 위한 수단으로서 북한이 강조하는 분야이며, 최근 유엔과 북한 간의 협력을 위한 '유엔전략계획 2017-2021(DPRK United Nations Strategic Framework 2017-2021)'에서도 전략 우선순위 중 하나로 강조되고 있다(조선민주주의인민공화국주재 유엔상주조정자사무소 2017). 동 문서에서는 취약계층 아동에 대한 교육기회 제공, 양질의 교사 교육, 교육의 질과 학업성취 등을 강조한다. 북한과 국제기구가 채택한 유엔전략계획은 지속가능발전목표의 북한 적용 방안에 대한 문서이며(문경연·정구연 2018), 이는 북한에서 지속가능발전목표 4 이행 혹은 이행을 위한 협력이 중요한 과제라는 점을 시사한다. 지속가능발전목표는 국제사회가 합의한 공동의 목표이며, 국제개발협력의 주요 쟁점을 중심으로 현재 협력 대상의 상황을 점검할 수 있는 도구 중 하나이다(박지연 외 2016). 그럼에도 불구하고 아직까지 북한의 지속가능발전목표 4 목표 이행 정도가 어느 정도 수준이고, 목표 달성을 위해 어떻게 협력하고 있는지에 대한 정보는 부족한 실정이다. 따라서 북한과의 교육분야 협력을 위한 출발점으로써, 지속가능발전목표라는 도구를 활용해 북한 교육의 현 상태를 진단하고 이해할 필요가 있다.

이러한 문제의식을 토대로 이 글은 지속가능발전목표 4의 핵심 가치인 교육기회 보장과 교육의 질 제고라는 관점에서 북한 교육을 살펴보고, 향후 북한과의 교육 분야 개발협력을 추진하기 위한 방향에 대해 논의하였다.

II. 지속가능발전목표 4의 특징

지속가능발전목표의 교육목표는 "포용적이고 공평한 양질의 교육 보장과 모두를 위한 평생학습 기회 증진(Ensure inclusive and equitable quality education and promote life-long learning opportunities for all)"을 총괄 목표로 설정하고, 7개의 세부목표와 3개의 이행수단으로 구성된다(안해정 외

2016). 지속가능발전목표 4 목표 설정 과정에서 국제사회는 교육을 인간의 기본권으로 인식하고 교육의 접근성, 형평성과 포용, 성평등, 양질의 교육, 평생학습의 5가지 세부 주제를 중심으로 논의를 진행했다(UNESCO 2015). 이러한 논의는 그 동안 국제사회가 기초교육 기회 확대에 초점을 맞추고 진행했던 '모두를 위한 교육(Education For All, 이하 EFA)' 목표와 MDGs 교육 목표를 두 축으로 하여, 「지속가능발전교육 10년」(Decade of

⊙ 표 1   지속가능발전목표 4 세부목표와 이행수단

번호	세부목표
4.1	2030년까지 모든 여아와 남아의 적절하고 효과적인 학습성과를 달성하는 것을 목표로 양질의 무상 초등교육과 중등교육의 이수를 보장한다.
4.2	2030년까지 모든 여아와 남아가 양질의 영유아 발달 교육, 보육 및 취학 전 교육에 접근하여 초등교육을 준비할 수 있도록 한다.
4.3	2030년까지 모든 여성과 남성에게 적정 비용으로 가능한 양질의 기술교육, 직업교육 및 대학교육을 포함한 고등교육에 대한 평등한 접근을 보장한다.
4.4	2030년까지 취업, 양질의 일자리, 창업 활동에 필요한 전문기술 및 직업기술을 포함하는 적절한 기술을 지닌 청소년과 성인의 수를 실질적으로 늘린다.
4.5	2030년까지 교육에서의 양성불평등을 해소하고, 장애인, 토착민, 취약상황에 처한 아동을 포함한 취약계층이 모든 수준의 교육과 직업훈련에 평등하게 접근할 수 있도록 한다.
4.6	2030년까지 모든 청소년과 상당수의 성인 남녀의 문해력과 수리력 성취를 보장한다.
4.7	2030년까지 지속가능한 발전 및 지속가능 생활방식, 인권, 양성평등, 평화와 비폭력 문화, 세계시민의식, 문화다양성 및 지속가능발전을 위한 문화의 기여에 대한 교육을 통해, 모든 학습자를 대상으로 지속가능발전을 증진하기 위해 필요한 지식과 기술을 습득을 보장한다.
4.a	아동, 장애인, 성차를 고려한 교육시설을 건립 및 개선하고, 모두를 위한 안전하고, 비폭력적이며, 포용적이고 효과적인 학습환경을 제공한다.
4.b	2030년까지 전 세계적으로 개발도상국, 특히 최빈국, 군소도서개발국, 아프리카 국가를 대상으로 선진국과 다른 개발도상국의 직업훈련, ICT, 과학기술 및 공학 분야의 고등교육 프로그램에 등록할 수 있는 기회를 제공하는 장학금을 대폭 확대한다.
4.c	2030년까지 교사훈련을 위한 국제협력 등을 통해 개발도상국, 특히 최빈국 및 군소도서개발국을 대상으로 양질의 교사의 공급을 대폭 확대한다.

출처: 박성호 외(2019)

Education for Sustainable Development, DESD), 「문해교육 10년」(UN Literacy Decade, UNLD), 「글로벌 교육 우선구상」(Global Education First Initiatives, GEFI) 등 국제사회가 직면하고 있는 현재와 미래의 교육 의제들을 다루는 방식으로 진행되었다(안해정 외 2016). 이러한 과정을 거치며 교육기회의 범위, 교육의 질, 교육의 방향과 내용 등 다양한 문제의식을 반영하고, 개도국과 선진국이 함께 추구하는 공동의 목표를 제안하였다. 자세한 지속가능발전목표 4 세부목표는 〈표 1〉과 같다.

지속가능발전목표 4의 7개 세부목표 중 4.1, 4.2, 4.3, 4.4는 교육의 접근성 향상을 목표로 하며, 4.5는 형평성 제고의 측면에서 교육접근성 보장을 다루고 있다(임현묵·박환보 2018). 기존의 MDGs에서는 초등학교 교육 기회 확대에 초점을 맞추었기 때문에, 영유아교육이나 중등 및 고등 교육 기회 보장은 개발협력의 관심 밖에 있었다. 또한 단순히 교육 기회의 양적인 확대로 인한 교육여건 악화에 대한 문제가 제기되었고, 학교교육의 성공적인 이수나 졸업과 같은 교육의 과정과 학습성과를 포함하는 교육의 질을 다루지 못했다는 비판도 제기되었다. 따라서 지속가능발전목표 4에서는 교육의 접근성 확대에 대한 기존의 논의를 토대로 교육기회 보장의 범위를 유아교육부터 중등교육 및 고등교육 단계까지 확장하고, 교육의 성과를 이끌어낼 수 있는 양질의 교육을 강조했다. 특히 4.1과 4.6 목표에서는 초중등교육과 평생학습에서 학습성과를 구체적으로 명시함으로써 교육기회 보장뿐 아니라 교육의 과정과 결과에 대한 목표를 보다 분명하게 드러냈다. 또한 지속가능발전목표 4의 세부목표 달성을 위한 이행수단 관련 목표인 4.a, 4.b, 4.c에서는 교육여건 개선이나 교사 역량 강화와 같이 전 교육 단계를 포괄해 양질의 교육기회 보장의 토대가 되는 목표를 제안했다. 이처럼 지속가능발전목표 4의 세부목표는 기존의 글로벌 교육의제와 개발의제가 다루었던 교육기회 보장의 범위를 확장하고, 전 교육단계에 있어 교육의 질 제고를 강조하고 있다는 특징이 있다. 따라서 이하에서는 교육기회 보장과 교육의 질 제고라는 측면에서 북한 교육의 현황을 살펴보고자 한다.

III. 북한 교육의 이해

1. 북한의 학제와 교육현황

북한의 교육은 시대가 변함에 따라 교육정책의 방향과 기조에 변화를 겪어왔다(차승주 2019). 해방 이후 김일성 시기에는 일제 식민교육의 잔재 청산과 함께 '사회주의 교육에 관한 테제'에 따라 '공산주의적 새 인간형' 육성을 목표로 했으며, 김정일 시기에는 2009년 개정 「사회주의헌법」을 통해 '주체형의 새 인간'으로 교육의 목표를 변경했다(통일부 2018). 김정은 시기의 북한은 "모든 청소년학생들을 사회주의 강국건설의 믿음직한 역군으로 키우며 전민과학기술인재화를 실현하여 우리 조국을 21세기 사회주의 교육강국으로 되게 한다(김일학 2017; 차승주 2019 재인용)"라는 교육목표를 세우고 교육정책을 수립하고 있다.

북한의 교육정책 수립과 지도는 조선노동당 중앙위원회의 과학교육부에서 총괄하고, 중요한 정책은 당중앙위원회 전원회의에서 토의·결정한다. 교육정책의 집행과 교육행정은 내각 산하의 교육위원회에서 총괄하도록 정책 수립과 집행을 분담하고 있다. 교육위원회 산하에는 고등교육성과 보통교육성을 두고 있으며 각급 학교에 대한 총괄지도는 도(직할시)·시·군 인민위원회 교육국·교육처·교육과가 담당한다(통일부 2018). 북한의 교육행정체계를 그림으로 나타내면 〈그림 1〉과 같다.

북한은 유아-초등-전기중등-후기중등의 연한을 2-5-3-3제로 하고 그중 유치원 1년(높은 반)을 포함한 초·중등교육 12년을 무상의무교육으로 한다. 북한은 해방 직후부터 보통교육의 무상의무교육제를 추진했으며, 1956년부터 4년제 초등 의무교육을 실시하고, 이어 1958년에 인민학교 4년과 중학교 3년을 합해 의무교육을 7년제로 확대하였다. 이후 1967년에는 9년제 의무교육이 실시되었는데 이는 기존의 3년제 중학교에 2년제 기술학교를 통합한 5년제 중학교를 신설한 것으로 기술인력 양성을

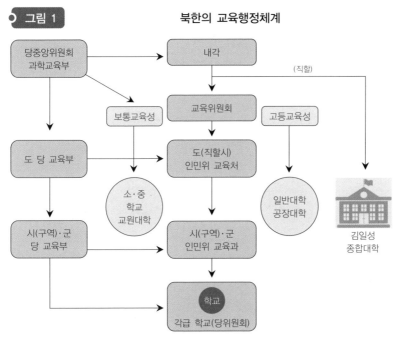

그림 1　　　　　　　　북한의 교육행정체계

출처: 통일부, 『2019 북한 이해』(서울: 통일교육원, 2018), p.76

위한 것이었다(통일부 2018). 1972년 노동당 제5기 제4차 전원회의에서 '10년제 의무교육과 1년간 학교 전 의무교육'이 결의되었고, 이후 1975년 9월 유치원 높은 반 1년, 인민학교 4년, 고등중학교 6년을 포괄한 '전반적 11년제 의무교육'이 전면 실시되었다. 북한의 의무교육은 2012년 김정은 집권 후 첫 최고인민회의에서 '전반적 12년제 의무교육' 실시를 발표하면서 초등교육을 1년 연장하고, 중학교를 '초급중학교'와 '고급중학교'로 분리하는 형태로 개정되었다(김지수 2017). 김정은 시기의 학제를 한국의 학제와 비교하면 다음과 같다.

　북한의 교육기관의 수는 2018년을 기준으로 초등교육을 담당하는 소학교는 4,800교가 존재하고 이는 전체 교육기관 수 중 절반에 가까운 48.5%에 해당한다. 과거 중학교로 운영되었던 중등교육기관이 2017년 학제개편 이후 초급중학교와 고급중학교로 분리되면서 개편 이전에 4,600교

| 표 2 | 한국과 북한의 학제 |

나이	한국	북한
17	고등학교(3)	
16	고등학교(3)	
15		고급중학교, 기술고급중학교(3)
14	중학교(3)	
13	중학교(3)	
12		초급중학교(3)
11		
10	초등학교(6)	
9	초등학교(6)	
8		소학교(5)
7		
6		
5	(유치원/어린이집 3년)	유치원 높은반(1)
4		유치원 낮은반
3		
2	어린이집	탁아소
1		
0		

주: 음영은 한국과 북한의 의무교육기관을 의미함
출처: 김진숙(2017), p.25

였던 중학교도 초급중학교와 고급중학교 각각 2,300교로 분리되었다. 고등교육 기관의 경우, 단과대학 160개교, 종합대학 330교, 그리고 혁명학원 3개교가 존재한다. 북한의 혁명학원은 혁명과 전쟁에서 국가적 공적을 세운 사람들의 유가족과 고위간부의 자녀들에게 교육을 제공하는 교육기관으로서 군사학교와 유사하게 운영된다(현인애 2018).

북한의 학생 수는 다음 〈표 4〉와 같다. 유치원 높은 반부터 고등교육

표 3 남북한의 교육기관 수(2018)

(단위: 개)

구분	초등교육	전기중등교육	후기중등교육	고등교육		
북한	소학교	초급중학교	고급중학교	단과대학	종합대학	혁명학원
	4,800	2,300	2,300	160	330	3
한국	초등학교	중학교	고등학교	대학		
	6,064	3,214	2,358	1,536		

주: 1) 한국의 대학은 전문대학, 교육대학, 대학교 및 대학원을 포함하고, 방송통신대학 및 산업대학
   은 제외함
   2) 북한의 대학은 전문대학, 농장대학, 공장대학, 어장대학을 포함함
출처: 1) 한국: 한국교육개발원 교육통계서비스(https://kess.kedi.re.kr, 검색일: 2020.2.14)
   2) 북한: 통계청 북한통계포털(https://kosis.kr/bukhan/, 검색일: 2020.2.14)

기관의 학생 수를 모두 합하면 약 450만 명으로 이는 한국 학생 수인 929
만 명의 약 절반에 해당한다고 볼 수 있다. 한국의 경우 고등교육에 해당
하는 학생 수가 가장 많은 것에 비해 북한은 고등교육에 해당하는 학생
수가 적고 교육기간이 긴 소학교 학생 수가 많은 것으로 나타나고 있다.

표 4 남북한의 학생 수(2018)

(단위: 천 명)

구분	유치원	초등교육	전기중등교육	후기중등교육	고등교육		
북한	유치원 (높은반)	소학교	초급중학교	고급중학교	단과대학	종합대학	혁명학원
	326	1,613	1,014	1,056	186	333	2
한국	유치원	초등학교	중학교	고등학교	대학		
	676	2,711	1,334	1,539	3,027		

주: 1) 한국의 대학은 전문대학, 교육대학, 대학교 및 대학원을 포함하고, 방송통신대학 및 산업대학
   은 제외함
   2) 북한의 대학은 전문대학, 농장대학, 공장대학, 어장대학을 포함함
출처: 1) 한국: 한국교육개발원 교육통계서비스(https://kess.kedi.re.kr, 검색일: 2020.2.14)
   2) 북한: 통계청 북한통계포털(https://kosis.kr/bukhan/, 검색일: 2020.2.14)

2. 초중등 교육과정

북한의 '전반적 12년제 의무교육제'에 적용되는 교육과정은 2013년 개정된 '제1차 전반적 12년제 의무교육강령'을 따르고 있다(김진숙 2017). 북한의 소학교 교육과정은 다음 〈표 5〉와 같다. 2013년 교육과정부터 '경애하는 김정은 원수님 어린 시절'이 신설되었다(통일부 2018). 북한의 소학교 단계에서는 사회교과목이 존재하지 않고, 도덕은 '사회주의 도덕'으로 부르고 있다.

표 5 　　　　　　　　　　　**북한의 소학교 교육과정**

구분	교과명	학년별 주당 수업시간 수				
		1학년	2학년	3학년	4학년	5학년
1	위대한 수령 김일성 대원수님 어린 시절	1	1	1	1	1
2	위대한 령도자 김정일 원수님 어린 시절	1	1	1	1	1
3	항일의 녀성영웅 김정숙 어머님 어린 시절	1				
4	경애하는 김정은 원수님 어린 시절	1	1	1	1	1
5	사회주의 도덕	1	1	1	1	1
6	수학	4	5	5	5	5
7	국어	7	7	7	7	7
8	자연	1주	1주	2	2	2
9	음악무용	2	2	2	2	2
10	체육	2	2	2	2	2
11	도화공작	2	2	2	2	2
12	영어	−	−	−	2	2
13	정보기술(컴퓨터)	−	−	−	1주	1주

주: 1) '제1차 전반적 12년제 의무교육강령(소학교)' 내용 재구성
　　2) 북한의 교육과정은 주당 교수시간과 집중교수(주 단위로 표시)시간을 명시하고 있고, 위의 표에서 1주는 집중교수 시간을 의미함
출처: 통일부(2018), p.185

중등교육과정에 해당하는 '중등일반교육'은 2013년 교육과정부터 초급중학교 3년과 고급중학교 3년으로 분리되어 운영되고 있다. 개정된 후 각 학교급의 교과목이 16개와 22개로 분리·증대되었다. 초급중학교에는 '김정은 혁명활동' 과목이 신설되었고, '음악무용', '자연과학'과 같은 통합교과목이 도입되었으며, '기초기술', '컴퓨터', '정보기술' 과목이 새롭게 편성되었다. 자세한 초급중학교의 교육과정은 〈표 6〉과 같다.

표 6　　　　　　　　　　　　북한의 초급중학교 교육과정

구분	교과명	학년별 주당 수업시간 수		
		1학년	2학년	3학년
1	위대한 수령 김일성 대원수님 혁명활동	2	2	
2	위대한 령도자 김정일 원수님 혁명활동		2	2
3	항일의 녀성영웅 김정숙 어머님 혁명활동	1		
4	경애하는 김정은 원수님 혁명활동	1	1	1
5	사회주의 도덕	1	1	1
6	국어	5	5	5
7	영어	4	4	4
8	조선력사	1	1	2
9	조선지리	1	1	1
10	수학	6	5	6
11	자연과학	5	5	5
12	정보기술	2주	2주	2주
13	기초기술	1	1	1
4	체육	2(1주)	2(1주)	2(1주)
15	음악무용	1	1	1
16	미술	1	1	1

주: 1) '제1차 전반적 12년제 의무교육강령(소학교)' 내용 재구성
　　2) 위의 표에서 체육 교과의 주당 교습 시간은 2시간이며 괄호 1주는 집중교수시간을 의미함
출처: 통일부(2018), p.186

표 7　　　　　　　　　　　**북한의 고급중학교 교육과정**

구분	교과명	학년별 주당 수업시간 수		
		1학년	2학년	3학년
1	위대한 수령 김일성 대원수님 혁명력사	3	2	
2	위대한 령도자 김정일 원수님 혁명력사		2	4
3	항일의 녀성영웅 김정숙 어머님 혁명력사		1/2	
4	경애하는 김정은 원수님 혁명력사	1	1	1
5	당 정책	1주	1주	1주
6	사회주의 도덕과 법	1	1	1
7	심리와 론리			1주
8	국어문학	3	2	3
9	한문	1	1	1
10	영어	3	3	3
11	력사	1	1	2
12	지리	1	1	2
13	수학	5	5/4	4
14	물리	5	4	3
15	화학	3	4	2
16	생물	3	3	2
17	정보기술	2	1	1
18	기초기술	2주	3주	3주
19	공업(농업)기초			4
20	군사 활동 초보		1주	1주
21	체육	1	1	1
22	예술	1	1	1

주: 1) '제1차 전반적 12년제 의무교육강령(소학교)' 내용 재구성
　　2) 2학년의 '김정숙 혁명력사'과목과 '수학'과목의 주당 수업시간은 상호 연계되어 운영되는
　　　것으로 추정
출처: 통일부(2018), p.188

　　고급중학교의 교육과정은 주당 수업시간이 34시간으로 편성되어 있
으며 과목으로는 총 22개 과목이 편성되어 있다. 소학교나 초급중학교와
마찬가지로 '김정은 혁명력사' 과목이 신설되었다. 일반교과의 경우, 초급
중학교의 '국어'가 '국어문학', '조선력사'와 '조선지리'가 '력사'와 '지리'로
바뀌거나, 초급중학교의 음악무용과 미술을 합쳐 '예술'이라는 교과를 배
우게 되는 등의 변화가 있었다. 또한 초급중학교에는 없는 '현행당정책',
'심리와 론리', '한문', '공업(농업)의 기초', '군사 활동 초보' 등의 과목이
추가되었다. 북한의 교육강령은 교과수업 외의 활동을 포함하는데, 견학
1주, '붉은청년근위대' 훈련 1주, 나무심기 3주, 생산노동 9주 등의 활동이
이에 해당한다. 자세한 고급중학교의 교육과정은 〈표 7〉과 같다.

IV. 지속가능발전목표의 교육목표 관점에서 본 북한 교육 현황

1. 교육기회 보장

교육기회 보장의 문제는 지속가능발전목표 4.1(양질의 초중등 교육 이수 보장),
지속가능발전목표 4.2(영유아 교육 보육 및 교육), 지속가능발전목표 4.3(직
업교육 및 고등교육), 지속가능발전목표 4.5(형평성) 목표와 관련을 맺고 있
다. 이러한 목표는 EFA나 MDGs 교육목표 등 국제사회의 노력에도 불구
하고 여전히 전 세계적으로 많은 아동청소년들이 적절한 교육을 받지 못
하고 있으며, 저개발국의 경우 읽기, 셈하기 등 기초역량 부족 문제가 심
각하다는 문제의식에 기초한다.

　　북한의 주요 통계지표는 UNESCO, UNICEF, World Bank 등의 국제
기구나 통계청 북한 통계[1])에서 열람이 가능하지만, 자료 중 일부 통계는

대북 접근성 제약 등으로 데이터가 부재하거나 또는 간접추정 방식으로 작성되고 있다. UN database에서는 공식적으로 4.1, 4.2, 4.5, 4.b 지표만 탑재하고 있으며, 지속가능발전목표 교육 관련 지표 수집과 관리를 담당하는 UNESCO 통계국(UNESCO Institute for Statistics, UIS)을 통해 확인 가능한 북한 관련 기초통계는 취학률, 문해율, 교사 1인당 학생수 등에 불과하다.

지속가능발전목표 4.1과 관련해서, 북한은 유아교육 1년을 포함해서 총 12년의 유초중등 무상의무교육제를 실시하고 있으며, 초중등교육 취학률도 매우 높은 수준에 있다. 〈표 8〉에서 제시한 총 취학률(Gross enrolment ratio)을 살펴보면, 초등교육은 112.78%로 완전 취학 상태이고, 중등교육도 92.78%로 매우 높은 수준임을 알 수 있다. 이러한 높은 취학률은 UIS의 2017년 자료를 기준으로 볼 때, 전 세계 초등교육 취학률 92.3%나 전기중등교육 취학률 81%에 비해서도 높으며, 동아시아 국가 평균보다 높은 수준에 있다. 그러나 고등교육 취학률의 경우에는 27.02%로 초중등교육에 비해 낮은 수준이고, 특히 남성 취학률 35.45%에 비해 여성 취학률은 18.18%로 성별 취학률 격차가 뚜렷하게 나타나는 특징을 보인다.

북한은 초중등학교 취학률뿐 아니라, 진급률과 이수율도 높은 수준을 보인다. 〈표 9〉는 기대교육연한과 재이수비율, 진급률 등을 나타낸 표이

○ 표 8   **북한의 교육단계별 총 취학률(%)**

구분	초등교육	중등교육	고등교육
계	112.78	92.78	27.02
여	112.76	93.31	18.18
남	112.8	92.27	35.45

주: 초등교육과 고등교육은 2018년 데이터, 중등교육은 2015년 데이터
출처: UIS-UNESCO(http://uis.unesco.org/en/country/kp#cb-toggle, 검색일: 2020.2.14)

---

1) 통계청 북한통계포털(https://kosis.kr/bukhan/).

표 9		기대취학연한 및 진급률	
구분	기대 교육 연한(년)	초등교육단계에서 재이수하는 비율(%)	초등교육 내 졸업학년까지 진급하는 비율(%)
계	10.78	0	101.51
여	11.14	0	101.15
남	10.41	0	101.88

주: 기대교육연한은 2015년 데이터, 재이수비율과 진급비율은 중등교육은 2018년 데이터
출처: UIS-UNESCO(http://uis.unesco.org/en/country/kp#cb-toggle, 검색일: 2020.2.14)

다. 표에서 알 수 있듯이, 기대교육연한은 약 11년으로 후기중등교육을 완전히 수료하지 못하는 정도이며, 여성이 11.14로 남성의 10.41에 비해 다소 높은 편이다. 초등교육단계에서 재이수하는 경우는 없으며, 초등교육 내에서 졸업학년까지 진급하는 비율은 101.51%로 초등교육은 입학자는 모두 중도탈락 없이 이수하는 것으로 나타났다.

지속가능발전목표 4.2의 영유아교육·보육과 관련해서 2017년 북한의 '신체적 건강, 학습, 심리사회적 특성의 측면에서 발달 정도가 정상적인 5세 미만 아동의 비율(지속가능발전목표 4.2.1)'은 87.7%로, 전 세계 평균인 68.9%에 비해 높은 수준에 있다(UN SDG database). 또한 제도적으로 초등학교 입학 전 1년의 유치원 교육을 무상의무교육으로 보장하고 있다. 그러나 선행연구에 따르면(김정원 2016), 유아교육 높은반이 의무교육이지만 실제로는 가정의 경제수준에 따라 취학 격차가 존재하는 것으로 나타났다.

지속가능발전목표에서 강조하는 교육기회는 영유아교육부터 고등교육, 직업교육, 평생학습에 이르기까지 전 단계에서 교육기회의 제도적인 보장과 실질적인 이수 지원을 의미한다. 특히 유아교육과 고등교육은 지속가능발전목표가 기존의 EFA나 MDGs 목표와 차별점을 갖는 중요한 목표 중 하나이다. 북한의 경우, 2012년부터 유아교육 1년과 초중등교육 11년을 포괄하는 전반적 12년제 의무교육을 제도적으로 보장하고 있으며,

실제로 중등교육 단계까지의 취학률도 높은 수준에 있다. 그러나 유아교육기회의 계층별·지역별 격차가 존재하기 때문에 형평성 제고는 주요한 쟁점이다. 또한 고등교육 취학률은 상대적으로 낮고, 직업교육 참여에 대해서는 정확한 정보를 확인하기 어렵다. 고등교육은 경제사회 발전에 필요한 지식과 기술 개발에 있어 핵심 역할을 수행하며, 미래의 과학자, 전문가, 지도자, 지식인의 양성이라는 매우 중요한 교육 기능을 담당한다. 따라서 북한에서도 지속가능한 발전을 위해서는 고등교육에 대한 공평한 접근 기회를 보장하고, 중등교육 졸업자와 성인학습자 등 다양한 고등교육 수요에 대응하려는 노력이 필요하다.

2. 교육의 질 제고

교육의 질에 대한 개념은 다양하다. 질을 양적 지표화해서 산출한 결과들이 연구마다 서로 다르다는 것은 질이라는 의미 자체가 본래 '추상적'이라는 것을 뜻한다(박성호 외 2016). 지속가능발전목표에서 교육의 질은 교육이 목표로 하는 성취를 위해 필요한 교육여건, 교육의 과정 및 결과의 모든 측면에 대한 가치 판단을 포함한다. 구체적으로 교육의 결과라는 측면에서 지속가능발전목표 4.1의 학습성과(읽기와 수학 분야에서의 최소학력 달성자 비율), 지속가능발전목표 4.6의 청소년과 성인의 문해와 수리문해, 그리고 교육여건의 측면에서 4.a의 학습환경과 4.c의 교사 학생 비율 등을 지표로 제시하였다.

UN database에서는 지속가능발전목표 4.1 이행 현황 점검을 위해 UNICEF의 MICS(Multiple Indicator Cluster Survey) 자료를 활용하고 있다. 〈표 10〉에서 제시한 2017년 MICS 조사 결과에 따르면, 초등학교 2학년 또는 3학년 시점의 읽기 최소학력 도달자 비율은 93.5%로 높은 수준이고, 남학생 92.7%, 여학생 94.4%로 여학생이 다소 높은 것으로 나타났다. 반면에 수학 성취도의 경우에는 최소학력 도달자 비율이 83.4%로 읽기에

표 10	7~14세 아동 중 기초적인 독해·수리력을 가진 비율		
	남	여	합계
기초 독해능력(reading skills)을 지닌 비율	94.7	94.8	94.8
기초 수리능력(numeracy skills)을 지닌 비율	80.1	80.8	81.9

출처: UN SDGs database(https://unstats.un.org/sdgs/indicators/database/(검색일: 2020. 2.12)

비해서 낮았고, 남학생 81.8%, 여학생 85.2%로 여학생의 성취 수준이 남학생에 비해 조금 높았다. 또한 성취도에 있어 계층별 격차가 존재하며, 이러한 성취 격차가 상급학교 진학 격차로 이어지기도 한다(김정원 2016).

또한 유엔에 공식적으로 보고된 자료는 아니지만, 지속가능발전목표 4.6과 관련해서 미국 중앙정보부(Central Intelligence Agency, CIA)는 문해력(literacy)을 15세 인구 중 글을 읽고 쓸 수 있는 인구집단으로 정의하고 북한의 경우 2015년 기준 남성인구의 100%, 여성인구의 100%, 총 인구의 100%가 문해능력을 갖추었다고 보고하고 있다.[2] 한국의 경우에는 문해율 조사 결과를 유엔에 보고하지 않지만, 국가평생교육진흥원의 성인문해능력조사 결과에 따르면, 만 18세 이상 성인 인구의 77.6%가 일상생활에 필요한 충분한 문해력을 갖춘 것으로 나타났다(통계개발원 2019).

4.a의 학습환경과 관련한 국제사회의 지표는 '(a) 전기, (b) 교육목적의 인터넷, (c) 교육목적의 컴퓨터, (d) 장애학생을 위한 설비와 자료, (e) 기초식수, (f) 남녀 구분 기초 위생시설, (g) (WASH 기준) 기초손씻기 시설 등에 접근할 수 있는 학교 비율'이다. 이에 대해 북한이 유엔에 보고한 자료는 없지만, 유니세프의 조사 자료(UNICEF 2019)에 따르면 전체 학교의 약 54%만이 기초식수와 위생시설을 갖추고 있으며, 지역 간의 격차도 큰 것으로 나타났다. 반면에, 한국의 경우에는 모든 학교시설에 전기, 인

---

2) https://www.cia.gov/library/publications/the-world-factbook/fields/370.html(검색일: 2020.2.13, 해당 페이지의 최종 업데이트는 2019년 12월임).

구분	초등교육	중등교육	고등교육
북한	20.3	17.47	29.09
한국	16.29	13.27	–

표 11 — 한국과 북한의 교사 1인당 학생 수(2018)

주: 1) 북한의 초등교육과 고등교육은 2018년 자료, 중등교육은 2015년 자료임
2) 한국의 데이터는 2017년 자료임
출처: UIS-UNESCO(http://uis.unesco.org/en/country/kp#cb-toggle, 검색일: 2020.2.14)

터넷, 컴퓨터, 장애학생을 위한 설비, 기초식수, 위생시설 등을 갖춘 것으로 유엔에 보고하고 있다.[3]

교육 여건에 해당하는 교사 1인당 학생 수는 초등교육의 경우 20.3명 (2018년 기준), 중등교육은 17.47명(2015년 기준), 고등교육은 29.09명(2018년 기준)으로 한국(2017년 기준)과 비교했을 때 약 4명 정도 더 많다. 자세한 현황은 〈표 11〉과 같다.

교육은 김정은 정권이 국가발전에 있어 중요하게 여기는 분야로, 2016년 개최된 제7차 로동당대회에서 북한은 국가수준 목표를 '사회주의 강성국가 건설'로 발표하고 목표달성을 위한 교육분야의 세부목표로 교육사업의 질 개선을 통한 '인재강국' 실현과 '전민과학기술인재화' 실현을 내세웠다(김지수 2017). 이 대회에서 북한은 앞으로 초·중등 교육분야와 관련하여 창조적 인재의 양성과 교육과정과 교육환경 개선, 도·농간의 교육격차 해결, 기술교육 강화와 교종체계 정비를 세부목표로 제시한 바 있다. 중·고등교육에 있어서는 교육체제의 이원화정책을 언급하며 연구 혹은 탐구중심의 교육과 기술인력을 양성하는 교육을 강조했다(김지수 2017).

최근 북한의 교육동향을 알아볼 수 있는 것으로는 2019년 9월 실시된 제14차 전국교원대회를 들 수 있다. 전국에서 선발된 교원들이 참여하는

---

3) UIS SDG 4 Country Profile(http://tcg.uis.unesco.org/country-profile/, 검색일: 2020. 2.14).

행사인 제14차 전국교원대회에서 북한의 향후 교육정책 방향성과 당면과
제에 대한 논의가 이루어졌다. 해당 대회에서 김정은 위원장은 "과학기술
이 나라의 경제발전을 추동하는 기관차, 국력을 과시하는 중요 징표라면
과학기술의 어머니는 교육"이라고 하면서 교육이 '과학기술'을 통해 국가
발전을 매개하고 있음을 강조한 바 있다(조정아 2019). 이는 제7차 로동당
대회에서 강조된 '과학기술'은 제14차 전국교원대회에서 교원의 정보화
관련 자질 함양을 강조하는 것과 이어져 있고 이를 현실화하기 위한 ICT
기기 확산과 '다기능화'된 교실의 조성은 2016년 제7차 로동당대회에서
언급된 교육정보화 관련 시설을 갖추는 내용과 맞닿아 있다. 김정은 정권
이후 이루어진 2013년 교육과정 개정에도 수학·과학교과가 편제와 시간
배당 측면에서 증가하고 '기초기술', '컴퓨터', '정보기술' 과목이 새롭게 편
성되었다(김진숙 2017). 이러한 변화를 고려하면, 경제발전의 수단으로서
교육을 보고 있으며 이때 과학교육이 강조되고 있음을 알 수 있다.

위와 같이 김정은 정권의 교육정책은 기존의 정치사상 학습을 기반으
로 하면서도 4차 산업혁명시대라는 세계적 변화 속에서 이에 대응할 수
있는 인재를 키우고자 하는 방향성을 보여준다. 제14차 전국교원대회에
서 발표된 김정은의 담화문은 "세계에 도전하고 경쟁하며 세계를 앞서나
가는" 방식으로 교육발전국들의 교육수준을 뛰어넘어야 한다고 언급하고
있다(조정아 2019). 2013년 교육과정의 개정에서 세계적 추이에 맞추는 것
이 강조된 것이나(김진숙 2017; 차승주 2019), 제7차 로동자대회에서 북한
내 주요 대학을 세계적인 수준의 대학으로 성장시키겠다고 한 것(김지수
2017) 등은 현재 폐쇄적인 북한 교육이 앞으로 세계적 변화에 부합하는
방향으로 변화해 갈 가능성이 있음을 시사한다.

V. 국제사회의 북한 교육에 대한 협력 현황

북한에 대한 국제사회의 지원은 1995년 대규모 수해로 인한 북한의 요청에서 시작되어 현재에 이르고 있다. 국제사회의 대북지원 형태가 초기의 일회적인 긴급구호 형태의 성격에서 2004년 개별지원으로 전환된 이후 선진공여국들은 사업 범위와 목표를 인간개발(교육), 사회발전(보건의료 등)으로 확대하여 지원해오고 있다(박지연 외 2016). 1995년부터 시작된 국제사회의 대북지원은 인도적 분야가 대부분이며, 이에 투입되는 지원금액과 형태는 북한의 핵실험이나 미사일발사와 같은 정치안보 이슈로부터 크게 영향을 받는 특징을 가지고 있다(문경연 외 2018). 이 중에서 교육분야에 대한 국제사회의 협력은 2000년대 들어 민간단체들의 일반구호에서부터 시작되어 협력사업의 형태로 확대되었다. 교육분야 대북지원과 관련한 지원규모는 다음과 같다.

교육분야 대북지원규모는 2017년 기준 약 111만 달러로 전체 지원액 약 1억 2,327만 달러 중에서 약 0.9%를 차지한다. 지금까지 진행된 북한 교육 관련 개발협력은 크게 4가지 영역으로 나누어 볼 수 있다(신효숙 2018). 첫째, 초기 북한어린이의 취약성 해결을 위해 분유, 빵, 영양식을 지원하

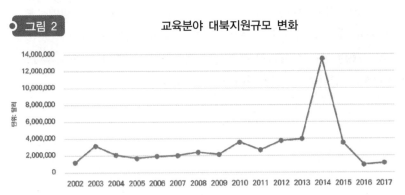

그림 2   교육분야 대북지원규모 변화

출처: 대북지원정보시스템(https://hairo.unikorea.go.kr/, 검색일: 2020.2.14)

거나 관련 생산설비를 제공하고 설립·운영하는 형태이다. 이러한 협력은 교육기회 보장이나 질 제고라는 관점이 아니라, 교육을 아동이라는 대상을 위한 협력의 하위 구성요소로 보는 접근이다. 둘째, 교육환경 개선을 위한 물자지원 사업으로 교과서용 종이, 학용품 등 교육비품 지원하는 형태이다. 이러한 협력은 북한의 교육제도나 교육과정 등 정치적 분쟁의 소지를 최소화할 수 있는 접근이다. 셋째, 교육환경개선을 위한 교육인프라 교류사업의 형태이다. 굿네이버스 인터내셔날이나 초록우산, 어린이재단에서 진행한 어린이 보육시설 개보수 및 지역사회 통합적 교육개발협력이 이에 해당한다. 이러한 협력은 단순한 물자 지원을 넘어서 지역사회 개발의 틀 속에서 교육시설을 개선한다는 점에서 보다 긴밀한 협력이 필요하다. 넷째, 교육프로그램 협력사업의 형태. 컴퓨터, 외국어교육, 직업기술 교육지원과 같은 교육내용 교류와 인적자원 역량강화 사업을 포함한다. 이러한 협력은 교육의 내용을 협력 대상으로 직접 다루기 때문에 다른 방식보다 민감하며, 국제기구를 통한 협력 외에 남북한의 직접 협력에는 한계가 있다.

OECD CRS 통계에 따르면, 2002년 이후 북한에 대한 국제사회의 ODA 지원 규모를 살펴볼 때, 북한 교육 분야에 대한 최대 지원국은 프랑스로 16.76백만 달러를 지원했고, 그 뒤를 독일(12.99백만 달러)과 영국(3.23백만 달러)이 따르고 있다. 다자기관의 지원 총액은 9.179백만 달러이고, 이 중에서 WFP가 5.74백만 달러로 가장 큰 비중을 차지하고, 그다음으로 유니세프가 3.439백만 달러를 지원하였다. 북한 교육에 대한 지원액 상위를 차지하는 프랑스, 독일, 영국 등은 다른 국가에 대한 지원 경향과 마찬가지로 대부분 고등교육 단계의 유학생 지원에 초점을 맞추고 있다. 반면에, 다자기구의 협력은 주로 아동을 대상으로 한 기초교육 협력이 주를 이룬다는 특징이 있다. 그러나 최근에는 유엔도 유엔개발전략계획이라는 큰 틀 속에서 사회개발분야 지원을 위해 취학전 교육, 초등 및 중고등교육단계와 직업 및 기술교육 내 교육의 질을 향상시키는 것을 골자로 하여 UNICEF와 UNESCO가 협력하고 있다(조선민주주의인민공화국주재 유엔상주조정자사무소 2017).

VI. 결론 : 북한의 지속가능발전을 위한 교육협력 방향

지속가능발전목표의 교육목표는 누구도 양질의 교육과 평생학습 기회에서 소외되지 않도록 전 교육단계에서의 교육기회 보장과 교육의 질 향상을 주요한 목표로 제시하고 있다. 가용한 통계 자료를 통해 살펴본 북한의 교육은 기회 보장이라는 측면에서 영유아교육과 초중등교육 취학을 제도적으로 보장하고 있으며, 실제로도 높은 취학률을 보이고 있다. 또한 교사 1인당 학생수나 문해율, 읽기 능력 등 교육여건과 학습성과도 다른 개도국에 비해 상대적으로 높은 수준에 있다. 북한은 이미 해방 직후부터 교육기회를 제도적으로 보장해왔으며, 초중등 교육과정도 사회변화에 대응하기 위해 노력하고 있다. 따라서 북한의 입장에서 유초중등교육 기회 보장은 시급한 정책 과제도 아니고, 오히려 대외적으로도 내세울 만한 자랑스러운 성과이다. 그렇기 때문에, 북한의 지속가능발전을 위한 교육 분야 개발협력도 기회 보장보다는 교육의 질 향상에 초점을 맞출 필요가 있다. 이러한 관점에서 북한의 지속가능발전을 위한 교육협력 방향을 제시하고자 한다.

첫째, 초중등교육의 교육환경 개선을 위한 협력이다. 지속가능발전목표 4.1, 4.5, 4.a에서 다루는 학습성과, 포용성, 학습환경은 서로 밀접한 관련을 맺고 있는 목표들이다. 교육시설은 학습이 실제로 이루어지는 물리적 공간으로, 학습자들에게 양질의 교육을 제공하기 위한 최소한의 기본 요건이며, 동시에 교사와 교육자들에게는 효과적이고 효율적으로 가르칠 수 있는 근무 여건에 해당한다. 따라서 교육기회 보장과 질 제고를 위해서는 최소한의 교육여건을 갖추는 일이 무엇보다 중요하다. 북한에서도 유초중등교육 기회는 제도적으로 보장되고 있지만, 지역별 교육환경의 격차가 존재하며, 일부 지역에서는 최소한의 교육여건을 갖추지 못하고 있다. 또한 최근 북한에서 강조하고 있는 창조적 인재양성이나 전민과학기술인재화 등을 추진하기 위해서는 실험실습실, ICT기기, 다기능화된 교실 등 교육환경 개선이 필수적이다. 따라서 교육환경 개선의 방향도 최소한의 교육여건 마련을 넘어 보다 효과적인 학습 성과를 도출할 수 있도록 협력할 필요가 있다.

둘째, 수학·과학 교과에서 학습 성과를 높이기 위한 협력이다. 지속가능발전목표의 교육목표는 교육 기회의 양적 확대 담론에서 벗어나 교육을 통해 습득한 지식과 기술, 태도 등을 강조한다. 이를 위해 다양한 국제학업성취도 평가 자료를 활용해서 국가별로 기초학력 미달자의 비율을 점검하고, 이들에 대한 지원 방안을 모색하도록 요구한다. 북한의 경우에는 아직 국제학업성취도 평가에 참여하지 않고 있기 때문에, 국제 수준의 학업성취도를 가늠하기 어렵다. 다만, 유니세프의 조사를 통해 추론한 초등 저학년의 문해력과 수리력을 살펴보면, 문해에 비해 수리력은 상대적으로 낮은 것으로 나타났다. 낮은 수리력 문제는 북한이 강조하는 과학기술 발전에 있어 해결해야 할 과제이기 때문에, 북한은 최근의 교육과정 개정에서도 수학·과학 교과를 강조하고 있다. 또한 다른 교과와 다르게 수학·과학 교과는 정치사회적인 쟁점으로부터 다소 자유롭다는 점에서 국제개발협력에서도 비교적 용이한 접근이 가능하다. 따라서 수학·과학 교과의 학습성과 향상을 위한 협력 방안을 모색해 볼 수 있다.

셋째, 경제사회발전과 민생 문제 해결에 기여할 수 있는 지식과 기술 분야를 중심으로 한 고등교육 분야 협력이 필요하다. 지속가능발전목표의 교육목표 4.3에 명시된 고등교육 관련 목표는 접근성 확대이지만, 4차 산업 혁명, 국제적 이동성 증대, 정보통신과학기술의 발달, 등 고등교육은 전통적인 교육과 연구 기능을 넘어 복잡하고 예측하기 어려운 새로운 도전에 대응할 것을 요구받고 있다. 따라서 이행 방안인 지속가능발전목표 4.b에서도 '2020년까지 전 세계적으로 개발도상국, 특히 최빈국, 군소도서개발국, 아프리카 국가에서 선진국이나 기타 개발도상국의 직업훈련, ICT, 과학기술 및 공학 분야를 포함한 고등교육에 등록하도록 지원하는 장학금을 실질적으로 확대한다.'는 목표를 통해, 과학기술과 공학분야의 협력을 강조한다. 북한에서도 여전히 고등교육 기회 확대가 필요하지만, 단순한 양적 확대가 아니라 북한 사회의 지속가능한 발전이라는 과제를 해결해야 한다. 최근 북한이 주요 대학을 세계수준의 대학으로 성장시키겠다고 한 것도 고등교육의 기회 확대보다는 질 제고에 초점을 맞추고 있음을 보여준다. 특히 북한은 대북 제재 속에서 통제된 새로운 지식과 기술 습득에 대한 요구가 높기 때문에, 경제발전과 민생 문제 해결에 직결된 과학기술 및 공학분야 협력이 출발점이 될 수 있다.

고등교육 분야 국제개발협력은 주로 개도국 출신 유학생들이 공여국의 고등교육기관에서 학위를 취득할 수 있도록 지원하거나, 대학의 교육과정과 여건을 개선하는 방식으로 진행되었다. 그러나 최근에는 4차 산업혁명, 교통과 ICT 기술의 발달 등 사회변화에 따라 고등교육의 개발협력도 질 보증 시스템 구축, 학위 인정, ICT 기술 활용, 교육과정과 제도의 이동 등 교류협력과 맥을 같이 하는 방식으로 변모하고 있다. 북한과 고등교육 분야 협력에 있어 한국 정부가 전통적인 방식으로 교류하거나 협력하는 것은 아직 현실적으로 쉽지 않다. 따라서 국제기구나 제3국의 고등교육 기관을 활용하는 방식의 접근 방법을 모색해 볼 필요가 있다.

마지막으로 상호간의 이해와 공존을 위한 세계시민교육 분야 협력이다. 지속가능발전목표의 교육목표 중에서 4.7 목표는 기존의 글로벌 교육의제나 개발의제에서 논의된 적 없는 전혀 새로운 목표이며, 교육의 방향과 가치 등을 포괄적으로 다루고 있다. 이는 기존의 평화교육, 인권교육, 국제이해교육, 지속가능발전교육, 세계시민교육 등의 다양한 명칭으로 행해졌던 교육이 하나의 글로벌 교육의제로 포함된 것이다(박환보·조혜승 2016). 교육 정책, 교육과정, 교육제도, 등 협력 영역도 매우 광범위하고, 국가별로 민감할 수 있는 교육내용을 다루기 때문에, 북한 개발협력에서도 매우 다루기 어려운 목표라 할 수 있다. 그러나 지속가능발전목표 4.7

에서 다루는 다양성에 대한 이해와 존중, 평화와 비폭력, 인권, 지속가능 발전 등은 서로의 다름을 이해하고 평화와 공존을 모색하기 위해 반드시 다루어야 할 주제이다. 따라서 국제기구와의 협력을 통해 세계시민교육 이라는 보편성과 한반도라는 특수성을 아우를 수 있도록 세계시민교육의 방향과 내용을 함께 모색해 갈 필요가 있다.

참고문헌

김정원. 2016. "북한교사가 바라보는 북한 학교교육의 의미." 『통일교육연구』 13(2): 1-24.

김정원·김지수·한승대. 2015. "북한 초·중등 교육과정 및 교과서 정책 변화 방향." 『한국교육』 42(4): 29-55.

김지수. 2017. "제7차 로동당 대회를 통해 본 북한 김정은 정권의 교육정책." 『통일교육연구』 14(2): 1-21.

김진숙. 2017. "북한 김정은 체제의 교과교육 동향." 『KDI 북한경제리뷰』 19(8): 23-43.

문경연·이수훈·전명수. 2018. "유엔기구의 대북지원 20년(1995-2016): 성과와 과제." 『세계지역연구논총』 36(2): 3-33.

문경연·정구연. 2018. 『SDGs와 한반도 평화』. 서울: 유네스코한국위원회.

박성호·한효정·임후남·윤선애·윤혜신. 2019. 『한국의 SDG4 이행현황 연구』. 충북: 한국교육개발원.

박지연·문경연·김은영·조동호. 2016. "국제사회의 개발협력 패러다임과 북한개발협력." 『아태 연구』 23(2): 249-275.

박환보·조혜승. 2016. "한국의 세계시민교육 연구동향 분석." 『교육학연구』 54(2): 197-227.

신효숙. 2018. "성인지적 관점에서 북한교육실태와 교육개발협력 과제." 『제10차 개발과 젠더에 관한 아태개발협력포럼 자료집』 235-246.

안해정·서예원·윤종혁·김은영·임후남·박환보·최동주·김명진. 2016. 『2030 지속가능개발목표(SDGs) 실천 방안 연구: 교육 분야를 중심으로』. 서울: 한국교육개발원.

임현묵·박환보. 2018. "지속가능한 미래를 꿈꾸는 교육." 서울특별시: 유네스코한국위원회.

조선민주주의인민공화국주재 유엔상주조정자사무소. 2017. "Strategic Framework for cooperation between the united nations and the democratic people's republic of Korea 2017-2021." Pyongyang: United Nations DPRK.

조정아. 2019. "전국교원대회를 통해 본 북한의 교육 정책과 전망." 통일연구원 온라인시리즈. 2019.09.11. CO19-20. 1-7.

차승주. 2019. "북한의 시대별 교육담론." 『통일인문학』 79: 253-285.

최규빈. 2020. "북한의 SDGs 현황." 『한반도 평화 국립대 네트워크 학술대회 자료집』.

통일부. 2018. "2019 북한 이해." 서울: 통일부 통일교육원.

현인애. 2018. "북한 핵심 간부들의 요람, 혁명학원." 『北韓』 (563): 98-105.

Central Bureau of Statistics of the DPR Korea and UNICEF. 2017. "DPR Korea Multiple Indicator Cluster Survey 2017," Survey Findings Report. Pyongyang, DPR Korea: Central Bureau of Statistics and UNICEF.

대북지원정보시스템. https://hairo.unikorea.go.kr/stat/StatFrgnctyType.do

통계청 북한통계포털. https://kosis.kr/bukhan/

통일부 북한정보포털. https://nkinfo.unikorea.go.kr/

CIA. https://www.cia.gov/library/publications/the-world-factbook/fields/370.html

Engage EPRK. http://www.engagedprk.org/

OECD CRS. http://stats.oecd.org/Index.aspx?datasetcode=CRS

UNESCO UIS. http://uis.unesco.org/en/country/kp

UNICEF. 2019. Analysis of the Situation of Children and Women in the Democratic People's Republic of Korea. Pyongyang: UNICEF Office.

제8장

성평등 목표와 북한개발협력

장은하 | 한국여성정책연구원

I. 서론

지속가능발전목표(SDGs)에서는 성평등이 독자목표와 주류화 목표로 포함되어 있다.[1] 목표 5번은 "양성평등과 여성의 권한 강화"의 주제 하에 9개의 세부목표(targets)와 지표(indicators)로 구성되었다(〈표 1〉). 새천년개발목표(MDGs)체제 하에서도 성평등 목표는 독자목표와 주류화 목표로 존재하였으나, 이 목표는 체계적이거나 통합적이지 않았고, 무엇보다 성불평등의 근본적 해결을 위해 필요한 구조적이고도 변환적인(transformative) 변화에 대한 노력이 부재하였으며, 인권적 관점도 결여되었다. 특

---

1) 본고에서는 "성평등"과 "양성평등"을 구분없이 사용한다. 한국의 경우 법과 정책에서 "양성평등"을 공식용어로 사용하고 있으나, 정책전문가 집단에서는 실질적으로 이 두 용어를 구분하지 않는다.

히 젠더기반폭력(Gender-based Violence)은 언급조차 되지 않았는데, 이로 인해 MDGs 목표는 성평등과 여성들의 힘을 강화하는 데에 있어서 매우 제한적일 수밖에 없었다.

지속가능발전목표 체제에서는 이러한 점을 개선하여 세부목표 5.1에서부터 "여성과 여아에 대한 차별종식"을 제시하였고, 5.2, 5.3에서는 젠더기반폭력을 다루며, 5.4에서 무보수 돌봄과 가사노동을 인정할 것을 제기하고, 5.5에서는 여성의 정치참여 강화, 5.6에서는 인권의 관점이 반영된 성·재생산보건 및 권리에 대하여 명시하였다. 이어 경제적 자원에 대한 접근 및 소유권리를 명시하고, 여성의 정보통신기술 이용 증진과 성평등 실현을 위한 제도적 강화를 요구하였다. 즉, 5번 목표는 여성이 처한 차별적인 현실에 대한 근본적 개선을 촉구하며, 여성과 남성의 불평등을 조장하는 구조적인 체계(사회규범, 문화, 전통, 관습 등)가 변화될 것을 요구하는 매우 급진적이면서도 도전적인 목표라고 할 수 있다.

이러한 성평등 요소는 지속가능발전목표 내 다른 10개의 목표에도 주류화되어 있다. 대표적으로 주류화된 목표로는 2번(기아), 3번(보건), 4번(교육), 11번(도시) 등이 있으며, 6번(물위생)의 경우에도 지표 자체에는 젠더가 포함되지 않았으나, 실제적으로 여성과 매우 관련이 높은 지표이다.

북한 당국은 현재 유엔기구들과의 협력을 진행하면서 지속가능발전목표에 대해 인지하고 있으며, 북한 내 유엔 사업에 지속가능발전목표를 포함하는 것을 수용하고 있다. UNDP는 2015년 북한 관리들을 대상으로 지속가능발전목표 런칭 세미나를 개최하였으며,[2] 2017년도 유엔과 북한과의 개발협력 전략 문서에서도 북한은 지속가능발전목표 달성을 약속하고 있으며 지속가능발전목표를 수용하여 전략을 수립하였다(UN DPRK 2017, 13). 동 문서에서는 특히 양성평등 목표인 목표 5번을 상당 부분 수용하여 주류화하고 개발협력 전략에 적극 포함시키고 있다. 아울러 북한 당국은

---

2) UN DPR Korea, "Sustainable Development Goals launched in DPRK"(25 September 2015), https://dprkorea.un.org/en/9966-sustainable-development-goals-launched-dprk(검색일: 2020.5.21).

지속가능발전위원회 국가상임위원회(National Standing Unit)를 설립한 것으로 보이며, UNESCAP과 협력하여 자발적 국별 보고서(Voluntary National Review) 초안을 작성하였고, 2021 지속가능발전 고위급정치포럼(High-Level Political Forum, HLPF)에서 발표할 계획이라고 밝혔다.3)

　본 연구는 목표 5번 세부목표와 관련하여 북한 현황을 진단하고, 향후 목표 5번의 달성을 위한 북한개발협력 방향을 제시하는 것을 그 목적으로 한다. 이를 위해 먼저 지속가능발전목표 5번 내 각 세부목표의 철학과 내용에 대해 분석한 후, 북한 내 5번 세부목표 관련 현황을 검토한다. 북한 내부에 대한 자료가 한정된 상황에서 주로 국제기구 통계자료, 북한이 유엔에 제출한 보고서, 미국무부 발행 보고서, 통일부의 북한인권백서 등을 참조하였으며 제한된 자료 내에서 북한의 현황을 최대한 진단하고자 하였다. 이어 5번 세부목표 내 각 지표들과 관련된 북한 내부 데이터가 존재하는지 찾아보고, 이 지표에 의거하여 이행 현황을 분석하였다. 마지막으로 결론에서는, 이러한 5번 내 각 세부목표 이행을 "위급성"과 "가능성"에 의거하여 매트릭스(matrix)로 매핑하여 이행을 위한 우선 분야를 확인하였다. 아울러 향후 지속가능발전목표 5번 목표 이행을 위한 몇 가지 구체적인 방안도 제시하였다.4)

---

3) https://sustainabledevelopment.un.org/content/documents/26106dprk_letter_to_E COSOC_on_VNRs_at_HLPF_2021.pdf(검색일: 2020.5.21).

4) 지속가능발전목표 5번 이외에 다른 목표에 주류화되어 있는 성평등 목표들은 추후에 별도의 연구로 다루기로 한다.

II. 이론적 배경: 지속가능발전목표 5번 내 세부목표 분석 및 글로벌 이행 현황

본 절에서는 5번 목표, 세부목표와 지표의 철학과 의의를 설명하고자 한다. 먼저 5번의 목표, 세부목표, 지표는 〈표 1〉과 같다.[5]

표 1 지속가능발전목표 5번 양성평등 및 여성권한 강화 세부목표 및 지표

목표	세부목표		지표	
목표 5. 양성평등 달성 및 모든 여성과 소녀의 권한 강화	5.1	모든 곳에서의 모든 여성과 소녀에 대한 모든 형태의 차별 종식	5.1.1	양성평등과 비차별을 증진하고 집행하며 모니터링할 수 있는 법적 체계 존재여부
	5.2	인신매매, 성적 착취 및 기타 형태의 착취를 포함하여, 모든 여성과 여아에 대한 공적·사적 영역에서의 모든 형태의 폭력 철폐	5.2.1	지난 12개월 동안 파트너가 있었던 여성 및 15세 이상 소녀 중 현재 또는 이전의 성적 파트너로부터 육체적, 성적, 심리적 폭력을 경험한 사람의 비율
			5.2.2	지난 12개월 동안 파트너가 있었던 여성 및 15세 이상 소녀 중 성적 파트너 이외의 다른 사람으로부터 육체적, 성적, 심리적 폭력을 경험한 사람의 비율
	5.3	아동 결혼, 조혼 및 강제 결혼과 여성성기절제와 같은 모든 유해한 관습(harmful practices)의 근절	5.3.1	20~24세 여성 중 15세 이전과 18세 이전에 결혼(married) 또는 동거(in a union)를 했던 여성의 비율
			5.3.2	15~49세 소녀 및 여성 중 여성성기절제(FGM/C)를 경험한 연령별 비율
	5.4	국가별로 적절한 공공서비스, 사회기반시설, 사회적 보호의 제공과 가구·가족 내 책임분담의 증진을 통한 무보수 돌봄과 가사노동에 대한 인정 및 가치부여	5.4.1	무보수 가사노동 및 돌봄노동에 할애하는 시간의 성별, 연령별, 장소별 비율

---

5) 다양한 번역이 존재하나, 이 표는 장은하 외(2017)의 번역본을 사용하였다.

5.5	정치·경제·공직 생활의 모든 의사결정 수준에서 여성의 완전하고 효과적인 참여 및 리더십을 위한 평등한 기회를 보장	5.5.1	의회와 지방정부의 여성 의석 비율
		5.5.2	여성관리직 비율
5.6	국제인구개발회의 행동계획과 북경 행동강령 및 이에 대한 검토 회의의 결과문서에 따라 합의된 대로 성·재생산 보건과 재생산권리에 대한 보편적 접근 보장	5.6.1	충분한 정보를 바탕으로 성적 관계, 피임도구 사용, 재생산 건강관리 등에 대한 의사결정을 내리는 15~49세의 여성 비율
		5.6.2	성·재생산에 관한 건강, 정보, 교육에 대한 15세 이상의 여성 및 남성의 접근성을 보장할 수 있는 법률 및 규정을 마련하고 있는 국가의 수
5.a	국내법에 따라 여성에게 경제적 자원에 대한 평등한 권리 및 토지와 기타 형태의 자산 소유와 통제, 금융서비스, 유산(遺産) 및 천연자원에 대한 접근을 부여하기 위한 개혁을 단행	5.a.1	(a)농지에 대한 소유 및 소유권을 보장받는 전체 농업인구 비율(성별 분리); (b)총 농지소유자 중 여성 토지소유자(토지권 종류별)
		5.a.2	(관습법을 포함한) 법적 근거를 통해 여성의 토지소유 또는 통제에 대한 평등한 권리를 보장하는 국가 수
5.b	여성의 권한 강화를 위하여 핵심기술, 특히 정보통신기술의 이용 증진	5.b.1	성별 휴대폰 보유율
5.c	모든 수준에서 양성평등 및 모든 여성과 소녀의 권한 강화를 위한 견실한(sound) 정책과 집행 가능한 법을 채택하고 강화	5.c.1	양성평등 및 여성의 역량강화를 위한 공공자원 배분 및 추적시스템을 갖춘 국가의 비율

자료: 장은하 외(2017), pp.173-178 재구성

1. (5.1) 차별 종식

세부목표 5.1	모든 곳에서의 모든 여성과 소녀에 대한 모든 형태의 차별 종식
지표 5.1.1	양성평등과 비차별을 증진하고 집행하며 모니터링할 수 있는 법적 체계 존재여부

1) 목표 분석

세부목표 5.1은 여성과 여아에 대한 모든 형태의 차별을 종식할 것을 촉구하는 목표이다. 이 목표는 1979년 수립된 국제인권규약 중의 하나인 여성차별철폐협약(Convention on the Elimination of Discrimination against Women, CEDAW)으로부터 유래한다.

CEDAW에 의하면, "여성에 대한 차별"이라 함은 "정치적 경제적 사회적 문화적 시민적 또는 기타 분야에 있어서 결혼여부에 관계없이 남녀 동등의 기초위에서 인권과 기본적 자유를 인식 향유 또는 행사하는 것을 저해하거나 무효화하는 효과 또는 목적을 가지는 성에 근거한 모든 구별 배제 또는 제한을 의미"한다.[6] 보다 쉽게 설명하면, 여성과 여아이기 때문에 경험하게 되는 모든 형태의 차별, 즉 법적 및 권리적 차별, 관행적 차별, 조직이나 기업에 의한 차별 등을 모두 철폐할 것을 요구한다.

이 협약에서는 정치적 권리의 보장과 더불어 국적, 교육, 고용, 보건, 경제활동, 혼인 및 가족관계 등 여성에게 영향력을 미칠 수 있는 영역에서 일어날 수 있는 차별을 금지할 것을 촉구한다(장은하 2018). 이렇게 모든 영역에서 차별을 철폐하도록 명시하는 세부목표 5.1은 5번 목표의 원칙과 정신을 아우르는 선언적 목표이며, 5번 이하 세부목표들의 철학을 제시하는 총괄적인 목표라고 할 수 있다.

세부목표 5.1을 달성했는지를 측정하는 지표로는 "5.1.1 양성평등과 비차별을 증진하고 집행하며 모니터링할 수 있는 법적 체계 존재여부"를 설정하고 있다.

---

6) 외교부, 여성차별철폐협약 국문 번역본, http://www.mofa.go.kr/www/brd/m_3998/view.do?seq=303435&srchFr=&srchTo=&srchWord=&srchTp=&multi_itm_seq=0&itm_seq_1=0&itm_seq_2=0&company_cd=&company_nm=&page=40(검색일: 2020.5.22).

2. (5.2) 여성에 대한 폭력 철폐

세부목표 5.2	인신매매, 성적 착취 및 기타 형태의 착취를 포함하여, 모든 여성과 여아에 대한 공적·사적 영역에서의 모든 형태의 폭력 철폐
지표 5.2.1	지난 12개월 동안 파트너가 있었던 여성 및 15세 이상 소녀 중 현재 또는 이전의 성적 파트너로부터 육체적, 성적, 심리적 폭력을 경험한 사람의 비율
지표 5.2.2	지난 12개월 동안 파트너가 있었던 여성 및 15세 이상 소녀 중 성적 파트너 이외의 다른 사람으로부터 육체적, 성적, 심리적 폭력을 경험한 사람의 비율

1) 목표 분석

세부목표 5.2는 가정폭력과 성폭력을 포함하는 여성에 대한 폭력을 철폐할 것을 촉구하는 세부목표이다. 통계에 의하면 전 세계의 35퍼센트의 여성이 일생에 한 번 이상 파트너 혹은 제3자로부터 신체적·성적폭력을 경험하는 것으로 나타났다(WHO 2013, 2; 장은하 외 2017, 56에서 재인용). 지표 5.2.1은 가정폭력 근절 목표로서, "성적 파트너"로부터 육체적, 성적, 심리적 폭력을 경험한 사람의 비율을 측정한다. 지표 5.2.2는 성폭력 근절 목표로서, "성적 파트너 이외의 다른 사람으로부터" 육체적, 성적, 심리적 폭력을 경험한 사람의 비율을 측정한다.

2) 글로벌 이행 현황

가정폭력을 나타내는 지표 5.2.1과 관련하여 2016개국의 최근 데이터를 살펴보면, 파트너가 있었던 15세에서 49세의 여성과 여아 중 18퍼센트가 지난 12개월 동안 육체적, 성적 폭력을 당한 것으로 조사되었으며 이러한 비율은 특히 저개발국가 군에서 24퍼센트로 가장 높은 비율을 기록하였다(UN ECOSOC 2019, 11).

3. (5.3) 유해한 관습 근절

세부목표 5.3	아동 결혼, 조혼 및 강제 결혼과 여성성기절제와 같은 모든 유해한 관습(harmful practices)의 근절
지표 5.3.1	20~24세 여성 중 15세 이전과 18세 이전에 결혼(married) 또는 동거(in a union)를 했던 여성의 비율
지표 5.3.2	15~49세 소녀 및 여성 중 여성성기절제(FGM/C)를 경험한 연령별 비율

1) 목표 분석

세부목표 5.3은 여성과 여아에 대한 유해한 관습을 근절할 것을 촉구한다. 현재 지구상의 많은 국가에서는 여성이라는 이유만으로 이들에게 차별적인 관습이 행해지고 있다. 유해한 관습에는 이 세부목표에서 대표적으로 언급하고 있는 아동결혼, 조혼, 강제혼, 여성성기절제(female genital mutilation) 이외에도, 중앙아시아에서 횡행하는 납치혼, 네팔의 산악지대에서 생리중의 여성과 여아를 움막에 격리하는 차우파디 등의 여러 형태의 관습들이 포함된다. 그리고 각 지역사회에서 행해지고 있지만 잘 알려지지 않은 여러 종류의 여성과 여아에 대한 차별적 관습들도 포함된다. 세부목표 5.3은 이러한 관습들 또한 여성에 대한 차별로 규정하며, 이 관습들을 철폐할 것을 요구하고 있다. 동 세부목표의 달성을 가늠하는 지표로 "5.3.1. 20~24세 여성 중 15세 이전과 18세 이전에 결혼(married) 또는 동거(in a union)를 했던 여성의 비율"을 설정하고 있는데 이는 조혼을 측정하는 지표이며, "5.3.2. 15~49세 소녀 및 여성 중 여성성기절제(FGM/C)를 경험한 연령별 비율"은 여성과 여아를 향한 유해한 관습 중에서도 여러 국가에서 빈번하게 행해지고 있는 여성성기절제를 측정하는 지표이다.

2) 글로벌 이행 현황

지표 5.3.1의 경우, 전 세계적으로 조혼율은 하락하고 있다. 이는 2013년부터 2018년까지 조혼율이 1/4로 감소한 남아시아의 약진이 수치 하락에 크게 기여하고 있으며, 사하라 사막 이남 지역에서도 남아시아보다는 더

딘 속도지만 그 비율이 하락하고 있다(UN ECOSOC 2019, 11). 지표 5.4.1
의 경우, FGM이 집중되어 있고 국가 통계가 존재하는 30개국의 데이터에
의하면, 적어도 2억 명의 여성과 여아가 여성성기절제의 대상으로 집계된
다(UN ECOSOC 2019, 11). 그러나 이 국가들에서도 FGM 비율은 2000년과
2018년 사이에 1/4이 감소한 것으로 조사되었다(UN ECOSOC 2019, 11).

4. (5.4) 무보수 돌봄 및 가사노동 인정

세부목표 5.4	국가별로 적절한 공공서비스, 사회기반시설, 사회적 보호의 제공과 가구·가족 내 책임분담의 증진을 통한 무보수 돌봄과 가사노동에 대한 인정 및 가치부여
지표 5.4.1	무보수 가사노동 및 돌봄노동에 할애하는 시간의 성별, 연령별, 장소별 비율

1) 목표 분석

세부목표 5.4는 여성들이 보수를 받지 않고 제공하는 노동에 대해 인정해
줄 것과 가치를 부여해 줄 것을 촉구하는 목표이다. 통상적으로 어느 문
화에서든 여성은 가정 내에서 아이의 주양육자인 동시에 노인 돌봄을 제
공하며, 요리, 빨래, 청소, 등의 가사노동도 수행한다. 그러나 이러한 노동
은 무보수로 행해지며 응당한 가치를 인정받지 못하고 있다. 세부목표
5.4는 이러한 여성의 돌봄과 가사노동을 국가 차원의 공공서비스와 사회
보호로 제공하고, 가족 내 다른 구성원(예: 남편)이 분담함으로써, 이 노동
에 대해 인정해 주고 가치를 부여해 줄 것을 촉구하고 있다. 남성의 돌봄
과 가사노동의 참여를 촉구했다는 점은, 성별분업을 타파하는 것이 이 문
제의 궁극적 해결을 가져올 수 있다는 젠더적 관점이 강하게 반영되었다
고 볼 수 있다. 동 세부목표의 지표로는 5.4.1 무보수 가사노동 및 돌봄노
동에 할애하는 시간의 성별, 연령별, 장소별 비율을 설정하고 있다.

2) 글로벌 이행 현황

세계 90여 개국의 최근 통계에 의하면 여성은 무보수돌봄과 가사노동에 있어서 남성보다 하루에 3배 이상 시간을 사용하고 있는데, 이로 인해 여성이 임금 노동, 교육, 레저에 사용할 수 있는 시간이 제한되며, 궁극적으로 이는 여성을 사회경제적으로 불리한 위치에 놓이게 한다(UN ECOSOC 2019, 11).

5. (5.5) 여성 대표성 (의사결정)

세부목표 5.5	정치·경제·공직 생활의 모든 의사결정 수준에서 여성의 완전하고 효과적인 참여 및 리더십을 위한 평등한 기회를 보장
지표 5.5.1	의회와 지방정부의 여성 의석 비율
지표 5.5.2	여성관리직 비율

1) 목표 분석

세부목표 5.5는 정치, 경제, 그리고 공직 생활에서 여성이 리더십을 발휘하고 의사결정을 수행할 수 있어야 한다고 명시한다. 이것이 중요한 이유는, 이를 통해 남성 중심적인 법, 정치, 규범 등의 제도의 수립과 시행에 젠더적 관점을 반영하고 차별을 찾아내 시정할 수 있기 때문이다. 그러나 아직도 많은 국가에서는 여성의 대표성은 저조하다. 2020년 현재 남미와 아프리카 중 소수의 국가들(르완다 61.3퍼센트, 쿠바 53.2퍼센트, 볼리비아 53.1퍼센트, 멕시코 48.2퍼센트 등), 그리고 북유럽 국가들(스웨덴 47.3퍼센트, 핀란드 41.5퍼센트, 노르웨이 40.8퍼센트 등)이 여성 대표성에 있어서 강세를 보이고 있다.[7] 한국의 경우 2020년 4월 국회의원선거에서 당선된 여성의원은 총 300석 가운데 지역구 29명, 비례대표 28명이며, 이들 비율은 지난 20대 국회 17퍼센트에서 19퍼센트로 소폭 상승했다.[8] 그러나 이는

---

7) IPU, Percentage of women in national parliaments, 2020년 5월 21일 현재, https://data.ipu.org/women-ranking?month=5&year=2020(검색일: 2020.5.22).

8) BBC News 코리아(2020.4.16), "4.15 총선: 여성의원 57명 역대 '최다 당선' … 여전히

OECD 회원국의 여성의원 비율인 (2017년 기준) 평균 28.8퍼센트에는 한참 미치지 못하는 수치이다.[9]

2) 글로벌 이행 현황

지표 5.1.1 의회와 지방정부의 여성 의석 비율과 관련하여, 전 세계적으로 여성은 국가 및 지역 수준에 있어서 정치적 리더십에서 대표성을 발휘하지 못하고 있다. 2019년 1월 1일 현재, 글로벌 평균 여성대표성 비율은 24.2퍼센트이며, 이는 2010년의 19퍼센트에서 상승한 수치이다(UN ECOSOC 2019, 12). 99개국의 통계에 의하면, 지방 여성 선출직 대표성은 평균 26퍼센트이며, 할당제가 도입될 경우 국가와 지역 단위에서 여성들의 선출 비율이 높아지는 것으로 관찰되었다(UN ECOSOC 2019, 12). 지표 5.1.2 여성관리직 비율과 관련 하여는 전 세계적으로 고용의 39퍼센트를 여성이 차지하지만, 27퍼센트만 관리직에 진출하고 있으며, 이는 2015년 25퍼센트에서 약간 증가한 수치이다(UN ECOSOC, 2019, 12). 2000년도 이후 저개발국가 군을 제외하고는 여성 관리자 비율은 꾸준히 증가하고 있다(UN ECOSOC 2019, 12).

6. (5.6) 여성 재생산 권리

세부목표 5.6	국제인구개발회의 행동계획과 북경행동강령 및 이에 대한 검토 회의의 결과문서에 따라 합의된 대로 성·재생산 보건(sexual and reproductive health)과 재생산권리(reproductive rights)에 대한 보편적 접근 보장
지표 5.6.1	충분한 정보를 바탕으로 성적 관계, 피임도구 사용, 재생산 건강관리 등에 대한 의사결정을 내리는 15~49세의 여성 비율
지표 5.6.2	성·재생산에 관한 건강, 정보, 교육에 대한 15세 이상의 여성 및 남성의 접근성을 보장할 수 있는 법률 및 규정을 마련하고 있는 국가의 수

OECD 최하위권," https://www.bbc.com/korean/features-52310044(검색일: 2020. 5.22).

9) Ibid.

1) 목표 분석

세부목표 5.6은 여성의 재생산 건강을 인권적, 권리적 측면에서 접근하고 있으며, 이는 세부목표에서 기술하고 있는 대로, "국제인구개발회의(1994년)와 북경행동강령(1995년)에서의 접근방법을 계승하고 있다. 권리적 측면에서의 접근이란, 여성이 자신의 재생산과 관련된 모든 행동을 스스로 결정할 수 있어야 함을 의미하는데, 그렇기 때문에 자녀를 생산하는"도구"로서의 여성이 아닌, "자기 결정권"이 있는 주체적 여성이 되어야 함을 의미한다. 보다 구체적으로 설명하면, 여성은 자신이 몇 명의 아이를 낳을지, 터울은 어느 정도로 할지, 피임을 할지, 어떤 방법의 피임법을 사용할지, 등 재생산 전반의 영역에서 스스로 결정할 권리를 가진다. 특정 문화와 개도국에서는 남성들이 여성의 재생산과 관련된 사항을 결정하는 경우가 있으며, 따라서 여성이 재생산과 관련된 의사결정을 내리는 주체임을 천명하는 세부목표는 중요하다. 동 세부목표의 지표로는, <u>5.6.1 충분한 정보를 바탕으로 성적 관계, 피임도구 사용, 재생산 건강관리 등에 대한 의사결정을 내리는 15~49세의 여성 비율</u>과 지표 <u>5.6.2 성·재생산에 관한 건강, 정보, 교육에 대한 15세 이상의 여성 및 남성의 접근성을 보장할 수 있는 법률 및 규정을 마련하고 있는 국가의 수</u>를 설정하고 있다.

2) 글로벌 이행 현황

관련 통계가 있는 51개의 국가를 검토하였을 때, 15세에서 49세 사이의 결혼하거나 동거 중인 여성의 57퍼센트만이 성적 관계와 피임, 보건 서비스 이용에 관해서 스스로 결정을 내리는 것으로 조사되었다(UN ECOSOC 2019, 12).

7. (5.a) 경제적 자원 접근 확대[10)]

세부목표 5.a	국내법에 따라 여성에게 경제적 자원에 대한 평등한 권리 및 토지와 기타 형태의 자산 소유와 통제, 금융서비스, 유산(遺産) 및 천연자원에 대한 접근을 부여하기 위한 개혁을 단행
지표 5.a.1	(a)농지에 대한 소유 및 소유권을 보장받는 전체 농업인구 비율(성별 분리); (b)총 농지소유자 중 여성 토지소유자(토지권 종류별)
지표 5.a.2	(관습법을 포함한) 법적 근거를 통해 여성의 토지소유 또는 통제에 대한 평등한 권리를 보장하는 국가 수

1) 목표 분석

아직도 전 세계 여러 국가에서는 여성에게 토지와 자산, 금융서비스, 천연자원 등을 소유할 수 있는 권리를 법적으로 보장하지 않고 있다. 즉, 여성은 자신의 명의로 된 땅을 소유할 수 없고, 은행에서도 통장을 개설하지 못한다. 토지나 자산을 소유하는 것이 여성의 권한 강화를 위해 중요한 이유는, 그 자산 자체가 경제적 가치가 있는 것을 넘어서, 토지를 담보로 대출을 받을 수 있다는 점, 그리고 여성들은 그 대출을 통하여 작은 규모나마 사업을 시작할 수 있다는 점, 그리고 이러한 활동들이 여성의 경제역량을 강화하고 미래 소득을 보장해 줄 수 있다는 점에서 매우 중요하다. 동 세부목표의 지표로는 5.a.1 (a)농지에 대한 소유 및 소유권을 보장받는 전체 농업인구 비율(성별 분리); (b)총 농지소유자 중 여성 토지소유자(토지권 종류별)과, 5.a.2 (관습법을 포함한) 법적 근거를 통해 여성의 토지소유 또는 통제에 대한 평등한 권리를 보장하는 국가 수를 설정하고 있다. 즉, 여성의 토지소유 비율과 여성의 토지소유를 위한 법적 제도가 존재하는지의 여부를 검토하고 있다.

---

10) 동 세부목표의 지표에 대한 유엔차원의 공식적 글로벌 이행 현황은 확인이 어려움.

8. (5.b) 여성과 정보통신기술 접근성 확대[11]

세부목표 5.b	여성의 권한 강화를 위하여 핵심기술, 특히 정보통신기술의 이용 증진
지표 5.b.1	성별 휴대폰 보유율

1) 목표 분석

여성의 정보통신기술 접근성은 향후 그 중요성이 점점 더 증대될 것이다. 앞으로는 정치, 경제, 사회, 교육 등 다방면에서의 활동이 인터넷이나 모바일을 기반으로 이루어질 것이고, 따라서 이러한 플랫폼에의 접근성이 확보되지 않는다면, 여성들은 교육의 기회, 경제적 이윤 창출의 기회, 정치 참여의 기회 등을 박탈당할 수 있다. 동 세부목표의 달성을 측정하기 위한 지표로서 지표 5.b.1 성별 휴대폰 보유율을 설정하고 있다. 디지털 기술의 성별격차 관련 연구들이 공통적으로 지적하는 것은, 남성과 여성은 정보통신기술 접근성에 있어서 격차를 보이며, 특히 여성은 정보통신기술 사용 내용에 있어서도 차이를 보인다. 예를 들면, 여성들은 이동전화를 보유하고 있더라도, 인터넷 등을 통해 자료를 검색하고 콘텐츠를 찾아보거나, 전자 상거래 결제를 하는 용도보다는 단순한 통화의 수단으로 이용하는 경우가 남성들보다 높은 것으로 조사되고 있다(장은하 외 2017, 101; OECD 2018).

9. (5.c) 양성평등 법과 정책

세부목표 5.c	모든 수준에서 양성평등 및 모든 여성과 소녀의 권한 강화를 위한 견실한(sound) 정책과 집행 가능한 법을 채택하고 강화
지표 5.c.1	양성평등 및 여성의 역량강화를 위한 공공자원 배분 및 추적시스템을 갖춘 국가의 비율

---

11) 동 세부목표의 지표에 대한 유엔차원의 공식적 글로벌 이행 현황은 확인이 어려움.

1) 목표 분석

양성평등과 여성권한 강화를 달성하기 위해서 무엇보다 이를 뒷받침해줄 법과 정책, 예산편성, 그리고 거버넌스 구조가 필요하다. 예를 들면, 한 국가가 양성평등법, 여성권리보장법 등의 기본법을 보유하고 있다는 것은 성평등을 달성하기 위한 출발점이 될 수 있다. 또한 이러한 법과 정책을 실행에 옮길 수 있는 거버넌스 체계도 중요한데, 여기에는 여성부, 혹은 여성과 관련된 주무를 맡는 정부 내 조직, 국가인권위원회, 각 유관부처 내 정책의 성주류화를 담당하는 부처 양성평등담당관(gender focal point) 등이 포함된다. 동 세부목표의 지표로는 <u>5.c.1 양성평등 및 여성의 역량 강화를 위한 공공자원 배분 및 추적시스템을 갖춘 국가의 비율</u>을 설정하고 있는데, 이는 한 국가가 성인지 예산(gender budget)을 배분하고 추적하고 있는지를 검토하는 지표이다. 법과 정책이 존재한다고 하더라도, 이를 실행하기 위한 구체적인 예산이 배분되어 있지 않으면, 실질적인 정책 집행은 어려우므로, 예산을 성인지적으로 수립하고 배분하고 집행하는 것은 중요하다.

2) 글로벌 이행 현황

2018년도에 집계된 53개 국가의 데이터에 의하면, 이 국가들 중 1/3은 공공생활에서의 성평등 관련 법적 프레임워크가 부재하고(헌법, 차별금지법, 할당제 등), 1/4은 여성에 대한 폭력관련 법, 24퍼센트는 고용과 경제적 혜택과 결혼 및 가족 관련 법이 존재하지 않거나 미비한 것으로 조사되었다(UN ECOSOC 2019, 12). 또한 여러 국가들이 성인지적 예산을 도입했음에도 불구하고, 포괄적이고 투명한 추적 시스템의 도입은 미비하다. 2018년도 69개 국가 데이터에 의하면, 13개 국가는 성인지적 예산을 측정하고 공시할 수 있는 추적 시스템을 보유하고 있으며, 41개국은 유사한 시스템을 보유하고 있다(UN ECOSOC 2019, 12).

III. 지속가능발전목표 5번 세부목표별 북한 현황 검토

목표 5번의 세부목표와 지표에 대한 설명과 현재 글로벌 이행 현황을 바탕으로 이번 절에서는 각 세부목표별 북한 현황을 검토하고자 한다. 북한에 대한 1차 자료는 극히 제한적인 관계로 본고에서는 북한이 유엔여성차별철폐위원회(UN Committee on the Elimination of Discrimination against Women, CEDAW)에 제출한 보고서, 유엔여성차별위원회(CEDAW)가 북한에 제시한 권고안, 통일부 북한인권백서, 북한에서 개발협력사업을 하고 있는 주요 유엔기구의 보고서와 실태조사서, 미국무부의 북한인권보고서와 인신매매 보고서, 그리고 글로벌 인권 NGO들의 보고서 등 소수의 신빙성있는 보고서들을 한정적으로 참고하여 분석할 것이다.

1. (5.1) 차별 종식

세부목표 5.1	모든 곳에서의 모든 여성과 소녀에 대한 모든 형태의 차별 종식

1) 법·정책·제도

세부목표 5.1은 모든 곳에서 모든 여성과 소녀에 대한 모든 형태의 차별을 종식할 것을 그 골자로 하고 있다. 북한의 경우, 현재 공식적으로 성평등한 국가임을 표방하고 있는데, 정권 건립 초기부터 사회주의 전통 하에 성평등 관련 법적, 제도적인 기본 장치들을 마련하였다. 북한은 「사회주의헌법」 제65조에서 "공민은 국가사회생활의 모든 분야에서 누구나 다 같은 권리를 가진다"고 규정함으로써 모든 국민의 차별없는 권리를 보장하고 있다(김수경 외 2019, 192). 또한 「사회주의헌법」 제77조에서는 "여자는 남자와 똑같은 사회적지위와 권리를 가진다. 국가는 산전산후휴가의 보장, 여러 어린이를 가진 어머니를 위한 로동시간의 단축, 산원, 탁아소와 유치원망의 확장 그밖의 시책을 통하여 어머니와 어린이를 특별히 보호한다. 국가는 여성들이 사회에 진출할 온갖 조건을 지어준다."라고 명시함으로 성평등과 여성의 모성보호 규정을 통해 여성 재생산 건강을 보장하고, 사회주의 경제 건설을 목적으로 여성을 경제 활동에 참여시키기 위해 국가가 돌봄 서비스를 제공해야 함을 포괄적으로 명시하고 있다. 또한 북한의 「가족법」 제18조에서는 "남편과 아내가 가정 내에서 평등한 권리를 가진다"라고 명시하고 있다.

북한은 이러한 「사회주의헌법」과는 별도로 1946년 「남녀평등권 법령」을 제정하였고, 2011년에는 「여성권리보장법」을 별도로 제정하여 다양한 분야에서의 여성의 권리를 선언하고 있다. 「여성권리보장법」 제2조에서는 "남녀평등을 보장하는것은 조선민주주의인민공화국의 일관한 정책이다. 국가는 녀성에 대한 온갖 형태의 차별을 엄격히 금지하도록 한다."고 명시함으로써 남녀평등과 비차별의 원칙을 공표하였다. 제26조에서는 "녀성은 로동분야에서 남성과 평등한 권리를 가진다. 지방인민위원회와 해당 기관은 녀성들이 남성과 평등하게 로동에 참가할수 있는 권리와 로동보호를 받을 권리, 사회보장을 받을 권리를 보장하여야 한다."고 명시함으로써 노동 분야에서 차별 금지와 기본 권리를 보장하였다. 제28조에서는 "기관, 기업소, 단체는 종업원을 받을 경우 녀성에게 적합하지 않는 직종이나 부서를 제외하고는 성별 또는 기타 결혼, 임신, 해산 같은것을 리유로 녀성을 받지 않거나 제한하지 말아야 한다" 등을 통해 노동 내 직군 배치에서의 성차별을 금지하였다. 그러나 "녀성에게 적합하지 않는 직종이나 부서를 제외하고는"의 표현에서 볼 수 있듯이 북한의 법령들은 여성을 "보호"하는 관점으로 일관되게 기술되고 있으며, 보다 근본적으로 여성의 권한을 강화하고 남성과 평등한 입장을 취하고 있지는 않다. 아울러 북한에서는 아직 별도의 차별금지법은 존재하지 않는다.

2) 세부목표 현황
그러나 이러한 법적 기초에도 불구하고 실질적으로 북한사회의 다방면에

서 차별이 존재하고 있으며, 이는 북한도 일부 인정하고 있다. 북한은 2002
년 유엔여성차별철폐위원회에 최초로 제출한 이행보고서에서 "고정된 성
역할 분담은 거의 제거되었으나 남성은 바깥주인, 여성은 안주인이라 불
리거나 큰일은 남성의 일, 잡다한 업무는 여성의 일로 여기는 등의 관습
적인 차별은 여전히 존재한다"고 인정한 바 있다(김수경 외 2019, 284). 북
한의 2016년 제2·3·4차 통합보고서에서도 "「여성권리보장법」이 채택된
이후에도 남성우위의 관습이 사회와 가정에 남아 있다"고 밝혔는데, 이는
일반 대중이 국가 정책과 법에 대해 알지 못한 탓이며, 관습적인 고정관
념과 태도가 남아 있기 때문이라고 설명하였다(김수경 외 2019, 284).

(1) 가부장적, 남존여비 사고
북한과 사업 경험이 있는 남한 내 개발협력 종사자들과 탈북자들은 한결
같이 북한은 아직도 가부장적이고 남존여비 사고가 지배하는 사회라고 증
언한다(장은하 2019, 206). 「북한 가족법」은 제18조에서"가정생활에서 남
편과 안해(아내)는 똑같은 권리를 가진다"고 명시하고 있지만, 북한에서는
남성만이 '세대주'가 될 수 있으며, 모든 가정생활이 이러한 남성 '세대주'
를 중심으로 결정되고 이뤄졌던 것으로 파악된다(김수경 외 2019, 291).

(2) 차별적 고정관념
북한에는 강화된 남녀차별적 고정관념이 남아 있다. 유엔여성차별철폐위
원회는 "북한 여성을 '사회와 가정에서', '아동의 양육과 교육'이라는 '임무'
에 가두고, 많은 경우 여성이 신체적 안전과 정서적 행복을 희생하여 가
정 유지에 대한 책임을 지도록 하는, 가정과 사회에서의 여성과 남성의
역할과 책임에 대한 차별적 고정관념이 지속되고 있는 점"에 대해 우려하
였다(유엔여성차별철폐위원회 2017). 특히 이러한 고정관념은 특정 학문과
직업에 여성의 접근을 제한하는 것으로 나타나며, 이는 앞서 살펴본 「여
성권리보장법」 28조에서도 잘 나타나 있다. 또한 북한에서는 사회주의
건설을 위해 여성들의 "어머니"의 역할을 강조하는데, 이는 사회주의 유

지를 위해서는 차세대를 사회주의 이념에 의해 양육하는 것이 중요하며, 이를 위해 아동의 양육은 "어머니"가 맡아야 한다는 강한 성별 고정관념에 기인하고 있다.

(3) 성분제도

북한에서는 "성분" 혹은 "토대"라고 불리는 독특한 사회계층 분류 제도가 존재하며 계층 분류에 따라 전 주민을 차별적으로 대우한다(김수경 외 2019, 189). 가장 대표적인 것은 간부 등용, 입당, 대학 진학, 직장배치 등에서의 차별인데, 당 조직이나 국가보위성, 인민보안성 등의 권력기관에 간부로 등용되기 위해서는 성분 및 계층이 매우 중요하다(김수경 외 2019, 192). 이러한 성분 제도가 강력하게 작동하는 북한에서는 여성으로서 받는 차별 이외에도 성분으로 인해 당하는 교차적인 차별이 존재하며, 이는 북한 여성이 처한 차별적 상황을 더욱 악화시키는 요소로 작용함을 유추할 수 있다.

3) 지표 달성현황

지표 5.1.1	양성평등과 비차별을 증진하고 집행하며 모니터링할 수 있는 법적 체계 존재여부

동 목표를 달성했는지를 측정하는 지표로서 "지표 5.1.1 양성평등과 비차별을 증진하고 집행하며 모니터링할 수 있는 법적 체계 존재여부"를 설정하고 있다. 앞서 설명한 바와 같이 북한은 남녀평등법령, 사회주의 헌법, 「여성권리보장법」등의 법률과 「형법」, 「가족법」, 「어린이보육교양법」등 다양한 법에서 여성의 권리를 보장하고 있다. 2010년도에는 조선민주주의인민공화국 여성권리보장법을 채택하였고, 2015년 개정하여 실행하여 오고 있다. 「여성권리보장법」은 여성의 사회정치적권리, 교육, 문화, 보건의 권리, 로동의 권리, 인신 및 재산적권리, 결혼, 가정의 권리로 구분하여 각 분야에서의 여성의 권리를 명시하고 있다.

그러나 유엔여성차별철폐위원회(CEDAW)는 2017년 최종권고에서, 북한에서는 "여성에 대한 차별에 대한 포괄적 정의를 명시하는 법률이 부재함"을 지적하였고, 여성 차별에 대한 포괄적 정의를 국내법에 채택, 적용할 것을 명확히 권고하였다(유엔여성차별철폐위원회 2017) 동 위원회는 또한 "가정과 사회에서의 여성과 남성의 역할과 책임에 대한 차별적 고정관념과 가부장적 태도를 철폐하기 위한 포괄적 전략"을 수립할 것을 촉구하였으며, "교육 체계 안에서 여성과 남성의 실질적 평등에 대한 이해를 강화하고 모든 영역에서 여성을 고정관념 없이 긍정적으로 묘사하도록 하기 위해 미디어 대상 혁신적 조치를 취할 것"을 권고하였다(유엔여성차별철폐위원회 2017).

지표 5.1.1 이행 관련, 북한은 현재 다양한 법령에서 양성평등을 명시하고 있으나, 여성에 대한 차별에 대한 정의가 부재하며, 차별철폐를 위한 구체적인 법 조항 및 실행 측면에서는 미비한 것으로 관찰된다. 또한 여성의 권리를 명시한 법령에서도 사회주의 인력을 양육하기 위한 "어머니"로서의 역할과 사회주의 경제 건설을 위한 경제참여를 위해 필요한 "보호적" 관점을 적용하고 있으며, 성별 고정관념과 가부장적인 관점을 취하고 있다. 또한 명목상의 법은 존재하나, 법 이행을 위한 모니터링이 어떻게 구체적으로 이루어지고 있는지는 확인하기 어려웠다.

2. (5.2) 여성에 대한 폭력 철폐

세부목표 5.2	인신매매, 성적 착취 및 기타 형태의 착취를 포함하여, 모든 여성과 여아에 대한 공적·사적 영역에서의 모든 형태의 폭력 철폐

1) 법·정책·제도

세부목표인 5.2와 5.3은 각각 가정폭력과 성폭력을 근절할 것을 촉구하는 목표이다. 북한은 형법상 매음죄와 강간죄 관련 처벌 규정만을 두고 있었지만 2010년에 여성 권리보장법을 제정하면서 여성에 대한 성폭력 및 매음 행위 성매매 금지 및 가정폭력 금지규정을 두어 형법상의 규정을 재확인하거나 보충하고 있다(박복순 2014, 115). 성폭력 성매매 등의 여성폭력 범죄에 대한 처벌은 주로 「형법」에서 규율되고 있으나 이에 대한 독자적인 형태의 특별법을 두지는 않고 있다(박복순 외 2014, 158).

가정폭력의 경우 북한은 2010년 제정된 「여성권리보장법」에서 '가정폭행의 금지(제46조)' 규정을 포함하였다. 제46조에 의하면, "가정에서는 녀성에 대한 온갖 형태의 폭행을 하지 말아야 한다. 지방인민위원회와 기관, 기업소, 단체는 가정폭행을 막기 위한 주민들과 종업원교양사업을 정상적으로 하여 관할지역 또는 자기 소속 공민들의 가정에서 가정폭행행위가 나타나지 않도록 하여야 한다."고 규정한다. 그러나 가정폭력과 관련해서는 가정폭력을 금지한다는 선언적 규정 외에 북한에서는 피해자 보호 및 가해자에 대한 조치 등과 관련한 특별법은 존재하지 않는다(박복순 외 2014, 157-158).

성폭력의 경우, 북한 「형법」에서는 강간·위계에 의한 성폭력, 미성년자 성폭력을 범죄로 명시하고 있다. 북한 「형법」 제279조(강간죄)에서는 "폭행, 협박하여 또는 구원을 받지 못할 상태를 이용하여 여성을 강간한자는 10년 이하의 노동교화형," 제280조(위계에 의한 성폭력 죄)에서는 "복종관계에 있는 여성을 강요하여 성교한자는 3년이하의 노동단련형," 제281조(미성년자 성폭력 죄)에서는 "15살에 이르지 못한 미성인과 성교한자는 5년 이하의 노동교화형에 처한다"고 명시하고 있다. 「여성권리보장법」 제39조(유괴, 매매행위 금지)에서도 "누구도 여성을 유괴하거나 매매, 강간, 윤간하는 행위를 할 수 없다. 해당 기관은 여성에 대한 유괴, 매매, 강간, 윤간행위를 막기 위한 대책을 철저히 세우며 그러한 행위를 한자를 법에 따라 엄격히 처벌하여야 한다"고 규율한다.

성매매의 경우, 북한 「형법」은 성매매를 범죄로 정의하고 성매매를 저지른 사람은 "그 누구라도 심각한 경우 5년 이하의 노동교화형에 처한다"고 명시한다. 「여성권리보장법」 제40조에서도 성매매를 저지르거나 성매매를 주선, 강요하거나 성매매를 하도록 여성을 유혹한 자는 누구라도 형법에 따라 처벌받는다고 규정한다. 성매매와 관련된 특별법은 존재하지 않지만, 북한 「행정처벌법」 제216조에서는 "성매매 행위, 성매매에 대한 알선 조장 중계 장소제공 등에 대해 벌금형이나 3개월 이하의 노동 교양으로 규율"하고 있으며, "정상이 무거우면 3개월 이상 노동 교양으로 처벌"하고 있다(박복순 외 2014, 161).

성희롱의 경우, 북한에서는 성희롱에 대한 법적 개념은 존재하지 않지만, 「인민보안단속법」과 「행정처벌법상」 '여성 희롱'을 포함시켜 불량 행위로 규정하여 이에 대해 단속 및 처벌 대상으로 하여 규율하고 있다(박복순 외 2014, 158).

그러나 북한의 가정폭력, 성폭력 관련 법령들은 처벌이 명확하지 않은 경우가 많고, 성적인 폭력인 경우, 공식적인 통계가 존재하지 않는 상황이다. 또한 성폭력 성매매 가정폭력이라는 각각의 여성 폭력 영역에서 특별법을 두고 규제하고 있는 남한과는 달리 북한에서는 이러한 특별법은 존재하지 않으며, 여성폭력 "피해자 보호"를 위한 법 규정도 존재하지 않는다는 한계를 보이고 있는 것으로 분석되었다(박복순 2014, 115).

2) 세부목표 현황

(1) 가정폭력

2015년 통일연구원 설문조사에 의하면, 탈북자들을 응답자의 81퍼센트가 가정폭력이 '일상적'이라고 답변하였다(미국 국무부 2019). 유엔여성차별철폐위원회(CEDAW)의 최종권고(2017)에서 또한 "북한에서는 여성에 대한 가정폭력이 만연해 있으나, 인식과 정보가 매우 제한적이고, 여성 희생자/

생존자를 위한 보호 조치가 부재하며, 경찰과 사법부 모두 이러한 범죄에 대해 전반적으로 무관심하고 적절하게 반응하지 못하고 있다"고 우려하였다(유엔여성차별철폐위원회 2017).

(2) 성폭력

북한 내에는 공식적으로 집계된 통계는 없지만, 다양한 성폭력이 발생하고 있는 것으로 조사되고 있다. 미국 국무부가 발간한 북한인권조사위원회 보고서(2019)에 의하면, 무엇보다 "중국 당국에 의해 강제 송환된 북한 주민들은 심문소로 보내졌고, 정부는 이들이 심문소에서 강제노동, 고문, 강제 낙태, 간수에 의한 성폭력"을 당했다는 증언은 여러 경로를 통해 드러나고 있다(미국 국무부 2019). 아울러 수감자에 대한 억압과 전반적으로 성폭력에 관대한 분위기로 인해 교도관이나 우월적 지위에 있는 다른 수감자가 여성 수감자를 강간할 수 있는 환경이 조성되어 있는 것으로 보인다(미국 국무부 2019).[12] 2018년도 휴먼라이트워치(HRW) 보고서에 의하면, 여성들이 장사를 하기 위해 이동을 하면서 정부 관리들에 의한 강간, 성폭력, 성추행에 빈번히 노출된다고 밝혔다.[13] 여성들이 장마당에서 장세를 내지 못하는 경우 "몸을 바쳐야 되고," 장사를 하기 위해 타는 기차에서도 안전원들이 여성들을 성추행·성폭력에 시달리기도 한다.[14]

(3) 성매매

북한 당국은 2016년 여성차별철폐위원회에 제출한 보고서에서 "여성의

---

12) https://kr.usembassy.gov/wp-content/uploads/sites/75/2019HR-Report_DPRK_Korean.pdf

13) 휴먼라이츠워치(2018.11.1), "북한: 정부 관리들에 의한 성폭력 실상," https://www.hrw.org/ko/news/2018/11/01/323660

14) VOA Korea, "북한 여성 정치 참여 비율 매우 낮아 … 경제 활동 여성들 성착취 위험 노출"(2020.3.6), https://www.voakorea.com/korea/women-equality?fbclid=IwAR1blOTkvfmzOQIAgbTEyqQV3e43NkTzoB8033odIL9i5Z99JiC0DUS2OG0(검색일: 2020.5.24).

성적 착취는 조선민주주의인민공화국에서는 전혀 사회적 문제가 아니다. 여성의 성매매를 주선 또는 강요하거나 강간을 저지른 일부 부도덕적인 자들은 「형법」의 관련 조항에 따라 적절한 처벌을 받았다. 그러한 경우, 수형인은 많은 사람들 앞에서 공개재판을 받고 중형을 선고 받아 다른 사람들이 그러한 범죄를 저지르지 않도록 경각심을 일깨웠다"라고 보고하며 성매매를 강하게 다스리고 있음을 밝힌 바 있다(유엔여성차별철폐위원회 2016).

그러나 북한에서는 주로 국경 지역에서 인신매매가 빈번하게 이루어지는 것으로 보인다. 영국의 인권단체인 Korea Future Initiative 보고서 (2019)에 따르면 북한에서는 과거에는 매춘, 강제혼의 인신매매가 횡행하였다. 특히 고난의 행군 시절에는 중국 남성에게 아내로 팔려 가는 강제혼의 형태가 많았으나, 최근에는 온라인 포르노 업자들에게 팔려 가는 사례가 증가하고 있다. 최근에는 여성들을 공간에 감금한 후 사이버섹스를 요구하거나, "몸캠" 산업에 탈북 여성들과 소녀들이 이용되는 것으로 알려졌다. 아울러 이러한 사이버 섹스 시장에서는 10살도 안 된 소녀들이 사이버 성행위를 강요당하고 있다고 조사되었다(Yoon 2019, 8). 인신매매범들은 중국에서 북한까지 뻗쳐 있는 네트워크를 운영하고 있으며, 강압에 의해 나이트클럽이나 노래방에서 접대부로 일을 하기도 한다. 현재 성노예로 전락한 북한 여성들의 숫자는 약 1만 명 정도로 추정되며,[15] 북한 여성을 대상으로 범죄조직들이 벌어들이는 수익은 연간 1억 500만 달러로 예상된다(Yoon 2019, 8). 이들은 중국 당국에 적발될 경우 북한으로 강제 송환되어 노동 수용소에서의 강제노역, 고문, 강제 낙태, 사형 등 가혹한 처벌을 받는 경우가 많다(미국 국무부 2019).

유엔여성차별철폐위원회(CEDAW)는 북한에서 "국제 기준에 따라 인신

---

15) 이 숫자는 중국 내 탈북 인구를 최소 5만 명으로 잡는다면, 이 가운데 70퍼센트가 여성이고, 이 중 25퍼센트가 성착취를 위한 인신매매를 당한다고 계산했을 때의 수치임 (Yoon 2019, 8).

매매를 형사 범죄로 규정하고 여성 인신매매 피해자에 대해서는 범죄자로 취급하지 말고 이들에게 적절한 보호와 지원을 제공하기 위한 법률 채택할 것을 권고"하였다(유엔여성차별철폐위원회 2017). 또한 "여성의 경제적 상황을 개선함으로써 여성의 인신매매와 착취의 근본적 원인을 해결할 것, 송환된 여성 인신매매 피해자가 적절한 지원을 받고, 처벌을 받거나 노동단련대나 감옥('교화소')에 보내지지 않으며, 임신한 여성이 강제낙태에 처하지 않도록 할 것, 그리고 유엔의 초국가적 조직범죄 방지협약을 보충하는 인신매매, 특히 여성과 아동의 인신매매 방지, 억제 및 처벌을 위한 의정서 비준할 것"을 권고하였다(유엔여성차별철폐위원회 2017).

(4) 성희롱

현재 북한에서는 다방면에서 성희롱이 빈번히 발생하고 있는 것으로 인권 보고서, 언론, 탈북자 증언 등을 통해 보고되고 있으나, 이를 정확하게 파악하기 위한 체계적인 자료나 데이터가 부재하다. 북한 사람들이 성희롱이라는 개념에 대해 인지하고 있는지도 분명하지 않다.

3) 지표 달성현황

지표 5.2.1	지난 12개월 동안 파트너가 있었던 여성 및 15세 이상 소녀 중 현재 또는 이전의 성적 파트너로부터 육체적, 성적, 심리적 폭력을 경험한 사람의 비율
지표 5.2.2	지난 12개월 동안 파트너가 있었던 여성 및 15세 이상 소녀 중 성적 파트너 이외의 다른 사람으로부터 육체적, 성적, 심리적 폭력을 경험한 사람의 비율

앞서 설명한 바와 같이, 동 세부목표를 측정하기 위한 지표로서 5.2.1은 가정폭력, 5.2.2는 성폭력을 측정한다. 그러나 현재 북한에서는 성폭력, 가정폭력, 성매매, 성희롱과 관련된 실태조사나 공식 통계가 존재하지 않으며, 따라서 동 세부목표의 달성현황을 측정하기는 어려운 상황이다.

3. (5.3) 유해한 관습 근절

세부목표 5.3	아동 결혼, 조혼 및 강제 결혼과 여성성기절제와 같은 모든 유해한 관습(harmful practices)의 근절

통상 여성과 여아에 대한 유해한 관습이라고 하면, 여성할례, 조혼, 명예 살인 등의 관습들을 포함한다. 현재 북한에서는 이러한 형태의 관습은 존 재하지 않는다. 그러나 각국과 문화와 지역사회에는 여성에게 차별적인 관습들이 남아 있을 수 있으며, 북한 내의 이러한 관습은 어떤 것이 있는 지 찾아내어 근절시키는 것도 5.3 세부목표를 달성하는 데에 기여할 수 있다.

1) 법·정책·제도 및 세부목표 현황

이러한 관점에서 본다면 북한 내 혼인 연령의 차이가 유해한 관습 중의 하나로 고려될 수 있을 것이다. 북한 「가족법」 제9조(결혼연령)에서는 "조 선민주주의인민공화국에서 결혼은 남자 18살, 여자 17살부터 할 수 있다" 라고 규정함으로써, 남녀혼인 연령 제한에 있어서 차이를 두고 있다. 북한 당국이 제출한 여성차별철폐협약(CEDAW) 보고서에서, 이는 북한의 전통 적 관습을 반영하므로 본 협약과 충돌하지 않는다는 입장을 표명하였다 (유엔여성차별철폐위원회 2016). 그러나 유엔여성차별철폐위원회는 최종견 해를 통해 북한의 모든 여성의 최저혼인연령을 18세로 상향 조정할 것을 권고하였다(유엔여성차별철폐위원회 2017).

2) 지표 달성현황

지표 5.3.1	20~24세 여성 중 15세 이전과 18세 이전에 결혼(married) 또는 동거(in a union)를 했던 여성의 비율
지표 5.3.2	15~49세 소녀 및 여성 중 여성성기절제(FGM/C)를 경험한 연령별 비율

5.3.1 지표의 경우, 북한 인구조사 통계에서 15세와 18세 이전에 결혼하

는 여아들의 비율을 조사하고 있는지가 먼저 확인되어야 할 것이며, 이러
한 통계가 집계될 경우, 어렵지 않게 그 달성 여부를 판단할 수 있을 것이
다. 또한 5.3.2 FGM 지표는 북한의 상황을 측정하기에 적절치 않으므로,
북한 내 여성과 여아에 대한 유해한 관습은 무엇인지에서부터 북한 당국
과 합의한 후, 이에 따른 별도의 국가 차원의 지표가 수립되어야 할 것으
로 보인다.

4. (5.4) 무보수 돌봄 및 가사노동 인정

세부목표 5.4	국가별로 적절한 공공서비스, 사회기반시설, 사회적 보호의 제공과 가구·가족 내 책임분담의 증진을 통한 무보수 돌봄과 가사노동에 대한 인정 및 가치부여

무보수 돌봄과 가사노동 인정을 목표로 하는 세부목표 5.4의 경우 북한에
서는 사회주의 전통에 의거하여 정권 수립 초기부터 여성의 돌봄 노동에
대한 인정이 이루어졌으며, 탁아소 등의 설립을 통해 국가에서 돌봄 노동
을 책임짐으로써 사회주의 경제건설을 위해 여성이 노동력을 제공할 수
있는 기반을 마련하고 있다.

1) 법·정책·제도

북한은 다양한 법에서 어린이의 돌봄을 국가가 책임질 것을 표방하고 있
다. 먼저 「사회주의 헌법」 제77조에서는 "국가는 산전산후휴가의 보장,
여러 어린이를 가진 어머니를 위한 노동시간의 단축, 산원, 탁아소와 유치
원망의 확장 그밖의 시책을 통하여 어머니와 어린이를 특별히 보호한다.
국가는 여성들이 사회에 진출할 온갖 조건을 지어준다"라고 명시하여 아
동 돌봄과 여성의 사회활동 참여 지원을 명시하고 있다. 「어린이보육교양
법」 제2조에서는, "조선민주주의인민공화국은 모든 어린이들을 탁아소와
유치원에서 국가와 사회의 부담으로 키운다" 제6조에서는 "조선민주주의

인민공화국 「어린이보육교양법」은 우리 나라에 전반적으로 확립된 선진
적인 어린이보육교양제도를 더욱 공고발전시켜 모든 어린이들을 튼튼히
키우며 녀성들을 어린이를 키우는 무거운 부담에서 해방하는데 이바지한
다"라고 명문화하고 있다. 아울러 「사회주의 노동법」 제31조에서도, 여성
근로자들이 사회적 노동에 적극 참여할 수 있도록, 탁아소, 유치원, 아동
병동, 편의 시설을 갖추고, 제71조에서는 근로자들의 어린이들을 현대적
인 설비를 갖춘 탁아소, 유치원에서 사회 부담으로 키우도록 하고 있다(박
복순 외 2014, 156). 또한 「노동보호법」에서도 탁아소 유치원에 설치를 기
업소와 단체의 의무로 규정하고 있다(박복순 외 2014, 156).

2) 세부목표 현황

이러한 제도적 장치에도 불구하고 북한에서는 돌봄과 가사노동은 여성의
몫으로 간주되고 있으며, 이는 경제활동도 수행해야 하는 여성에게 있어
서는 이중 부담으로 작용하고 있다. 북한에서는 일하지 않는 여성들도 조
선사회주의여성동맹(이하 여맹)이 일상적으로 실시하는 생활총화, 학습,
노력동원 등에 참여해야 하기 때문에 일하는 여성과 가정 주부를 가리지
않고 여성들의 노동은 가중되고 있다. 2019년도 통일연구원의 북한인권
조사 보고서에 의하면, "2014년 탈북한 50대 초반의 여성 ○○○은 농촌
동원, 철길 동원, 인민반 동원에 거의 날마다 참여하여 오전 8시부터 12시
까지, 그리고 오후 2시부터 4~5시까지 일했으며, 빠질 경우에는 북한 돈
3,000원을 내야 했다"고 증언했다(김수경 외 2019, 573). 2018년 탈북한 30
대 여성 ○○○의 경우, "결혼 이후 직장을 그만두면 여맹 활동에 참여해
야 하는데, 여맹에서 하게 되는 강제노동이 너무 고되어서 결혼 이후에도
직장을 계속 다녔다"고 증언했다(김수경 외 2019, 575). 즉, 북한 여성은 국
가의 돌봄 제공으로 인해 아이 돌봄의 의무에서는 다소 해방되었다 하더
라도, 사회주의 경제활동을 위한 노동력 제공의 의무가 부과되기 때문에,
가사노동과 더불어 사회노동도 여전히 부담해야 하는 상황이다. 또한 이
렇게 부양을 동원한 사회노동에 대해서는 아무런 보수도 주어지지 않는

것으로 조사되었다(김수경 외 2019, 576).

3) 지표 달성현황

지표 5.4.1	무보수 가사노동 및 돌봄노동에 할애하는 시간의 성별, 연령별, 장소별 비율

이 세부목표의 지표로는 지표 5.4.1 성별, 나이, 거주지역에 따라 무보수 가사 및 돌봄 노동에 사용한 시간의 비율이 설정되었다. 현재로서는 이러한 통계나 조사가 북한 내에서 진행된 적은 없는 것으로 파악되며, 따라서 달성현황을 측정하기 어렵다. 그러나 이 지표는 다른 지속가능발전목표 지표와 비교할 때 그나마 비정치적이며, 현재 유엔기구와 북한정부가 진행하고 있는 센서스나 다른 실태 조사에 추가해서 진행하기에도 용이하여서, 향후에 북한에서 진행될 가능성이 높은 조사 중의 하나로 사료된다. 남녀 시간 사용 현황을 실태조사에 포함한다면 비교적 용이하게 획득할 수 있는 데이터이다.

5. (5.5) 여성 대표성 (의사결정)

세부목표 5.5	정치·경제·공직 생활의 모든 의사결정 수준에서 여성의 완전하고 효과적인 참여 및 리더십을 위한 평등한 기회를 보장

여성의 정치참여 및 리더십 목표인 5.5의 경우, 북한에서는 법제상으로는 여성의 정치참여를 명시하고 있으나, 실제적으로는 여성 대표성은 저조한 것으로 지적되고 있다.

1) 법·정책·제도

북한 당국은 유엔여성차별철폐위원회에 제출한 보고서에서 "북한 여성은 사회주의헌법, 각급 인민 회의 대의원 선거법, 여성권리보장법에 따라 완전한 투표권과 피선거권을 행사한다"고 보고하였다(유엔여성차별철폐위원회 2016). 북한「사회주의 헌법」제66조에서도 이를 명시하고 있는데, "17살 이상의 모든 공민은 성별, 민족별, 직업, 거주기간, 재산과 지식정도, 당별, 정견, 신앙에 관계없이 선거할 권리와 선거받을 권리를 가진다"고 기술함으로써, 여성의 선거권과 피선거권을 명시하고 있다. 북한의 「여성권리보장법」제12조(선거권과 피선거권)에서는 이를 보다 세부적으로 명시하여, "녀성은 남성과 평등하게 선거할 권리와 선거받을 권리를 가진다. 국가는 녀성들을 사회정치활동에 적극 참가시키며 각급 인민회의에서 녀성대의원의 비률을 높이도록 한다"라고 기술하고 있으며, 제15조(녀성간부의 등용)에서도 "기관, 기업소, 단체는 녀성간부를 계획적으로 양성하고 등용하여야 한다. 간부선발과 양성, 임명사업에서 녀성을 차별하는 행위를 하지 말아야 한다"라고 선언하고 있다.

2) 세부목표 현황

북한 당국은 2016년 유엔여성차별철폐위원회에 제출한 보고서에서 "2009년 12월 채택된 내각 결정에 따라 여성 관료가 이미 20퍼센트 이상을 차지하고 있는 교육위원회, 보건성, 상업성, 식료일용공업성, 재정성, 중앙통계국의 여성 관료 비율이 5~6퍼센트 증가하였으며, 여성의 비율이 상대적으로 낮았던 석탄공업성, 금속공업성, 원자력공업성은 17퍼센트를 확보했다. 여성 국장 또는 부서장의 비율은 평균 16.1퍼센트를 유지했다"고 보고하였다(유엔여성차별철폐위원회 2016).

그러나 북한 내 여성 대표성은 저조한 것으로 파악된다. 북한은 1970년대 이래 최고인민회의 대의원 중 15~20퍼센트의 여성의원 비율을 유지하고 있으며, 지방 인민회의 대의원들 가운데 20~30퍼센트가 여성인 것으로 알려져 있다(김수경 외 2019, 287). 미 외교협회(CFR)가 2020년 1월 발간한 '여성파워지수' 보고서에 의하면, 북한의 입법기구인 최고인민회의 내 여성 대의원 비율은 18퍼센트에 불과해 전 세계 193개국 중에 123위에 그쳤다고 밝혔다.[16] 2014년도 유엔북한인권조사위원회(COI) 보고서에 따르면 중앙정부 공무원 중 여성의 비율은 10퍼센트에 불과하다(미국 국무부 2019). 2018년 3월 기준으로 노동당의 부위원장 또한 11명이 모두 남자인 점도 지적되었다.[17)

3) 지표 달성현황

지표 5.5.1	의회와 지방정부의 여성 의석 비율
지표 5.5.2	여성관리직 비율

세부목표 5번은 그 지표로 5.5.1 여성 국회의원 비율과 지표 5.5.2 관리 자급 여성의 비율을 설정하였다. 이를 위해 북한에서는 최고인민회의 내 여성 대의원 비율을 검토하는 것이 타당할 것으로 보이며, 2019년 3월 선거에서 총 687석 중 121석을 여성이 차지하여 17.61퍼센트의 의석률을 기록하였다.[18) 앞서 검토한 르완다의 경우 61퍼센트, 스웨덴의 경우 약 48퍼센트, 그리고 글로벌 평균이 24퍼센트인 것을 감안하면,[19) 북한의 여성 정치참여율은 저조하다고 할 수 있다. 또한 관리직 여성의 비율의 경우 별도의 통계 집계가 필요하며, 이는 현재 북한 정부가 국제기구와 진행 중인 센서스나 실태조사에 얹어서 파악할 수 있을 것으로 사료된다.

북한 내 세부목표 5번의 획기적인 달성을 위해서는 유엔여성차별철폐 협약(CEDAW)의 권고안에서도 언급하고 있는 할당제 도입이 필요할 것으로 판단된다.[20) 여성차별철폐협약 최종권고에서는 "고등 교육, 사법부,

---

16) Voice of America, "북한 여성 정치 참여 비율 매우 낮아 … 경제 활동 여성들 성착취 위험 노출," https://www.voakorea.com/korea/women-equality?fbclid=IwAR1blO TkvfmzOQIAgbTEyqQV3e43NkTzoB8033odIL9i5Z99JiC0DUS2OG0(검색일: 2020. 3.6).

17) Ibid.(검색일: 2020.3.6).

18) Percentage of women in national parliaments, 2020년 5월 21일 현재, https:// data.ipu.org/women-ranking?month=5&year=2020(검색일: 2020.5.22).

19) Ibid.

보안, 경찰 및 지도자 및 관리자급 직책 등 여성이 과소진출하거나 소외된 본 협약이 다루는 모든 분야에서, 모든 비전통적인 업무 분야에서 실질적인 남녀 평등을 달성하기 위해, 위반 시 제재가 수반되는, 할당제 또는 기타 적극적 조치와 같은 임시특별조치에 대해 기한이 정해진 목표를 설정하고 이에 대한 충분한 자원을 할당할 것을 권고"하고 있다(유엔여성차별철폐위원회 2017).

앞서 언급한 2009년도의 내각 결정으로 인한 할당제의 도입으로 여성의 비전통적 업무분야 (혹은 성별직종분리 현상) 개선에는 약간 영향을 준 것으로 보인다. 그러나 동 할당 정책을 실행함에 있어, "문서정리직과 전화교환직은 남성보다 여성에게 더 많이 할당하도록 장려했다"는 점, "여성의 체격과 신체적 특징을 고려하여 경제분야별 직업 할당 기준이 마련되었다"는 점(예를 들면 통신 분야의 전화교환원, 전신 기사, 전기 통신원, 우편물조사원, 국제우편물취급원과 의료 분야의 간호사, 간호조무사, 보모의 100퍼센트, 복지서비스 분야의 미용사, 세탁취급원, 재단사의 90퍼센트, 망제조인의 100퍼센트, 어업 분야의 민물어류 양어인의 70퍼센트, 석탄 광업 분야의 채취장 유지 보수인의 70퍼센트와 채취장 전기차운전자의 60퍼센트, 전기모터운전자의 40퍼센트는 여성이어야 한다 등)은, 북한 내에 만연하고도 견고한 성별직종분리 현상을 보여 주며, 이에 대한 문제의식도 전혀 가지지 못하고 있음을 나타낸다(유엔여성차별철폐위원회 2016).

6. (5.6) 여성 재생산 권리

세부목표 5.6	국제인구개발회의 행동계획과 북경행동강령 및 이에 대한 검토 회의의 결과 문서에 따라 합의된 대로 성·재생산 보건(sexual and reproductive health)과 재생산권리(reproductive rights)에 대한 보편적 접근 보장

---

20) 여성차별철폐 협약 내 임시적 특별조치(제4조 (1))과 여성차별철폐위원회 일반권고 제25호(2004) 참조.

1) 법·정책·제도

여성의 성·재생산 건강 세부목표인 5.6과 관련, 북한은 「사회주의 헌법」 상에서 북한 공민에 대한 무상치료권을 규정하고 있고, 「여성권리보장법」에서는 건강 분야에서의 여성권리를 보장하고 있다. 「사회주의 헌법」 제72조에서는 "공민은 무상으로 치료받을 권리를 가지며 나이많거나 병 또는 신체장애로 로동능력을 잃은 사람, 돌볼 사람이 없는 늙은이와 어린이는 물질적방조를 받을 권리를 가진다"라고 명시하고 있다. 「여성권리보장법」에서도, 제29조(녀성근로자의 로동보호)에서는 "여성은 산전산후기간, 젖먹이는 기간에 특별한 보호를 받는다." 제33조(산전산후휴가의 보장)에서는 "국가적으로 녀성근로자에게는 정기 및 보충휴가외에 근속년한에 관계없이 산전 60일, 산후 180일간의 산전산후휴가를 준다."를 포함하여, 제34조(부당 해고 금지), 제51조(임산부에 대한 보호)에서도 각각 여성의 권리를 보장하고 있다. 「어린이보육교양법」 제20조에서도 국가의 모성보호, 산전산후휴가 보장, 산전 진료 및 산후 건강 보호, 모유수유 등을 보장하고 있다. 아울러 「사회주의노동법」과 「여성권리보장법」은 2015년 6월 30일 개정되어 출산휴가를 150일에서 240일로 연장하였다(유엔여성차별철폐위원회 2016).

2) 세부목표 현황

북한은 2016년 제출한 유엔여성차볇철폐협약 국가 보고서에서 재생산 건강 관련 개선 지표들을 제시하였으며(유엔여성차별철폐위원회 2016, 32). 이를 요약하면 다음과 같다:

> "2002년 100,000건의 정상 출산 당 모성사망률은 97건이었으며 이는 2012년의 62.7건에서 하락하였다. 숙련된 보건의료인이 참여한 출산의 비율은 96.9퍼센트에서 2012년 99.1퍼센트로 증가했다. 2011년 조사 결과 대부분의 출산이 의사의 참여로 이루어지며 이러한 비율은 도시는 87퍼센트, 농촌은 75퍼센트였다. 또한 출산한 여성 중 의료시설에서 출산한 경우는 87.9퍼센트였고, 가정 및 다른 장소에서의 출산은 12.1퍼

센트였다. 의료 기관들은 가정 출산을 감소시키기 위해 많은 개입을 해왔다. 대다수의 임신한 여성(60퍼센트)이 임신 첫 3개월 내에 등록했으며 4개월이 되기 전의 산전 등록률이 증가하여 산전의료의 질이 향상되었음을 보여주었다. 2011년, 4회 이상 산전 의료 서비스를 받은 여성의 비율은 94퍼센트였으며 이는 모성사망률을 감소시키는데 긍정적으로 기여했다(유엔여성차별철폐위원회 2016, 32)."

그러나 북한은 아직도 임산부의 영양과 건강, 그리고 모성사망률 등의 부분에서 개선이 필요한 실정이며[21] 이는 유엔의 대북지원 계획에도 반영되어 있다. 모성건강 측면에서 살펴보면, 북한 내 모든 임산부들은 숙련된 조산사에 의한 산전검사를 받고 있으며 완전모유수유도 활발히 진행하고 있다(UNICEF 2019, 3). 그러나 세계보건기구(WHO) 등이 2013년 발표한 자료에 따르면, 북한 가임기 여성의 3분의 1은 빈혈이 있고,[22] 단백질 에너지 영양실조 비율은 모든 가임기 연령대에서 20퍼센트를 상회하고 있는 것으로 조사되었다.[23]

아울러 세부목표 5.6은 재생산의 이슈를 철저하게 권리적 측면에서 접근하고 있기 때문에, 이를 위해서는 여성의 성적 자기결정권, 즉 피임, 성병예방, 생애주기를 반영한 여성 지원 등의 요소를 포함하여 검토하여야 한다. 현재 북한의 피임률을 살펴보면, 자궁 내 장치 피임도구(IUD)가 널리 사용되는 것으로 알려져 있으며(65.4퍼센트)(CBS of DPRK and UNICEF 2017, 46), 이러한 수치는 국제 평균을 상회하는 것으로 북한에서 가족 계획은 기본적으로 잘 진행되고 있는 것으로 보인다(〈표 2〉 참조). 그러나 피임방법 중 남성의 콘돔 사용률과 정관수술은 거의 0퍼센트인데(CBS of

---

21) 북한의 모성사망률은 100,000명당 65.9명으로 높음(UNICEF 2019, 49).

22) 임산부의 빈혈은 태아의 발달과 영아사망률과 직결되기 때문에 개선되어야 할 중요한 질병 중 하나이다.

23) 연합뉴스(2018.11.20), "북한 여성·아동 건강상태 '심각' … 모성사망률 남한의 8배," https://www.yna.co.kr/view/AKR20181119133100017(검색일: 2020.5.24).

| ● 표 2 | 현재 결혼 중인 15세~49세 여성의 피임률 |

현재 결혼 중인 여성 (혹은 그 배우자가) 다음을 사용하는 비율															
	현대식 피임법									전통적 피임법					
피임 안함	난관 수술	정관 수술	자궁 내장 치	호르 몬 주사 제	임플 란트	피임 약	남성 콘돔	여성 콘돔	피임 용 격막 / 살정 제	월경 주기 피임 법	질외 사정	기타	현대 식 피임 계	전통 적 피임 계	피임 총계
총계 29.7	1.3	0.0	65.4	0.2	0.0	0.3	0.2	0.6	0.8	1.3	0.1	0.0	69.0	1.3	70.3

출처: CBS of DPRK and UNICEF(2017, 46)에서 발췌

DPRK and UNICEF 2017, 46). 이러한 수치가 의미하는 바에 대한 추가적 분석이 필요할 것으로 사료된다. 북한사회 내의 강력한 가부장적 문화로 인해 남성들이 피임하는 것을 꺼리는 것일 수도 있고, 국가 차원에서 여성들에게 IUD를 장려한 것일 수도 있기 때문이다. 문제는 북한의 낙후된 의료 시스템으로 인하여 이러한 피임 기구들은 주기적으로 교체되고 관리되지 못하고 있으며, 이로 인해 여성들은 부인과 질병에 시달리고 있는 것으로 보고되고 있다.

또 다른 재생산권 문제로는 강제낙태가 있다. 북한 여성 들 중에는 중국으로 탈북했거나, 인신매매 당한 뒤에 북송되어 수용소나 보안소에 끌려가는 경우가 있는데, 여기에서 마취없이 비의료적인 방법으로 강제 낙태가 이루어지고 있다는 증언들이 인권단체들에 의해 수집되고 있다.[24]

---

24) BBC News 코리아(2019.5.22), "성노예: '탈북 여성들, 중국서 비참한 생활… 10살 어린이까지 성매매 동원'," https://www.bbc.com/korean/48349703(검색일: 2020. 5.24).

3) 지표 달성현황

지표 5.6.1	충분한 정보를 바탕으로 성적 관계, 피임도구 사용, 재생산 건강관리 등에 대한 의사결정을 내리는 15~49세의 여성 비율
지표 5.6.2	성·재생산에 관한 건강, 정보, 교육에 대한 15세 이상의 여성 및 남성의 접근성을 보장할 수 있는 법률 및 규정을 마련하고 있는 국가의 수

동 세부목표의 지표로는 지표 5.6.1 성적 관계, 피임, 재생산 보건 서비스 이용에 있어서 스스로 결정하는 여성과 여아의 비율과 지표 5.6.2 성재생산 보건 정보 교육을 보장하는 법과 규범이 있는 국가의 수를 설정하고 있다. 스스로 결정권을 가지는 여성과 여아의 비율을 측정할 수 있는 자료는 아직 북한이 제공하지 못하는 것으로 파악되며, 상기 관련 법과 규범을 북한이 보유하고 있는지의 여부도 법조항과 보건 교육 시스템에 대한 면밀한 분석이 필요한 영역이다.

다만, 북한은 2016년 제출한 유엔여성차법철폐협약 국가 보고서에서 "부부들이 필요에 따라 무상 가족계획 서비스를 받을 수 있도록 효과적인 여성 상담 제도가 마련되었고, 부부들이 정보에 근거한 선택을 하도록 장려되었다."고 기술하고 있다. 또한 북한 보건성 지침에 따라 각급 병원과 의원에서 가족계획 서비스를 제공했으며, 북한의 가족계획은 생식보건 전략(2011~2015)의 주요 전략적 영역의 하나로 설정되었고, 여성과 남성의 출산의 횟수와 간격 통제를 위한 다양한 피임 방법에 대한 인식 및 활용이 이루어지고 있다고 보고되었다(유엔여성차별철폐위원회 2016, 33). 이러한 보고를 통해서 유추해 볼 때, 북한에서는 지표 5.6.1과 5.6.2의 이행은 비교적 저조하지 않은 것으로 판단된다.

7. (5.a) 경제적 자원 접근 확대

세부목표 5.a	국내법에 따라 여성에게 경제적 자원에 대한 평등한 권리 및 토지와 기타 형태의 자산 소유와 통제, 금융서비스, 유산(遺産) 및 천연자원에 대한 접근을 부여하기 위한 개혁을 단행
지표 5.a.1	(a)농지에 대한 소유 및 소유권을 보장받는 전체 농업인구 비율(성별 분리); (b)총 농지소유자 중 여성 토지소유자(토지권 종류별)
지표 5.a.2	(관습법을 포함한) 법적 근거를 통해 여성의 토지소유 또는 통제에 대한 평등한 권리를 보장하는 국가 수

여성의 경제적 소유권을 인정하는 목표인 지표 5.a.1과 5.a.2와 관련, 북한에서는 모든 생산수단은 원칙적으로 국가의 소유이므로 이 지표는 북한에 해당되지 않는다고 볼 수 있다. 북한의 「사회주의 헌법」 제20조에서는 "조선민주주의인민공화국에서 생산수단은 국가와 사회협동단체가 소유한다."고 명시하고 있으며, 제24조에서는 "개인소유는 공민들의 개인적이며 소비적인 목적을 위한 소유이다. 개인소유는 로동에 의한 사회주의 분배와 국가와 사회의 추가적혜택으로 이루어진다. 터밭경리를 비롯한 개인부업경리에서 나오는 생산물과 그밖의 합법적인 경리활동을 통하여 얻은 수입도 개인소유에 속한다"고 명시하여 잉여생산물에 대해서는 개인소유를 허락함을 명시하고 있다. 북한은 일찍이 「북조선 토지개혁에 대한 법령(1946)」 제정으로 남성과 동등하게 여성에게도 토지를 무상으로 분배받을 수 있는 권리를 주었다. 아울러 1977년 제정된 「토지법」 제13조에서도 "조선민주주의인민공화국의 토지는 오직 국가만이 지배할수 있으며 그것을 인민의 리익과 행복을 위하여 협동농장을 비롯한 기관, 기업소, 단체 및 공민들이 여러 방면으로 리용할수 있다. 협동농장원들의 터밭리용은 협동농장규약에 의하여 20~30평으로 한다"고 규정하고 있다.

이렇듯, 북한의 토지는 기본적으로 국가의 소유이자 동시에 인민의 공동소유라고는 하나, 이에 대한 사용권은 국가가 가지고 있다. 다만 지표 5.a.1과 5.a.2의 산출을 위해 개인의 소유가 허락되는 "터밭" 중 여성의 소유 비율이 어느 정도인지를 살펴볼 수 있으나, 데이터의 부재로 인해 본 연구에서는 확인하지 못하였다.

8. (5.b) 여성과 정보통신기술 접근성 확대

세부목표 5.b	여성의 권한 강화를 위하여 증진을 위하여 핵심기술, 특히 정보통신기술의 이용 증진

여성의 디지털 갭을 해소하기 위한 목표인 5.b는 현재 북한 내 현황에 대한 조사가 필요한 상황이며, 본고에서는 제한된 자료에서 파악한 북한 내 정보통신기술 관련 법·정책과 인터넷(인트라넷) 사용 현황을 간략하게 소개하였다.

1) 법·정책 제도

현재 북한 내 정보통신기술 관련 법으로는 컴퓨터쏘프트웨어보호법(2003), 쏘프트웨어산업법(2004), 컴퓨터망관리법(2011), 전자인증법(2011), 방송법(2015) 등이 있으나, 이러한 법령에서 여성을 특별히 고려하거나, 여성이 주류화되어 있지는 않았다.

2) 세부목표 현황

미국 국무부가 2018년도에 발간한 「조선민주주의인민공화국 인권보고서」에 의하면, 북한에서는 고위 관리 및 특별히 선별된 대학생 등 일부 엘리트 계층에 국한하여 인터넷 사용이 허용된다. 그러나 이마저도 선별적으로 접근을 허락하고, 사용을 감시하는 것으로 보고되었으며, 북한에서는 일부 기관에서 엄격한 통제와 규제를 받는 "인트라넷"이 존재하고 이 내부용 네트워크를 통하여 일부 이메일 사용이 가능하다(미국 국무부 2018).

3) 지표 달성현황

지표 5.b.1	성별 휴대폰 보유율

| 표 3 | 북한 19세~49세 남녀인구 ICT 사용률: 성별격차 |

15세에서 49세 중 다음 비율(퍼센트):	성별	
	여	남
컴퓨터를 사용해 본 경험이 있음	41.7	51.0
지난 3개월 동안 컴퓨터를 사용했음	32.8	44.2
이동전화를 보유함	47.9	55.7
지난 3개월 동안 이동전화를 사용함	82.5	88.8
인트라넷을 사용해 본 경험이 있음	6.2	13.9
지난 3개월 동안 인트라넷을 사용했음*	5.2	11.6

* 이 항목은 지속가능발전목표 17.8.1 지표임
자료: CBS of DPRK and UNICEF(2018, 32-33), 남녀 ICT 사용률 저자 재구성

동 세부목표에 대한 지표로는 5.b.1 성별 휴대폰 보유율을 설정하고 있다. 북한 통계국과 유니세프가 실시한(Multi Indicator Cluster Survey, MICS) 조사는 동 지표를 조사 내 항목으로 포함하였고, 덕분에 지표 5.b.1는 현재로서 북한 내 지속가능발전목표 5번 지표 중 측정이 가능한 몇 안 되는 지표이다. MICS에 의하면, 15세~49세 북한 여성들 중 이동전화를 소유한 여성의 비율은 47.9퍼센트이며, 남성의 경우 55.7퍼센트이다(CBS of DPRK and UNICEF 2018, 32-33). 〈표 3〉은 북한 여성과 남성의 ICT 사용률 격차를 보여주고 있다. 컴퓨터 사용의 경우 여성이 남성에 비해 10퍼센트 정도 저조하고, 이동전화 보유율의 경우 약 8퍼센트, 인트라넷의 경우 7.7퍼센트 정도 여성이 남성에 비해 사용률이 떨어진다.

〈표 4〉는 북한 19세~49세 여성 ICT 사용률의 지역격차 및 도농격차를 나타낸다. 평균적으로 모든 ICT 기기에서 가장 높은 접근률을 기록하는 평양과 가장 낮은 접근율을 기록하는 황해남도의 경우, 컴퓨터 사용률은 43퍼센트, 이동전화 보유율에 있어서는 13퍼센트, 인트라넷 사용률은 23퍼센트의 격차로 평양이 황해남도보다 높은 사용률을 기록하고 있다. 중국을 국경으로 하는 함경북도도 평양 다음으로 높은 ICT 사용률을 기록

표 4　　　　　　북한 19세~49세 여성 ICT 사용률: 지역 및 도농격차

15세에서 49세 여성 중 다음 비율(퍼센트):	지역격차*		도농격차**	
	평양	황해남도	도시(urban)	농촌(rural)
컴퓨터를 사용해 본 적이 있음	67.4	24.1	49.5	29.2
지난 3개월 동안 컴퓨터를 사용했음	58.7	18.4	40.2	21.1
이동전화를 보유함	46.5	33.8	59.9	29.0
지난 3개월 동안 이동전화를 사용함	98.3	69.9	89.1	72.1
인트라넷을 사용해 본 경험이 있음	24.7	1.6	8.7	2.3
지난 3개월 동안 인트라넷을 사용했음*	21.8	1.1	5.3	1.2

* 지역격차: 가장 높은 수치와 낮은 수치를 기록한 지역을 선정하여 비교함
** 도농격차: 원 조사에서 실시한 대로 옮김
* 이 항목은 지속가능발전목표 17.8.1 지표임
자료: CBS of DPRK and UNICEF(2018, 32), 여성 ICT 사용률 저자 재구성

하고 있다. 또한 도농격차의 경우, 컴퓨터 사용률은 20퍼센트, 이동전화 보유율에 있어서는 31퍼센트, 인트라넷 사용률은 6.4퍼센트의 격차로 도시가 농촌보다 높은 사용률을 기록하고 있다.

　이를 통해 유추해 볼 수 있는 것은 북한 내에서도 지역에 따라, 그리고 도시와 농촌에 따라 여성 간에도 ICT 접근성 격차가 크게 나타나며, ICT 기기에 따라서도 격차의 양상이 다르다는 점이다. 따라서 이러한 통계에 의거하여 ICT 접근성이 가장 떨어지는 집단을 확인할 수 있으며, 지속가능발전목표의 철학이 "leave no one behind"임을 고려할 때, 이러한 집단에 특화된 지원을 고려해 볼 수 있다. 예를 들면, 황해남도의 농촌에 사는 여성들은 특히 이동전화 보유율 측면에서 다른 지역과 도시에 비해 매우 낮을 것으로 예상되며, 이러한 점을 파악하는 것은 가장 적절한 프로그램을 설계하고 실행할 수 있는 토대를 제공함으로써, 개발협력 프로그램의 효율성을 증대하는 데에 기여한다. 아울러 성별, 지역별, 도농별 등으로 분리된 데이터가 중요한 이유도 이렇게 가장 소외된 집단을 특성별로 찾아낼 수 있다는 점에서 찾아볼 수 있다.

9. (5.c) 법과 정책

세부목표 5.c	모든 수준에서 양성평등 및 모든 여성과 소녀의 권한 강화를 위한 견실한(sound) 정책과 집행 가능한 법을 채택하고 강화

1) 법·정책·제도

성평등 실현을 위한 제도적 기반을 강화하는 목표인 5.c와 관련하여, 앞서 세부목표 5.1에서 검토한 대로 북한은 현행「사회주의 헌법」에서 여성 및 양성평등 관련 규정들을 두고 있으며,「남녀평등권 법령(1946)」,「노동법」그리고「녀성권리보장법(2010 제정, 2015 개정)」에 관련 조항들을 포함하고 있다. 북한 당국은 1946년 7월 30일 임시인민위원회 결정 제45호로「남녀평등권에 대한 법령」을 제정한 이래 법제도적으로나 실제적으로나 남녀평등을 보장해 왔고, 사회주의 헌법과 가족법에서 남성과 평등한 여성의 정치·사회 참여권과 가정생활에서의 권리를 명시적으로 규정하고 있다(유엔여성차별철폐위원회 2016) 또한 북한은 국제 여성 인권 협약인 여성차별철폐협약(CEDAW)에 2001년 2월 27일 비준하였으며, 이로 인한 의무로 협약 이행보고서를 여성차별철폐위원회에 제출하도록 되어 있다(제18조). 북한은 2016년 4월에 여성차별철폐위원회에 제2·3·4차 통합보고서를 제출한 바 있으며, 여성차별철폐위원회는 2017년 주요 우려사항 및 권고사항을 담은 최종권고안을 발표하였다. 북한은 적어도 형식상으로는 이러한 국제협약을 통해 여성에 대한 차별 철폐 담론과 실행에 함께 하고자 하는 의지를 나타내고 있다.

2) 세부목표 현황

북한은 다양한 분야에서 남녀평등과 여성의 권리강화를 위한 법적 기반을 마련하고 있음에도, 정책의 성주류화와 국가 젠더 거버넌스 측면에서는 아직 가야 할 길이 먼 것으로 사료된다. 먼저 성주류화 정책을 구성하는 요소인 성별영향 평가, 성인지 예산, 성인지 데이터 등이 아직 마련되어 있지 않다. 젠더 거버넌스 관련하여는, 여성전담부처도 부재하며 또한 유관 부처 내 젠더담당관 제도도 부재하다. 다만 조선사회주의여성동맹이 1945년부터 설립되어 사회주의 혁명의 달성과 사회주의 경제건설을 위해 근로여성을 동원하고 사상교육하는 사업들을 전담해 왔다. 여맹은 다른 국가들에 있어서 여성 부처의 역할이라고 할 수는 없지만, 북한 내 여성의 권리와 이익 보호, 그리고 여성과 아동의 권리와 보호를 위한 교육을 위해 북한 내에서 중추적인 역할을 하고 있다(장은하 외 2019). 북한 내 양성평등의 실질적인 실현을 위해서는 단지 법령의 존재뿐 아니라, 이러한 법의 실효성을 높일 수 있는 정책과 거버넌스 기제가 강화되어야 하며, 이는 목표 5번 이행을 위한 구조적인 변화를 요구하는 과제라고 할 수 있다.

3) 지표 달성현황

지표 5.c.1	양성평등 및 여성의 역량강화를 위한 공공자원 배분 및 추적시스템을 갖춘 국가의 비율

이 세부목표의 지표로서 지표 5.c.1 성인지적 예산을 설정하고 있다. 그러나 북한에서 아직 이러한 예산을 편성하여 그 이행을 추적하고 있는 것으로 보고된 바는 없다.

IV. 결론: 지속가능발전목표 5번 성평등 목표와 북한개발협력 전략

본고에서는 지속가능발전목표 5번 목표와 글로벌 이행 현황, 그리고 북한의 5번 목표 달성 현황에 대해 제한적인 자료 하에서나마 파악해 보고자 하였다. 5번 목표의 달성에 있어서 현재 북한이 어느 위치에 있을지 가늠하는 작업이 선행되어야만, 향후 지속가능발전목표 5번 세부목표 달성을 위한 출발점을 설정할 수 있기 때문이다.

현재 북한은 유엔과의 협력을 위한 전략 프레임워크를 수립하였고(UN DPRK 2017), 여기에서 "지속가능발전목표", "인권기반 접근", "환경지속성", "기관지속성", "복원력(resilience)", "결과중심관리(Result-Based Management, RBM)," 그리고 "양성평등"을 협력 전략의 원칙으로 채택하였다(UN DPRK 2017, 14). 특히 양성평등 원칙과 관련하여 동 전략은, "수혜자를 선정하는 데에 있어서 양성평등과 여성의 권한 강화를 염두에 두고, 양성평등 현황을 파악하여 정책을 고도화 하는 것에 중점을 둔다."라고 명시한다(UN DPRK 2017, 14). 아울러 "유엔의 모든 프로젝트는 젠더관점을 가지고 형성되고 수행되며, 유엔기구 간 젠더담당 태스크 포스가 설립되어 양성평등의 실행을 모니터할 것을 약속"하고 있다(UN DPRK 2017, 14). 유엔과 DPRK의 협력을 위한 전략 프레임워크(2017)는 4개의 전략적 우선분야를 명시하고 있는데, 여기에는 1) 식량생산과 생계를 포함하는 식량과 영양안보, 2) 건강보험, 질병, 보건, wash, 3) 교육을 포함하는 기본 서비스, 4) 재난과 기후변화에 대응하기 위한 복원력과 지속력, 그리고 데이터와 개발 관리가 포함된다(UN DPRK 2017). 양성평등은 이 4개의 우선 분야에 모두 주류화되어 있다.

1. 지속가능발전목표 5번 달성을 위한 북한개발협력 우선 분야 (priority area) 제안

본문에서 검토한 지속가능발전목표 5번 내 각 세부목표 관련, 법·정책·제도 보유여부, 이행 현황, 지표 달성 현황을 바탕으로 〈표 5〉와 같은 matrix를 작성하여 보았다. 가로축은 현재 지속가능발전목표 5번 세부목표 달성을 위한 "위급성"을 나타내는데, 여기에는 생명과 생존에 위협이 되는 상황에서 시급히 지원이 필요한 분야를 포함한다. 세로축은 지속가능발전목표 5번 내 세부목표 달성을 위한 "가능성"을 나타내는데, 세부목

표와 유사한 방향성을 가지고 있는 법·정책·제도가 존재하는지, 그리고
동 세부목표가 북한 당국의 정책 목표나 북한의 사회문화적 규범에 부합
한지 등을 고려하였다. 이에 의거하여 각 세부목표를 위치시켜보았고 이
를 설명하면 다음과 같다.

- [A1] 영역: 이 영역은 세부목표 달성이 <u>위급하면서도 가능한 영역</u>을
  나타내며 여기에는 **(5.6) 여성의 재생산 권리**를 포함하였다. "여성
  재생산권리"라고 함은, 모성사망률과 영아 사망률을 낮추기 위한 산
  전·산후 검사, 모유수유, 산모 빈혈 및 질병 예방 등 여성의 재생산
  관련 지원활동 제반이 포함되며, 무엇보다 산모의 영양개선 사업이
  포함된다. 따라서 세부목표 5.6은 생명과 생존, 그리고 산모와 영유
  아의 생명이 직결된 목표라고 간주할 수 있으며 관련 수요도 높다는
  점을 고려하여 시급한 목표로 분류하였다(UN DPRK 2017, 14). 모성
  보호는 북한 당국도 법과 정책을 통해 그 필요성을 명시하고 있으며,
  유엔과의 협력을 위한 전략 프레임워크(UN DPRK 2017, 14)에서도 북
  한은 모성 및 아동보건을 우선순위에 둘 것에 동의하고 있는 등, 동
  영역은 북한 당국의 법, 정책과도 부합하며 따라서 이행 가능성도
  어느 정도 높다고 보았다.

- [A2] 영역: 이 영역은 세부목표 달성이 <u>당장 위급하지는 않지만 가능
  한 영역</u>을 나타낸다. 즉 북한 당국도 동 세부목표의 기조를 명목상
  으로는 표방하고 있으며, 이 목표들이 당장 달성되지 않는다고 하여
  도 북한 인구의 생명과 생존에 직접적인 영향을 끼치지는 않는 목표
  들이다. 여기에는 **(5.1) 여성에 대한 차별 종식, (5.4) 무보수 돌봄
  및 가사노동 인정, (5.5) 여성 대표성 (의사결정), (5.b) 여성과 정보
  통신기술 접근성 확대**를 포함하였다. 그러나 "가능한" 영역이라고 해
  도, "용이"하다는 뜻은 아니다. 이 세부목표들은 북한도 그 기조와
  방향에 동의하지만, 북한사회의 남성우월적 가부장적 사회규범으로

인해 달성에 있어서는 어려움이 예상된다.

• [A3] 영역: 이 영역은 세부목표 달성이 <u>위급하지만 달성 가능성이
크지 않은 영역</u>을 나타낸다. 여기에는 **(5.2) 여성에 대한 폭력 철폐**
가 포함되는데, 현재 북한에서 가정폭력, 성폭력, 성매매, 성희롱으로
인한 여성의 피해는 심각한 것으로 보고되고 있으며 이로 인한 여성
들의 신체적, 심리적, 정신적 피해도 매우 클 것으로 예상된다. 그러
나 여성에 대한 폭력 실태를 파악할 수 있는 기초조사조차 존재하지
않으며, 이들을 보호하기 위한 어떠한 정책이나 지원도 존재하지 않
는 형편이다. 특히 성폭력으로 인한 신체적 피해와 강제 낙태 등은
여성의 생명과도 직결되는 문제이므로 그 위급도가 크다고 보았다.
무엇보다 "위급하지만 달성 가능성이 크지 않다"는 점은 〈표 5〉의
매트릭스에서 제시한 4개의 영역 중 가장 문제가 심각한 영역이며,
북한 당국과의 심도있는 논의와 설득작업을 통해 빠른 시일 내에 일
부 영역이라도 개입과 협력이 시도되어야 할 분야로 사료된다.

• [A4] 영역: 이 영역은 세부목표 달성이 <u>당장 위급하지는 않으면서도
달성 가능성도 낮은 영역</u>을 나타낸다. 여기에는 **(5.3) 유해한 관습
근절**과 **(5.a) 경제적 자원 접근 확대**가 포함되는데, 앞서 검토하였듯
이 두 세부목표 모두 현재로서는 북한에는 해당되지 않는 목표들이
다. 그러나 (5.3) 유해한 관습 근절과 관련하여는, 북한의 맥락 내에
서 행해지는 여성과 여아에 대한 차별적인 관습을 찾아 내어 별도의
국가 차원의 목표로 설정하는 작업은 고려하여 볼 수 있을 것이다.
(5.a) 경제적 자원 접근 확대의 경우에도 마찬가지로, 북한의 사회주
의경제 시스템 내에서는 원칙적으로는 적용이 어려운 영역이다. 그
러나 개인 소유의 텃밭, 그리고 장마당 경제활동에서 여성의 경제적
자원 접근성은 별도로 고려될 수 있으며, 이를 위해서는 보다 실태파
악을 위한 통계와 면밀한 현지기반 조사가 필요할 것으로 사료된다.

● 표 5　**지속가능발전목표 5번 달성을 위한 북한개발협력 우선 분야 제안**[25]

		위급성(생명과 생존에의 위협)	
		High	Low
가능성 (관련 법, 정책과의 부합도 및 사회문화적 수용도)	High	**[A1]** (5.6) 여성 재생산 권리	**[A2]** (5.1) 여성에 대한 차별 종식 (5.4) 무보수 돌봄 및 가사노동 인정 (5.5) 여성 대표성(의사결정) (5.b) 여성과 정보통신기술 접근성 확대 (5.c) 양성평등 법과 정책
	Low	**[A3]** (5.2) 여성에 대한 폭력 철폐	**[A4]** (5.3) 유해한 관습 근절 (5.a) 경제적 자원 접근 확대

출처: 저자 작성

　위에서 제시한 4개의 영역에 대해 지속가능발전목표 5번 목표 달성 전략을 간략하게 제시하면 다음과 같다. [A1] 영역의 경우, 현재 북한 당국이 유엔과 협력하여 이미 시행하고 있는 분야이며 따라서 현행과 같은 전략에 따라 이행하되, 여성의 재생산 건강에 있어서 보다 권리적인 측면에 대한 접근과 강조가 필요하다. [A2] 영역의 경우, 북한 당국도 그 방향성에 대해서는 동의하고 법적, 정책적 기반도 보유하고 있으나, 보다 세부적인 측면과 접근에 있어서는 국제규범과 차이가 있을 수 있다. 따라서 동 세부목표와 북한 당국의 정책에 대한 부합성을 강조하면서, 보다 권리적 접근을 강조하는 국제 규범에 대한 소개와 이를 국내 법과 정책에 반영할 것에 대한 설득이 필요하다. 이미 법과 정책적 기반이 존재하므로, 장기적 관점을 가지고 실행적이 측면에 있어서의 로드맵 구상해 보는 것

---

25) 본 matrix는 본고의 분석 결과를 토대로 전적으로 저자의 견해에 의거하여 작성한 것이며, 추후 북한의 현황 파악과 내부자료 접근성 개선에 따라 수정될 수 있다. 이러한 분석 matrix는 세부목표 5뿐 아니라, 모든 지속가능발전목표 세부목표의 효과적인 이행 전략 수립을 위해 적용될 수 있을 것으로 사료된다.

도 유효한 출발점이 될 수 있다. [A3] 영역의 경우, 현재로서 위급하지만 이행이 용이하지 않은 가장 문제가 되는 분야인데, 이를 위해서는 이 사안에 대한 북한사회와 당국의 문제의식이 먼저 필요하다. 또한 법적 제도적 변화도 필요하며, 사안에 따라서는 강력한 인권적 접근과 국제적 압박이 필요할 수도 있을 것이다. [A4] 영역의 경우, 현재 북한에는 직접적으로 적용할 수 없는 분야이며, 북한의 맥락에 맞춘 국가 차원의 별도의 세부목표와 지표 개발을 고려해 볼 수 있다.

2. 5번 성평등 목표의 달성을 위한 방안 제안

1) 증거기반 데이터 구축

5번 성평등 목표의 이행을 위해서 현재 실질적으로 가장 필요한 것은 성별과 연령별로 구분된 통계이며, 이를 위한 기술지원도 필요하다. 센서스, 실태조사 등을 통한 견실한 증거기반 자료 구축이 가장 먼저 선행되어야 하며, 향후 북한개발협력도 이러한 근본적인 국가 통계 시스템 역량강화를 중심으로 실행될 필요가 있다(UNICEF 2019, 5). 아울러 본고에서도 유용하게 참고한 북한 통계국과 UNICEF가 2017년 실시한 MICS처럼 센서스와 실태 조사 때 수집 가능한 지속가능발전목표 지표를 포함하여 실시하는 것도 현실적인 출발점이 될 수 있다.

지속가능발전목표 관련 북한 내의 데이터를 조사하면서 세부목표 5번의 지표 측정 여부를 대략적으로 가늠해 본 결과는 〈표 6〉과 같다.[26] "높음"으로 표기된 지표는 현재 지표 측정이 가능한 지표, "가능"으로 표기된 분야는 통계 보유 여부에 대해 추가 확인이 필요하거나 현행 방식에 추가하여 수집 가능한 지표, 그리고 "낮음"으로 표기된 지표는 북한사회에는

---

26) 〈표 6〉은 전적으로 저자의 판단 하에 예시적으로 작성해 본 것이며, 추후 북한 내부 자료의 접근 여부에 따라 수정될 수 있다.

<table>
<tr><td>● 표 6</td><td colspan="2">지속가능발전목표 5번 지표의 측정 가능 여부</td></tr>
</table>

지표		측정 가능 여부 (통계 혹은 데이터 존재 여부)
5.1.1	양성평등 법적 체계 존재 여부	높음
5.2.1	가정폭력 유경험률	낮음(어려움)
5.2.2	성폭력 유경험률	낮음(어려움)
5.3.1	여성 조혼율	확인 필요
5.3.2	여성성기절제(FGM/C) 유병률	낮음(무관)
5.4.1	무보수 가사노동 및 돌봄노동 시간 비율	가능(실태조사에 포함)
5.5.1	의회와 지방정부의 여성 의석 비율	높음
5.5.2	여성관리직 비율	확인 필요
5.6.1	재생산권 의사결정 비율	낮음(어려움)
5.6.2	성·재생산에 관한 접근성을 보장 법률 및 규정 보유여부	높음
5.a.1	(a) 농지 소유권 비율(성별 분리); (b) 여성 토지소유자 비율	낮음(무관)
5.a.2	(관습법을 포함한) 여성의 토지소유권 보장여부	낮음(무관)
5.b.1	성별 휴대폰 보유율	높음
5.c.1	성인지 예산 추적 시스템 보유여부	높음

출처: 저자 작성

해당하지 않거나, 법적, 정책적 기반이 부재하여 데이터 수집이 어렵거나, 지표의 특성 상 측정이 용이하지 않은 지표이다.

2) 지속가능발전목표의 이행을 위한 다자협력 구도 형성

북핵 문제로 인한 대북제재가 해제되기 이전에는 북한 개발협력 사업은 당분간 어려울 것으로 보인다. 제재가 해제된다고 하더라도, 인도적 지원 차원의 단기적 지원이 활성화될 것이며, 수혜국 정부 차원의 개입을 요하는 대규모 개발협력은 보다 장기적 관점에서 진행될 것으로 예상된다.

이러한 상황에서, 향후 개발협력의 효과적 수행을 위한 거시적 전략으로 다자협력 구도의 구축을 제안한다. 즉, 북한의 전통적 우방국들로 "지속가능발전목표의 이행을 위한 다자협력체제(가칭)"를 구축하고(예: 아세안 국가 중 사회주의 우방들) 그 안에서 국제 규범에 대한 소개와 이해를 촉진하고, 지속가능발전목표의 이행 전략을 공동으로 수립하는 등, 우방들과의 협력 구도 내에서, 체제위협에 대한 불안을 제거시키면서 국제무대로 유인하고, 이에 기반하여 개발협력 전략을 수립하여 이행하는 것이다. 특히 5번 목표의 이행 달성과 관련하여는, 기존에 글로벌 차원과 아시아 차원에서 구축되어 있는 사회주의 국제 여성교류 플랫폼을 활성화시키고, 베트남과 라오스 등의 여성연맹과의 교류를 통해 이미 지속가능발전목표의 이행을 시작한 이들 국가들의 경험을 공유하도록 하는 작업도 현실적인 시작점으로써 고려해 볼 수 있을 것이다.

　북한개발협력과 지속가능발전목표는 현재 상황에서는 너무나 요원한 주제일 수 있다. 그러나 본고에서 시도한 대로, 제한된 데이터를 최대한 활용하여 기초선을 잡아 보고, 현황을 매핑(mapping)하고, 향후 이행 방안을 가설적 차원에서라도 수립해 보는 작업은 중요하다. 향후 북한과의 개발협력 사업이 수행되고, 북한의 지속가능발전목표의 이행이 적극적으로 요구되는 시점에서 비록 현재 수행한 가설적 작업의 오류가 발견된다 하더라도, 그 가설을 수정해 나가면서 이행을 촉진할 수 있기 때문이다. 본 연구가 그러한 기초작업이 되길 바라며, 보다 궁극적으로는 북한의 여성과 여아의 권익증진과 역량강화에 작은 초석이 되기를 소망한다.

참고문헌

김수경·이규창·도경옥·홍제환. 2019. 『북한인권백서』. 서울: 통일연구원. https://uniko rea.go.kr/unikorea/business/NKHRCenter/archive/?boardId=bbs_0000 000000000011&mode=view&searchCondition=all&searchKeyword=&cntId =53963&category=&pageIdx=(검색일: 2020.5.24).

미국 국무부. 2018. "조선민주주의인민공화국 2018년 인권보고서(국문)." https://kr.usem bassy.gov/wp-content/uploads/sites/75/2019HR-Report_DPRK_Korean. pdf(검색일: 2020.5.24).

미국 국무부. 2019. "2019년도 인신매매 보고서: 조선민주주의인민공화국(국문)." https:// kr.usembassy.gov/wp-content/uploads/sites/75/2019-TIP-DPRK-KO.pdf (검색일: 2020.5.24).

박복순·박선영·황의정·김명아. 2014. 『통일대비 남북한 여성, 가족 관련 법제 비교연구』. 서울: 한국여성정책연구원.

유엔여성차별철폐위원회(CEDAW). 2016. 조선민주주의 공화국 2, 3, 4차 통합 국가 보고서. (2016.6.1)(CEDAW/C/PRK/2-4)(국문). https://unikorea.go.kr/unikorea/bu siness/NKHRCenter/archive/?boardId=bbs_0000000000000011&mode=v iew&searchCondition=all&searchKeyword=cedaw&cntId=53926&category =&pageIdx=1(검색일: 2020.5.24).

_____. 2017. 조선민주주의인민공화국의 제2, 3, 4차 통합 국가 보고서에 대한 최종 견해 (2017.11.17.)(CEDAW/C/PRK/CO/2-4)(국문). https://unikorea.go.kr/unikorea/ business/NKHRCenter/archive/?boardId=bbs_0000000000000011&mode =view&searchCondition=all&searchKeyword=cedaw&cntId=53926&categ ory=&pageIdx=1(북한인권기록센터의 비공식 번역본)(검색일: 2020.5.24).

장은하. 2018. "여성차별철폐협약 CEDAW." 『이슈페이퍼』. 한국여성정책연구원.

장은하·김은경·윤지소·김정수·박윤정·장영은. 2019. 『동남아 사회주의 국가의 여성연맹 연구를 통한 북한 여성 관련 개발협력 사업에의 시사점: 베트남, 라오스, 미얀마 여 성연맹 사례를 중심으로』 세계지역전략연구 19-07. 대외경제정책연구원.

장은하·문유경·조혜승·김정수·김지현. 2017. 『지속가능발전목표(SDGs) 내 성평등 관련 지표의 국내이행 현황 및 정책과제』. 서울: 한국여성정책연구원.

Central Bureau of Statistics(CBS) of the DPR Korea and UNICEF. 2018. DPR Korea Multiple Indicator Cluster Survey 2017. Survey Findings Report. Pyongyang. DPR Korea: Central Bureau of Statistics and UNICEF(검색일: 2020.5.24).

OECD. 2018. BRIDGING THE DIGITAL GENDER DIVIDE: INCLUDE, UPSKILL, INNO-VATE. http://www.oecd.org/internet/bridging-the-digital-gender-divide.

pdf(검색일: 2020.5.24).

UN DPRK. 2017. "Towards Sustainable and Resilient Human Development THE STRATEGIC FRAMEWORK FOR COOPERATION BETWEEN THE UNITED NATIONS AND THE GOVERNMENT OF THE DEMOCRATIC PEOPLE'S REPUBLIC OF KOREA 2017–2021." https://dprkorea.un.org/sites/default/files/2019-07/DPRK%20UN%20Strategic%20Framework%202017–2021%20-%20FINAL.pdf(검색일: 2020.5.21).

UN ECOSOC. 2019. "Special edition: progress towards the Sustainable Development Goals." Report of the Secretary-General. E/2019/68.https://undocs.org/E/2019/68(검색일: 2020.5.22).

UNICEF. 2019. ANALYSIS OF THE SITUATION OF Children and Women IN THE DEMOCRATIC PEOPLE'S REPUBLIC OF KOREA.

Yoon Hee-soon. 2019. "Sex Slaves: The Prostitution, Cybersex & Forced Marriage of North Korean Women & Girls in China." London: Korea Future Initiative (검색일: 2020.5.24).

〈언론 기사〉

연합뉴스(2018.11.20). "북한 여성·아동 건강상태 '심각' … 모성사망률 남한의 8배." https://www.yna.co.kr/view/AKR20181119133100017(검색일: 2020.5.24).

외교부. 여성차별철폐협약 국문 번역본, http://www.mofa.go.kr/www/brd/m_3998/view.do?seq=303435&srchFr=&srchTo=&srchWord=&srchTp=&multi_itm_seq=0&itm_seq_1=0&itm_seq_2=0&company_cd=&company_nm=&page=40 (검색일: 2020.5.22).

휴먼라이츠워치(2018.11.1). "북한: 정부 관리들에 의한 성폭력 실상." https://www.hrw.org/ko/news/2018/11/01/323660(검색일: 2020.5.23).

BBC News 코리아(2020.4.16). "4.15 총선: 여성의원 57명 역대 '최다 당선' … 여전히 OECD 최하위권." https://www.bbc.com/korean/features-52310044(검색일: 2020.5.22).

BBC News 코리아(2019.5.22). "성노예: '탈북 여성들, 중국서 비참한 생활 … 10살 어린이까지 성매매 동원'." https://www.bbc.com/korean/48349703(검색일: 2020.5.24).

IPU. Percentage of women in national parliaments, 2020년 5월 21일 현재. https://data.ipu.org/women-ranking?month=5&year=2020(검색일: 2020.5.22).

UN DPR Korea. "Sustainable Development Goals launched in DPRK." 25 September 2015. https://dprkorea.un.org/en/9966-sustainable-development-goals-launched-dprk(검색일: 2020.5.21).

Voice of America(2020.3.6). "북한 여성 정치 참여 비율 매우 낮아 … 경제 활동 여성들

성착취 위험 노출." https://www.voakorea.com/korea/women-equality?fbcl id=IwAR1blOTkvfmzOQlAgbTEyqQV3e43NkTzoB8033odIL9i5Z99JiC0DUS2 OG0(검색일: 2020.5.24).

〈웹사이트〉

통일법제데이터베이스 북한법령 웹사이트. https://www.unilaw.go.kr/bbs/selectBoard List.do?bbsId=BBSMSTR_000000000021(검색일: 2020.5.24).

조선민주주의인민공화국 가족법.

조선민주주의인민공화국 방송법.

조선민주주의인민공화국 사회주의헌법.

조선민주주의인민공화국 쏘프트웨어산업법.

조선민주주의인민공화국 어린이보육교양법.

조선민주주의인민공화국 여성권리보장법.

조선민주주의인민공화국 전자인증법.

조선민주주의인민공화국 컴퓨터망관리법.

조선민주주의인민공화국 컴퓨터쏘프트웨어보호법.

조선민주주의인민공화국 토지법.

제9장

깨끗한 물과 위생 그리고 북한개발협력*

홍지영 | 경희대 국제개발협력연구센터

I. 서론: 깨끗한 물과 위생에 관한 보편적 접근성 실현

물은 인간의 생존에 필수불가결한 자원일 뿐 아니라 인권 증진의 근본 요소이다. 깨끗한 물에 대한 접근성 즉, 안정적인 식수공급, 상하수도 인프라 구축, 건강한 수자원 생태계는 개인의 건강을 담보하는 영양, 위생 및 보건과 직결될 뿐 아니라 식량 안보, 교육의 기회, 경제발전 및 지속가능한 환경의 근간이다. 이는 빈곤과 불평등 완화, 평화구축, 그리고 지속가능한 발전(sustainable development)에 절대적인 영향을 미친다. 따라서 깨끗한 물에 대한 보편적 접근은 그 자체로 하나의 중요한 인권이자 다른 측면의 인권을 보장하는 기능을 한다. 개별 국가와 국제사회가 개인과 집

* 이 글은 2018년 대한민국 교육부와 한국연구재단의 지원을 받아 수행된 연구임(NRF-2018S1A3A2075117).

단의 물에 대한 보편적 접근을 보장하는 것은 제한된 수자원을 효과적으로 활용하여 2030 의제(2030 Agenda)를 이행하고, 나아가 빈곤과 불평등을 완화하는 데에 중요한 목표이자 전략이다.

1. 깨끗한 물과 위생의 도전과제

최근에는 빠른 인구 증가, 산업화에 따른 급격한 물 수요 증가, 수질 오염, 소비 패턴의 변화와 같은 인위적 측면과 지구 온난화, 가뭄, 사막화, 태풍 등 기후변화로 인한 환경적 측면이 결합되어 전 지구적으로 물 부족 현상이 심화되고 있다. 유엔 워터(UN WATER)[1]는 매년 발간하는『세계물개발보고서(World Water Development Report)』를 통하여 2019년 전 세계에서 안전한 식수를 확보할 수 없는 사람들이 전체 인구의 약 30%에 달한다고 밝혔다. 특히 아프리카 사하라 이남 지역에서는 절반에 가까운 인구가 안전한 식수를 확보하지 못하는 실정이다. 동 보고서에 따르면 20억 이상 인구가 심각한 물 부족 국가에서 살고 있으며 약 40억 명의 사람들이 일년 중 최소 한 달 이상 물 부족을 경험하고 있다. 물 부족 이슈를 식수에 한정하지 않고 개인위생(sanitation)으로 범주를 넓히면 이보다 더 심각한 상황을 직면하게 된다. 각종 수인성 질병을 예방하기 위하여 개인위생에 필수적인 기초적인 위생시설, 특히 물과 비누를 이용한 손씻기가 가능한 시설을 갖춘 화장실 이용은 충분한 물 접근성을 전제로 한다.

2018년에 발간된『지속가능개발 6번 목표 종합보고서(Sustainable Development Goal 6 Synthesis Report)』는 안전하게 관리되는 위생시설을 사용하지 못하는 인구가 전 세계에서 45억에 이른다고 밝혔다. 이는 전 세

---

1) 유엔 워터(WATER)는 UNEP를 비롯한 28개의 유엔기구들이 국제사회의 책임있는 공동 수자원 관리를 위하여 전 세계의 물 사용 현황을 모니터링하고 물 관련 국제 정책을 수립하고 관리활동 이행을 권고하는 국제 정책 네트워크이다(https://www.unwater.org/).

계 인구의 60%에 육박하는 규모이다. 깨끗한 물과 위생에 대한 접근은 개도국과 저개발국가에서 현저하게 낮아져서 동 보고서는 저개발국가에서 물과 비누를 이용해서 손을 씻을 수 있는 인구는 27%밖에 되지 않을 것으로 추산한다.

깨끗하고 안전한 물의 가용성 수준은 물리적으로 사용할 수 있는 물의 양과 물을 관리하는 사용자의 역량에 의해 결정된다. 따라서 개인의 깨끗한 물과 위생에 대한 접근 수준은 지리적, 환경적 요인과 개인이 속한 국가의 수자원 인프라 수준에 따라 매우 상이하다. 구체적으로, 대륙별로 수자원 분포를 살펴보면 담수 자원(fresh water)이 가장 풍부한 지역은 아메리카 대륙이다. 전 세계 담수는 약 45%가 아메리카 대륙에 분포되어 있고, 뒤이어 아시아 대륙에 28%, 유럽 대륙에 15.5%가 분포되어 있다. 반면 아프리카 대륙의 경우 평균 담수 자원 분포율이 고작 9%에 불과한 수준이다. 담수 자원이 턱없이 부족한 데다 수자원의 저장, 관리 및 배분 인프라가 미비한 아프리카 국가들의 물 부족 문제는 지역 및 시기에 따라 미미한 차이가 있지만 일반적으로 매우 심각한 수준이다. 아프리카 대륙이 아니라도 담수 자원 접근성이 낮고 국가 또는 지역의 물 관리 인프라가 부족할 경우 심각한 물과 위생 문제를 겪고 있다(The UN World Water Development Report 2019). 요컨대 개인의 물과 위생에 대한 권리 보장 수준은 자연적인 담수 자원의 대륙별 분포, 국가 수준의 사회경제적 인프라와 수자원의 저장, 관리, 배분 등 제도적 조건들이 결합한 결과에 따라 달라진다.

물 공급량이 비교적 한정되어 있는 반면, 산업 분야별, 국가별 물 수요는 지속적으로 증가하고 있다. 현재 물 수요는 전 세계적으로 매년 약 1%씩 증가하고 있으며 깨끗하고 안전한 물에 대한 수요는 2050년까지 유사한 비율로 지속적으로 증가할 것으로 전망된다(UN World Water Development Report 2019). 수자원의 공급과 수요의 불균형은 자연스럽게 물에 대한 접근성을 둘러싼 경쟁과 갈등을 야기한다. 1980년대부터 1997년까지 매해 10건 미만이던 물리적 충돌이 포함된 물 분쟁은 1998년 처음 20건

이상 발생한 이후 2012년에는 50건, 2017년에는 80건 이상의 분쟁을 기록하는 등 폭발적으로 증가하여 왔다(PACIFIC Institute, The Water Conflict Chronology).[2] 고질적으로 심각한 물 부족에 시달리는 지역에서 물을 둘러싼 크고 작은 갈등을 일일이 집계하는 것이 불가능하다는 전제를 고려한다면 깨끗한 물에 대한 보편적 접근 문제는 그 어느 때보다 중요한 문제가 되었다.

2. 국제사회의 물과 위생에 관한 규범과 거버넌스

국제사회는 인류 공동의 자산이자 개개인의 삶에 직접 영향을 미치는 물을 공동으로 관리하기 위해 노력해왔다. 2000년대에 들어서면서 국제사회의 효과적인 물 관리를 위한 노력이 제도화되기 시작했다. 먼저 물과 위생에 대한 접근을 중요한 인권의 한 측면으로서 공식화하기 위한 노력이 있었다. 물과 위생에 대한 권리(Human Right to Water and Sanitation)는 경제적, 사회적 및 문화적 권리에 관한 국제규약(the International Covenant on Economic, Social and Cultural Rights) 제11조 및 기타 국제인권조약에 규정된 생활의 적정한 수준을 보장받을 권리로부터 파생된다. 이는 모든 사람이 환경적 요소와 관계없이 물과 위생에 대한 권리를 보장받아야 한다는 것이다(UN OHCHR 2010). 유엔 인권최고대표사무소(Office of the High Commissioner for Human Rights, UN OHCHR)는 해비타트(HABITAT) 및 세계보건기구(World Health Organization, WHO)와 공동으로 2000년 '물에 대한 권리 제35회 보고문건'을 발간하였다(The Right to Water: Fact Sheet #35).

---

2) 물분쟁연대기(Water Conflict Chronology)는 1980년대부터 Pacific Institute가 축적해 온 물 분쟁에 관한 세계에서 가장 포괄적인 데이터베이스이다(https://pacinst.org/announcement/violence-over-water-increases-new-data-from-the-water-conflict-chronology/).

본 문건은 물에 대한 권리의 개념과 법적 근거, 여타의 권리와 상호의
존성에 대한 논의를 담고 있는데 UN OHCHR은 여기서 물에 대한 권리를
보장하기 위한 국가 및 여타 행위자들의 의무를 명시함으로써 안전한 물
에 접근성에 대한 권리-의무 관계를 명확히 하였다. 또한 여성과 아동,
장애인을 포함한 취약계층과 난민 같은 특수상황에 놓인 집단을 구체적
으로 적시하며 이들의 물 접근성을 강조하였다. 이는 식수와 위생에 대한
접근의 보편성을 강조하기 위한 것으로 해석된다. 이후 물과 위생에 관한
권리는 유엔 새천년개발목표(Millennium Development Goals, MDGs)의 7
번 목표인 '지속가능한 환경보장(Ensure Environmental Sustainability)'의 지
표 중 하나로 포함되었다. MDGs는 7번 목표의 지표 중 하나로 '안전한
식수와 위생환경 접근이 불가능한 인구를 절반으로 감소'를 설정했다. 그
러나 이는 다른 MDGs 목표와 마찬가지로 구체적인 실행 규범으로 뒷받
침되지 못하였다는 한계가 있다.

한 가지 중요한 발전은 WHO와 유니세프(UNICEF)가 공동으로 1990
년 설립한 '물과 위생 합동 모니터링 프로그램(WHO/UNICEF Joint Moni-
toring Programme for Water Supply, Sanitation and Hygiene, JMP)'이 MDGs
이행 기간 동안 매 2년마다 물과 위생 관련 지표를 관측하여 정보를 축적
하였다는 점이다. JMP는 안전한 식수 지표로 '개선된 식수원 사용 인구'
를, 위생 지표로 '개선된 위생시설 사용 인구'를 설정하고 각 국의 물과
위생 변화 추이를 모니터링하여 기본 정보를 축적하고 이를 기반으로 정
책활동을 펼쳤다. JMP의 활동은 이후 2003년 구성된 유엔 워터 활동으로
흡수되었다.

글로벌 수준에서의 물 거버넌스는 모든 담수 및 위생에 관한 문제에
대한 유엔기관 간 조정 메커니즘인 유엔 워터가 구성되면서 가시화되었
다. 유엔 워터는 물의 범분야(cross-cutting) 성격을 충분히 반영하여 유엔
전체 기관들의 물과 위생 관련 정책과 활동에 일관성을 극대화하기 위한
플랫폼이다. 이 플랫폼은 UNEP를 비롯하여 물과 위생에 관련된 활동을
하는 28개의 유엔기관으로 구성되어 있다. 유엔 워터의 회원들은 그들의

파트너 기관들과 함께 물과 위생 관련 현황과 수자원 사용을 모니터하고 물과 위생에 대한 보편적 접근성 확보와 수자원의 효과적인 이용 및 보호를 위한 정책을 수립한다. 2004년에 유엔 사무총장 산하 물·위생 자문위원회(Secretary General's Advisory Board on Water and Sanitation)가 설립되었고, '생명을 위한 물 10개년(Water for Life Decade)' 이니셔티브 등 국제 연대 활동으로 2005년 3월 22일 '세계 물의 날'이 지정되었다. 이후 유엔은 안전한 식수와 위생에 관한 권리를 실현할 수 있는 방안을 제시하고자 유엔 특별보고관(UN Special Rapporteur on Human Right to Safe Drinking Water and Sanitation) 제도를 2008년 신설하고, 2013년 물 협력 컨퍼런스(High-Level International Conference on Water Cooperation)를 개최하는 등 다양한 노력을 계속하고 있다.

II. 지속가능발전목표 6번 목표와 그 의의

지속가능발전목표는 '누구도 소외되지 않는(leave no one behind) 발전'을 표방하면서 생명유지와 관련된 기초적인 사회서비스에 대한 보편적 접근성을 강조한다. 지속가능발전목표 6은 '모든 사람들의 깨끗한 물과 위생시설에 대한 접근성과 지속가능한 관리'를 목표로 한다. 이 목표의 핵심은 가정, 학교, 의료센터, 난민촌 등 어떤 환경에서든 모든 사람에게 깨끗한 물과 위생시설에 공정하고(equitable) 보편적 접근을 보장하는 것이다. 아울러 수자원 개발과 가용할 수 있는 수자원을 고려한 효율적이고 지속가능한 사용, 공동의 책임 하에 물 거버넌스 구축, 도시폐수 및 산업폐수의 배출 전 재활용 및 폐수처리를 통한 수자원 생태계의 보호, 태풍, 홍수, 가뭄 등 물과 관련한 재난관리 등 다양한 이슈를 포함한다. 구체적인 지속가능발전목표 6번 목표의 세부목표 및 측정지표는 〈표 1〉과 같다.

◐ 표 1		지속가능발전목표 6번 세부목표 및 지표

	세부목표	측정지표
6.1	안전한 식수에 대한 보편적이고 공정한 접근	6.1.1 안전하게 관리된 식수 서비스를 이용하는 인구의 비율(%)
6.2	적절하고 공정한 위생시설과 위생 접근성의 보장	6.2.1 안전하게 관리된 위생시설을 사용하는 인구의 비율(%) 6.2.2 물과 비누로 손씻는 인구의 비율(%)
6.3	오염물질 감소, 유해 폐기물 제거, 위해 화학물질 방출 최소화, 폐수 절반 감소 및 재활용비율의 증가를 통한 수질 향상	6.3 안전하게 처리된 폐수의 비율(%) 6.4 사람과 환경에게 안전한 수역의 비율(%)
6.4	물 사용의 효율성 증대 및 지속가능한 물 사용 보장	6.4.1 물 스트레스3) 6.4.2 물 생산성(물소비량/물 취수량)
6.5	국제공유하천협력을 포함한 모든 수준에서 통합수자원관리(Integrated Water Resources Management, IWRM)방안 실행	6.5.1 통합수자원관리(Integrated Water Resources Management, IWRM) 6.5.2 국제 공유수역 관리를 위한 운영 방안 이행 정도
6.6	산, 숲, 습지, 강, 대수층과 호수를 포함한 물 관련 생태계 보호 및 복원	6.6.1 습지 규모 변화율(%)

출처: UN SDGs 웹사이트를 참고로 저자 작성(https://sustainabledevelopment.un.org/sdg6)

세부목표 6.1번과 6.2번은 6번 목표의 핵심 내용인 안전한 식수와 적절한 시설을 갖춘 위생시설에 대한 보편적 접근성을 담고 있다. 세부목표 6.3번과 6.4번은 수자원 오염방지와 깨끗한 수원 확보에 관한 지표이다. 수질관리를 포함한 수자원 관리는 물의 안전성과, 효율적인 물 사용은 지속가능성과 직결된다. 이 지표는 수자원의 총량, 수질과 수역, 수요량, 생산성 등 총체적인 수자원 관리에 대한 측정을 기반으로 한다. 세부목표 6.5번은 물 거버넌스에 관한 내용이고, 마지막으로 세부목표 6.6번은 큰 의미에서 자연생태계 보호와 관리에 포함되는 물 생태계 보호에 관한 내

---

3) 물 스트레스란 1년간 물 수요/전체 가용 수자원의 값이 10% 이상인 상태를 의미한다 (https:// sustainabledevelopment.un.org/sdg6).

용이다. 다른 목표와 마찬가지로 깨끗한 물과 위생의 모든 세부목표가 모든 국가에서 동일한 수준으로 이행되기를 기대하는 것은 현실적으로 어렵다. 개도국 또는 저개발국의 경우, 6.3번, 6.5번 목표는 기술협력을 통해서, 6.5번 목표는 이웃 국가 및 국제사회와의 거버넌스 구축을 통해 이행되어야 하는 목표이다. 본 장은 현재 대북제재 하의 북한 상황을 고려하여 북한개발협력과 직접 관련한 목표에 초점을 맞추고자, 세부목표 관련 논의를 6.1번과 6.2번에 한정하기로 한다.[4]

세부목표는 각 목표가 달성 수준을 측정할 수 있는 지표를 포함하고 있다. 첫 번째 세부목표인 6.1번 안전한 식수는 6.1.1번 안전하게 관리된 식수 서비스(safely managed drinking water service)를 이용하는 인구의 비율 지표를 통해 측정한다. 6.1.1번 지표는 식수가 최종적으로 공급받는 사람이 음용할 때까지 그 수질과 안전성이 보장될 것을 요구한다. 이 지표는 식수의 보편적이고 공평한 접근을 측정하기 위해서 식수공급 가능성(availability), 식수를 공급받는 데 지급하는 비용의 적절성(afforability), 식수원과의 거리(accessibility) 등 다양한 측면에서의 접근성을 고려한다. 두 번째 세부목표인 위생시설과 위생접근성은 위생시설 사용 수준과 손씻는 인구 비율 지표로 측정한다. 6.2.1번 안전하게 관리된 위생시설을 사용하는 인구의 비율지표는 특히 여성과 여아를 포함한 취약한 상황에 처한 사람의 상황을 충분히 고려하여 모두에게 공평한 공중위생 및 개인위생에 대한 접근을 요구한다. 위생시설 사용의 증가는 개인위생을 증진할 뿐 아니라 자연스럽게 야외 배변의 감소로 지역적 수준에서 물 오염을 방지할 수 있다.

2030 의제는 빈곤 및 불평등과 함께 자연자원 고갈과 기후변화 등과 같은 환경 이슈를 가장 중요한 과제 중 하나로 명시한다. 물과 위생에 대한 권리는 MDGs에서는 7번 지속가능한 환경 보장에 하위 지표로 포함되었

---

4) 본 장에서 논의하는 세부목표를 한정하게 된 북한의 현황에 관하여는 3절에서 보다 구체적으로 논한다.

던 반면 2015년 지속가능발전목표(Sustainable Development Goals, SDGs)
가 채택되면서는 17개 주요 목표 중 6번 목표인 '깨끗한 물과 위생(Clean
Water and Sanitation)'으로 명시되었다. 이는 국제사회에서 물과 위생 이
슈에 대한 관심이 증가하였음을 반영한다. 또한 지속가능발전목표는 취
약계층의 식수와 위생시설 접근성 확보를 강조하고 공급되는 물의 안전
성과 지속가능성을 함께 고려한다는 점에서 발전적이다. 앞서 기술한 바
와 같이, MDGs는 물과 관련하여 7번 지속가능한 환경의 세부목표로 '안
전한 식수를 공급받지 못하는 인구의 감소'를 목표로 하였다. 국제사회가
MDGs 목표 달성에 집중하게 되자 수자원 관련 개발 프로그램이 단순히
식수보급 인프라 구축에 치중되는 경향이 나타났다(MDG Report 2012).
반면 지속가능발전목표 6번 목표는 물과 위생을 하나의 독립된 섹터로
다루게 된 점, 양적인 측면에서 물의 배분 및 위생시설 건축만이 아니라
배분 대상과 배분에 있어서 발생할 수 있는 불평등을 고려한 질적 접근이
라는 점, 그리고 물 자원 관리를 위한 요소들을 포함하고 있다는 측면에
서 MDGs의 한계를 상당히 보완하였다고 평가할 수 있다.

III. 지속가능발전목표 6번으로 본 북한의 물과 위생 현황

북한 주민의 실제 생활수준을 확인할 수 있는 현재 사용가능한 정확한 지
표는 유니세프가 북한과의 협력을 기반으로 실시한 주민 생활환경 서베
이인 종합지표조사(Multiple Indicator Cluster Survey, MICS)이다.[5] 2018년
발간된 『DPR Korea MICS』에 따르면 북한 전체인구 중 안전한 식수(safely

---

5) MICS는 개발도상국 정부가 UNICEF와 공동으로 실시하는 생활환경을 조사하는 대규모
　서베이이다. 북한의 경우 1998년, 2000년, 2009년, 2017년 총 4번 실시되었다.

managed drinking water service)에 접근이 가능한 인구는 60.9%에 그쳐, 전국적으로 총 975만여 명은 안전한 식수를 공급받지 못하고 있는 실정이다. 잘 알려진 바와 같이 도시와 농촌 간의 생활수준 격차가 커서, 도시에서는 인구의 71.3%가 안전한 식수를 공급받는 반면 농촌지역 지역에서 안전한 식수를 공급받는 인구는 평균보다 훨씬 낮은 44.5%에 불과하다(UNICEF 2017, 141-157). 수질 오염에 대한 정확한 정보는 외부에 공개되어 있지 않지만 관련 정책을 살펴보면 북한 당국이 산림복구와 관련하여 수자원 관리와 물 생태계 보호를 중요한 아젠다로 간주한다는 것을 알 수 있다. 김정은 정권은 2016년 발표한 '경제발전 5개년 전략(2016-2020)'을 통해서 국토관리사업의 중요성과 산림복구전투,[6] 환경보호사업 개선 등을 강조한 것으로 알려졌다. 이 정책은 산림 복구와 함께 물 생태계와 수자원관리에 대한 필요성도 강조하고 있다. 지속가능발전목표 세부목표 6.3번~6.6번에 해당하는 수질 오염, 물 생산성, 통합수자원관리 및 물 생태계 보호와 관련한 이슈와 닿아 있는 부분이다.

　　그러나 북한의 실정을 미루어 볼 때, 지속가능발전목표 6번의 여섯 가지 세부목표가 모두 실질적으로 의미있는 개선이 이루어지고 있다고 보기는 어렵다. 현재 북한의 가용자원과 기술수준으로는 자력만으로 효과적으로 산림복구 및 수자원 생태계를 보호하기 어렵다. 또한 관련 사업에 필요한 주요 물품이 유엔 안전보장이사회의 대북제재 품목에 포함되어 있어서 단기간 내에 국제사회의 지원을 기대하기 어려운 실정이다(통일부 2019). 이런 상황에서 6 목표 중 실제로 현재 북한에서 개선의 여지를 보일 수 있는 섹터는 인도적 지원 관점에서 국제사회의 지원과 협력을 통해 개선이 가능한 식수와 위생 분야이다(UNICEF 2019). 유엔은 인도적 지원의 필요에 부합하는 지원에 한해 대북제재를 일부 면제하고 있다. 대북제재를 면제받는 유엔 인도주의업무조정국(UN Office for the Coordination of

---

6) 북한의 황폐화된 산림 복구를 위한 정책방안으로서, 김정은 정권이 산림 복구사업에 적극적인 태도를 가지고 있음을 보여준다.

Humanitarian Affairs, UN OCHA), 유니세프를 비롯한 글로벌 인도적 지원 행위자들과 유럽연합 사업지원(EU Programme Support Unit, EUPS)의 인도적 지원 활동은 주로 영양, 보건, 그리고 물과 위생(Water, Sanitation and Hygiene, WASH) 분야에 한정되어 있다.[7] 본고는 북한의 지속가능발전목표를 다루는 것을 목적으로 하기 때문에 현재 북한 현황을 기반으로[8] 개발협력과 직접 관련이 있는 목표만으로 논의 범위를 한정하고자 한다. 이에 본 절은 6번 세부목표 중 '6.1번 안전한 식수의 보편적 접근'과 '6.2번 적절한 위생시설의 이용'과 관련한 북한의 현황을 설명하는 데 초점을 맞춘다.

1. 북한의 식수공급 현황

최근 북한은 모자건강 증진, 영유아 및 어린이 사망률 감소 등 일부 지속가능발전목표는 개선되는 현상을 보이기도 하나 안전한 식수와 위생시설 접근성은 크게 개선되지 않았다. 북한의 물과 위생 환경은 1960~70년대에 건축된 파이프라인과 상하수도 인프라 시설이 시간의 흐름에 따라 낡고 지속적으로 관리되지 못하여 1990년대 초반 이후부터 문제가 발생하면서 일부에서는 오히려 악화되고 있는 실정이다. 상하수도 인프라 자체는 대체로 그 기능을 유지하고 있지만 펌핑 시스템이 기능하는 과정에서 발생하는 누수, 시설 고장, 유지보수에서의 문제점, 그리고 전력부족 등이 초래하는 문제들이 식수와 위생시설에 대한 접근성을 저해한다(윤주환 2008; 한국수자원공사 2005). 특히 안전한 식수의 부족은 아동들의 영양부족과

---

7) 인도적 지원 활동 범주는 UN OCHA의 Reliefweb 웹사이트를 참고(https://reliefweb. int/country/prk, 검색일: 2019.8.11); 대북제재의 구체적인 사안에 관련해서는 유엔 안전보장이사회 결의 제1718호를 참고(https://www.un.org/securitycouncil/sanctions/ 1718, 검색일: 2019.8.2).

8) 현재 북한 현황은 UNICEF가 2018년 실시한 household 서베이를 바탕으로 작성된 2019 MICS 보고서의 데이터를 기초로 분석한다.

직결되고 위생 인프라가 제대로 관리되지 않아서 발생하는 이질, 설사 등과 같은 수인성 질병은 5세 미만 아동의 사망에 가장 큰 원인이라는 점에서 안전한 식수와 위생 인프라의 부족은 삶의 질뿐 아니라 삶 자체를 위협하는 심각한 문제이다(SDC 2016).

지속가능발전목표 6.1.1번의 지표인 안전하게 관리된 식수 접근은 식수원 관리, 상하수도 인프라와 그 관리 수준, 물리적 접근성, 소요 비용, 수질 등 다양한 측면과 연계된다. 북한에서 현재 '개선된 식수원(improved sources)' 지표에 해당되는 파이프라인 상수도, 관정(tube well/borehole), 안전한 우물(protected well), 안전한 샘(protected spring), 식수트럭, 식수대 그리고 병 생수(bottled water)를 통해 식수를 공급받는 인구는 전체 93.7%이다. 이 수치는 대부분의 주민들이 잘 관리되거나 보호되는 식수원을 사용할 수 있다는 가능성을 의미한다. 그러나 식수공급 방식을 살펴보면 모든 식수원의 안전성이 항상 같은 수준으로 유지되지 않을 수도 있다는 사실을 확인할 수 있다. 파이프라인으로 연결되는 상수도를 통한 식수공급은 도시에서는 69.6%인 반면 농촌에서는 41.1%에 그친다. 관정은 도시와 농촌에서 각각 7.9%와 28.1% 사용하고 있다.

이 두 가지 방식을 제외하고 농촌에서 많이 사용하는 식수원은 우물과 샘인데 우물 중 안전한 우물은 14.2%, 안전하지 않은 우물은 9.3%, 안전한 샘은 4.2%, 안전하지 않은 샘은 2.3%를 차지하고 있다. 자연 우물과 샘의 경우, 평시 안전하게 관리되는 우물인 경우에도 하천이나 지하수의 양이 달라지는 경우 그 안전성이 일관되게 유지되기 어렵다. 또한 홍수나 가뭄과 같은 물 관련 자연재해나 수원지 근처 토양의 오염 등 식수원이 오염될 수 있는 변수가 항상 존재한다는 점에서 여전히 파이프라인 상수도 구축이 필요하다. 특히 경제적으로 하위 20%에 해당하는 가구의 경우 파이프라인 상수도를 사용하는 인구는 27.6%에 불과하다.

또 다른 이슈는 '개선된 식수원(improved sources)'을 사용하는 것이 식수의 안전성을 그대로 보장하는 것은 아니라는 점이다. 식수원에서 검출된 내장성 대장균군(Thermotolerant Coliform, TTC)의 수를 기반으로 오염된 식수를 사용하는 가구의 비율은 23.5%이다. 식수원이 아니라 각 가정에서 실제로 음용하는 식수를 기준으로 할 때 오염된 식수를 사용하는 가구는 36.6%로 증가한다. 위에서 살펴본 개선된 식수원 사용 가능한 가구의 비율이 90% 이상임에도 불구하고 실제로 전체 인구 중 안전한 수질의 식수 즉, TTC per 100ml가 낮은 수준(〈1per 100ml)인 식수에 접근이 가능한 가구는 63.4%에 불과하다. 식수원 수질에 비해서도 식수를 음용하는 시점에서 식수 안전성 수준이 상당히 낮아진 것을 확인할 수 있다. 개선된 식수원이 수질을 보장하는 것은 아니며, 농촌지역의 식수원이 우물과 샘 등 일률적인 수질관리가 어려운 환경인 것을 반영한다고 해석할 수 있다. 반면 공급되는 식수량과 식수원으로부터 거리를 기반한 식수에 대한 접근성은 상당히 높은 편으로 확인된다. 필요할 때 충분한 식수를 이용가능(Availability of sufficient drinking water when needed)한 가구는 전체의 98.6%에 이른다. 도시와 농촌 간이나, 경제적 계층별로 거의 차이를 보이지 않는다.

이 지표는 식수를 사용하는 데 지불하는 비용까지 포함한 지표로서 북한 주민들이 식수를 사용하는 데 경제적 부담을 느끼거나 식수가 필요할 때 공급받을 수 없는 상황에 처해 있는 것은 아님을 보여준다. 또한 전체 94%의 가구가 식수원으로부터 식수를 확보하는 데 소요되는 시간도 30분 미만이라고 답하였다. 도시에서는 96.2%의 가구가, 농촌은 90.5%의 가구가 이 구간 내에 포함되어 도농 간에 약간의 차이가 있다. 30분 미만에 포함되지 않는 나머지 6%의 가구도 식수를 확보하는 시간이 30분에서 1시간 이내 구간에 4.6%가 집중되어 있는 점을 미루어볼 때, 주민들의 식수에 대한 물리적 접근성은 매우 높은 수준이라고 판단할 수 있다.

'안전하게 관리된 식수공급에 대한 접근성(safely managed drinking water services)'이란 위에 살펴본 지표들을 모두 포함한다. 즉, 개선된 식수원(improved drinking water source), 가까운 위치(located on premises), 안전한 수질(free of TTC), 그리고 필요를 충족시키기에 충분한 양(available when needed)의 네 가지 조건을 모두 충족시키는 것을 의미한다. 이런 조건을 만족시키는 안전하게 관리된 식수에 접근 가능한 가구의 비율은 전체 인구 중 60.9%로 낮아진다. 앞서 각 조건을 살펴본 바와 같이 북한의 현 상황에서 식수 확보에 필요한 시간과 수량 확보에는 큰 어려움이 없다. 가장 심각한 문제는 수질 문제이다. 개선된 식수원을 사용하는 경우, 도시에서는 91%의 가구가 안전한 식수를 확보하는 데 비해 농촌의 경우 개선된 식수원을 사용함에도 불구하고 안전한 수질의 식수를 확보할 수 있는 가구가 60%에 미치지 못한다. 특히 개선되지 않은 식수원을 사용하는 농촌의 경우 안전한 수질의 식수를 공급받는 가구의 비율이 27.1%로 매우 낮게 나타난다. 안전한 수질의 식수 확보 문제는 도농 격차뿐 아니라 경제적 격차도 그대로 반영하고 있다. 경제적으로 하위 20%에 속하는 집단은 개선된 식수원을 사용하더라도 최종적으로 안전한 수질의 식수를 공급받는 가구의 비율은 59.7%에 그쳤다. 개선되지 않은 식수원을 사용하는 경우는 안전한 수질이 보장되는 식수 접근성을 확보한 경우가 32.2%에 불과하다. 대체로 경제적으로 하위 20% 가구는 도시에 거주하더라도 식수의 안전을 보장받지 못하여 오염된 물을 식수로 사용한다는 것이다.

농촌 지역의 취약계층 중 오염된 물을 식수로 사용하는 가구의 비율은 54.1%까지 치솟는다. 도시를 벗어나면 절반 이상의 가구가 안전한 식수를 확보하지 못하여 건강에 위협을 받는 상황이다. 그 결과 아동 중 10%는 설사를 경험한다. 수인성 질병이 아동 사망의 주요 원인 중 하나라는 점을 고려하면 설사를 경험하는 아동의 비율이 높은 것은 심각한 보건 문제이다. 현재 북한의 식수 현황을 종합해보면, 안전한 식수 제공을 위해서 특히 농촌 지역의 식수원 개선, 상수도 유지보수, 그리고 무엇보다 식수의 엄격한 수질 관리가 필요하다는 결론에 이른다.

2. 북한의 위생시설 현황

적절한 위생시설과 접근성 보장 목표는 적절한 위생시설을 갖춘 화장실 (improved sanitation facilities)을 각 가구가 개별적으로 이용하는 비율을 지표로 측정한다. 지속가능발전목표 지표에 부합하는 적절한 위생시설이란 배설물로부터의 접촉이 완전히 차단되는 환경이 갖추어진 것을 의미한다. 아울러 공용 화장실이 아닌 가구별 화장실 이용 수준을 같이 측정한다. 전염력이 강한 수인성 질병이 많은 경우 위생시설을 매개로 전파되기 때문에 한 화장실을 얼마나 많은 사람들이 같이 이용하는지는 수인성 질병 확산에서 중요한 변수가 된다. 따라서 MICS 서베이는 적절한 위생시설을 개별 가구가 이용하는지, 5가구 미만이 사용하는지, 5가구 이상이 사용하는지, 또는 공용화장실을 사용하는지 네 개의 단계로 나누어서 답하도록 하였다. MICS 보고서는 현재 북한에서 전체 인구의 15.9%는 개별-공용 관계없이 가장 기본적인 위생시설조차 접근이 어려운 실정이라는 것을 보여준다. 식수와 마찬가지로 위생시설도 도시와 농촌 간의 격차가 커서 농촌 지역에서는 농촌 전체 인구의 28.7%가 기본적인 시설을 갖춘 위생시설에 접근이 어렵다. 도시의 경우 8.4%의 주민들만이 같은 어려움을 겪는다.

이와 같이 기본적인 위생시설이 갖춰지지 않아 배설물 처리가 원활하게 이루어지지 않는 경우, 이로 인해 오염된 환경은 다시 건강을 위협하는 잠재 요인이 된다. 다만 위생시설 수준은 지역적으로 편차가 커서 단순히 농촌과 도시로 양분해서 이해해서는 안 된다(DPR 2019). 위생시설 접근성이 가장 열악한 지역은 황해남도로 73.2%의 가구만이 적절한 위생시설을 갖춘 화장실을 이용한다. 다른 한편, 98.7%의 가구가 적절한 위생시설을 갖춘 평양에 이어 가장 높은 비율을 보이는 함경북도의 경우 적절한 위생시설을 사용하는 가구의 비율이 88.2%를 차지하여 농촌 지역 간에도 상당한 차이가 있음을 보여준다.

적절한 위생시설을 갖춘 화장실을 이용하는 인구 중, 배타적으로 가구별 화장실을 이용하는 가구는 전체 가구에서 81.5%를 차지한다. 즉 북한 주민들의 열 명 중 여덟 명이 지속가능발전목표 세부목표 6.2번이 제시하는 기준에 충족하는 위생수준을 유지하고 있다고 볼 수 있다. 이 비율은 도시에서 88%로 농촌지역의 71.5% 비율보다 높게 나왔지만, 반대로 공중 화장실을 이용하는 가구의 비율도 도시가 1.8%로서 농촌지역 0.6%보다 높은 비중을 보인다. 도시에서는 1.9%가 화장실을 다른 가구들과 함께 공동으로 사용하기도 하지만 농촌에서는 이러한 비율이 각 0.1%로 매우 미미하다. 농촌지역에서 적절한 위생시설을 갖춘 화장실을 사용하지 못하는 가구의 비중은 27.7%에 달한다. 그러나 공중화장실은 인구의 밀도가 낮은 지역에서 이용률이 낮기 때문에 농촌 지역에서 가구별로 위생시설을 갖추는 것이 위생환경 개선을 위한 핵심 방안이 될 것이다.

마지막으로 물이 부족한 상황을 가정하면, 가정에서 필요한 물을 확보하는 책임은 압도적으로 높은 비율로 여성에게 있기 때문에 성평등 문제가 야기될 수 있다. 북한에서는 평균 65%, 농촌지역에서는 72%의 가정에서 여성이 물 확보 책임을 부담한다. 그러나 북한의 현재 상황을 미루어 볼 때 식수량이 부족하거나 물을 확보하는 데 소요되는 시간이 많지 않기 때문에 사회 전체적으로 가정에서 필요한 물을 확보하는 문제로 인하여 여성의 부담이 큰 편은 아니다. 물을 확보하는 문제에 있어 성평등 문제가 불거지지 않는다는 점이 일반적으로 심각한 식수 문제를 겪고 있는 저개발 국가들과 크게 다른 점이다.

IV. Goal 6번 관련 북한개발협력 이행 현황

2013년 '세계 물의 날'에 북한 당국은 유니세프와 국가계획위원회, 보건성, 국토환경보호성, 교육위원회, 인민대학습당 등의 북한 물 관련 정부 관료들이 함께 '인민들에게 깨끗한 물을 공급하며 문화위생적인 생활조건을 보장하는 것'을 목표로 제시하며 다양한 강의와 전시를 개최하였다(로동신문 2013년 3월 22일). 북한 당국이 3대 국가 개발 우선순위 중 하나로 에너지와 물의 확보와 관리를 꼽는 것을 미루어볼 때 북한에서 수자원 관리는 중요한 의제이다. 20여 년간 북한에서 물과 위생 관련 사업을 이행한 스위스 개발협력청(Swiss Agency for Development and Cooperation, SDC)은 북한 당국이 물을 강조하는 것은 지속가능발전목표의 목표인 공중 보건 향상보다는 각 가구의 상수도 기능을 제고하여 물을 확보하는 데 필요한 가구별 노동력을 감소하는 데 초점이 맞추어져 있다고 해석한다(SDC 2018). 그러나 결과적으로 지속가능발전목표 목적을 달성하는 방향으로 기능한다는 측면에서 지속가능발전목표와 북한 당국의 물 정책은 조응한다고 볼 수 있다. 제4절에서는 북한에서 물과 위생 분야의 국제개발협력 이행이 어떻게 이루어져왔고 또 현재 어떻게 진행되고 있는지 기술하고자 한다. 먼저 물과 위생 분야를 담당하는 북한 정부조직 구성을 살펴보겠다. 그리고 물과 위생 관련 지표들의 개선 정도를 지속가능발전목표 이행 이전과 이후로 나누어 비교함으로써 북한의 지속가능발전목표 6번 목표 이행현황을 검토한다. 마지막으로 국제사회와 북한의 협력 하에 진행 중인 물과 위생 개선활동의 사업을 소개한다.

1. 북한 정부 물과 위생 분야 담당 조직과 활동

조선민주주의인민공화국 하천법은 "물자원은 인민경제발전과 인민생활에 리용할 수 있는 일정한 지역에 있는 물이다. 물자원에는 하천, 저수지, 호수에 있는 물과 광천, 지하수가 속한다"고 정의한다.[9] 북한에서 물자원

---

9) 국가정보원, "조선민주주의인민공화국 물자원법 제1장 물자원법의 기본," 『북한법령집 하』(서울: 국가정보원, 2017).

은 국가 소유로서 국가의 통제 및 관할 하에 있으며 그 사용과 접근 역시 엄격히 제한하고 있다. 다른 한편, 물과 위생 이슈와 관련하여 북한은 비교적 오랜 기간 국제사회의 지원을 받아왔다. 국제사회에서 오랫동안 고립되어 온 북한이 공식적으로 국제사회의 지원을 요청한 배경에도 물과 수자원 관리 이슈와 깊게 관련되어 있다. 북한은 1995년 심각한 식량난과 홍수피해를 해결하기 위하여 국제사회에 공식적으로 인도적 지원을 요청하였다. 북한은 국제사회의 원조를 효과적으로 관리하여 홍수 피해를 극복하기 위해 큰물피해위원회(The Flood Damage Committee)를 설립하였다. 큰물피해위원회는 2년 후인 1997년 큰물피해대책위원회(Flood Damage Rehabilitation Committee, FDRC)로 개편되었고 정무원 산하의 독립기관으로 격상되어 국제사회의 대북지원 창구를 담당하게 된다(황수환 2017). 큰물피해대책위원회는 2005년 북한이 국제사회에 인도적 지원 대신 개발원조 성격의 프로그램을 이행할 것을 요청하고 각 공여국 및 공여기관별 담당부처를 구성하는 등 국제개발원조 대응 구조를 구축할 즈음 해체되었다. 그 이전까지 큰물피해대책위원회는 국제원조와 관련 사항에 대하여 대변인 형식으로 공식성명을 발표한 것 등을 미루어보아 10년간 국제관계 전문기관으로서의 역할을 담당했음을 추정할 수 있다(이근영 2013, 11-12). 큰물피해대책위원회 해체 이후에도 물 관리와 관련한 국제사회의 지원은 계속되어 왔다.

현재 북한의 수자원관리 행정체계는 크게 두 줄기로 나뉘어져 있다. 먼저 주요 하천과 농업용수는 사회안전성 산하의 국토관리 총국과 농업위원회 산하 관개수리국이 각각 담당한다. 이와 달리, 물과 위생 분야관련 업무는 기존의 물관리 체계에서의 조직 이외에 다른 부처들이 담당한다. 국제기구 및 NGO와의 협력 사업 비중이 크기 때문이다. 내각 부처 중에서는 외무성 산하 국가조정위원회를 비롯하여 농림성, 도시경영성, 보건성, 교육성이 국제기구와 협력하는 물과 위생 사업에 참여한다. 예를 들어, 도시경영성은 도시의 상하수도 설비 및 관리를 담당하는 조직으로서 최근 유니세프와 함께 인도적 지원 활동의 일환으로 이행되는 WASH

프로그램의 자연흐름식상수공급체계(Gravity-Fed System, GFS) 사업을 진행하고 있다. 도시경영성과 유니세프는 이 사업을 통해서 5개 지역에 걸쳐 총 233,000명에게 안전한 식수를 제공할 것을 기대하고 있다.

이 사업은 또한 농촌지역의 위생시설을 확대하고 특히 보건소, 학교 등 공공시설에 위생시설을 확대하는 것에 초점을 맞춘다. 동시에 긴급한 필요가 발생할 시 물과 위생키트 등 필요 용품을 제공하는 단기적 관점의 인도적 지원 활동과 장기적으로 물과 위생에 대한 권리옹호 활동을 같이 이행하고 있다. 아울러 위생 증진을 위한 인식제고를 위한 교육 프로그램이 함께 제공되는데 학생들을 대상으로 하는 위생 교육을 위해서 보건성, 교육성과 긴밀하게 협력한다. 북한은 자연흐름식상수공급체계를 구축함으로써 적은 비용으로 물과 위생 분야의 효과적인 개선이 이루어질 것으로 기대한다(UNICEF 2017). 이를 통해서 북한 WASH 프로그램 중 일부는 중장기 기술지원으로 전환되고 있음을 확인할 수 있다. 그 밖에 외곽기구로서 대외기구들을 전담하는 유엔아동기금민족조정위원회, 조선적십자회 등이 개별 국제기구 또는 NGO를 담당하여 수자원 관련 협력 사업을 이행한다.

2. 지속가능발전목표 이전과 이후, 국제사회와의 협력을 통한 물과 위생 개선 활동

1) 지속가능발전목표 이전과 이후 비교

북한에 대한 인도적 지원으로 1995년에 처음 시작된 국제사회의 물과 위생 프로그램은 현재까지 다양한 형태로 진행되고 있다. 초기 인도적 지원의 많은 부분은 식량, 보건 분야에 초점이 맞추어졌지만 상하수도 인프라 구축을 핵심으로 하는 물과 위생 사업도 지속적으로 진행되어왔다. 2015년까지 물과 위생 관련 활동의 총체적인 성과는 JMP 모니터링 데이터를 기반으로 추정할 수 있다. 2015년까지의 활동은 MDGs의 7번 목표의 하위

목표인 '식수를 공급받지 못하는 인구를 절반으로 감소하는 것'에 초점을
맞춘 활동이었다. 이런 맥락에서 물과 위생 활동의 성과는 식수를 파이프
라인으로 공급받는지 여부, 개선된 위생시설을 사용하는지 여부를 지표로
측정되었다. WHO와 유니세프는 1995년부터 2015년까지 20년 동안의
식수 위생사업의 성과의 추이를 WHO/UNICEF는 공동 프로젝트(JMP)를
통해 기록하였다. 20년간 식수공급과 위생시설 개선 현황은 〈표 2〉, 〈표
3〉과 같다.

표 2　　　　　　　　　　**식수공급 인프라 개선**

	식수공급					
	도시(%)		농촌(%)		전체(%)	
	1995	2015	1995	2015	1995	2015
파이프라인 상수도시설	76	94	69	80	73	89
기타 개선된 식수공급	24	6	31	19	27	11
개선되지 않은 식수	0	0	0	1	0	0
지표수	0	0	0	0	0	0

출처: WHO/UNICEF JMP, 2015를 참고로 저자 작성

표 3　　　　　　　　　　**위생시설 구축 현황**

	위생시설					
	도시(%)		농촌(%)		전체(%)	
	1995	2015	1995	2015	1995	2015
적절한 개별 위생시설	57	88	48	73	53	82
적적한 공동 위생시설	4	6	2	3	3	5
기타 개선되지 않은 위생시설	39	6	50	24	44	13
노상배변	0	0	0	0	0	0

출처: WHO/UNICEF JMP, 2015를 참고로 저자 작성

〈표 2〉는 지난 20년간 식수공급 인프라 개선 상황을 보여주는데 1995 년에 비해 2005년 파이프라인 상수도시설이 도시에서는 76%에서 94%로, 농촌에서는 69%에서 80%으로 확충되어 평균적으로 89%의 인구가 파이 프라인 상수시설을 이용하는 것을 확인할 수 있다. 기타 개선된 식수공급 지표는 도시는 24%에서 6%로, 농촌은 31%에서 19%로 감소하여 평균적 으로 11%로 감소하였는데 위의 통계만 한정해서 분석하면 기타 개선된 식수공급이 감소한 것은 파이프라인 상수도시설이 확충된 결과로 해석할 수 있다. 또한 위생시설 개선을 보여주는 〈표 3〉 역시 개별 위생시설 건 축이 도시에서는 57%에서 88%로, 농촌 지역에서는 48%에서 73%로 큰 폭으로 증가하여 2015년 평균 82%의 주민들이 개선된 위생시설을 사용 하는 것으로 보여준다. 그러나 제3절에서 설명한 바와 같이 기준을 '안전 한 식수' 공급으로 보면 1995년부터 현재까지 안전한 식수를 공급받는 인 구가 2000년 69%에서 2017년 66.63%로 거의 개선되지 않거나 오히려 낮아진 것으로 나타난다(JMP 2017). 이를 통해서 확인할 수 있는 점은 식 수 위생 인프라는 확충되고 있으나, 식수 분야의 경우 상수도 인프라 확 충이 안전한 식수공급으로 그대로 직결되는 것은 아니라는 점이다. 반면 위생 분야의 경우 위생시설이 확충되면서 위생 수준이 높아지는 것으로 합리적 추론이 가능하다. 북한에서 MICS 같은 대규모 서베이가 매년 실 시된 것은 아니지만 주어진 데이터를 기반으로 식수 위생 분야에서 20년 간의 변화를 추정할 수 있다. 이같이 북한의 개발협력 이행의 내용과 성 과는 북한 당국이 발표하는 통계와 함께 현재 북한에서 활동하고 있는 국 제기구 및 NGO들의 섹터별 모니터링과 활동의 성과를 교차하여 살펴보 아야만 그 맥락을 정확하게 이해할 수 있다.

지속가능발전목표 6번은 MDGs 7번의 하위 목표로 제시되었던 안전 한 식수 제공과 큰 흐름에 있어서 같은 방향성을 갖는다. 그러나 지속가 능발전목표가 보다 세밀하고 발전된 목표를 제시하면서 북한의 물과 위 생 분야의 활동도 정교하게 달라진 점을 확인할 수 있다. 북한은 물과 위 생 분야에서 안전하고 지속가능한 식수와 위생에 접근성 개선과 개선된

위생 관행 확립, 두 가지 목표를 우선순위에 놓는다(OCHA 2019). 2015년
까지 물과 위생 활동의 목적이 인프라 확산에 초점을 두었다면 지속가능
발전목표 이후로는 실제 생활수준의 변화 또는 수혜자들의 행동 변화를
목표로 한다는 점에서 한 단계 높은 수준의 비전을 제시한다고 해석할 수
있다. 대북지원에 참여하는 국제기구와 NGO는 지속가능발전목표 6번을 달
성하기 위해서 농촌 지역사회의 수자원 보호, 재난위험경감(Disaster Risk
Reduction) 인식제고, 위생시설에 대한 운영 및 유지관리 역량 증진을 위
한 노하우 전수 및 기술 이전 등의 프로젝트 등을 이행하고 있다. 그러나
제2절에서 설명한 바와 같이 현재 북한은 대북제재로 인하여 지속가능발전
목표 6번 목표 중 국제사회가 지원할 수 있는 활동이 인도적 지원의 관점
에서 이행할 수 있는 물과 위생활동으로 극히 제한되어 있다는 한계를 가
진다. 이런 프로젝트는 수자원 보호를 통해 공중 보건과 환경에 영향을
미치면서 지속가능한 방식으로 물과 위생 서비스에 대한 접근성을 향상
시키는 것을 목표로 한다.

2) 국제사회와의 협력을 통한 물과 위생 개선 활동

현재 북한 물과 위생 지원 활동을 이행하는 양자기구, 국제기구 그리고
NGO단체들은 WASH 실무그룹(Working Group)을 형성하고 있다. 유니세
프, WHO, IFRC 등의 국제기구와 함께 대북지원 NGO들이 참여하고 있
는데 이들은 개별 단체의 지위가 아닌 유럽위원회 인도지원사무국(Euro-
pean Commission Humanitarian Office)을 통하여 '유럽연합프로그램지원단
(European Union Programme Support Unit, EUPS)' 참여자로서 번호를 부여받
아 사업을 진행하고 있다. EUPS 중 프리미어 어전스 인터내셔널(Première
Urgence Internationale), 컨선 월드와이드(Concern Worldwide), 독일 세계
기아구조(Deutsche Welthungerhilfe), 트라이앵글 제네레이션 휴메니테어
(Triangle génération humanitaire), 핸디캡 인터내셔널(Handicap International)
다섯 개 단체가 WASH 실무그룹에 속해 있다. 이 실무그룹은 여러 행위
자가 공동의 목적을 효과적으로 달성하고 사업의 중복과 비효율을 피할

수 있도록 행위자들 간의 활동을 조정한다(구갑우 2008).

국제행위자들은 단기적인 인도적 지원 사업으로부터 중장기적 관점의 개발로 전환되는 성격의 사업까지 다양한 층위의 물과 위생 사업들을 진행하고 있다. 먼저, 독일 세계기아구조는 상대적으로 물이 부족한 지역의 주민들에게 빠르게 식수를 공급하는 단기 활동을 이행 중이다. 이 프로젝트는 관정 개발 등 상수도 시스템 재활(rehibilitation)을 통하여 농촌 지역과 보육원, 유치원, 학교 및 보건소에서의 식수공급을 확대한다. 독일 세계기아구조는 두 개의 도에 사는 14,000명을 수혜자 범위로 계획하고 있다.

핸디캡 인터내셔널은 청각 및 시각 장애가 있는 어린이를 위하여, 장애인들이 포함되어 있는 3개의 학교와 5개의 커뮤니티의 건물을 리모델링하거나 수리하는 프로젝트를 진행 중이다. 물과 위생시설을 장애학생을 포함한 누구나 사용할 수 있도록 보편적인 설계원칙을 적용하여 임산부 및 노인을 포함한 모든 지역 사회 구성원이 접근 가능하고 소외되지 않도록 하는 것을 목표로 한다.

컨선 월드와이드와 프리미어 어전스 인터내셔널 사업은 인지제고와 교육활동을 포함하여 이보다 조금 더 중장기적 관점을 포함한다. 컨선 월드와이드의 프로젝트는 지속가능한 급수 시스템과 위생시설을 구축하여 주민들의 깨끗한 물과 적절한 위생시설에 대한 접근성을 향상시키는 데 중점을 둔다. 동시에 월경 위생관리, 아동 위생 교육, 기생충 문제를 해결하기 위한 바이오 퇴비 사용 등 다양한 여타의 활동에 물과 위생이 어떻게 중첩되는지 소개하는 폭넓은 활동이다. 이 프로그램은 위생 증진 및 역량 강화를 통해 위생 상태뿐 아니라 위생 관리 수준을 높여서 최종적으로는 수인성 질병을 줄이고 범분야 이슈로서 재난위험경감을 모든 물과 위생 분야의 이슈와 사업에 통합하는 것을 목표로 한다.

프리미어 어전스 인터내셔널은 황해남도에서 총 42,500명의 사람들에게 상수도 및 폐기물 관리에 대한 접근성을 개선하는 프로젝트를 이행 중이다. 이 프로젝트는 개별 가정보다는 보건시설에서의 위생 상태를 개선하기 위한 프로젝트이다. 동시에 지역사회 수준에서 위생과 영양 증진을 위한 활동과 인지제고 캠페인 등을 함께 진행할 것이다.

트라이앵글 제네레이션 휴메니테어 역시 어린이 및 노인 기관에서 4,000명을 대상으로 위생 및 영양 훈련을 하고 있다. 이 프로젝트는 또한 식량 안보 프로젝트 내에서 태양열 온수기, 정수 필터, 관개 시스템 및 파일럿 분산 폐수 처리 시스템의 구축 활동을 병행하고 있다. 앞서 소개한 유니세프의 자연흐름식 상수공급체계(GFWSS) 사업과 트라이앵글 제네레이션 휴메니테어와 같이 기술이전을 포함한 사업이 이행되는 것은 북한에서 물과 위생 사업이 여러 가지 제약에도 불구하고 단기적인 인도적 지원의 필요만을 충족시키기보다는 중장기 기술지원으로 전환되는 단계라고 해석할 수 있다.

V. 결론: 지속가능발전목표 6번 달성을 위한 북한의 변화와 함의

본 장은 지속가능발전목표 6번의 세부목표와 측정지표를 기준으로 식수와 위생에 초점을 맞추어 북한개발 현황을 논의하였다. 지속가능발전목표 관점에서 북한개발 현황을 고찰하는 것은 인류 보편적 개념 및 국제적인 규범과 합의에 기초하여 일반적인 개발협력의 관점에서 북한개발을 논의할 수 있는 초석을 마련한다는 측면에서 의의가 있다. 최근 북한 당국 또한 지속가능발전목표 이행에 있어 적극적인 태도를 보인다. 2019년 북한은 지속가능발전목표 이행 현황을 주제로 유엔아태경제사회이사회(United Nations Economic and Social Commission for Asia and the Pacific, ESCAP)가 주최한 동북아시아 이해관계자 지속가능발전목표 포럼(North-East Asian Multistakeholder Forum)에 참석하였다. 지속가능발전목표 6번과 관련하여 북한은 현재 식수위생 환경개선 속도가 느리고 여전히 물부족으로 인해 어려움을 겪는 주민들이 있음을 인정하는 동시에 북한 당국이 최근 수질 관리에 특별한 주의를 기울이고 있으며 자연흐름식 상수공급체계의 효과를 확인하였다고 직접 발표하였다. 아울러 2030년까지 국제 환경보호 기준에 부합하도록 100% 하수 처리를 계획하고 있으며, 수자원 보호와 지속가능한 개발을 위하여 국제사회와의 협력을 강화할 것을 천명하였다. 또한 이를 위해서 국가 개발목표 및 계획과 지속가능발전목표를 조응할 것을 약속했다.

북한의 변화는 물관리 체계의 이원화에서도 감지된다. 기존의 엄격한 당국의 통제를 기반으로 한 수자원관리 행정체계와 별도로 외무성을 비롯한 각 부처들은 국제행위자들과의 거버넌스를 통하여 유연한 협력을 꾀한다. 북한의 또 다른 중요한 변화는 국제행위자들이 물과 위생에 관련한 정보를 직접 수집, 축적하고 공개할 수 있게 한다는 점이다. 국제기구 및 NGOs 등 국제행위자들은 북한의 필요와 대북제재 환경을 고려하여 현실 가능한 목표 달성에 초점을 맞추어 사업을 이행 중이다. 유니세프는 대규모 가구조사(household survey)를 통하여 북한의 현실과 필요의 우선순위를 파악하였다. 모든 데이터가 투명하게 공개되는 것은 아니지만 일부 지표에 대해서 정확한 정보를 축적하고 그 개선결과를 공개하고 있다는 점은 매우 고무적이다. 데이터 수집과 공개는 투명성 향상의 측면에서 의미있는 변화이며 향후 북한과의 초기 협력단계에서 유용하게 활용될 것으로 기대된다.

국제사회의 대북지원은 그간 북한을 둘러싼 정치 환경에 따라 여러 차례의 크고 작은 부침을 겪어왔다. 그러나 물 관련 지원은 비교적 안정적으로 지속되었고 초기 긴급구호의 형태에서 물공급 인프라 및 위생시설 구축 사업으로, 그리고 수인성 질병 예방, 재난위험경감 사업, 관개 시스템 및 폐수처리 등 물 생태계 보호사업으로 그 영역이 점차 확장되어 왔다. 특히 최근 WASH 실무그룹 참여자들과의 협력사업을 살펴보면 일정 부분 개발지원 차원으로 연계된 것을 확인할 수 있다. 수자원의 관리는 중장기적 관점에서 홍수, 가뭄 등 자연 재난과 직결되며 보건 이슈로

확장될 수 있다. 다른 한편으로는 물 부족으로 인한 불평등 및 차별, 물
확보를 위한 여성과 아동의 가사 노동 등 사회구조적 문제도 포함하고 있
다. 북한의 지속가능한 개발의 초기협력단계에서 지속가능발전목표 6번
의 총체적 이행이 중요한 디딤돌이 될 수 있을 것이다. 이를 위해서는 현
재 사업의 이행수준을 북한의 맥락에서 정확히 이해하고 참여 행위자들
의 역할분담과 협력을 통하여 북한의 수요에 맞는 사업발굴을 추진하여
야 할 것이다.

참고문헌

구갑우 외. 2008. "지구시민사회의 북한에 대한 인도적 지원과 북한의 정치경제적 거버넌스의 변화." 『글로벌 거버넌스와 북한의 정치 경제』. 파주: 한울아카데미.

"세계 물의 날에 즈음한 행사 진행." 『로동신문』, 2013년 3월 22일.

손혁상 외. 2017. 『북한개발협력의 이해: 이론과 실제』 국제개발협력학회 연구총서. 서울: 도서출판 오름.

윤주환. 2008. "북한 상하수도 인프라 재구축: 현황과 전망." 『한국물환경학회지』 Vol.24, Vol.6.

이경희. 2019. "남북 물 협력의 중요성에 관한 소고: 북한의 식수 비극을 중심으로." 『북한연구학회보』 Vol.23, No.1.

이근영. 2013. "자연재해에 따른 북한 당 조직 변화: 큰물대책위원회(FDRC)를 중심으로." 『2013년 동계 한국행정학회 학술발표논문집』.

통일부. 2019. 『김정은 정권 이후 환경분야 정책 변화 분석』. 서울: 통일부.

한국수자원공사. 2005. 『북한지역 수도현황 조사연구보고서』. 서울: 건설교통부.

황수환. 2017. "자연재해 대응 관련 북한의 정책과 법·조직체계." 『입법과 정책』 제9권 제3호, p.260.

SDC. 2018. *SDC in DPR Korea*. https://www.eda.admin.ch/dam/countries/countries-content/the-democratic-people-s-republic-of-korea/en/factsheet-2017-2020-dsm_en.pdf(검색일: 2019.8.3).

UN DPR Korea. 2016. *Strategic framework for cooperation between the United Nations and the Government of the Democratic People's Republic of Korea, 2017-2021*. https://dprkorea.un.org/sites/default/files/2019-07/DPRK%20UN%20Strategic%20Framework%202017-2021%20-%20FINAL.pdf (검색일: 2019.6.13).

UN OCHA. 2019. *DPR Korea Needs and Priorities 2019*. https://reliefweb.int/report/democratic-peoples-republic-korea/2019-dpr-korea-needs-and-priorities(검색일: 2019.6.13).

UN OHCHR. 2010. The right to water: Factsheet #35. https://www.refworld.org/docid/4ca 45fed2.html(검색일: 2019.8.3).

UN Resident Coordinator for DPR Korea. 2019. "DPR Korea Needs and Priorities 2019." https://dprkorea.un.org/en/10164-dpr-korea-needs-and-priorities-2019(검색일: 2019.6.19).

UN. 2018. *Sustainable Development Goal 6 Synthesis Report*. https://sustainabled

evelopment.un.org/content/documents/19901SDG6_SR2018_web_3.pdf(검색일: 2019.7.23).

UNESCO. 2019. *World Water Assessment Program. The United Nations World Water Development Report 2019: Leaving No One behind.* file:///D:/0.%20user/Downloads/ 367306eng.pdf(검색일: 2019.7.1).

UNICEF. 2017a. DPR Korea Multiple Indicator Cluster Survey(MICS). https://www.unicef.org/eap/media/1891/file/2017%20MICS%20Survey%20Data.pdf(검색일: 2019.8.5).

_____. 2017b. *Formative Evaluation of the UNICEF WASH Programme in DPR Korea with a focus on Gravity-Feed Water Systems.* https://www.unicef.org/evaldatabase/files/Evaluation_UNICEF_WASH_Programme_DPRK_FINAL_Report_2016-001.pdf(검색일: 2019.8.3).

_____. 2019. *DPRK Humanitarian Situation Report,* No.2. https://reliefweb.int/sites/reliefweb.int/files/resources/DPRK%20End-Year%20SitRep%20-%202019.pdf(검색일: 2019.7.21).

WHO/UNICEF. Joint Monitoring Programme(JMP) for Water Supply|| Sanitation and Hygienehttps://www.unwater.org/publication_categories/whounicef-joint-monitoring-programme-for-water-supply-sanitation-hygiene-jmp/(검색일: 2019.7.21).

제3부
번영과 경제발전 영역

제10장

지속가능발전목표 8로 본 북한경제:
현황과 개발협력 방안

홍제환 | 통일연구원

I. 서론

새천년개발목표(Millennium Development Goals, MDGs)가 사회개발에 초점이 맞춰졌던 것과 달리, 지속가능발전목표는 사회개발과 함께 경제발전, 환경보호 측면 역시 중시하고 있다. 이에 따라 경제발전과 관련성이 큰 2개의 목표(지속가능발전목표 8, 9)가 지속가능발전목표에 포함되었는데, 지속가능발전목표 8(양질의 일자리와 경제성장)은 그중에서도 경제발전과 가장 직접적으로 관련된 목표다.

그런데 지속가능발전목표 8은 북한의 지속가능발전목표 전략적 우선순위 대상에 포함되어 있지 않다(UNCT 2016, 13). 북한에서 경제발전이 매우 중요한 과제라는 데에는 큰 이견이 없는 만큼, 경제발전과 가장 직접적으로 관련된 목표가 우선순위에 해당되지 않은 것은 다소 의아해 보이기도 한다. 아마도 기아 종식(지속가능발전목표 2), 위생 환경 개선(지속가능발전목표 6), 에너지 접근성 강화(지속가능발전목표 7) 등 경제발전 외에도 북한 당국이 관심을 기울이고 해결해야 할 더 시급한 문제가 산적해 있기에 지속가능발전목표 8은 순위가 뒤로 밀렸을 것이다.

그렇다고 해도 지속가능발전목표 8을 달성하는 것은 북한 당국 입장에서 매우 중요한 과제임에 분명하다. 그리고 지속가능발전목표 8의 달성은 북한의 독자적 역량만으로는 쉽지 않은 일이며, 국제사회의 지원과 협력 속에서 추진되어야 가능하다는 점 또한 분명하다. 이 장에서는 지속가능발전목표 8의 구체적인 내용에 대해 살펴보고, 양질의 일자리와 경제성장이라는 관점에서 북한의 실태는 어떠한가에 대해서 분석한 뒤, 북한에서 지속가능발전목표 8을 구현하기 위해 개발협력 사업을 추진할 경우 고려할 사항에 대해서 논한다.

II. 지속가능발전목표 8: 목표와 지표

1. 개관

앞서 지속가능발전목표 8은 경제발전과 직접적으로 관련된 목표임을 밝힌 바 있다. 그런데 지속가능발전목표 8의 지향점은 단순히 급속한 경제성장을 달성하는 데에 국한되지 않는다. '지속적·포용적·지속가능한 경제성장, 완전하고 생산적인 고용과 모두를 위한 양질의 일자리 증진(Promote sustained, inclusive and sustainable economic growth, full and productive employment and decent work for all)'이라는 정식 명칭에서도 드러나듯이, 지속가능발전목표 8은 지속적이고 포용적이며, 지속가능한 경제성장을 지향한다. 이는 경제성장 과정에서 무분별한 개발을 통한 경제 규모의 양적 팽창만을 추구해서는 안 되며, 모든 계층에게 성장의 결

표 1	지속가능발전목표 8의 세부목표와 이행지표

세부목표	이행지표
8.1 1인당 소득증가 유지(최저개발국의 경우 연간 GDP 성장률 7% 이상)	8.1.1 1인당 실질 GDP 증가율
8.2 산업다변화, 기술발전 및 혁신을 통한 경제 생산성 향상 달성	8.2.1 취업인구 1인당 실질 GDP 증가율
8.3 생산적 활동, 양질의 일자리 창출, 기업가 정신, 창의성과 혁신을 지원하는 발전 지향적 정책을 진흥하고, 소규모 비즈니스 및 중소기업의 공식화와 성장 장려	8.3.1 성별(性別) 비농업분야 비공식 고용 비율
8.4 '지속가능 소비와 생산에 관한 10개년 계획'에 따라 소비와 생산에서 전 세계 자원효율성을 2030년까지 점진적으로 개선하고 경제성장을 환경악화로부터 분리시키도록 노력	8.4.1 물질발자국(MF), 1인당 물질발자국, GDP 대비 물질발자국 8.4.2 국내물질소비(DMC), 1인당 국내물질소비, GDP 대비 국내물질소비
8.5 2030년까지 청년·장애인을 포함한 모든 남녀를 위해 완전하고 생산적인 고용과 양질의 일자리 및 동일 가치 노동에 대한 동일 임금 달성	8.5.1 직업별, 연령별, 장애여부별 남녀 노동자의 시간당 소득 8.5.2 성별, 연령별, 장애여부별 실업률
8.6 2020년까지 교육 또는 훈련에 참여하지 않거나 실업 상태인 청년의 비율 대폭 감소	8.6.1 15~24세 청년 중 교육 또는 고용, 훈련에 참여하고 있지 않은 인구 비율
8.7 강제노동, 현대판 노예제, 인신매매를 근절하고, 가혹한 형태의 아동노동 금지 및 종식 보장을 위해 즉각적이고 효과적인 조치를 취하고, 2025년까지 모든 형태의 아동노동 종식	8.7.1 성별, 연령별 아동노동 아동(5~17세)의 수 및 비율
8.8 이주 노동자, 특히 이주여성과 불안정한 고용 상태에 있는 노동자를 포함한 모든 노동자의 노동권을 보호하고, 안전하고 안정적인 근로환경 제공	8.8.1 성별, 이주 상태별 직업 관련 치명적 또는 비치명적 부상 발생률 8.8.2 성별, 이주 상태별 노동권의 국내적 보장 수준
8.9 2030년까지 지역의 고유문화와 특산품을 알리고 일자리 창출에 기여하는 지속가능한 관광 진흥 정책 개발·이행	8.9.1 관광의 GDP 기여도 및 성장률 8.9.2 성별 관광산업 일자리 수와 일자리 증가율
8.10 모든 사람의 은행, 보험 및 금융 서비스 접근이 장려·확대될 수 있도록 국내 금융기관 역량 강화	8.10.1 성인 10만 명당 상업은행 지점과 ATM 수 8.10.2 (15세 이상) 성인 중 은행, 기타 금융기관 계좌를 보유하거나, 모바일 머니 서비스를 사용하는 인구비율

| 8.a 개발도상국, 특히 최빈국에 대한 '무역을 위한 원조(Aid for Trade)' 지원 확대 | 8.a.1 무역을 위한 원조(AfT) 약정 및 배분 |
| 8.b 2020년까지 청년 고용을 위한 글로벌 전략을 개발·운영하고, ILO의 "세계고용협약(Global Jobs Pact)" 이행 | 8.b.1 국가예산 및 GDP 대비 사회보호 및 고용 프로그램에 사용되는 정부지출 비율 |

주: 주로 환경부의 번역을 따르되 일부 수정함
자료: https://www.un.org/sustainabledevelopment

실이 돌아가야 함을, 그리고 환경도 충분히 고려되는 형태로 성장이 추구되어야 함을 의미한다.

뿐만 아니라 지속가능발전목표 8은 지속적·포용적·지속가능한 경제성장과 함께 완전하고 생산적인 고용, 그리고 양질의 일자리 증진이라는 목표도 포괄하고 있다. 경제성장과 함께 양질의 일자리 증진도 지향해야 한다는 것인데, 여기에는 양질의 일자리 창출을 동반한 지속적인 소득증가가 이루어질 때 포용적 성장 또한 실현 가능하다는 인식이 전제되어 있다(ILO 2019, 58).

지속가능발전목표 8은 총 12개의 세부목표로 구성되어 있다. 그리고 각 목표별로 1~2개의 이행지표가 있다(〈표 1〉 참조). 각 이행지표는 세부목표의 실행 정도를 평가하는 척도로서의 역할을 한다. 이하에서는 각각의 세부목표에 대해 살펴보되, ILO의 분류 방식을 따라 경제성장 및 생산성 향상(목표 8.1~8.4, 8.10), 고용 및 양질의 일자리(목표 8.5, 8.6, 8.9), 노동권 및 근로환경(목표 8.7, 8.8) 이렇게 크게 세 가지 유형으로 나누어 논한다. 일부 세부목표의 내용에는 두 가지 이상의 유형(예를 들어, 성장과 양질의 일자리)에 해당하는 사항이 포함되어 있지만, 여기서는 분석의 편의를 위해 위와 같은 분류 방식을 따른다.[1]

---

1) 8.a와 8.b는 번호가 앞의 세부목표와 다르게 알파벳으로 부여되어 있는데, 내용으로 보아 북한과 같이 소득 수준이 낮은 국가에는 해당하지 않는 사항으로 보이기 때문에, 여기서는 논의 대상에서 제외하였다.

2. 세부목표 및 이행지표[2]

1) 경제성장 및 생산성 향상

경제성장 및 생산성 향상과 관련해 지속가능발전목표 8에서 제시하고 있는 첫 번째 세부목표는 지속적인 경제성장(목표 8.1)이며, 이행지표는 1인당 실질 GDP 증가율이다. 성장률 목표치가 구체적으로 제시되어 있지는 않으며, 각국의 상황에 맞게 1인당 소득을 증대해 갈 것이 요구되고 있다. 다만 최저개발국(least developed countries)에 대해서는 7% 이상이라는 구체적인 연평균 성장률 목표가 제시되어 있다. 그런데 2000년 이후 소득수준별 국가군의 1인당 소득증가율 추이를 나타낸 〈그림 1〉에서 볼 수 있듯이, 저개발국 국가군의 연평균 경제성장률은 2000년대 후반을 제외하고는 대체로 7%를 밑돌고 있다는 점에서,[3] 이 목표는 저개발국에 다소

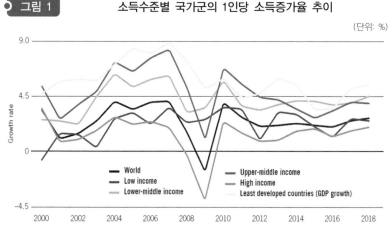

● 그림 1   **소득수준별 국가군의 1인당 소득증가율 추이**

(단위: %)

주: 저개발국에 대해서는 GDP 성장률이 제시되어 있음
자료: ILO(2019, 61)

---

2) 이 부분은 주로 ILO(2019)를 참고하여 작성하였다.
3) 특히 최근 2011~2018년 저개발 국가군의 연평균 경제성장률은 4.8%에 그치고 있다(ILO 2019, 61).

버거워 보인다.

경제성장 및 생산성 향상과 관련된 두 번째 목표는 경제 생산성 향상이다(목표 8.2). 이를 위해서 고부가가치 산업 및 노동집약적 산업에 중점을 두는 등의 방식으로 산업을 다변화하고, 기술발전 및 혁신을 도모해갈 것이 요구되고 있다. 경제 생산성 향상 여부에 대한 평가 지표는 취업인구 1인당 실질 GDP 증가율이다.

세 번째로 제시된 목표는 발전지향적 정책을 진흥하고, 소규모 비즈니스 및 중소기업의 공식화(formalization)와 성장을 장려하는 것이다(목표 8.3). 여기서 발전지향적 정책은 생산적 활동, 양질의 일자리 창출, 기업가 정신, 창의성과 혁신을 지원하는 정책 등을 지칭한다. 표에는 제시하지 않았지만, 소규모 비즈니스 및 중소기업의 공식화와 성장을 장려하는 조치로 금융 서비스에 대한 접근성 강화를 특별히 언급하고 있다는 점도 눈에 띈다. 이행지표는 성별(性別) 비농업분야 비공식 고용 비율[4]인데, 경제의 비공식 부문 규모를 파악하는 데에 초점이 맞춰진 이 지표로 목표 8.3의 전반적인 이행 수준, 특히 발전지향적 정책의 진흥 수준을 평가하는 데에는 한계가 있어 보인다.

네 번째 목표는 선진국 주도 하에 소비와 생산에서 전 세계 자원효율성(resource efficiency)을 2030년까지 점진적으로 개선하고, 경제성장이 환경악화로부터 분리되도록 노력한다는, 바꿔 말하면 경제성장이 환경악화를 수반하지 않도록 한다는 것이다(목표 8.4). 지속가능한 경제발전을 위해서 환경적인 측면을 충분히 고려할 것이 요구되고 있는 것인데, 이행지표로는 자원발자국(material footprint, MF)[5]과 국내자원소비(domestic material consumption, DMC)[6] 및 이를 활용하여 산출한 값(1인당 MF, GDP 대비

---

4) 비공식 고용은 국제노동기구(ILO)의 정의에 의하면, '불법은 아니지만 법적 제도적 틀 아래에서 규정되거나 혹은 보호받지 못하는 보수를 제공받는 일자리'를 의미하며, 넓게 보면 자영업도 포함된다(이상미 2015, 164).

5) 국내에서 사용되는 제품을 생산하기 위해 국내 및 해외에서 추출한 자원의 양을 의미함 (Clarke & Ainslie 2019, 2).

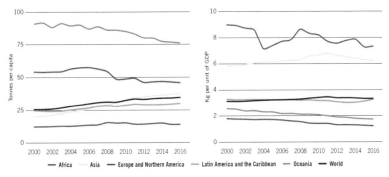

> **그림 2**   **지역별 '국내자원소비(DMC)' 추세**
>
> Domestic material consumption per capita and per unit of GDP, global and by region, 2000–16

자료: ILO(2019, 64)

DMC 등)이 제시되어 있다. 〈그림 2〉는 지역별 '국내자원소비(DMC)' 추세를 나타낸 것으로 1인당으로 환산할 경우와 단위 GDP당으로 환산할 경우의 소비 수준에 대한 평가가 크게 달라짐을 알 수 있다. 따라서 보다 명확한 평가 기준이 설정될 필요가 있어 보인다.

경제성장 및 생산성 향상과 관련된 마지막 목표는 국내 금융기관의 역량 강화이다(목표 8.10). 국내 금융기관의 역량을 강화하는 목적이 모든 사람의 은행, 보험 및 금융 서비스 접근성을 강화하는 데에 놓여 있다는 점에서 이 목표는 포용적 성장이라는 측면에 초점이 맞춰져 있다고 판단된다. 이행지표로는 금융 서비스 접근이 얼마나 보편화되어 있는가를 평가할 수 있도록 성인 10만 명당 상업은행 지점과 ATM 수, 그리고 15세 이상 성인 중 은행, 기타 금융기관 계좌를 보유하거나, 모바일 화폐 서비스를 사용하는 인구비율이 제시되어 있다.

---

6) 한 경제에서 직접적으로 사용되는 자원의 총량을 의미하며, 자원 수입량에 국내 자원 추출량을 더한 뒤, 자원 수출량을 빼는 방식으로 산출함(https://unstats.un.org).

2) 고용 및 양질의 일자리

고용 및 양질의 일자리와 관련해서는 세 개의 세부목표가 제시되어 있다. 첫 번째는 2030년까지 청년·장애인을 포함한 모든 남녀의 완전하고 생산적인(full and productive) 고용 및 양질의 일자리 창출, 동일 노동에 대한 동일 임금 달성이다(목표 8.5). 그리고 직업·연령·장애여부별 남녀 노동자의 시간당 소득과 성·연령·장애여부별 실업률이 이행지표로 제시되어 있다. 이는 완전 고용을 달성하고 양질의 일자리를 늘려 나가되, 그 혜택이 성·연령·장애여부 등과 관계없이 모두에게 고르게 돌아가도록 해야 함을 의미한다.

　두 번째 목표는 2020년까지 교육 또는 훈련에 참여하지 않거나 실업 상태에 있는 청년의 비율을 대폭 줄여 나가는 것이다(목표 8.6). 이러한 청년을 소위 니트족(not in employment, education or training, NEET)이라 부르는데, 이들은 취업에 필요한 기술을 습득하지 못해 현재 실업 상태에 있을 뿐만 아니라 앞으로도 일자리를 찾는 데에 어려움을 겪을 수 있다. 이러한 청년의 증가는 경제의 지속적 성장 역량을 약화시키는 결과도 낳을 수 있다는 점에서, 이들을 줄여나가기 위한 정책적 노력이 필요하다

● 그림 3　　　　　　**소득수준별 국가군의 니트족 비율**

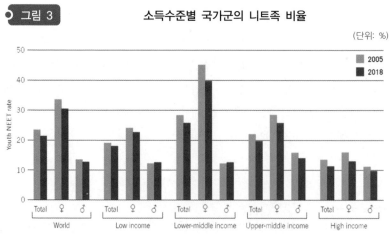

자료: ILO(2019, 67)

(ILO 2019, 67). 이 목표에 대한 이행지표는 15-24세 청년 중 교육 또는 고용, 훈련에 참여하고 있지 않은 인구 비율, 즉 니트족의 비율이다. 〈그림 3〉은 소득수준별 국가군의 니트족 비율을 나타낸 것인데, 전 세계 15~24세 청년 중 20% 이상이 이에 해당한다는 점, 남성, 특히 중하소득국가 남성 중 니트족 비율이 가장 높다는 점 등을 확인할 수 있다.

고용 및 양질의 일자리와 관련된 세 번째 목표는 2030년까지 지속가능한 관광 진흥 정책을 개발·이행하는 것이다(목표 8.9). 여기서 말하는 지속가능한 관광 진흥 정책은 지역의 고유문화와 특산품을 알리고 일자리 창출에 기여하는 관광정책을 일컫는다. 이행지표는 관광의 GDP 기여도 및 성장률, 성별 관광산업 일자리 수와 일자리 증가율이다. 고용 및 양질의 일자리와 관련해 관광산업이 이처럼 강조되고 있는 것은 관광산업이 일자리 창출 측면에서 장점을 지니고 있기 때문으로 보인다. 우리나라의 경우를 예로 들면, 관광산업의 취업유발계수(employment induce-ment coefficient)는 2014년 기준으로 18.9명으로 제조업(8.8명)의 두 배를 상회하며 서비스업 전체 평균(17.3명)보다도 높다(김용성 외 2019, 60).

3) 노동권 및 근로환경

노동권 및 근로환경과 관련해서는 강제노동, 현대판 노예제, 인신매매를 근절하고, 2025년까지 모든 형태의 아동노동을 종식하는 것(목표 8.7)과 모든 노동자의 노동권을 보호하고, 안전하고 안정적인 근로환경 제공하는 것(목표 8.8)이 목표로 제시되어 있다.

국제노동기구(ILO)는 2016년 현재 전 세계 아동노동 규모가 1억 5,162만 명에 이르는 것으로 추정하고 있는데, 이는 전 세계 아동의 9.6%에 해당한다(ILO 2017, 28). 그리고 이 가운데 절반가량인 7,250만 명은 위험한 업무(hazardous work)에 종사하고 있다. 이를 아동노동 규모가 2억 4,550만 명에 달했던 2000년 비교하면, 아동노동 규모는 2000년대 들어와 절대적·상대적으로 크게 감소했다고 할 수 있다(ILO 2017, 24). 하지만 아프리카 및 아시아·태평양 지역을 중심으로 여전히 많은 아이들이 적절한 교

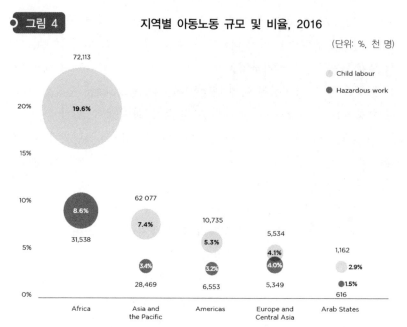

지역별 아동노동 규모 및 비율, 2016

그림 4

(단위: %, 천 명)

주 1: 비율은 각 지역 아동 중에서 아동노동 종사 인원의 비율을 나타냄
주 2: 짙은 색 원으로 나타낸 위험한 업무(hazardous work)를 하고 있는 아동은 아동노동 참여
    아동 중 일부임
자료: ILO(2017, 29)

육을 받을 기회를 상실한 채 위험한 노동 환경에 노출되고 있다(〈그림 4〉
참고). 목표 8.7은 이러한 아동노동을 완전히 종식하겠다는 것이며, 성·연
령별 아동노동(5~17세) 인원 및 비율을 이행 수준을 판단하기 위한 지표
로 삼고 있다.

한편, 노동권을 보호하고, 안전하고 안정적인 근로환경을 제공하는 것
은 포용적인 노동시장 제도를 구축하는 출발점이 된다는 점에서 목표 8.8
의 실현은 중요하다(ILO 2019, 69). 목표 8.8에서는 노동자 중에서도 이주
노동자, 특히 이주여성과 불안정한 고용 상태에 있는 노동자의 보호를 강
조하는데, 이는 그만큼 이들이 노동시장에서 취약한 지위에 있기 때문일
것이다. 이에 따라 이행지표로 성·이주 상태(migrant status)별 직업 관련
치명적 또는 비치명적 부상 발생률과 성·이주 상태별 노동권의 국내적

보장 수준이 제시되어 있다. 그러나 노동권의 보장 수준을 어떻게 평가할 것인가에 대해서는 구체적인 기준이 마련되어 있지 않다는 점에서 개선이 필요해 보인다.

III. 북한의 지속가능발전목표 8 관련 현황 분석

북한은 지속가능발전목표 이행 전략을 수립하면서 지속가능발전목표 8에 해당하는 국내 목표를 '독립적인 지식기반 경제 설립, 모두를 위한 일자리 보장(Establish self-reliant and knowledge-based economy, ensure work for all)'으로 설정한 것으로 보인다(남상민 2019, 122). 각국은 국내 여건을 고려하여 국가 단위에서 추진할 목표를 설정하고 있는데,[7] 북한의 경우 북한 당국이 강조하는 주체성, 지식경제 강국 등의 지향점을 여기에도 반영, '지속적·포용적·지속가능한 경제성장' 대신 '독립적인 지식기반 경제 설립'을 목표로 제시한 것이다.

이에 따라 북한 당국은 지속가능발전목표 8의 세부목표도 이에 부합하는 형태로 일부 수정하여 설정하고 있을 것으로 보인다. 하지만 관련 사항이 공개되지 않아 파악하기는 어렵다. 따라서 지속가능발전목표 8과 관련된 북한의 현황에 대한 논의는 앞 절과 마찬가지로 경제성장 및 생산성 향상, 고용 및 양질의 일자리, 노동권 및 근로환경으로 나누어, 지속가능발전목표 8의 세부목표 및 이행지표에 초점을 맞추어 살펴본다. 그리고 대부분의 이행지표에 관한 구체적인 정보를 얻기 어려운 만큼, 최근의 변화 상황에 대해서는 주로 관련 통계 혹은 정황을 참고하여 논한다.

---

7) 우리나라의 경우, K-SDGs의 목표 8은 '좋은 일자리 확대와 경제성장'으로, 유엔의 지속가능발전목표 8과 별반 다르지 않다(환경부 2018, 13).

1. 경제성장 및 생산성 향상

1) 지속적인 경제성장(목표 8.1)

목표 8.1에서는 성장률 목표치를 명시하고 있지 않으나, 최저개발국(LDCs)에 대해서는 연간 GDP 성장률 7% 이상이라는 구체적 목표치를 제시하고 있다. 그런데 북한은 유엔이 선정한 최저개발국에는 해당하지 않는다.[8] 유엔은 1인당 소득수준, 인적자산지수(Human assets index, HAI), 경제적 취약성 지수(Economic vulnerability index, EVI)를 합산하여 최저개발국을 선정하는데, 2018년 기준으로 북한은 1인당 소득은 145개국 중 128위에 그쳤지만, 인적자산지수는(73위)와 경제적 취약성 지수(66위) 평가가 나쁘지 않아, 대상에 포함되지 않았다. 하지만 소득수준을 놓고 보면 북한은 저소득 국가에 해당하므로, 최저개발국에 요구되는 수준에 준하는 경제성

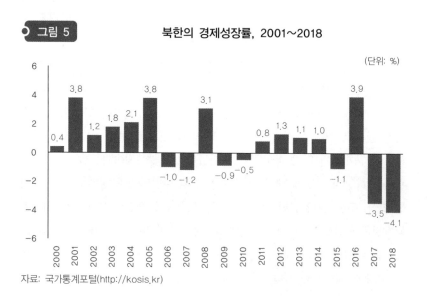

그림 5　　　　　　　　　**북한의 경제성장률, 2001~2018**

(단위: %)

자료: 국가통계포털(http://kosis.kr)

---

8) 참고로 유엔은 최저개발국가를 1971년부터 선정해 왔는데, 북한은 한 번도 여기에 포함된 적이 없다.

장을 달성할 필요가 있을 것이다.[9)]

그러나 북한의 연간 GDP 성장률을 보면, 이러한 목표치를 크게 밑돌고 있는 상황이다. 한국은행의 추계 결과를 보면(〈그림 5〉), 북한은 2000년대 들어와 4% 이상의 성장률을 달성한 적이 없으며, 최근(2017~2018년)에는 대북제재 강화 속에 2년 연속 마이너스 성장을 기록하고 있다.[10)]

2) 경제 생산성 향상(목표 8.2)

목표 8.2의 성과를 측정하는 지표인 취업인구 1인당 실질 GDP 증가율은 유엔의 추정치를 사용할 수 있다. 〈그림 6〉은 2000년부터 2017년까지 북

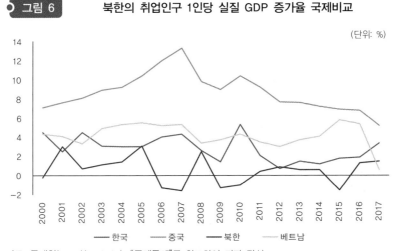

○ 그림 6   **북한의 취업인구 1인당 실질 GDP 증가율 국제비교**

(단위: %)

— 한국   — 중국   — 북한   — 베트남

자료: 통계청(http://kosis.kr), "국제통계"를 참고하여 저자 작성

---

9) 세계은행은 매년 1인당 소득수준(PPP)을 기준으로 전 세계 국가를 저소득·중하위소득·중상위소득·고소득 국가로 분류하고 있는데, 북한은 1998년부터 최근까지 저소득 국가로 분류되고 있다.

10) 아직 한국은행의 공식 통계가 발표되지는 않았지만, 2019년 북한 경제성장률은 기저효과로 인해 2017~2018년에 비해서는 높을 것으로 예상된다. 하지만 목표치 7%에는 크게 못 미칠 것으로 보인다.

한 및 한국·중국·베트남의 취업인구 1인당 실질 GDP 증가율을 제시해 놓은 것인데, 중국의 증가율이 가장 높고, 북한의 증가율이 가장 저조한 상황이 지속되고 있음을 확인할 수 있다. 특히 북한의 경우, 2015년을 비롯한 일부 연도에는 마이너스 성장을 기록한 것으로 나타나고 있다. 적정 수준의 취업인구 1인당 실질 GDP 증가율이 제시되어 있지 않아 제약이 있긴 하지만, 북한의 증가율 수준은 상당한 개선이 필요하다는 점은 분명해 보인다. 다만 목표 8.2에서 경제 생산성 향상과 관련해 산업다변화, 기술발전 및 혁신이 강조되고 있다는 점에서, 북한의 '지식기반 경제 설립'이라는 목표 설정은 방향성 측면에서는 적절해 보인다.

3) 발전지향적 정책 추진 및 소규모 비즈니스·중소기업의 공식화와 성장 (목표 8.3)

주지하듯이, 북한은 사적 소유권을 인정하지 않고 있으며, 공식적으로는 국가의 계획에 따라 국영기업이 생산토록 되어 있다. 따라서 생산적이며, 기업가 정신·창의성과 혁신을 촉진하는 발전지향적 정책이 효과적으로 추진되기 어려운 구조라고 할 수 있다. 적극적이고 창의적인 생산 활동을 하는 데에 필요한 인센티브가 충분히 제공되지 못하기 때문이다.

한편, 정확한 비율을 추정하기는 어려우나, 현재 북한경제의 많은 영역에서 비공식 부문이 큰 비중을 차지하고 있다. 소위 '돈주'라 불리는 신흥자본가 계층을 중심으로 많은 사람들이 비공식적으로 국영기업에 돈을 빌려주거나 기업 명의 또는 생산수단을 대여하여 생산하는 방식으로 소득을 올리기도 하며, 사영기업을 운영하기도 한다. 〈표 2〉는 북한이탈주민을 대상으로 북한에서 개인의 기업 활동이 어떻게 이루어지고 있는가를 조사한 결과인데, 2012년 조사 결과와 2015년 조사 결과를 비교해 보면, 갈수록 개인의 기업 활동이 확대되는 양상을 확인할 수 있다.

| ○ 표 2 | 개인의 기업 활동 유형과 수준 |

(단위: %)

형태	설문 문항	매우 많았다		어느 정도 있었다	
		2012년 조사	2015년 조사	2012년 조사	2015년 조사
대부 투자	농장 작업반에 돈을 빌려주고 농산물을 팔아서 번 돈을 나누어 가지는 사람	12.8	28.1	44.0	40.6
	개인농사를 하는 사람에게 돈을 빌려주고 농산물을 팔아서 번 돈을 나누어 가지는 사람	10.1	23.1	39.4	40.6
명의 대여	화물차를 사서 기관·단체에 등록해놓고 돈을 버는 사람	33.9	56.3	36.7	37.5
	(상업)관리소에 적을 걸고 집에서 식당을 하는 사람	14.7	50.6	45.0	36.9
	(편의봉사)관리소에 적을 걸고 개인이 하는 미용실	25.7	45.0	12.8	40.0
	(편의봉사)관리소에 적을 걸고 개인이 하는 숙박소	14.7	25.6	19.3	23.8
명의 및 생산 수단 대여	기관·단체의 이름을 빌려서 광물을 캐는 개인광산	15.6	27.5	16.5	35.6
	개인이 기계를 구해서 꾸며 놓은 국수 생산기지	41.3	53.8	28.4	36.9
	(급양)관리소로부터 건물을 빌려서 개인이 하는 식당	30.3	48.1	47.7	38.1
생산 수단 대여	수매상점 종업원 중 물건을 직접 들여와 파는 사람	12.8	47.5	41.3	39.4
	돈을 주고 기관·단체의 화물차를 빌려 쓰는 사람	33.9	55.6	34.9	33.1
사영 기업	기관·단체의 이름을 빌리지 않고 몰래 광물을 캐는 개인광산	13.8	18.8	11.0	37.5

자료: 양문수·윤인주(2016, 69-74)

4) 자원효율성 향상(목표 8.4)

지속가능한 경제발전을 위해서는 환경적인 측면이 충분히 고려되어야 한다. 경제성장이 환경악화를 수반하지 않도록 해야 하는 것이다. 이러한 측면에서는 북한의 상황이 비교적 양호해 보인다. 〈그림 7〉은 북한을 포함한 아시아 여러 국가의 GDP 단위당 물질사용량 추이를 제시해 놓은 것인데, 2010년대 이후 북한은 일본, 한국 다음으로 낮은 수준을 유지하고 있다.

　그런데 이는 북한이 환경적인 측면을 많이 고려해서라기보다는 아직 본격적인 경제성장 궤도에 들어서지 않았기 때문일 가능성이 높다. 바꿔 말하면 경제성장을 본격화하면서 GDP 단위당 물질사용량이 빠르게 상승한 베트남과 같은 상황이 북한에서도 발생할 수 있는 것이다.

5) 국내 금융기관의 역량 강화(목표 8.10)

이 목표와 관련해서 제시되어 있는 이행지표에 관한 구체적인 정보를 파악하기는 어렵다. 다만 금융기관이 제 기능을 하지 못하던 것과 비교하면,

그림 7　　　북한의 GDP 단위당 물질사용량 국제비교

(단위: kg/US$(실질))

한국　　　중국　　　인도　　　일본
북한　　　말레이시아　　　태국　　　베트남

자료: 통계청(http://kosis.kr), "국제통계"를 참고하여 저자 작성

김정은 시대 들어와 북한의 금융 환경이 개선되고 있는 것은 분명해 보인다. 우선 상업은행이 등장하였다. 북한에서는 조선중앙은행이 중앙은행 기능뿐만 아니라 상업은행의 기능도 담당하도록 되어 있었는데, 2006년 상업은행법이 제정된 데에 이어 2015년경부터 평양 지역을 중심으로 상업은행이 출현하고 있다. 하지만 아직은 간접자금중개라는 상업은행의 전통적 업무가 활성화되지는 못하고 있는 것으로 판단되는데, 이는 은행에 대한 주민들의 불신이 뿌리 깊어, 주민들이 은행 예금을 기피하는 경향이 있기 때문이다(이석기 외 2018a, 287).

북한 금융 환경 변화와 관련해 또 하나 주목할 부분은 카드 사용이 빠르게 확산되고 있다는 점이다.[11] 신용카드와 '대차지불카드'라고 불리는 직불카드가 발행되어 활용되는데 아직 전면적으로 보급된 상황은 아닌 것으로 보인다. 북한 당국은 카드 사용을 장려하고 있는데, 이는 카드가 은행계좌와 연계되어 발행됨에 따라 카드 사용이 활성화될수록 주민이 보유한 자금을 은행으로 흡수하기 용이해지기 때문이다. 특히 앞서 언급했듯이, 은행에 대한 주민들의 불신이 큰 상황에서 이러한 형태로 주민 자금이 은행으로 유입되는 것은 은행이 제 기능을 회복하는 데에 도움이 되고 있을 것으로 보인다.

2. 고용 및 양질의 일자리

1) 완전 고용 및 양질의 일자리 창출(목표 8.5 및 목표 8.6)[12]

북한경제가 안고 있는 가장 큰 문제 중 하나는 양질의 일자리 창출이 이루어지지 못하고 있다는 점이다. 개인은 일을 통해 자신의 역량을 충분히

---

11) 카드 사용과 관련된 내용은 주로 이석기 외(2018b, 252-256)를 참고하여 작성하였다.

12) 목표 8.6의 경우, 북한 내 니트족 실태에 대한 정보가 전혀 없고, 관련 논의가 양질의 일자리에 관한 논의와 중복되는 측면이 많다는 점을 고려하여 목표 8.5와 함께 검토한다.

| 표 3 | | | | 북한의 사적 고용 수준 |

(단위: %)

설문 문항	매우 많았다		어느 정도 있었다	
	2012년 조사	2015년 조사	2012년 조사	2015년 조사
다른 사람의 밭에서 농사일을 도와주고 돈을 받는 사람	16.5	35.0	45.9	49.4
개인이 하는 고깃배에서 돈을 받고 일하는 사람	37.6	53.1	34.9	26.9
개인이 하는 국수 생산기지에서 돈을 받고 일하는 사람	40.4	44.4	24.8	43.1
화물차에 실을 짐을 날라주면서 돈을 받는 사람	45.0	68.1	43.1	27.5
(상업)관리소에 적을 걸고 집에서 하는 식당의 종업원	17.4	28.8	28.4	49.4
개인이 하는 편의봉사시설에서 돈을 받고 일하는 사람	18.3	30.6	51.4	50.0

자료: 양문수·윤인주(2016, 69-74)

발휘하고, 안정적인 생활이 가능한 소득을 얻을 수 있어야 한다. 하지만 북한에서는 직업 선택의 자유가 보장되지 않고 있으며, 보수 또한 안정적 생활이 불가능한 수준으로 지급되는 경우가 많다.

이로 인해 주민들은 국가에서 배정한 직장에 출근하는 대신 자신에게 고용되어(self-employed) 영세 자영업에 종사하거나 사적으로 고용되는 등 비공식적이고 개인적인 형태의 경제활동을 하기도 한다. 〈표 3〉은 북한 이탈주민을 대상으로 북한에서의 사적 고용 실태에 대해 조사한 결과인데, 2012년 조사 결과와 2015년 조사 결과를 비교해 보면, 앞서 본 개인의 기업 활동과 마찬가지로 사적 고용도 갈수록 확대되고 있음을 확인할 수 있다.

하지만 영세 자영업이나 사적 고용 역시 양질의 일자리 창출이라는 측면에서는 뚜렷한 한계를 지니고 있다. 시장 규모에 비해 너무 많은 영세 자영업자가 존재하고 있어 자영업자 간의 과잉 경쟁이 벌어지고 있으며, 사적 고용은 대체로 일용직과 같은 단기적인 일거리 위주로 이루어지고 있다(홍제환 2018, 49-50). 이러한 상황에서는 종사자들이 안정적인 소득을 확보하기 쉽지 않을 것이다.

2) 지속가능한 관광 진흥 정책 개발·이행(목표 8.9)

김정은 시대 들어와 관광은 체제 선전 도구에서 하나의 산업으로 탈바꿈하고 있다. 특히 대북제재가 강화되어 수출이 급감함에 따라 관광산업의 외화소득원으로서의 중요성이 부각되고 있는 상황이다. 이에 따라 관광 분야에 많은 투자가 이루어지고 있는데, 대표적으로 원산갈마 해안관광지구, 삼지연군, 양덕군 온천관광지구를 비롯하여 여러 관광지를 개발하려는 시도가 이루어지고 있다. 또한 2013년 평양상업대학 봉사학부(관광학부)를 확대 개편하고, 2014년 북한 최초의 관광단과대학인 평양관광대학을 설립하는 등 관광인력 육성에도 적극 나서고 있다.[13]

북한은 미지의 국가로서 호기심을 불러일으키기도 하며, 과거에 대한 향수를 지닌 중국인들에게 매력적인 여행지이기도 하다(김석진 2019b, 195). 그렇지만 북한이 관광산업 분야에서 국제적으로 비교우위를 확보하기 위해서는 아직 갈 길이 멀다. 관광 기반시설 및 서비스가 미비하며, 관광 부문에 국영기업만 존재하여 민간기업이나 개인사업자의 비즈니스가 발전해 있지 않고, 자유로운 여행이 불가능하며 정치적 위험도 도사리고 있다(김석진 2019b, 195). 게다가 몇몇 곳을 제외하면 관광자원 측면에서도 비교우위를 지니고 있다고 보기 어렵다. 이러한 여건 하에서는 관광 분야에서 지속적으로 관광객을 유치하고 많은 일자리를 창출해내기가 쉽지 않은 만큼, 외자 유치, 제도적·정치적 환경 개선 등의 노력이 필요하다.

3. 노동권 및 근로환경

1) 아동노동의 종식(목표 8.7)

북한 아동노동의 실태와 관련해서는 최근 조사된 자료가 있다. 유니세프

---

13) 북한 관광 분야 현황에 대한 아래 내용은 신용석·최경은(2019, 52-66)을 참고하여 작성하였다.

(UNICEF)가 2017년 북한에서 실시한 다중지표군집조사(Multiple Indicator Cluster Survey, MICS) 보고서를 보면, 아동노동에 대한 조사 결과를 확인할 수 있다.[14] 〈표 4〉는 이 중 일부를 제시한 것으로, 한 주 동안 경제활동 또는 가사 일에 참여했는지를 물어보고, 연령별 기준을 초과해서 참여한 경우에는 아동노동에 해당하는 것으로 분류되고 있다. 표를 보면 전체 아동 중 5.1%가 아동노동을 하고 있으며, 1.4%는 위험한 조건에서 일하고 있다. 성별로 보면 남성이 여성보다, 농촌이 도시보다 아동노동 비율이 높다. 또 연령별로 보면, 연령대가 높아질수록 경제활동이나 가사 일

표 4   **북한 아동노동 조사 결과, 2017년**

(단위: %)

		지난 주 경제활동 참여시간		지난 주 가사 일 참여시간		위험한 조건에서 일하는 아동	전체 아동노동
		연령별 기준 미만	연령별 기준 이상	연령별 기준 미만	연령별 기준 이상		
전체		19.9	4.0	58.8	0.2	1.4	5.1
성별	남	20.3	4.3	54.0	0.2	1.3	5.5
	여	19.4	3.7	63.8	0.1	1.4	4.7
지역	도시	11.4	2.5	56.3	0.0	0.7	3.1
	농촌	31.0	5.9	62.1	0.3	2.2	7.9
연령	5~11	4.1	6.6	39.7	0.1	0.6	6.7
	12~14	34.7	2.1	76.2	0.4	2.1	4.4
	15~17	40.4	0.1	84.8	0.0	2.3	2.4
자산 지수	하위20	30.2	8.2	63.7	0.6	3.2	10.9
	중위40	25.0	4.5	61.3	0.0	1.3	5.6
	상위40	8.5	1.1	53.5	0.0	0.3	1.3

자료: Central Bureau of Statistics of the DPR Korea and UNICEF(2018, 137)

---

14) MICS에 대한 보다 자세한 사항은 김석진(2018, 28-32)에 제시되어 있다.

에 참여하는 비중은 증가하고 있으나, 아동노동에 해당하는 아동 비율은 연령대가 낮을수록 증가하는 경향이 나타나고 있다. 그리고 자산이 많은 가정일수록 아동노동 비율이 낮아지는 양상도 확인할 수 있다.

그런데 앞서 본 〈그림 4〉를 활용해 국제비교를 해보면, 북한의 아동노동 비중은 아시아·태평양 지역뿐만 아니라 전 세계 평균에 비해서도 낮은 것을 알 수 있다. 하지만 북한 아동의 경우, 가정 내에서뿐만 아니라 학교에서도 노동에 동원되는 것으로 알려져 있다는 점도 고려해야 한다. 북한이탈주민들의 증언 등에 따르면, 학생들은 방과 후나 수업시간에 김매기, 모내기, 감자캐기 등 각종 작업에 수시로 동원되고 있다(김수경 외 2019, 330). 따라서 MICS 결과만을 가지고 북한의 아동노동 실태가 상대적으로 양호하다고 단정짓기는 어렵다.

2) 노동권 보호 및 안정적인 근로환경 제공(목표 8.8)

북한은 노동권 보호나 안정적인 근로환경 제공이라는 측면에서 매우 취약한 상태에 있다. 북한에서는 취업이나 전직이 근로자의 의사에 따라 이루어지지 않는 등 직업 선택의 자유를 침해당하는 경우가 많다. 또한 전술했듯이, 국가에서 배정받은 일자리에서 노동에 대한 정당한 보수를 지급받지 못해 별도의 경제활동을 통해 소득을 올리거나, 아예 일정 금액을 직장에 내고 출근하지 않는 대신 개인적인 경제활동을 하는 근로자도 많은 것으로 알려져 있다.

노동자를 보호하는 시스템도 사실상 부재한 상황이다. '조선직업총동맹'이라는 근로자단체도 있긴 하지만, 이는 노동자의 권익을 보호해주는 단체는 아니며, 노동자들은 단결권, 단체교섭권, 단체행동권을 보장받지 못하고 있다(김수경 외 2019, 250). 사적 노동시장의 경우 정식적으로 계약관계를 맺지 않은 채 근로하는 경우가 많은데, 임금 미지급 등 고용주의 횡포로부터 노동자를 보호해 줄 제도적 장치가 없다. 또한 북한에서는 노동자의 근로환경이 열악하여 안전을 위협받는 경우가 많음에도 산업재해 발생 시 보상 수준이 턱없이 낮아, 노동자가 근로 중 재해를 당하여 노동

능력을 상실하거나 사망하게 되면 가족이 경제적 위기에 직면하게 된다.

IV. 지속가능발전목표 8과 북한개발협력: 현황과 추진 방안

1. 북한개발협력 추진 현황

지속가능발전목표 8과 관련된 북한의 현황을 살펴본 결과, 양질의 일자리 창출과 경제성장이라는 지속가능발전목표 8의 목표를 실현하기 위해서는 많은 과제가 해결되어야 함을 확인할 수 있었다. 그러나 북한 단독으로 이러한 과제들을 해결해 가는 데에는 현실적 제약이 크다. 따라서 국제사회가 개발협력 사업을 통해 개발 경험을 전수해 주고, 물적·인적으로 미비한 부분을 지원해 줄 필요가 있다.[15)]

그런데 지금까지 국제사회 및 한국의 북한개발협력 사업에서 양질의 일자리 창출과 경제성장이라는 과제는 크게 중시되지 않았던 것으로 보인다. 국제사회 및 한국의 북한개발협력 사업 추진 경과를 나타낸 〈그림 8〉이 이를 잘 보여준다. 이 그림은 구애림·조정훈·조진희(2019)에서 추계한 결과를 인용한 것으로, 추계는 개발협력 사업의 지원 금액을 지속가능발전목표별로 매칭시키는 방식으로 이루어졌다.

그림을 보면, 국제사회의 개발협력 사업은 지원금 기준으로, 지속가능발전목표 2(식량안보), 지속가능발전목표 3(건강증진), 지속가능발전목표 16(평화/정의 실현)에 95% 이상이 집중된 것으로 나타나고 있으며, 한국의

---

15) 개발협력(development cooperation) 사업이란 각국 정부와 국제기구, 민간단체, 기업 등 국제사회가 저개발국의 경제사회 발전을 돕기 위해 실시하는 비영리사업을 말한다(김석진·홍제환 2016, 14).

그림 8   **국제사회 및 한국의 북한개발협력 현황**

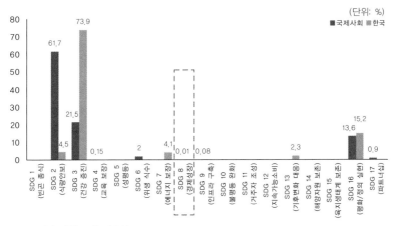

주 1: 분야별 지원 금액 기준임
주 2: 한국의 통계는 2008~2017년에 국한해서 추계된 결과이며, 1995~2007년 자료는 반영되어
　　　있지 않음
자료: 구애림·조정훈·조진희(2019, 144)

개발협력 사업은 지속가능발전목표 3(건강증진), 지속가능발전목표 16(평화/정의 실현)에 90% 가까이가 집중되고 있다. 반면 지속가능발전목표 8(경제성장)과 관련해서는 국제사회의 지원금액 중에서는 0.01%만이 사용된 것으로 나타났으며, 한국의 지원은 전혀 없는 것으로 나타났다.

　　물론 개발협력 사업의 지원 금액을 지속가능발전목표별로 매칭시킬 때 분류 기준을 적용하는 과정에서 지속가능발전목표 8과 관련된 지원 규모가 과소평가되었을 가능성이 있다. 또한 이 자료에서 한국의 개발협력 사업 내역에는 사업이 보다 활발하게 이루어진 2007년 이전 실태가 반영되어 있지 않다는 점도 고려될 필요가 있다. 하지만 이러한 점을 고려하더라도, 적어도 2008년 이후에는 지속가능발전목표 8과 관련된 개발협력 사업은 북한에서 매우 제한적인 수준에서 이루어졌다는 점은 분명해 보인다.

2. 북한개발협력 추진 시 고려사항

향후 여건이 개선되면 한국 및 국제사회의 북한개발협력 사업은 활기를 띨 것으로 예상된다. 그런데 앞으로는 북한개발협력 사업 추진 시 과거와 같이 특정 분야에 투자가 집중되지 않도록 할 필요가 있으며, 그 과정에서 북한이 양질의 일자리와 경제성장이라는 지속가능발전목표 8의 목표를 실현하는 데에 도움이 되는 사업의 규모를 확대할 필요가 있다. 여기서는 지속가능발전목표 8과 관련된 개발협력 사업 추진 시 고려할 사항을 몇 가지 제안해 본다.

첫째, 국제사회가 북한의 비즈니스 환경을 개선하는 작업에 보다 적극적으로 나설 필요가 있다. 북한의 경제적 역량을 고려할 때, 경제를 발전시키기 위해서는 한국을 비롯한 해외로부터의 투자 유치가 반드시 필요하다. 그리고 이를 촉진하기 위해서는 무엇보다도 비즈니스 환경 개선이 이루어져야 한다. 북한의 상황을 한국, 베트남, 미얀마 등과 비교해 본 선행연구에 따르면, 북한의 비즈니스 환경은 창업 환경, 전력공급, 재산권 등록, 통관 행정 등 제 항목에서 매우 열악한, 세계 최하위 수준인 것으로 평가되고 있다(김석진 2019a, 45-47). 이러한 상황에서는 북한에 투자할 수 있는 여건이 조성되더라도 민간 부문의 대북 투자가 기대만큼 이루어지지 않을 가능성이 크다.

따라서 국제사회가 나서서 국제 기준에 부합하는 제도와 관행을 소개하고, 관련 인력의 교육, 해외 연수 등을 추진함으로써, 북한 당국이 비즈니스 환경과 그 중요성에 대한 이해도를 넓혀 나가며, 국제적인 기준에 부합하는 비즈니스 환경을 구축해 가도록 도울 필요가 있다. 특히 사회주의 제도와 이념을 장기간 유지하면서 생겨난 정치적·이념적 경직성과 관행, 국제 규범에 대한 몰이해는 단기간 내에 해소되기 어려울 것으로 보이는 만큼, 인내심을 가지고 지속적이고 변화를 유도해 갈 필요가 있다(김석진 2019a, 55).

둘째, 시장경제와 관련된 지식을 전수하는 측면이 강조될 필요가 있다.[16) 북한의 시장화는 이제 되돌릴 수 없는 수준에 이른 것으로 볼 수 있을 정도로 발전해 왔다. 하지만 북한 체제의 특성상, 북한 주민 대부분은 시장경제에 관한 지식을 학습할 기회를 얻지 못했을 것으로 보이며, 전문적인 지식을 갖춘 인력 또한 많지 않을 것으로 판단된다. 이러한 상황에서는 시장화의 양적·질적 수준을 제고하는 데에 한계가 있을 수밖에 없다.

시장경제 관련 지식을 전수하려는 시도는 국제사회와 한국 정부의 주도 하에 이미 이루어진 바 있다. 스위스 개발협력청(SDC)은 2004년 평양 비지니스스쿨 설립을 지원한 바 있으며, 한국 정부 및 한국개발연구원을 비롯한 관계 기관들은 북한 학자, 경제전문가, 관료 등을 대상으로 여러 형태의 시장경제 지식공유 사업을 실시한 바 있다.[17) 또 싱가포르 NGO '조선 익스체인지(Chosun Exchange)는 최근까지도 북한에서 사업가 등을 대상으로 지식공유 사업을 전개하고 있다.

향후에는 이러한 경험을 토대로 하되, '돈주'라 불리는 신흥자본가, 관료, 일반 주민 등 대상 집단에 따라 맞춤형 교육 콘텐츠를 개발하고, 교육 대상 인원도 크게 확대하는 등의 측면에 투자함으로써, 시장경제 관련 지식이 북한에 폭넓게 보급될 수 있도록 해야 하겠다.

셋째, 양질의 일자리를 창출한다는 목표를 달성하기 위해서는 북한 소상공인의 사업 여건 개선에 관심을 가질 필요가 있는데, 이들에 대한 지원 사업을 펼 경우에는 패키지 형태의 프로그램을 추진할 필요가 있다.[18) 북한의 시장화 과정에서 소매업, 식당업 등의 서비스업에 종사하거나 소규모 생산 활동을 하는 영세 소상공인층이 비공식적인 형태로 광범위하게 형성되었다. 그러나 이들에 대한 사회적 보호망은 갖추어져 있지 않으며, 사금융에 의존해야 할 만큼 금융환경도 열악하고, 사업 규모의 영세성

---

16) 이 내용은 주로 임강택 외(2018, 57-63)을 참고하여 작성하였다.
17) 하지만 5.24 조치 이후 한국 정부의 시장경제 지식 전수 사업은 전면 중단된 상태이다.
18) 이 내용은 주로 홍제환(2019, 98-114)을 참고하여 작성하였다.

으로 인해 경제활동의 효율성도 높지 않다. 북한의 소상공인들은 복합적인 어려움에 직면한 채 근근이 생계를 유지하는 수준에서 경제활동을 하고 있는 것이다.

따라서 소상공인 지원 사업은 한 가지 사항만 지원하는 데에 그치지 않고, 다음과 같은 사항을 종합적으로 제공하는 방식으로 이루어지는 것이 효과적일 것으로 보인다. 우선 시장경제 관련 기초 지식을 제공하는 프로그램이 운영될 필요가 있으며, 사금융 의존에 따른 부담을 덜어주기 위해 무담보로 소액을 대출해주는 마이크로 파이낸스도 제공해줄 필요가 있다. 아울러 질병으로 인한 사업 중단 등에 대비할 수 있도록 최소한의 사회적 보호망을 제공해 주는 방안도 강구될 필요가 있으며, 주민들이 보다 수익성 있는 업종으로 옮겨갈 수 있도록 돕기 위한 프로그램을 운영하는 방안도 검토될 수 있을 것이다.

V. 결론

이 장에서는 지속가능발전목표 8의 세부목표 및 이행지표의 내용을 개관하고 세부목표별 북한의 현황을 파악한 뒤, 향후 북한에서 지속가능발전목표 8과 관련된 개발협력 사업을 추진할 경우 고려해야 할 사항에 대해서 논하였다.

끝으로 한 가지 강조할 사항은 북한이 양질의 일자리 창출과 경제성장이라는 목표를 실현하기 위해서는 다양한 개발협력 사업도 필요하지만, 북한 당국이 명확한 의지를 지니고 있는가가 더 중요한 문제라는 점이다. 북한은 자원도 풍부하고, 양질의 인적 자원도 보유하고 있는 등 지속가능한 성장을 실현해 갈 수 있는 잠재력을 지니고 있다. 그럼에도 북한경제가 발전하지 못한 데에는 북한 당국이 체제 유지와 정권 안정에 초점을 맞추어 정책을 펴온 탓이 크다. 향후에도 북한 당국이 체제 유지와 정권 안정을 우선시하고, 경제발전을 위한 변화에 소극적인 입장을 지속해 간다면, 지속가능발전목표 8 실현을 위한 국제사회의 개발협력 사업 성과 역시 제한적인 수준에 머무를 수밖에 없을 것이다.

따라서 지속가능발전목표 8의 실현을 위해서는 개발협력 사업을 추진하는 것만큼이나 북한 당국의 경제발전에 대한 의욕을 고취시키고, 변화를 이끌어내려는 노력도 중요하다. 양자가 조화를 이루는 가운데, '독립적인 지식기반 경제 설립, 모두를 위한 일자리 보장'이라는 북한의 지속가능발전목표 8이 실현될 수 있기를 기대해 본다.

참고문헌

구애림·조정훈·조진희. 2019. 『북한을 읽다―지속가능발전 프로젝트』. 서울: 두앤북.

김석진. 2018. "국제사회의 개발도상국 및 북한 민생 조사 현황." 홍제환·김석진·정은미. 『북한 민생 실태 및 협력 방안』. 서울: 통일연구원.

_____. 2019a. "국제 비교를 통해 본 북한의 비즈니스 환경." 김석진·홍제환. 『남북경협 발전 잠재력과 정책 과제』. 서울: 통일연구원.

_____. 2019b. "남북경협 발전 잠재력: 관광." 김석진·홍제환. 『남북경협 발전 잠재력과 정책 과제』. 서울: 통일연구원.

김석진·홍제환. 2016. 『북한 민생경제 진흥을 위한 개발협력 방안』. 서울: 통일연구원.

김수경 외. 2019. 『북한인권백서 2019』. 서울: 통일연구원.

김용성 외. 2019. 『서비스산업 발전방향과 일자리 창출 방안 모색에 대한 연구』. 세종: 한국개발연구원.

남상민. 2019. "지속가능발전목표(SDGs) 담론의 북한 적용." 2019 국제개발협력학회 동계학술대회 발표자료집.

신용석·최경은. 2019. 『신남북관광협력의 정책방향과 과제』. 서울: 한국문화관광연구원.

양문수·윤인주. 2016. "북한 기업의 사실상의 사유화: 수준과 추세에 관한 정량적 분석." 『통일연구』 20(2): 45-88.

이상미. 2015. "Goal 8. 포괄적이며 지속가능한 경제성장과 완전하고 생산적인 고용, 그리고 모두를 위한 양질의 일자리 제공." KOICA. 『지속가능개발목표(SDGs) 수립현황과 대응방안』. 성남: KOICA: 155-176.

이석기 외. 2018a. 『김정은 시대 북한 경제개혁 연구―'우리식 경제관리방법'을 중심으로』. 세종: 산업연구원.

_____. 2018b. 『북한의 서비스산업』. 세종: 산업연구원.

임강택 외. 2018. "한반도 신경제구상 실현 방안." 성기영 외. 『평화와 번영의 한반도: 남북관계의 재정립과 한반도 신경제구상』. 세종: 경제인문사회연구회.

홍제환. 2018. "북한 노동시장의 형성과 발전." 오상봉 외. 『북한 노동시장의 현황』. 세종: 노동연구원.

_____. 2019. "남북한 경제협력공동체 기반 조성." 신종호 외. 『한반도 평화번영의 비전과 전략』. 세종: 경제인문사회연구회.

환경부. 2018. "국가지속가능발전목표(K-SDGs) 세부목표 및 지표." 세종: 환경부.

Central Bureau of Statistics of the DPR Korea and UNICEF. 2018. *DPR Korea Multiple Indicator Cluster Survey 2017: Survey Findings Report*. Pyongyang:

Central Bureau of Statistics and UNICEF.

Clarke, Hazel, and David Ainslie. 2019. "Measuring material footprint in the UK: 2008 TO 2016." Office for National Statistics.

ILO. 2017. *Global estimates of child labour: Results and trends, 2012-2016.* Geneva: ILO.

_____. 2019. "Sustainable Development Goal 8: Targets and indicators." *World Employment and Social Outlook — Trends 2019.* Geneva: ILO.

UNCT. 2016. "Strategic Framework for Cooperation Between the United Nations and the Government of the Democratic People's Republic of Korea 2011-2015." Pyongyang: UN Country Team.

국가통계포털(http://kosis.kr).

UN 통계국(http://unstats.un.org).

제11장

지속가능 산업화와 북한개발협력*

박지연 | 전북대학교

I. 서론

유엔은 2015년 전 지구적 발전을 위한 17개의 지속가능발전목표를 제안하면서 경제성장과 직접 연계된 지속가능한 산업화를 주요 목표 중 하나로 채택하였다.[1] 기존의 새천년개발목표가 인간개발 이슈에 초점을 맞추었던 반면, 지속가능발전목표는 빈곤퇴치 수단으로서 경제성장의 중요성을 인식하고, 개발도상국의 경제성장을 위한 지속가능 산업화에 관심을 표명한 것이다. 여기서 산업화란 좁은 의미로서는 농업 중심의 경제가 제조업 중심의 경제로 진화되는 과정을 말하며, 넓은 의미로서는 근대화와

---

* 본 글은 박지연, "지속가능 산업화 논의의 북한 적용," 『국가전략』 26권 1호(2020)의 내용 중 일부를 발췌하여 수정·보완한 것임을 밝힘. .
1) UN, "SDGs Knowledge Platform," https://sustainabledevelopment.un.org/sdg9(검색일: 2020.1.15).

관계가 있는 사회 변화를 뜻한다(한국국제협력단 2015, 180). 산업화는 다양한 측면에서 개발도상국의 경제성장에 중요한 영향을 미쳐왔으나 모든 산업화가 경제성장에 기여해왔던 것은 아니다. 예컨대 한국전쟁 후 추진된 남한의 산업화는 빈곤퇴치와 경제성장에 긍정적인 영향을 미친 것으로 평가된다. 산업화의 결과로 남한은 2018년 기준 1인당 GNI 40,020달러의 경제 강국이 되었다.[2] 반면 북한의 산업화는 1970년대 초까지 약 10% 수준의 경제성장률 달성[3]에 기여하였으나, 1990년대 중반 수백만 명의 아사자를 발생시키는 원인 중 하나로 언급되어왔다. 어떠한 경우는 산업화가 지속가능한 발전에 기여하며, 다른 경우는 그렇지 않은가?

본 연구는 북한을 대상으로 지속가능 산업화를 논의한다. 이를 위해 유엔의 지속가능한 산업화의 세부목표와 개도국 산업화 논의를 검토하여 북한의 지속가능한 산업화 탐색을 위한 분석틀을 제안한다. 다음으로 분석틀이 포함하고 있는 지표를 바탕으로 북한의 현황을 탐색한 후, 마지막으로 지속가능 산업화 목표 달성을 위한 북한개발협력을 논의한다. 결론에서는 본문의 내용을 요약하고 추후 연구를 제안한다.

II. 유엔의 지속가능 산업화 목표와 지표, 그리고 북한

산업화의 진행과 함께 많은 개발도상국들은 경제성장을 경험해왔다. 동시에 자국의 경제성장에 긍정적인 영향을 미치는 산업화가 다양한 부작용 또한 발생시킬 수 있음을 인식하게 되었다. 예컨대, Cherniwchan(2012)는

---

2) UN, "National Account," https://unstats.un.org/unsd/snaama/Basic(검색일: 2020.1. 20).

3) UN, "National Account," https://unstats.un.org/unsd/snaama/Basic(검색일: 2020.1. 20).

1970년부터 2000년까지 기간을 대상으로 157개 국가를 대상으로 산업화를 살펴본 후, 제조업의 생산액이 1% 증가할 때마다 황 배출 규모가 11.8% 증가한다는 결과를 보고한 바 있다. 또한 제조업 확대로 인한 아황산가스 배출 밀도의 지속적인 증가가 만성 질환의 인구 비율 증가에 중요한 영향을 미치며, 특히 호흡기 질환자 수 증가에 직접적인 영향을 미칠 수 있다는 연구도 발표되었다(He 2008). 특히 중국의 경우 산업화 진행으로 수질이 1등급 낮아지면, 소화기 암 사망률이 9.7% 증가한다는 것이다(Ebenstein 2012). 요컨대 산업화가 진행되면서 발생하는 부작용들은 결국 지속적인 산업화 추진의 걸림돌로 작용하게 되었다는 것이 널리 인식되었다.

이러한 배경 하에 산업화의 '지속가능성'에 대한 관심은 크게 증가하여왔다. 2015년에 채택된 유엔의 지속가능발전목표에서도 지속가능 산업화는 비중 있게 다루어지고 있다. 유엔은 9번째 지속가능발전목표로 회복가능한 인프라 건설, 포용적이고 지속가능한 산업화 및 혁신을 제안하고

⊙ 표 1　　　　　　　　　**지속가능발전목표 9의 세부목표**

9.1 (인프라) 지역 및 국경의 경제발전과 인류의 웰빙에 기여하는 지속가능하고 탄력성 있는 인프라를 개발한다.
9.2 (산업화) 2030년까지 고용과 국내 총생산에서 산업부문의 점유율을 확대(최빈국은 2배로 확대)하는 지속가능한 산업화를 추진한다.
9.3 (산업화) 소기업과 일반기업들의 금융서비스 접근성 향상을 시키며, 시장 참여를 증대시킨다.
9.4 (환경) 2030년까지 개별 국가들의 역량에 기반을 둔 자원 활용의 효율성 증대, 친환경적 기술 등을 포함한 산업 변화 정책을 이행한다.
9.5 (과학기술혁신) 2030년까지 인구 백만 명당 연구인력 증원, R&D 지출 증대, 사업 부문 기술역량 강화 등에 대한 혁신을 추진한다.
9.a (인프라) 최빈국 등에 대한 기술지원을 통해 개발도상국에서의 지속가능한 인프라를 개발한다.
9.b (과학기술혁신) 개발도상국에서 국내 기술 개발 및 연구에 대한 지원을 이행한다.
9.c (인프라) 2020년까지 최빈국의 인프라 개선을 통해 ICT 접근성을 향상시킨다.

출처: https://www.un.org/sustainabledevelopment/infrastructure-industrialization/(검색일: 2020.1.20)

있다. 해당 목표는 다음과 같이 8개의 세부목표들(targets)을 가진다. 해당 세부목표들은 각각의 내용을 기준으로 인프라 부문, 산업화 부문, 과학기술혁신 부문, 환경 부문 등 4개의 부문으로 구분할 수 있다(한국국제협력단 2015, 183).

본 절에서는 이 중 산업화 부문, 과학기술혁신 부문, 환경 부문을 지속가능 산업화 논의를 주요 분야로 제한하고 세부목표와 지표를 탐색하여 북한의 지속가능 산업화 논의의 틀을 도출한다.[4] 선정된 세부목표들과 하위지표들을 차례로 살펴보자.[5] 세부목표 9.2는 고용과 국내 총생산에서 산업부문의 점유율을 확대해야 한다는 것이 주요 내용이다. 해당 목표에 대하여 유엔은 2개의 지표를 제시하고 있는데, 첫 번째 지표는 1인당 GDP 중 제조업의 부가가치(Manufacturing Value Added; 이하 MVA)가 차지하는 비중이다. 여기서 제조업 분야는 국제표준산업분류(ISIC) 개정판 3(1990) 또는 개정판 4(2008)에 따라 정의되며, 개정판 3에서는 부문 D에 속하는 산업이나 개정판 4에서는 부문 C에 속하는 산업을 의미한다. MVA는 한 나라의 산업화 수준을 평가하기 위해 일반적으로 사용되는 지표로서 국내 총생산에서 MVA의 점유율은 국가경제에서 제조업의 역할과 제조업의 경제발전에 대한 기여 정도를 전반적으로 반영한다.

두 번째 지표는 전체 고용에서 제조업 고용의 비중이다. 고용은 상품을 생산하거나 급여 또는 이익을 위한 서비스를 제공하는 모든 활동에 종사했던 모든 사람에 관한 것이다. 노동 연령 인구는 보통 15세 이상의 모든 사람으로 정의된다.[6] 이 지표는 전체 고용에서 제조업의 기여도를 나

---

4) 유엔의 지속가능발전목표는 각 목표가 광범위한 분야를 다루고 있으며, 특히 목표 9의 경우 거시적인 차원의 다양한 분야를 포함하고 있는 바, 연구의 범위를 최대화하면서 동시에 일관성 있는 논의로 연구를 진행하기 위해 인프라 부문에 대한 연구는 추후 연구로 남김. 인프라 부문은 그 자체로도 다양한 범주의 발전 논의를 포함하기 때문임.
5) 이하 서술한 내용은 유엔의 목표와 지표에 대한 설명서의 내용 중 일부를 발췌하여 재정리한 것임. E-Handbook on SDG Indicators, https://unstats.un.org/wiki/display/SDGeHandbook/Goal+9(검색일: 2020.1.20).

타내는데, 산업화가 진행되면서 농업 등 전통적인 부문으로부터 상대적으로 높은 임금을 받는 생산 노동으로 잉여 노동력을 흡수하는 제조 부문의 능력을 측정하기 위한 지표이다. 그러나 선진국에서는 비용절감을 위해 제조업의 노동력 감소에 역점을 두고 있는 최근 경향을 반영하는 것에는 한계가 있을 수 있다.

세부목표 9.3은 소규모 산업의 금융접근성 및 시장 편입의 중요성을 강조한다. 해당 목표에 대하여 유엔은 2개의 지표를 제시하고 있는데, 첫 번째 지표는 전체 제조업 부가가치에서 소규모 산업의 제조업 부가가치 점유율이다. 유엔 지속가능발전 프레임워크에서 소기업은 많은 국가에서 국가의 법적 및 정책적 틀과 연관되어 있으나 일반적으로 고용된 사람의 평균 수 측면에서 정의될 수 있다. 한편 소기업은 적은 자본과 비교적 미숙련 노동력, 그리고 지역 내 원부자재를 사용하여 운영될 수 있다는 측면에서 총 산업 생산량 대비 낮은 기여에도 불구하고 개발도상국에서는 일자리 창출과 관련하여 중요하다. 특히 농업이나 어업과 같은 전통적인 부문의 잉여 노동력을 흡수하는 범위가 매우 높은 경우에 소기업의 기능은 더욱 중요한 것으로 인식될 수 있다. 또한 소기업의 산업은 식품, 의류, 가구 등 기초소비재 내수를 충족시킬 수 있다는 측면에서 지속가능 산업화에 중요한 지표가 될 수 있다.

두 번째 지표는 소규모 기업의 총 수 대비 금융기관의 대출이나 신용이 활성화된 소규모 기업의 수이다. 대출은 채권자가 채무자에게 직접 자금을 빌려주고 자산의 증거로 협상 불가능한 서류를 받을 때 생기는 금융상품이다. 여기에는 당좌대월, 담보대출, 무역신용 및 진보를 위한 대출, 재매입약정, 금융리스에 의해 창출된 금융자산과 부채, 그리고 대출 형태의 국제통화기금에 대한 청구 또는 부채가 포함된다. 노동자의 생산기술

---

6) ILO Resolution concerning statistics of work, employment and labour un derutilization, http://ilo.org/global/statistics-and-databases/standards-and-guidelines/resolutions-adopted-by-international-conferences-of-labour-statisticians/WCMS_230304/lang—en/index.htm(검색일: 2020.1.20).

향상을 위해 소기업은 우선융자, 신용 등의 형태로 재정지원을 필요로 하기 때문에 금융기관이 소기업의 산업에 얼마나 적극적으로 지원하는가는 매우 중요한 산업화 지표가 될 수 있다.

세부목표 9.4는 자원 활용의 효율성 증대 및 환경적으로 건전한 산업 정책의 이행을 권고한다. 지표는 부가가치 단위당 CO_2 배출량이다. 여기서 한 경제의 CO_2 배출량은 모든 부문의 에너지 소비 데이터에 기초하여 추정한다. 제조업 부문의 경우, 총 제조업 분야를 넘어 철강업, 화학 및 석유화학 산업, 비철금속 기본산업 등과 같은 하위 영역까지 모두 고려하도록 해야 한다. 제조업은 일반적으로 국가들이 높은 수준의 산업화 단계로 이동함에 따라 CO_2 배출 강도가 높아지고 있지만, 제조업의 구조적 변화와 제품 다양화를 통해 CO_2 배출 강도가 감소할 수 있다는 점을 고려할 필요가 있다. 단위 MVA당 CO_2 배출량이 적으면 제조업 생산 구조가 더 효율적이라는 해석도 가능하다는 의미이다.

세부목표 9.5는 R&D 지출을 증대하는 것을 포함하여 과학기술 연구 강화 및 산업부문 기술역량 업그레이드를 제안한다. 해당 목표에 대하여 유엔은 2개의 지표를 제시하고 있는데, 첫 번째 지표는 국내 총생산(GDP)의 백분율로 표현되는 특정 기준 기간 동안 국내에서 수행된 R&D 국내 지출이다. R&D는 기초연구, 응용연구, 실험개발의 세 가지 활동을 포괄한다. 기초 연구는 주로 현상과 관측 가능한 사실의 기초에 대한 새로운 지식을 습득하기 위해 수행되는 실험 또는 이론적 작업이다. 응용 연구는 새로운 지식을 얻기 위해 수행된 독창적인 조사이면서 그것은 주로 구체적이고 실용적인 목적을 지향한다. 실험 개발은 체계적인 작업으로 연구와 실제 경험에서 얻은 지식을 끌어내고 추가 지식을 생산하는데, 이는 새로운 제품이나 공정을 생산하거나 기존 제품이나 공정을 개선하는 것을 목표한다. 두 번째 지표는 인구 100만 명당 국내 연구자 수로 정의한다. 연구개발 인력은 모두 연구개발 활동에 직접 종사하는 사람들로 연구개발 활동에 직접 서비스를 제공하는 노동자들이다. 연구진은 연구자와 기술자 및 기타 지원 인력 등 연구개발 기능에 따라 분류된다.

세부목표 9.b는 기술개발, 연구, 혁신을 통한 산업의 고도화를 주요 내용으로 한다. 지표는 제조업의 부가가치에 대한 중·고기술(Medium High Technology) 산업의 비율이다. 산업화의 진행은 일반적으로 자원 기반 및 저기술 활동에서 중·고기술 활동으로 구조적인 전환을 수반한다. 현대적이고 복잡화된 생산 구조는 기술 개발과 기술 혁신을 위한 더 나은 기회를 제공한다. 따라서 이 지표를 측정함으로써 연구와 혁신의 수준뿐만 아니라 국내 기술의 수준도 관찰할 수 있다. 중·고기술점유율이 증가하는 것은 기술혁신의 더 높은 영향을 통한 국내 기술 발전을 반영하는 것으로 해석할 수 있을 것이다.

유엔 지속가능발전목표 9의 지속가능 산업화 세부목표들과 지표들은 〈그림 1〉과 같이 요약할 수 있다.

북한의 지속가능 산업화 분석틀은 일반적인 차원의 지속가능 산업화를 포함해야 한다는 측면에서 유엔의 목표와 지표에 근거해야 한다. 뿐만 아니라 북한의 산업화는 '경제성장'을 우선적으로 고려할 것이라는 측면

● **그림 1**   **유엔 지속가능 산업화 세부목표와 지표**

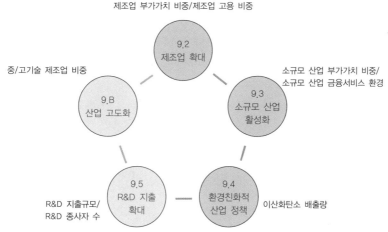

출처: 본문의 내용을 바탕으로 저자 정리

에서 산업화의 일반 논의를 살펴볼 필요가 있다. 즉 경제성장에 기여하는 산업화의 논의를 살펴볼 필요가 있다. 경제성장에 성공적으로 기여한 산업화의 대표적인 사례로 아시아의 산업화가 종종 언급되어왔다. 다수의 연구들은 한국 등 아시아 국가들의 국가중심 산업화가 해당 국가의 경제성장에 핵심적인 역할을 한 것으로 분석한다(조수현 2009; 오용선 2004; 류상영 1996). 중국의 산업화에 대한 분석도 활발히 이루어져왔는데, 중국의 급속한 경제성장은 국가 통제에 기반을 둔 산업화의 결과로 소개되어왔다(윤상우 2005; Walder 1996; Xia 2000). 구체적으로 어떠한 산업화 정책이 경제성장에 기여하는가에 대한 논의 또한 흥미롭다. 많은 연구들이 제조업의 성장이 경제성장에 기여한다고 주장한다. 제조업의 다양한 활동이 경제성장에 유의미한 영향을 미칠 뿐 아니라(Chakravarty · Mitra 2009), 제조업 성장은 관련 분야의 기술진보에 기여하면서 산업 전반의 성장을 유

그림 2　　　　　**북한의 지속가능 산업화 세부목표와 지표**

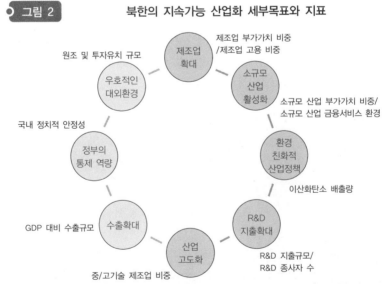

주: 왼쪽 3개 항목은 개발도상국의 산업화 관련, 오른쪽 5개 항목은 유엔의 지속가능발전목표의 산업화 논의와 연관함
출처: 본문의 내용을 바탕으로 저자 작성

도할 수 있기 때문이다(Szirmai 2012, 417). 더불어 개발도상국의 산업화는 국제무역과의 연관성을 높이면서 자국의 경제발전에 기여할 수 있다고 분석된다. 수출을 통해 제조업의 확대가 이루어지며, 제조업의 확대를 통한 산업화의 심화가 해당 국가의 거시경제지표 개선이 기여한다는 것이다(Greenway · Nam 1988).

전술된 내용을 종합하여 북한 지속가능 산업화의 세부목표와 지표는 〈그림 2〉와 같이 정리할 수 있다.

III. 북한의 지속가능 산업화 수준 탐색

본 절에서는 전술된 분석틀의 세부목표 및 지표들을 바탕으로 북한의 지속가능 산업화의 최근 추이를 탐색한다. 단, 해당 지표 자료가 부재한 경우에는 유사한 지표를 활용하며, 유사 지표도 부재할 경우에는 자료의 부재를 서술한다.

첫째, '제조업의 확대' 항목의 지표는 제조업의 비중 및 제조업의 고용 비중이다(이하 분석의 내용은 〈그림 3〉을 참조). 최근 10년간 북한의 GDP에서 제조업에 의한 부가가치가 차지하는 비중은 20% 수준에서 큰 변동이 없다. 마찬가지로 1인당 제조업 부문의 부가가치 생산액은 120달러 수준에서 변화를 보이지 않았다. 제조업의 성장률은 2009년 -3.0%였으며, 2012년부터 약 3년간 플러스성장률을 보였으나 2017년과 2018년에 각각 -6.9%와 -9.1%의 마이너스 성장률을 기록하였다. 한편 제조업의 고용 비중에 대한 지표는 공개된 바 없으나, 유엔의 인구조사 등을 바탕으로 감소추이를 추정해볼 수 있다. 공업부문 종사자는 1993년 전체 노동인구 중 37.4%, 2008년에 23.7%로 크게 감소하였으며, 2014년 조사에 따르면 2차 산업 종사자는 전체 산업 종사자 중 26.9% 수준이다. 요컨대 제조업의 확대는 발견

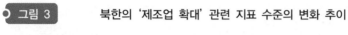

그림 3 　북한의 '제조업 확대' 관련 지표 수준의 변화 추이

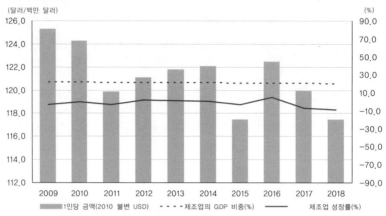

출처: UN, World Bank 통계를 요약한 통계청, "북한통계," http://kosis.kr/bukhan/index.jsp(검색일: 2020.1.20)를 참고하여 저자 작성

되지 않는다.

둘째, '소규모 산업 활성화' 항목의 지표는 소규모 산업의 부가가치 비중 및 소규모 산업의 금융 환경이다. 이와 관련한 북한 지표 혹은 유사 지표는 찾아보기 어렵다.

셋째, '환경친화적 산업 정책' 항목의 지표는 CO_2 배출량이다(이하 분석의 내용은 〈그림 4〉를 참조). 지난 10년간 CO_2 배출량을 살펴보면, 연료 연소로 인한 배출량은 2007년 0.633억 톤에서 2016년 0.254억 톤으로 감소하였다. GDP 단위당 CO_2 배출량은 2007년 0.580kg에서 2016년에 0.250kg으로 감소하였으며, 제조업 부가가치 단위당 CO_2 배출량 또한 2007년 12.84kg에서 2016년 4.87kg으로 크게 감소하였다. 즉, 지난 10년간 CO_2 배출량은 유의미한 감소추이를 보이고 있는 것으로 판단된다.

넷째, 'R&D 지출 확대' 항목의 지표는 R&D 지출 규모와 종사자 수이다(이하 분석의 내용은 〈그림 4〉를 참조). 해당 항목의 북한 지표는 찾아보기 어렵다. 단, 유사 지표로서 과학 및 기술전문지 게재 논문 수, 특허출원 및 등록 건수 등을 바탕으로 그 수준을 추정할 수 있다. R&D 지출 규모

그림 4

북한의 '환경 친화적 산업정책' 및 'R&D 확대' 관련 지표 수준의 변화 추이

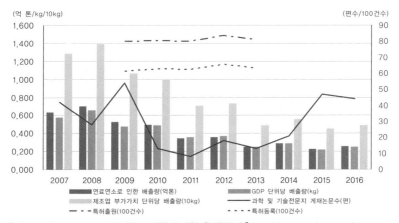

출처: UN 및 World Bank 통계를 요약한 통계청, "북한통계," http://kosis.kr/bukhan/index.jsp (검색일: 2020.1.20)를 참고하여 저자 작성

및 종사자 수는 북한의 논문 발간 건수 및 특허 건수와 연동될 것이라 가정하는 것이다. 북한의 전문지 게재 논문 수는 2007년 이후 2011년까지 전반적인 감소 추세를 보이다가 최근 증가 추이로 전환되었으나, 여전히 2009년 수준에 미치지 못하고 있다. 특허출원과 등록 건수는 2009년부터 2012년까지의 정보만 획득가능한데, 전반적으로 큰 변화가 없는 것으로 판단된다. 특허출원과 등록의 연간 평균 건수는 각각 8,111건과 6,307건이며 인구 천 명당 약 0.33건과 약 0.26건의 수준이다. 결과적으로 지난 10년간 북한의 R&D 지출 확대가 적극적으로 이루어지지 못한 것으로 평가할 수 있다.

다섯째, '산업고도화' 항목의 지표는 중/고 제조업의 비중이다. 이와 관련한 북한 지표는 찾아보기 어렵다.

여섯째, '수출 확대' 항목의 지표는 수출규모이다(이하 분석의 내용은 〈그림 5〉를 참조). 지난 10년간 북한의 수출 증가율은 2010년 전후 증가세를 보였으나, 이후 전반적으로 감소추이가 관찰된다. 특히 최근 3년간은 지속

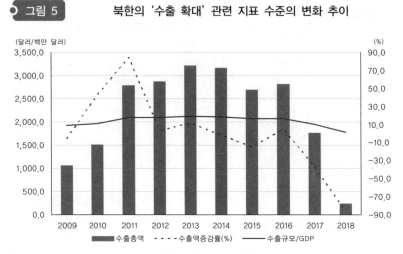

● 그림 5   **북한의 '수출 확대' 관련 지표 수준의 변화 추이**

출처: UN 및 World Bank 통계를 요약한 통계청, "북한통계," http://kosis.kr/bukhan/index.jsp
    (검색일: 2020.1.20)를 참고하여 저자 작성

적인 마이너스 성장률을 나타냈으며, 2018년 수출은 전년 대비 86.3% 감소
하였다. 수출액의 경우도 2018년에는 전례 없이 크게 축소된 2억 4,000만
달러였다. GDP 대비 수출 비중을 살펴볼 경우에도 유사한 특징이 관찰된
다. 2009년부터 2014년까지는 GDP 대비 수출 비중이 지속적으로 증가하
여 2013년 19.4% 수준을 기록하기도 하였으나, 2018년에는 1.4% 수준으
로 급격히 축소되었다.

　　일곱 번째 항목은 '정부의 통제 역량'이며, 지표는 국내 정치적 안정성
이다(이하 분석의 내용은 〈그림 6〉을 참조). 최근 10년간 북한의 정치적 안
정성 수준은 2010년대 중반까지 크게 낮아졌으나 최근 높아지고 있는 것
으로 평가할 수 있다. 특히 김정은 정권이 시작된 2010년대 초반 북한의
정치적 안정성 수준은 급작스럽게 낮아졌으나 최근 3년간 북한의 안정성
수준은 다시 증가하여 2000년대 후반의 김정일 정권의 안정성과 유사한
수준으로 회복되었다. 2018년을 기준으로 전 세계 국가의 약 30% 국가가
북한보다 정치적으로 불안정한 국가들이었는데, 이는 2014년 약 10.5%와

그림 6   **북한의 '정부의 통제 역량' 지표 수준의 변화 추이**

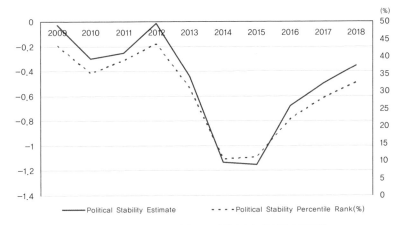

주 1: Political stability estimate는 −2.5에서 2.5 범위이며 높을수록 안정적임
주 2: Political stability percentile rank는 0에 가까울수록 타국과 비교해 안정성이 상대적으로
　　　낮은 국가임
출처: World Bank, "Political Stability," https://databank.worldbank.org/source/worldwide-
　　　governance-indicators#(검색일: 2020.1.20)

비교해 크게 증가한 수준이다.

　　마지막으로 '우호적인 대외 환경' 항목의 지표는 국제사회의 대북지원
과 투자 규모 등이다(이하 분석의 내용은 〈그림 7〉을 참조). 최근 북한의 지
속가능 산업화 정책이행의 대외환경은 매우 비우호적인 것으로 평가된다.
국제사회의 대북지원은 2008년 이후 급격히 감소되었고, 5,000만 달러 이
하의 수준에서 유지되고 있다. 북한에 대한 투자 규모는 2010년대 초에
일시적인 증가 추이를 보였으나, 이후 지속적으로 감소하였으며, 최근 북
한에 대한 투자 사례는 발견할 수 없다.

　　분석결과 첫째, 북한의 지속가능 산업화 현황에 대하여 긍정적인 평가
가 가능한 항목은 CO_2 배출량 혹은 국내 정치 안정성 등 매우 제한적이
다.[7] 둘째, 소규모 산업 활성화, 산업고도화 관련 지표 및 유사 지표 등을

---

7) 다만 이산화탄소 배출 규모 변화와 관련하여 일정 수준 긍정적인 평가가 가능할 수 있

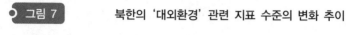

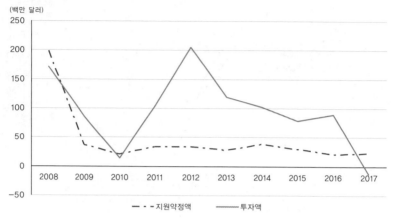

그림 7   북한의 '대외환경' 관련 지표 수준의 변화 추이

출처: OECD, "CRS," https://stats.oecd.org/Index.aspx?DataSetCode=CRS1(검색일: 2020.1. 20)와 UNCTAD, "Data Center," https://unctadstat.unctad.org/wds/ReportFolders/re portFolders.aspx(검색일: 2020.1.20)를 바탕으로 저자 작성

찾아볼 수 없다. 셋째, 최근 북한의 지속가능 산업화는 제조업의 부가가치 생산 비중의 침체, 수출 비중의 급감뿐 아니라 정책이행과 관련하여 비우호적인 대외환경 조성 등으로 인해 발전적인 이행의 모습을 찾아보기 어렵다.

향후 북한의 지속가능 발전에 긍정적으로 기여할 수 있는 산업화 추진에는 관련 지표 마련이 필수적이다. 한편 제조업의 부가가치 창출, 수출증대, 기술개발 등에 대한 투자 확대가 이루어져야 할 것이다. 더불어 정치적 안정성에 기반을 둔 일관된 정책 이행과 해외시장의 우호적인 인지도 창출 등이 북한의 지속가능 산업화 추진의 과제로 제안될 수 있다.

을 것이다. 물론 일반적으로 산업생산이 충분히 이루어지지 못하는 상황이라면 해당 현상에 대한 추가적 검토가 요구된다. 그러나 북한의 경우 절대 배출량뿐 아니라 부가가치생산 규모 대비 이산화탄소 배출량도 줄고 있기 때문에 해당 현상을 부정적으로 판단하기는 어렵다.

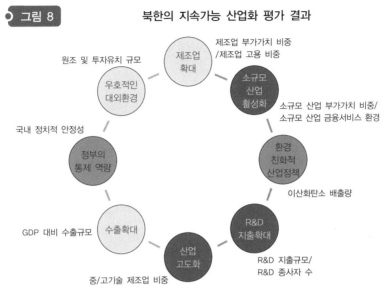

북한의 지속가능 산업화 평가 결과

주: 짙은색은 데이터 구축의 필요, 중간색은 비교적 긍정적인 평가, 옅은색은 부정적인 평가를 의미함
출처: 본문의 내용을 요약하여 저자 작성

IV. 지속가능 산업화 달성을 위한 북한개발협력

본 절에서는 경제협력개발기구(Organization for Economic Cooperation and Development, 이하 OECD) 개발협력사업 보고 체계(Creditor Reporting System, 이하 CRS)의 자료를 바탕으로 지속가능 산업화의 세부목표 내 지표 등을 반영할 수 있는 북한개발협력의 항목을 선별하여 해당 항목에 대한 최근 국제개발협력 현황을 탐색한다. 이를 바탕으로 북한의 지속가능 산업화를 위한 북한개발협력의 과제를 도출하는 것이 이 장의 연구 목적이다.

OECD는 주요 공여국과 국제기구 및 비정부기구 등에게 당해 년에 추진한 원조 사업 관련 정보의 제공을 권고하고 있다. 주요 공여 행위자들

| 표 2 | OECD CRS 코드 |

100: 사회인프라 및 서비스(Social Infrastructure and Services)
200: 경제인프라 및 서비스(Economic Infrastructure and Services)
300: 생산(Production Sectors)
400: 다부문(Multi-sectors)
500: 물품지원 및 프로그램 지원(Commodity Aid and General Program Assistance)
600: 부채탕감(Debt relief)
700: 인도적 지원(Humanitarian Aid)
910: 행정비용(Administration Costs)
930: 난민지원(Refugees in Donor Countries)
998: 미구분

의 공여 사업에 대한 정보 제공은 원조 조화 및 이를 바탕으로 한 원조 효과성 개선에 직접적인 영향을 미칠 수 있다는 측면에서 중요한 이슈로 다루어져 왔으며, 특히 CRS를 도입하여, 원조 정보에 대한 통계의 표준화를 추진해왔다. 현재 CRS는 사업명, 대상국, 분야, 구속(tied) 상태 등의 내용을 포함하는 방대하고 구체적인 정보를 제공하고 있다.[8] CRS에서는 가장 큰 범주로서 다음 표의 코드를 서술한다. 이 중 먼저 지속가능 산업화와 연관된 개발협력사업으로 판단되는 코드를 사회인프라 및 서비스(100), 경제인프라 및 서비스(200), 생산(300), 다부문(400)으로 선별하였으며, 해당 코드의 하위 항목들을 검토하여 최종 분석 대상이 되는 지원 영역을 선정하였다.

최종 분석 대상이 되는 영역은 고등교육 및 고급기술 교육(114), 분쟁 및 평화(152), 기타 사회인프라(160), 에너지 생산/재생산 연료(233) 은행 및 금융(240), 산업(321), 환경보호(410) 등으로 요약할 수 있다. 여기서 해당 영역을 전술된 지속가능 산업화 목표와 연관하면 다음과 같다. 고등교육

---

8) OECD Purpose Codes: sector classification, n.d., http://www.oecd.org/dac/fina
  ncing-sustainable-development/development-finance-standards/purposecodesse
  ctorclassification.htm(검색일: 2019.9.14).

및 고급기술 교육은 R&D 지출확대, 분쟁 및 평화는 정부의 통제 역량, 기타 사회인프라는 제조업 확대 내 고용안정성, 에너지 생산 및 재활용 연료는 환경친화적 산업정책, 은행 및 금융은 소규모 산업 활성화, 산업은 제조업 확대, 그리고 환경보호는 환경친화적 산업정책과 연관된다.

해당 영역에 대한 북한개발협력의 특징을 살펴보자(이하 분석의 내용은 〈그림 9〉를 참조). 첫째, 지난 10년간 국제사회 주요 공여국의 북한개발협력의 전체 규모 대비 지속가능 산업화 협력 비중은 5% 내외로 높지 않다. 2014년의 경우만이 예외적으로 약 30%의 비중으로 지속가능 산업화 분야에 대한 협력이 발견되는데, 해당 년도의 경우 고등교육 및 고급기술에 대한 일시적인 지원증대로 인한 결과로 분석할 수 있다. 둘째, 지난 10년간 지속가능 산업화 관련 영역에 대한 북한개발협력은 고등교육 및 고급기술 교육 분야에 지나치게 집중되어 있다. 고등교육 및 고급기술 교육

 그림 9　지속가능 산업화 영역의 북한개발협력(2009~2018)

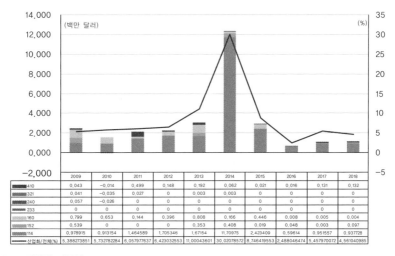

	2009	2010	2011	2012	2013	2014	2015	2016	2017	2018
410	0.043	−0.014	0.499	0.148	0.192	0.062	0.021	0.016	0.131	0.132
321	0.041	−0.035	0.027	0	0.003	0.003	0	0	0	0
240	0.057	−0.026	0	0	0	0	0	0	0	0
233	0	0	0	0	0	0	0	0	0	0
160	0.799	0.653	0.144	0.396	0.808	0.166	0.446	0.008	0.005	0.004
152	0.539	0	0	0	0.353	0.408	0.019	0.048	0.003	0.097
114	0.978915	0.913154	1.464589	1.705346	1.67154	11.70975	2.423409	0.59614	0.951557	0.937728
산업화/전체(%)	5.388273851	5.732782284	6.057977637	6.423032553	11.00043601	30.02078572	8.746419553	2.488046474	5.457970072	4.561040985

주 1: 집행액 기준임
주 2: 114는 고등교육 및 고급기술 교육, 152는 분쟁 및 평화, 160은 기타 사회인프라, 233은 에너지 생산 및 재활용 연료, 240은 은행 및 금융, 321은 산업, 410은 환경보호를 의미함
출처: OECD CRS, https://stats.oecd.org/Index.aspx?DataSetCode=CRS1#(검색일: 2020.1.20)

분야에 대한 국제사회의 원조는 전체 산업화 관련 지원 규모의 최소 비중은 2009년 39.82%이며, 최대 비중은 2014년 94.83%이다. 해당 분야의 하위 항목들을 살펴보면, 대부분의 지원은 고등교육의 장학금 지원 등 간접적인 방식으로 이행되었다는 특징이 관찰된다. 셋째, 반면 에너지 생산 및 재활용 연료 관련 북한개발협력 사례는 전무하며, 은행 및 금융 관련 북한개발협력 사례도 2009년과 2010년 매우 소규모만이 관찰된다. 은행 및 금융 관련 북한개발협력의 경우 스위스의 농업 부문에 대한 금융지원 사례로 소개되고 있으나, 해당 금융서비스 지원 사례가 소규모 기업에 대한 지원인지 확인은 불가능하다. 넷째, 매년 북한개발협력이 이루어진 지속가능 산업화 관련 분야는 고등교육 및 고급기술 교육 분야, 환경보호 분야, 기타 사회인프라 분야 등 세 분야로 매우 제한적이다.

OECD CRS 코딩은 유엔의 지속가능발전목표 달성과 직접적으로 연계된 통계를 제공하고 있지 않기 때문에, 위와 같은 분석은 구체성이 결여되었을 뿐 아니라, 연구자의 작위적인 판단에 근거함을 고려할 필요가 있다. 이를 감안하여 분석결과를 해석하여 북한의 지속가능 산업화를 위한 북한개발협력의 과제를 다음과 같이 제안할 수 있다. 첫째, 북한의 니즈를 고려한 지속가능 산업화 관련 지표 개발 및 관련 데이터 구축이 시급하다. 특히 산업화와 관련한 지표들은 지표 설정에서부터 지표 축적까지 다양한 기술적 필요가 요구되는 바, 국제사회는 북한과 협력하여 유관 지표를 개발할 필요가 있다. 둘째, 전반적인 측면에서 산업화와 관련된 영역에 대한 개발협력의 비중을 높일 필요가 있다. 현재는 5%내외의 작은 비중으로 관련 영역에 대한 협력만이 관찰되지만, 향후 북한개발협력에는 중장기적 차원의 전략 마련이 요구된다. 셋째, 지속가능 산업화와 관련된 영역의 사업들 또한 교육 분야에 지나치게 치중되어있음을 감안하여, 다양한 영역에 대한 지원을 추진하는 방법으로 균형잡힌 지속가능 산업화 달성에 기여해야 할 것이다.

V. 결론

산업화는 다양한 측면에서 개발도상국의 경제성장에 중요한 영향을 미쳐왔으나 모든 산업화가 경제성장에 기여해왔던 것은 아니다. 특히 북한의 산업화는 1970년대 초까지 약 10% 수준의 경제성장률 달성[9]에 기여하였으나, 1990년대 중반 수백만 명의 아사자를 발생시키는 원인 중 하나로 언급되어왔다. 어떠한 경우에 산업화가 지속가능한 발전에 기여할 수 있을 것인가에 대하여 본 연구는 북한을 대상으로 지속가능 산업화를 논의하였다.

본 연구에서는 북한의 지속가능 산업화 논의를 위해 유엔의 지속가능 발전목표 9에서 제시하는 세부목표와 지표 및 개도국의 경제성장에 대한 산업화 논의의 내용을 참조하여 8개의 쟁점을 도출하였다. 해당 쟁점은 제조업 확대, 소규모 산업 활성화, 환경친화적 산업정책, R&D 지출확대, 산업 고도화, 수출확대, 정부의 통제 역량, 우호적인 대외환경 등으로 요약할 수 있으며, 각 쟁점에 대한 북한의 현황을 살펴본 결과는 다음과 같다. 먼저 북한의 지속가능 산업화 현황을 탐색할 수 있는 지표가 미미할 뿐 아니라, 제한적인 수준의 지표 검토 결과 긍정적인 평가가 가능한 항목은 매우 제한적이다. 반면 최근 북한의 지속가능 산업화는 제조업의 부가가치 생산 비중의 침체, 수출 비중의 급감뿐 아니라 비우호적인 대외환경 조성 등으로 인해 발전적인 이행의 모습을 찾아보기 어렵다고 판단된다. 향후 북한의 지속가능 산업화를 위해서는 관련 지표 마련이 필수적이며, 제조업의 부가가치 창출, 수출증대, 기술개발 등에 대한 투자 확대 등이 이루어져야 할 것이다. 더불어 정치적 안정성에 기반을 둔 일관된 정책 이행과 해외시장의 우호적인 인지도 창출 등이 북한의 지속가능 산업

---

9) UN, "National Account," https://unstats.un.org/unsd/snaama/Basic(검색일: 2020.1. 20).

화의 과제라 할 수 있다.

한편 국제사회의 북한개발협력이 전술된 북한의 지속가능 산업화 추진의 과제 이행에 기여하고 있는가를 검토하였다. OECD CRS 데이터를 분석한 결과, 북한의 지속가능 산업화를 위한 북한개발협력의 과제는 첫째, 북한의 니즈를 고려한 지속가능 산업화 관련 지표 개발 및 관련 데이터 구축이 시급하다. 둘째, 전체 북한개발협력 규모 대비 산업화 영역에 대한 개발협력의 비중을 높일 필요가 있다. 현재는 5% 내외의 비중으로 관련 영역에 대한 협력이 미미하지만, 향후 북한개발협력에서는 중장기적 차원의 지속가능 산업화 협력 전략을 마련, 해당 분야에 대한 협력을 확대해야 할 것이다. 셋째, 지속가능 산업화와 관련된 영역의 사업들이 교육 분야에 지나치게 치중되어 있음을 감안하여, 향후 북한개발협력은 보다 다양한 영역에 대한 지원을 추진해야 할 것이다.

본 글은 유사한 연구가 부재한 상황에서 북한을 대상으로 지속가능 산업화를 이해하고, 국제적 기준에 부합한 목표와 지표 설정을 시도한 연구로서 의의를 가진다. 연구의 한계는 다음과 같다. 첫째, 개별 산업에 대한 분석을 포함하지 못한 연구의 구체성 부족을 한계로 밝힌다. 둘째, 유엔의 프레임 워크에 초점을 맞춘 반면 북한의 특수성을 연구에 충분히 반영하고 있지 못하다. 예컨대 사회주의체제 하에서의 초기 산업화와 현재의 지속가능 산업화를 어떻게 연계할 것인가 혹은 체제전환의 측면에서 산업화 과정을 어떻게 지속가능성과 연계할 것인가 등의 논의가 부재하다. 따라서 추후 연구에서는 산업별로 세분화된 접근과 함께 북한의 특수성을 반영한 검토가 이루어져야 할 것이다.

참고문헌

류상영. 1996. "박정희 정권의 산업화전략 선택과 국제 정치경제적 맥락." 『한국정치학회보』 30(1).

오용선. 2004. "한국의 산업화와 지속가능성에 관한 연구—OECD의 지속가능지표체계를 이용한 시기별 평가." 『경제와 사회』 62.

윤상우. 2005. "발전국가를 준거로 한 중국 성장체제의 평가." 『한국사회학』 39(2).

조수현. 2009. "발전국가의 제도와 국가능력 : 박정희 정부의 산업화전략과 외자도입정책을 중심으로." 『한국정책연구』 9(2).

통계청. "북한통계." http://kosis.kr/bukhan/index.jsp(검색일: 2020.1.20).

한국국제협력단. 2015. 『지속가능개발목표(SDGs) 수립현황과 대응방안』. 성남: 한국국제협력단.

Adam. Szirmai. 2012. "Industrialisation as an engine of growth in developing countries, 1950-2005." *Structural Change and Economic Dynamics* 23.

Chakravarty, Sangeeta, and Arup Mitra. 2009. "Is industry still the engine of growth? An econometric study of the organized sector employment in India." *Journal of Policy Modeling* 31(1).

Cherniwchan, Jevan. 2012. "Economic growth, industrialization, and the environment." *Resource and Energy Economics* 34(4).

Ebenstein, Avraham. 2012. "The Consequences of Industrialization: Evidence from Water Pollution and Digestive Cancers in China." *Review of Economics and Statistics* 94(1).

Greenway, David, and Chong Hyun Nam. 1988. "Industrialisation and Macro-economic Performance in Developing Countries under Alternative Trade Strategies." *Kyklos* 41(3).

He, Jie. 2008. "Industrialization, Environment and Health: the Impacts of Industrial SO2 Emission on Public Health in China." *Chinese Journal of Population, Resources and Environment* 6(1).

ILO. "Resolution concerning statistics of work, employment and labour under-utilization." http://ilo.org/global/statistics-and-databases/standards-and-guidelines/resolutions-adopted-by-international-conferences-of-labour-statisticians/WCMS_230304/lang—en/index.htm(검색일: 2020.1.20).

OECD. "Purpose Codes: sector classification, n.d." http://www.oecd.org/dac/financing-sustainable-development/development-finance-standards/purpo secodessectorclassification.htm(검색일: 2019.9.14).

_____. "CRS." https://stats.oecd.org/Index.aspx?DataSetCode=CRS1(검색일: 2020.
    1.20).

UN. "National Account." https://unstats.un.org/unsd/snaama/Basic(검색일: 2020.
    1.20).

_____. "SDGs Knowledge Platform." https://sustainabledevelopment.un.org/sdg9
    (검색일: 2020.1.15).

UNCTAD. "Data Center." https://unctadstat.unctad.org/wds/ReportFolders/report
    Folders.aspx(검색일: 2020.1.20).

UN SDGs. "Goal 9." https://www.un.org/sustainabledevelopment/infrastructure-
    industrialization/(검색일: 2020.1.20).

Walder, Andrew G. 1996. "China's Transitional Economy: Interpreting its Signi-
    ficance." *The China Quarterly* 144.

World Bank. "Data." https://data.worldbank.org/indicator/NV.IND.MANF.ZS(검색일:
    2020.1.20).

_____. "Political Stability." https://databank.worldbank.org/source/worldwide-go
    vernance-indicators#(검색일: 2020.1.20).

Xia, Ming. 2000. *The Dual Developmental State: Development Strategy and In-
    stitutional Arrangements for China's Transition*. Aldershot: Ashgate.

제12장

지속가능한 정주 공간 조성과 북한개발협력

최은희 | 한국토지주택공사 토지주택연구원

I. 서론

도시화에 따른 도시 내 정주 공간의 수요가 증가하면서 여러 가지 도시 문제도 발생하게 된다. 도시 인구 증가 및 대도시 집중에 따른 빈곤 문제가 대표적이며, 개발국 대부분이 도시화 과정에서 주택 부족에 따라 과밀 거주를 하게 되며, 강제 퇴거, 열악한 주거 상황, 높은 주거비 등 주거 문제가 필연적으로 뒤따른다. 과도한 인구 집중은 쾌적성을 저해할 뿐 아니라 최소한의 편의성도 위협하게 된다. 현재, 북한의 도시화율은 2018년 61.9%로 남한 1983년 61.7%와 유사하다(2018년도 남한 도시화율 81.5%). 북한의 경우 지역 간 이동이 제한적이라는 점에서 남한 수준의 수도권 인구 집중은 나타나지 않을 것이나, 경제개발에 따른 산업단지 및 시가지 개발 등으로 도시화율 상승이 예상되며, 현재에도 인구 절반 이상이 도시에 거주하는 만큼, 정주 공간으로서 도시의 중요성은 크다고 하겠다.

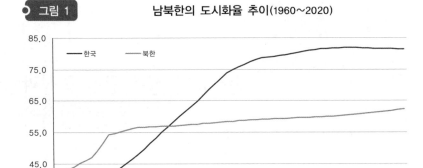

그림 1

남북한의 도시화율 추이(1960~2020)

출처: UN, http://esa.un.org/unpd/wup, 「World Urbanization Prospects, the 2018 Revision」
(2018.8); 국가통계포털, http://kosis.kr/statHtml/statHtml.do?orgId=101&tblId=DT_2KA
A204(검색일: 2020.2.20)

국가 및 지역 정책 대부분이 도시를 중심으로 전개되며, 이들 정책은
도시 문제와 직결된다. 도심, 부도심 및 산업단지 주변에 인구(노동력)가
집중되고, 배후지 개발 및 도시의 확장이 나타난다. 이 과정에서 주택난,
교통난, 상하수도 및 에너지 부족 등 수급 불일치로 삶의 질 저하를 유발
하기도 한다. 주택 외에 대중교통을 포함 각종 필수·편의시설 등 경제활
동 및 일상생활을 위한 도시 기반시설에 대한 수요 대응은 도시의 주거
문제에 대응이라고도 할 수 있다. 도시 내 거주하고 있는 주민의 각종 활
동에 필요한 환경을 조성하는 것은 도시의 생산성을 제고시킬 수 있도록
지속가능성을 높여주는 것이 될 것이다.

II. 지속가능발전목표의 이해: 목표 11(지속가능한 도시와 주거지 조성)

목표 11은 포용적이고 안전하며 회복력 있고 지속가능한 도시와 주거지 조성을 의미한다(이하 지속가능한 도시와 주거지 조성).

　지속가능한 도시와 주거지 조성을 위해서는 가장 기본적인 주거 외에 생활 인프라(기초 서비스, 교통, 수질·공기 등 환경), 삶의 질 향상(문화유산, 양질의 자연환경), 계획적인 도시 개발과 관리 등이 필요하며, 각종 재난이나 재해 대비 역시 고려해야 한다. 특히 지속가능발전을 위해서는 사회적 약자에 해당하는 분야별 취약계층(예) 주거약자, 교통약자)을 우선 배려하는 시스템을 구축해야 한다.

　목표 11의 세부목표는 2020년 또는 2030년의 목표연도를 제시하고 있으며 일부 세부목표는 100% 달성(모든 사람이 접근 가능한 시스템 구축) 또는 수치적으로 향상시켜야 하는 점을 강조한다. 여기서 문제는 선언적이고 추상적인 세부목표를 달성하기 위해 함께 제시된 구체적인 지표 값을 도출할 수 있는가 혹은 제시된 지표와 유사한 상황이나 관련 통계를 파악할 수 있는가인데, 개발도상국은 정확한 수치 데이터 축적이 어려운 경우가 많다. 또한 세부목표 달성이 가능하기 위해서는 현실적으로 지역에 맞게 구현할 수 있는 지표 발굴이 필요하다. 남한에서도 지속가능발전목표를 위한 법을 제정하고, 분야별 세부목표와 지표별 달성 여부를 점검할 뿐만 아니라 세부목표의 취지에 맞는 자체 지표를 신규 발굴하여 제시하고 있다.[1]

---

[1] 지속가능발전법(2015)에 따라 기본전략 수립, 지속가능성 평가, 지속가능발전위원회 운영 등을 수행하고 있으며, 주요 법령(국토의 계획 및 이용에 관한 법률(국토교통부), 환경정책기본법(환경부))이나 주요 계획(도시계획(광역, 시군), 제4차 국가환경종합계획(2016-2035)) 등을 보면 국토 공간을 중심으로 전개되고 있음을 알 수 있다. 또한, 현재 및 미래 세대의 삶의 질 향상 제고를 위해 한국형 지속가능발전목표로서 K-SDGs

K-SDGs에서는 목표 11과 관련하여 유엔 지표 10개 및 신규 9개 지표를 발굴하였다. 신규 지표를 발굴한 것은 전술한 바와 같이 세부목표의 추상성을 현실화하고 지역적 특성을 반영하기 위함이라고 할 수 있다. 유엔 지표 15개 중 10개 지표와 신규 지표 9개 총 19개 지표를 선정하였는데, 유엔 지표 중 지표 값이 있는 지표 3개, 목표치 설정이 필요한 지표 3개, 통계산출방법 개발이 필요한 지표 3개, 신규 지표 중 지표 값이 있는 지표 8개, 목표치 설정이 필요한 지표 1개이다.[2]

〈표 1〉의 목표 11의 내용을 보면 목표의 대상이 되는 도시와 주거지라는 공간은 타 분야와의 관련성이 매우 큰 것을 알 수 있다.

첫째, 새천년개발목표(Millenium Development Goals 이하 MDGs) 중에서도 지속가능한 도시와 주거지 조성을 위해 달성해야 하는 목표가 존재한다. 지속가능발전목표 이전 MDGs의 세부목표들은 도시 문제와 밀접하다. 특히 도시 빈민을 포함한 다양한 문제를 언급하고 있는 MDGs 중 일부 목표들이 도시 분야와 관련[3]되어 있다. 이들 목표는 지속가능발전목표 11이 추구하는 지속가능성을 위해서도 여전히 유효하다.

둘째, 목표 11 이외의 다른 목표와도 관련성이 크다. 도시 및 주거지에는 다양한 분야와 기반시설이 종합적이고 복합적으로 집적되어 있다. 이는 지속가능발전목표의 다른 목표 분야와 필연적으로 연계될 수밖에 없음을 의미한다. 지속가능한 도시 및 주거지가 조성되기 위해서는 아래 타 분야의 목표에서 요구하는 세부목표를 달성할 필요가 있다. 자연 및 인적

(국가 지속가능한 발전목표)를 수립하고 지속가능발전목표의 세부목표에 대한 신규 지표를 자체적으로 발굴하였다.

2) 지속가능발전 포털(http://ncsd.go.k) 내 국가 지속가능발전목표(K-SDGs) 참조(검색일: 2020.2.24).

3) 1. 극심한 빈곤 및 기아 퇴치, 2. 보편적 초등 교육 실현, 3. 성평등 및 여성 권한 강화, 4. 유아 사망률 감소, 5. 모성 보건 증진, 6. HIV/AIDS, 말라리아 등 질병 퇴치, 7. 환경적 지속가능성 보장 등은 빈곤가구의 문제, 교육 부재에 따른 빈곤의 악순환, 공중위생 및 보건의 문제 등으로 인구가 집중된 도시에 더욱 심각할 수 있다. 자세한 내용은 코이카(2015, 219-220).

표 1		목표 11의 세부목표와 지표

세부목표	지표
11.1 2030년까지 모두에게 충분하고 안전하며 적당한 가격의 주택 및 기초서비스에 접근을 보자하고 빈민가를 개선	1. 빈민가, 임시거처 또는 불충분한 시설을 가진 주거지에 거주하는 도시인구의 비율
11.2 2030년까지 취약계층, 여성, 아동, 장애인 및 노인이 수요에 특별한 주의를 기울이며, 특히 대중교통 확대를 통해 도로안전을 개선하고, 모두를 위해 안전하고 적당한 가격으로 접근가능하고 지속가능한 교통체계에 대한 접근을 제공	1. 대중교통에 편리하게 접근할 수 있는 인구 비율(연령별, 성별 및 장애인별)
11.3 2030년까지 모든 국가에서 포용적이고 지속가능한 도시화와 참여지향적이고 통합적인 지속가능 인간거주지 계획 및 관리 역량을 강화	1. 인구증가율 대비 토지 소비 비율 2. 정기적이고 민주적으로 운영되는 도시계획 및 관리에 시민사회가 직접 참여하는 구조를 가지고 있는 도시의 비율
11.4 세계문화 및 자연유산 보호 노력 강화	1. 세계문화유산을 포함하는 국가문화·자연유산의 보전, 보호 및 관리에 배정된 국가(또는 지방) 예산의 비율
11.5 2030년까지 빈곤층과 취약계층 보호에 중점을 두고, 수혜 등 재난으로 인한 사망자 및 피해자 수를 대폭 줄이고 세계 총 GDP 대비 직접적인 경제적 손실을 대폭 감소	1. 인구 10만 명 당 재난으로 사망, 실종, 그리고 피해를 입은 인구 수 2. 중요 기반시설 피해 및 기본적인 서비스의 중단 등을 포함하여, 글로벌 GDP 대비 재난으로 인한 직접적인 경제손실
11.6 2030년까지 대기의 질과 도시 및 기타 폐기물 관리에 특별히 주의를 하면서 도시가 가지는 부정적인 1인당 환경영향을 감소	1. 도시에서 발생하는 전체 고형폐기물 중 정기적으로 수거되고 적절한 최종처리단계를 거치는 도시 고형폐기물 비율 2. 도시 미세먼지(PM2.5초미세먼지와 PM10미세먼지)의 연평균 수준(인구 수에 따른 가중)
11.7 2030년까지 포괄적이고 안전하며 보편적으로 접근가능한 녹색 및 공공장소 제공(특히, 여성, 아동, 노인, 장애인)	1. 도시에서 공공목적의 용도를 위해 개발된 시가화지역이 차지하는 평균 비율(연령, 성별 및 장애인별) 2. 지난 12개월 동안 신체적 혹은 성적 괴롭힘을 당한 사람의 비율(성별, 연령별, 장애상태별, 발생장소별)
11.a 국가 및 지역개발계획을 강화하여 도시, 근교 도시 그리고 농촌 간의 긍정적인 경제, 사회 및 환경적 연결고리를 지원	1. 인구 추계와 자원 수요를 통합하는 도시지역 발전계획을 이행하고 있는 도시에 살고 있는 인구의 비율(도시 크기별)

11.b 2020년까지 포용, 자원 효율성, 기후변화 완화 및 적용, 재난회복력을 위한 통합된 정책, 계획을 채택, 이행하는 도시와 인간 거주지의 수를 상당한 수준으로 증대하고, 2015~2030 센다이 재난위험 감축체계에 따라 모든 수준에서 전체적인 재난위험 관리를 개발하고 이행	1. 센다이 재난위험감축체계(2015~2030)에 따라 지역적인 재난위험 감축전략을 채택하고 이행하는 지방 정부의 비율
	2. 국가적인 그리고 지역적인 재난위험 감축전략을 갖춘 국가의 수
11.c 지역 건설자재를 사용하여 지속가능하고 회복력을 가진 건물을 짓는 데 금융 및 기술적 지원을 통해 최빈개도국을 지원	1. 최빈 개발도상국에서 지역의 자원을 이용하여 지속가능하고 회복력 있으며 자원 효율적인 건물을 짓고 보수하는 데 소요되는 비용을 위한 재정 지원 비율

출처: 환경부, 「UN 지속가능발전목표(UN-SDGs) 세부목표 및 지표」(지속가능발전 포털 연결 온라인 보고서), p.13

표 2 **지속가능발전목표별 목표 11과의 연관성 검토**

구분	목표 11 관련 세부목표
목표 1. 빈곤: 모든 곳에서 모든 형태의 빈곤종식	기초서비스에 접근 가능성 제고 필요(세부목표 1.4) 빈곤층과 취약계층이 자연, 경제, 사회 등 다양한 형태의 재해에 따른 각종 피해를 근절 시킬 필요(세부목표 1.5) 빈곤 해소를 위한 정책 및 재원 투입 필요(세부목표 1.a)
목표 3: 건강 및 웰빙	도로 교통사고에 따른 부상 문제(세부목표 3.6) 유해물질, 대기, 수질, 토양의 공해와 오염 등에 따른 피해 (세부목표 3.9)
목표 6. 모든 사람에게 물과 위생에 대한 가용성과 지속가능한 관리를 보장	양질의 식수 보급(세부목표 6.1) 공중위생(세부목표 6.2) 하수처리 시스템(세부목표 6.3) 확보 및 배분을 위한 상수도 시스템(세부목표 6.4)
목표 7. 에너지: 모든 사람에게 적당한 가격의 신뢰할 수 있으며, 지속가능한 현대식 에너지원에 대한 접근성 보장	적정한 에너지 소비 보장(세부목표 7.1)

재해 예방 시스템, 빈곤의 문제, 기반시설 등이 중요하게 고려된다. 또한 목표 11의 세부목표에서도 타 분야와 연계되는 부분이 존재한다.

한편, 북한의 목표 11 달성을 위한 계획 수립 또는 실적 등 수행 현황 파악 가능성을 검토한 결과 다음과 같은 측면에서 한계가 나타난다.

첫째, 목표 11은 북한의 목표 수행 전략에 있어서 우선순위가 높지 않다. 자료에 따르면, 가장 중요한 우선순위가 식량과 영양 보장이다. 또한 우선순위에 포함되지 않은 목표도 있는데, 목표 1(빈곤감소 및 사회안전망 강화), 목표 5(성평등 보장), 목표 8(좋은 일자리 확대와 경제성장), 목표 10(불평등 해소), 목표 14(해양생태계 보전), 목표 16(인권, 정의, 평화), 목표 17(지구촌 협력 강화)이 있다. 북한 체제의 특성이 감안된 부분(목표 1, 5, 8, 10, 16)과 북한 자체의 통제만으로 어려운 부분(목표 14, 17)이 제외된 것으로 보인다.

북한은 도시화율이나 정주 환경 조성 및 도시화 정도로 볼 때, 지속가능한 목표와 관련 도시와 주거지 조성을 중요한 분야로 보고 있으나, 남한과 같이 자체적인 목표 달성을 위한 정부의 전략 수립이나 계획 또는 지역 특성을 고려한 신규 지표 발굴 등의 움직임은 나타나지 않고 있으며, 보고서의 내용도 선언적인 수준이다. 보고서에 따르면 목표 11은 우선순

● 표 3   **북한의 전략적 우선순위에 따른 지속가능발전목표의 목표 분류**

구분	해당 지속가능발전목표
전략적 우선순위 1: 식량 및 영양 보장	2. 기아 종식, 식량 보장 및 영양 제고, 지속가능한 농업 강화 9. 사회 기반시설 구축, 지속가능한 산업화 발전, 혁신 촉진
전략적 우선순위 2: 사회 개발 서비스	3. 전 세대에 걸쳐 건강하고 행복한 삶을 보장 4. 포용적이고 평등한 양직의 교육 기회 보장, 평생 교육 증진 6. 안전하고 건강한 물 관리 및 보장
전략적 우선순위 3: 복원력과 지속가능성	7. 지불가능하며 지속가능한 최신의 에너지에 대한 접근성 제고 11. 포용적이고 안전하며 복원있고, 지속가능한 도시, 주거지 조성 12. 지속가능한 소비와 생산의 증진 13. 기후 변화와 그 영향에 대한 즉각적인 대응 수행 15. 육상생태계 보전(산림, 사막화, 가뭄, 토양오염, 생물 다양성 등)
전략적 우선순위 4: 자료 및 개발 관리	-

출처: UN·DPRK(2017)

위 세 번째로 다른 네 분야의 목표(목표 7, 12, 13, 15)와 함께 분류되어
있다.

둘째, 관련 자료의 부족 및 자료에 대한 접근성 한계의 문제가 있다.
세부목표별 지표 값 도출에 필요한 자료에 대해 접근이 불가하거나 축적
된 자료가 현실적으로 부족하다. 공식 통계자료의 연속성 부족 문제, 그
리고 공식화된 자료가 어느 정도 실상을 반영하고 있는가의 문제가 있다.
즉, 도시 및 주거지 관련 현황을 파악할 수 있는 자료 또는 데이터가 부족
하거나 발표가 제한적인 점에서 자료의 객관성 및 신뢰성 문제가 있어 북
한의 도시 및 주거지 연구의 제약사항이 되고 있다.

그러므로 북한의 지속가능발전목표 자체보다는 이와 관련한 여건을
검토하는 것이 무엇보다 선행되어야 한다. 지속가능발전목표는 MDGs에
비해 진일보한 목표로서 지속가능성에 무게를 두고 미래 세대를 고려한
현재 세대의 발전을 강조, 요구하고 있으나, 북한의 정주 환경에 대한 면
밀한 이해와 현황 파악 없이 지속가능발전목표를 제기하는 것은 비현실
적일 수 있다. 즉 빈곤, 질병, 기아, 재해 등 생존을 위협하는 여러 문제가
북한에서는 여전히 심각할 수 있음을 간과할 수 없다는 것이다. MDGs가
개발도상국에 초점을 맞춘 데 반해, 지속가능발전목표는 전 지구적인 규
모라는 점에서 보편성과 지속가능성을 담보할 수 있는 목표를 제시하고
있으나, 다른 한편으로는 MDGs의 실현 과정에 있는 개발도상국이 어느
정도 수용할 수 있는가에 대한 고찰도 필요하며 북한의 상황 역시 이러한
시각에서 연구할 필요가 있다.

목표 11에 있어서도 지표 값 도출 가능성이 낮으므로 현황 분석이 어
렵다. 체제의 차이 및 정보 제공의 한계 등으로 북한의 지표 현황을 도출
하는 것이 불가능하거나 무의미할 수 있다는 것이다. 비적정 주거(slum)
거주 인구, 사회재난에 따른 사망 인구 수, 자연 재해에 따른 피해액, 재난
에 따른 경제손실액 등은 북한 당국 특성을 고려할 때 대외적으로 공개하
지 않는 내용이다.[4] 또한, 교통약자나 취약계층 대상 보장이나 지원 등은
내용이 부실하거나 통계 자료 축적이 없을 것으로 판단되며, 그 외 여러

지표들이 대외 공개, 공표가 되지 않거나 관리가 미흡하여 일반적으로 구득하기 어려운 상황이다. 목표 11에는 개발뿐만 아니라 "지속가능"과 관련하여 환경(환경보존이나 자연보호 등) 및 커뮤니티(자발적 시민참여의 제도화 및 활성화)도 함께 강조하고 있는데 이를 반영할 수 있는 통계 역시 부족하다.[5]

이러한 북한의 여건을 고려할 때, 지표와 관련되는 개념이나 내용을 담을 수 있는 북한의 제도와 현황을 검토함으로써 북한의 지속가능한 도시와 주거지 조성 방향을 고민하는 것이 현실적인 접근법이라고 하겠다. 또한 지표의 수치 도출이 어려우므로 관련 개념에 대한 이해도 선행되어야 할 것이다.

북한은 목표 11의 이행 수준이 아니라 이행 잠재력 파악이 필요하며 이를 위해 현재 세대의 소요와 삶의 질이 어떠한지에 대한 현황을 검토해야 한다. 서술한 바와 같이 목표 11에서는 지속가능발전을 위해 공간 개발뿐만 아니라 환경보존까지 망라하고 있으나, 본고에서는 정주 환경의 적정성, 즉, 주거 현황을 중심으로 검토해 보고자 한다.

목표 11의 세부목표 중 11-1과 관련된 현황을 통해 주거의 적정성을 검토하도록 한다. 세부목표 1은 "적절하고 부담 가능한 가격의 주택과 기본서비스에 대한 접근을 보장하고, 노후 주거지의 환경을 개선한다."는 것이다. 세부목표에는 주거, 교통, 환경, 문화유산, 산업 등 복합적이고 다양한 부분을 포함되어 있으나, 도시를 구성하고 있는 다양한 물리적 공간 중에서 정주 공간인 주택 및 주거지 개발을 핵심적인 부분으로 판단한

---

4) IFRC(2016)에 따르면, 2015년 재해(전쟁, 분쟁 관련 기근, 질병, 전염병을 제외하고 자연재해와 기술적으로만 발생하는 재난을 의미) 사망자 33명, 피해자 18,003,541명인데, 피해자 규모는 통계청 2015년 북한 추계 인구의 72.7% 규모로, 구체적인 내용 파악이 필요하나 이 역시 쉽지 않다(국가통계포털(kosis.kr), 검색일: 2020.5.17).

5) 물론, 세부목표 11-6의 지표로 PM2.5 이하 미세먼지 도시 연평균 수치가 공표되었으나, 특정 시점에 한시적인 수치이며(2016년 기준 $30.974\mu g/m^3$, 국가통계포털(kosis.kr), 검색일: 2020.2.24) 지표의 특성상 시계열적으로 개별 도시 수준을 지속적으로 점검하여 환경적 변화(악화 또는 개선)를 파악해야 의미가 있다.

● **표 4**   **목표 11과 관련한 북한 현황 파악 가능성**

구분	세부목표 8	지표 19 (K-SDGs 신규 지표 9 포함)	관련 개념이나 내용 (북한 현황 파악 여부)
11.1	적절하고 부담 가능한 가격의 주택과 기본서비스에 대한 접근을 보장하고, 노후 주거지의 환경을 개선한다.	유엔) 비적정 주거 거주 도시인구 비율	주택의 양적 공급, 주택의 편의성, 주택의 배분체계 (구체적인 수치는 어려우나 대외 발표자료는 가장 많은 편)
11.2	안전하고 부담 가능한 가격의 교통시스템을 제공하고, 특히 여성, 아동, 장애인, 노인 등 취약계층을 고려한 대중교통을 확대한다.	• 대중교통 수단분담률(%)	대중교통 구축 및 교통망 현황(기간시설이 아닌 주민 대상의 교통망에 대한 자료 부족)
11.3	도시의 포용성과 지속가능성을 제고하며, 주거지에 대한 참여적, 통합적 계획 및 관리 역량을 강화한다.	유엔) 인구증가율 대비 토지 소비 비율 유엔) 도시계획 및 관리에 시민사회 참여 구조를 가진 도시의 비율	도시화율, 토지이용현황 (도시화율은 가능하나 토지이용 상황을 구체적으로 알기 어려움)
11.4	세계 유산을 보호하고 보존하기 위한 노력을 강화한다.	• 세계문화유산 등재건수 • 세계문화유산 보전, 보호 예산액	— (체제수호 등을 위한 혁명사적지의 중요성이 매우 높음)
11.5	재난으로 인한 인명피해와 경제적 손실을 현저히 감소시키며, 통합적 도시재난 위기관리를 개발, 이행한다.	• 인구 십만 명당 사회재난으로 인한 사망인구(명) 유엔) 글로벌 GDP 대비 재난으로 인한 직접적인 경제손실	홍수와 같은 자연재해 및 아파트 붕괴 등의 건설상 재해 (간헐적인 보도가 있기도 하나 공개되지 않는 경우도 많음)
11.6	대기질 및 폐기물 관리 등 도시가 가지는 부정적인 환경영향을 감소시킨다.	• 미세먼지 나쁨일수 • 생활 및 사업장폐기물 발생량(톤/GDP 10억 원)	쾌적한 환경 수준 (시계열적인 파악이 어려움)
11.7	여성, 아동, 장애인, 고령자를 포함한 모든 이에게 공공 녹지공간으로의 안전하고 용이한 접근을 보장한다.	• 1인당 도시공원 면적(m^3) • 공원시설 접근이 용이한 인구 • 보도면적 비율 • 장애인 친화적 공공건축물 비율 유엔) 지난 12개월간 괴롭힘을 당한 사람의 비율	녹지, 공원 조성 (대규모 건설사업 시 친환경, 녹지확보 등을 보도하고 있으나, 구체적인 토지이용계획은 알기 어려움)

11.8	도시, 도시근교 및 농촌지역 간 경제, 사회, 환경적 연계를 지원하기 위하여 국토 및 도시계획을 강화한다.		– (선언적이고 추상적인 수준으로 구체적 현황 도출 어려움)

주: K-SDGs 세부목표 및 지표를 중심으로 작성, 유엔 지표 추가, 단, 11-8은 UN SDGs의 11-a를
    의미하며, 11-b 및 11-C는 적용 규모와 내용을 감안하여 제외

데 따른 것이다. 다음 III절에서는 북한 주거생활의 수준을 이해하기 위해
관련 제도, 주택 정책, 주택 공급 및 주거의 적정성 등을 검토하였다.

III. 북한의 주택부문 현황

1. 관련 제도

도시 및 주거지 조성과 관련하여 주택 건설, 도시계획 및 도시개발과 직
접 관련되는 법령으로 도시계획법, 도시경영법, 살림집법 등이 있는데 남
한의 국토의 계획 및 이용에 관한 법률, 도시개발법, 주택법 등과 유사하
다. 이렇듯 도시 개발이나 주택 건설을 위한 법 체계가 존재하나, 실질적
인 적용과 같은 실행력에 대해서는 이견이 존재한다.

　북한은 법에 대한 정치 우위의 사회로, 법령보다는 교시와 방침 등을
중요한 통치수단(김현희 2012, 292)으로 보는 입장에서는 관련 제도의 역
할 비중이 낮다고 보고 있다. 실제로 북한에서의 최고규범은 당 정책이며,
법은 당 정책의 표현 형식이자 실현수단으로서 의미를 가진다. 북한의 성
문법원으로 헌법, 법률과 같은 법전의 형식으로 된 것 외에, 정령·내각결
정·명령·규칙, 당의 지침·방침·원칙은 물론, 단순한 권유사항도 존재하
는데, 권고적 의미뿐 아니라 강제법규로서의 효력이 있는 것이 특징이다.

표 5		남북한의 건설·개발 관련 법 대비표

구분	북한 법	유사한 내용이 포함된 남한 법
국토의 체계적 계획과 효율적 이용에 관한 법	토지법	국토기본법, 국토의 계획 및 이용에 관한 법률, 농지법
	국토계획법	국토기본법
	도시계획법	국토의 계획 및 이용에 관한 법률
토지, 건축물에 대한 실제 이용, 건설과 관리를 위한 법	건설법	건축법, 건축기본법, 건설산업기본법
	부동산관리법	국토의 계획 및 이용에 관한 법률, 부동산 가격공시 및 감정평가에 관한 법률, 부동산 개발업의 관리 및 육성에 관한 법률, 부동산등기법
	도시경영법	국토의 계획 및 이용에 관한 법률, 도시개발법, 도시 및 주거환경정비법, 도시재정비 촉진을 위한 특별법, 도시재생 활성화 및 지원에 관한 특별법, 건축법, 주택법, 도로법, 하천법, 수도법, 하수도법, 경관법, 도시공원 및 녹지 등에 관한 법률
	평양시관리법	수도권정비계획법
	살림집법	주택법, 임대주택법, 건축법, 부동산등기법
	상수도법	수도법
	하수도법	하수도법

출처: 김두환 외(2015, 15) 표 재인용 및 정리

성문법의 체계 및 상하관계를 보면, 헌법·최고인민회의 법령 기타 규범적 문건의 순으로 실효성 측면에서 최고위층 교시 → 노동당규약→ 노동당 강령·지침 → 사회주의 헌법 → 내각의 정령·지침 → 성문법률 순이다. 이러한 상황 등을 고려할 때, 북한에서 공표된 법들이 북한 내 각 분야의 상황을 그대로 반영한다고 보기 어렵다(김두환 2015, 9).

그럼에도 북한의 정치체제 하에서 나름의 발전과 성장을 끌어나가고 대외적 변화에 대응하고, 그에 맞추어 북한 주민들을 설득하고 통솔하기 위해서는 법에 근거한 정책 집행이 필요할 것이다. 한편, 사적 소유나 개인의 재산권 등이 강조되는 남한 법제와 달라 국가 소유가 중심인 북한에서는 도시계획법뿐만 아니라 도시경영법이나 살림집법에도 국가 주도 공

| ● 표 6 | 북한의 도시·주택 관련법 현황(도시계획법, 도시경영법, 살림집법) |

구분	법의 구성
도시 계획법	• 제1장 법의 기본: 법의 사명, 계획 분류, 주요 원칙 • 제2장 도시계획의 작성: 계획기준, 작성 기관, 작성 원칙, 계획 위계 • 제3장 도시계획의 비준: 비준기관, 초안의 검토 및 비준, 하달, 계획 변경 • 제4장 도시계획의 실행: 도시 순차 및 연차건설계획의 작성, 건설명시서, 허가 • 제5장 도시계획사업에 대한 지도통제: 지도기관, 중지 및 보상, 몰수 및 철거
도시 경영법	• 제1장 법의 기본: 도시경영 개념, 법의 사명, 법의 6개 원칙 • 제2장 건물관리: 건물분류 및 관리주체, 살림집·공공건물 이용허가, 건물보수 유형과 주체, 건물보수 주기와 시기, 개인살림집의 소유 전환 • 제3장 상하수도, 난방시설 운영: 먹는물 생산·공급, 수질 보장, 위생보호구역, 먹는물 이용, 오폐수 처리, 물빼기시설 관리, 난방열 생산·공급, 상하수도·난방시설 관리·운영 • 제4장 도시도로, 하천정리: 도시도로·하천 관리주체, 도시도로 현대화, 차씻는 시설, 도시하천관리 • 제5장 원림조성: 원림조성 목적, 가로수·가로녹지, 공원·유원지, 동물원·식물원, 나무모·꽃모 생산, 원림지역 관리 • 제6장 도시미화: 4월, 10월 도시미화 월간, 매월 첫째 일요일 도시미화의 날, 문화휴식시설·공동위생시설, 오물의 처리, 구획정리, 도색, 장식물 설치, 유해가스, 먼지의 방지, 보이라, 화장시설의 관리·난방시설 관리·운영 • 제7장 도시경영사업에 대한 지도통제: 사업 지도, 건물, 시설물, 주민지구토지 등록, 주민지구토지 이용, 대상건설 검사, 우수 도시경영일군 선정, 감독 통제 기관 지정, 건설 중지·철거·원상복구·손해배상 규정
살림집 법	• 제1장 법의 기본: 법의 사명, 살림집의 구분 • 제2장 살림집의 건설: 계획적 살림집 건설, 건설 설계, 시공, 구획 정리, 준공검사 및 질 보증 • 제3장 살림집의 이관·인수 및 등록: 이관·인수, 등록체계 • 제4장 살림집의 배정 및 이용: 배정신청 및 등록 살림집 건설, 이용신청 및 허가, 이사 및 반환 • 제5장 살림집의 관리: 관리체계, 보수주기 및 분담, 구조·용도변경 • 제6장 살림집부문사업에 대한 지도통제: 지도기관, 도시미화의 날 운영, 살림집 회수, 행정적 책임, 형사적 책임

출처: 김두환(2015, 20-21, 26-28, 31-32)

급, 운영, 관리가 중심이 되고 있다는 점도 주목할 점이다.

2. 주택정책 기조

북한 주택정책 기조는 크게 주택의 획일화, 집합주택 위주 건설, 건설의 공업화 및 건설의 사상 무장화로 구분하고 있다. 그러나 이러한 정책 기조는 대내외 상황에 따라 다소 변화를 겪기도 하는데, 최고 통치자의 의사나 성향 역시 이러한 변화에 영향을 미치기도 한다.

집합주택 등 대량 공급에 있어서도 비반복성이나 웅장함, 화려함 등 개념이 도입되어 평양의 초고층 아파트 건설에 실제로 적용되어 도시 경관을 형성해왔다.

⊙ 표 7   **북한 주택정책의 기조와 주요 특성**

구분	내용
주택의 획일화	주민들의 생활환경을 집단화·밀집화하기 위해 '설계의 표준화와 규격화'를 추진하고 도시에서는 고층아파트, 농촌에서는 연립주택(2층, 2~3세대용)을 중심으로 건설
	↔ 2차 7개년 계획(1978~1984) 중 실적감소에도 불구, 평양시 내에 초고층 아파트를 '웅장 화려하게' 건설하고 중대형 주택을 건설하는 등 주택의 획일화 정책을 벗어나는 경향도 나타남
집합주택 위주 건설	사회주의 이념을 구현하는 공동생활의 장을 조성하기 위하여 주택은 집합주택 위주로 건설하고, 시설의 공동이용을 도모하기 위해 계층적 서비스 체계를 구성
	• 집합주택을 통한 주민생활 집단화로 통제와 감시의 편이성 제고
건설의 공업화	조속한 주택의 대량 건설과 주택건설의 경제성 제고에 높은 관심을 보이고 설계 표준화, 규격화, 건재생산 공업화, 건설 기계화 등 채택
	• 조립식공법(건설 기계화)에 의한 건설비율: 1960년대 살림집 건설의 60%, 2차 7개년 계획(1978~1984) 동안 살림집 건설의 90% 차지, 조립식 공법에 의해 고층아파트 건설
건설의 사상 무장화	건설현장에서 속도건설운동 등과 같이 경제적 동기 부여보다 사상무장을 통한 노력동원으로 생산성 향상을 도모
	• 지역별로 자재를 자체적으로 조달(지방의 일은 지방에서 알아서 하라—김일성의 지방경제 자립원칙), 건설인력의 전문화 문제, 지방의 자체 자재 조달로 중소도시나 농촌주택의 질적 수준 하락 위험

출처: 김현수(1994); 김용태 외(1996); 서우석(1999)

◯ 그림 2 　　　　　　　　평양 고층아파트(고층살림집) 예시

출처: 평양 창전거리는 21세기 북 첫 '뉴타운,' https://www.yna.co.kr/view/AKR201206220189
　　00014(검색일: 2019.11.29)

◯ 표 8 　　　　　　　　도시지역 살림집 평면 및 계획특성

유형	계획특성	규모 등	평면도	유형	계획특성	규모 등	평면도
2011년 만수대 지구	평양도시 설계 연구소	건축면적 640m² 연면적 19,200m² 30층, 180세대		2011년 평양시 살림집 형성 시안	평양도시 설계연구소	1층 6세대형 건축면적 2,572m² 연면적 64,300m² 25층, 150세대	1.공동살림방 2.살림방 3.부엌 4.식사실 5.위생실 6.창고 7.김치고
		건축면적 400m² 연면적 10,000m² 25층, 100세대			평양도시 설계연구소 Y자형 주동평면 1층당 4대 엘리베이터	1층 6세대형 건축면적 2,654.4m² 연면적 73,864m² 24~30층, 792세대	1.공동살림방 2.살림방 3.부엌 4.위생실 5.창고
		건축면적 910m² 연면적 16,380m² 18층, 108세대					
2011년 평양시 살림집 형성 시안	평양도시 설계 연구소	1층 4세대형 건축면적 766m² 연면적 17,253m² 25층, 200세대	1.공동살림방 2.살림방 3.부엌 4.식사실 5.위생실 6.창고 7.김치고	2011년 해방산 기슭에 건설된 살림집	출입구 근처 창고배치 부엌과 식사실 분리 1세대 2개 부엌, 위생실 설치	1층 2세대형	1.공동살림방 2.살림방 3.부엌 4.식사실 5.위생실 6.창고 7.김치고

출처: 최상희 외(2015, 45-46)

"건축은 창작이다. 창작은 새것을 창조해나가는 과정이다. 새것이 없고 특색이 없는 건축은 창작이 아니다. (중략) 건축창조에서 모방은 도식과 류사성을 낳는다. 도식과 류사성은 죽음이다. 건축창조에서 도식과 류사성에 빠지면, 인민대중의 생활적 요구를 깊이 리해할 수 없게 되며 기성건축의 테두리에서 벗어날 수 없게 된다"(김정일, 1991 건축예술론, 117-118).

주택의 획일화와 관련하여 1970년대 이후 평양을 중심으로 국제도시, 문화도시, 혁명도시라는 도시계획이념이 등장하면서 변화가 나타난다. 주택구조의 다양화를 추구, 국제도시화를 지향하면서 고층화·대규모화가 진행되어 형태의 다양화 역시 나타나고 있다. 그러나 건축에서의 비반복성을 강조한 결과, 평면에 있어서 예각과 곡선의 처리, 부정형한 공간의 이용으로 평면이용에 많은 낭비가 발생하게 된다. 또한 다양성 추구에도 불구하고 조립식 공법(PC)에 대한 투자 부족으로 부재규격 축소 등 파행도 발생할 수 있다.

3. 주택건설 및 공급

1) 공급계획 및 실적

1950년대부터 현재까지 경제상황 및 주택정책을 고려할 때, 크게 세 가지 시기로 구분해 볼 수 있다.

첫째는 1993년까지는 사회주의 계획경제에 따라 국가 건설 및 무상배분 체계에 따라 주택정책이 수행된 시기이다. 둘째, 2000년대 초까지 고난의 행군 이후 경제위기 극복 과정에서 시장 형성되기 시작한 시기이다. 셋째, 2000년대 중반 이후부터 현재까지 시장에 의한 공급과 배분체계가 확산되는 것으로 추정되는 시기이다(최상희 2015, 13).

계획경제에 따른 주택공급 시기에도 경제·사회적 여건 변화에 따라 주택 분야에도 변화가 나타난다.

표 9			북한 주택정책 기조 및 계획 건설 흐름		

구분	경제정책·시장현황	주택부문 정책기조	시기 구분	주택건설	
				계획	실적
김일성	사회주의 계획경제	계획건설·무상배분	2개년계획(1949~1950)	1949년 446호, 1950년 932호	
			3개년계획(1954~1956)		
			5개년계획(1957~1960), 1년 조기완수	60만 호 (도시40만/ 농촌20만)	15만 / 60만
			1차7개년계획(1961~1970), 3년 연장	120만 호 (도시60만/ 농촌60만)	80만 호
			6개년계획(1971~1977), 1년 완충기	200만 호	88만 호 (도41/농47)
			2차7개년계획(1978~1984), 2년 조정기	140~210만 호 (년 20~30만 호)	70~105만 (추정)
			3차7개년계획(1987~1993) 3년 완충기	105~140만 호 (년 15~20만 호)	160만 호
김정일	고난의 행군	시장형성	1990년대 초		7.2만 호
			1990년대 중반 이후 (1995~2001)	30만 호*	
		시장번성·임대료 징수	2002.7.1 경제관리 개선 조치	청년영웅도로 주변 20만 가구	46만 호 (00~05)
김정은	강성대국 (2012~)		2009~2012	평양 아파트 10만 호	

* 하태동(2010, 41)

자료: 최고인민회의 제8기 제2차대회 리근모 보고, "조선민주주의 인민공화국인민경제발전 제3차7
개년(1987~1993)계획에 대하여"(1987.4.21.) / 당중앙위원회 제6기 제21차 전원회의, "제3
차7개년계획(1987~1993) 계획 수행 정형과 당면한 경제건설방향"(1993.12.8.) / 윤혜정·장
성수(1997) / 서봉원(2000, 80-85) / 조현식(1990, 167)을 참조하여 재구성, 조선중앙연감
출처: 최상희 외(2015, 12); 최상희 외(2018, 41)

첫째, 1945~1956년 동안에는 민간주택 국유화, 재분배 과정을 통해
주택부문에 대한 국가 통제가 강화된 시기이다. 둘째, 1957~1976년 동안,

비교적 빠른 경제 성장과 미래 낙관으로 주택소요 만족을 위해 노력하던 시기이다. 셋째, 1977~1989년까지 경제성장률 둔화, 신규주택공급 감소로 사회주의적 주택정책 이념이 퇴색되었고, 전반적인 주거수준 하락에도 주택부문에 대한 국가 통제는 지속되었다. 이후 경제 위기에 따라 계획경제에 따른 주택 공급에 어려움을 겪으면서 주택시장 형성 및 확산 과정이 나타나게 되었는데, 1990~1998년 동안에는 체제 불안정(김일성 사망) 및 지속적 마이너스 경제성장에 따른 경제난, 한계 상황에 다다른 신규주택 공급 여력, 자조주택 건설 및 불법적 주택 거래 등 평양을 제외한 지역에서의 주택통제 이완으로 공급 체제 혼란이 가중된 것으로 보인다. 1999년 이후로는 1990년대 이후 만연한 자조주택 건설 및 불법 주택 거래 관행이 형성되면서 북한 당국도 이를 인정하게 되었으며, 주택임대료 부담 등 부분적인 시장경제 체제 도입, 국제지원 및 자구책 강구로 경제성장률이 플러스로 전환되면서 신규 건설이 이루어지고 있다(LH, 내부자료).

2) 배분체계

건설·공급된 주택을 어떻게 배분할 것인가에 대해서는 살림집법에서 규정하고 있다. 그러나 살림집법은 2000년대 후반(2009)에 등장하였으므로 이전까지는 지역이나 주택 수준에 따라 차등, 차별적으로 배분한 것으로 파악된다.

살림집법 제30조에서는 우선순위 대상자(국가 유공자, 사회 핵심노동자(Key worker 및 취약계층))뿐만 아니라 도시정비사업에 따른 철거민(도시계획조치로 철거된 세대), 가구 특성(가족 수, 출퇴근조건, 거주조건) 등도 고려토록 하고 있다. 실제 배분 시 구체적인 배분 비율 등은 언급되어 있지 않다.

또한, 김정은 체제에서는 취약계층 입주보다는 국가유공자 대상의 고층아파트를 평양시 등 대도시 중심으로 전략적으로 건설 공급하고 있는 것도 최근 공급 특성이라고 할 수 있다. 평양시 미래과학자거리, 은정지구 등이 대표적인 개발 사례이다.

● 표 10	북한의 주택 배분 원칙(살림집법)

살림집법 제30조 (살림집배정에서 지켜야 할 원칙)

1. 혁명투사, 혁명렬사가족, 애국렬사가족, 전사자가족, 피살자가족, 영웅, 전쟁 로병, 영예군인, 제대군관, 교원, 과학자, 기술자, 공로자, 로력혁신자 같은 대상에게 살림집을 우선적으로 배정하여야 한다.
2. 탄부, 광부, 용해 공, 먼바다어로공, 철도기관사 같은 힘든 부문에서 일하는 근로자에게 문화적이고 충분한 휴식조건이 보장된 살림집을 배정하여야 한다.
3. 자연재해로 집을 잃은 세대, 도시계획적 조치로 철거된 세대에 살림집을 의무적으로 배정하여야 한다.
4. 가족수와 출퇴근조건, 거주조건 같은 것을 고려하여 살림집을 배정하여야 한다.
5. 국가가 협동농장에 지어준 살림집과 협동단체 소유의 살림집은 농장에 직접 복무하는 농장원, 로동자, 사무원에게 배정하여야 한다.

3) 주택의 질적 수준

계층별 주거 수준에서 차이가 있는 것으로 파악되는데, 입주자의 사회적 신분에 따라 규모, 시설, 형태 등 그 구조를 달리하여, 지위에 따른 구분이 존재하여, 당·정·기업소 간부들의 높은 주택 보급률(100%)에 반해[6] 일반 주민의 주택보급률은 50~60% 수준이라고 한다. 주택 부족 문제로 인해 주택 신청 후 입사증을 받기까지 4~5년이 걸리며, 동거살이(한 채에 두 세대가 함께 거주)도 빈번한 상황이다.

한편, 공동주택의 평면은 외랑식(편복도식), 중간복도식(중복도식), 섹찌아식(계단식), 탑식 등으로 구성하고 있으며, 일직선형, 절선형 등으로 평면조합형태로 나타난다.

주택 내부 구성이나 편의시설의 정도 및 내용 등을 파악함으로써 거주의 편의성을 이해하도록 한다. 평면구성, 실당 역할과 기능 및 주거 선호 등을 살펴보면 다음과 같다(서우석 외 1996, 32-38).

북한의 경우 모든 방이 취침을 겸하며, 가장 큰방을 살림방으로, 그 밖의 방을 웃방, 작은방으로 부르고 있다. 격 간(방의 폭)이 최대 3.6m 이

---

6) 사회주의 국가 소수 특권 계급(노멘클라투라, Nomenclatura)과 유사.

● 표 11 　　　　　　　　　　**북한의 주택 수준: 계층별 주거수준 차이**

구분	특호	4호	3호	2호	1호
대상	• 중앙당 부부장 • 내각 부상 • 인민군 소장급	• 중앙당 과장급 • 내각 국장급 • 대학교수 • 기업소 책임자	• 중앙기관 지도원 • 도 단위 부부장 • 기업소 부장	• 일반노동자 • 학교교원	• 말단노동자 및 사무원 • 협동농장원
형태	단독 다층 고급주택	아파트	중급 단독주택	일반 아파트	• 집단공영 주택 • 농촌문화 주택
방	3개	2∼3개	2개	1∼2개	1∼2개
부엌	○	○	○	○	○
냉온시설	○	○	–	–	–
수세식화장실	○	○	–	–	–
목욕탕	○	○	–	–	–
기타	정원	베란다 있는 아파트	창고	마루방	창고 (농촌문화주택)

출처: 통일부 통일교육원(2015, 312–313)

므로, 방의 규모가 커져도 깊이가 길어져 일조 환경이 좋지 않다. 살림방은 부부 취침장소뿐만 아니라 식사 등을 위한 거실 역할도 겸하고 가족 수에 비해 방 수가 적은, 과밀이 많은 것으로 파악된다. 벽은 시멘트 모르타르에 석회칠 및 하부 벽지(고급주택은 전면), 바닥은 장판지로 마감한다.

　부엌은 문으로 다른 공간과 격리되나 공간이 좁아(300×150~210) 활동에 애로가 있다. 1980년대까지 대부분 좌식생활(밥상에서 식사)이며, 1990년대 간부 주택의 경우 입식 생활(식탁 식사)을 하기도 한다. 조리와 관련해서는 부뚜막과 석유곤로를 이용(연탄, 석유(고위층은 프로판 가스))하고 있는데, 동거살이의 경우 같이 부엌을 사용해야 하는 등 식생활에 불편이 발생하기도 한다.

| 표 12 | | 북한의 공동주택 평면 | |

〈평면 조합 형태〉

출입문　일직선형　절선형　톱날형　곡선형

구분	특징	형태	비고
외랑식 (편복도식)	• 복도 한쪽으로 단위세대 평면이 배치		• 주된 단위평면 형태: 온돌방 1, 2개(12m²), 부엌 • 동당 30~90세대 • 겨울에 다른 아파트 보다 추움 • 일반 노동자와 사무용 아파트
중간복도식 (중복도식)	복도 좌우에 단위 세대 평면이 배치된 중간 복도식 아파트		
섹찌아식 (계단식)	– 아파트 한 동에 5~6개의 각 현관 있음 – 계단실에서 2~3가구만 연결 – 섹찌아는 부분 (section; 소련어)		– 주된 단위평면 형태: 방2개, 부엌, 창고, 화장실 – 장점: 조용함, 독립적임 – 단점: 통풍과 환기가 잘 안 됨 – 간부용 아파트가 많음
탑식	– 계단이 대부분 하나이면서 평면 규모에 비해 건물의 높이가 높음		

출처: 서우석 외(2001, 43-45)

　화장실의 경우 1960년대 초까지는 공동화장실이 건설되다가, 이후 개별화장실이 설치(주로 화식변기)되었으며, 변소와 세면장(또는 욕실)이 구분되기도 하고 함께 배치되기도 하나, 변소와 세면장 구분을 선호한다. 이는 거주 성원이 많고(동거살이 등), 환기 문제(기계환기설비 부족, 자연환기 불가), 시간 급수나 단수 때문이다. 다만, 구분이 될 경우 변기 수세를 위해 세면장 물을 이용해야 하는 불편이 있다.

● 그림 3 　　　　　　　　중소도시 및 농촌문화주택 예시

출처: 서우석 외(2001, 64)

세대 내 복도, 전실(출입구에 면한 복도공간)은 직접 채광이 안 되어 어둡고, 전실은 방보다 추우며, 발코니(로지)에서는 식물 기르기(화분) 외에도 난간 높이 이하로 식품을 저장(김장독)하거나, 가축(토끼, 닭)을 기르기도 하며 난방재료(장작)를 모아두는 곳으로 쓰이기도 한다.

주택 선호와 관련, 남향, 방 수, 통풍, 전망 등은 일반적인 선호와 동일하다. 그 외에는 냉난방 문제, 급수난, 연료난, 생활 방식 등으로 남한과는 다른 선호 경향을 보인다. 난방방식과 관련, 연료난 등으로 온수난방 아파트를 선호하고 있다. 또한 2~3층을 선호하는데, 급수와 연탄·연탄재 운반의 용이성 때문이다. 중소도시의 경우 아파트는 선호하지 않는다고 하는데, 1층에 농사용 인분을 저장(예: 청진, 개성 등)하므로 냄새 등에 대한 거부감 때문이라고 하며, 고층 아파트의 경우 최상층도 선호도가 낮은데, 시간제 급수 시행, 정전에 따른 승강기 정지, 빗물 누수와 천정 결로 등이 이유로 지적된다.

주택의 질적 수준과 관련하여 주요 도시(평양, 함흥, 청진, 남포, 신의주) 거주실태를 살펴보면 다음과 같다(최상희 외 2015, 71-92).[7]

---

7) 해당 지역에 거주한 경험이 있는 탈북자 설문조사 결과이므로, 정확한 통계에 따른 것은 아님.

표 13				북한의 농촌지역 살림집 평면 및 계획 특성				
유형	계획특성	규모 등	평면도		유형	계획특성	규모 등	평면도
7개년 계획기 농촌 문화 주택	단층문화주택 2층 바깥복도형 섹찌아식 살림집	250~ 350m²			1967년 이후 전원형 살림집	바깥복도형 전원형 살림집 5층 규모 송림식주택 (69~70년 집중건설)	1층, 2층 각 2세대 거주 가능 형태	
	장동리 2층 바깥복도형 섹찌아식 살림집				2차 7개년 계획기간 단층농촌 문화주택	장동리 2층 바깥복도형 섹찌아식 살림집		두방짜리 세방짜리
	출입구 근처 창고배치 부엌과 식사실 분리 1세대 2개 부엌, 위생실 설치	1층 2세대형			2004년 박천군 맹중지구 동남마을 건축형성	출입구 근처 창고배치 부엌과 식사실 분리 1세대 2개 부엌, 위생실 설치	세대당 건축 면적 80m²	1.공동살림방 2.아래방 3.웃방 4.부엌 5.세면장 6.창고 7.퇴마루 8.야외창고 9,10.집짐승우리 11.위생실 12.온실 13.메탄가스탕크 14.퇴적장

출처: 최상희 외(2015, 48)

우선 건축현황 및 실 구성이다. 주로 시멘트와 브로크로 건설하며, 주 동형태는 일자형이 가장 많고, ㅁ형, L형도 일부 파악되고 있다. 공동주택 은 평균 9층 건물이며 앞서 살펴본 바와 같이 상하수도 문제나 전력난 등으로 4~5층을 선호하고 평양과 같은 경우 25층 초고층에서는 채광을 이유로 8~12층이 선호된다고 한다. 노후도에서는 건축 연한이 40~50년 이상인 주택의 비율이 약 50% 이상으로 추정된다. 남포 50년 이상 노후 주택 50%, 평양 70~80년대 건설 70%, 함흥 및 청진 70년대 전후 40%, 신의주는 7~80년대 건설된 땅집(단독주택이나 단독 다가구주택 등으로 이해) 이 많다고 한다. 최근 땅집이 밀집된 지역을 중심으로 증개축 사례가 증 가하고 있는데 자조주택 건설(self-help) 등으로 재건축을 하는 것이다.

평양 외 지역은 일반주택 비율이 높고, 출입구와 연결되는, 부엌, 아랫방, 웃방이 병렬적으로 구성되는 형태이다. 단독주택도 있으나, 연립주택 형식으로 여러 개 수평으로 붙어 있고 담으로 구획하고 내부에 텃밭이 있다.

주택 내부를 보면, 살림방의 개수는 평균 2.46개(주택유형별 차이), 부엌과 화장실은 기본적으로 구비되는데, 웃방이 외부에 노출된 경우, 개조하여 동거가구를 입주시키는 형태이다. 또한 화장실 내부에 물탱크를 구비하고 상수 공급을 위해 저장을 하며, 큰방에 온돌을 설치한다. (2008년도 인구센서스에 따르면 난방원료로 석탄 사용 비율이 56.1%) 전력으로는 큰방 전면에 있는 베란다에 무동력 발전기, 태양열 전지판 설치를 통해 확보한다.

주택의 개축이나 기존시설을 변형하여 사용하기도 하는데 층별 설치된 공동화장실을 주택으로 개조(함흥)하여 부족한 주택 문제를 해결하기도 하고, 1층 창고를 집으로 개조하여 동거세대를 입주시키거나, 자녀세대가 거주하는 경우도 있다(평양). 또한 도로에 접한 집을 증축하는 난개발(신의주)도 나타나는 등 대도지역의 주택 문제를 짐작할 수 있다.

임대료에 해당하는 사용료는 한국 돈으로 몇백 원~천 원 수준으로 부담이 없으며 생활이 어려우면 미납도 가능한 상황이다.

주택부족에 따라 발생한 동거가구와 관련하여 인민반(30세대 내외) 내 동거가구 비율을 약 25%로 응답하였으나 지역이나 특성에 따라 동거가구의 비율은 다양한 것으로 나타났다. 구역별로 30~70%(평양), 대학가는

○ 표 14　　　　　　　　　북한의 주택 보급 현황(2008)

구분		계	자가거주세대	동거세대	동거세대 비율
전국		5,887,471	5,827,607	59,864	1.0
도시지역		3,579,626	3,543,673	35,953	1.0
농촌지역		2,307,845	2,283,934	23,911	1.0
평양시	소계	813,769	799,457	14,312	1.8
	도시	703,910	690,853	13,057	1.9
	농촌	109,859	108,604	1,255	1.1

출처: Central Bureau of Statistics, 『DPR Korea 2008 Population Census National Report』 (2009), DPR Korea

70%가 동거하는 대학생인 경우도 있고(함흥), 장사를 하는 외부 유입인구에 따라 40%(남포), 부모 부양의식으로 자녀와 합가함에 따라 80%(신의주) 등 다양하다.

　　공식 통계에서는 동거세대 비율이 2% 미만이나 실제로는 이보다 훨씬 높은 것으로 파악된다.

4. 주택시장의 형성

계획경제에 따른 북한 당국의 주택 공급 및 배분이 아닌 주택시장 형성에 따른 주택 거래 및 건설 상황을 주요 도시(평양, 함흥, 청진, 남포, 신의주)를 중심으로 살펴보면 다음과 같다(최상희 외 2015, 71-92).

　　주택 거래에 있어 가격 영향 요인으로는 편의성(전기, 상하수도 구비 수준), 고위직 거주지역, 층 수, 경관 등이 있으며, 맞교환 형태로 거래되기

표 15　　　　　　　　　　　　北한 지역별 주택 가격

구분(평균가격)	거래비용
평양($3만~5만)	• 중구역(2005년 $5만 → 2014년 $10만~20만) • 서성구역 단독 $30만　　• 은정구역 $3만(2014) • 평천구역 $7만(2002)　　• 문수거리 $3만
함흥($3천~7천)	• 샛별거리 $2~3만(2010)　　• 도당아파트 $5천(2007) • 역전 독일아파트 $4천　　• 신규 분양아파트 $1만
청진($1천~3천)	• 포항구역 $2만(2013)　　• 추목동 장마당인근 400만 원 • 수북동탑식아파트 1,200만 원 • 뼈다귀아파트 600만 원
남포($1천~5천)	• 강서구역 방한칸 140만 원(2007)　　• 와우도 $3~4천(2008) • 남포항 신규주택$1만(2010)
신의주($2천~5천)	• $1.5만~2만(2013)　　• 남중동 $2.5천, $5천(2008, 2011)

주) 소개비 수수료: 평양 거래가격 1%, 약 100달러 내외 / 청진 150원(* 쌀 1킬로 40원)
출처: 최상희 외(2015, 104)

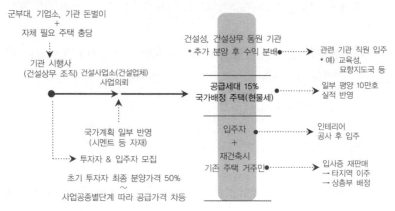

● **그림 4**   기관 중심 주택건설사업 시행 구조

출처: 최상희 외(2015, 107)

도 한다. 입사증 발급 등에 중개인이 등장하기도 하고 소개비 명목의 수수료를 지불하기도 하며 원하는 주택을 공급받기 위해 뇌물을 관련 기관이나 주택부에 건네기도 하는 것으로 알려졌다. 주택 건설은 개인투자자(돈주)에 의한 건설도 합법화되었으며, 기관 중심의 여러 투자자에 의한 분양도 등장하였다(최상희 외 2015, 102-108).

5. 주거의 적정성

그렇다면, 북한의 주거 상황에 대해서는 어떻게 평가해 볼 수 있을까.

첫 번째로 양적 적정성, 즉 충분히 공급되고 있는가를 살펴보아야 한다. 북한의 주택보급률(가구 수 대비 주택 수)과 관련하여 다수의 연구에서 80% 미만으로 추정하고 있다. 2008년 가구 수 기준, 북한 언론보도자료를 통해 확인 가능한 물량으로 추정할 경우 58.5%, 조선중앙연감으로 추정할 경우 80~90%로 나타난다. 다만, 계획만 제시한 경우도 있으므로, 가구 분화 등을 고려한다면 이보다 낮을 것으로 예상된다. 여전히 동거가구가

| 표 16 | | | | 북한의 주택보급률 추정 | | | |

구분	노용환· 연하청 (1997년)	윤혜정· 장성수 (1997년)	주택도시 연구원 (2001년)	북한 경제포럼 (2002년)	국토연구원 (2008년)	건설산업 연구원 (2013년)	토지주택 연구원 (2015년)
가구원수	−	−	4.8명 (1999년)	4.18명 (2002년)	4.3명 (2006년)	4.08명 (2008년)	4.4명 내외
가구수	−	−	485만 호 (1995년)	480만 호	537만 호 (2006년)	588만 호 (2008년)	590만 호 (동거가구 30%)
주택수	288~384 만 호	360~392 만 호	269~304 만 호	288~384 만 호	412~447 만 호	447~482 만 호	345~472 만 호
보급률	60~80% (1993년)	75.7~ 83.1% (1993년)	55~63% (1995년)	70% 내외 (1995년)	77~83% (2006년)	74~80% (2013년)	58~80% (2014년)

출처: 최상희 외(2018, 44)

존재하며 대도시 지역에 동거살이 비율이 높은 점을 고려하면 주택 부족 문제가 클 것으로 보인다.

한편 양적 부족을 해결하기 위한 공급에서 있어 몇 가지 문제가 있다.

주택 건설 공급에 필요한 자재·인력 수급이 자체 조달 및 지역별 차출 등으로 불안정하다. 대량 신규 주택 건설 시에는 지역의 인민반, 공장, 학교 등에 자재를 할당하고, 군 돌격대를 투입하고 있다.

기존 주택은 자력으로 자재를 구입하여 개보수하는 형태로 표준화가 되어 있지 않을 것으로 판단된다.

국가적인 대규모 주택 건설 공사는 속도전 중심으로 진행되는데, 기간 완수를 다그치는 등 콘크리트 강도 구현을 위해 건설 시공기간이나 안전 기본수칙 등을 준수해야 하나 이를 지키지 않고 강행하는 경우도 발생한다. 특히 초고층 건물의 경우, 고강도 콘크리트 사용 및 품질관리가 필요하나, 인력에 의한 콘크리트 타설 등으로 품질 불확실하다. 고층건물의 기초말뚝 시공 기사가 전무한 것으로 보이며, 내진설계도 반영되지 않은 것으로 파악된다(김효진·최은희 2017).

표 17   평양 여명거리 건설을 위한 동원인력 및 인력별 할당 임무

동원인력		할당된 주요 임무
평양남구주택건설사업소		– 살림집 건설(구체적 해당 살림집은 불분명)
평양서구주택건설사업소		– 대성52–114호동 살림집 건설
함경남도여단		– 대성52–115호동 살림집 건축공사
군 부 대	부대1	– 대성51–42호동 살림집, 우수함거시설 건설
	부대2	– 70층 초고층 살림집 건설
	부대3	– 대성51–46호동 살림집 건설
	부대4	– 8개동 골조공사: 20층 대성56–116호동, 7층 대성56–120호동, 8층 대성56–123호동, 35층 대성53–74호동, 대성56–122호동, 대성56–121호동, 56–124호동 살림집, 3층짜리 공공건물
	부대5	– 대성56–110호동 살림집, 대성56–111호동 건설
	부대6	– 대성56–112호동, 대성56–113호동, 대성56–109호동 살림집 건설
	부대7	– 대성56–112호동, 대성56–113호동, 대성56–109호동 살림집 건설
수도건설위원회		– 대성52–113호동, 대성52–117호동 등 5개동 살림집 건설
속도전청년돌격대		– 대성56–107, 108호동 살림집 건설
담배연합기업소		– 대성구역 여명거리 탁아소, 유치원 건설
건설건재공업성, 철도성, 명사적지 건설지도국 등		– 여러 단위 일군들과 돌격대원들이 가설건물과 시멘트 적치장 건설을 비롯한 준비공사 및 방대한 버럭 처리작업 수행
외교단사업총국		– 기계수단들을 총동원하여 기초굴착공사

출처: 김효진·최은희(2017, 54)

둘째, 질적 적정성이 어느 정도인가이다. 여기에는 주택의 질적 제고, 취약계층 등 사회약자에 대한 배려 측면에서 살펴볼 수 있을 것이다.

계층별 지역별 주거의 질적 격차가 존재하는 것 자체의 문제라기보다 전반적으로 주거의 질이 어느 정도인가가 중요하다는 것이다. 주택 내부 평면, 편의성 그리고 주거생활에 필요한 생활 인프라의 구축 정도를 볼 때 질적 개선이 필요한 부분이 많다.

주택 내부가 가구가 이용하기 불편이 없는가를 먼저 보자면, 주택 부

족 등에 따른 동거살이로 인해 발생하는 불편이 가장 크다. 과밀과 주택 내부 시설 공동이용이 그것이다.[8]

난방, 상하수도, 전기 등 생활 인프라 부족은 단순히 주택 내부 구성만으로 주거생활이 해결될 수 없음을 보여준다. 난방재료 확보의 문제, 상하수도, 화장실 등 위생시설 문제, 전력난 등은 주거와 직접 관련이 된다.

또한 일상생활에 있어서 교통 역시 중요한데, 기간시설로서의 교통이 아닌 대중교통망 구축 수준확인이 불확실하다.[9]

배분 체계의 문제도 살펴보아야 한다. 최근 대규모 주거지 개발 보도에 따르면, 취약계층을 위한 지원보다 국가유공자나 핵심노동자(제대군인, 교육자, 과학자 등)에 초점을 맞추고 있음을 볼 수 있다. 또한 아동, 장애인, 고령자 등 교통약자나 주거약자에 대한 지원은 드러나지 않는다.[10] 2000년대 이후 국가를 통한 주거의 질 보장이 되지 않고 자조주택의 건설·개보수나 주택시장을 통해 해결되고 있는 점에서 주택시장에 진입하기 힘든 저소득층의 주거 환경은 더욱 열악할 것으로 파악된다. 구매력이 없거나 취약계층의 경우 질적 담보에 앞서 전용 주택 확보도 어려울 수 있는 상황이다.

---

8) 유엔의 적정 주거 개념에 따르면 이러한 주거는 비적정 주거 상태이며, 한국의 경우 최저주거기준에 따라 가구구조에 맞는 면적·방 수, 전용 입식부엌, 전용화장실·목욕시설, 상수도 등을 구비할 것을 규정하고 있다.

9) 통계청에 따르면 2018년 북한 지하철 총 연장 길이는 34km이나, 이는 1990년과 같은 수치로 현황 파악의 어려움을 보여주고 있다(국가통계포털(kosis.kr), 검색일: 2020.5.18).

10) 요양소나 요양원, 노병소 등의 건립 보도는 나타나고 있으나 시설이라는 점에서 주거생활이 이루어지는 주택과는 성격이 다르다.

IV. 도시와 주거지 조성 관련 북한개발협력 이행 현황

1. 도시와 주거지 조성에 있어 국제협력 또는 북한개발협력의 의미

북한의 경제개발 측면에서도 도시라는 공간은 중요하다. 경제활동으로 창출가능한 부가가치가 도시를 통해 이루어진다. 경제개발을 위해 북한이 2018년 발표한 27개 경제개발구[11])는 다양한 도시의 기능과 역할 강화 가능성 및 북한의 개발 의지를 보여주는 것이다. 북한 투자에 관심을 가지고 있는 외국투자가를 대상으로 한다[12])는 점에서 지속가능한 도시 조성과 관련한 국제개발협력은 이들 경제개발구를 중심으로 전개될 가능성이 크다. 북한은 경제개발구의 개발 목적으로 "나라의 경제발전과 인민생활 향상에 이바지하며 여러 나라들과의 경제적교류를 확대해 나가기 위하여"라고 언급하고 있다. 북한 내에 당면한 여러 사회경제적 문제를 해결하기 위해서는 개발협력이 필수불가결한 상황이다. 특히 목표 11은 북한 당국의 입장에서 우선순위가 높은 것이 아니라는 점에서 국제개발협력을 통해 지속가능한 도시 및 주거지 조성을 위한 여건도 생각해볼 만하다.

2. 지속가능한 도시와 주거지 조성을 위한 국제협력 현황

목표 11과 관련하여 국제협력의 사례는 거의 없다고 해도 과언이 아니다. 국제협력뿐만 아니라 인도적 지원을 포함한 대북지원까지 확대하여 살펴

---

11) 공업개발구 14개, 농업개발구 3개, 관광개발구 6개, 수출가공구 3개, 첨단기술개발구 1개 등.

12) 발표자료에 따르면, 외국투자 관련 법률제도 정비, 외국투자기업에 대한 편의 제공 등 경제지대투자환경을 개선하기 위해 많은 노력을 기울이고 있음을 강조하는 등 투자자를 대상으로 하는 내용으로 구성되어 있다.

볼 경우, 드물지만 관련 사업이 존재한다. 다만, 목표 11의 세부목표와 직접 관련된 협력 사업보다는 포괄적이고 광범위한 수준에서 협력이 이루어지고 있다고 보아야 할 것이다.

SDC(스위스개발협력청, Swiss Agency for Development and Cooperation)에서는 WASH 프로그램으로 공중위생 개선사업을 한 경험이 있으며[13] 컨선 월드와이드(Concern Worldwide)에서는 MDGs 4와 6 달성[14]을 위해 식수와 위생시설, 폐수·하수 처리 시설 공급 사업을 추진하고 있고, TGH (Triangle Generation Humanitaire)에서 하는 사업 중에서도 식수와 위생사업이 포함되어 있다(이승지 2020, 19-23).

유엔(2019)에 따르면 전략 목표 세 가지 중 하나가 기본서비스 접근성 제고(Access to Basic Services)이며, 여기에 포함된 분야가 식수, 공중 위생이며 사회취약계층이라고 할 수 있는 아동, 여성, 장애인 및 고령자 등 대상계층을 강조하고 있다. 이 사업은 UNICEF(유엔아동기금)와 함께 도시경영기관이 추진할 계획에 있다.[15]

ICRC(the International Committee of the Red Cross, 국제적십자사)가 2013년부터 추진 중인 해비타트 프로젝트 역시 주택 개보수만큼 식수 공급 및 보건(병원 개보수)을 중요하게 고려하여 추진하고 있다.

이들 사업에서 알 수 있듯이 북한 당국(또는 국제사회)이 설정한 우선 순위에 따라 협력사업이 집중될 수밖에 없기 때문에 목표 11 관련 사업은 거의 없고, 파악 가능한 관련 협력 사례는 생활 인프라에 집중되어 있으며, MDGs 또는 타 지속가능발전목표에 포함되어 있다.

---

13) 2012~2014년 3년간 현금 지원, 2015~2016년 평양시 일부, 평안남도 및 황해북도 일부 지역에 상수도 수도밸브 보급 등의 사업을 추진하였다. 자세한 내용은 이승지(2020) 참고.

14) MDGs 4는 아동사망 감소, 6은 질병 퇴치(HIV/AIDS, 말라리아, 결핵 등)이다.

15) 도시경영법 제3장(상하수도, 난방시설 운영)에 따라 도시를 관리하고 있으며, 도시경영기관이 이 역할을 담당하고 있다.

V. 결론: 평가와 제안

1. 지속가능발전목표의 지역화 및 구체화

북한의 지역적 특성을 고려한 목표 및 지표 설정을 검토할 필요가 있다. 현재 지속가능발전목표에서 규정하고 있는 추상적이고 당위적인 목표와 지표를 측정하고 추진 가능한 수준으로 끌어내릴 방안을 강구해 보아야 한다. 즉, 국가별 특수성이나 처한 상황을 고려한 지표 발굴이 필요하다는 것이다. 남한의 K-SDGs와 같이 북한의 체제와 주거지역 특성을 고려하여 세부목표에 맞는 적정 지표가 무엇인지 북한에 맞는 신규 지표를 발굴해 보아야 한다. 남북경제협력 등을 통해 도시 및 주거지 개발에 참여할 수 있는 점에서 남한의 관련 정책 및 프로그램과 연계성 검토도 생각해 볼 수 있다. 물론 체제나 발전 정도의 차이가 있다는 점에서 지표를 반영하여 개선을 유도하기는 어렵겠으나, 주거의 양적·질적 개선을 위한 제도에서 시사점을 도출할 수 있는지 검토해야 할 것이다. 예를 들어 주거의 질을 파악하기 위해 남한의 최저주거기준과 같은 최소 기준(minimum standard) 설정도 제안해 볼 수 있을 것이다.

2. 목표 및 지표의 우선순위 설정 및 단계적 개선

지속가능발전목표의 방향을 지향하되, 지역적 특수성을 감안하여 진행속도를 조절할 필요가 있겠다. 2020년 또는 2030년까지로 목표연도가 설정되어 있으나, 실현 또는 달성가능성이 있는가에 대해서는 여전히 의문이 남는다. 목표 11의 세부목표 중 북한에 있어 긴급한 사항은 여전히 양질의 주택 공급이다. 이를 통한 전반적인 질적 개선과 (계획적 주택 공급에 따른) 생활 인프라 구축을 우선 추진토록 제안해 볼 수 있다. 주택의 양적 확대를 위해 안전성, 내구성 등을 고려하여 전문적인 건설인력과 자재 보장을 해 주되, 동거가구 비율이 높은 지역을 중심으로 신규 주택 공급에 우선 집중할 수 있다.

다음으로 주택의 질적 개선을 위해 주택의 편의성이 낮고, 노후화된 주택의 개보수 기준의 설정이나 공기 단축을 위한 자재의 표준화 등도 모색해 보아야 할 것이다.

상하수도, 난방, 전력, 교통 등 생활 인프라 구축에서 경제성을 고려하되, 지속가능하고 미래지향적인 방식과 기법이 무엇인지 최적의 대안을 제안하고 시도해볼 수 있어야 한다. 친환경에너지, 생태계 보호 등 환경적 측면을 강조해야 할 수도 있다. 최근 대대적으로 보도된 평양 여명거리의 경우 녹색도시, 에너지절감 도시 조성, 생태녹화기술을 적용한 건물(지붕 및 벽면 녹화사업을 통한 냉난방 효과), 도시녹화사업, 빗물회수 이용기술 등을 개발 기법 또는 개발 전략을 파악할 수 있는데, 대도시뿐 아니라 중소도시 및 농촌지역에도 적용가능한지 고민이 필요하다.

3. 국제협력 방향

목표 11 관련 협력 관계는 북한 경제개발사업을 중심으로 전개될 가능성이 크다. 그러나, 주거 문제는 도시화 등으로 인구 집중에 따라 여러 사회문제를 발생시키며 삶의 질과 밀접한 부분이지만 개발도상국과 같이 경제발전이 국가의 핵심가치가 될 경우 정책적 고려사항이 되기 힘들다. 다만, 기존 주거지나 도시를 대상으로 협력사업이 추진되기는 어려울 것이나, 산업단지 등을 중심으로 한 개발계획 수립 시 주거지가 개발된다면, 지속가능성을 고려한 조성 방안 마련이 가능하다.

북한의 경제개발구는 외자 유치 등을 통한 공동개발 가능성이 높은데, 개발구의 특성에 따라 단신부임용 숙소부터 일반세대용까지 다양한 주거형태 개발이 필요하다. 지속가능하고 환경친화적인 주거지 개발과 같이 개발 방향은 공유하되, 개발구 특성별로 농촌형, 관광형, 첨단산업형 등으로 유형화하여 구체적인 조성 전략을 수립해 볼 수 있다. 물론 이 과정에서 경제발전이나 과학기술발전에 기여하는 유공자나 핵심노동자를 우대하는 형태의 주거지 개발이 중심이 될 수 있다. 그러므로 일반 대중의 주거의 질 개선이 될 수 있도록 개발구 주변지역과의 연계, 혹은 산업단지 배후지의 주거지 개발을 유도할 수 있는 방안도 함께 모색해야 할 것이다.

4. 지속가능발전과 북한 주민의 주거환경 개선

지속가능한 도시 및 주거지 조성은 주민생활과 직결되나, 북한의 경제정책 기조나 대외 협력 속도나 수준을 감안할 때, 전반적 개선에 한계가 있다. 주택 공급 및 노후주택 개보수는 국가 등 공공부문이 아닌 민간 또는 개인의 참여가 늘고 있으나, 정책적 우선순위에서는 취약계층보다는 유공자(군, 과학기술, 고등교육종사자 등) 등에 집중되어 소외계층이 발생하게 된다. 또한 경제개발 중심 정책 전개 시 공적 주택부문은 낮은 우선순위에 있으며, 교통, 상하수도, 에너지 등 부족한 생활 인프라 확충도 쉽지 않다.

이처럼 도시 및 주거 부문의 여건을 감안하여 주택부문의 성장 및 활성화를 위한 토대를 마련해야 한다. 건설 자재, 전문인력, 표준화를 위한 공장가동 등 건설 산업의 정상화에 관심을 가질 필요가 있다. 건설 산업 역량이 확보되면 주택의 양적 확대 및 생활 인프라 구축이 가능할 것이다.

국제협력 방향에 따른 개발에 있어서도 북한 주민 주거향상 측면에서 검토되어야 한다. ①개발에 따른 수혜대상이 일반 주민 혹은 취약계층인가 ②양질의 주택은 경제적 비용이 아닌 사회적 자산으로 기능(지속가능한 정주공간)하는가 ③주택부문의 발전에 따른 파급효과는 어떠한가(사회적 비용 절감, 사회적 안전망 구축, 기본권 등) 등과 이 지속가능성 측면에서도 중요하다.

이상과 같이 정책적 우선순위, 협력사업의 내용 등을 구체화하기 위해서는 현황 파악이 필요하다. 독일,[16] 중국 등 시사점을 얻을 수 있는 국가에 대해 관련 전문가들이 단기 교육이나 방문 견학, 단기 연수 등을 진행하고 있으나, 도시계획 및 공간개발에 있어 남북 개발협력을 위한 사전준비가 필요하다. 관련 제도나 건설기준, 규격 등을 비교하여 공통된 기준을 마련하려는 움직임[17]은 이러한 움직임의 시작이라고 할 수 있겠다. 보다 포괄적이고 지속가능한 도시 및 주거지 조성을 위한 구체적인 협력 방안 모색은 현황에 대한 정확한 이해 노력이 선행되어야 가능할 것이며, 더디더라도 가야 할 길이다.

---

16) 도시계획가 및 건축가가 쇠퇴한 독일의 공업도시 재생 지역을 방문(프리드리히 나우만 재단(Friedrich Naumann Stiftung), https://fnst.org/content/bughan-dosi-gyeho eggadeulyi-dogil-bangmun(검색일: 2020.5.18).
17) 자세한 내용은 송상훈(2019) 참조.

참고문헌

* 각주와 참고문헌은 국제개발협력학회 홈페이지 참조.

김근용. 2008. "북한의 주거실태와 주택투자 소요추정."『통일정책연구』통권 57권.

김두환 외. 2015.『북한 건설·개발제도 및 계획현황 연구』. 국토교통부.

김용태 외. 1996.『통일한국의 주택부문연구』. 대한주택공사 주택연구소.

김현수. 1994. "북한의 도시계획에 관한 연구." 서울대학교 박사학위 논문.

김현희. 2012. "북한 건설법에 관한 연구 - 통일 후 건설분야에 있어서의 남북협력을 전망하며." KOICA 편.『2012년 남북법제연구보고서』. 법제처, 283-319.

김효진·최은희. 2017. "평양의 여명거리 조성사업 리뷰."『북한토지주택리뷰』Vol.1. 토지주택연구원.

노융환·연하청. 1997.『북한 인구센서스의 정책적 함의』. 한국보건사회연구원.

방설아·신유승. 2015. "Goal 11 회복력있고 지속가능한 도시와 거주지 조성." KOICA 편.『지속가능개발목표(SDGs) 수립현황과 대응방안』. 경기: 한국국제협력단, 217-238.

(사)북한경제포럼. 2003.『북한지역 주택투자 소요판단 및 대응방안 연구』.

서우석. 1999. "통일한국의 북한지역 주택정책에 관한 연구." 서울시립대학교 박사학위 논문.

서우석 외. 2001.『북한의 주택 및 건축기술 실태조사와 계획방향 제시연구』. 대한주택공사 주택연구소.

송상훈. 2019. "북한 건설용어의 특징과 남북 건설용어 통합을 위한 과제."『북한토지주택리뷰』Vol.3, No.2, 토지주택연구원.

윤혜정·장성수. 1997. "북한의 주택실태와 북한지역 주택정책 방향설정을 위한 연구." 통일원 편.『'97 신진연구자 북한 및 통일관련 논문집III - 북한실태』. 통일원.

이승지. 2020. "국제사회의 대북원조 흐름과 현황."『북한토지주택리뷰』Vol.4, No.1, 토지주택연구원.

최상희 외. 2015.『북한주택 현황조사·분석 연구』. LH토지주택연구원.

_____. 2018.『북한 주택사업 중장기 전략 연구』. LH토지주택연구원.

통일부 통일교육원. 2015.『2016 북한 이해』.

환경부.「UN 지속가능발전목표(UN-SDGs) 세부목표 및 지표」(지속가능발전 포털 연결 온라인 보고서).

_____.「국가지속가능발전목표(K-SDGs) 세부목표 및 지표」(지속가능발전 포털 연결 온라인 보고서).

환경부 지속가능발전위원회 편. 2018.「2018 국가 지속가능성 보고서」.

Central Bureau of Statistics. 2009. 『DPR Korea 2008 Population Census National Report』. DPR Korea.

KOICA. 2015. 「지속가능개발목표(SDGs) 수립현황과 대응방안」.

김정일. 1997. 『1991 건축예술론(김정일 선집 11(1991.1~1991.7)』. 조선로동당출판사.

차명철. 2018. 조선민주주의인민공화국 주요경제지대들. 외국문출판사.

국가통계포털. http://kosis.kr

대한민국 ODA 통합 홈페이지. http://www.odakorea.go.kr/ODAPage_2018/cate01/L01_S05_03.jsp

유엔 SDGs 관련 사이트. https://www.un.org/sustainabledevelopment/cities(검색일: 2019.11.28), https://unstats.un.org/wiki/display/SDGeHandbook/Home, https://sustainabledevelopment.un.org/sdg11

유엔글로벌콤팩트 한국협회. http://unglobalcompact.kr/

지속가능발전포털. http://ncsd.go.kr(검색일: 2019.11.28).

통일법제데이터베이스. 북한법령 도시계획법, 도시경영법, 살림집법. http://www.unilaw.go.kr(검색일: 2020.1.21.).

NK경제. 2018.12.6일 자. "베일벗은 북한 경제특구 … 27개 지구 지정." https://www.nkeconomy.com/news/articleView.html?idxno=795(검색일: 2020.2.25).

ICRC. 2019. Water Supply and Habitat Projects in the DPRK-ICRC Mission in the Democratic People's Republic of Korea.

UN. 2019. DPR Korea Needs and Priorities.

UN·DPRK. 2017. DPRK United Nations Strategic Framework 2017~2021.

제4부

지구환경과 생태계 영역

제13장

북한경제의 지속가능한 '소비와 생산'

정은이 | 통일연구원

I. 서론

본 장에서는 '지속가능발전목표(SDGs)의 세부목표 12'로 보는 북한경제의 소비와 생산에 대해 알아보고자 한다.

먼저 '지속가능발전목표'를 살펴보기 전에 이에 앞서 전 지구적 약속이 또 하나가 있었는데, 이는 2000년 유엔천년총회에서 채택된 '새천년개발목표(Millennium Development Goals, MDGs)'라는 사실을 상기할 수 있다.[1] 그러나 MDGs는 주로 유엔의 내부 소수만이 참가했으며, 빈곤이나 질병 및 환경파괴 등 빈곤국이 겪는다고 인식하는 문제 중심으로 주요 목표를 설정하였다.[2] 다시 말하면, '빈곤'이란 가난한 국가에서만 발생하는

---

[1] 새천년개발목표(MDGs) 개요, file:///C:/Users/user/AppData/Local/Microsoft/Windows/INetCache/IE/2AA4DT3W/01.pdf/

제한적인 문제로 취급하였으며, 선진국의 부의 불균등이나 구조적 문제에 대해서는 다루지 않았다. 따라서 MDGs는 전 세계를 대상으로 한 빈곤퇴치나 환경보호 등의 목표에 부합되지 못하였으며, 전 세계 모든 국가들이 '자신의 문제'라는 인식 하에 책임의식을 갖고 시행하기에는 많은 한계가 있었다.[3]

이런 의미에서 2015년 9월 채택된 '지속가능발전목표(SDGs)'는 유엔 가입국 모두가 합의한 내용으로, 이것이 전 세계의 공통된 문제라는 인식에서 출발하여 빈곤퇴치, 성평등, 양질의 교육, 보편적인 보건 및 의료, 식량과 영양, 식수, 공평한 경제성장과 양질의 일자리, 거버넌스 등 포괄적인 문제를 다루고 있다. 그중에서도 특히 주목할 점은 '선진국의 역할과 책임'을 구체적으로 포함시켜 개발도상국과 선진국들이 함께 공동의 책임감을 가질 수 있도록 하였다는 데 의의가 크다.

따라서 본 장에서 다룰 지속가능한 발전 목표 12번 '지속가능한 소비와 생산 양식 보장'은 어떤 측면에서는 주로 선진국에서 발생하는 문제로 치부할 수도 있다. 즉, 선진국에서 시작된 '지속 불가능한' 생산과 소비 패턴으로 인하여 기후변화 및 환경오염 등 각종 문제들이 발생하고 있으며, 이를 수정하지 않고서는 다른 목표들을 달성할 수 없었기 때문에 설정된 목표로 인식할 수 있다.[4] 여기에는 선진국이 우선적으로 지속가능한 생산과 소비가 가능하도록 음식쓰레기를 절반으로 줄이고 폐기물 발생을 대폭 줄여야 한다는 내용이 포함되어 있다. 따라서 지속가능발전목

---

2) 알기쉬운 지속가능발전목표 SDGs, file:///C:/Users/user/Desktop/알기쉬운%20SDGs%20인쇄용파일.compressed.pdf 2016년 2월 15 국제개발협력시민사회포럼(KoFID) / 국제개발협력시민사회포럼(KoFID) 편.

3) The Millennium Development Goals Report 2011. 유엔새천년개발목표 보고서, THE MILLENNIUM DEVELOPMENT GOALS REPORT 2011/file:///C:/Users/user/AppData/Local/Microsoft/Windows/INetCache/IE/U0NGM03E/2011MDG_Kor.pdf

4) 자원의 과도한 사용 및 과생산, 과소비로 이어지는 현재 소비경제로는 더 이상 인류의 지속가능한 발전이 불가능하다는 데 인식을 같이 하고 SCP를 위한 각 국의 계획을 수립하기로 하였다.

표 12는 대량생산과 대량소비라는 현대사회, 특히 선진국의 문제들을 반영한 목표에 집중되어 있다고 판단할 수도 있다.

반면에 여전히 식량 문제조차 해결하기 어려우며, 생필품조차 주민 수요를 충족시키지 못해 빈곤국의 이미지에서 탈피하지 못하고 있다고 생각되는 북한을 '지속가능발전목표 12'의 목표 국가에 포함시키는 것은 시기상조라고 판단할 수도 있다. 그러나 최근 김정은 시대 이후 주민의 구매력 상승으로 인해 상대적으로 소비패턴이 비약적으로 변화하고 있으며, 이에 맞게 생산체계 또한 급변하고 있다. 즉, 대중소비품 생산 중심으로 생산양식 또한 변화하고 있다. 뿐만 아니라 북한은 다른 저개발국가와 달리 중공업개발 중심의 생산기반이 오래전부터 형성되어 있었다. 이는 최근 엄격하지 못한 생산 기준 및 설비노후화로 인해 공기와 물, 토양오염의 주범이 되고 있는 수준이다.

이러한 측면에서 본 장에서는 북한이 향후 개발도상국으로서 지속가능발전목표 12와 관련하여 친환경경제체제로 도약하기 위한 준비를 위해 김정은 시대 이후 변화된 북한의 생산과 소비 체계를 검토하고, 이에 근거하여 그 평가 및 향후 개발협력의 방향성을 제시하고자 한다.

II. 지속가능발전목표 12 분석

1. 개념과 특징

지속가능발전목표의 17개 목표는 '사회발전', '경제성장', '환경보존' 등 3가지 축을 기반으로 하고 있으며, 그중 '지속가능발전목표 12'는 첫째로 생태계를 보호하기 위한 목표에 포함되어 있다. 즉 'SDG 12'는 "기본적 욕구에 부응하고 생활의 질을 높이면서 서비스와 제품의 생애주기에 걸쳐 자연자원과 유해물질의 사용 및 폐기물과 오염물질의 배출을 줄이는 서비스와 제품의 사용"이라고 정의한 것과 같이 지구는 극심한 기후 변화와 그로 인한 자연재해로 몸살을 앓고 있으며, 특히 선진국에서의 대량생산과 대량소비가 환경을 오염시키며 지구의 자원을 고갈시키고 있기 때문에 '지속가능한 소비와 생산 목표'를 달성하기 위해서는 환경을 보호하고 지속가능한 지구를 만들기 위한 목표가 포함되어 있다. 따라서 지속가능발전목표 12의 두 번째 특징은 단순히 선진국뿐 아니라 기후변화 시대에 경제발전과 환경적 지속가능성이 만나는 지점을 보여주는 모두의 목표이다. 선진국은 SCP를 적극적으로 시행하고 개도국은 친환경경제로 도약함으로써 인류가 번영과 환경지속가능성을 함께 달성할 수 있는 방안들을 제시하고 있다. 즉, '지속가능발전목표 12'는 빈곤이나 교육, 보건과 같이 가난한 국가에서 달성해야 하는 부분뿐 아니라, 불평등 완화, 지속가능한 소비, 기후변화 대응과 같이 전 세계 모든 국가들이 함께 노력해야 하는 지속가능발전목표에 포함되어 있다.

이를 위해 전 세계 모든 국가는 지속가능한 소비와 생산을 위한 10년 계획(10 Year Framework of Programs on Sustainable Consumption and Production, 10-YFP)을 유엔에 제출하여야 한다. SCP를 통해 자연자원을 유지 또는 증대시키고, 빈곤 종식과 포괄적 번영을 이룩하는 것을 목표로 하는 것이 지속가능발전목표 12번에 규정되어 있다. 12번 목표는 지표의 중요성이 특히 강조된다. 지표가 곧 정책으로 전환될 수 있는 정책지향성을 담고 있기 때문이다. 그러나 세부목표들과 지표가 다소 모호하고 정확성이 떨어지며 세밀하지 못해 향후 15년간 달성해야 하는 과제라는 측면을 넘어 앞으로 인류가 생산과 소비에서 완전한 지속가능성을 달성할 때까지 지속적으로 세밀하게 추구해야 할 목표라고 평가할 수 있다.

2. 세부목표와 이행지표

지속가능발전목표 12번은 '세부목표 8개'와 '3가지의 이행 방법'으로 구성되어 있다.

①먼저 지속가능발전목표 12번의 첫 번째 목표는 '모든 국가가 10-YFP를 이행하라는 것이다.' 다만, 선진국은 자국의 10년 계획 프레임워크 프로그램 'SCP(10-Year Framework of Programmes on Sustainable Consumption and Production Patterns)' 계획을 적극적으로 이행해야 하며, 개도국의 경우 개발 상황과 역량을 고려해 이행하라고 규정하고 있다. 따라서 여기에는 지속가능발전목표뿐 아니라 전 세계 문제에 가장 핵심 쟁점인 공동의 차별적 책임(CBDR)을 반영하고 있다는 특징을 반영한다. 동시에 개도국의 경우 선진국의 발전 경로를 따라가는 것이 아니라 대량생산 소비 단계를 뛰어넘어 지속가능경제로 바로 넘어가는 것을 목표로 한다. 따라서 1번 목표는 SCP를 국가 주류 정책으로 삼은 국가의 수, 이행을 위한 조직과 체계를 갖춘 국가의 수, 이행 지원을 위한 협력에 적극적으로 참여하는 기관이나 국가의 수를 측정기준으로 한다.

②지속가능발전목표 12의 두 번째 목표는 '2030년까지 자연자원의 효율적인 사용과 지속가능한 관리 달성'이다. 이는 매우 추상적이고 포괄적이어서 측정지표를 정확히 세우는 것이 관건인데, 이를 위해 국내 물질(상품과 원료) 소비량을 측정하는 국내물질소비(Domestic Material Consumption, DMC) 및 1인당 DMC를 측정지표로 포함시킨다. 이와 동시에 소비를 기준으로 사용되는 물질의 라이프 사이클을 측정하는 물질 발자국(Material Footprint, MF)와 1인당 MF, 물효율 종합지수, 세계은행의 GDP 대비 조정 순저축 수치로 측정되는 비효율적 환경과 천연자원 낭비 규모, GDP 대비 천연자원 고갈로 인한 순지출을 측정지표로 활용한다.

③지속가능발전목표 12의 3번째 목표는 '2030년까지 소매점과 개인 소비에서 음식물 쓰레기를 반감하는 것과 생산자 공급체인에서 발생하는 식품 손실 경감'이다. 즉, 세계식량기구에 따르면, 전 세계에서 매년 13억 톤의 음식물이 쓰레기로 버려지거나 손실되고 있고, 이는 식량 생산량의

1/3에 육박하는 양이다. 선진국의 음식쓰레기는 사하라이남 아프리카 지역의 전체 음식 생산량과 맞먹는 수준으로 음식 생산을 위해서는 물과 에너지, 생물자원 등 수많은 자원이 소비된다. 뿐만 아니라 음식물 쓰레기의 97% 이상이 땅에 매립되고 제대로 처리되지 않아 환경오염과 보건위생을 위협하는 근원이 되고 있다. 이에 미국 환경부는 2008년 매년 13억 달러가 쓰레기 매립을 위해 사용된다고 밝힌 바 있다. 흥미로운 점은 쓰레기의 양뿐 아니라 질도 효율적인 자원 이용의 척도가 될 수 있다. 즉, 음식물 쓰레기의 종류를 통해 국가의 영양소 섭취 및 토지사용에 대한 불평등 정도도 함께 추론할 수 있다. 특히 지속가능발전목표 12를 통해 음식물 쓰레기의 효율적 절감을 통해 직접적으로는 식량안보와 식량을 위한 토지전용과 토지사용 문제를 다룰 수 있다. 동시에 간접적으로는 기아문제, 영양(지속가능발전목표 2), 보건과 건강(지속가능발전목표 3)까지 연결되는 인류 생활의 필수적이고 핵심적인 부분을 목표로 잡고 있어 음식물의 소비 절감을 통해 지속가능한 식량생산과 소비를 달성하고자 한다. 지속가능발전목표 12의 3번 목표 측정지표로는 '글로벌 식품 손실 지수와 1인당 식품 폐기물의 연간 kg이다.'

④지속가능발전목표 12번의 네 번째 목표는 2030년까지 국제사회에서 합의된 프레임워크에 근거하여 화학물질 및 유해폐기물을 모든 주기에서 친환경적으로 관리하며, 인간의 건강과 환경에 대한 부정적인 영향을 최소화하기 위해 대기, 물, 토양으로의 유출을 현저하게 줄인다는 것이다. 따라서 지속가능발전목표 12의 네 번째 목표를 수행하는 측정 지표로는 1인당 발생되는 유해폐기물, 유형별로 처리되는 유해폐기물의 비율을 활용한다.

⑤한편, 지속가능발전목표 12의 다섯 번째 세부목표는 2020년까지 인류의 건강과 환경에 미칠 악영향을 최소화하기 위해 '물질의 분해주기에 따른 환경적으로 건전한 화학물질과 폐기물 관리를 달성하고 이들의 공

기, 물, 토양배출을 대폭 경감하는 것'이다. 즉 폐기물의 예방과 감축, 재활용, 재사용을 통해 폐기물을 실질적으로 경감하라는 것이다. 과학기술 발전에 따른 산업화로 인해 우리가 사용하는 상품의 대부분은 화학물질이다. 화학물질의 분해주기를 이해하고 상품의 라이프 사이클을 환경적으로 건전하게 관리하는 것은 소비 효율 달성에 중요한 부분을 차지한다. 그래서 지속가능발전목표는 세부목표 5번으로 화학물질 관리를 규정하고 있으며, 이는 대부분의 공산품과 가공/처리 제품을 포괄하는 지칭으로 보아도 무리가 아니다. 화학물질은 환경오염에 특히 중요한 역할을 한다. 자연성분이 아닌 화학성 합성물이 인체와 자연에 미치는 해악이 더욱 크기 때문이다. 선진국들은 이미 화학물질의 수출입과 사용에 대한 엄격한 기준을 가지고 있지만 개도국의 경우 그렇지 못한 경우가 많다. 지속가능 개발목표를 통해 공산품 생산과 소비 관리의 중요성을 상기하고 있다. 지표로는 산업부문, 에너지, 농업, 교통, 하수, 폐기물 처리 플랜트에서 나오는 공기, 물, 토양 오염물의 연간 평균 배출량, 친환경적 수명주기 관리를 받는 환경적으로 유해한 화학물질 및 폐기물의 양 등이 있다. 유해 화학물질과 폐기물에 대한 국제 다자 환경협약 시행 보고서 수와 당사자 수, 국가의 폐기물 발생량, 1인당 폐기물 발생량, 국가의 재활용 비율, 세부목표 5의 폐기물 감축, 예방, 절감 활동을 위해 산업계에 자문하는 조직을 가진 국가의 수 등으로 목표 달성 여부를 측정한다. 특히 이 지표가 국가의 정책목표로 이어질 수 있다는 점에서 환경적으로 건전하고 지속가능한 지표를 제시하는 것의 중요성을 볼 수 있는 목표이다.

⑥지속가능발전목표 12의 6번 세부목표는 '대기업 및 다국적 기업 등 기업이 지속가능한 실천계획을 도입하고 지속가능성 정보를 주기적으로 보고하도록 독려하라는 것이다.' 기업의 지속가능한 활동에 대한 정보는 소비자의 합리적 선택에 영향을 미치는 정보를 제공한다. 기후변화 시대에 환경 감수성을 지닌 소비자의 소비 패턴 변화를 가져올 수 있다. 또한 기업이 화학물질 사용과 폐기물 처리에 영향을 미침으로써 지속가능한

생산을 촉진할 수 있다. 기업은 이익활동을 추구하는 단체로 친환경적이고 지속가능한 생산에 대해 보고하고 이를 소비자에게 기업 정보로 전달할 수 있는 경로가 있다면 더욱 큰 유인으로 작용할 것이다. 지표로는 지속가능성 정보를 공개하는 대기업의 비율, 전체 공급 체인을 포괄하고 있는 보고서의 비율, 지속가능발전목표 지표를 보고서에 제시하고 있는 기업의 수가 있다.

⑦지속가능발전목표 12의 7번 목표는 '국가의 정책과 우선순위에 따라 지속가능한 공공조달을 시행하고 증진하라는 것이다.' 국가는 공공조달을 통해 필요한 물품을 구매 소비한다. 정부가 지속가능한 생산과 소비에 기여할 수 있는 측면이 매우 크다. 우리나라의 공공조달 규모는 2016년 11월 말 기준 96조 9천여억 원을 넘는다. 전 세계 국가 조달을 지속가능한 소비로 전환하여 지속가능한 생산을 유인하는 것을 목표로 한다. 지속가능한 공공조달 정책과 실행계획을 이행하는 국가의 수와 총 공공조달에서 지속가능한 공공조달 비율로 측정한다.

⑧지속가능발전목표 12의 여덟 번째 목표는 '2030년까지 모든 사람이 지속가능한 개발과 자연과 조화를 이루는 삶의 방식에 대한 정보와 인식을 갖도록 보장하라는 것'이다. 즉, 자원 착취에 기반한 대량생산과 소비 사회에 익숙한 사람들이 지속가능한 개발에 대해 알고 인식을 전환하도록 보장하라는 것이 마지막 목표이다. 지표로는 공교육에서 지속가능발전과 생활양식을 주제로 포함한 국가의 수, 지속가능한 제품 및 서비스가 시장에서 차지하는 비중, 지속가능발전이나 그러한 생활양식 관련 검색어의 검색 빈도 등이 있다.

이를 표로 정리하면 〈표 1〉과 같다.

표 1	지속가능발전목표 12 '지속가능한 생산과 소비' 세부목표와 이행지표

	세부목표(targets)	이행지표(indicators)
12.1	개발도상국의 발전 상황과 역량을 고려하면서 선진국 주도 하에 지속가능한 소비 및 생산양식에 대한 10년 계획 주기 프로그램(10-Year Framework of Programmes on Sustainable Consumption and Production Patterns) 제출	SCP를 국가 주류 정책으로 삼은 국가의 수나 이행을 위한 조직과 체계를 갖춘 국가의 수 및 이행 지원을 위한 협력에 적극적으로 참여하는 기관이나 국가의 수
12.2	2030년까지 천연자원의 지속가능한 관리와 효율적 사용 달성	물질발자국(MF), 1인당 GDP당 물질발자국(MF), 국내 자원 소비량(DMC) 및 1인당 GDP당 자원 소비량
12.3	2030년까지 유통 및 소비자 수준에서 전 세계 인구 1인당 식품 폐기물을 1/2로 줄이고, 생산 및 유통과정에서 발생하는 식품 손실량 감소	국제 식품손실 지수(GFLI)
12.4	2020년까지, 화화물질 및 모든 폐기물에 대해 수명주기 동안 친환경적인 관리를 달성하고, 이들 인체 건강 및 환경에 미치는 부정적 영향을 최소화하기 위해, 공기, 물, 토양으로의 배출 감소	1인당 발생되는 유해폐기물, 유형별로 처리되는 유해 폐기물의 비율
12.5	2030년까지 예방, 감축, 재활용 및 재사용을 통해 쓰레기 발생 감소	국가 재활용 비율, 재활용되는 다수의 물질
12.6	기업, 특히 대기업 및 다국적기업이 지속가능한 실천계획을 채택하고 기업 활동을 이행하도록 권고	지속가능성 보고서를 발간하는 기업의 수
12.7	2030년까지 국가의 정책과 전략에 따라 지속가능한 공공조달 시행 촉진 및 확대	지속가능한 공공 조달 정책들과 실행계획들을 시행하는 국가의 수
12.8	2030년까지 모든 사람이 지속가능한 발전과 자연과의 조화를 이루는 생활양식에 대해 인지하고 필요 정보를 가질 수 있도록 보장	지속가능개발을 위한 교육이 모든 수준에서 이루어지는 범위
12.a	지속가능한 소비 및 생산 패턴 구축을 위한 개발도상국의 과학기술 역량강화를 지원	개발도상국이 지속가능한 생산 및 소비, 환경 친화적인 기술을 연구 하고 개발하는데 지원되는 금액
12.b	일자리를 창출하고 지역의 고유문화와 특산품을 알리는 지속가능한 관광이, 지속가능발전에 미치는 영향을 모니터링할 수 있는 수단을 개발 및 이행함.	지속가능한 관광 전략이나 정책 그리고 이행을 위한 실행계획, 또 이를 점검하기 위한 모니터링과 평가 수단들의 수

12.c	개발도상국의 특수한 필요와 여건을 충분히 고려하고, 빈곤층과 영향을 받는 지역 공동체를 보호하는 방식으로 개발도상국의 발전에 미칠 악영향을 최소화하면서 조세 제도를 개혁하고, 해로운 보조금이 존재하는 경우 그에 따른 환경 영향을 반영하기 위해 이를 단계적으로 폐지하는 등의 방법으로 국가별 상황에 따라 시장 왜곡을 제거함으로써, 낭비를 조장하는 비효율적인 화석연료 보조금 제도를 합리적으로 개선	단위 GDP당 화석연료 보조금 액수

출처: https://sustainabledevelopment.un.org/sdg14(검색일: 2020.3.11), 저자 번역 및 재구성

III. 북한의 소비와 생산 현황

1. 주민 소비 패턴의 다양화: 재래시장에서 마트·상점·백화점까지

한국은행 통계에 따르면,[5] 북한 인구는 2018년 현재 25,132,000명으로, 남한의 2분의 1이다. 명목 GNI는 326억 달러로 남한의 약 1/50배이며, 1인당 GNI는 1,295달러로 1/28배이다. 대외무역 또한 2018년 총 28.4억 달러로 남한의 약 1/400배에 불과하다. 게다가 2018년 북한의 경제성장률은 전년 대비 4.1% 감소한 것으로 추정된다. 이는 1997년 -6.5%를 기록한 이후 20년 만의 최저치로, 주로 광물, 섬유제품, 해산물 등 주요 수출품의 실적이 작년 대비 대폭 감소한데 기인한다. 즉, 북한경제는 제재로 인해 수출 및 생산 활동에 적지 않은 영향을 받고 있는 것으로 평가된다.

따라서 세계식량계획(WFP)나 유엔식량농업기구(FAO) 등 국제사회와 많은 북한 전문가들은 특히 제재로 인해 여전히 북한이 절대적 식량공급

---

5) 한국은행 홈페이지.

부족에 직면해 있으며, 최근에는 다시 아사자가 발생할 가능성조차 제기하고 있다.[6] 특히 136만 톤의 식량이 절대적으로 부족하다는 사실은 다음과 같이 북한 인구의 4분의 1 정도가 현재 굶주린 상태에 직면해야 함을 뒷받침한다.

> "올해 북한의 식량 사정이 최근 10년 사이에 최악으로, 긴급한 식량 부족 문제를 해결하려면 외부로부터 136만t의 식량 지원이 필요하다는 유엔 조사 결과가 2019년 5월 3일 공개됐다. 즉, 보고서는 올해 식량 생산량을 417만t으로 전망했으며, 올해 식량 수요는 576만t이어서 부족량은 159만t으로 집계됐다. 따라서 유엔 식량농업기구(FAO)와 세계식량계획(WFP)이 공동 조사해 이날 발표한 '북한의 식량안보 평가' 보고서에 따르면 올해(2018년 11월~2019년 10월) 북한의 식량 수요를 충족하는 데 필요한 곡물 수입량은 136만t이다. 올해 식량 수요를 충족하려면 159만t을 수입해야 하는데 현재 계획된 수입량 20만t, 국제기구가 북한에 지원하기로 한 2만 1천200t을 고려해도 136만t이 부족한 것이다. 북한 인구의 약 40%에 해당하는 1천10만 명의 식량이 부족한 상태로 긴급한 지원이 필요하다."[7]

그러나 식량부족의 지표라고 할 수 있는 식량가격 및 환율은 오히려 강력한 제재 국면뿐만 아니라 코로나19상황에서도 환율이 1달러에 8천 원 전후로 2013년 수준을 유지하고 있으며, 쌀 가격 또한 1kg에 8천 원 전후로 2013년 수준을 유지하고 있을 정도로 매우 안정적이다(〈그림 1 및 그림 2〉 참조). 뿐만 아니라 식생활도 매우 다양해졌다. 주민의 육류 소비

---

6) 세계식량계획(WFP)과 유엔식량농업기구(FAO)가 2019년 4월 공동으로 시행한 대북 식량 작황 조사에 따르면 2018~2019년 북한의 곡물 생산량은 417만t이다. 『자유 아시아 방송(RAF)』, "2020년 북한식량 100만 톤 부족"(2020.1.6), https://www.rfa.org/korean/weekly_program/ad81ae08c99d-d480c5b4c90db2c8b2e4/fe-js-12312019115822.html(검색일: 2020.3.2).

7) "북한 식량생산 10년 사이 최저… 136만t 지원 필요," 연합뉴스(2020; 2019.5.3), https://www.yna.co.kr/view/AKR20190503141352504l(검색일: 2020.3.2).

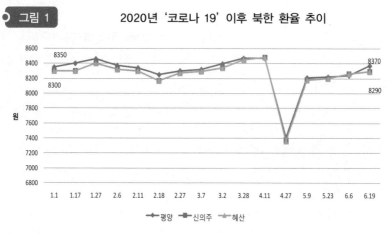

그림 1 　2020년 '코로나 19' 이후 북한 환율 추이

출처: Daily NK 물가·환율자료에 의해 필자 작성

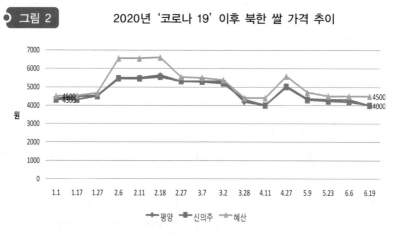

그림 2 　2020년 '코로나 19' 이후 북한 쌀 가격 추이

출처: Daily NK 물가·환율자료에 의해 필자 작성

량이 증대했을 뿐 아니라 종전에는 돼지고기 중심으로 소비했다면 최근에는 장마당에 소고기, 닭고기, 오리고기, 양고기, 염소고기 등 다양하다. 게다가 간식이나 부식물의 소비도 늘고 있다. 〈표 2〉와 같이 2010년 전만 해도 북한의 대중 수입 10대 품목에 쌀이나 옥수수 등 식량이 주를 이루었으나 2010년 이후에는 밀가루, 설탕, 대두유 등이 새롭게 등장하였

| 표 2 | 북한 수입 10대 품목 추이와 식품 원료(2001~2018) |

(단위: HS6)

순위	2001	2005	2010	2015	2016	2018
1	현미	원유	중유	전자직접회로	대형화물차	대두유
2	원유	중유	원유	합성직물	대두유	질소비료
3	에탄디올	쌀(정미)	경유	대두유	합성필라멘트직물	합성직물
4	정제유	복합비료	철광석	중유	사과	밀가루
5	옥수수	냉동돈육	LED	대형화물차	경유/윤활유	사과
6	철광석(비응결)	유연탄	대형화물차	휴대폰	휴대폰	담배
7	스티렌	옥수수	천연가스	경유	TV	염색합섬편물
8	사료	요소비료	유연탄	TV	테블릿 PC	시계부품
9	요소비료	철강구조물	합성직물	무연탄	합성염색편물	과립당
10	화학비료	조당	비합금선철	조명부품	화물용타이어	바닥재

출처: KITA에 의해 작성

다. 이는 주요 식량으로 소비하기 위해 수입했다기보다는 과자를 생산하기 위한 중간재일 가능성이 높다.

특히 김정은 시대 들어 최근 10년간 북한경제가 성장하고 있으며 이와 더불어 주민의 의식주 수준 및 구매력이 향상되었다는 다양한 지표들이 부각되고 있다.[8] 대표적으로 전자기기의 보급으로 인한 '디지털문화'의 확산이다. 실제로 〈표 3〉에서 보면 북한은 2010년까지만 해도 TV를 비롯하여 휴대전화, 테블릿 PC가 대중 수입 10대 품목에 들지 않았으나 2010년 이후부터 2018년 제재가 강화되기 직전까지 주요 수입품목으로 등장하였다. 뿐만 아니라 택배 등 개인 운송업자가 생겨났는데, 〈표 3〉과 같이 2010년 이후 대형화물차가 10대 품목에 들기 시작했다.

---

8) 김정은 시대 이후 북한 주민의 소비패턴 변화를 국제기준에 근거하여 비교한 연구로는 김석진 외, 『국제비교를 통해 본 북한의 생활수준』(서울: 통일연구원, 2019).

● 표 3　　**북한의 대중 수입 10대 품목 추이와 전자제품(2001∼2018)**

(단위: HS6)

순위	2001	2005	2010	2015	2016	2018
1	현미	원유	중유	전자직접회로	대형화물차	대두유
2	원유	중유	원유	합성직물	대두유	질소비료
3	에탄디올	쌀(정미)	경유	대두유	합성필라멘트직물	합성직물
4	정제유	복합비료	철광석	중유	사과	밀가루
5	옥수수	냉동돈육	LED	대형화물차	경유/윤활유	사과
6	철광석(비응결)	유연탄	대형화물차	휴대폰	휴대폰	담배
7	스티렌	옥수수	천연가스	경유	TV	염색합섬편물
8	사료	요소비료	유연탄	TV	테블릿 PC	시계부품
9	요소비료	철강구조물	합성직물	무연탄	합성염색편물	과립당
10	화학비료	조당	비합금선철	조명부품	화물용타이어	바닥재

출처: KITA에 의해 작성

● 사진 1　　**북한의 대중 수입 10대 품목 추이와 전자제품(2001∼2018)**

출처: 필자 입수(2016; 2017)

이와 동시에 국가는 시장화의 진전으로 인해 주민의 구매력 향상에 착안하여 휴대전화 판매나 온라인 쇼핑몰 도입 및 대형 상점·마트, 유희 오락·관광시설 등을 건립해 주민의 잠재된 소비욕구를 끌어내는 한편 재 정수입을 늘리고 있다(〈사진 1〉 참조).

즉, 북한에서는 사회주의체제가 완성된 직후 시장의 형태는 농토산품 만 거래가 가능한 '농민시장'에 국한시켰다. 그러나 1990년대 고난의 행군 을 겪으면서 배급제 붕괴와 함께 전국 각지에 시장이 폭발적으로 팽창하 면서 당국은 1990년대 말부터 일정 구역에 일정 설비를 갖추고 장사를 허용하는 합법적인 공설시장을 건설했다. 이른바 2003년에 정식으로 내 놓은 '종합시장'정책이다.9) 따라서 2018년에는 현재 종합시장의 규모가 전국에 500개 전후로 파악된다.10) 그러나 최근에는 종합시장의 경제규모 를 능가할 정도로 평양을 비롯하여 지방에도 마트·상점·주유소·세차장 등이 증가하고 있으며, 이에 따라 북한 주민의 생활양식도 변화하고 있다. 예를 들어, 평양 출신 탈북자 K씨에 의하면, 평양의 마트가 우리의 마트 와 별반 차이가 없음을 알 수 있다.

> "공산품은 품목도 다양하다. 식품, 애들 간식거리, 신발, 옷, 그릇, 사진기부터 시작해서 전자제품, 피아노, 스포츠용품(파는 곳에는 공, 글로 브, 골프, 베트민턴채, 탁구채), 전구 등 모두 마트에서 판다. 다만 마트는 포장된 것만 판매한다. 예를 들어 콩나물, 두부, 시금치, 양파, 파, 마늘 등은 한국마트에서는 팔지만, 북한에서는 장마당에서만 판다. 마트에서 는 한번 가공되어 포장된 것만 판매한다. 쌀도 포장되어 있으니까 팔긴 하는데, 쌀 포대로 놓고 퍼서 킬로 수로 파는 것은 시장이다. 수산물, 고기 등도 시장에서 판매한다. 따라서 여전히 북한 주민이 시장을 이용 하는 이유가 마트에 팔지 않은 농토산품이 있기 때문이다.11)

---

9) 종합시장설치 지시문: 내각지시 제24호(2003.5.5).

10) 통일연구원 보고서에서 파악한 자료에 의하면, 2016년 현재 북한의 공식시장은 총 404개로 추정된다. 홍민 외, 『북한 전국 시장정보: 공식시장현황을 중심으로』(통일연 구원, 2016).

뿐만 아니라 마트에 대한 선호도가 다음과 같이 오히려 일반 재래시 장보다 더 높다는 것을 알 수 있다.

"마트를 선호하는 이유는 첫째, 시장은 여러 유통과정을 걸쳤기 때 문에 가격이 상대적으로 마트보다 비싸다. 둘째, 시장에서는 안 팔리면 놔두고 주구장창 판다. 반면에 마트나 상점은 가보면 사람들이 새카맣게 모여 봉지로 이만큼 사가니까 순환이 빠르고 유통도 빨라 잠기거나 재고 로 남는 것이 거의 없다. 구지 젊은이들이 시장에 가는 이유는 예를 들 어 아파서 면회를 가야 하는데 음료수, 등 뭘 들고 가야할 경우에는 시장 을 이용한다. 왜냐하면 이는 기껏해야 3~4만원, 달러로 하면 5~6불 밖 에 안 되는 소액이기 때문이다. 셋째, 나래카드·고려카드가 나오면서 잔돈을 거슬러 받을 필요가 없어졌다. 예전에는 상점에 가서 사고 싶어 도 소액이면 거스름돈을 받을 수 없어 꺼려했다. 그러나 시장에 가면 가 능했다. 왜냐하면 달러로 지불해도 시장에서는 북한 돈으로 거슬러 주니 시장을 이용했다. 상점은 딱 달러만 사용해야 하는데 예를 들어 10불을 냈는데, 7불짜리 물건을 사면 10불에 맞춰 다른 물건을 덤으로 또 사야 했다. 그러나 카드가 나오면서 0.3불도 거슬러 받을 수 있어 상점 이용 률이 높아졌다. **그래서 지금은 소액도** 사는 경우도 증가했다. 치약만 4~5개 살 때에도 마트나 상점으로 간다. 10불 정도만 맞추면 된다."[12]

2. 주민 소비품과 생산체계의 변혁: 공장 설비의 현대화[13]

1990년대 고난의 행군시기만 해도 공장기업소의 가동률은 20~30%로 추 정되었으며, 2000년대 중반만 해도 시장에서 판매되는 상품의 80~90%가

---

11) 평양출신 탈북자 K씨(2019.4.11, 서울).
12) 평양출신 탈북자 K씨(2019.4.11, 서울).
13) 이는 정은이 외, 『김정은시대 서부 주요도시 공장기업소 현황 및 가동률 결정요인에 관한 분석』(통일연구원, 2019)을 참조하여 재작성.

중국산에 달한다고 할 정도로 외국산 비중이 압도적으로 높았다. 그러나 최근에는 농토산물 외에도 식품·담배·의복 등 경공업제품의 국산품 비중이 크게 늘고 있으며, 이에 따라 종합시장 외에도 국산품을 판매하는 상점·백화점·마트도 함께 증설되는 추세다.

주목할 점은 국산품의 시장 점유율 상승이 단순히 공장에서 생산되는 상품의 수량 증대만을 의미하지 않는다. 이는 과거의 생산항목을 그대로 복구하는 수준이 아닌 새로운 시대에 새로운 시장적 수요에 맞는 제품 생산이 가능하도록 생산체계를 바꾸는 혁신을 의미한다. 왜냐하면 '공장가동률'이란 보유 생산능력[14] 중에서 실제 생산에 활용되는 생산실적을 백분율로 표기한 것으로,[15] 생산실적(분자: 分子)이 증가할수록 가동률은 상승하는 것처럼 집계된다.[16] 그러나 상품이 시장에서 경쟁력을 갖추고 판매되기 위해서는 디자인, 품질개선 및 다품종 소량생산체계가 보장되어야 하는데, 이는 새로운 설비투자 및 기술혁신을 동반하지 않고서는 달성하기 어려운 문제다.[17] 실제로 북한은 자본재에 대한 수입을 제재가 강화되

---

14) '생산능력'이란 사업체가 정상적인 조업환경(설비, 인력, 조업시간) 하에서 생산 시 최대 생산 가능량(적정 생산능력)을 의미한다.

15) 가동률 = 생산실적 / 생산능력 × 100

16) 경기가 호황일 때는 공장설비의 이용률이 높고 침체에 빠질 경우 이용률이 떨어지기 때문에 가동률은 경기 국면을 판단하는 데 있어 중요한 요소인 동시에 개별 기업의 공급능력과 생산설비의 이용도 및 작업의 효율을 파악할 수 있는 중요한 산업동향 지표로 활용된다. 박인천, "한국의 제조업 가동률 작성방법에 관한 연구," 고려대학교 석사학위논문(2015), pp.1-5.

17) 제조업의 CNC화 도입 및 북한 공장기업소의 설비 현대화 움직임은 이미 김정일 시대 1990년대에 시작되었으며, 이에 대한 자세한 논의는 료명성, "인민소비품의 다종화, 다양화와 질제고에서 나서는 중요한 문제," 『경제연구』 2017년 제3호(2017), pp.19-20; 김정철, "우리 식의 CNC화 실현에 쌓아올리신 위대한 령도자 김정일동지의 불멸의 업적," 『경제연구』 2018년 제1호(2018), pp.5-6; 리명록, "위대한 령도자 김정일동지께서 CNC화를 실현하기 위한 길에서 쌓으신 불멸의 업적," 『경제연구』 2015년 제4호(2015), pp.4-5; 윤철준, "경애하는 최고령도자 김정은동지께서 밝히신 공장, 기업소 현대화의 기본중심과업," 『경제연구』 2017년 제1호(2017), pp.3-4; 박성혁, "생산과 관리의 과학화는 경제실리 보장의 필수적 요구," 『경제연구』 2015년 제1호(2015),

기 이전까지 최근 20년간 지속적으로 늘려왔으며, 이러한 추세는 특히 경공업 부문에서 두드러졌다. 즉 〈그림 3〉과 같이 북·중 무역액은 2000년 들어 증가하기 시작하였으며 2010년 이후 가파르게 증가하였다. 주목할 점은 〈그림 4〉와 같이 이 기간 동안 북한의 대중 자본재 수입액의 성장률이 명목 GDP 성장률을 훨씬 상회한다는 사실이다.

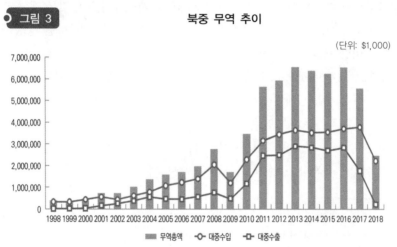

● 그림 3　　　　　　　　　　북중 무역 추이

자료: 한국무역협회(www.kita.net)에 의거하여 저자 작성

---

pp.28-29; 홍성남, "현시기 경공업을 발전시키는데서 나서는 중요문제,"『김일성종합대학학보: 철학, 경제학』제60권 제2호(2014), pp.74-77 참조. 이와 함께 제품의 질을 매우 중요시하며 지역과 지역을 넘어 제품의 국제적 경쟁력 제고를 중시하는 변화가 보인다. 이에 대해서는 조광수, "공업기업소들에서 제품의 경쟁력을 높이는 것은 경제강국건설의 절실한 요구,"『경제연구』2016년 제1호(2016), pp.25-26; 우정순, "현시기 민족전통산업을 발전시키는 것은 사회주의경제강국건설의 필수적 요구,"『경제연구』2017년 제2호(2017), pp.14-15; 리진수, "제품의 경쟁력과 그 제고가 가지는 의의,"『경제연구』2016년 제4호(2016), pp.8-9 참조. 이는 결국 '국산화'로 귀결된다. 이에 관해서는 안농재, "화학공업을 발전시키는 것은 경공업 원료, 자재의 국산화를 실현하기 위한 중요 요구,"『경제연구』2014년 제3호(2014), pp.34-35; 김명혁, "사회주의경제강국건설에서 원료, 연료, 설비를 국내생산으로 보장하는 것이 가지는 의의,"『경제연구』2018년 제1호(2018), p.14 참조.

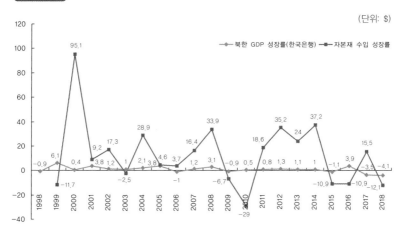

● 그림 4 **북한 주요 GDP 성장률과 자본재 수입액 성장률 비교(1998~2018)**

자료: 한국무역협회(www.kita.net)에 의거하여 저자 작성

그중에서도 특히 시장 수요가 높은 식품, 의복 등 경공업 제품 중심으로 증대되었다. 즉 〈그림 5〉와 〈그림 6〉에서 보면 식품을 제조하는 원료나 기계 등 중간재의 대중 수입이 2000년 들어 증가하였으며 2010년 이

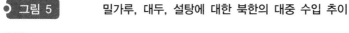

● 그림 5 **밀가루, 대두, 설탕에 대한 북한의 대중 수입 추이**

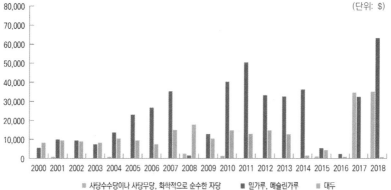

자료: 한국무역협회(www.kita.net, 검색일: 2019.9.1)에 의거하여 저자 작성

그림 6 식음료의 조제용 기계에 대한 북한의 대중수입

식음료의 조제, 제조산업용 기계(따로 분류되지 않은 것)   (단위: $)

자료: 한국무역협회(www.kita.net, 검색일: 2019.9.1)에 의거하여 저자 작성

후에는 더욱 급증하였다는 사실을 알 수 있다.

따라서 최근 북한에서 나타는 경공업제품의 생산증대는 단순히 과거 생산으로의 회귀라기보다는 산업설비의 현대화를 동반한 정상화일 가능성이 높다.

IV. 지속가능발전목표 12 목표에서 본 북한 소비·생산 현황과 국제사회 협력

1. 보편적 지속가능발전목표 12 목표와 북한

지속가능발전(Sustainable Development)이란 "미래 세대가 그들의 필요를 충족할 수 있는 능력을 저해하지 않으면서 현재 세대의 필요를 충족하는

발전"을 말한다.[18] 이에 한국도 국제사회의 요구에 부응하여 지속가능발
전목표에 적극적으로 참여하고 있는데, 지속가능성'의 개념을 "현재 세대
의 필요를 충족하기 위해 미래 세대가 사용할 경제·사회·환경 등의 자원
을 낭비하거나 여건을 저하시키지 않고 서로 조화와 균형을 이루는 것"으
로 우리 실정에 맞게 재 정의하였으나 큰 틀에서는 벗어나지는 않았다.[19]

이를 통해 정부는 지속가능발전 강화를 2018년도 국정과제로 설정하고,
'제3차 지속가능발전 기본계획'을 보완하는 국가 지속가능발전목표(Korean

표 4　지속가능발전목표 12 '지속가능한 생산과 소비' 세부목표와 이행지표

	세부목표(targets)	한국[20]
12.1	선진국 주도 하에 지속가능한 소비 및 생산 양식에 대한 10년 계획 주기 프로그램 제출	지속가능한 소비와 생산에 관한 통합적인 국가정책 수립 및 이행: ☞ 자원순환기본계획 및 자원순환시행계획 수립 건수 1(2017) → 18(2030)
12.2	2030년까지 천연자원의 지속가능한 관리 및 효율적 사용 달성	모든 자원을 지속가능하게 관리 및 효율적으로 사용: ☞ 국내 자원 소비량 (백만 톤) 663(2016) → 684(2030)
12.3	2030년까지 전 세계 인구 1인당 식품 폐기물을 1/2로 감소 및 생산·유통과정에서 발생하는 식품 손실량 감소	식품의 생산과 유통, 폐기과정에서 발생하는 식품 손실을 감소: ☞ 식품 폐기물 지표 0.37(2016) → 0.34(2030)
12.4	2030년까지, 화화물질 및 모든 폐기물에 대해 수명 주기 동안 친환경적 관리 달성 및 인체 건강·환경에 미치는 부정적 영향을 최소화하기 위해, 공기, 물, 토양으로의 배출 감소	화학물질과 유해폐기물의 친환경적 관리를 통해 인간의 건강을 보호하고 환경오염 예방: ☞ 유해성 정보 확보물질(개) 960(2017) → 2,510(2030), 사고 대비 화학물질 수(개): 97(2017) → 140 (2030), 1인당 유해폐기물 발생량(kg/인·일): 0.098(2016) → 지속감소

18) http://www.korea.kr/special/policyCurationView.do?newsId=148867900
19) 2008년 제정된 '지속가능발전법'에서는 지속가능성 개념에 기초해 "경제의 성장, 사회
　 의 안정과 통합, 환경의 보전이 균형을 이루는 발전"이라고 정의하고 있다. http://
　 www.korea.kr/special/policyCurationView.do?newsId=148867900
20) http://www.korea.kr/special/policyCurationView.do?newsId=148867900

12.5	2030년까지 예방, 감축, 재활용 및 재사용을 통해 쓰레기 발생 감소	폐기물의 원천예방과 감량, 재사용과 재활용을 통해 폐기물 발생을 감소: ☞ 생활폐기물의 재활용률(%): 59.6 (2016) → 83.8(2030), 사업장폐기물의 재활용률(%): 75.8(2016) → 95.4(2030)
12.6	기업, 특히 대기업 및 다국적 기업이 지속가능한 실천계획을 채택하고 기업 활동을 이행하도록 권고	기업의 지속가능 경영활동의 관리하고 지원을 확대: ☞ 지속가능경영보고서 발간 기업 증가율
12.7	2030년까지 국가의 정책과 전략에 따라 지속가능한 공공조달 시행 촉진 및 확대	녹색 제품 인증 및 녹색 구매 확대 통해 지속가능한 녹색 소비 촉진: ☞ 공공분야(지방자치단체)녹색제품 구매율 (%): 35.2(2017) → 70(2030), 생활용품의 녹색제품 인증 건수(건): 59(2017) → 73(2030)
12.8	2030년까지 모든 사람이 지속가능한 발전과 자연과의 조화를 이루는 생활양식에 대해 인지하고 필요 정보를 가질 수 있도록 보장	모든 국민이 지속가능발전에 대한 의식을 갖도록 환경교육 참여 기회를 확대: ☞ 인구대비 환경교육 수혜자 비율(%): 5.98(2017) → 10(2030), 일반국민의 환경의식 수준(%): 65.5(2013) → 75(2030)
12.a	지속가능한 소비 및 생산 패턴 구축을 위한 개발도상국의 과학기술 역량강화를 지원	플라스틱이 선순환하도록 재생 플라스틱의 활용을 증가시키고, 친환경재료 개발을 통해 플라스틱의 환경으로 유출을 방지: ☞ 1인당 플라스틱 소비량
12.b	일자리를 창출하고 지역의 고유문화와 특산품을 알리는 지속가능한 관광이 지속가능발전에 미치는 영향을 모니터링할 수 있는 수단 개발 및 이행	지속가능한 관광 측정지표 개발을 통해 환경보전에 기여: ☞ 탄소·생태발자국
12.c	개발도상국의 특수한 필요와 여건을 충분히 고려하고, 빈곤층과 영향을 받는 지역 공동체를 보호하는 방식으로 개발도상국의 발전에 미칠 악영향을 최소화하면서 조세 제도를 개혁하고, 해로운 보조금이 존재하는 경우 그에 따른 환경 영향을 반영하기 위해 이를 단계적 폐지 등의 방법으로 국가별 상황에 따라 시장 왜곡을 제거함으로써 낭비를 조장하는 비효율적인 화석연료 보조금 제도의 합리적 개선	화석연료 보조금을 단계적으로 철폐: ☞ GDP당 화석연료 보조금 비중

출처: https://sustainabledevelopment.un.org/sdg14 및 http://www.korea.kr/special/policy CurationView.do?newsId=148867900 정책 위키(검색일: 2020.3.11)

Sustainable Development Goals, K-SDGs)를 수립했다. 특히 K-SDGs는 2030년까지 달성해야 할 국제사회의 보편적 가치와 목표를 담아 17개 분야, 122개 세부목표와 214개 지표로 구성됐다. 전체지표 중 UN-SDGs에 포함되지 않은 신규 지표는 122개로 전체의 57%를 차지해 글로벌 지표와 국가 특화형 지표의 균형을 이루고 있다. 그중에서도 '지속가능발전목표 12'목표에 맞게 이행지표를 설정하고 있다(〈표 4〉).

한편, 지속가능발전목표 12의 정식 명칭은 "Responsible Consumption and Production"으로, 한국어로 번역하면 "책임감 있는 소비와 생산"이라고 부르지만 의역해서, "지속가능한 소비와 생산"으로 옮겼다. 따라서 12번째 목표인 책임감 있는 소비와 생산은 우리 삶과 밀접히 연관을 가지고 있다. 특히 소비는 현대사회와 아주 밀접한 단어다. 오늘날 주위에서 소비자가 아닌 사람은 찾아보기 어렵다. 우리는 매일 우리가 의식하지 못하지만 크고 작은 소비를 하고 있다. 만약 집 밖으로 한 발자국도 나가지 않고 지내더라도 집에서 수도, 가스, 최소한의 식량은 필수적으로 소비하게 된다. 뿐만 아니라 전 세계 인구가 급속히 증가하면서 자원 및 에너지 수요도 기하급수적으로 증가하고 있다. 과도한 자원 및 에너지의 사용은 경제, 환경 및 사회적 비용을 증가시키는 주된 요인이 된다. 개발도상국의 경우에도 에너지 수요 증가에 따른 효율적인 에너지 사용을 정책적으로 장려하고 있지만, 사회 기반 시설이 상대적으로 취약해 수요와 공급의 균형을 맞추기는 쉽지 않다. 지속가능개발목표(SDGs)의 12번 지속가능한 소비 및 생산 패턴 확립은 자원 및 에너지 사용의 효율을 증대하고 재생 가능한 에너지 사용을 늘리며 이의 정책적 지원 확립을 목표로 하고 있다. 그중에서도 특히 목표 12를 달성하려면 유해 화학 물질 및 폐기물 관리에 관한 국제 규범 준수와 함께 국가 및 부문별 계획, 지속가능한 비즈니스 관행 및 소비자 행동에 통합된 지속가능한 소비 및 생산을 위한 강력한 국가 체제가 필요한데, 한국은 다음과 같이 설정하고 있다.

이에 북한 역시 국제사회의 일원으로서 전 지구적 차원의 지속가능개발목표의 실현을 위해 국제사회와 협력해야 하는 과제를 안고 있다.

2. 북한 산업의 지속가능발전목표 12 이행과 국제사회 협력의 필요성

〈사진 2〉와 같이 최근 북한에서 경공업제품을 중심으로 생산이 증대되고 있다. 이는 1990년대에 비해 현재 공장 가동률의 상승을 뒷받침하며, 특히, 시장에서 팔릴 수 있는 상품을 생산한다는 의미는 단순히 생산량의 증대라기보다 설비현대화에 따른 생산능력의 향상에서 비롯된 바가 크다. 주목할 점은 이러한 변화가 단순히 시장적 수요에 의해 아래로부터 자생적으로 생겨난 변화라고 단정하기는 어렵다. 다시 말하면 2002년 7.1경제개선조치실시 및 2014년 사회주의기업책임관리제에 따른 공장기업소의 자율성 확대 등 제도변화와 밀접한 연계를 가진다. 제도변화가 시장수요에 맞는 제품을 생산할 수 있도록 유인체계를 마련했기 때문이다.

이와 동시에 앞서 2014년에는 사회주의기업책임관리제를 도입하여 중앙의 권한과 책임을 대폭 축소하는 한편, 기업과 농장 등 하부 생산단위의 책임과 권한을 강화하는 동시에 자율권을 확대하는 조치를 취하였다. 이는 기존의 물자를 통한 명령경제체계에서 일한 만큼 기업이 이윤을 남기고 일정 정도 국가에 세금형태로 납부하는 자율경영방식으로의 전환이라고 할 수 있다. 특히, 김정은시대에는 '인민'과 '인민생활향상'을 정책

◉ 사진 2   **북한의 자국 내 생산 식품들**

출처: 필자 입수(2016, 4)

의 중점목표로 제시했는데,[21] 이는 지방중심의 개발구정책과 더불어 당
국이 중앙에서 관리하는 경제지표 일부를 기업과 지방정부에도 배분하겠
다는 의지표명이다. 무엇보다 최근 10년간 북한은 경제의 새로운 도약을
마련하고자 과학화·현대화에 초점을 맞추어 정책적으로 적지 않은 변화
를 추구하고 있다. 경제의 모든 부문과 단위에서 과학기술보급사업의 강
화 및 기술혁신 교육을 통한 생산성 증대에 역량을 쏟고 있는 것이다.[22]

　그러므로 북한에서 공장 가동률의 상승은 경제위기 탈출 및 국유기업
의 제도적 전환, 주민 삶의 질을 측정할 중요한 지표가 되고, 나아가 산업
의 현대화 및 산업구조 개편으로도 연결시켜 제재 속에서도 일정 정도 경
제가 정상화되고 발전하여 빈곤으로부터 벗어날 계기를 마련해주는 주요
지표가 될 수 있다.

　그러나 한편으로 북한에도 내수가 형성되고, 시장수요에 맞게 경공업
제품의 생산이 증대되고 있다는 사실은 그만큼 향후 북한도 대량생산, 대
량소비의 시대가 멀지 않았음을 뒷받침한다. 특히, 지속가능발전목표
12-4 '2030년까지, 화화물질 및 모든 폐기물에 대해 수명 주기 동안 친환
경적 관리 달성 및 인체 건강·환경에 미치는 부정적 영향을 최소화하기
위해, 공기, 물, 토양으로의 배출 감소' 목표 및 지속가능발전목표 12-5
목표 '2030년까지 예방, 감축, 재활용 및 재사용을 통해 쓰레기 발생 감소'
의 목표가 해당될 수 있다. 뿐만 아니라 북한에서 식품 등의 생산이 증대
되고 있다는 사실은 1990년대 고난의 행군 시기와 비교해 그 만큼 식생활
이 다양화되었으며 나아졌음을 의미하여 향후 지속가능발전목표 12-3
'2030년까지 전 세계 인구 1인당 식품 폐기물을 1/2로 감소 및 생산·유통
과정에서 발생하는 식품 손실량 감소' 목표에 해당할 수도 있다.

---

21) 북한 신년사 분석(2012~2018년).

22) "과학기술부문에서 첨단산업의 발전을 추동하고 인민경제의 활성화에 이바지하는 가
　치있는 연구성과들을 내놓았으며 교육의 현대화, 과학화가 적극 추진되고 전국의 많
　은 대학과 중학교 소학교들의 교육조건과 환경이 개선되였습니다." "신년사," 『로동신
　문』, 2019.1.1.

그러나 무엇보다 북한 산업에서 당면한 문제는 중화학공업부문이다. 이 부문은 친환경 설비 교체를 위해 거대 국가 자본이 투입되어야 하지만, 국가가 여력이 없어 설비 노후화가 심각하며, 심지어 일제 식민지 시대에 사용하던 설비를 그대로 사용하는 곳도 적지 않다. 이런 부분들은 유해물

○ 사진 3　　　　　　　　**북한 남포제련소(남포특별시)**

각주: 2004년도 이미지, 흰색 부분은
　　　토양오염이 심각함을 뒷받침함
자료: Google Earth에 의해 필자 작성

각주: 2019년도 이미지
자료: Google Earth에 의해 필자 작성

○ 사진 4　　　　　　　　**북한 청진제강소(함경북도 청진시)**

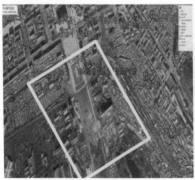 

각주: 2010년도 이미지
자료: Google Earth에 의해 필자 작성

각주: 2019년도 이미지
자료: Google Earth에 의해 필자 작성

질을 만들어 내고 처리시설이 거치지 않고 환경오염의 근원이 되고 있다. 예를 들어, 남포제련소의 경우, 〈사진 3〉과 같이 도시 중심부에 입지해 있으며, 오염원으로 인해 공기뿐만 아니라 노동자들의 건강까지 해를 끼쳤다. 따라서 2000년대 남포제련소 폭파 후 3~4년간 땅속에 스며든 유해물질 속에 금 등의 부가가치가 높은 광물이 포함되어 있어 외화벌이 회사를 통해 중국으로 판매되었다.

설령 가동이 되지 않더라도 철거하지 않고 그대로 방치되어 오염의 근원이 되고 있다. 예를 들어, 〈사진 4〉와 같이 청진제강소는 청진시 시 중심부에 입지해 있어 도시 오염의 근원이 되었으며, 현재는 방치 상태에 있다. 사진에서 보면 오염물이 토양을 오염시키고 있다는 사실을 알 수 있다.

제철소 및 제강소, 화학공장뿐만 아니라 북한의 광산들은 오염원의 주범이며 〈사진 5〉의 무산광산의 경우, 여기서 나오는 폐수로 인해 국경을 접하고 있는 중국과 적지 않은 마찰을 빚고 있다.[23)]

이러한 측면에서 보면, 북한은 무엇보다 지속가능발전목표 12-4와 5의 목표가 급선무이다. 즉, 화학물질 및 유해폐기물을 모든 주기에서 친환경적으로 관리하며, 인간의 건강과 환경에 대한 부정적인 영향을 최소화하기 위해 대기, 물, 토양으로의 유출을 현저하게 줄인다는 것, 건전한 화학물질과 폐기물 관리를 달성하고 공기, 물, 토양배출을 대폭 경감하는 것'이다. 뿐만 아니라 지속가능발전목표 12-2 '2030년까지 천연자원의 지

---

23) 광산 근처의 침전못(池)에는 미광(尾鑛)이 그대로 방치되었다. 이에 대해 중국당국은 지속적으로 항의했고, 중국환경부에서도 무산광산과 천지광업의 환경오염을 집중관리·감독했다. 그럼에도 선광과정에서 휩쓸려 두만강바닥에 침전된 미광은 몇십 년간 그대로 방치되었다. 이에 관해서는 박종철·정은이, "북한의 대중국 철광 무역에 관한 연구: 무산광산의 개발 현황을 중심으로," 『한국동북아논총』 제22권 제4호(2017) 참조. 뿐만 아니라 무산광산의 폐수 등 두만강오염 문제는 다수의 논문에 발표되었다. 环境保护部函, 「关于吉林天池矿业股份有限公司上市环保检查情况的函(环函[2014]173号)」 (2014), 색인번호: 000014672/2014-00788. 金权旭·王金华, 「南坪水文站断面泄洪能力研究与对策」, 『吉林水利』 제336기(2010).

○ 사진 5　　　　　　　　　　북한 무산광산 (함경북도 무산)

각주: 2016년도 이미지
자료: Google Earth에 의해 필자 작성

속가능한 관리 및 효율적 사용 달성' 목표 및 향후 북한 개발을 위해 외자 유치 등을 고려한다면, 지속가능발전목표 12-6 '기업, 특히 대기업 및 다국적기업이 지속가능한 실천계획을 채택하고 기업 활동을 이행하도록 권고'도 중요하다. 무엇보다 지속가능발전목표 12-8 '2030년까지 모든 사람이 지속가능한 발전과 자연과의 조화를 이루는 생활양식에 대해 인지하고 필요 정보를 가질 수 있도록 보장'이 매우 중요하며, 그중에서도 특히 지속가능발전목표 12.a '지속가능한 소비 및 생산 패턴 구축을 위한 개발도상국의 과학기술 역량강화를 지원'과 함께 이루어져야 하며, 역량을 뒷받침하기 위해 지속가능발전목표 12.b '일자리를 창출하고 지역의 고유문화와 특산품을 알리는 지속가능한 관광이 지속가능발전에 미치는 영향을 모니터링할 수 있는 수단 개발 및 이행' 및 지속가능발전목표 12.c '개발도상국의 특수한 필요와 여건을 충분히 고려하고, 빈곤층과 영향을 받는 지역 공동체를 보호하는 방식으로 개발도상국의 발전에 미칠 악영향을 최소화하면서 조세 제도를 개혁하고, 해로운 보조금이 존재하는 경우 그에 따른 환경 영향을 반영하기 위해 이를 단계적 폐지 등의 방법으로 국가별 상황에 따라 시장왜곡을 제거함으로써 낭비를 조장하는 비효율적인

화석연료 보조금 제도의 합리적 개선' 목표에서 국제협력이 필요하다고
판단된다.

V. 결론 : 평가와 제안

지속가능발전목표 12의 세부목표, 이행지표 및 그에 따른 북한의 현황과
북한 개발협력 현황을 살펴본 결과, 다음과 같은 평가를 내릴 수 있다.

　여전히 식량 문제조차 해결하기 어려우며, 생필품조차 주민 수요를 충
족시키지 못해 빈곤국의 이미지에서 탈피하지 못하고 있다고 생각되는
북한을 '지속가능발전목표 12'의 목표 국가에 포함시키는 것은 시기상조
라고 판단할 수도 있다. 그러나 최근 김정은 시대 이후 주민의 구매력 상
승으로 인해 상대적으로 소비패턴이 비약적으로, 구조적으로 변화하고 있
으며,[24] 이에 맞게 생산체계 또한 급변하고 있다. 이는 향후 북한도 대중
소비품의 대량 생산과 소비체제로 발전할 수 있음을 잠재적으로 뒷받침
한다. 이러한 측면에서 북한이 향후 개발도상국으로서 지속가능발전목표
12와 관련하여 친환경경제로 도약하기 위한 준비가 필요하며 이에 따른
국제사회의 개발협력이 필요하다.

　그러나 무엇보다 북한이 지속가능발전목표 12 목표를 실천하기 위해
국제사회와의 개발협력이 필요한 이유는 공장설비의 노후화 및 환경에
대한 인식 부족으로 인해 중화학공업단지에서 제조·배출되는 환경오염
물질에 대한 문제가 매우 심각하여 이에 대한 국제사회의 개발협력이 급
선무라는 사실이다. 특히 북한도 개혁개방의 궤도에 진입하면 경제개발

---

24) 이에 관해서는 김석진 외, 『국제비교를 통해 본 북한의 생활수준』(서울: 통일연구원,
　　2019) 참조.

을 위해 외자기업 및 투자를 적극적으로 유치할 것이며, 이때 환경에 대한 규제 문제가 함께 부각될 것이다. 따라서 이와 관련된 소다자 또는 다자 협력 형태의 국제사회의 참여도 방안 중 하나이며 이를 통해 지속가능발전목표 12a, 12b, 12c 목표를 실천하는 것도 바람직한 것으로 판단된다. 이를 위해서는 특히 지식공유사업을 통한 정보의 공유 및 인재육성 등 역량강화가 필요하다.

참고문헌

김명혁. 2018. "사회주의경제강국건설에서 원료, 연료, 설비를 국내생산으로 보장하는 것이 가지는 의의."『경제연구』 2018년 제1호.

김석진 외. 2019.『국제비교를 통해 본 북한의 생활수준』. 서울: 통일연구원.

김정철. 2018. "우리 식의 CNC화 실현에 쌓아올리신 위대한 령도자 김정일동지의 불멸의 업적."『경제연구』 2018년 제1호.

료명성. 2017. "인민소비품의 다종화, 다양화와 질제고에서 나서는 중요한 문제."『경제연구』 2017년 제3호.

류학수. 2016. "조선민주주의인민공화국의 공업배치정책." 북한금융경제포럼, 2016.12.15.

_____. 2019. "북한 공업배치구조의 특징과 남북경제협력 방안."『KDI 북한경제리뷰』 2019년 1월호.

리명록. 2015. "위대한 령도자 김정일동지께서 CNC화를 실현하기 위한 길에서 쌓으신 불멸의 업적."『경제연구』 2015년 제4호.

리진수. 2016. "제품의 경쟁력과 그 제고가 가지는 의의."『경제연구』 2016년 제4호.

박성혁. 2015. "생산과 관리의 과학화는 경제실리 보장의 필수적 요구."『경제연구』 2015년 제1호.

박인천. 2015. "한국의 제조업 가동률 작성방법에 관한 연구." 고려대학교 석사학위논문.

박종철·정은이. 2017. "북한의 대중국 철광 무역에 관한 연구: 무산광산의 개발 현황을 중심으로."『한국동북아논총』 제22권 제4호.

안농재. 2014. "화학공업을 발전시키는 것은 경공업 원료, 자재의 국산화를 실현하기 위한 중요 요구."『경제연구』 2014년 제3호.

우정순. 2017. "현시기 민족전통산업을 발전시키는 것은 사회주의경제강국건설의 필수적 요구."『경제연구』 2017년 제2호.

윤철준. 2017. "경애하는 최고령도자 김정은동지께서 밝히신 공장, 기업소 현대화의 기본중심 과업."『경제연구』 2017년 제1호.

이찬우. 2016. "일제시대 북한지역의 인프라개발." 사사카와 평화재단, 2005.광수. "공업기업소들에서 제품의 경쟁력을 높이는 것은 경제강국건설의 절실한 요구."『경제연구』 2016년 제1호.

정은이 외. 2019.『김정은시대 서부 주요도시 공장기업소 가동률 현황 및 결정요인에 관한 분석』. 서울: 통일연구원.

홍성남. 2014. "현시기 경공업을 발전시키는데서 나서는 중요문제."『김일성종합대학학보: 철학, 경제학』 제60권 제2호.

_____. 2015. "올해 인민생활향상에서 경공업부문앞에 나서는 중요문제."『김일성종합대학

학보: 철학, 경제학』 제62권 제2호.

金权旭·王金华. 2010. 「南坪水文站断面泄洪能力研究与对策」. 『吉林水利』 제336기.

环境保护部函. 2014. 「关于吉林天池矿业股份有限公司上市环保核查情况的函(环函[2014]173号)」. 색인번호: 000014672/2014-00788.

石井博澄. 1941. 『무산철광보고서』. 京城鑛山專門學校.

任民. 2006. "朝鲜茂山铁矿开发与中国东北东边道铁路建设." 『铁道运输与经济』 제28권 1호.

朱永浩. 2012. 『中国東北経済の展開－北東アジアの新時代』. 日本評論社.

구글 어스. http://google.com/intl/kr/earth

통계청 통계분류포털. http://kssc.kostat.go.kr:8443

한국무역협회. www.kita.net

제14장

기후행동과 북한개발협력

김성진 | 한국환경정책·평가연구원

I. 서론

19세기 중반 산업화 시기 이후 인간 활동, 특히 석탄, 석유 등 화석연료에 의한 온실가스 배출량이 급증하자, 늘어난 온실가스에 의해 지구의 복사에너지가 대기 밖으로 빠져나가지 못한 채 차단·흡수되어, 지구의 연평균기온이 빠르게 상승하는 기후변화(climate change) 현상이 가속화되어 왔다. 온실가스의 지나친 증가로 인해 지구의 기후가 뚜렷한 변화를 겪고 있다는 사실은 과학적으로 입증된다. 1880~2012년 기간 동안 지구의 연평균기온은 0.85℃ 상승했으며, 1971~2009년 기간 동안 연간 2,260억 톤의 빙하가 감소하였고, 지구 평균 해수면은 1901~2010년 기간 동안 약 0.19m 상승했다. 온실가스 감축을 위해 최대한의 노력을 한다면 21세기 말의 지구 연평균기온은 산업화 이전 시기 대비 최소 1.5℃ 이상 상승할 것으로 예상되며, 온실가스 감축노력을 하지 않을 경우에는 최대 4.8℃의 연평균기온 상승이 전망되고 있다(Intergovernmental Panel on Climate Change 2014, 39-54).

인간 활동에 의한 온실가스 배출량 증가와 지구 평균기온의 상승이 계속된다면 지구의 기후시스템은 완전히 변화할 것이며, 그 결과 인류와 자연생태계는 멸종위기에 직면하게 된다. 식량생산성의 감소로 인한 식량안보의 위협 증가, 홍수로 인한 토지유실과 사회기반시설 파괴, 폭염으로 인한 인명피해, 가뭄으로 인한 물 부족 등이 과거와는 그 빈도와 강도를 달리할 것이라는 분석과 경고가 계속 이루어지고 있다. 2019년 11월 5일, 약 11,000명의 과학자들은 학술지 *BioScience*에 공동성명을 내어 "지구온난화(global warming)" 또는 "기후변화"라는 용어의 수정을 요청하기도 했다(Ripple et al. 2020). 그 위험의 정도와 긴급성을 고려할 때, 이는 이제 "기후비상사태(climate emergency)" 또는 "기후위기(climate crisis)"라고 부르는 것이 타당하다는 주장이다.

이러한 새로운 전 지구적 안보위기 앞에서, 국제사회는 1992년 국제연합기후변화협약(United Nations Framework Convention on Climate Change, UNFCCC)의 채택을 통해 기후변화에 맞서기 위한 전 지구적 플랫폼을 구축하였고, 1997년에는 교토의정서(Kyoto Protocol)를 채택하여 선진국의 온실가스 감축에 국제법적 구속력을 부여했다. 하지만 세계 온실가스 배출량 2위이자 가장 큰 영향력을 지닌 국가인 미국이 교토의정서를 비준하지 않았고, 세계 1위의 온실가스 배출국인 중국 등 다량의 온실가스를 배출하는 여러 선발개도국들이 어떠한 감축의무도 지니지 않는 등 교토기후체제는 거듭되는 난항을 겪어 왔다. 그럼에도 불구하고, 결국 국제사회는 기후변화에 대응할 새로운 체제 설립에 합의하였고, 교토의정서를 대체할 파리협정(Paris Agreement)이 2015년에 채택되고 2016년에 발효되어 2021년부터 파리기후체제가 공식적으로 출범할 예정이다.

파리협정은 주요 온실가스 배출국들의 감축이행과 더불어, 기후변화에 큰 취약성을 지니는 개도국·빈국의 적응력·회복력 향상을 양대 목표로 삼고 있다. 이에 따라 재정과 기술 측면에서 선진국의 개도국 지원이 파리협정의 중요한 내용을 형성하고 있으며, 이는 자연히 국제개발협력의 지속가능발전(sustainable development) 원칙과 결합된다. 세계 모든 국가가 온실가스를 배출하지 않는 경로로 발전 모델을 삼고, 기후변화로 인해 피해를 입는 국가들을 지원하는 일이 이제 유엔 차원의 공식의제와 행동계획으로 확고히 자리 잡게 된 것이다.

　이상과 같은 맥락 하에서 본고는 기후변화 대응과 북한의 개발협력이라는 두 가지 사안을 연결하여, 기후변화 취약국이자 개도국으로서의 북한에 대한 개발협력의 문제를 다루고자 한다. 먼저 II절에서는 국제개발협력 원칙 하에 규정된 기후변화 대응의 내용을 개괄한다. 다음으로 III절에서는 완화와 적응의 양 측면에서 북한의 기후변화 대응 현황을 살피고, IV절에서 기후변화 대응을 고려한 북한개발협력의 방향과 주요 분야를 분석·제시한 후, V절의 결론을 통해 마무리한다.

II. 지속가능발전목표 13(기후행동) 개괄

2015년 9월 25일, 유엔은 총회 결의안 70/1을 통해 지속가능발전목표 (Sustainable Development Goals, SDG)를 확정하였다. 총 17개의 목표 (goal), 169개의 세부목표(target), 232개의 지표(indicator)로 이루어진 지속가능발전목표는, 2000~2015년 기간 유엔 지속가능발전의 틀이었던 새천년개발목표(Millennium Development Goals, MDG)에 이어 2016~2030년의 유엔 지속가능발전 이행을 관할하는 의제가 되었다.

　17개의 지속가능발전목표 중 13번 목표는 "기후행동(Climate Action)"으로, 기후변화와 그 영향에 맞서 시급히 행동을 취할 것("take urgent action to combat climate change and its impacts")을 요청한다. 유엔은 13번 목표의 세부목표와 지표를 이하의 표와 같이 규정하고 있는데, 이는 ①모

● 표 1	지속가능발전목표 13 "기후행동"의 세부목표 및 지표

13.1 모든 국가에서 기후 관련 위험과 자연재해에 대한 회복력 및 적응력 강화

13.1.1 인구 10만 명당 재난으로 인한 사망, 실종, 피해를 입은 사람의 수

13.1.2 재난위험경감을 위한 센다이 프레임워크 2015~2030과 연계하여 국가 재난위험
경감전략을 채택·이행하는 국가의 수

13.1.3 국가 재난위험경감전략과 연계하여 지역 재난위험경감전략을 채택·이행하는
지역정부의 비율

13.2 기후변화 조치를 국가의 정책, 전략, 계획에 통합

13.2.1 식량생산을 위협하지 않는 방법으로 기후변화의 부정적 영향에 적응하는 능력을
증진시키고, 기후회복력과 온실가스 저배출 발전을 촉진하는 통합된 정책·전략·계
획의 수립과 운용을 보고한 국가의 수(국가적응계획, 국가결정기여, 국가보고서, 격년
주기로 갱신하는 보고서 등을 포함)

13.3 기후변화 완화, 적응, 영향 감소, 조기경보에 대한 교육, 인식 고취, 인적·제도적
역량 개선

13.3.1 완화, 적응, 영향 감소, 조기경보를 1차, 2차, 3차 교육과정에 포함시킨 국가의 수

13.3.2 적응, 완화, 기술이전, 개발행동을 이행하기 위한 제도, 체계, 개인 역량배양의
강화를 보고한 국가의 수

13.A 의미 있는 완화조치와 이행 투명성의 맥락에서 개발도상국의 필요를 충족시키기
위해, 그리고 가급적 조속한 자금출자를 통해 녹색기후기금을 온전히 운용하기 위해,
2020년까지 모든 원천으로부터 매년 1,000억 달러를 공동으로 동원하겠다는 목표를
향한 UNFCCC 선진국 당사국의 공약을 이행

13.A.1 2020년까지 1,000억 달러 공약을 향해 매년 실제 동원되는 금액

13.B 여성, 청소년, 지역, 소외 공동체에 초점을 두는 것을 포함하여, 최빈개도국과 군소
도서개도국에서 효과적인 기후변화 관련 계획 및 관리 역량 제고를 위한 기제를 촉진

13.B.1 여성, 청소년, 지역, 소외 공동체에 초점을 두는 것을 포함하여, 효과적인 기후변화
관련 계획, 관리 역량을 제고하기 위한 기제를 위해, 재정, 기술, 역량배양을 포함한
특별한 지원 및 상당량의 지원을 받고 있는 최빈개도국과 군소도서개도국의 수

출처: United Nations Sustainable Development Goals Knowledge Platform

든 국가의 기후변화 회복력·적응력 강화, ②기후변화 대응을 위한 국가 정책의 마련, ③기후변화에 대한 인식 및 제도적 역량의 개선, ④개도국 기후변화 대응 지원을 위한 선진국과 국제기구의 재정적·제도적 지원의 네 가지로 요약된다.

세부목표 13.1은 기후변화에 따른 자연재해로부터의 피해를 경감시키기 위해, 국가와 지역 차원에서 회복력과 적응력을 강화할 것을 요청한다. 13.1.1은 자연재해로부터 피해를 입은 이들의 숫자를 파악하고자 하는, 단순하지만 강력한 지표이다. 유엔에서는 자연재해에 의한 사망자, 실종자, 직접 피해자를 합한 숫자를 각 국가의 인구수로 나누어 10만을 곱한 것을 그 국가의 피해자수로 계산하여 국가별 데이터베이스를 구축하고 있다(United Nations Statistics Division).

13.1.2와 13.1.3은 국가 및 지역 차원에서 재난위험경감전략을 채택할 것을 요청한다. 국제연합재난위험경감국(United Nations Office for Disaster Risk Reduction, UNDRR)은 2015년 3월 일본 센다이에서 열린 제3차 세계재난위험경감회의(UN World Conference on Disaster Risk Reduction, WCDRR)에서 "재난위험경감을 위한 센다이 프레임워크 2015-2030"을 채택한 바 있는데, 지속가능발전목표에서는 이와 연계하여 각국의 국가 재난위험경감전략을 수립하도록 권고하고 있다. 센다이 프레임워크는 2030년까지 재난으로 인한 인명·생계·건강에 대한 손실과 개인·기업·지역사회·국가에 대한 경제·물리·사회·문화·환경 자산 손실의 실질적 감소를 기대효과로 설정하고, 이를 달성하기 위한 행동우선순위를 이하와 같이 제시한다.

세부목표 13.2는 기후변화 대응조치를 국가계획으로 제도화할 것을 요청하는 항목이다. 기후변화 대응조치에는 온실가스 감축과 기후변화 적응이 모두 포함되며, 이에 따라 국가별 온실가스 감축목표, 기후변화 적응 종합계획 등의 수립이 요구되고 있다. 세부목표 13.3은 기후변화의 위험에 대해 국가 차원의 교육을 시행하고, 이에 대응하기 위해 제도적인 역량을 키울 것을 권고하는 항목이다. 그 밖에 13.A는 개도국 기후변화 대응을 지원하기 위한 국제사회(특히 선진국 주도)의 자금동원을 목표로

| 표 2 | 센다이 프레임워크의 행동우선순위 |

우선순위	실천사항
1: 재난위험의 이해 (위험진단·평가, 정보공유)	• 재난위험관리를 위한 정책과 실무는 취약성, 역량, 개인과 자산의 노출, 위험요인의 특성과 환경 등 모든 차원에서 재난위험을 이해하는 것이 기반이 되어야 함 • 이러한 지식은 사전재난위험평가, 예방과 경감, 적절한 대비와 효과적인 재난대응의 개발과 이행에 활용
2: 재난위험관리를 위한 재난위험 거버넌스 강화 (이행추진체계, 거버넌스·협업)	• 국가적·지역적·세계적 차원의 재난위험 거버넌스는 재난위험에 효과적·효율적으로 대처하는 데 매우 중요함 • 관련 이해관계자의 참여뿐 아니라, 확고한 비전, 계획, 능력, 지침, 부문 내·부문 간 조정 필요 • 재난위험경감 및 지속가능발전과 관련된 메커니즘 기관들이 각종 수단을 집행하는 데 있어서 협업과 협력 촉진
3: 회복력 구축을 위한 재난위험경감에 대한 투자 (투자, 재정)	• 환경뿐 아니라 개인·공동체·국가 및 이들이 소유한 자산이 경제·사회·보건·문화 복원력을 강화하기 위해서는, 재난위험 예방과 경감에 있어서 구조적·비구조적 방법을 통한 공공민간 투자가 필수 • 이러한 투자는 비용-효율적이며, 혁신, 선장, 고용창출의 동인이 될 수 있음
4: 효과적인 대응 및 복구·재활·재건에 대한 'Build Back Better'를 위한 재난 대비 강화 (개발과정과 재해 통합, 형평성)	• 재난에 노출되는 인구와 자산의 증가, 재난위험의 꾸준한 증가는 모든 수준에서 효과적인 대응과 복구를 위한 역량을 확실히 준비해야 할 필요를 보여줌 • 여성과 장애인에게 양성평등·보편적 접근이 가능한 대응·복구·재활·재건 방법을 공개적으로 주도·촉진할 수 있는 권리를 부여하는 것이 핵심 • 재난위험경감을 개발수단에 통합시키는 등의 방법을 통해 'Build Back Better'를 가능하게 하고, 국가와 지역사회가 재난에 대한 복원력을 구비하도록 함

출처: United Nations Office for Disaster Risk Reduction

삼고 있으며, 13.B는 젠더, 지역공동체 등에 대한 사회적 고려를 목표로
제시한다.

III. 기후변화 대응 관련 북한의 현황

1. 기후변화 완화와 북한

북한은 1994년 12월 5일 UNFCCC를 비준했고, 2005년 4월 27일에 교토 의정서를, 2016년 8월 1일에는 파리협정을 비준하여 회원국이 되었다. 교토체제 하에서 교토의정서 비부속서 회원국에 대한 권고사항에 따라 북한은 2002년에 기후변화에 관한 제1차 국가보고서를, 2013년에는 제2차 국가보고서를 제출하여 자국의 온실가스 배출 현황과 기후변화 상황에 대해 자율적으로 UNFCCC에 보고하였다. 제2차 국가보고서에 따르면, 북한은 2000년 기준 65.714mtCO$_2$e의 온실가스를 배출하여 세계 온실가스 배출량의 0.16%를 차지하였으며, 1인당 온실가스 배출량은 2.9tCO$_2$e을 기록하고 있다. 같은 해에 남한이 501.4mtCO$_2$e의 온실가스 배출량과 10.7tCO$_2$e의 1인당 온실가스 배출량을 기록했음을(환경부 온실가스종합정보센터 2018, 4-10) 감안할 때, 북한은 비교적 낮은 온실가스 배출 현황을 보이고 있다고 할 수 있다. 이는 국가의 주요 온실가스 배출원인 발전, 냉·난방, 수송, 산업공정 등의 분야에서 북한이 열악한 상황에 놓여 있기 때문이다.

2017년 기준 북한의 발전설비용량은 7,721MW로 남한의 11만 7,158MW 대비 1/15 수준이며, 발전량(공급량)은 235억kWh로서, 남한의 5,535억 kWh에 비하면 1/24 수준에 불과하다. 또한, 1차 에너지 총공급량은 1,124만 TOE로 남한의 3억 66만 TOE 대비 1/27 수준, 1인당 공급량은 0.45 TOE로, 남한 5.84 TOE 대비 1/13 수준으로 나타났다(통계청 2018, 9-10). 2017년 북한의 1차 에너지 믹스는 석탄 53.7%, 수력 26.5%, 기타 11.2%, 석유 8.6%로 온실가스 배출의 주범인 석탄이 매우 높은 비중을 차지하나, 에너지 공급량 자체가 적기 때문에 상대적으로 적은 온실가스 배출량을 기록했다고 볼 수 있다.

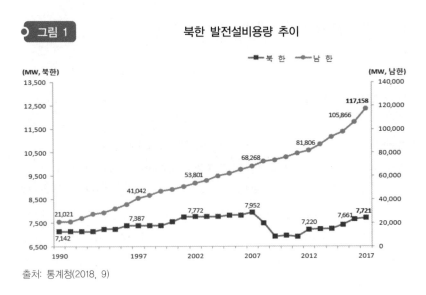

그림 1

북한 발전설비용량 추이

출처: 통계청(2018, 9)

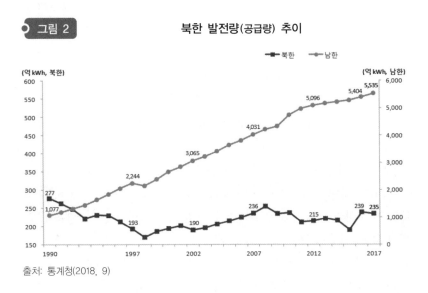

그림 2

북한 발전량(공급량) 추이

출처: 통계청(2018, 9)

이후 교토체제를 대신할 새로운 국제기후체제에 대한 논의가 진행되던 2016년 9월, 북한은 UNFCCC의 권고에 따라 국가 온실가스 감축목표 및 감축수단을 담은 국가결정기여(Nationally Determined Contribution, NDC)

를 제출한 바 있다. NDC에서 북한이 제시한 자국의 온실가스 감축목표는 "2030년까지 배출전망치(Business-As-Usual, BAU) 대비 8% 감축"이다. 향후의 온실가스 배출량을 2020년 116.36mtCO₂e, 2030년 187.73mtCO₂e으로 산정하고, 감축 노력을 통해 2030년에 전망치보다 8%를 감축한 172.73mtCO₂e만을 배출하겠다는 계획이다. 이에 더하여 북한은 국제사회의 재정적 지원을 받는다면, BAU 대비 2030년까지 총 40.25%를 감축해서 112.18mtCO₂e만 배출할 수 있다는 조건도 제시했다(Democratic People's Republic of Korea 2016, 1-4). 북한이 NDC에 명시한 온실가스 감축수단은 다음의 10개 항목으로 정리된다(Democratic People's Republic of Korea 2016, 7-9).

① 기후변화에 관한 국가제도의 강화
② 에너지 사용 효율 개선 및 에너지 소비 절감
③ 전력 분야 에너지 효율 개선 및 대체에너지 사용 장려
④ 재생에너지 개발의 설비규모 확대
⑤ 지속가능한 방식의 산림 관리·개발
⑥ 지속가능한 농업 개발을 위한 선진기술·방법의 도입
⑦ 지속가능한 폐기물 관리체제 도입
⑧ 기후변화 대응을 위한 대중인식의 제고 및 참여과정의 가속화
⑨ 기후변화 완화를 위한 국제협력 촉진
⑩ 감축수단을 위한 재정적 지원 확대

특히 ⑨번과 ⑩번에서 북한은 국제협력과 국제사회의 재정적 지원이 뜻하는 바를 서술하고 있다. ⑨번에서는 기후정책·전략의 준비와 이행, 과학기술 관련 국제공동연구, 역량배양을 위한 국제협력을 강조하고 있고, ⑩번에서는 국제사회의 재정적 지원이 필요한 부문을 〈표 3〉과 같이 19개의 항목으로 상세히 제시했다.

| 표 3 | NDC 조건 달성을 위해 우선적으로 필요한 감축수단 |

번호	감축수단
1	전력 송·배전 손실률을 6%까지 감축
2	2,000MW 규모 원자력발전소 건설
3	총 1,000MW 규모 계통 연계 태양광 시스템 설치
4	총 500MW 규모 서해안 해상풍력단지 건설
5	총 500MW 규모 육상풍력단지 건설
6	석탄을 대체하여 효율이 높은 에어컨 및 열펌프를 사용한 주거·업무 공간 난방
7	석탄·장작을 대체하여 거름 및 하수에서 뽑은 바이오가스를 사용한 조리
8	주거공간의 온수 시스템을 석탄에서 태양열로 대체
9	지방 주거공간의 조리 시 전통적 나무 화덕을 효율적인 나무 화덕으로 교체
10	쌀겨 열병합발전단지 건설
11	도시의 고체폐기물 취합·처리를 위한 중앙 종합시설 건설
12	노후 저임계 석탄발전소를 초초임계 석탄발전소로 대체
13	혼합 시멘트 첨가제를 15%에서 50%로 확대
14	도시의 고체폐기물 처리를 위한 바이오가스발전소 건설
15	전통적 조리용 석탄화덕을 효율적인 전기스토브로 교체
16	2030년까지 기술현대화를 통해 산업 분야 에너지 사용 25% 절감
17	터널형 소성로를 수직형 소성로로 교체
18	대도시 간선급행버스 시스템 도입
19	임농업 및 지속가능한 산림관리 확대

출처: Democratic People's Republic of Korea(2016, 9-10)

2. 기후변화 적응과 북한

2012년 한국 기상청은 북한의 최근 30년(1981~2010) 기후특성을 분석한 결과를 발표한 바 있다. 이에 따르면, 북한의 연평균기온은 8.5℃, 최고기온은 14.1℃, 최저기온은 3.7℃로, 남한에 비해 4℃가 낮게 나타났으며,

연강수량은 919.7mm로, 남한의 1307.7mm에 비해 약 70% 수준을 보였다. 극한기후 현상일수를 보면, 일 최저기온이 25℃ 이상인 열대야는 연간 0.6일, 일 최저기온이 -10℃ 이하인 날은 연간 48.6일, 일강수량이 80mm인 날은 연간 1.3일, 눈 발생횟수는 연간 29.7일로 집계되었다(기상청 2012, 3-4). 기후변화의 영향으로 인해 북한의 연평균기온은 계속 상승하는 추세이며, 이상기후 역시 그 빈도와 강도를 더해가고 있다. 세계적으로 볼 때 북한은 기후변화에 대단히 취약한 국가에 해당되는데, 저먼와치(Germanwatch)에서 매년 발간하는 글로벌기후위험지수(Global Climate Risk Index) 2013년 판에서는 기후변화로 인해 가장 큰 영향을 받는 국가 중 하나로 북한을 꼽았다(Hameling and Eckstein 2012, 6). 북한은 1992~2011년 기간 동안 세계에서 기후변화의 영향을 가장 크게 받은 국가 7위로 선정되었으며, 기상이변의 빈도나 인적 피해는 상대적으로 적었으나 소득 대비 재정적 손실이 대단히 커서 세계 최상위의 기후위험국가군에 포함되었다.

2011년 김정은 국무위원장의 집권 후 최초로 발표한 노작에서 처음 언급한 내용이 기후변화와 자연재해에 대한 대응일 정도로, 기후변화의 심각성에 대한 북한의 관심이 커졌다는 사실을 확인할 수 있다. 이러한 관심의 이유에 대해 전문가들은, 자연재해로 인한 체제 위협 가능성에 대해 북한 고위층이 잘 알고 있기 때문이라고 말한다(김정우 2017). 북한 국토환경보호성이 2015년 발간한 국가임농업전략·행동계획 서문에서는 산림전용, 토지황폐화, 자연재해의 증가가 북한의 식량안보, 지속가능한 경제발전, 환경보호에 심각한 영향을 미치고 있음을 명시하기도 했는데, 특히 기후변화로 인해 지난 100년간 북한의 평균기온이 1.9℃나 상승했고 홍수와 가뭄의 빈도·강도가 유례없이 높아졌음을 강조하고 있다(Ministry of Land and Environment Protection, Democratic People's Republic of Korea 2015, 9).

NDC에도 기후변화의 심각성에 대한 북한 스스로의 인식이 잘 드러나 있다. 북한의 연평균기온은 산업화 이전 시기와 비교할 때 20세기에 1.9℃

상승했는데, 이는 지구 평균기온 상승의 3배가 넘는 수치이다. 북한은 21세기 말이 되면 자국의 연평균기온이 2.8~4.7℃ 상승할 것으로 예상하고 있다. 해수면 상승 또한 큰 문제로 인식되고 있는데, 2100년에는 2000년 대비 67~89cm의 해수면 상승이 예상되며, 이에 따라 동해는 67~89m, 서해는 670~890m의 해안선이 후퇴할 것으로 전망하고 있다. 이에 더하여, NDC에서는 기후변화에 따른 물 부족과 홍수·가뭄 피해도 클 것으로 분석한다. 21세기 말의 수자원 양은 1971~2000년과 같은 수준이거나 7.9% 감소할 것으로 예상한다. 또한 우기에는 심각한 홍수 피해가 늘어날 것이며, 봄철에는 심각한 가뭄이 늘어나고, 그 결과 토양의 손실과 황폐화가 가속화될 것으로 보고 있다(Democratic People's Republic of Korea 2016, 11).

이러한 부정적 영향에 대응하기 위해 북한은 총 6개의 항목으로 기후변화 적응전략을 제시했는데, 구체적인 내용은 이하의 박스와 같다. 다양한 적응전략의 추진을 통해서, 북한은 자연재해, 수자원, 농업, 해안가, 보건, 생태계 등의 분야에서 나타날 수 있는 기후변화의 부정적 영향을 사전에 대비하겠다는 구상을 제시하고 있다(Democratic People's Republic of Korea 2016, 11-14).

① 대중인식의 증대와 기술이전, 법·규제·제도·관리체제를 통해 기후변화에 대한 전 사회적 적응 강화
② 과학·기술 개발, 에너지, 농업 등 분야에서의 적응을 국가전략에 반영하여, 적응정책을 통해 기후변화의 부정적 영향 최소화
③ 인명·재산 피해를 최소화하는 일에 투자하고, 자연재해로 인한 피해 방지를 위한 시스템을 구축할 수 있는 국가역량 배양
④ 기후변화 적응 관련 연구·개발 능력을 높이고, 기술자·전문가를 양성
⑤ 효율적 수자원관리, 과학적 농업생산, 선진 의료를 위한 시스템 구축
⑥ 국제기구 및 다른 국가들과의 양자·다자 협력 촉진

IV. 기후변화와 북한개발협력

1. 북한 기후변화 개발협력의 수요

기후변화 관련 대북 개발협력에서 가장 우선적으로 추진되어야 할 의제에 관해서는, 전문가들의 의견이 대체적으로 수렴되는 모습을 보인다. 박상현 등(박상현·이정석·강택구 2015, 262-263)은 전문가 10명이 참여한 델파이 조사를 통해 남북환경협력을 위해 가장 우선적으로 필요한 21개 의제를 도출한 바 있는데, 상위 10위 내에 위치한 아젠다의 대부분이 산림, 에너지, 기후변화, 수질 분야에 속하는 것으로 나타났다.

명수정의 연구 역시 유사한 결과를 보여주고 있다(명수정 2017, 53-60). 명수정은 전문가와 북한이탈주민을 대상으로 설문조사를 시행하여, 북한에 가장 우선적으로 필요한 환경인프라를 조사했는데, 그 결과는 〈표 5〉

표 4   남북환경협력 우선순위 의제

순위	의제
1	지속가능한 산림관리를 위한 전략수립: 산림 분야
2	산림병충해 피해 방지: 산림 분야
3	전력시설개보수: 에너지 분야
4	자연재해지역 복구 및 예방 인프라 구축: 기후변화 분야
5	도시 폐수 및 순환처리 시스템 시범사업: 수질 분야
6	백두산 화산 공동대응: 기타 분야
7	북한 환경교육과 인식 증진: 기타 분야
8	한반도 청정개발체제(KCDM) 도입: 기후변화 분야
9	남북 공유하천 교류 사업: 남북 인접 분야
10	바이오매스 에너지원 활용기반 구축: 에너지 분야

출처: 박상현·이정석·강택구(2015, 263)의 내용을 재구성

● 표 5   남북환경협력을 통해 조성해야 할 우선순위 인프라

순위	북한이탈주민	전문가
1	정수시설	정수시설
2	도시지역 배수체계	수처리 시설(생활하수)
3	상수도 관망 시스템	상수도 관망 시스템
4	에너지 공급시설	폐기물 처리시설
5	수처리 시설(생활하수)	수처리 시설(산업폐수)
6	방재시설(둑·제방)	수량관리 인프라
7	수처리 시설(산업폐수)	대기오염 처리시설
8	대기오염 처리시설	방재시설(둑·제방)
9	폐기물 수거체계	환경모니터링 시스템
10	수량관리 인프라	도시지역 배수체계
11	환경정보 통신시스템	폐기물 수거체계
12	폐기물 처리시설	환경 관련 제도
13	환경모니터링 시스템	에너지 공급시설
14	환경 관련 제도	환경정보 통신시스템

출처: 명수정(2017, 59)

와 같다. 가장 높은 순위를 차지한 것은 수질과 수량, 즉 수자원 분야라고 할 수 있으며, 에너지, 대기오염, 환경모니터링 등이 중요한 인프라로 꼽혔다.

북한이 스스로 제시한 NDC상의 수요와 더불어 이러한 연구결과를 종합하면, 기후변화 의제 관련 북한이 가장 지원을 필요로 하는 분야는 두 가지로 압축된다. 기후변화 적응수단으로서의 산림 분야와, 기후변화 완화(온실가스 감축)수단으로서의 재생에너지 분야이다. 북한의 현 상황을 고려할 때, 이러한 수요의 우선순위는 더욱 뚜렷하게 부각된다. 북한은 장기간의 심각한 경제난, 국제사회의 경제제재, 점증하는 자연재해 등으로 인해 다양한 환경·에너지 문제에 직면해 있으며, 특히 산림과 에너지 영역

에서 가장 심각한 위기를 겪고 있다.

먼저 산림 분야에서, 북한의 산림은 총체적인 훼손 상태에 놓여 있다고 볼 수 있다. 북한 국토환경보호성이 국제연합환경계획(United Nations Environment Program, UNEP)의 기술적 지원을 받아 2012년 10월에 낸 보고서에 따르면, 북한 영토의 약 80%를 차지하는 산림은 심각하게 황폐화되었으며, 이에 따라 가뭄, 홍수, 산사태 등의 피해에 노출된 상태이다(Ministry of Land and Environment Protection, Democratic People's Republic of Korea 2012, 48-49).

1945년 해방 당시에는 북한의 산림면적이 남한보다 더 컸으나, 현재 북한의 산림은 거의 대부분 황폐화된 상황이다. 통일부 조사에 따르면, 북한 전체 산림면적인 899만 3천ha 중 31.6%인 284만ha가 민둥산 상태로 황폐화된 것으로 분석된다(통일부 북한정보포털). 황폐산지의 유형 중 개간산지의 비율이 약 47%인 132만 2천ha로 가장 높은 것으로 나타나, 식량난으로 인해 산림을 밭으로 개간한 것이 산림훼손의 가장 큰 이유로 추정된다. 2011년 기준으로 북한은 나이지리아와 인도네시아 다음으로 산림훼손이 심각한 나라로 꼽히며, 국제연합식량농업기구(Food and Agriculture Organization of the United Nations, UNFAO)는 1990~2016년 북한 산림의 약 40%가 사라졌다고 분석한 바 있다. 김정욱 역시 〈표 6〉과 같이

○ 표 6   남한과 북한의 산림 현황 비교

구분	남한	북한
국토면적	993만ha	1,227만ha
산림면적	640만ha	890만ha
산림율	64%	73%
임목축적	4억 7천만m³	4억 9천만m³
1945년 산림	9.0m³/ha	13.4m³/ha
2003년 산림	73.1m³/ha	40.6m³/ha(?)

출처: 김정욱(2018)

북한 산림의 황폐화 상황에 대해 유사한 결론을 내리고 있다. 2003년 산림면적으로 북한이 발표한 40.6m³/ha는 과장된 것으로 보이며, 실제로는 1945년 남한 수준으로 판단된다는 것이 김정욱의 분석이다(김정욱 2018).

북한 산림황폐화의 주요 원인으로는 식량증산을 위한 산림 개간, 임산연료 채취, 목재의 수출·사용을 위한 벌채의 세 가지를 꼽을 수 있다(통일부 북한정보포털). 첫째, 1973년 3월, 김일성 북한 국가주석은 농업생산량 증대를 위해 15만~20만 정보의 다락밭(계단밭) 조성을 지시했고, 이는 기존의 비탈밭을 이용하는 것이 아니라 주로 산림을 벌채하여 새로 조성한 결과 심각한 산림전용이 일어났다. 둘째, 북한은 1980년대 중반부터 벌목을 통해 땔감을 사용했고, 1990년대부터는 대도시를 제외한 대부분의 북한 가정에서 취사·난방을 위해 땔감을 이용했다. 이후 경제난이 심화되고 주민들의 사정이 절박해지자, 무차별적 개간과 연료채취가 발생했으며, 결국 산림은 황폐화되고, 산지 경사면의 안정성이 약해지면서 홍수 취약성도 증가하였다. 셋째, 북한은 외화벌이를 위해 벌채를 하여 주로 중국으로 수출하였다. 1990년에는 약 14,200m³의 원목을 수출했으나, 1996년에는 약 410,000m³로 수출량이 늘어 벌채량 역시 급증하였다. 이에 더하여, 산림황폐화와 에너지 부족 등으로 인해 내수용 목재 수요가 저조해지면서 산림의 훼손이 가속화되었다.

결과적으로 산림복구 및 산림관리에 대한 북한의 수요는 대단히 높아진 상황이다. 2014년 11월 10일, 김정은 북한 국무위원장은 중앙양묘장을 방문하여 "산림복구 전투를 벌리라"고 지시하였으며, 2015년 2월 26일에는 국가경제기관 고위간부들에게 "전당, 전군, 전민이 산림복구전투를 힘있게 벌려 조국의 산들에 푸른 숲이 우거지게 하자"고 강조했다. 김정은 이 10년 내, 즉 2025년까지 모든 산을 복구할 것을 명령한 결과, 김일성종합대학에 산림학부가 설치되고, 양묘장 조성사업과 나무가꾸기에 총력전이 전개되는 결과로 이어졌다(정용수 2018).

다음으로 살펴볼 부분은 북한의 에너지 문제이다. 2017년 기준 북한의 1차 에너지 공급량은 1,124만TOE로서, 1990년 수준의 47%에 불과할

그림 3 북한의 1차 에너지 공급원 믹스(2017)

정도로 전력난을 겪고 있다. 북한의 1차 에너지 공급원은 석탄 53.7%, 수력 26.5%로 두 에너지원이 약 80%를 차지하며, 석유 8.6%, 기타 11.2%의 비중을 보였다. 발전 부문만 봤을 때는, 2017년 설비용량 772만kw로 남한의 11,716만kw에 비해 6.6% 수준이며, 발전량은 235억kw(수력 119억kw, 화력 116억kw)로 남한 발전량인 5,535억kw의 4.2%에 불과하다(통일부 북한정보포털).

　전력 부족으로 인해 북한 주민들의 생활에는 큰 어려움이 따르고 있다. 1990년대 후반 소련 및 공산권의 붕괴로 인해 한층 가중된 경제난을 겪는 가운데 전력공급은 군수산업과 공장 중심으로 이루어졌기 때문에, 주민들의 전력사용률은 현격하게 떨어졌다. 가정에서는 태양광 발전기를 이용하여 자가발전을 하는 경우가 늘어났으나, 전력접근성을 볼 때 북한은 사실상 세계 최빈국 수준이라고 할 수 있다. 세계은행 통계에 따르면, 2016년 기준으로 세계 전력사용률 평균은 87.4%이며, 총 64개국이 평균 이하의 전력접근성을 보이고 있는 것으로 나타났다. 이 중 북한의 전력사용률은 39.2%로, 세계 하위 20위권에 속한다(The World Bank). 현대경제연구원의 한 연구에 따르면, 통일이 되었을 때 북한에 가장 필요한 산업 중 가장 기초적인 산업기반인 건설을 제외한 2위가 전력·에너지 산업으로 조사되었을 정도로, 전력·에너지는 북한에 가장 부족한 최우선순위의 수요 분야라고 할 수 있다.

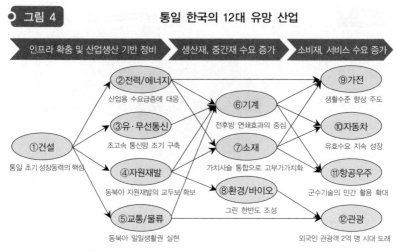

그림 4   통일 한국의 12대 유망 산업

출처: 현대경제연구원(2014, 3)

이렇듯 전력 부족이 심각하다 보니 현재 북한의 전력 수요는 대단히 높으며, NDC에서도 드러나듯이 전력 공급과 기후변화 대응을 동시에 할 수 있는 태양광, 풍력, 바이오 등의 재생에너지에 대한 외부의 지원을 절실히 요청하고 있는 상황이다. 북한의 낡은 송·배전 시스템을 고려할 때 공업단지와 주요 도시를 중심으로 한 분산발전은 비교적 사업성이 높기 때문에, 대북 경제제재가 완화될 경우 대북 기후·에너지 사업은 주로 재생에너지를 중심으로 한 분산발전의 형태로 이루어질 것으로 판단된다. 2013년 8월 북한은 「재생 에네르기법」을 제정하여, 재생에너지 육성에 대한 자국의 의지를 분명히 한 바 있다. 동법에서는 2044년까지 재생에너지를 이용해 5GW의 발전능력을 구축할 것을 목표로 하고 있으며, 특히 풍력발전을 통해 총 전력수요의 15%를 보장할 것을 계획 중이다(현대경제연구원 2016, 13).

2. 기후변화 관련 대북 개발협력의 주요 분야와 방향

1) 산림복원 개발협력

산림은 지속적으로 대기 중의 CO_2를 흡수하여 저장함으로써, 온실가스 증가를 억제하고 기후변화를 막는 중요한 역할을 한다. 하지만 산림은 기후변화로 인해 가장 큰 영향을 받는 자연요소이기도 하다. 평균기온의 상승, 폭서와 열파, 홍수, 태풍, 가뭄, 혹한과 폭설 등 다양한 이상기후 현상에 의해 산림은 대단히 높은 취약성을 드러낸다. 이에 따라 온실가스 흡수원으로서의 산림보호와 기후회복력 강화를 위한 산림관리 모두 중요한 기후변화 대응수단으로 인식되고 있다.

심각한 산림황폐화 상황에 놓인 북한은 삼림보전에 대한 외부로부터의 지원을 필요로 해 왔으며, 이와 관련된 남북 산림협력도 비교적 활발히 이루어져 왔다. 겨레의 숲, 평화의 숲, 늘푸른삼천 등 주로 민간단체

표 7	산림에 미치는 기후변화의 영향
기후변화 현상	**산림 영향**
• 온도 상승 • 고온 및 열파 발생	• 수목한계선 상승 • 산림수종 변화에 따른 산림식생대 변화 • 산림생태계 다양성 변화 • 외래수종 침입으로 인한 고유수종 도태 • 산림병해충의 확산
• 집중호우 빈도 증가 • 수퍼태풍 발생 증가 • 혹한과 폭설 증가	• 토양침식과 침수로 인한 산림생태계 교란 • 강풍과 호우에 의한 산림생태계 교란으로 병해충 등에 취약해짐 • 산림생태계 훼손 및 쇠퇴 • 산사태 발생 위험 증가로 산림생태계 파괴 위험 증가 • 산림생태계 훼손으로 인한 생태계 서비스 기능 감소
• 가뭄 피해 증가	• 토양침식 확대로 인한 산림 생육환경 저하 • 산림 스트레스 증가 및 산림 고사 • 산불발생 위험 증가 • 산림생태계 쇠퇴 및 사막화

출처: 명수정 외(2013, 123)

위주로 개발협력이 이루어졌는데, 양묘장 조성, 병해충 방제, 산림생태계
보호 등의 활동이 주를 이룬다(명수정 2013, 124-125). 하지만 북한의 현 상
황을 고려할 때 산림복원을 통한 기후회복력 강화라는 실질적인 성과를
이루어내기 위해서는 민간단체 중심의 소규모 사업을 넘어, 한국 정부 및
국제기구가 중심이 되는 대규모 사업으로 진행되어야 할 것으로 보인다.

　　문재인 정부도 북한과의 산림협력을 통한 기후변화 대응을 대단히 중
요하게 인식하고 있다. 2018년 4월 27일 '한반도의 평화와 번영, 통일을
위한 판문점 선언' 직후 5월 3일에 열린 판문점 선언 이행추진위원회 1차
회의에서 산림협력은 최우선순위의 남북협력사업으로 논의되었다. 이행
추진위원회 산하에는 남북관계발전 분과, 비핵화 평화체제 분과, 소통홍
보 분과의 3개 분과가 설립되었는데, 위원회의 첫 번째 태스크포스로 남
북관계발전 분과 하에 '산림협력연구 TF'의 설치가 이루어졌다. 같은 날
국립백두대산 수목원 개원식의 국무총리 축사에서도 "북한의 조림을 돕는
사업"이 남북협력의 대표적인 사업으로 언급되었으며, 이에 대해 한 청와
대 관계자는 산림 분야 협력 외에는 대부분의 남북합작사업이 경제제재
에 걸리기 때문에 이 분야에서 우선적인 협력이 추진된다는 점을 밝혔다.
2018년 10월 22일에는 남북 산림협력 회담이 열려, 남한의 산림청과 북
한의 국토환경보호성 산림총국의 고위관계자 간 양묘장 건설, 병충해 방
제, 산림 모니터링, 종자 저장시설 건설 등에 대한 논의가 이루어졌다.

　　2018년 7월 산림청에서는 "숲속의 대한민국" 정책을 발표하여, 한반
도 녹화사업을 세부계획으로 담은 바 있다. 여기에는 대북지원 양묘장 조
성·운영, 대북지원용 종자채취·저상, 북한산림모니터링·DB구축 등의
다양한 사업이 포함되어 있다(산림청 "숲속의 대한민국: 상세 추진계획"). 산
림청은 이를 구체화시켜 산하에 남북산림협력단을 설치하고, 2019년 1월
"숲 속의 한반도 만들기" 사업을 본격적으로 추진할 것을 발표했다. 동
사업은 북한의 황폐한 산림복구, 양묘장 현대화, 임농복합경영, 산림재해
공동대응, 원시림 등 자연생태계 공동보호, 한반도 핵심 생태축 복원 등의
내용을 담고 있어 "남북 산림협력의 종합세트"로 평가된다. 황폐한 산림

복구 사업에서는 평양, 개성, 고성을 삼각축으로 한 경제림, 유실수림, 연료림 등의 복구를 추진하고, 양묘장 현대화 사업에서는 노후 양묘장을 온실 중심의 시설 양묘장으로 바꾸는 작업을 시행할 계획이다(장명화 2019). 현재 대북 경제제재로 인해 사업에 필요한 장비와 자재를 북한에 공급할 수 없는 상황이나, 향후 북한의 행동변화 및 대북제재의 완화가 이루어진다면 산림 분야에서의 급속한 협력 진척이 예상된다.

2019년 10월 22일에 확정된 『제2차 기후변화대응 기본계획』(환경부 2019)에서는 "2030년 BAU 대비 37% 감축"이라는 국가 온실가스 감축목표를 유지하면서도, 부문별 세부목표는 2016년 12월에 발표된 『제1차 기후변화대응 기본계획』(관계부처합동 2016)을 부분적으로 수정하였다. 1차 기본계획에서는 목표치 37% 중 국내감축이 25.7%(219mtCO$_2$e), 국외감축이 11.3%(96mtCO$_2$e)를 차지했는데, 2차 기본계획에서는 국내감축 비중을 32.5%(276.4mtCO$_2$e)로 늘리고 국외감축 등의 비중을 4.5%(38.3mtCO$_2$e)로 축소했다. 이 4.5%는 산림흡수원을 통한 22.1mtCO$_2$e와 해외 온실가스 감축사업을 통한 16.2mtCO$_2$e로 이루어졌으며, 결과적으로 대북 산림협력을 통해서 한국 온실가스 감축실적을 확보하는 방안도 적극적으로 고려해 볼 수 있게 되었다.

한국 정부의 대북 개발협력과 더불어, 국제기구의 지원도 고려해 볼 수 있다. 특히 한국이 사무국을 유치한 기후변화 대응 전문 국제기구인 녹색기후기금(Green Climate Fund, GCF)은, 북한이 GCF의 모든 보호조항을 준수할 경우 지원을 받을 자격이 있다는 점을 분명히 한 바 있어(신민재 2019) 향후의 활용을 기대할 수 있다. GCF는 기후회복력 강화를 위한 산림복원 사업에 많은 관심을 갖고 지원을 해 왔는데, 가장 최근인 2019년 7월에 개최된 제23차 이사회에서도 온두라스 산림복원·조림 사업에 대한 지원을 승인한 바 있어 중요한 참고사례가 될 것으로 생각된다.

온두라스는 세계에서 가장 높은 수위의 기후위험에 직면해 있는 국가 중 하나이다. 기후변화로 인해 평균 해수온이 상승하는 엘니뇨(El Niño) 현상으로 인해 빈번한 자연재해에 노출되어 있으며, 2011~2015년 기간

홍수 피해를 입어 국가 산림면적의 10%인 4만 8천 헥타르의 산림이 파괴
되었다. 온두라스는 향후 30년간 홍수와 더불어 평균기온 상승 및 이로
인한 가뭄에 직면할 것이 예상되며, 그 결과 발생할 생태계 파괴 및 수자
원 고갈의 위험에 놓여 있다.

이러한 기후위기에 사전 대응하기 위해, 온두라스는 GCF에 산림복원
에 대한 지원을 신청하여 승인을 받았다. GCF FP111번 사업으로 승인된
"물 관련 생태계 서비스의 지속가능성을 위한 기후회복적 산림복원과 조
림 촉진"이다(Green Climate Fund 2019a). 사업을 실제로 담당하는 이행기
관은 미주개발은행(Inter-American Development Bank)이며, 2020~2024년
의 5년간 시행하게 된다. 지원금은 총 7천9백만 달러가 투입되었는데,
GCF가 이 중 56%인 3천5백만 달러를 지원했으며, 미주개발은행이 2천6
백5십만 달러, 온두라스 정부가 3백5십만 달러, 기타 1천4백만 달러의 분
담이 이루어졌다. 세부사업은 ①기후회복력을 높이기 위한 우선순위 지
역 산림복원, ②산림 분야 기후회복력을 위한 제도·인프라 건설, ③산림
분야 기후회복력을 위한 거버넌스 및 재정 면에서의 지속가능성 강화 등
으로 이루어져 있다. 사업이 성공적으로 끝나면 1천5십만 톤의 온실가스
감축을 기대할 수 있으며, 약 56만 명의 주민들이 기후변화의 위험에서
벗어나 혜택을 입게 된다.

2) 재생에너지 개발협력

한국은 온실가스 감축을 위해 해외투자를 통한 배출권 구입량을 온실가
스 감축 로드맵에 상정해 놓고 있다. 한국이 국제사회에 서약한 온실가스
감축목표는 "2030년까지 BAU 대비 37%" 감축이다. 2030년 온실가스 배
출전망을 8억 5천1백만 톤으로 상정하고, 그중 37%인 3억 1천5백만 톤을
감축하겠다는 뜻이다. 애초에 계획했던 방법은 국내에서 25.7%(2억 1천9
백만 톤)를, 해외에서 11.3%(9천6백만 톤)를 감축하는 것이었다. 그러나
2018년 7월 환경부는 『2030 감축 로드맵』 수정안을 발표하여 국내감축량
을 32.5%(2억 7천7백만 톤)로 늘리고, 나머지 4.5%(3천8백만 톤)는 해외로

부터의 온실가스 감축사업과 산림흡수원을 활용하기로 공표했다. 특히 해외로부터의 감축분에 남북협력사업을 언급함으로써, 북한에서의 온실가스 감축사업을 활용하여 한국의 온실가스 감축목표를 달성할 것을 계획하고 있다(환경부 2018). 한국은 1992년 네팔 모디강 수력발전소 사업 이후 소수력, 태양광, 폐기물, 연료전지 등 다양한 재생에너지 분야에 ODA 사업을 활발히 시행해 온 경험을 갖고 있기 때문에(박혜윤 2019, 294-295), 온실가스 배출량에 여유를 지니고 있고 자국 투자유치의 의지를 지닌 북한과의 협력은 사업적 타당성을 지닐 것으로 판단된다. 북한과의 협력을 통해 할 수 있는 기후변화 대응 에너지 개발협력사업의 종류는 〈표 8〉과 같이 정리할 수 있겠다.

하지만 재생에너지 개발협력이 지니는 이러한 가능성과 중요성에도 불구하고, 기후변화 적응과 관련된 산림, 물, 생태계보호 등의 분야와는 달리, 재생에너지 분야에 대한 대북 지원은 많은 현실적인 어려움을 지니

표 8　　　　　　　　　　**기후변화 대응 에너지 개발협력사업**

부문	기후변화와의 관계	세부사업
전력안정화 및 보급	전력 공급은 기후변화 적응의 기본요소	• 노후 발전소 개보수 • 전력시설 개보수 • 송·배전 설비 및 전력망 확충
재생에너지	온실가스 배출량 감축	• 풍력발전 시설 설치 • 태양광발전 시설 설치 • 지열발전 시설 설치 • 바이오매스를 이용한 대체연료 개발
에너지 자원	적응을 위한 에너지 조달	• 광산 장비 보급 • 에너지원 운송 지원
에너지 효율	온실가스 배출량 감축	• 에너지 고효율 시범단지 조성 • 에너지 고효율 설비 구축 • 에너지 효율화를 위한 인력 양성
제도 및 정책	기후변화 완화에 기여	• 에너지 정책 지원 사업

출처: 명수정 외(2013, 132)

고 있다. 기후변화 적응 분야가 자연재해에 대응하여 북한 주민들의 피해와 고통을 덜어주는 인도적 지원의 성격을 지니고 있다면, 전력공급과 직결되는 에너지 분야는 북한의 경제발전에 직접적인 이익을 주는 개발협력의 성격을 지니기 때문이다. 2006년 북한의 핵실험 이후 국제사회의 경제제재는 지속적으로 강화되어 왔으며, 현재는 북한에 이익을 주는 어떠한 행동도 금지할 만큼 높은 수위의 제재를 시행하고 있다. 앞서 살펴본 산림 분야는 다소의 제재완화만 이루어지면 추진이 가능해지지만, 에너지 분야는 북한의 행동변화와 이에 따른 제재의 해제가 있지 않으면 추진이 어려운 상황이다. 또한 대북 경제제재가 완화되어 재생에너지 사업이 가능해진다고 해도, 한국 등의 단일 국가의 지원으로는 대규모 재생에너지 사업에 대한 비용을 감당하기 힘들다. 따라서 GCF, 세계은행 등의 대형 국제기구가 주도하여 기후변화 대응을 위한 재생에너지 보급사업을 추진하고, 여기에 공공 및 민간의 투자가 수반되는 형태가 되는 것이 현실적인 방안이다. 아직까지 국제기구에 의한 북한 재생에너지 개발협력 사업은 추진된 적이 없으나(김윤성·윤성권·이상훈 2018, 150), 북한의 행동변화와 제재완화가 이루어진다면 국제기구로부터의 지원이 가능할 것으로 예상된다.

향후 북한에 재생에너지 보급사업을 시행할 국제기구로는 GCF가 가장 유력해 보인다. GCF는 기후변화 대응을 위해 많은 재생에너지 보급사업을 시행하고 있는데, 참고할만한 대표적인 사업으로 남아프리카공화국(남아공) 사례를 꼽을 수 있다. GCF는 남아프리카개발은행(Development Bank of Southern Africa, DBSA)을 이행기관으로 삼아 남아공에 총 330MW 용량(태양광 280MW, 풍력 50MW)의 재생에너지 발전기를 설치하는 "내장형 발전 투자 프로그램(Embedded Generation Investment Programme, EGIP)" 사업(Green Climate Fund 2019b)을 추진하고 있다. 5년간 총 5억 3천7백만 달러가 투자되었으며, GCF가 1억 달러를 지원하고, DBSA가 3억 6천만 달러, 여타 민간기관에서 7천7백만 달러 분담을 한 대규모 사업이다. GCF는 신용보증을 통해 민간 재생에너지 발전사업자들의 투자를 유치했으며,

재생에너지 발전소의 특성상 다량의 중·소규모 발전소를 건립·운영하는 형태로 사업을 시행하고 있다. 이 사업을 통해 많은 전력공급량을 확보할 수 있을 뿐 아니라, 화석연료를 대체하여 1천4백4십만 톤의 온실가스 감축효과를 기대할 수 있다.

V. 결론

"북한의 기후변화 대응을 위한 개발협력"이라는 주제는 세 가지의 규범을 동시에 내포하고 있다. 첫 번째는 지구환경 문제 차원의 규범이다. 이는 지금까지 살펴본 전 지구적 기후변화 대응의 사안이며, 세계의 모든 국가와 그 구성원이 협력하여 기후변화를 완화하고, 기후변화의 부정적 영향을 견뎌낼 수 있는 적응력·회복력을 길러야 할 것을 요구한다. 이 측면에서 볼 때, 북한은 온실가스를 많이 배출하지 않는 개도국이며, 국가역량의 부족으로 인해 기후변화 적응에 큰 어려움을 겪는 최빈국에 속한다. 따라서 북한의 기후변화 대응을 지원하기 위한 개발협력은 공급과 수요 면에서 모두 의미를 지닌다.

두 번째는 개발협력 차원의 규범이다. 21세기 개발협력 분야의 중요 규범 중 하나는 "굿 거버넌스(good governance)"인데, 이는 수원국 정부의 거버넌스가 민주적인 성격을 지녀야 하며, 책임성, 투명성, 공정성, 효과성, 법의 존중을 갖출 것을 요구한다. 기존의 경험에 토대를 둘 때, 경제적 접근만으로는 수원국의 문제를 해결할 수 없으며, 개발협력이 민주주의 및 행정체계와 연계되어야 한다는 인식이 규범으로 받아들여지기 시작한 것이다. 학계에서는 굿 거버넌스가 개발협력의 효과에 미치는 긍정적 영향에 대한 연구가 지속적으로 나타났으며, 이는 결국 새천년발전목표 및 지속가능발전목표 달성을 위한 전제이자 전략으로 간주되어 왔다.

굿 거버넌스의 관점에서 볼 때 북한개발협력에는 많은 장애요인이 뒤따른다는 점은 자명하며, 이는 핵무기 보유와 연관되는 국제안보의 측면과는 또 다른 대북협력에의 어려움을 야기한다.

마지막으로 세 번째는 국제안보 차원의 규범이다. 북한은 2006년 1차 핵실험 이후 줄곧 유엔안전보장이사회의 경제제재를 받아왔으며, 김정은 국무위원장 집권 이후 지속적으로 이루어진 3, 4, 5, 6차 핵실험과 미사일 발사로 인해 유엔안전보장이사회 및 미국, 한국, 일본, 유럽연합(European Union, EU), 러시아, 중국 등이 참여하는 대북제재는 유례없이 강한 수준을 유지하고 있는 중이다. 대북제재에 따라 북한과의 교역 및 합작사업은 거의 모두 금지되어 있기 때문에, 북한개발협력 역시 현재로서는 대부분 국제사회의 안보규범에 어긋난다.

결과적으로 북한의 기후변화 대응을 위한 개발협력을 위해서는, 기후변화의 위험, 굿 거버넌스, 북한의 행태변화에 따른 경제제재 완화라는 세 가지 축이 맞아떨어지지 않으면 안 되며, 이는 지속가능발전목표 13의 적용에 있어 북한이 여타 개도국들과 유사한 점과 다른 점을 동시에 지니고 있음을 시사해준다. 그리고 이러한 규범적 전제들의 조화를 위해 국제사회와 한국이 안보·경제·환경의 다측면을 고려한 대북외교를 펼쳐야 한다는 사실을 명확히 알려준다.

참고문헌

관계부처합동. 2016. 『제1차 기후변화대응 기본계획』.

기상청. 2012. "북한의 최근 30년(1981~2010) 기후, 한눈에 보다." 보도자료 1월 26일.

김윤성·윤성권·이상훈. 2018. "남북 재생에너지 협력을 위한 전략과 정책적 과제." 『환경법과 정책』 21: 131-165.

김정우. 2017. "북한, 기후변화 관심 … "체제 유지·경제적 이득 목적"." 『VOA』 보도자료 3월 8일.

김정욱. 2018. "북한의 환경문제와 통일의 과제." 사람아이엔지 아카데미 강연 자료. 1월 23일.

명수정. 2017. 『북한의 환경인프라 조성을 위한 환경협력 연구』. 한국환경정책·평가연구원 정책보고서 2017-09. 세종: 한국환경정책·평가연구원.

명수정 외. 2013. 『한반도 기후변화 대응을 위한 남북협력 기반 구축 연구 III』. 한국환경정책·평가연구원 연구보고서 2013-21. 세종: 한국환경정책·평가연구원.

박상현·이정석·강택구. 2015. "대북 환경협력 추진을 위한 남북한 협력과 국제기구 활용." 『국제지역연구』 18(5): 253-276.

박혜윤. 2019. "한국의 재생에너지 분야 공적개발원조." 김연규 편. 『한국의 에너지 전환: 관점과 쟁점』. 파주: 한울엠플러스.

산림청. "숲속의 대한민국: 상세 추진계획." http://www.forest.go.kr/kfsweb/kfi/kfs/cms/cmsView.do?mn=NKFS_01_04_06&cmsId=FC_000442(검색일: 2020.2.28).

신민재. 2019. "GCF 사무총장 "북한, 기후변화 대응 지원받을 자격 있어"." 『연합뉴스』 보도자료 7월 16일.

장명화. 2019. "남북 산림협력, 대북제재 해제·국제사회 협력이 관건." 『자유아시아방송』 보도자료 1월 24일.

정용수. 2018. ""이럴거면 산림회담 말자" 북, 노골적으로 불만 왜." 『중앙일보』 10월 28일.

통계청. 2018. "2018 북한의 주요통계지표." 보도자료 12월 19일.

통일부 북한정보포털. "경제-농림수산업-임업", "경제-전력." https://nkinfo.unikorea.go.kr/nkp/overview/nkOverview.do(검색일: 2020.2.28).

현대경제연구원. 2014. "통일 한국의 12대 유망 산업." 『경제주평』 14(19).

_____. 2016. "북한의 재생에너지 관련 사업 추진 현황: 청정개발체제(CDM) 사업을 중심으로." 『현안과 과제』 14(25).

환경부. 2018. "2030 온실가스 감축 로드맵 수정안 및 2018~2020년 배출권 할당계획 확정." 보도자료 7월 24일.

_____. 2019. "제2차 기후변화대응 기본계획 확정 … 저탄소 녹색사회 구현." 보도자료 10월

22일.

환경부 온실가스종합정보센터. 2018.『2018 국가 온실가스 인벤토리 보고서』. 세종: 환경부 온실가스종합정보센터.

Democratic People's Republic of Korea. 2016. "Intended Nationally Determined Contribution of Democratic People's Republic of Korea." September.

Green Climate Fund. 2019a. "FP106: Embedded Generation Investment Programme." *Funding Proposal* 20 March.

_____. 2019b. "FP111: Promoting Climate-resilient Forest Restoration and Silviculture for the Sustainability of Water-related Ecosystem Services." *Funding Proposal* 23 July.

Hameling, Sven, and David Eckstein. 2012. *Global Climate Risk Index 2013*. Berlin: Germanwatch.

Intergovernmental Panel on Climate Change. 2014. *Climate Change 2014: Synthesis Report*. IPCC: Geneva.

Ministry of Land, and Environment Protection, Democratic People's Republic of Korea. 2012. *Democratic People's Republic of Korea: Environment and Climate Change Outlook*. Pyongyang: Ministry of Land and Environment Protection.

_____. 2015. *DPRK National Agroforestry Strategy and Action Plan 2015-2024*. Pyongyang: Ministry of Land and Environment Protection.

Ripple, William J. et al. 2020. "World Scientists' Warning of a Climate Emergency." *BioScience* 70(1): 8-12.

The World Bank. "Access to electricity (% of population)." https://data.worldbank.org/indicator/EG.ELC.ACCS.ZS(검색일: 2020.2.28).

United Nations Office for Disaster Risk Reduction. "What is the Sendai Framework for Disaster Risk Reduction?" https://www.undrr.org/implementing-sendai-framework/what-sf(검색일: 2020.2.28).

United Nations Statistics Division. "SDG Indicators: Goal 13." https://unstats.un.org/sdgs/metadata/?Text=&Goal=13&Target=13.1(검색일: 2020.2.28).

United Nations Sustainable Development Goals Knowledge Platform. "Sustainable Development Goal 13." https://sustainabledevelopment.un.org/sdg13(검색일: 2020.2.28).

제15장

북한 해양생태계의 보전과
지속가능한 이용*

윤인주 | 한국해양수산개발원

I. 서론

공유지의 비극(Hardin 1986)이 비단 육상에서만 일어나는 것은 아니다. 공동의 강제적 규칙이 없는 상태에서 무임승차로 인한 공유자원의 파괴 현상은 바다에서도 일어난다. 공유지(地)의 비극이 목초지 황폐화에 비유한 것이라면, 공유해(海)의 비극은 해양환경 및 생태계, 그 속의 수산자원을 비롯한 공유자원이 파괴되는 현상이다.

여기에 대해 Hardin이 제시한 해결책은 책임지고 관리할 수 있도록 사유화하거나 정부가 개입하는 것이다. 물론 공유지의 비극 이론은 누구나 쉽게 접할 수 있고 서로 간의 의사소통이 전혀 없는 상태에서 자기

---

* 이 장은 윤인주, "유엔지속가능발전목표14 해양생태계와 북한 개발협력," 『해양정책연구』 2020년 6월호에 게재된 내용을 수정·보완한 것임.

이익만을 위해 행동하는 것을 가정하고 있다. 따라서 실제로는 이해관계자 간 조정 및 자치규율을 통해 공유지의 비극 문제를 극복하는 방안도 있다(Ostrom 1990). 2000년에 발표된 새천년개발목표(Millennium Development Goal, MDG)와 그 후속조치로 2015년에 발표된 지속가능발전목표(Sustainable Development Goal, SDG)도 바로 그러한 사례라고 하겠다. 전 인류가 공동의 문제 해결을 위해 합의한 일종의 가이드라인이기 때문이다.

지속가능발전목표 자체가 상호연계성을 띠고 있지만 특히 지속가능발전목표 14(해양생태계)는 다른 목표와의 연관성이 높은 편이다.[1] 다른 16개 목표 전체와의 연계뿐 아니라 특정 목표, 예컨대 지속가능한 어업과 지속가능발전목표 1(빈곤감소)과의 연계, 물과 관련하여 지속가능발전목표 6(깨끗한 물과 위생)과의 통합적 접근, 아이치 생물다양성 목표(Aichi Biodiversity Target) 11이 제시하는 요소의 반영 등이다. 이는 지속가능발전목표 14가 수산자원의 지속가능한 이용과 국가관할권 이원 영역에서의 해양생물다양성, 해양오염과 연안생태계, 기후변화와 해양산성화 등 다양한 주제를 다루고 있기 때문이다.

그럼에도 불구하고 대규모 어업의 문제라든가 개별국의 노력만 강조하고 공해상 문제를 간과한 점(Nathan 2017)도 지적되고 있다. 한국의 여건을 고려할 때 지속가능발전목표 14는 한반도 해양생태계 차원에서 접근할 필요도 있다. 군사분계선으로 남북한이 가로막힌 육상과 달리 해양생태계에는 경계가 없기 때문이다. 이러한 배경에서 이 장에서는 '공유해의 비극'을 극복하는 방안으로 제안된 지속가능발전목표 14 관련 북한 현황과 북한개발협력을 검토하고 그 평가에 기초하여 향후 개발협력 방향을 제안하고자 한다.

---

1) 기존 MDG 8개 목표가 지속가능발전목표 17개로 세분화되면서 MDG7(지속가능한 환경) 관련 목표는 지속가능발전목표 13(기후변화 대응), 지속가능발전목표 14(해양생태계), 지속가능발전목표 15(육상생태계)를 중심으로 지속가능발전목표 7(저렴한 친환경 에너지), 지속가능발전목표 11(지속가능한 도시와 공동체) 등으로 나뉘었다.

II. 지속가능발전목표 14 분석

1. 개념과 특징

지속가능발전목표 14는 "지속가능한 발전을 위한 대양(oceans), 바다(seas), 해양자원(marine resources)의 보전과 지속가능한 이용"을 말한다. 각국의 영해를 비롯해 그 누구의 소유도 아닌 공해, 세계 5대양(태평양, 인도양, 대서양, 북빙양, 남빙양)과 그 안팎에 존재하는 자원을 보전하는 동시에 이용하는 것을 뜻한다. 이를 포괄적으로 요약하면 '해양생태계(Life Below Water)의 보전과 지속가능한 이용'이라고 할 수 있다.

지속가능발전목표 14는 기후변화 또는 생물다양성과 같은 기존 의제에서 분리되어 독립된 목표로 제시됨으로써 해양 분야의 중요성이 강조되었음을 시사한다(장봉희·조정희 2015, 274). 그 특징을 이해하기 위해서는 그 앞뒤에 놓여 서로 밀접한 관계에 있는 지속가능발전목표 13(기후변화)과 지속가능발전목표 15(육상생태계)를 비교해 볼 필요가 있다. 지속가능발전목표 13은 기후변화에 관해 시급한 대책을 주문하고 있으며 지속가능발전목표 15는 육상생태계의 보호, 복원, 지속가능한 이용 촉진을 주문한다. 이 두 목표는 적극적인 보호(protect)와 대책에 방점이 있는 반면, 지속가능발전목표 14는 보전(conserve)과 이용(use)에 나란히 초점을 두고 있다. 이미 심각한 상태에 있는 기후변화와 육상생태계에 비해 해양생태계는 미개발 잠재력에 대한 조심스러운 접근과 장기적인 이용을 지향하는 것으로 해석된다.

2. 세부목표와 이행지표

2020년 2월 현재까지 발표된 기준으로, 지속가능발전목표 14는 세부목표

표 1   지속가능발전목표 14 '해양생태계의 보전과 지속가능한 이용' 세부목표와 이행지표

	세부목표(targets)	이행지표(indicators)
14.1	2025년까지, 모든 종류의 해양오염 예방 및 대폭 경감(특히 해양쓰레기, 영양분 등 육상기인 활동 오염)	연안 부영양화 및 부유 미세플라스틱 밀도
14.2	2020년까지, 심각한 악영향을 방지하기 위해 해양·연안생태계의 회복력 강화를 포함하는 지속가능한 관리 및 보호와 건강하고 생산적인 해양을 위한 복구 조치	생태계기반접근법을 이용해서 관리되는 EEZ 비율
14.3	모든 수준의 과학 협력 증진을 통한 해양산성화 최소화 및 영향력 대응	대표 샘플 스테이션 세트에서 측정된 해양산도(pH) 평균
14.4	2020년까지, 효과적인 조업 규제, 남획 및 불법·비보고·비규제(IUU)어업 및 파괴적인 어업 관행 근절, 과학에 기반한 관리계획 실행(생물학적 특성에 따라 결정되는 최대지속생산량(MSY)을 최소한 유지할 수 있는 수준까지 최단시간 내 어족자원 복원)	생물학적으로 지속가능한 수준의 어족자원 비율
14.5	2020년까지, 국내외 법률에 상응하고 이용 가능한 최선의 과학 정보에 기초하여 연안해양구역의 최소 10% 보전	해양(관할)구역 대비 보호구역 범위
14.6	2020년까지, 과잉생산능력과 남획을 조하는 어업 보조금 금지, IUU어업을 야기하는 보조금 제거, 신규 보조금 자제(WTO 어업보조금 협상에서 개도국과 최빈국에 대한 특별하고 차별적인 조치가 적절하고 효과적으로 이루어져야 함은 인지)	IUU어업 퇴치를 위한 국제적 수단의 이행 정도에 대한 각국의 진전
14.7	2030년까지, 어로·양식·관광의 지속가능한 관리 등 해양자원의 지속가능한 이용을 통해 군서도서(群棲島嶼) 개발국(SIDs)과 최빈국의 경제적 혜택 증대	SIDs, 최빈국, 모든 국가의 GDP 대비 지속가능어업 비율
14.a	해양건강성을 향상시키고 개도국, 특히 SIDs와 최빈국의 발전에 해양생물다양성 증진이 기여하는 정도를 높이기 위한 과학지식 증대, 연구역량 개발, 해양기술 이전(「정부간해양학위원회(IOC) 해양기술이전에 관한 기준과 가이드라인」을 고려)	전체 연구예산 대비 해양기술 분야 연구에 할당된 예산 비율
14.b	영세 어업인에게 해양자원 및 시장에 대한 접근성 제공	소규모 어업의 접근권을 인정하고 보호하는 법·규정·정책·제도적 틀의 적용 정도에 있어서 각국의 진전

| 14.c | 유엔해양법협약(UNCLOS)에 반영된 국제법 이행을 통해 해양과 그 자원의 보전 및 지속가능한 이용 증진 (The Future We Want 158은 국제법이 해양과 그 자원의 보전과 지속가능한 이용을 위한 법률적 체계를 제공함을 상기) | 해양과 그 자원의 보전 및 지속가능한 이용을 위해 UNCLOS에 반영된 국제법을 이행하는 해양 관련 수단을 법·정책·제도적 틀을 통해 인정·수용·이행하는 데 진전을 보이는 국가의 숫자 |

출처: https://sustainabledevelopment.un.org/sdg14(검색일: 2020.2.11), 저자 번역 및 재구성

10개로 구성된다. 〈표 1〉에서 보는 바와 같이 세부목표 7개(14.1~14.7)는 구체적인 시한이나 분야를 명시하고 있고 나머지 3개(14.A~C)는 상기 7개 목표의 달성을 지원하는 성격을 띠고 있다.

세부목표를 키워드로 요약하자면 해양오염 방지, 건강한 해양·연안 생태계 관리, 해양산성화 대응, 어족자원 회복, 해양보호구역 확보, 남획을 조장하는 어업 보조금 금지, 군서도서 개발국의 경제적 혜택 증대 등을 위해 과학·연구·기술 증대, 영세 어업인의 권리 보장, 유엔해양법협약에 반영된 국제법 이행을 촉구하고 있다.

해양생태계 문제를 다루는 지속가능발전목표 14의 진전을 파악하기 위해서는 특히 어업의 최대지속생산량(Maximum Sustainable Yields, MSY), 공해 및 접경수역에서 어업의 영향, 보호구역의 보호 수준을 계량적으로 분석할 필요가 있으나 충분한 정보가 생산되고 있지 않다(Sachs et al. 2019, 41). 지속가능발전목표 14의 이행지표는 각 세부목표별로 하나씩 지정되어 있는데, 모든 나라가 모든 이행지표를 다 산출하는 것도 아니며 특정 국가의 이행지표조차 시계열적으로 비교하기가 쉽지 않다. 이에 유엔 산하 자문기구인 Sustainable Development Solutions Network(SDSN)는 각 이행지표를 가늠할 수 있는 부가지표나 연관지표를 동원해서 보고서를 발간하고 있다. 이 보고서는 매년 지표를 보완해나가면서 특정 지표를 더하거나 빼는데 2019년 보고서의 지속가능발전목표 14 이행지표는 〈표 2〉와 같다. 2018년 보고서에 저인망 어획이 추가되면서 총 6개 지표가 있었

으나 2019년 보고서에는 OHI 목표-생물다양성과 어업 등 2개 지표가 삭
제되면서 4개 지표로 축소됐다.

○ 표 2　　Sustainable Development Report 2019에 포함된
지속가능발전목표 14 이행지표

이행지표	기준연도	UNSC목록	출처	설명
생물다양성에 중요한 해양보호구역	2018	일치	Birdlife International et al.(2019)	보호구역으로 지정된 해양핵심생물다양성구역(KBAs)*의 평균 비율
OHI 목표 – 깨끗한 물	2018	UNSTATS 데이터 베이스에 없음	Ocean Health Index(2018)	해양건강성지수(OHI)의 하부 목표로서 국가관할 하의 해수(海水)가 화학 물질, 과도한 영양분, 인체 병원균 또는 쓰레기에 의해 오염된 정도
EEZ 대비 어족자원 고갈 및 어장 황폐화	2014	긴밀히 연결	Sea Around Us(2018) & EPA(2018)	EEZ 내에서 남획되거나 붕괴된 종(種)의 전체 어획량에 대해 어획량 정보의 질에 따라 가중치를 매긴 비율
저인망 어획	2014	일치	Sea Around Us(2018)	저인망**으로 잡힌 전체 어획량(톤)의 비율

* KBAs: Key Biodiversity Areas, 세계적인 해양생물다양성을 지속하는 데 중요한 구역들
** 저인망: 산업화된 어선이 커다란 어망(저인망, 트롤)으로 해저를 훑는 어업 방식
출처: Sachs et al.(2019, 55), 저자 번역 및 재구성

III. 북한의 바다와 해양자원 이용 현황

1. 북한의 지속가능발전목표 14 이행지표

SDSN이 발표한 지속가능발전목표 인덱스 및 대시보드(Sachs et al. 2019,

258-259)에 따르면, 북한의 해양생태계는 중대한 위협을 받고 있는 것으로 추정된다. 〈그림 1〉에서 보는 바와 같이, 이용가능한 정보가 없는 경우를 제외하면 최하위 단계에 있으며 그 상태는 전년 대비 지속되고 있다.

이행지표별로 보면 "생물다양성에 중요한 해양보호구역"의 비율은 5.1% 로 중대한 위협에 있으며 그 상태가 지속되고 있다. "OHI 목표 ― 깨끗한 물"은 100점 만점 중 50.8점으로 역시 중대한 위협에 있고 그 상태가 악화되고 있다. "EEZ 내 어장 고갈 및 황폐화 비율"은 28.4%로 위협이 존재하지만 2030년 목표 달성에 필요한 속도로 개선되고 있는 것으로 나타났다. "저인망 어획 비율"은 30%로 역시 위협이 존재하며 그 상태는 악화되고 있다. 다른 지표들은 일반적으로 알려진 대로지만 EEZ 내 어장 고갈 및 황폐화가 개선된다는 지표는 재검토가 필요해 보인다. 북한이 동해 조업권을 중국 측에 판매했고 중국 어선이 강도 높은 어업을 하는 것으로 알려지기 때문이다.

그림 1 **북한의 최근 지속가능발전목표 14 인덱스 및 대시보드**

지속가능발전목표 대시보드(현황)　지속가능발전목표 트렌드(추이)

이행지표 성과

SDG14 – Life Below Water

Mean area that is protected in marine sites important to biodiversity (%)	5.1	●	→
Ocean Health Index Goal-Clean Waters (0-100)	50.8	●	↓
Percentage of Fish Stocks overexploited or collapsed by EEZ (%)	28.4	○	↑
Fish caught by trawling (%)	30.0	○	↓

■ Major challenges　■ Significant challenges　■ Challenges remain　■ SDG achieved　■ Information unavailable

↓ Decreasing　→ Stagnating　↗ Moderately improving　↑ On track or maintaining SDG achievement　•• Information unavailable

출처: Sachs et al.(2019, 258-259), 저자 번역 및 재구성

2. 주요 이슈별 북한 현황

이하에서는 상기와 같이 정량적으로 분석된 지표를 해석하고 보완하는 차원에서 지속가능발전목표 14의 주요 이슈별로 북한 현황을 살펴보고자 한다. 지속가능발전목표 14 세부목표의 키워드를 정리해보면 주요 이슈는 해양오염과 관련된 생물다양성과 보호구역, IUU어업과 어족자원 복원, 경제적 혜택과 영세어업인, 과학·연구·기술과 법·제도 등으로 크게 구분된다.

1) 해양오염·생물다양성·보호구역

〈표 1〉의 지속가능발전목표 14.1에 명시된 바와 같이 해양오염은 육상 활동에 기인한 오염의 영향을 많이 받는데 이는 북한 역시 마찬가지이다. 대동강, 두만강, 압록강, 청천강 등 북한 주요 하천에는 산업용수, 미처리 오수, 도시지역 오염수 등이 유입되어 수질이 악화되고 있고 특히 경제활동이 활발한 대동강과 두만강의 산업용 하·폐수와 폐 광산 인근의 폐수 문제가 심각하다(해양수산부 2019, 35). 에너지 부족과 노후 설비 등으로 적절한 인프라를 갖추지 못한 도시들이 있고 오수처리 공장이 불규칙하게 운영되기 때문이다(DPRK 2016, 14).

산업용·가정용 오수는 하천·호수·저수지의 부영영화를 초래하여 생물다양성을 훼손시키며 이러한 하천의 수질오염은 해양생태계에 영향을 미친다. 또한 산림황폐화와 홍수로 인한 토양 유실에 의해 하천 생태계가 파괴되고 이것이 연안생태계에도 부정적인 영향을 미치고 있다. 해양오염은 해양생물의 서식지를 파괴하는데, 특히 습지 파괴로 두루미와 재두루미와 같이 몸체가 큰 물새의 서식에 직접적인 영향을 주고 있으며 내수면에서는 내수어종의 수명을 단축시켜 생물학적 생산성을 훼손시키고 있다(DPRK 2016, 13).

북한에는 어류 866종(담수어종 190, 해수어종 676)과 해양포유류 20종이 서식하고 있다(DPRK 2016, 9). 또한 동아시아-호주 철새이동경로의 중심지에 위치하여 주걱부리도요, 까치도요, 검은머리갈매기 등 멸종위기종 또는 희귀종에 해당하는 200만 마리(전체 도요류의 40%)가 서해안 간석지를 찾고 있다(해양수산부 2019, 35-36). 2005년 발표 기준 북한의 철새(습지, 번식지)보호구는 24곳, 바닷새보호구는 7곳, 수산자원보호구는 26곳이다 (박우일 외 2005, 11). 북한은 수역의 10%를 보호구역으로 만들기 위해 연안·해양의 생물다양성 현황에 가해지는 위협을 재평가하고, 수산자원특별보호구 15곳을 중심으로 12마일 내 연안·해양보호구역 22만ha를 지정하기로 계획하고 논의해 왔다(DPRK 2016, 54).

2) IUU어업과 어족자원 복원

북한은 2019년 신년사에서 어로 전투 대신 수산자원의 보호·증식을 언급했다. 현재 조건 하에서 최대치의 생산량을 달성하여 이제는 전투적인 어로보다 어장 자체의 증식을 도모하는 것으로 해석된다. 그동안 어로 전투를 독려하는 과정에서 IUU어업 활동의 가능성도 배제할 수 없지만, 어선·어구 노후와 부족을 감안하면 위협적인 수준의 조업활동이 우려될 정도는 아닌 것으로 추정된다.

북한 수역 어장의 고갈과 황폐화에 대한 위협은 다른 차원에서 주목된다. 2004년부터 북한 동해 수역에 입어하기 시작한 중국 어선의 강도 높은 조업이다. 척당 약 3만~5만 달러를 지불하고 북한 동해 수역에 입어하는 중국 어선은 2004년 144척에서 2018년 2,161척까지 증가했다.[2] 중국 내 금어기가 시작되면 중국 어선들이 오징어성수기인 7~11월 동안 북한 수역에서 쌍끌이 기서저인망 어선(150~300톤급)을 동원한 선단 조업을 한다. 어선 두 척이 양쪽에서 바닷속 깊이 그물을 내려 배로 끌고 가면서 치어까지 싹쓸이하는 어장 파괴의 주범으로 지목된다. 성체로 성장해야

---

2) 유엔안보리 대북제재 결의 2397호에서 북한의 어업권 판매를 금지하면서 중국 어선은 더 이상 '물고기잡이 허가증'을 보여주지 않지만 2019년 현재 여전히 동해 수역에서 조업하고 있다.

할 어린 물고기가 사라지면 어장의 최대지속생산량을 유지할 수 없는 것은 자명하다.

IUU어업은 어족자원을 보전하고 관리하려는 국가적 또는 지역적 노력을 약화시키고 결과적으로 장기적인 지속가능성과 책임성을 저해한다. 특히 엄격히 관리하거나 활동을 중단하기로 한 취약 어장에서 IUU어업이 감행된다면 해당 어장을 복원하려는 노력은 무산될 수밖에 없다. 해양생물 다양성을 저해하는 것은 물론이고 단백질 공급과 생계수단으로서 수산자원에 의존하는 지역사회의 식량안보를 위협하는 결과를 초래한다(FAO). 이에 관해서는 다음에서 논의할 경제적 혜택과 영세 어업인에서 드러난다.

3) 경제적 혜택과 영세 어업인

어로·양식·관광의 지속가능한 이용을 통한 경제적 혜택 측면에서 북한은 다양한 노력을 기울이고 있다.

북한은 2013년부터 수산 생산을 독려하고 2014년부터 매년 신년사에서 언급해오고 있다. 2014~2016년에는 먹는 문제해결과 주민생활 개선 차원에서 수산물 생산에 접근했다. 2017년 이후에는 어로 전투, 양어와 양식, 어선과 어구 등 세 가지 차원에서 수산 부문의 발전을 강조해왔다. 고난의 행군 당시인 1998년에 62만 톤까지 붕괴됐던 북한의 어획량은 그 이후 연평균 83만 톤까지 회복됐다(진희권·윤인주 2019, 47). 어로에서는 어선·어구 현대화와 어로방식 과학화에, 양식에서는 내수면양어(메기양어, 가두리양어)와 바다양식(미역, 다시마 등)에 주력하고 있고 수산물 가공·유통 부문에서는 갈마식료공장과 금산포젓갈공장 등이 주목된다(진희권·윤인주 2019, 50-59).

관광 부문에서는 원산 갈마해안관광지구에 국가적인 투자가 집중되고 있다. 1,400여ha에 달하는 갈마반도 총 계획 영역에 숙박구, 회의 및 전시 박람구, 체육경기구, 경제개발구, 상업편의봉사구가 예정되어 있다. 6.5km 길이의 명사십리 해변에는 10만 명을 동시에 수용할 수 있는 해수욕장, 유희장, 자연공원, 별장구, 물놀이장을 계획 중이며 갈마반도 앞바다의 섬들도 관광지로 개발할 것으로 알려진다(윤인주 외 2018, 32).

영세 어업인의 수산자원 및 시장 접근성에 있어서는 최근 한국은 물론 러시아와 일본 수역에서 표류, 나포, 좌초되는 북한 어선들이 주목된다. 특히 먼 바다로 나가 조업하던 소형 목조선이 난파되어 러시아와 일본 해안가에서 발견되는 사례가 최근 몇 년간 수백 척에 달한다. 이는 북한 어선이 한·일 중간수역 일부이자 오징어 황금어장인 대화퇴 인근까지 조업을 나가기 때문이다. 여기에는 중국 어선의 북한 동해 수역 입어 문제도 영향을 미치는 것으로 보인다. 현대적인 어선과 어구를 가지고 싹쓸이 조업을 하는 중국 어선 근처에서는 조업이 어렵기 때문에 어획량 확보를 위해 더 먼 바다로 나가면서 해양사고가 증가하는 것으로 추정된다(연합뉴스, 2020.1.16).

4) 과학·연구·기술과 법·제도

(1) 과학·연구·기술

해양건강성과 해양생물다양성 증진을 위한 과학지식 증대, 연구역량 개발, 해양기술 이전(移轉)에서는 북한 내부의 사업과 국제사회의 프로젝트를 들 수 있다. 여기서는 북한 내부의 사업을 중심으로 살펴보고 국제사회의 프로젝트는 개발협력 현황에 다루기로 한다.

북한의 3차 과학기술발전 5개년 계획 프로젝트 중 국가과학원이 북한 주요 습지의 생물다양성 평가·보호·지속가능한 이용에 관한 연구를 수행한 바 있고 김일성대학에서 항해지능시스템과 연안생태환경정보시스템 개발을 수행한 것으로 보고된다(DPRK 2016, 32).

또한 수질 개선, 홍수 예방, 식수 및 전력 공급 등을 위해 「대동강 육지 및 환경에 관한 통합관리계획」(2008)을 수립했다. 하천 개선사업은 준설을 통해 강바닥에 쌓인 오염물 제거하고 제방 안정화, 폐수처리용량 확보, 수질모니터링, 주기적인 상하층 간의 물 교환, 강가 지역의 식수(植樹) 등을 동반한다. 이를 통해 대동강 수질은 일시적으로나마 개선되고 있다

표 3	북한의 3차 과학기술발전 5개년 계획(2008~2012)의 주요 프로젝트 중 해양 관련	

프로젝트명	집행기관
북한 주요 습지의 생물다양성 평가·보호·지속가능한 이용에 관한 연구	국가과학원
항만지능시스템과 연안생태환경정보시스템 개발	김일성대학

출처: DPRK(2016, 32), 저자 재구성

고 한다. 최근에는 물상추(물배추, *Pistia stratiotes*)를 이용한 녹색정화기술을 개발하는 데 노력을 기울여왔다(DPRK 2016, 29-30).

최근에는 국가적인 해양자원개발전략을 내세우면서 첨단해양기술개발구 창설사업을 추진한다고 밝혔다(노컷뉴스, 2015.7.25). 육해운성, 수산성, 기상수문국 등 유관기관에서 해양조사측량, 해양관측, 연구사업, 물질기술수단을 정비보강하는 사업에 나선다는 것이다. 김일성종합대학 연구사들은 어장탐색, 바다양식과 양어, 해양생태환경정보관리체계, 해양광물자원탐사와 채취에 대한 연구사업을 본격화하고 있고 해양에너지자원개발과 해양정보체계, 해양환경보호기술 등에 대한 연구사업의 성과도 있다고 한다.

(2) 법·제도

유엔해양법협약에 반영된 국제법 이행 수단에 있어서 북한은 유엔해양법에 서명(1982.12.10.)만 하고 비준하지 않은 상태이다. 그러나 환경 관련 국제협약·의정서에는 다수 참여하고 있는데 그중에서 해양생태계 관련 내용을 정리하면 〈표 4〉와 같다.

북한은 자체적으로 환경보호법(1986)을 비롯해 1990년대 후반 바다오염방지법(1997), 국토환경보호단속법(1998)을 비롯해 2000년대 중후반 환경영향평가법(2005), 폐기폐설물취급법(2007), 대동강오염방지법(2008), 자연보호구법(2009) 등으로 해양환경 보호 관련 법률을 제정했고 때에 따라 개정해오고 있다.

최근 북한 발간 학술지에서는 해양에 대한 언급이 증가하고 있다. 2010

협약/의정서명	비준
유엔생물다양성협약	1994.10.26
유엔기후변화협약	1994.12.05
기후변화협약에 대한 교토의정서	2005.4.27
람사르협약	2018.5.16
나고야의정서	2019.10.01

표 4　해양생태계 관련 북한 참여 국제협약/의정서

주: 국제해사기구(IMO)협약에 다수 가입해 있지만 해양오염 방지와 관련 비준은 거의 없다
출처: 관련 자료 조사 후 저자 작성

년부터 해양환경, 해양자원, 해양산업, 해양공간 등이 등장하고 있다. 해양환경보호를 위해서는 오염물의 절대량 감소와 정화처리, 해양오염감시사업, 해양오염확대방지대책, 환경보호 인식교양사업이 필요하다고 보고 있다(리진심 2010, 117-118). 해양자원 보호와 관련해서는 수산자원 보호와 바다오염 예방, 해양광물자원 개발 시 환경보호를 강조한다(조영남 2014, 83-84). 해양자원 개발과 관련해서는 해양이 자원의 거대한 보고이고 가장 중요한 것은 식량 문제임을 확인하며 어류자원과 바다양식 등의 효과적인 이용을 촉구한다(현순일 2016, 30-32).

IV. 지속가능발전목표 14와 북한개발협력 현황

1. 국제사회

1) 유엔기구
FAO는 1990년대 후반부터 포괄적인 대북 식량 관련 지원 사업(식량 증산

<table>
<tr><td>표 5</td><td>FAO의 지속가능발전목표 14 관련 북한개발협력 사업</td></tr>
</table>

시기	사업
1998.10.	수산업 개발 기획 사업단 방북 등
2005~2006	수산성 2명(노르웨이, 1주), 수산성 및 수산협동조합 5명(중국, 4주) 연수
2007~2008	FAO 국가(보고서작성)위원회 및 농업성, 수산성, 국토환경보호성, 임업성의 역량개발 강화 프로젝트
2009~2010	작은 물고기 생산 및 바닷물고기 양식에 관한 역량구축
2009~2010	양화수산협동조합, 원산수산대, 인근어업기관 기술진(중국 황해수산연구소) 연수
2011~2012	피조개 및 성게류 종묘 생산과 비부유성 유생 사육의 역량구축
2015~?	수산(담수 종묘), 산림 부문 지원 프로젝트 구상(15만 USD)

출처: 관련 자료 조사 후 저자 작성

기술 지원, 홍수 등 자연재해 시 긴급 구호 및 재활, 북한 식량 수급 현황 모니터링 및 평가 등)을 전개해왔다. 지속가능발전목표 14와 관련해서 FAO는 양식 분야를 중심으로 사업단 방북, 북한 수산성 관리·전문가 해외연수 등을 추진해 왔다.[3] 천해양식, 양식연구소, 수산협동조합, 수산 종묘배양 등 관련 역량구축 사업을 요약하면 〈표 5〉와 같다.

　해양생태계와 관련해서는 UNDP/GEF 지원 하에 일본을 제외한 동북아 5개국(한국, 북한, 중국, 일본, 러시아)이 관여하는 TRADP 동북아 수역 및 생물다양성 프로젝트(2000.6~2002.10)가 추진된 바 있다. UNEP는 2008년 대동강 유역 통합 수자원 관리 등 4대 환경개선 사업에 합의하고 GEF를 통한 지역해 프로그램, 생물다양성협약(Convention on Biological Diversity, CBD) 관련 지원으로 북한의 해양·환경 사업에 참여해왔다. 2010년에서 2012년에는 분수계(watershed) 관리 계획을 지원했고(DPRK 2016, 35) 2018년에는 북한이 UNEP Clean Seas Campaign에 참여하기로 서명했다(NK

---

3) 수산물 수출을 통한 외화획득의 주요 통로로 간주되는 어로어업과 달리 양식어업은 농업과 더불어 식량 및 단백질 공급 수단으로 간주된다.

News, 2018.8.23).

UNESCO 사업으로는 북한 담수 어종 자원 평가 사업(2013) 등이 있다 (DPRK 2016, 36). 이후에도 UNESCO 또는 한국의 공여를 통한 생물다양 성 및 생물보전권 사업이 이어져 왔지만, 대부분 육상 중심이거나 일부 해양을 다루었을 것으로 추정된다(UNESCO Transparency Portal).

이상과 같이 유엔기구를 통한 북한개발협력 현황을 살펴본 결과, 유엔 은 북한의 지속가능발전목표 이행을 지지하고 관련 사업을 추진하고 있 다고 밝히고 있음에도 불구하고(United Nations in DPR Korea) 지속가능발 전목표 14 관련 지원은 많지 않은 편이다. 각 기구의 북한 지원 우선순위 가 대부분 식량과 영양, 보건과 위생 중심이어서 식량과 영양 부분에서 수산이 가끔 언급되는 정도이다. 해양환경과 관련된 유엔기구의 사업은 다음에서 살펴볼 지역해 프로그램을 주요 수단으로 삼고 있다.

2) 지역해 프로그램

동아시아 해양환경 국제협력 프로그램 또는 기구는 총 5개가 있는데 이 중 북한이 회원국으로 참여하고 있는 것이 2개, 옵서버 상태가 2개, 비회 원국 상태가 1개이다. 이들 프로그램/기구는 주로 북한의 해양환경 정책 수단과 역량강화를 지원하고 있다.

북한이 가입한 프로그램 중 하나는 동북아환경협력프로그램(North-East Asian Subregional Programme for Environmental Cooperation, NEASPEC)이 다. 해양에 국한되지 않고 환경협력 전반을 다루는 역내 유일한 포괄적인 협력 메커니즘이다.

북한이 회원국으로 가입한 지역해 기구는 동아시아해양환경협력기구 (Partnerships in Environmental Management for the Seas of East Asia, PEMSEA)이다. 북한은 2000년부터 연안통합관리(Integrated Coastal Management, ICM)를 실행하기로 하고 남포연안전략실행계획을 수립(해안선 길이 127km, 총 해안선의 4.41%)했으며 김일성대학에 국가ICM훈련센터를 설립 하고 ICM훈련매뉴얼을 번역(2011.3)했다. ICM의 국가확산프로그램 일환

● 표 6   **동아시아 해양환경 국제협력 프로그램**

프로그램명	설립	참가국	설명
동북아 환경협력프로그램 (NEASPEC)	1993	한국, 북한, 중국, 일본, 러시아, 몽골	• UNESCAP 동북아 지역사무소(ENEA) • 황사, 대기오염 등 역내 유일의 　포괄적인 정부간 환경협의체
동아시아 해양환경협력기구 (PEMSEA)	1994	한국, 북한, 중국, 일본, 캄보디아, 인도, 필리핀, 싱가포르, 베트남, 동티모르, 라오스 (옵서버: 브루나이, 태국, 말레이시아)	• UNDP/GEF • 지역해 프로그램 • SDS-SEA
북서태평양 보전실천계획 (NOWPAP)	1994	한국, 중국, 일본, 러시아 (옵서버: 북한)	• UNEP • 지역해 프로그램 • 지역 센터 중심
황해광역 해양생태계 (YSLME)	2005 (1999)	한국, 중국 (옵서버: 북한)	• UNDP/GEF • 지역해 프로그램 • SAP, TDA
동아시아 해역조정기구 (COBSEA)	1993	한국, 중국, 말레이시아, 베트남, 싱가포르, 인도네시아, 캄보디아, 태국, 필리핀	• UNEP/GEF • 지역해 프로그램 • East Asian Seas Action Plan

출처: 윤인주·이규창(2017, 62) 수정 보완

으로 이를 대동강 유역에 적용하고자 관리계획을 수립했으며 다음 대상
지로 원산을 지정한 바 있다.

　북한이 옵서버 상태인 프로그램은 북서태평양보전실천계획(Northwest
Pacific Action Plan, NOWPAP)과 황해광역생태계(Yellow Sea Large Marine
Ecosystem, YSLME)이다. NOWPAP에는 북한 기상수문국 관계자가 옵서
버 자격으로 회의에 참석해 왔다. YSLME는 직접적인 이해관계자가 한국,
북한, 중국인 지역해로 북한이 참여의사를 밝혔으나 북한의 군사적 도발
등으로 인해 참여 승인이 연기되어 옵서버 자격으로 워크숍 등에만 참여
해왔다(윤인주·이규창 2017, 66-67).

　동아시아 지역해 프로그램 중 북한이 참여하고 있지 않은 프로그램

은 동아시아해역조정기구(Coordinating Body on the Seas of East Asia, COBSEA)이다. 대상 해역이나 참가국이 PEMSEA와 유사한 상태에서 PEMSEA는 국제기구로 전환되었고 COBSEA는 연안 및 해양오염의 실질적 관리, 특히 해양쓰레기 관리에 역점을 두고 있다.[4]

3) 기타 기구

국제사회의 북한개발협력에서 주요 주체 중 하나는 유럽연합지원계획 (European Union Project Support, EUPS)이다. 인도적 지원 사업을 중심으로 유럽 내 NGOs[5]를 통해 1995년부터 최근까지 130개 이상 사업에 1억 3,570만 유로 상당을 지원해왔다(European Commission). 하지만 대부분 사업은 식량 안보에 집중되어 있고 지속가능발전목표 14와 직접 관련된 사업은 거의 없다.

2. 한국 정부

유엔인도주의업무조정국(Office for the Coordination of Humanitarian Affairs, OCHA)의 자금추적서비스(Financial Tracking Service, FTS)에 따르면 1980년부터 한국이 공여한 기금이 북한 지역에 사용된 것은 총 74건이고 4억 5천만 USD에 달한다(OCHA Financial Tracking Service). 이 중 절반 이상인 45건은 의료에 집중되어 있고 식량안보 8건, 농업 5건, 영양 3건, 식수와 위생 2건 등의 순이다. 다분야(Multi-sector)사업 7건도 대부분 농업, 식량, 의료에 할애되었다.

---

4) COBSEA와 NOWPAP을 동남아와 동북아의 차이 등을 고려해 해양환경협력 제도화 문제로 분석하는 시각도 있다. 윤이숙(2010), 한인택(2016) 등의 논문 참고.

5) Première Urgence Internationale(프랑스), Save the Children International(영국), Concern Worldwide(아일랜드), Deutsche Welthungerhilfe(독일), Triangle Génération Humanitaire(프랑스), Handicap International(벨기에) 등.

● 표 7

최근 한국이 공여한 UNESCO 북한 사업 중 지속가능발전목표 14 관련 사례

시기	사업	예산(USD)	집행(USD)
2014.11.07.~ 2020.01.01.	Biodiversity Research, Training and Management in the Democratic People's Republic of Korea	126,440	49,024
2016.12.13.~ 2020.02.17.	East Asian Biosphere Reserve Network: advancing the Lima Action Plan	100,000	96,257
2019.02.21.~ 2021.02.21.	EABRN(East Asian Biosphere Reserve Network) 2019–2020	100,000	199

출처: UNESCO Transparency Portal, https://opendata.unesco.org/country/KP(검색일: 2020. 4.6)

한국이 지속가능발전목표 14와 관련하여 북한에 제공하거나 시도할 수 있는 개발협력은 해양환경 보호, 어족자원 복원과 어로·양식·관광의 지속가능한 이용을 통한 경제적 혜택 증대 등이 있지만 그 실적이 많지는 않다. UNEP와 한국 정부는 북한 지역 환경개선사업을 위해 신탁기금 설립을 위한 협정을 체결(2007.11)하였으나 북핵 문제 및 대외관계 악화로 보류된 바 있다. 당시 한국이 신탁기금 조성 초기 자금을 기탁하면 북한의 산림, 토양, 대기, 수질 등 환경개선사업에 사용하기로 하고 시범사업으로 '압록강 오염방지사업', '대동강 유역의 통합수질오염 모니터시스템 구축', '산림관리정보센터 설립' 등이 검토되었다. 그 외 〈표 7〉과 같이 한국이 공여한 UNESCO 생물보전권 네트워크 관련 사업에 해양보호구역이 일부 포함되었을 것으로 추정된다.

국제기구를 통하지 않고 남북 간에 단독 수행한 사업으로는 강원도가 집행한 수산자원 조성 사업이 있다. 남측 강원도는 2001년부터 2004년까지 연어 205만 마리를 방류했고 북측 강원도에 연어 부화장과 사료공장을 건립했다(현승수 외 2019, 91-92). 이러한 사업은 지속가능발전 세부목표 14.4 어족자원 복원에 관한 이행지표와 관련이 있다.

V. 결론: 평가와 제안

지속가능발전목표 14의 세부목표 및 이행지표, 그에 따른 북한의 현황과 북한개발협력 현황을 살펴본 결과, 다음과 같은 평가를 내릴 수 있다. 첫째, 해양생태계는 기후변화 및 육상생태계 등과 밀접한 관련이 있음에도 불구하고 비교적 주목을 덜 받고 있다. 둘째, 북한의 해양생태계 현황에 관한 정보 역시 부족한 실정이며 제한된 정보에 의존해서 보았을 때도 그 상태가 양호하지 않다. 셋째, 해양생태계 관련 북한개발협력 현황도 부족한 실정이어서 지속가능발전목표 14 달성을 위해서는 앞으로 더 많은 관심이 필요하다.

이러한 평가를 토대로 향후 지속가능발전목표 14 달성에 관한 북한개발협력 방향을 제안하면 다음과 같다.

첫째, 지속가능발전목표 14 해양생태계와 관련된 다른 지속가능발전목표와의 연계가 필요하다. 지속가능발전목표 14 해양생태계는 종종 이보다 우선순위에 놓이는 지속가능발전목표 2 기아종식(식량), 지속가능발전목표 13 기후변화 대응, 지속가능발전목표 15 육상생태계 등과 밀접한 관계가 있다. 따라서 해양생태계에만 초점을 맞춘 사업이 부족하더라도 지속가능발전목표 2, 13, 15 등 기존에 더 많은 사업이 이루어지고 있는 분야와 연계한 종합적인 접근이 가능하다.

둘째, 이러한 다분야(Multi-sectoral) 접근이 북한개발협력에도 적용되어야 한다. 5년 주기로 유엔과 북한이 수립하는 유엔전략계획(DPRK United Nations Strategic Framework) 2017-2021에서 지속가능발전목표 14는 언급되지 않는다. 동 계획에서 우선순위는 "식량과 영양 안보(전략 우선순위1)", "사회개발서비스(전략 우선순위2)", "회복력과 지속가능성(전략 우선순위3)", "정보와 개발관리(전략 우선순위4)"이다. 지속가능발전목표 14는 식량과 영양 안보에서 수산이 몇 번 언급될 뿐이며 다루어지지 않고 지속가능성 부분에서는 기후변화와 육상생태계와 달리 아예 언급조차 없는 상황이다.6) 따라서 향후 수립될 유엔전략계획 2022-2026에서는 식량과 영양, 회복력과 지속가능성 등에서 지속가능발전목표 14를 주제로 포함시켜야 할 필요가 있다.

셋째, 한국 정부는 북한개발협력 자금을 공여할 때 지속가능발전목표 14 해양생태계 관련 사업으로 개발협력을 다각화할 필요가 있다. OCHA FTS에 따르면 1980년부터 북한이 공여 받은 인도지원은 총 1,864건으로 약 21억 4천만 USD에 달한다(OCHA Financial Tracking Service). 이 중 한국이 공여한 금액은 약 21%에 해당한다. 북한개발협력을 지원하는 개별국 공여자 중에 한국이 차지하는 비중을 무시할 수 없다는 뜻이다. 한국에서 북한의 수요를 궁금해 하는 만큼, 외부지원을 필요로 하는 북한 역시 공여자의 관심사에 주의를 기울일 수밖에 없다. 따라서 한국은 현재 북한의 수요뿐 아니라 지금은 북한의 관심이 부족하지만 지속가능발전목표 달성을 위해 앞으로 주의를 기울여야 할 분야, 예컨대 지속가능발전목표 14 이행에 필요한 개발협력 사업도 포트폴리오로 구성할 필요가 있다.

---

6) 유엔전략계획 2017-2021은 지속가능발전목표 10, 17, 16, 5를 원칙으로 하며 전략 우선순위1은 지속가능발전목표 2, 9를, 전략 우선순위2는 지속가능발전목표 3, 4, 6을, 전략 우선순위3은 지속가능발전목표 7, 11, 12, 13, 15를 주제로 하고 있다. 전략 우선순위4는 구체적인 지속가능발전목표를 특정하지 않고 있다. 지속가능발전목표 14 외에 빠진 것은 1(빈곤종식)과 8(일자리와 경제성장)뿐이다.

참고문헌

윤이숙. 2010. "동아시아 지역해양환경보존협력: EASAP vs. NOWPAP의 제도적 발전에 대한 고찰."『평화학연구』 11(1): 39-62.

윤인주 외. 2017.『북한 지역 해양생태관광 협력 방안 연구』. 부산: 한국해양수산개발원.

_____. 2018.『북한 동해 해양관광 활성화 방안』. 부산: 한국해양수산개발원.

윤인주 · 이규창. 2017.『북한의 해양수산 법제 · 기관 · 국제협력』. 부산: 한국해양수산개발원.

장봉희 · 조정희. 2015. "Goal14 지속가능한 발전을 위한 대양, 바다, 해양자원의 보호와 지속가능한 이용." 한국국제협력단.『지속가능개발목표(SDGs) 수립현황과 대응방안』. 271-287. 성남: 한국국제협력단.

진희권 · 윤인주. 2019. "김정은 시대 북한의 수산정책 연구: 노동신문 분석을 중심으로."『해양정책연구』 34(2): 41-70.

한인택. 2016.『해양환경협력: 성공사례와 동북아평화협력구상에의 함의』. 제주: 제주평화연구원.

해양수산부. 2019.『한반도 해양수산 종합구상 연구』. 세종: 해양수산부.

현승수 외. 2019.『한반도 평화번영 실현을 위한 국경 협력』. 서울: 통일연구원.

리진심. 2010. "해양환경과 그 보호에서 제기되는 몇 가지 문제."『김일성종합대학학보(철학, 경제학)』 2010(4): 117-118.

박우일 외. 2005.『우리 나라의 자연보호지역』. 평양: 조선민주주의인민공화국 마브민족위원회.

조영남. 2014. "현시기 해양자원보호에서 나서는 중요한 문제."『김일성종합대학학보(철학, 경제학)』 2014(3): 83-84.

현순일. 2016. "해양자원의 효과적인 개발리용은 경제의 지속적발전을 위한 필수적 요구."『경제연구』 2016(1): 30-32.

DPRK. 2016. 5th National Report on Biodiversity of DPR Korea.

Hardin, G. 1986. "The Tragedy of the Commons." *Science* 162(3859): 1243-1248.

Nathan, A. 2017. "The law of the seas: a barrier to implementation of Sustainable Development Goal 14." *Sustainable Development Law & Policy* 16(2), 8.

Ostrom, Elinor. 1990. *Governing the Commons*. New York: Cambridge University Press.

Sachs, J., G. Schmidt-Traub, C. Kroll, G. Lafortune, G. Fuller. 2019. *Sustainable Development Report 2019*. New York: Bertelsmann Stiftung and Sustainable Development Solutions Network(SDSN).

노컷뉴스. https://www.nocutnews.co.kr/news/4449220(검색일: 2020.4.6).

연합뉴스. https://www.yna.co.kr/view/AKR20200116052800504?input=1195m(검색일: 2020.2.28).

European Commission. https://ec.europa.eu/echo/where/asia-and-pacific/north-korea_en(검색일: 2020.4.7).

FAO. http://www.fao.org/iuu-fishing/background/what-is-iuu-fishing/en/(검색일: 2020.2.28).

ICSU and ISSC. 2015. "Review of targets for the Sustainable Development Goals the science perspective." https://council.science/wp-content/uploads/2 017/05/SDG-Report.pdf(검색일: 2020.2.25).

NK News. https://www.nknews.org/2018/08/un-environmental-chief-in-pyong ang-to-discuss-conservation-disaster-prevention/(검색일: 2020.4.7).

OCHA Financial Tracking Service. https://fts.unocha.org/data-search(검색일: 2020. 4.7; 2020.4.8).

UN. "Sustainable Development Goal14."

UNDP Transparency Portal. https://open.undp.org/projects(검색일: 2020.4.7).

UNESCO Transparency Portal. https://opendata.unesco.org/country/KP(검색일: 2020.4.6).

United Nations in DPR Korea. https://dprkorea.un.org/en/sdgs(검색일: 2020.4.7).

https://sustainabledevelopment.un.org/sdg14(검색일: 2020.2.11).

제5부

평화와 글로벌 파트너

제16장

북한의 평화, 인권, 제도 분야
개선을 위한 국제협력*

문경연 | 전북대학교

I. 서론

북한 외무성과 유엔북한팀은 2016년 기존의 '유엔전략계획 2011-2015'를
대체하는 '유엔전략계획 2017-2021'[1])에 서명하였다. 동 문서는 2015년,
국제사회가 지구촌 발전 목표로 제시한 '지속가능발전목표(Sustainable
Development Goals, 이하 'SDGs')'와 북한의 국내외 환경 변화를 반영하여

* 이 연구는 유네스코한국위원회가 2018년 실시한 'SDGs와 한반도 평화'의 보고서에서 저
자의 '유엔 북한협력 전략의 의미 및 SDGs에 초점을 맞춘 남북 개발협력이 한반도 평화
에 주는 함의' 파트를 바탕으로 재작성 한 것임을 밝힘; 이 글은 2018년 대한민국 교육부
와 한국연구재단의 지원을 받아 수행된 연구임(NRF-2018S1A3A2075117).
1) '유엔전략계획 2017-2021'의 공식 영문명은 'Strategic Framework for Cooperation
Between the United Nations and the Government of the Democratic People's
Republic of Korea 2017-2021'임.

작성된 북한과 국제사회 간 협력로드맵으로 평가할 수 있으며, 공교롭게도 지속가능발전목표 16 평화, 인권, 제도 논의와 맥락을 같이한다.

'유엔전략계획 2017-2021'이 제시한 4대 우선순위 분야가 이전의 전략계획과 유사하다는 점에서 이전 버전을 업데이트한 것에 불과하다고 평가할 수 있으나, '유엔전략계획 2017-2021'이 새로이 추가한 사업의 원칙과 접근법, 국제규범과 협약의 준수 노력, 이를 위한 국제사회의 지원 필요성을 강조한 것은 기존의 문서들과 큰 차이를 보인다. 아울러 국제사회가 대북 관여정책을 실시한 지 1995년 이래로 23년이 흐른 지금, 인도지원을 중심으로 했던 북한에 대한 개발협력 사업이 한반도의 평화구축에 얼마나 기여했는지에 대한 평가가 필요하다. 아울러 북한이 비핵화를 선언하고 국제사회와 함께 정상국가화 논의를 실시하고 있는 가운데 국제사회의 여러 행위 주체들이 북한에 대한 개발협력 사업의 재개를 고민하고 있는 가운데 북한과 국제기구가 채택한 전략문서는 지속가능발전목표 16번 이행의 실질적인 프레임워크로서의 가치를 가진다.

이 장에서는 북한의 특수성에 초점을 맞춘 개발협력 담론의 한계를 비판적으로 고찰함으로써 대안 담론으로써 지속가능발전목표 프레임워크를 탐색하고자 한다. 이후 개발협력이 어떻게 평화구축에 기여할 수 있는지(Peace and Development Nexus)에 대한 이론적 논의를 바탕으로, 한반도 상황에서 지속가능발전목표 16번 목표에 기반한 북한 국제사회 간 협력이 한반도와 동북아에 평화를 구축하고 이렇게 구축된 평화와 인권을 어떻게 공고화할 수 있을지에 대한 접근법을 모색하고자 한다.

II. 지속가능발전목표 16 평화, 정의, 제도의 주요 내용과 지표 소개

지속가능발전목표 16은 "지속가능발전을 위한 평화롭고 포용적인 사회를 증진하고 모두가 정의에 접근할 수 있게 하며, 모든 수준에서 효과적이고 책임성 있고 포용적인 제도를 구축한다."라고 명시하고 있다.[2] 이를 위한 구체적인 목표로 평화, 정의 그리고 효율적인 기관(Peace, Justice and Strong Institutions)을 강조하며,[3] 이를 통해 지속가능 발전을 위해 모든 단계에서 효과적이고 적절하며 포괄적인 정의에 대한 접근성 제공이 필요하다고 명시하고 있다.

이러한 목표 하에 지속가능발전목표 16번은 주로 폭력근절, 법 기능 강화, 인권 강화 등을 세부 내용으로 하고 있으며, 인권적 측면에 자유·시민권적 내용을 주로 하며, 이의 보호를 위한 사법제도 및 조직의 구축을 강조한다. 또한 모든 형태의 폭력과 그로 인한 사망률을 감소, 의사결정에 대한 포용적 참여 보장, 국민의 정보 접근성 보장과 국제기구에 대한 개도국의 접근성 확대 등에 대한 내용을 포함하고 있다. 또한 이행수단으로서 16a와 16b는 개도국에서 폭력 예방 및 테러리즘, 범죄 방지를 위한 역량구축에 있어 국제협력을 통한 국가 기관의 역량강화를 제시하였다.

언뜻 지속가능발전목표 16은 북한에게 부담스러운 목표이자 지표일 수 있으나, 다른 한편으로는 북한이 이미 추진 중이거나, 추진 의사를 밝힌 목표들 또한 존재하며, 특히 개도국으로 북한이 국제사회에 도움을 요청한 목표들이 다수 포함되어 있다는 점에서 의의가 없다고 할 수 없다.

---

2) "SDGs 16: Promote peaceful and inclusive societies for sustainable development, provide access to justice for all and build effective, accountable and inclusive institutions at all levels."

3) KOICA 보도 자료에 의하면, Strong Institution을 효율적 기관으로 번역하고 있음. https://www.un.org/sustainabledevelopment/peace-justice/

	표 1	지속가능발전목표 16 세부목표 및 지표

목표	지표*
16.1 모든 곳에서 모든 형태의 폭력 및 관련 사망률을 상당히 감축	16.1.1 성별, 연령별 고의적 살인 피해자 수 (인구 100,000명당) [1] 16.1.2 성별, 연령별, 원인별 인구 100,000명 당 분쟁 관련 사망자 수 [3] 16.1.3 지난 12개월 동안 신체적, 정신적, 성적 폭력의 피해자 비율 [2] 16.1.4 거주지 주변을 걸을 때 안전하다고 느끼는 인구비율 [2]
16.2 아동에 대한 학대, 착취, 매매 및 모든 형태의 폭력과 고문 종식	16.2.1 지난 1개월 동안 보육자로부터 신체적 처벌이나 정신적 공격을 경험한 바 있는 1~17세 아동/청소년의 비율 [3] 16.2.2 성별, 연령별, 착취의 유형별 인신매매 피해자의 수(인구 100,000명당) [2] 16.2.3 18~29세 사이 남녀 중 18세 이전에 성폭력을 경험한 인구 비율 [2]
16.3 국가적·국제적 수준에서 법치를 증진하고, 모두에게 정의에 대한 평등한 접근 보장	16.3.1 관련 당국 또는 기타 공식적인 분쟁 조정 메커니즘에 지난 12개월 동안 피해 사례를 신고한 폭력피해자의 비율 (범죄 신고율) [2] 16.3.2 전체 수감인구 중 판결없이 구금되어 있는 사람의 비율 [1]
16.4 2030년까지 불법 자금·무기 거래를 상당히 감축하고, 도난자산 회수 및 반환을 강화하며, 모든 형태의 조직범죄를 방지	16.4.1 불법자금의 유입과 유출의 총 가치 (현재 US$ 가치 기준) [3] 16.4.2 국제기준 및 법적 근거에 따라 보고 및 관리되고 있는 압류 소화기(small arms) 및 경화기(light weapons) [2]
16.5 모든 형태의 부패 및 뇌물을 상당히 감축	16.5.1 지난 12개월 동안 적어도 1회 이상 공무원에 접촉한 적이 있으면서 뇌물을 주었거나 뇌물을 줄 것을 요구받은 인구의 비율 [2] 16.5.2 지난 12개월 동안 적어도 1회 이상 공무원에 접촉한 적이 있으면서 뇌물을 주었거나 뇌물을 줄 것을 요구받은 민간기업의 비율 [2]
16.6 모든 수준에서 효과적이고 책임 있으며 투명한 제도 개발	16.6.1 섹터별(또는 예산코드별) 승인된 예산 중 1차 정부 지출의 비율 [1] 16.6.2 가장 최근 이용했던 공공서비스에 만족한 인구비율 [3]

16.7 모든 수준에서 호응하고 포용적이며 참여적이고 대표성 있는 의사결정 보장	16.7.1 국내 전체 대비 공공기관(중앙/지방의 입법부, 공공서비스, 사법부)에서의(성별, 연령별, 장애여부별, 인구집단별) 지위 [3] 16.7.2 성별, 연령별, 장애여부별, 인구집단별 의사결정과정이 포용적이고 수용적 (responsive)이라고 믿는 인구비율 [3]
16.8 개도국의 글로벌 거버넌스 기관 참여를 확대하고 강화	16.8.1 국제기구 내 개발도상국 회원국 및 투표권의 비율 [1]
16.9 2030년까지 출생신고를 포함하여 모두에게 법적 정체성 부여	16.9.1 5세 이하 아동 중 출생신고된 비율 [1]
16.10 국내법과 국제협정에 따라 정보에 대한 대중의 접근을 보장하고, 기본적 자유를 보호	16.10.1 지난 12개월간 언론인, 언론 관계자, 노조 활동가, 인권운동가에 대한 살인, 납치, 실종, 강제구금, 고문으로 확인된 사건의 수 [3] 16.10.2 정보에 대한 국민의 접근을 위해 헌법상, 법적이거나 정책적인 보장 방식을 도입하고 이행하는 국가의 수 [2]
16.a 특히 개도국에서 폭력 예방 및 테러리즘·범죄 방지를 위한 모든 수준에서의 역량 구축을 위하여, 국제협력 등을 통한 관련 국가기관을 강화	16.a.1 파리원칙(Paris Principles)상의 독립된 국가인권 기구의 존재여부 [1]
16.b 지속가능개발을 위한 비차별적 법과 정책을 증진하고 시행	16.b.1 국제인권법상 금지하고 있는 차별에 근거하여 지난 12개월 동안 개인 차원에서 차별 또는 괴롭힘을 당했다고 느꼈음을 신고한 인구비율

* Tier I은 통계방법론이 수립되어 있고(established) 데이터가 이미 쉽게 얻어질 수 있는(widely available) 지표, Tier II는 방법론은 수립되어 있으나, 데이터를 얻기 쉽지 않은(not easily available) 지표, Tier III는 국제적으로 합의된 방법론(internationally agreed methodology)이 아직 개발되지 않은(not yet been developed) 지표들을 의미(UNSC 2016a)하며, 이 표에서 Tier I은 [1], Tier II는 [2], Tier III은 [3]을 의미함

예를 들어, 16.2 아동에 대한 학대, 착취, 매매 등에 대해서 북한은 일찍이 아동협약에 가입하여 관련 보고서를 제출하고 있으며, 16.9 출생신고를 통한 법적지위 부여에 있어서도 높은 수준을 유지하고 있다.

무엇보다도 2019년 북한 인권 보편정례검토(UPR 3차)에서 북한이 '유의' 입장을 밝힌 이슈는 노동환경 개선을 위한 국제기구 가입, 사형제 폐

○ 표 2 **북한인권 보편정례검토(UPR 3차)에서 북한의 유의 입장을 밝힌 항목**

126.30 국제노동기구(ILO)의 회원이 되어 국제인권법에서 발생하는 의무를 준수할 것
   (포르투갈)
126.32 사형제 폐지를 목표로 시민적 및 정치적 권리에 관한 국제규약(ICCPR)에 대한
   제2차 선택 의정서(사형 유예제도)를 비준할 것(토고)
126.35 1949년 8월 12일 제네바 협정에 추가된 비국제 무장 충돌(Protocol II)의 피해자
   보호와 관련된 의정서를 비준할 것(스위스)
126.39 유엔 인권고등판무관사무소(OHCHR)와 협력하고, 특별절차권한 보유자에 대한
   접근을 허용하며, 유엔 메커니즘이 제안하는 권고안을 이행할 것(코스타리카)
126.88 인권 증진 및 보호를 위한 국가 기관의 지위에 관한 파리 원칙에 따라 국가 인권
   기관을 설립할 것(코스타리카)(우크라이나)
126.116 사형제 폐지를 향한 첫 단계로 사형 집행 유예제도를 도입할 것(벨기에)

지를 위한 점진적 노력, 유엔인권고등판무관사무소 활동 허용 및 협력, 여성 차별 문제, 구금시설 환경개선 등으로 요약된다. 이외에도 북한은 다소 과감한 내용인 여성차별 철폐, 사형제 폐지를 위한 점진적 노력의 필요성, 인권고등판무관실 활동의 자유성 확대, 구금시설에서의 환경개선 등 과거 북한이 강한 거부의사를 밝혔던 내용들에 대해서 '유의' 입장으로의 전환이라는 과감한 입장을 보여주었다. 비록 이러한 변화가 국제사회의 비판을 회피하기 위한 선언적 전략이라고 할지라도, 인권운동과 관련된 이론은 이러한 형식적 변화는 실질적인 변화로 진화해 나가는 한 단계라는 점에서 긍정적으로 평가하고 있다는 점에서 북한이 이러한 변화 조짐을 긍정적으로 평가하고, 고무하며(cheering) 이에 대한 기술적 지원을 모색할 필요가 있음을 시사하며, 지속가능발전목표 16은 이를 위한 프레임워크가 될 수 있다.

III. 지속가능발전목표 16의 이행 프레임워크로서 유엔전략계획(2017-2021)

북한 외무성과 13개 유엔기구로 구성된 유엔북한팀[4]은 2016년 기존의 '유엔전략계획 2011-2015(이하 '유엔전략계획 2011-2015')'를[5] 대체하는 '유엔전략계획 2017-2021(이하 '유엔전략계획 2017-2021')'[6]을 채택하였다. 동 문서의 서명 주체는 북한 외무성 산하 국가조정위원회 위원장과 유엔북한팀의 유엔상주조정관이며 '유엔전략계획 운영위원회(UNSF Steering Committee)'의 주도로 입안된 것으로 '우선순위 1: 식량 및 영양안보(Food & Nutrition Security)', '우선순위 2: 사회개발 서비스(Social Development Service)', '우선순위 3: 복원력과 지속가능성(Resilience & Sustainability)', '우선순위 4: 데이터와 개발관리(Data and Development Management)' 등 4대 우선순위 분야에 대해 북한 당국과 유엔북한팀 간 상호협력의 방향을 제시한 데 대해 그 의미를 가지고 있다고 할 수 있다.

유엔전략계획 2017-2021의 특징은 첫째, 4대 우선순위 이행에 있어서는 비단 서명의 주체인 13개 유엔기구뿐만 아니라 동 전략계획의 수립과정에서 참여한 국제사회 개별국가뿐만 아니라 비정부단체(NGOs)를 포함한다고 밝히고 있다는 점에서 전략계획의 이행 주체에 국제사회의 다양한 행위자를 포괄하고 있다는 점이다.[7] 대북지원이 시작된 1995년 이래

---

4) 유엔북한팀은 평양 상주 유엔기구(FAO, UNDP, UNFPA, UNICEF, WFP, WHO)와 비상주기구인 UNEP, UN ESCAP, UNESCO, UNIDO, UNISDR, UN OCHA, UNOPS 등 13개 기구로 이루어져 있음.

5) 유엔전략계획 2011-2015는 '유엔전략계획 2007-2010'을 대체함.

6) '유엔전략계획 2011-2015'의 영문명칭은 'Strategic Framework for Cooperation Between the United Nations and the Government of the Democratic People's Republic of Korea 2011-2015'임.

7) 유엔북한팀, "UN과 조선민주주의인민공화국 간의 협력을 위한 유엔전략계획 2017-2021" (2016), 우리민족서로돕기운동 번역본, p.10.

로 북한에 지원은 유엔 차원에서는 북한 FAO, UNDP, UNFPA, UNICEF, WFP, WHO 등 상주기구 위주의 사업이 주를 이루었다. 그럼에도 불구하고 유엔전략계획 2011-2015와 유엔전략계획 2017-2021은 동 전략의 이행에 있어 비상주기구인 UNESCO를 포함 UNEP, UN ESCAP, UNIDO, UNISDR, UN OCHA, UNOPS 등과의 협력을 강조하고 있으며, 전략계획의 서명 주체는 아니나 협의 과정에서 개별정부 기관 및 NGOs와의 협의를 거침으로써 이행에 있어서 이들 다양한 주체들의 참여와 협업을 강조하고 있다.[8]

둘째, 기존 유엔전략계획('유엔전략계획 2007-2010', '유엔전략계획 2011-2015')과 '유엔전략 2017-2021'의 가장 큰 차이는 '유엔전략 2017-2021'은 북한 정부와 유엔기구 간 협력사업 전반에 걸친 '사업 원칙(Programming Principles)'을 포함하고 있다는 점이다. 중요한 것은 여기에 포함된 7가지 원칙이 국제사회에서는 일반적으로 통용되는 원칙이라고는 하나 과거 북한이 정권 유지의 위협요소로 간주하여 강하게 거부하였던 요소들을 대거 반영하였다는 점이다. 7원칙 중 지속가능발전목표(SDGs)의 반영, 환경 및 제도적 지속가능성은 북한이 개발협력 사업에 적용하는 데 있어 크게 체제 거부감이 없는 이슈일 수 있다. 하지만 인권중심접근법(HRBA), 성평등과 여성권리 강화, 성과기반관리(RBM)는 북한이 이 두 접근법을 아무리 협소하게 해석[9] 및 적용한다고 하더라도 두 원칙의 핵심은 인간개발과 인간안보를 포함하는 인권적 개념으로 북한이 그동안 부정하여 왔던 인권 요소를 사업에 반영하겠다는 것으로 소위 헬싱키의정서의[10] 효과에

---

8) 유엔북한팀(2016), p.10.

9) 북한 내 개발협력 사업의 이행주체 및 수혜자 국한한다거나 정치시민적 권리를 배제한 경제사회문화적 권리에 국한하는 등.

10) 헬싱키프로세스는 유럽의 정치군사적 안보대립을 완화하기 위해 러시아를 중심으로 하는 사회주의 진영과 미국을 중심으로 하는 민주주의 진영이 1995년 헬싱키의정서(Helsinki Accord)를 채택하였는데, 이 의정서상에 정치군사 대립 완화 이슈와 함께 인권 규정이 반영되었는데, 이는 이후 민간단체들의 동유럽 및 러시아의 인권운동 확산의

버금가는 내용을 담고 있다고 평가할 수 있다. 특히 '유엔전략계획 2017-2021'은 인권중심접근법(HRBA)에 대한 세부 설명에서 "전략 우선순위 4는 북한 정부가 다양한 인권 관례와 절차를 준수할 수 있도록 유엔이 지원하며, 전략계획의 핵심은 인간중심이라는 원칙과 인간개발의 촉진이며, 이는 지속가능발전목표 16. 정의롭고, 평화롭고, 포용적인 사회구현과 맥을 같이 한다."고 밝힘으로써 인권이슈에 대한 북한의 변화된 인식을 보여주고 있다고 할 수 있다.[11] 아울러, 전략계획이 포함하고 있는 재난·재해에 대한 복원력(Resilience) 향상 역시 국가의 역량강화를 의미하는데 이는 이론적 철학이 굿거버넌스를 지향한다는 점에서 철저한 스터디를 바탕으로 국제사회와의 대화에 임하는 북한이 이러한 원칙들을 전략계획에 포함하였다는 것은 북한의 변화된 인식을 반영한 것이라고 할 수 있겠다. 또한 북한 사업에 있어 성인지적 관점의 도입과 이를 이행할 '유엔 젠더전담 태스크포스(UN Gender Focal Points Task Force)'의 구성과 투명성을 중요 원칙으로 하는 성과기반관리(RBM) 접근법을 사업의 계획과 실행의 모든 과정에 도입할 것임을 밝히고 있는데, 이 역시 북한이 국제사회와의 개발협력 사업 수행에 있어 과거와 다른 행보로 평가할 수 있다. 결과적으로 이러한 원칙이 실제로 북한 내 사업 현장에서 그리고 다양한 행위자들의 여러 사업에 포괄적으로 적용된다면 북한의 내부 거버넌스 메커니즘상의 변화는 물론 대북 사업환경에 있어서도 변화를 가능하게 하여 개발협력 사업이 그 자체의 효과에 머무는 것이 아니라 한반도와 동

제도적 근거가 됨으로써 이들 공산국가들의 인권 및 안보대립 완화에 기여하였고, 결과적으로 냉전체제의 붕괴로 이어졌다는 점에서 평화구축의 한 사례로 평가받는다.

11) "Additionally, Strategic Priority #4 provides for UN support to the Government in implementing its commitments under a variety of human rights conventions and processes. Indeed, the overall theme of the Strategic Framework is that it is people-centred and designed to advance human development. This aligns well with the SDG 16 'Promote just, peaceful and inclusive societies'," 출처: UNCT, "Strategic Framework for Cooperation Between the United Nations and the Government of the Democratic People's Republic of Korea 2011-2015" (Pyongyang: UN Country Team, 2016), p.14.

● **표 3**   **'유엔전략계획 2017-2021'의 사업 원칙(접근법)**

1. 지속가능발전목표(Sustainable Development Goals, SDGs) 적용
2. 인권중심접근법(Human Rights-Based Approach, HRBA) 채택
3. 성평등과 여성권리 강화(Gender Equality and the Empowerment of Women) 지원
4. 환경 지속가능성(Environmental Sustainability) 추구
5. 제도의 지속가능성(Environmental and Institutional Sustainability) 추구
6. 성과기반 관리(Result-based Management, RBM) 적용
7. 복원력(Resilience) 강화

출처: 유엔북한팀, "UN과 조선민주주의인민공화국 간의 협력을 위한 유엔전략계획 2017-2021"
　　　(2016), 우리민족서로돕기운동 번역본을 바탕으로 저자 재구성

북아 역내 평화 구축을 가능하게 하는 시발점이 될 수 있을 것으로 평가
할 수 있다.

　　셋째, '유엔전략계획 2017-2021'의 이전 버전인 '유엔전략계획 2011-
2015'는 4대 우선순위는 사회개발, 지식 및 개발관리를 위한 파트너십, 영
양, 기후변화 및 환경으로 사업의 범주 측면에서는 큰 변화가 없으나, 명
칭과 내용에 있어 '유엔전략계획 2017-2021 계획'은 지속가능발전목표를
적극 반영하고 있으며 이를 북한의 환경에 맞게 어떻게 적용할 것인지에
대한 세부 방향성을 제시하고 있다. 특히 '유엔전략계획 2011-2015'가 구
체적인 사업 목록을 제시하고 필요한 지표와 검증수단, 재원을 명시하고
있는 것과 달리 '유엔전략 2017-2021'는 우선순위 내 해당 사업의 방향성
과 이행방안, 모니터링과 평가 방안 등 거시적인 방향성과 추진 체계를
제시하고 있다는 점에서 차이를 가진다. 아울러 인도적 지원에 국한하기
보다는 인도지원과 개발지원의 조화를 강조하고 있으며,[12] 이러한 전략
적 협력을 추진함에 있어 단순한 물자 지원을 넘어서 유엔기구와 국제사

---

12) 유엔북한팀(2016), p.12.

회가 가진 기술과 지식, 경험 공유 등 기술협력(Technical Cooperation)을 통한 북한 당국의 역량강화 사업이 필요함을 강조하고 있다.[13]

끝으로, '유엔전략계획 2017-2021'은 북한으로 하여금 국제적 규범과 기술표준, 관행, 국제협력의 준수를 위한 협력과 이를 위한 역량강화를 강조하고 있는데 이에 대하여 북한이 서명하였다는 점이다. 이는 기존에 북한을 대상으로 하는 인도지원 및 개발협력 사업의 추진에 있어서 원조 추진 주체들이 가장 꺼렸던 사안으로 실제로 국제 NGOs들에 대한 북한의 폐쇄적 관행과 정책으로 때문에 1990년대 후반 대북지원 사업에 참여하였던 단체들이 북한에서 철수하는 사태가 벌어지기도 하였다. 이러한 관점에서 북한은 '유엔전략계획 2017-2021' 문서의 첫 섹션인 '공동의 헌신을 위한 선언'에 "북한 정부와 주민들은 새로운 지속가능발전목표의 원칙과 목표, 대상과의 일관성을 유지하고 국제적인 협약과 조약을 존중하면서 …"를 명시하며 국제협약을 존중할 것을 밝히고 있으며,[14] 'IV. 전략적 핵심 사안' 파트에서는 "… (북한에 대한) 기술지원에 있어 논의의 핵심은 사업 전반에서 북한이 국제적 규범과 기술 표준을 적용할 수 있도록 역량을 강화하기 위한 노력을 지속해야 한다"고 명시하고 있으며,[15] "(사업 원칙으로서 환경적 지속가능성과 관련하여) … 유엔의 여러 환경 조약을 비준한 국가로서 조약의 이행을 위한 역량을 강화하기 위한 유엔의 지원이 필요하며 …", "(제도적 지속가능성과 관련하여) … 전략 우선순위 4에서 제시된 체계적인 방식으로 다양한 국제협약들을 실천할 수 있도록 북한의 역량강화에 이바지한다"[16]라는 문구를 포함하는 등 과거 폐쇄적 이미지의 북한이 국제사회의 규범과 원칙, 가치들에 대한 적극적인 수용과 학습 그리고 이를 위한 국제사회의 지원을 요청하고 있다는 점은 과거

---

13) 유엔북한팀(2016), p.11.
14) 유엔북한팀(2016), p.4.
15) 유엔북한팀(2016), p.11.
16) 유엔북한팀(2016), p.14.

표 4	'유엔전략계획 2017-2021' 4대 우선순위 및 세부목표

우선순위	세부내용
1. 식량 및 영양안보	• 농업, 원예, 어업, 축산 부문에서 식량 생산, 생산성, 가공의 지속가능성 제고 • 모든 가계가 언제든 충분하고 다양한 식품군에 접근할 수 있도록 하여 주민들, 특히 가장 취약한 집단들의 삶의 질을 제고 • 가임기 여성, 5세 미만 아동, 노인 및 기타 취약계층의 영양상태 개선
2. 사회개발 서비스	• 북한 주민들, 특히 가장 취약한 인구집단과 외딴 지역의 주민들에 대한 일차의료의 개선 및 일관되고 공평하며 보편적인 보건의료 서비스 보장 • 전염·비전염성 질환, 특히 가장 취약한 여성과 아동들이 겪는 모성·유아 질환에 대한 개선된 의료 서비스 제공 • 보건 분야 긴급 상황에 대한 준비와 대응역량 강화 • 가정, 교육기관, 의료시설, 특히 가장 취약한 가구와 집단들에 대한 적절하고 공평하며 지속가능한 물·위생시설 보급 • 유치원, 소학교, 중등학원, 3차 교육기관, 그리고 기술 및 직업 교육·훈련 부문에서 양질의 교육 제공 및 형평성 제고
3. 복원력과 지속가능성	• 재난 및 기후변화 영향으로부터 지역 공동체, 특히 여성을 포함한 가장 취약한 인구집단 보호 및 대응력 제고 • 지역 공동체, 특히 가장 취약한 집단들의 저렴하고 신뢰할 수 있고 지속가능한 현대적 에너지원에의 접근 • 환경관리, 에너지, 기후변화, 재난위험관리 부문에서 정부 기관들의 통합적이고 공평한 사업 수행
4. 데이터와 개발관리	• 사업 기획 및 의사 결정을 위한 구체적이고 신뢰할만한 인도·개발분야 정보에 대한 접근과 가용성 제고 • 국제 기술표준을 적용하기 위한 북한의 역량 강화 • 국제 조약, 협약, 기타 체계에 대한 북한의 준수 강화와 증거에 기초한 보고체계 강화

출처: 유엔북한팀, "UN과 조선민주주의인민공화국 간의 협력을 위한 유엔전략계획 2017-2021" (2016), 우리민족서로돕기운동 번역본을 바탕으로 저자 재구성

와 매우 다른 북한의 정책변화라고 할 수 있겠다.[17] 무엇보다도 유엔전략

---

17) 이외에도 'IV. 관리(Management)' 파트에서 "사업을 지원하는 유엔기구들은 모든 해당 부처, 단체, 정부기관, 수혜자들과의 접촉을 보장받을 것이다(p.22)", "(타당성 검증 및 확인과 관련하여) … 접근 없이는 지원도 없다(no access, no assistance)는 실행 원칙에 따라, 자금의 출처와 관계없이 모든 사업에서 수혜자 등에 대한 접근이 허용될 것이다(p.25)"라고 밝히고 있다. 출처: 유엔북한팀(2016).

계획은 우선순위 4번 항목의 국제기술 표준의 학습 및 준수 노력과 관련
하여 북한으로 하여금 인권 관련 협약의 준수와 보고 이행을 위한 역량
강화에 대한 합의를 담고 있다는 점에서 북한의 전향적 태도를 확인 할
수 있다.

> "유엔은 북한 정부가─특히 인권 분야에서─국제 규범 및 표준을
> 보다 잘 준수할 수 있도록 다양한 국제 협약과 메커니즘의 이행, 정기
> 보고 등을 지원할 용의가 있다. 이러한 국제 협약과 메커니즘에는 경제
> 적·사회적 및 문화적 권리에 관한 국제규약, 시민적·정치적 권리에 관
> 한 국제규약, 유엔 아동권리협약(CRC), 유엔여성차별철폐협약(CEDAW),
> 장애인권리협약(CRPD) 등이 있다. 북한은 위 협약들의 당사국일 뿐만
> 아니라, 유엔정례인권검토 과정에서 나온 제안들을 수용하고 있다. 유엔
> 북한팀은 유엔상주조정관의 감독 하에 북한 정부가 정례인권검토 및 중
> 기 보고서 등의 권고 사항을 이행하도록 지원할 것이다."[18]

이러한 우선순위와 접근원칙, 국제사회와의 협력 방식에 대한 진전된
태도를 바탕으로 '유엔전략계획 2017-2021'은 4대 우선순위에 해당하는
세부 사업의 성과목표를 제시하고 있는데 그 주요 내용은 〈표 4〉와 같다.

IV. 유엔전략계획의 한반도 평화 연계를 위한 접근법

MDGs를 대체하는 지속가능발전목표가 채택되면서 매우 포괄적인 주제
를 포괄하고 있는 지속가능발전목표의 17개 목표와 구체적인 이행수단
및 개도국의 발전목표로서뿐만 아니라 선진국의 발전목표로서도 역할을

---

18) 유엔북한팀(2016), p.21.

한다는 특징으로 인해 그 차별성에 대한 분석이 분주하게 이루어졌다. 아울러 개발협력의 주체로서 MDGs가 국가 행위자에 집중했던 것과 달리 지속가능발전목표는 비국가행위자뿐만 아니라 민간기업의 역할을 강조하고 있다는 점에서도 주목받고 있다. 특히 지속가능발전목표의 16번 목표가 '지속가능발전을 위한 평화적이고 포괄적인 사회 증진과 모두가 접근할 수 있는 사법제도'를 포함하면서 동 연구의 주제, 즉 '어떻게 개발과 평화의 연계가 가능할 것인가?'에 대한 연구의 필요성이 주목받고 있다.[19]

국제사회는 이러한 문제를 해결하기 위해 여러 분쟁 지역에서 인도적 지원 및 개발협력과 지역 평화를 연계하는 통합 전략을 개발하기 위해 노력해 온 가운데, 지속가능발전목표도 평화를 고려한 지원 전략을 통해, 분쟁 지역 인도적 문제에 대한 보다 근본적인 해결 방안을 모색하려는 연구를 지속하고 있다. 실제로 유엔은 'Transforming Our World: The 2030 Agenda For Sustainable Development'를 통해 "평화가 없이는 지속가능한 개발이 있을 수 없으며, 지속가능한 개발이 없으면 평화도 있을 수 없다."[20]고 천명하였다.

이러한 관점에서 북한에 대한 남한 및 국제사회의 지원은 여타 개도국에 대한 지원과 다른 딜레마적 요소를 내포해 왔다. 비록 북한과 남한 및 국제사회 간 물리적 분쟁이 존재하지는 않았으나 첨예한 군사적 대립으로 평화가 언제 깨질지 모르는 상황이 지속된 가운데, 1995년 인도적 재난이 발생한 북한에 대한 국제사회의 지원은 북한 내 인도적 상황에 대한 대처와 불안한 한반도 분쟁 위기를 관리하기 위한 관여(engagement) 정책 하에 이루어져 왔다.[21] 특히 남한의 대북지원 민간단체들은 대북지

---

19) 외교부를 비롯하여 한국국제협력단(KOICA) 및 지속가능발전목표에 영향을 받는 기관들이 국내 학회 및 연구자들과 공동으로 동 주제에 대한 연구용역을 실시하고 있는 것으로 알려지고 있다.

20) "There can be no sustainable development without peace and no peace without sustainable development." 출처: United Nations, "Transforming Our World: The 2030 Agenda For Sustainable Development," available at: https://sustainabledevelopment.un.org/post2015/transformingourworld(검색일: 2018.5.20).

원 및 교류협력 운동을 북한에 대한 단순 물자 지원을 넘어 평화와 통일 운동으로 프레임하면서 북한 당국 및 주민과의 다양한 접촉을 통해 한반도 민족공동체 회복을 가능하다고 보았고, 실제로 대북지원 및 교류협력이 활발하게 이루어졌던 2000년 2007년 당시 남북한 당국 간 신뢰와 민족공동체 의식에 대한 남측 시민사회의 여론은 어느 때보다도 높았다.[22)]

비록 한반도 내 개발협력과 평화구축 간 결합적 접근법이 1995년 이래로 남한 당국과 시민사회에 있어 왔다. 남북관계 변화를 위한 정책기조로 관여(engagement) 정책을 통해 북한과의 신뢰를 형성하고 이를 통해 정치군사적 대립을 완화함으로써 평화통일을 달성할 수 있다는 기능주의적 접근법에 기반한 '햇볕정책'이 그것이다. 이 정책 하에 다양한 형태의 대북지원 및 사회문화교류협력이 이루어져 왔으나, 남한 내 보수정부의 출범과 함께 다시 남북관계 및 한반도 상황은 살얼음판 상황이 전개되었으며, 북한 내 민주주의와 인권 및 굿거버넌스적 측면의 변화를 관측하기 어려운 가운데 일촉즉발의 전쟁 위기 상황이 2018년 6월 12일 싱가포르에서 개최된 북미정상회담 이전까지 지속되었다. 이는 남한이 1995년부터 2007까지 적극적으로 추진해온 개발협력[23)]이 평화구축으로 연결되는데 있어 한계가 있었다고 해석할 수 있는 가운데, 과거에도 그러하였고

---

21) 국제사회 및 국제기구의 대북지원 사업이 어떠한 배경과 목적을 가지고 이루어진 것인지에 대한 실증연구가 현재까지 부재하다. 다만 소위 불량국가로 묘사되어 왔고, 북한 내 사업 수행의 어려움에도 불구하고 북한이 국제사회를 비롯하여 다양한 국제기구로부터 이례적으로 많은 지원을 받을 수 있었던 데에는 북한 내 인도적 상황과 별도로 비인도적 이슈가 대북지원의 결정요소로 작용하였다는 합리적 추정이 가능하게 만든다.

22) 민족공동체의식에 대한 직접적인 여론조사가 부재한 가운데 햇볕정책에 대한 여론조사 결과를 분석한 이주철, "대북정책에 대한 여론 변화 추이: 1995년 이후를 중심으로," 『국제고려학회논문지』 10호(2007), p.140의 연구는 70% 이상이 비록 햇볕정책상의 수정은 필요하나 동 정책이 지지되어야 한다고 밝혔다.

23) 북한에 대한 남한 정부 및 민간단체의 대북지원은 인도적 지원이 대부분으로 이를 '개발협력'으로 지칭하는 것은 모순일 수 있으나, 광의의 '개발협력'이 인도지원을 포괄한다는 점에서 이 명칭으로 사용하고자 함.

그림 1 　　　　개발협력과 평화구축 관계에 기반한 연구의 문제의식

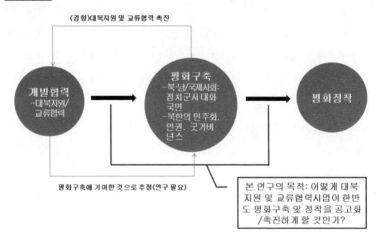

이번 북미정상회담 이후의 분위기도 그러하듯이 조성된 평화 무드는 개발협력을 촉진시키는 여건으로 작용하였다는 평가가 가능하다.

　여기서 우리의 과제는 여전히 평화가 구축되지 않은 한반도 상황을 고려함에 있어 유엔이 평화는 개발을 촉진시킨다는 명제 하에 향후 북미정상회담의 성과로 조성된 평화무드 가운데 개발협력 사업이 활성화될 때, 개발협력이 어떻게 평화구축을 더울 공고화하며 더 가속화할 수 있을 것인가에 대한 방안을 강구하는 것이다. 이러한 한반도 딜레마에 대해 김동진은 평화를 다루는 행위자는 개발협력을 어떻게 평화기반을 공고히 하는 데 활용할 수 있을지에 대한 '전략적 접근법(strategic approach)'을, 개발협력을 다루는 행위자는 개발협력이 어떻게 평화를 공고히 할 수 있을지에 대한 '분쟁민감접근법(conflict sensitive approach)'을 문제해결의 시작점으로 제시한다.

　김동진은 지속가능발전목표 이전인 2015년 3월 "Aid to the enemy: linking development and peacebuilding on the Korean peninsula" (The Pacific Review, Mar. 2015)를 통해 동 연구의 주제인 개발협력과 평화구축 간 결합 방안에 대한 이론적 연구를 통해 한반도 안보 딜레마 상황

그림 2   개발협력과 평화구축의 접근

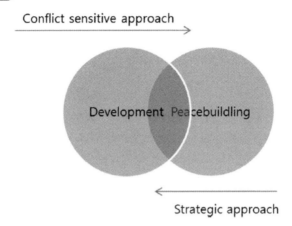

출처: Dong Jin Kim(2015), "Aid to the enemy: linking development and peacebuilding on the Korean peninsula," *The Pacific Review*(Mar. 2015)

속에서 대북지원과 평화구축이 어떻게 결합될 수 있는지에 대한 이론적 프레임워크를 제시하였다. 이 프레임워크의 핵심은 인도지원이 북한의 비핵화를 유도할 수 있어야 하며, 인도지원이 개발지원으로 발전하기 위해서는 비핵화와 함께 종전협정을 평화협정으로 대체가 이루어져야 한다고 본 점에 현재의 상황을 매우 적절하게 예측하였다. 이러한 가운데 개발지원은 한반도 평화구축과 맞물려 추진되어야 한다는 점에서 의미를 가진다. 다만 김동진의 연구가 평화구축 단계의 마지막 단계를 '통일(unification)'로 상정하였으나, 본 연구는 이를 '평화(peace)'로 대체하였다. 이는 향후 북한이 미국과 국제사회로부터 체제인정을 받을 경우 이는 정상화 국가를 의미하며 이는 북한이 통일보다는 안보위협이 해결된 가운데 남북한이 공존공영의 단계인 평화를 지향할 것이라는 전망에서이다.

그렇다면 개발협력과 평화구축 간 발전모형을 바탕으로 국가 및 비국가, 국제기구 등 여러 다양한 행위자가 대북지원 및 교류협력 사업을 모색함에 있어 영역별, 과제별, 행위자별 접근 원칙과 전략 그리를 구체적인 사업은 어떠해야 할 것인가? 김동진은 개발협력과 평화구축이 온전하게

그림 3 개발협력과 평화구축의 교집합과 발전관계

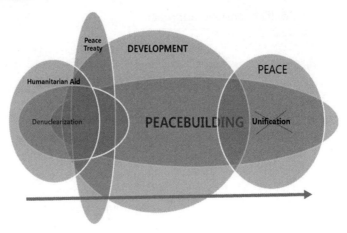

출처: Dong Jin Kim(2015), "Aid to the enemy: linking development and peacebuilding on the Korean peninsula," *The Pacific Review*(Mar. 2015)의 "Figure 2 The peace process of the Nepal peace and development strategy"를 바탕으로 저자 재구성

이루어지기 위해서는 Dugan(1996)이 제시한 모델처럼 대응영역별 접근이 필요함을 인식하고 이를 바탕으로 각 영역별 과제를 제시하였다. Dugan 이 제시한 모델은 분쟁 혹은 협력의 아젠다(humanitarian or development needs)를 시작으로 인간 개개인(relationship between people), 국가 차원 (state system), 국제체제(international structure) 차원에서 대응이 필요하다 고 보았는데, 이 모델을 바탕으로 김동진은 한반도 상황에서 각 대응영역 별 평화구축을 위한 과제를 다음과 같이 제시하였다.

먼저, 가장 낮은 혹은 개입 및 관여의 동기가 되는 아젠다 영역에서의 평화구축을 위한 과제는, 북한이 낙후된 사회경제 시스템의 개선을 위한 개발협력 사업을 수행함에 있어 국제사회가 준용하고 있는 원칙과 가치 를 준수하는 것에서부터 시작해야 한다고 본다. 즉, 개발협력에서 권고하 고 있는 원조효과성과 지속가능발전, 인권기반접근법 등 국제사회의 원칙 과 가치를 준용하는 것에서 시작한다. 왜냐하면 국제사회가 이러한 원칙 과 가치를 고안하고 권고하는 이유는 개발협력 사업의 수행에 있어 이러

○ 그림 4　　　　개발협력을 한반도 평화구축과 연계하기 위한 접근법

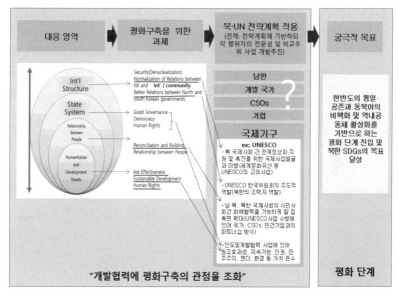

출처: Dong Jin Kim(2015), "Aid to the enemy: linking development and peacebuilding on the Korean peninsula," *The Pacific Review*(Mar. 2015)의 "Figure 5 Levels of response and peacebuilding objectives in the Korean conflict"를 바탕으로 저자가 재구성; 김동진 은 Maire Dugan(1996), "A nested theory of conflict," *A Leadership Journal: Women in Leadership-Sharing the Vision*, 1(1)을 바탕으로 재구성하였음

한 원칙과 가치의 추구가 국가 구성의 기본이 되는 인간 개개인으로 하여 금 인간개발(human development)과 인간안보(human security) 실현을 가 능하게 할 것이라는 믿음에 기반하기 때문이다. 둘째, 사람과 사람 간 관 계에 있어 화해와 관계의 형성인데, 이를 한반도 상황에 접목하면 남북한 주민 간 신뢰와 한민족공동체 의식의 형성이라고 할 수 있겠으며, 북한 주민과 국제사회 시민 간 관계로 확대하면 납북자 문제, 외국인 억류, 북 한 인권 및 탈북자 이슈 등 북한의 과거 적대 정책으로 인한 피해자 및 북한에 대한 부정적 인식을 가진 국제 시민사회와의 화해 모색이 될 것이 다. 셋째, 북한이라는 국가 내부적 측면에서 평화구축을 위한 과제의 핵 심은 민주주의와 인권이 보장되는 굿거버넌스의 수립일 것이다. 즉 북한

이 비핵화 조치로 국제사회로부터 체제를 보장받는다고 할지라고 권위적 1인 독재체제와 인권유린 등이 지속되는 거버넌스 체제가 계속될 경우 진정한 평화는 요원하다고 할 수밖에 없다. 즉 북한의 인권유린에 대해 북한 주민들 또한 언제까지 인내할 것이라는 보장이 없고, 국제 시민사회 또한 용인하지 않을 것이기 때문에 북한 내부로는 체제 불안정의 불씨가 도사리고 있는 것이고, 이러한 내부적 불안정은 한반도를 비롯한 동북아 평화 위협의 핵심 요소가 될 것이기 때문이다. 끝으로, 국제 체제적 측면 에서 국제사회에게 있어 북핵 문제는 평화를 위협하는 제1요소이므로 비 핵화가 수반되어야 할 것이며, 이에 대한 보상적 측면에서 북한의 숙원 사항인 정상국가화는 해결되어야 할 과제임이 틀림없다. 아울러 남북한 당국 간 관계에서 반세기가 넘는 시간 동안 지속되어온 분단과 대립 그리 고 적대적 관계를 청산하고 화해협력적 관계를 구축하는 것이야말로 엄 밀한 측면에서 국제적 측면에서 다루어질 이슈 영역에 해당한다.[24]

앞서 대응영역과 각 영역별 평화구축을 위한 과제를 제시하는 것이 김동진의 연구였다면, 이러한 영역별 과제를 다양한 행위자들이 어떻게 구체화하고 이행할 것인지를 밝히는 것은 후속 과제이면서 각 기관이 빠 른 시일 내에 모색해야 할 과제라고 할 수 있겠다. 즉, 북한 자체의 역할, 북한의 중요한 카운터파트로서 남한 정부와 시민사회의 역할, 민간기업 그리고 개별국가 등 다양한 행위자들이 개별적 혹은 협업의 방식으로 평 화구축을 위한 대응 영역별 과제를 어떠한 원칙과 접근법, 그리고 소관 기관의 전문성과 권한을 바탕으로 구체적인 협력 및 정책 방향을 도출하 고 이행함으로써 평화구축을 가능하게 할 수 있을 것이다. 결과적으로, 이러한 다양한 행위자들의 역할이 조합되어 궁극적 목표로서 한반도 통 일(혹은 남북한 공존번영), 북한의 비핵화로 동북아 안보대립의 해소와 역 내 공동체 활성화라는 평화 단계의 실현이 가능하리라고 본다.

---

24) 남한의 헌법이 북한을 국가로 인정하고 있지 않다는 점에서 남북관계를 국가 간 관계 로 규정할 수 없다고는 하나 본 연구에서는 이러한 헌법적 논쟁은 지양하도록 하겠다.

본 연구에서는 북한이 개발협력 사업을 위해 유엔북한팀과 2016년 마련한 '유엔전략계획'에 기반하여, UNESCO가 이 전략계획을 바탕으로 어떻게 개발협력(대북지원, 교류협력 및 UNESCO의 고유사업 포함) 사업을 실시함으로써 한반도와 동북아 평화구축을 공고화 및 가속화할 수 있을 것인지를 위에서 마련한 이론 프레임워크에 기반하여 도출하고자 한다.

V. 결론

1995년 시작된 한국과 국제사회의 대북지원 사업은 비록 그 한계에도 불구하고, 작금의 남북 긴장관계 완화와 반세기에 걸친 적대적 대립의 종지부를 찍을 수 있는 환경 조성에 기여했다는 평가 또한 가능하게 한다. 하지만 여전히 북핵 문제의 해결과 진전 없이는 북한에 대한 인도지원뿐만 아니라 개발지원 사업은 어렵다는 것이 작금의 일반적인 견해이다. 이러한 가운데 이 글은 북핵 동결의 보상으로서 개발협력 사업을 어떻게 추진할 것인가라는 문제의식보다는 북핵 문제를 해결해 가는 과정, 즉 평화를 만들어 가는 과정 속에서 북한에 대한 인도 및 개발협력 사업을 어떻게 조화시킬 수 있을 것인지에 대한 고민에서 시작되었다.

북한은 비핵화의 대가로서 정상국가화를 위한 국제사회의 지원을 요청할 것이다. 그리고 이 목표, 즉 사회경제발전 분야에서의 정상국가화를 위한 전략 로드맵이 유엔전략계획이라고 필자는 해석한다. 여기서 우리의 과제는 작금의 평화를 가속화 및 공고화하며, 과거의 비평화 상태로 회귀하지 않는 불가역적 환경을 조성하기 위해서 유네스코를 비롯한 한국과 국제사회가 북한과의 개발협력 사업을 추진함에 있어서 고려해야할 요소들을 파악하는 것이다.

결론적으로 북한과 국제기구가 채택한 유엔전략계획은 지속가능발전목표의 북한 적용 방안에 대한 문서이며, 북한은 이 전략문서를 채택함으로써 과거와는 다른 과감한 정책 개혁을 통한 정상국가화 로드맵을 이미 시작하였다. 그리고 이 정상국가화 로드맵은 남한에 있어 통일이 다소 멀어지는 결과로 귀결될 수 있다는 여지를 남기기도 한다. 하지만 최소한 북한의 정상국가화 노력은 한반도 평화 조성의 관점에서 매우 긍정적인 요소라는 점에서 유엔전략계획상의 목표 이행은 북한 정상국가화에 있어 필수적인 요소라고 본다. 즉, 필자는 북한의 사회경제 발전을 포함하고 있는 유엔전략계획의 이행에 있어 국제사회가 정립한 원칙과 가치들(이미 유엔전략계획에 포함된 가치들)이 북한에 내재화되어 북한이 국제사회의 건강한 일원으로 편입될 때 북한을 대상으로 하는 개발협력 사업이 평화를 공고히 하는 매개체가 될 수 있다고 본다.

북한은 이제껏 '은둔의 왕국'이었다. 이러한 이미지와 정책을 벗어던지고 바깥세상으로 나오려는 노력을 보이고 있다. 하지만 은둔의 왕국이었던 북한은 아직 어떻게 걸어야 할지, 어떤 방향으로 걸어야 할지, 어떤 언어를 써야 할지, 어떻게 행동해야 모색하고 있다. 이러한 맥락에서 지속가능발전목표 16은 북한이 건강한 국제사회의 일원으로 성장할 수 있도록 국제사회와 교감하는 프레임워크가 될 수 있다.

참고문헌

김성한·문경연. 2014. "한반도 통일기반 조성을 위한 비정부기구(NGO)의 역할." 『국제관계
　　연구』 19(1).

김치관. 2007. "6.15공동선언 이후 남북공동행사에 관한 연구: 행사의 경과와 주최 조직의
　　변화 발전을 중심으로." 경남대학교 석사학위 논문.

유엔북한팀. 2016. "UN과 조선민주주의인민공화국 간의 협력을 위한 유엔전략계획 2017-
　　2021." 평양: 유엔북한팀(우리민족서로돕기운동 번역본).

이주철. 2007. "대북정책에 대한 여론 변화 추이: 1995년 이후를 중심으로." 『국제고려학회
　　논문지』 10호.

DPRK Central Breau of Statistics. 1995. "Tabulation of the Population Census of
　　the Democratic People's Republic of Korea(31 December, 1993)." Pyong-
　　yang: Central Breau of Statistics, DPRK.

_____. 2009. "DPR Korea 2008 Population Census." Pyongyang: Central Breau of
　　Statistics, DPRK.

DPRK Central Breau of Statistics & UNICEF, WFP, WHO. "Democratic People's
　　Republic of Korea: Final Report of the National Nutrition Surveys." Con-
　　ducted in 1998, 2000, 2002, 2004, 2009, 2012.

Dugan, Maire. 1996. "A nested theory of conflict." *A Leadership Journal: Women
　　in Leadership-Sharing the Vision*, 1(1).

Kim, Dong Jin. 2015. "Aid to the enemy: linking development and peacebuilding
　　on the Korean peninsula." *The Pacific Review*, Mar. 2015.

UNCT. 2010. "Strategic Framework for Cooperation Between the United Nations
　　and the Government of the Democratic People's Republic of Korea 2011-
　　2015." Pyongyang: UN Country Team.

_____. 2016. "Strategic Framework for Cooperation Between the United Nations
　　and the Government of the Democratic People's Republic of Korea 2011-
　　2015." Pyongyang: UN Country Team.

UN Statistical Commission. 2016. "Report of the Inter-Agency and Expert Group
　　on Sustainable Development Goal Indicators(E/CN.3/2016/2/Rev.1)."

United Nations. "Transforming Our World: The 2030 Agenda For Sustainable De-
　　velopment." https://sustainabledevelopment.un.org/post2015/transformin
　　gourworld(검색일: 2018.5.20).

제17장

북한개발협력과 개발재원*

강우철 | 한국수출입은행 북한·동북아연구센터**

I. 서론

한반도 평화체제 구축을 위해 다양한 정책과제가 논의되고 있는 시점이다. 2018년 남북정상회담 및 북미정상회담이 연이어 개최된 후, 북한의 비핵화, 북미관계 개선, 주변국인 중국·일본·러시아의 협력, 국제사회의 대북제재 완화·해제, 남북 교류협력 확대 등 외교, 안보, 경제, 사회·문화 분야의 변화에 대한 기대와 우려가 교차하고 있다. 교착상태에 빠진 한반도 정세의 돌파구를 마련하려면 단기적 노력이 선행되어야 하지만, 중장기적인 관점에서 보면 한반도의 번영과 북한개발협력을 위해 개발재

---

* 이 글은 저자의 『지속가능발전을 위한 북한개발협력 재원조달 방안』(서울: 한국수출입은행)의 일부를 발췌하여 수정 보완한 것임을 밝힘.
** 이 글의 내용은 한국수출입은행의 공식적인 견해와 일치하지 않을 수 있습니다.

원에 관한 논의를 하지 않을 수 없다.

2018년 통일의식조사에 따르면, 통일의 가장 큰 우려 요소를 묻는 질문에 '통일에 따른 경제적 부담'이란 응답이 전체의 34%로 가장 높은 비율을 차지하였다(정동준 외 2019, 40). 이는 한반도 평화체제 구축을 위한 국민적 동의를 얻기 위해서라도 북한개발을 위한 재원조달 방안을 모색할 필요가 있음을 말해준다. 이러한 맥락에서 개발재원에 관한 논의는 양자원조, 다자원조, 신탁기금을 통한 국제개발협력 재원조달 방안, 국제개발협력을 통해 조달 가능한 재원의 규모, 각 분야별 개발 비용의 추산으로 구분할 수 있다. 구체적으로, 재원조달 관련 선행연구에서는 북한개발협력을 위한 대표적인 공공재원이라 할 수 있는 남북협력기금의 확충 방안에 관한 정책 제언, 주요 국제기구의 지원 형태와 특징에 관한 분석, 체제전환국의 사례 연구 등을 통해 향후 북한에서 개혁·개방 정책이 시행될 시기에 대비한 시사점을 도출하였다. 이들 논의의 핵심은 대북제재 해제, 북한의 국제금융기구 가입, 체제 전환 등의 제약 요소가 해결된다면 북한개발을 위해 동원(mobilization)될 수 있는 재원의 종류와 규모가 상당할 것이라는 데 있다. 바꾸어 말하면, 우리 국민의 세금으로 충당되는 국내 공공재원 외에도 북한개발을 위한 재원이 다양하게 존재한다는 것이다.

한편, 개발재원에 관한 논의는 지금까지 국제사회에서도 활발하게 진행돼 왔다. 원조의 경우 수원국의 경제·사회 발전, 글로벌 문제 해결이라는 '인도주의적 목적'에 국한되지 않고 공여국의 외교적·경제적 목표 추구라는 '현실주의적 목적'을 위해서도 실시되었으며, 공여국은 외교, 안보, 경제, 책무성 등 다양한 동기에 의해 원조 정책을 시행하였다(김지영 2016, 119-122). 하지만 여기서 문제는 공여국의 원조 동기와 목적이 상이한데도 정책목표를 달성하기 위한 재원은 항상 부족하다는 사실이다. 국제사회는 개도국의 발전(development)에 관한 다양한 논의를 축적하여 2015년 개발협력 패러다임으로서 지속가능발전목표(Sustainable Development Goals, SDGs)를 채택하였다. 지속가능발전목표에는 16개의 목표를 달성하기 위한 구체적인 실행 방안으로 개발재원 조달에 관한 목표와 지표가 함께 포함되어 있다는 것이다. 이러한 개발재원에 관한 논의는 국제사회의 대북제재 완화·해제 및 북한의 국제금융기구 가입이 선행된 후 북한개발협력을 위한 재원조달 방안을 강구할 때 유익한 시사점을 제공할 수 있을 것이다.

　위와 같은 문제의식을 바탕으로 본 연구는 지속가능발전목표의 개발재원 관련 목표를 검토한 후 향후 북한개발협력 재원조달 방안을 위한 시사점을 도출하는 데 그 목적을 둔다. 이를 위해 본 연구는 다음과 같이 구성된다. 제II절에서는 국제사회의 개발재원에 관한 논의를 바탕으로 'SDG 17 지속가능발전을 위한 이행수단과 글로벌파트너십 강화' 가운데 개발재원(finance) 관련 세부목표(target)에 관해 검토한다. 제III절에서는 지속가능발전목표의 개발재원 지표(indicator)에 대해 분석한다. 단, 북한의 경우 지속가능발전목표 17에서 설정하고 있는 지표와 관련된 통계가 매우 제한적이므로 포괄적인 관점에서 이의 주요 현황을 점검할 것이다. 제IV절에서는 북한에 제공된 재원의 규모, 변화, 특징을 남한을 중심으로 분석한다. 끝으로, 결론에서는 앞 절의 분석 내용을 바탕으로 북한개발협력 재원조달 방안을 위한 시사점을 도출한다.

II. 지속가능발전목표의 개발재원 개념

1. 국제사회의 개발재원 논의

개발재원이란 개도국의 개발을 위한 동기(motivation)가 있거나 개발에 영향(impact)을 미치는 모든 공적 자금과 민간 자금으로, 공적개발원조(Official Development Assistance, ODA), 기타공적재원(Other Official Flows, OOF), 무역 및 투자를 통해 마련되는 민간 자금, 개도국의 조세수입을 기반으로 하는 국내 공적 자금 등을 모두 포괄하는 개념이다. 이러한 개발재원에 관한 논의는 1960년대 현대적인 의미의 국제개발협력이 본격적으로 실시된 후 ODA의 양적 확대 차원에서 다양한 재원을 활용하는 방식으로 발전되었다.

전통적으로 개발재원은 국민의 세금을 기반으로 하는 공공자금이었다. 하지만 다음과 같은 과정을 거쳐 개발재원의 개념은 다변화되었다. 1970년 국제연합(United Nations, UN)은 'UN개발 10년을 위한 국제개발전략'을 수립하고 공여국 GNP의 0.7%를 ODA로 지원하자는 내용을 담은 피어슨 보고서(Pearson Report)를 결의안으로 채택하였다. 동 보고서는 ODA 규모에 관한 최초의 국제적 합의를 나타내고 있다. 또한 동 보고서는 개발재원 조달과 관련해 선진국이 개도국을 도와야 한다는 당위적 접근 방식에 구체적인 수치를 명시하고 공여국과 수원국이 합의를 이뤄 개발재원 조달의 기준을 마련하는 계기로 작용하였다.

그러나 ODA/GNP 0.7%는 권고사항일 뿐 법적 구속력이 없었기 때문에, 실제로 일부 북유럽 국가를 제외하고 목표치를 달성한 공여국은 매우 적었다. 1990년대에는 국제환경의 변화, 공여국의 재원부족, 수원국의 개발 부진으로 개발재원 확대 정책의 정체기가 시작되었다. 1980년대 후반까지 냉전이라는 외교 안보적 요소가 원조 확대의 동기로 작용하였으나, 탈냉전 시대에 들어 ODA는 더 이상 진영 확대의 수단으로 작용하지 않았다. 주요 공여국의 경기침체는 공공자금을 주요 재원으로 하는 ODA의 확대에 걸림돌이 되었으며, 오랜 기간 공여국이 개도국을 지원했음에도 불구하고 개도국의 경제·사회 지표가 충분히 개선되지 못하는 상황을 발생시켰다. 이는 결과적으로 공여국의 개발지원이 더 이상 늘어나지 않는 원조피로(aid fatigue) 현상을 일으켰다. 이후 이런 현상은 새로운 개발협력 패러다임으로서 새천년개발목표(Millenium Development Goals, MDGs)가 채택되면서 새로운 전환기를 맞이하게 된다.

2000년 국제사회는 밀레니엄 선언을 채택하고 2001년 구체적인 실행목표로 2015년까지 세계의 빈곤을 절반으로 줄인다는 내용을 담은 MDGs를 발표하였다. 구체적으로, MDGs는 경제성장 위주의 개발협력 패러다임으로 절대빈곤, 교육, 젠더, 모자보건, HIV/AIDS, 환경보전, 파트너십 등의 8개 목표와 21개 세부목표로 이루어졌다. 2002년에는 MDGs의 실행을 위한 제1차 개발재원총회가 몬테레이에서 개최되었으며, 회의 결과 몬테레이 컨센서스(Monterrey Consensus)가 채택되었다. 몬테레이 컨센서스는 ODA의 양적 확대에 초점이 맞추어져 있던 개발재원에 관한 논의를 '①개도국의 국내재원, ②해외 직접투자, ③무역을 위한 원조, ④ODA의 양적 확대(ODA/GNI 0.7%), ⑤채무 탕감 및 재조정, ⑥국제제도 개혁, ⑦모니터링 강화'로 다변화시키는 결과를 낳았다. 이후 2008년 제2차 개발재원총회에서는 도하선언(Doha Declaration)을 채택하여 몬테레이 컨센서스의 7개 항목을 재확인하고, 원조효과성 제고를 위한 수원국의 노력을 강조하며 기후변화 및 식량위기와 같은 새로운 상황에 국제사회가 함께 대응해 나갈 것을 약속했다. 이렇듯 몬테레이 컨센서스와 도하선언은 개발목표의 달성을 위한 구체적이고 종합적인 논의의 바탕이 되었다. 하지만 이는 방대한 의제를 제시했음에도 불구하고 구체적인 행동 계획과 강제성이 결여된 정치적 선언에 불과하다는 한계를 지닌다.

2015년 국제사회는 Post-MDGs의 논의를 발전시켜 경제성장, 사회의 안정과 통합, 환경보존이 조화를 이루며 지속가능성을 지향하는 지속가능발전목표를 새로운 개발협력의 패러다임으로 채택하였다. 지속가능발전목표는 빈곤, 기아, 건강, 교육, 젠더, 에너지, 경제성장, 불평등, 인프라, 기후, 평화, 글로벌 파트너십 등의 17개 목표(goal), 169개 세부목표로 구성된다. 지속가능발전목표는 선진국과 개도국, 취약국 등을 포괄하는 '보편성', 경제개발 이상의 다양한 목표를 추구하는 '다면성', 정부 이외의 민간기업, 학계, NGO가 참여하는 '다측성'을 강조한다는 점에서 MDGs와 차별성을 가진다. 2015년 제3차 개발재원총회에서는 아디스아바바행동계획(Addis Ababa Action Agenda)을 채택하여 지속가능발전목표를 달성하기 위한 재원조달 및 이행수단 강화, 행동계획의 후속조치 점검 방안을 마련했다. 국제사회는 아디스아바바행동계획의 행동 영역(action area)을 '①개도국의 국내재원, ②국내외 민간기업의 재원, ③국제개발협력, ④개발동력으로서의 무역, ⑤부채 및 부채의 지속가능성, ⑥시스템 이슈 대응, ⑦ 과학기술혁신 및 역량강화'로 구성하고 몬테레이 컨센서스(73항)와 도하 선언(90항)에 비해 총 항목수(134항)를 큰 폭으로 확대함으로써 기존 개발 재원총회의 한계를 보완하였다.

2. 지속가능발전목표와 개발재원

지속가능발전목표 가운데 재원과 관련된 내용은 지속가능발전목표 17 지속가능발전을 위한 이행수단과 글로벌파트너십 강화 항목에 포함되어 있다. 지속가능발전목표 17의 세부목표에는 개발재원총회에서 논의된 사항들이 압축적으로 반영되어 있을 뿐만 아니라, 전통적인 공적 자금의 확대 및 다양한 개발재원의 중요성도 강조되어 있다. 개발재원과 관련된 세부목표를 살펴보면 다음과 같다.

첫째, '국내재원 동원 강화(Domestic resource mobilization)' 목표는 전통적인 개발재원 논의에서 다루지 않았던 사안으로, 몬테레이 컨센서스 이후 핵심적인 개발재원 항목의 하나로 주목받기 시작했다. 이는 단순히 개도국 재원 동원 강화만을 강조하는 것이 아닌, 재원 확대 관련 제도 구축 및 개선을 위한 역량 강화를 포함하는 개념이다. 지속가능발전목표가 개발재원 가운데 개도국의 국내재원에 우선순위를 준 이유는 수원국의 참여를 유도해 주인의식을 제고하기 위함이며, 국내재원의 확충이 공공재 및 서비스를 제공하고 거시 경제적 안정성을 관리하는 데 필수적이기 때문이다.

둘째, 'ODA의 양적 확대' 목표는 1960년대 ODA/GNI 목표가 0.7%로 설정된 이후 지속적으로 강조돼 왔던 가장 전통적인 개발재원 조달 항목이라고 할 수 있다. 비록 2018년 경제협력개발기구(Organization for Economic Co-operation and Development, OECD) 개발원조위원회(Development Assistance Committee, DAC) 회원국의 ODA 순지출액이 전년 대비 2.7% 감소

세부목표(Targets)		지표(Indicators)
17.1	– 세금 및 기타 수익 징수를 위한 국내 역량을 개선하기 위해 개도국에 대한 국제적 지원을 통한 국내 재원 동원 강화	17.1.1 총 GDP 대비 정부 세수 총액 17.1.2 국내세금에 의해 자금이 지원되는 국내 예산의 비율
17.2	– 개도국에 ODA/GNI 0.7%, 그리고 최빈국에는 ODA/GNI 0.15~0.20% 목표를 달성하겠다는 다수 선진국의 공약을 포함하여, 선진국은 ODA 약속을 완전히 이행 – ODA 공여국들이 최빈국에 대한 ODA/GNI의 최소 0.2% 제공 목표를 설정하는 것을 고려하도록 장려	17.2.1 OECD DAC 공여국의 GNI 대비 1) ODA 순액의 비율 2) ODA 총액의 비율 3) LDC에 대한 ODA 비율
17.3	– 다양한 원천으로부터 개도국을 위한 추가 금융재원을 동원	17.3.1 총 국내예산 중 FDI, ODA, 남남협력의 비율 17.3.2 총 GDP 중 송금액의 비율
17.4	– 적절한 경우 부채조달, 부채탕감, 부채조정을 위한 정책 조율을 통하여 개도국이 장기적인 부채상환능력을 갖출 수 있도록 지원 – 고채무빈곤국의 채무부담을 완화하기 위해 대응	17.4.1 재화 및 서비스 수출 대비 채무상환
17.5	– 최빈국을 위한 투자 증진계획 도입 및 이행	17.5.1 최빈개도국을 위한 투자 증진 체제를 채택하고 이행하는 국가의 수

출처: UN(2015)

한 1,493억 달러를 기록했지만, 최빈국에 있어 ODA는 여전히 가장 중요한 개발재원임에 틀림없다. 2017년 기준 최빈국의 개발재원의 비중은 ODA (40%), 개인송금(32%), 해외직접투자(Foreign Direct Investment, FDI)(22%), OOF(2%), 공적 수출신용(1%), 민간 증여(1%)의 순으로 나타났다. ODA는 주요 공여국의 양자원조(bilateral aid)와 국제기구의 다자원조(multilateral aid)뿐만 아니라 최근 출범한 아시아인프라투자은행(Asia Infrastructure In-

vestment Bank, AIIB), 신개발은행(New Development Bank of BRICS), 남남
협력, 혁신적 개발재원 조달과 관련한 그린본드, 기후펀드 등으로 확대되
고 있다. 한편, 지속가능발전목표 시대의 개발환경이 공적 자금의 양적 확
대뿐만 아니라 민간 자금 유입을 위해 공적 자금의 효과적인 조달 및 운
용 전략과 같은 새로운 역할을 요구하는 점도 주목하지 않을 수 없다. 예를
들어, 저개발국의 경우 투자 리스크와 수익성 부족으로 민간 자금의 투입
이 어렵기 때문에 공적 자금의 보험이나 보증 방식을 활용할 수 있다. 이
와 같은 혼합금융 방식으로 동원된 민간 자금은 상업성을 가장 중요시하
므로 지속가능발전목표가 추구하는 개발목적성과 다소 상충되는 경향도
있다. 그럼에도 불구하고 혼합금융 방식은 리스크 관리 및 민간 자금의
광범위한 유입, 개발효과성 제고에 유용하다는 이유로 주목받고 있다.

셋째, 추가 금융재원 동원(Additional financial resources) 목표는 공적
자금 외 추가적인 금융재원인 민간 자금의 동원을 의미한다. 지속가능발
전목표 시대에 민간 자금의 역할이 강조되는 배경은 여러 가지로 해석될
수 있다. 무엇보다 앞서 설명한 바와 같이 지속가능발전목표가 정부, 민
간기업, 학계, NGO와 같은 다양한 행위자의 역할에 주목하고 있기 때문
이다. 실제로 개도국의 경제성장에 따라 공적 자금은 지속적으로 감소하
는 반면, 민간 자금은 증가하는 추세를 보이고 있다. 민간 자금 개발의 가
장 대표적인 방식에는 FDI가 있다. 이외에도 공적 자금과 민간 자금이 함
께 참여하는 민관협력(Public Private Partnership, PPP), 특정 개발목적을
위해 운영되는 프로젝트파이낸스(Project Finance), 협조융자(co-financing)
등 혼합금융의 구조화 기법을 활용한 다양한 형태가 존재한다. 단, 혼합
금융을 활용하는 과정에서 상업성이 지나치게 강조되지 않도록 개발 목
적성, 민간 자금 동원, 현지 개발환경 고려, 효과적인 파트너십, 모니터링
과 같은 혼합금융의 원칙이 준수되어야 할 것이다.

개발재원 조달을 위한 혼합금융은 정치적·경제적 리스크가 높은 개
도국에 상업자금이 투입될 수 있도록 공적 자금을 활용해 추가적인 상업
자금을 동원하는 방식이다. 그러나 이러한 혼합금융 방식이 모든 개도국

그림 1   지속가능발전목표(SDGs)별 혼합금융 실적

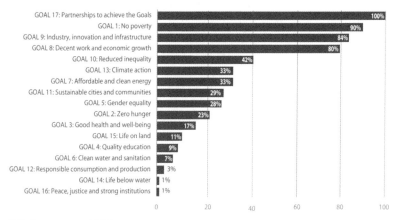

출처: Convergence(2018)

에 보편적으로 적용되는 것은 아니다. 혼합금융은 최빈국보다 상위중소득 국(Upper middle income countries) 및 하위중소득국(Lower middle income countries)에서 보다 많이 활용되고 있는 실정이다. 또한, 혼합금융은 수익 성 지표의 영향으로 교통, 에너지 등 주로 경제인프라 지원을 위한 분야 에서 적극 활용되는 반면, 위생·보건, 교육 등 사회 안전망 구축을 위한 분야에서는 소극적으로 지원되는 경향을 나타낸다.[1]

넷째, '부채 조절(Long-term debt sustainability)' 목표이다. 이는 직접적 인 개발재원 조달 방식이라고 할 수 없지만, 부채 탕감, 채무 조정 및 관 리 등의 촉진이 국가재정에 기여한다는 측면에서 개발재원 확보 방안의

---

[1] 혼합금융이 지속가능발전목표 개별목표에 기여한 비율을 살펴보면, 지속가능발전목표 9 '혁신과 인프라 구축'이 84%인 반면, 지속가능발전목표 3 '건강과 복지' 17%, 지속가 능발전목표 4 '양질의 교육' 9%, 지속가능발전목표 6 '깨끗한 물과 위생' 7%로 나타남. 이는 단일 프로젝트가 복수의 지속가능발전목표에 기여할 수 있음을 전제로 계산된 수 치로, 예를 들면 혼합금융을 활용한 태양광 발전소 건설은 재원조달 측면에서의 민관협 력(지속가능발전목표 17), 지원분야로서 에너지(지속가능발전목표 7) 및 인프라(지속 가능발전목표 9)에 기여한 것을 집계한 결과임(Covergence 2018).

하나로 활용 가능하다. 개발재원총회는 부채 및 부채의 지속가능성(Debt and debt sustainability)을 국가 차입의 지속가능한 발전 달성을 위한 투자 재원 조달 방식으로 인정하고 신중한 관리가 필요함을 강조하였다. 개도 국의 부채는 유엔무역개발회의(United Nations Conference on Trade and Development, UCTAD)와 국제통화기금(International Monetary Fund, IMF) 의 원칙에 따라 관리되어야 하며, 부채 조절은 채권국과 채무국 양측의 효과적인 협력 및 조정을 위한 매개체인 파리클럽(Paris Club)의 활동을 통해 이루어진다. 파리클럽은 공적 양자채무 재조정을 위한 전 세계 22개 채권국 국가의 비공식 포럼으로 주로 OECD 회원국으로 구성된다. 또한 대출금 상환이 어려운 채무국에 채무 탕감 혹은 채무 조정 등의 방식으로 재정 부담을 감면해주는 역할을 한다.

다섯째, 최빈국의 투자 촉진(Investment promotion for least developed countries) 목표이다. 선진국에서 개도국으로 유입되는 자금 가운데 공적 자금뿐만 아니라 민간 자금도 상당한 비중을 차지하고 있음을 상기하지 않을 수 없다. 수원국의 외부 자금 중 ODA와 FDI의 비중을 살펴보면, 최빈국(Least developed Countries, LDC)의 경우 ODA 50%, FDI 29%이고, 개도국 전체로 범위를 확대하면 ODA 14%, FDI 51%로 민간 자금의 비중 이 공적 자금의 비중을 압도함을 알 수 있다(UNCTAD 2018, 13). 이러한 수치는 민간이 투자할 수 있는 환경을 조성해야 하며, 이는 최빈국일수록 더 중요하다는 점을 시사한다.

III. 북한의 개발재원 현황

1. 국내재원

개발재원으로 활용되는 수원국의 국내재원은 조세를 통해 조달된다. 하지만 북한의 경우 국가재정에 관한 통계가 매우 제한적으로 공개되고 있다.[2] 북한은 원칙적으로 조세의 개념을 부정하고 있으며 재정규모 또한 금액이 아닌 전년 대비 증감률 위주로 발표되고 있다. 특히 세부적인 세입과 세출항목의 설명이 제한적이기 때문에 개발재원으로 활용할 수 있는 정확한 규모의 재원을 파악하기에는 한계가 있다. 이에 북한의 국내재원 조달을 이해하기 위한 북한의 특수한 상황을 중심으로 논의를 전개한다.

첫째, 자본주의 시장경제에서 세금으로 인식되는 국가예산 수입도 존재한다. 1974년 북한은 공식적으로 세금 제도를 폐지하였으나, 실제로는 자본주의 시장경제 체제의 세금과 유사한 수입 항목이 존재한다. 북한의 국가예산수입법(2011년 개정)은 크게 7가지 수입항목을 규정하고 있다. 첫째, '거래수입금 및 봉사료수입금'이다. 거래수입금은 소비품의 가격에 포함된 사회순소득(부가가치)의 일부를 봉사료수입금은 봉사료에 포함된 순수입의 일부를 국가예산에 납부하는 자금이다. 두 가지는 남한의 부가가치세와 유사하다. 둘째, '국가기업리익금 및 협동단체리익금'은 기관·기업소, 협동단체의 생산 및 판매활동 결과로 발생한 이윤의 일부를 국가예산에 납부하는 자금이다. 이것은 남한의 법인세와 유사하다. 셋째, '감가상각금'은 국가소유 고정재산의 마모율에 따라 해당 감가상각금액을 국가예산에 납부하는 자금이다. 넷째, '사회보험료'는 사회복지제도 운영을 위

---

2) 일반적으로 개도국의 국내재원에 관한 통계는 세계은행의 World Development Indicator를 활용할 수 있지만, 관련 북한 통계는 없다. 북한의 예산은 매년 4월 개최되는 최고인민회의에서 공개되지만 정확한 세입 세출 규모를 파악하기 어렵기 때문에 개발재원으로 활용할 수 있는 국내재원을 파악하기에는 한계가 있다.

해 근로자와 기관·기업소·협동단체가 납부하는 자금이다. 다섯째, 재산 판매 및 가격편차수입금은 국가소유 재산 판매 수입금, 국가적 가격변동 조치로 발생한 수입금, 차관으로 도입한 물자판매 수입금 등이다. 마지막으로 '기타수입금'은 국가수수료, 관세, 외국투자기업 및 외국인세금, 개인수입금 등이다. 2018년부터 평양으로 진입하는 고속도로에 톨게이트를 설치해 이용료를 받겠다는 방침에서도 알 수 있듯이, 북한이 향후 교통, 전기, 수도 등 사회간접자본에 대한 세금징수 방안을 새롭게 발표할 가능성이 있다는 분석도 있다(임을출 2017, 112).

둘째, 외국인 투자를 대상으로 한 조세이다. 국제사회의 대북 경제제재로 사실상 투자가 불가능한 상황에서 자력갱생을 강조하는 북한의 정책까지 고려하면, 북한이 외국인 투자에 소극적일 것이라 인식할 수 있다. 사실 초창기 북한의 헌법에는 외국인 투자를 허용하는 조항이 없었다. 하지만 1990년대 사회주의권 붕괴 후부터 북한 헌법 제37조에도 나타나 있듯 외국인 투자를 유치하는 방향으로 바뀌게 되었다(권은민 미간행 2018). 북한 헌법 제37조는 '국가는 우리나라 기관, 기업소, 단체와 다른 나라 법인 또는 개인들과의 기업 합영과 합작, 특수경제지대에서의 여러 가지 기업 창설 운영을 장려한다.'고 규정하고 있다. 이외에도 북한은 다수의 외국인 투자 관련 법제를 정비하였으며, 조세와 관련하여 외국인 투자자가 얻은 소득에 과세를 적용하기 위해 외국인 세금법을 제정하기도 하였다. 특히 김정은 정권 출범 이후 외국인투자 관련 법제정비는 폭넓게 이루어져, 향후 외국자본유치의 법적 기반을 정비하였다.

셋째, 급속한 시장화에 따른 비공식 경제 부문의 수입이다. 김정은 정권 이후, 북한에서는 시장화가 급속하게 진행되면서 중앙경제의 계획경제시스템과 지방경제의 시장경제시스템의 상호 의존관계가 나타나고 있다. 특히 장마당의 발전과 돈주의 출현은 조세와 관련하여 주목할 만한 변화를 일으키고 있는데, 구체적으로 장세를 부과하여 일부 시장을 공식화하거나 기업 경영에 자율권을 부과하는 현상이 나타나고 있다(중앙일보, 2019.6.12).

2. 국제개발협력

국제사회의 대북지원은 해방 이후 현재까지 계속되고 있으며 시기별로
주요 공여국, 형태, 규모가 변화되어 왔다. 1950년대에는 북한은 전후복
구와 군사지원을 중국에 요청하여 총 3억 3,600만 달러를 지원받았으나,
중공군 철수 이후 완전히 중단하였다. 1970년대부터는 서방국가들의 유
상원조가 대부분 전환되었으나, 1974년 대일 차관의 원리금 연체가 발생
함에 따라 서방국가들의 추가적인 지원은 이루어지지 않았다. 이에 구사
회주의 국가들의 경제 인프라 건설을 위한 유상원조가 제공되었다. 1980
년대 후반부터 사회주의 국가들과의 원조의 개념은 사실상 사라지고 상
업적 원칙이 적용되어 무상원조의 비중은 크게 감소하였다. 탈냉전 이후
구사회주의 국가들로부터 지원이 사실상 중단된 이후 북한은 국제사회에
원조를 요구하여 지원이 시작되었으며 OECD DAC의 집계를 통해 일관
된 통계도 제공되기 시작하였다. 1990년대 중반이후 ODA로 집행된 북한

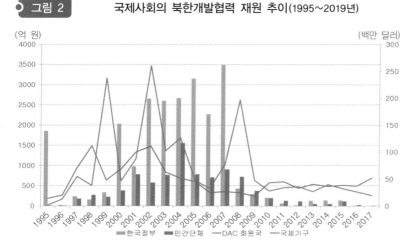

● 그림 2　　국제사회의 북한개발협력 재원 추이(1995~2019년)

주: 1) 남한 정부의 대북지원에는 당국 차원, 민간단체 기금지원, 국제기구 등을 통한 지원이 포함
　　2) DAC회원국과 국제기구의 실적은 지출액 기준
출처: OECD Statistics, 통일부 대북지원정보시스템

개발협력의 재원의 특징을 살펴보면 다음과 같다.

1995년부터 2019년 12월까지 집계된 총 금액은 27억 3,503만 달러로 DAC 회원국의 양자원조가 59%이고 유엔기구를 중심으로 한 다자원조가 41%이다. 국제사회의 북한개발협력 재원의 가장 큰 특징은 규모가 크게 변화되었다는 점이다. 원조규모의 큰 변화가 있었던 것은 1999년 2002년, 2008년인데 그 원인은 북한의 핵·미사일 실험으로 인한 최대 양자원조 공여국이었던 미국의 지원액이 급감했기 때문이다. 주요 공여자를 좀 더 자세하게 살펴보면 1995년 이후 양지 지원 규모는 약정액 기준으로 상위 5개 국가의 지원액이 전체 양자간 약정액의 80%를 차지하며 미국 52.5%, 스위스, 9.8%, 독일 9.4%, 노르웨이 5.4% 스웨덴 3.5%를 차지한다. 다자 원조는 EU, 국제농업개발기금(International National Fund for Agricultural Development, IFAD), Global Fund, 유엔인구기금(United Nations Population Fund, UNFPA)이며 국제기구 공여액의 약 68.9%가 EU에 의한 지원이 었다. 냉전 이후 북한개발협력 재원의 형태는 사회주의 국가의 원조는 중 단되었고, 국제금융기구의 미가입 상태이기 때문에 유상원조는 실시되지

○ 표 2　　　　　**최근 북한 유입 개발재원 규모(2013~2017년)**

(단위: 백만 달러(2017년 기준), 집행기준)

공여자		2013	2014	2015	2016	2017
양자 원조	DAC 회원국	26.76	39.43	32.38	26.13	19.38
	DAC 비회원국	24.01	53.41	70.29	69.52	62.23
	소계	50.77	92.84	102.67	95.65	81.61
다자 원조	EU	11.42	6.43	8.84	7.11	6.3
	유엔기구	17.06	9.9	8.87	12.56	12.8
	기타 다자기구	11.94	20.15	20.54	19.69	32.4
	소계	40.42	36.48	38.25	37.38	51.5
총계		91.19	129.32	140.92	102.38	133.11

출처: OECD Statistics

않았다. 남한에서 제공된 원조도 일부 식량 차관을 제외하고 자연재해와 식량위기를 지원하기 위한 무상원조가 대부분이었다.

최근에는 대북제재의 강화로 ODA 규모는 연간 1억 달러 초반에 정체 중이다. 2014년부터 시작되어 매년 4,000만~5,000만 달러 수준을 유지하고 있는 DAC 비회원국 러시아의 채무탕감을 제외하면 ODA 형태의 실제 현금 유입규모는 6,000만~1억 달러 내외로 추정된다. 북한의 인도적 상황을 고려하여 'UN의 대북 인도적 지원 면제 가이드라인'이 발표되었지만, 실효성이 부족하여 북한개발협력은 전반적으로 매우 위축되어 있는 상황이라고 할 수 있다. 단, OECD 통계에는 집계되지 않으나 북중우호조약에 의한 중국의 원조가 실질적인 역할을 하고 있는 것으로 추정된다.

3. 민간투자

북한은 개발재원으로서 다양한 외국인 투자 유치 정책을 도입하였으나 괄목할 만한 실적을 거두지는 못했다. 북한의 주요 외국인 투자 유치 정책과 실적을 개관하면 다음과 같다.

1984년 북한은 조총련계 재일 조선인의 자금을 유치를 장려하기 위해 합영법을 도입하였다.[3] 1990년대 초반 탈냉전 이후 서방 자본 유치를 통한 '제한적 개방정책'이 시작되었으며, 외국인 투자법, 합작법, 합영법 개정 등 본격적인 법제도 정비를 추진하였고, 최초의 경제특구로 나진·선봉 자유무역지대가 선정되었다. 그러나 1997년 말까지 나진·선봉 지대에 유입된 FDI는 실행 기준으로 5,792만 달러로 기대에 미치지는 못했다 (KOTRA 1998).

---

3) 1984년 9월 합영법 발표 후 1993년 말까지 북한의 외국인 투자유치는 전자, 기계, 화학, 의류, 식품, 광산 등 분야에 걸쳐 147건에 달했는데 88%에 해당하는 130건이 조총련계 기업에 의한 투자로 알려짐(우상민 2006, 3).

1998년부터 햇볕정책을 계기로 금강산관광지구와 개성공단을 중심으로 한 남북경협이 추진되어 남한의 자금이 유입되었다. 동 사업으로 북한이 유치한 외국인 투자는 금강산관광특구가 2008년까지 약 15억 달러, 개성공단은 2016년까지 약 10억 달러로 추산되고 있다(국민일보, 2010.3.19; 동아일보, 2016.2.12).

2002년에는 신의주 특별행정구를 발표하여 국제적인 새로운 형태의 특구 정책을 추진하였다. 신의주 행정특구는 북한의 7·1 조치, 남북관계 개선과 경의선 및 동해선 연결공사 착공, 북일 수교 교섭 가속화 등 대내외 정책과 맞물려 큰 기대를 모았다. 그러나 행정특구의 직접적인 당사자이자 설계자였던 중국인 행정특구장관이 비리 혐의로 체포되어 사업 추진의 원동력을 상실하였다(조명철 2007, 9).

김정은 정권의 출범과 함께 외국인 투자는 새로운 전기를 맞이하였다. 경제특구는 핵심적인 경제정책으로 자리매김하며 그 연장선상에서 외국인 투자 유치도 적극적으로 추진되었기 때문이다.[4] 경제특구는 김정은

---

4) 적극적인 외자유치를 위해 재정성의 국가담보로서 제공, 세금규정 중 가장 유리한 우대

정권의 핵심적인 경제정책의 하나로 경제개발구법 제정, 경제개발기구 출범 및 통합으로 관련 제도를 정비하고 신규 경제특구 및 개발구를 설치하여 지역적 확대를 모색했으며, 다양한 형태의 경제특구·개발구를 지정하여 투자자를 확대하는 노력을 계속하고 있다.

북한의 주요 경제특구·개발구는 러시아, 중국, 남한 등 접경지역에 위치한 점으로부터 주변국의 외자 유치를 고려했음을 알 수 있다. 그러나 정책적인 노력에도 불구하고 아직 북한 개발재원으로서 FDI는 유의미한 실적을 남기지는 못했다. 그 배경으로는 핵·미사일 실험으로 인한 국제사회의 대북 경제제재, 북한 당국의 외국인 투자 유치 경험 부족, 과거 계약의무 불이행이 초래한 낮은 신용도 등 정치·경제 분야의 리스크가 지적되고 있다(Peter et al. 2019, 549-547). 그럼에도 불구하고 장기적인 관점에서 북한개발을 위한 민간 자금은 가장 중요한 재원이라 해도 과언이 아니며 남북경협 나아가 동북아 경제성장을 위해서도 큰 기대를 모으고 있다.

4. 국가부채

북한은 남한의 식량차관을 포함하여 구소련, 중국을 비롯한 사회주의 국가, 그리고 일본, 프랑스, 독일, 영국 등 OECD 국가들에 대해서도 막대한 채무를 안고 있다. 북한의 대외채무 문제가 표면화된 것은 1974년 대일 철강재에 관한 계약금을 지불하지 못한 것이 계기가 되었다. 일본과 서유럽 국가들은 대금 지불 독촉을 요구했고 북한은 이러한 상황을 극복하기 위해 국제금융시장에서 채권발행 및 신규 차관 도입으로 자금조달을 시도하였다. 그러나 서방 금융기관은 이를 받아들이지 않았다. 다행히 일본, 스웨덴, 서독, 오스트리아 등 일부 채권국과 채무상환유예(rescheduling)

조건 및 특혜조건 보장, 외화의 입출금 및 대외송금 자유 보장, 수출입 업무 수행 보장, 분쟁조정을 위한 국제무역 중재기구 조직 등의 투자환경을 조성하였다(조봉현 2014, 36).

조치를 받았으나 북한이 채무이행에 성의를 보이지 않자 서방측 은행 차관단은 북한을 채무불이행(default)국으로 선고하였다. 이후에도 북한은 채무상환 능력을 사실상 상실하여 원금보다 이자가 더 많은 악순환을 거듭하고 있는 상황이다.[5]

북한의 국가 부채에 관한 정확한 규모는 알려진 바가 없으며 OECD 조차 2000년 이후로는 추정치를 발표하고 있지 않은 상황이며 단편적인 보도와 추정이 반복되고 있다. 가장 최근 자료라고 할 수 있는 2019년 파리클럽(Paris Club)이 발표한 자료에 따르면, 2018년 12월 기준 북한의 채무규모는 ODA 7,300만 달러, Non-ODA 22억 달러로 총 22억 7,000만 달러로 집계되었다(Paris club 2018). 주목할 점은 북한의 외채규모는 채권국들과 부채탕감 협상에 따라 결과가 달라질 수 있으며, 적용 환율, 이자율 수준에 따라 채무 규모가 달라질 가능성이 높다.

북한의 국가 부채는 추가적인 외국인 투자를 유치하는 데 걸림돌로 작용할 것으로 예상되며 공적채무를 협의하는 OECD 회원국의 채권국으로 구성된 파리클럽과 상업은행을 중심으로 하는 민간 채권자 회의인 런던클럽(London club)을 중심으로 재조정 혹은 탕감이 협의될 것으로 예상된다.

IV. 남한의 북한개발협력 재원

남한의 북한개발협력은 1990년대 중반부터 시작되어 20여 년 동안 커다란 변화를 겪어 왔다. 남한 정부와 민간이 지난 20여 년 동안 실시한 대북지원의 특징을 개발재원의 측면에서 분석하면 다음과 같다.

정부의 공적 자금이 72.3%로 가장 큰 비중을 차지한다. 공적자금이

---

5) 북한의 대외채무에 관한 자세한 분석은 양문수(2012)를 참조.

사용된 구체적인 방식을 살펴보면, 민간단체를 통한 지원 3.5%와 국제기구 등을 통한 지원 8.6%를 제외하고 대부분 직접 지원되었다. 정부 중심의 지원은 각 정부의 정치적인 이데올로기 및 대북 정책에 따라 개발재원 규모 변화에 큰 영향을 미쳤다. 남한의 정권별 주요 특징을 살펴보면, 문민정부(1995~1998년) 시기부터 북한의 국제사회에 대한 지원 요청을 계기로 시작되었다. 국민의 정부(1998~2003년)는 햇볕정책 채택 및 2000년 남북정상회담을 계기로 개발재원을 본격적으로 확대하였다. 참여정부(2003~2008년)는 햇볕정책을 계승하여 지속적으로 예산을 확대하려 했으나 2006년 북한의 핵실험으로 인한 국제사회의 반발과 국내여론의 악화로 어려움을 겪게 된다. 이명박 정부(2008~2013년)에 들어서면서부터 개발재원은 큰 폭으로 감소하게 되었다. 지난 10년간 지속되었던 대북정책의 기조가 크게 바뀌었을 뿐만 아니라, 2008년 금강산 관광객 피격 사건, 2010년 3월 천안함 사태, 11월 연평도 포격 사건은 그동안 쌓아 왔던 북한에 대한 신뢰를 무너뜨리고, 국민적 지지를 확보하는 데도 큰 타격을 주었다. 이에 이명박 정부는 2010년 5·24 조치를 발표하여 대북 지원사업을 원칙적으로 보류하게 되었다. 이러한 일련의 상황은 당국의 직접지원, 민간단체 기금지원, 국제기구 등을 통한 지원 모두 급격하게 감소시키는 결과를 초래했다. 박근혜 정부는 2014년 드레스덴 선언을 통해 북한에 대한 인도적 지원 의사를 표명했으나, 남북 간 신뢰가 회복되지 않은 상황에서 남북 간 교류를 재개하기는 역부족이었다. 문재인 정부의 출범은 연이은 남북, 북미 정상회담의 개최 및 실무협상으로 한반도 정세에 큰 변화를 가져왔으나 이미 공고해진 국제사회의 대북 경제제재 하에서 북한개발협력을 재개하기는 쉽지 않은 상황이다.

남한의 공적 자금 중심의 개발재원 구성은 성과와 도전을 남겼다고 할 수 있다. 정부 차원에서 제공된 재원은 총 2조 4,005억 원으로 북한의 인도적 상황을 개선하는 데 기여했다고 평가할 수 있을 것이다. 그러나 위에서 살펴본 바와 같이 국내외 정치상황에 따라 지속적인 개발협력을 실시하기에는 제약요소가 많았다. 2008년 이후에도 식량, 보건의료, 자연재

해 등 인도적 상황이 개선되고 있지 않았음에도 불구하고 북한개발협력
재원은 큰 폭으로 감소하였다. 공적 자금을 사용함에 있어서는 국민적 합
의가 바탕이 되어야 하기 때문이다. 또한 북한의 비핵화를 위한 대북제재
는 공적 자금을 집행하는 가장 큰 제약요소로 작용하고 있다.

한편, 정부 차원의 지원뿐만 아니라 민간 자금의 비중이 27.7%로 개
발재원으로서 중요한 역할을 담당하였다. 민간 자금의 대부분이 인도적
차원에서 제공된 NGO의 무상지원인 점을 감안하면 대북 지원에 관한 국
민적 관심도 한국사회에 공존하고 있다는 점을 간과할 수 없다.

북한개발협력 재원의 형태는 인도적 지원이 무상으로 제공되었다. 지
원 형태를 구체적으로 살펴보면, 26.3%의 식량 차관을 제외하고 73.7%가
무상으로 제공되었다. 주요 지원 분야는 비료지원, 보건의료, 산림, 농업
등 인도적 지원이 중심을 이루었다. 1990년대 지원 분야는 대부분 식량
지원이었다. 당국 차원에서 무상 및 차관 형태로 식량을 제공하였고, 국제

표 3 　　　　　　　　**남한의 대북지원 실적 총계(1995~2019년)**

(단위: 억 원)

구분			금액(억 원)	비율(%)
정부 차원	무상	당국 차원	11,262	33.9
		민간단체 기금지원	1,177	3.5
		국제기구 등을 통한 지원	2,839	8.6
		소계	15,278	46
	식량차관		8,728	26.3
	소계		24,005	72.3
민간 차원			9,174	27.7
합계			33,179	100

주: 1) 민간 차원 지원은 무상으로 제공된 금액이며 한국적십자사의 지원도 포함
　　2) 세부항목 금액의 단수 반올림 처리로 합계의 차이가 발생할 수 있음
　　3) 반출기준(정부: 수송비 및 부대경비 포함, 민간: 수송비 및 부대경비 미포함)
출처: 통일부 대북지원정보시스템을 바탕으로 재구성

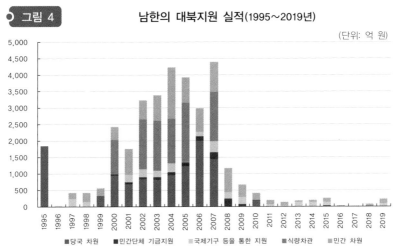

그림 4 남한의 대북지원 실적(1995~2019년)

출처: 통일부 대북지원정보시스템을 바탕으로 재구성

기구를 통한 지원의 대부분도 유엔세계식량계획(World Food Programme, WFP)을 통해 이루어졌기 때문이다. 2000년대에는 비료지원을 통한 농업 분야, 영유아 지원·의약품의 보건의료 분야, 산림분야 지원이 실시되어 점차 다양한 분야로 확대되었다. 2005년 북한은 단기적인 긴급구호 방식에서 중장기적인 개발협력 방식으로 전환을 요청하였으나, 2006년 북핵실험과 2008년 남한의 5·24 조치로 당국 차원에서 기존의 협력 방식을 대폭 수정할 수는 없었다. 오히려 민간 차원에서는 2000년대부터 개발협력사업의 비중을 확대하여 단순 물품 지원을 넘어서 농기자재 지원 및 생산(우리민족서로돕기운동), 병원 현대화 사업(어린이의약품지원본부), 상하수도 현대화 사업(기아대책), 남북농업협력심포지엄(등) 북한의 지속가능한 개발을 위한 사업들을 시도 및 확산시켰다(문경연 2017, 115).

V. 결론

본 연구는 지속가능발전목표의 개발재원 관련 목표를 검토한 후 향후 북한개발협력 재원조달 방안을 위한 시사점을 제시하고자 하였다. 장기적인 관점에서 한반도 평화체제를 구축하기 위해서는 북한 개발재원 조달 문제를 반드시 해결할 필요가 있다. 남북한의 경제격차를 해소해 동반성장을 이루려면 막대한 재원이 소요될 것으로 예상되기 때문이다. 그러나 한국의 경제성장도 저성장 기조를 보이고 있어, 현재 북한개발협력을 위해 지출할 수 있는 재정규모는 제한적일 수밖에 없는 실정이다. 통일에 대해 국민들이 가장 우려하는 부분이 경제적 부담인 것으로 나타난 조사 결과에서도 알 수 있듯이, 안정적인 개발재원 확보는 한반도 평화체제 구축을 위한 가장 중요한 정책과제일지도 모른다. 흥미로운 사실은 이와 유사한 논의가 국제사회에서도 활발하게 진행되고 있다는 점이다.

2015년 새로운 개발협력 패러다임으로 채택된 지속가능발전목표는 기존의 개발재원에 관한 논의를 압축적으로 제시하고 있다. 지속가능발전목표 17은 16가지 목표를 이행하기 위한 구체적인 수단으로서 개발재원의 중요성을 역설하며 개발재원의 개념을 ODA 중심의 공적 자금에서 수원국의 국내재원, 민간 자금, 부채 조절, 투자환경 조성까지로 확장시켰다. 본 연구는 지속가능발전목표 17을 기준으로 북한 개발재원의 현황을 살펴보면서 제한된 통계자료로 지속가능발전목표의 지표별 정량분석을 실시하기 쉽지 않음을 알 수 있었다. 하지만 그럼에도 불구하고, 향후 대북 제재 해제·완화 시 재원조달 방안을 모색하는 데 필요한 시사점을 다음과 같이 도출하였다.

첫째, 국내재원 동원 강화를 위한 기술협력(technical assistance)이다. 북한의 국내재원 동원을 위해 국가재정운용, 조세제도, 통계수집 등의 역량강화를 고려해 볼 수 있다. 개도국의 경우 제도 구축을 위한 역량이 부족하여 개발협력의 일환으로 기술협력을 제공받는다. 북한의 시장화가 가속화되고 있으며 시장경제 요소가 많이 도입되고 있는 과정이고 외국인 투자 유치에 관해서는 적극적인 태도를 보이고 있더라도 신중한 접근이 필요하다. 경제 분야 가운데 금융제도는 북한의 체제유지와 직결되는 문제로 단순히 기술적인 문제로 접근할 수 없기 때문이다. 기존 체제전환국 사례 분석을 바탕으로 단계적으로 지원할 수 있는 방안을 모색해 볼 수 있을 것이다.

둘째, 남북협력기금의 확충이다. 본 연구에서 분석한 바와 같이 북한 개발재원의 종류는 매우 다양하지만, 개발협력 초기에는 남북협력기금이 개발재원의 중추적인 역할을 담당할 것으로 예상된다. 이에 국민적 합의를 바탕으로 증세, 복권 및 채권 발행, 지자체 협력, 공적기금의 활용을 통해 남북협력기금을 단계적으로 확충할 필요가 있다. 강조하고 싶은 점은, 국제사회의 공적 자금은 추가적인 민간재원을 확충하기 위한 재원으로 활용되는 방안이 모색되고 있다는 점이다. 제한적인 남북협력기금을 보다 효율적으로 활용할 수 있는 방안을 검토할 필요가 있다.

셋째, 북한의 국제금융기구 가입 지원이다. 개도국의 폭넓은 개발과제를 수행하기 위해서는 장기적, 지속적, 대규모 자금을 조달 할 필요가 있다. 지금까지 남한을 포함한 국제사회의 북한개발협력 사업의 대부분은 인도주의적 관점에서 단기적, 소규모로 실시되었다. 그러나 북한의 도로, 철도, 항만, 에너지 분야의 경제 인프라가 부족한 현실을 고려하면 다자개발은행(Multilateral Development Bank)의 양허성 지원은 필수불가결한 요소이다. 이에 북한이 IMF를 비롯한 세계은행, 아시아개발은행 등에 가입할 수 있도록 지원하는 것이 필요하다. 북한의 국제금융기구 가입 이후에는 남한과 협조융자(co-financing)을 통해 개발재원을 지원하는 방식도 검토해 볼 수 있을 것이다.

넷째, 민간 자금의 확충이다. 전통적인 개발재원으로서 공적 자금의 역할은 수원국의 경제성장에 따라 지속적으로 감소하는 반면 민간 자금은 증가한다(Cécilia 2019, 22-24). 공적자금이 보증·보험의 형태로 정치·경제적 리스크를 보완한다면 개발재원 확충에 기여할 수 있을 것으로 예상한다. 또한 상업성이 있는 사업 발굴을 위한 개발조사 사업을 공적 자금으로 지원하는 방안은 민관협력의 초석을 제공할 수 있을 것이다.

참고문헌

강우철. 2020. 『지속가능발전을 위한 북한개발협력 재원 조달 방안』. 서울: 한국수출입은행.

과학백과사전출판사. 1985. 『경제사전1』. 평양: 과학백과사전출판사.

권은민. 2018. "북한은 외국인 투자를 원하는가?" 「KOLOFO 칼럼」 434. 남북물류FORUM.

김병연. 2019. "북한의 시장화와 비핵화." 『중앙일보』, 6월 12일.

김지영. 2016. "국제개발협력 레짐 변천사." 서울대학교 국제문제연구소 편. 『개발협력의 세계정치』. 서울: 사회평론, 113-152.

문경연. 2017. "한국 정부의 대북지원 현황과 평가." 손혁상·유웅조·김지영·박지연 외. 『북한 개발협력의 이해: 이론과 실제』. 서울: 도서출판 오름, 105-124.

양문수. 2012. "북한의 대외채무 문제: 추세와 특징." 『KDI 북한 경제리뷰』 3: 18-37.

우상민. 2006. 『북한의 외자유치 현황과 전망』. 서울: KOTRA.

임을출. 2017. 『김정은 시대의 시장의존형 재정운영시스템 실태연구』. 창원: 경남대학교 산학협력단.

정동준 외. 2019. 『2018 통일의식 조사』. 서울: 서울대학교 통일평화 연구원.

조명철. 2007. "북한 경제특구 정책의 교훈과 정책과제: 나진·선봉 및 경제특구정책을 중심으로." 『오늘의 세계경제』 7(42): 1-15.

조봉현. 2014. "북한의 경제특구 개발 동향과 남북협력 연계방안." 『KDI 북한경제리뷰』 9: 34-64.

통일부. "대북지원정보시스템." http://hario.unikorea.go.kr/stat/StatInternalYearTotal.do(검색일: 2019.6.24).

통일부·법무부·법제처. "통일법제데이터베이스." https://www.unilaw.go.kr/

『국민일보』, 2010년 3월 19일.

『동아일보』, 2016년 2월 12일.

KOTRA. 1998. 『북한뉴스레터』 10월호.

Cécilia Piemonte et al. 2019. *Transition Finance: Introducing a New Concept*. Paris: OECD.

Covergence. 2018. "Blended Finance & SDG Alignment." https://www.convergence.finance/resource/3chGFqV9QAEsSGEwsMSyuS/view#(검색일: 2019.6.24).

OECD. 2018. *Making Blended Finance Work for the Sustainable Development Goals*. Paris: OECD.

_____. "OECD Statistics." http://stats.oecd.org(검색일: 2019.9.1).

Paris Club. 2018. "The Paris Club releases comprehensive data on its claims as of 31 December." http://www.clubdeparis.org/en/communications/press-release/the-paris-club-releases-comprehensive-data-on-its-claims-as-of-31-2(검색일: 2019.12.5).

UN. 2015. *Transforming Our World: the 2030 Agenda for Sustainable Development.* New york: United Nations.

UNCTAD. 2018. *World Investment Report 2018.* Geneva: United Nations.

Ward, Peter, Andrei Lankov, Jiyoung Kim. 2019. "Capitalism from Below with North Korean Characteristics: The State, Capitalist Class Formation, and Foreign Investment in Comparative Perspective." *Asian Perspective* 43(3): 533–555.

제18장

글로벌 파트너십과 남북협력과제:
한반도 지속가능발전목표 추진방향을 중심으로

권 율 | 대외경제정책연구원

I. 서론

유엔은 '2030 지속가능발전의제(2030 Agenda for Sustainable Development)를 2015년 채택하고, 2030년까지 빈곤을 종식시키고 지속가능한 발전을 실현하기 위해 분야별로 17개 목표와 169개 세부목표를 제시하였다. 이에 따라 국제사회의 일원으로서 북한도 지속가능발전목표(Sustainable Development Goals, 이하 SDGs) 이행을 위해 2016년 새로운 전략적 프레임워크(UN Strategic Framework)을 수립하였다. 특히 평양에 상주하고 있는 6개 유엔기관은 북한지원을 위한 UNCT(UN Country Team)를 구성하고, UNSF 운영위원회(Steering Committee)를 통해 국제사회의 대북지원사업 조정과 협력을 추진하고 있다.

현재 북한에 상주하는 유엔기관의 대표로서 조정역할(UN Resident Coordinator)을 맡고 있는 UNDP와 함께 FAO, UNFPA, UNICEP, WFP, WHO

등 주요 유엔기관들이 UNSF 운영위원회에 참여하고 있고, 북한 외무성과 협의 하에 전략적 우선순위에 따라 주제별 그룹(Thematic Group, TG)과 세부적인 이슈별로 작업반(Sectoral Working Group, SWG)을 설치하여 양자 및 다자간 협력사업을 조정하고 있다. 주목할 것은 글로벌 파트너십을 제고하고 사업효과성을 제고하기 위한 이러한 협력체제에는 북한에 상주하지 않는 유엔기관과 국제 NGO들도 적극 참여하여 북한 당국과 긴밀한 협의·조정채널을 구축하였다는 점이다. 북한에 대한 국제적인 제재가 지속되고 있음에도 불구하고 지속가능발전목표 달성을 위한 이행수단 및 글로벌 파트너십 제고에 필요한 글로벌 협력체제 수립에 있어서 유엔기관이 주도적 역할을 하고 있다. 또한 북한도 지속가능발전목표 이행을 위한 다양한 협의체 구성에 적극적으로 참여하고 있다는 점은 북한 개발협력을 위한 국제사회의 지원은 물론 남북협력에 있어서도 시사하는 바가 크다.

그동안 많은 제약요인에도 불구하고 유엔기관은 국제적인 지원체제를 구축하고 북한의 지속가능발전목표 이행을 위한 긍정적인 역할을 수행하고 있다. 아직 인도적 지원에 머물러 있어 지속가능발전목표 17 이행을 위한 글로벌 파트너십 제고에는 제약요인과 한계가 많지만, UNSF 운영위원회는 북한 외무성 산하의 국가조정위원회(National Coordination Committee)가 유엔기관 대표와 공동의장을 맡고 있고, 전략적 우선순위에 따라 네 개의 주제별 그룹(TG)이 세부적인 활동을 주관하고 있다. 부문별 작업반(SWG)을 통해 양자 및 다자협력사업에 참여하는 국제개발 NGO, 주요 원조수행기관 등이 폭넓게 참여하여 지속가능발전목표 이행과 사업방향이 논의되고 있다.

유엔 창설 70주년을 맞이하여 국제사회는 지속가능발전을 위한 사회·경제·환경적 측면을 균형있게 고려하면서 목표 간 연계성을 강조하고 있다. 유엔은 지속가능발전목표 이행을 위해서 글로벌 차원의 후속조치를 적극 추진하고 있고, 매년 유엔경제사회이사회(ECOSOC) 주관으로 고위급 정치포럼(HLPF)이 개최되고 있다. 유엔 사무총장 주관 하에 지속가능발전목표 연간 이행 보고서가 작성되어 글로벌 차원의 후속조치 및 이행이 검토되고 있다. 그동안 유엔은 국제적인 개발체제의 일관성 있고 통합적인 지원을 보장하면서 국가 주도의 자체적인 모니터링 과정으로 자발적인 국별 평가(VNR)를 실시해 왔다. 이에 따라 144개국이 자발적 국별평가를 받았고 한국은 2016년 VNR을 추진한 바 있다. 북한도 2018년 12월 유엔 경제사회이사회(ECOSOC)를 통해 금년도에 VNR을 추진할 것을 공식적으로 요청하여 조만간 국제사회로부터 지속가능발전목표 이행상황을 점검받을 예정이다. 이를 위해 북한은 유엔과 함께 공동으로 수립한 UNSF(2017~2021)에 따라 매년 "수요와 우선순위(Needs and Priorities)"라는 연차보고서를 통해 지속가능발전목표 이행을 위한 전략적 우선순위를 통합적으로 검토하고, 단기적인 인도적 수요와 추진전략, 필요한 재원 등을 매년 국제사회에 구체적으로 제시하고 있다.

한국의 경우 2017년 6월 지속가능발전목표 이행을 위한 232개 지표가 최종 확정됨에 따라 범정부 차원에서 한국 상황과 여건에 적합한 세부목표와 지표를 수립하기 위한 정책적 노력을 확대해 왔다. 2018년 상반기 민관학 공동작업반을 구성하여 한국의 국가지속가능발전목표(K-SDGs)를 위한 세부목표 및 지표체계 초안을 작성하였고, 90개 이상의 기관과 단체가 포함된 이해관계자그룹(Korea Major Groups and other Stakeholders, 이하 K-MGoS)이 참여하여 분야별로 입장문서를 제출하였으며, 원탁회의, 국민 대토론회 개최 등을 통해 국민의견을 수렴한 이후 그 결과를 관계부처와 협의하여 K-SDGs를 2018년 12월 국무회의를 통해 확정했다. 이와 같이 국제사회가 지속가능발전목표로 제시한 17개 목표를 한국적 여건에 맞게 전문가 작업반과 주요이해관계자 그룹(MGoS)이 참여하여 K-SDGs 수립과 이행지표를 마련하였지만, 남북협력과 연계한 한반도 지속가능발전목표 수립에 대한 논의는 미흡한 실정이다. 한국의 K-SDGs가 국별 계획단계를 지나 이행단계로 진입하기 위해서는 남북을 포괄하는 한반도 차원의 지속가능발전목표를 적극적으로 모색할 시점이다. 유엔도 지역·소지역 차원의 자발적 검토와 모범사례 공유를 추진하고, 정책적 자율성하에 모든 회원국들이 참여를 독려해 왔기 때문에 남북을 연계한 한반도 지속가능발전목표 수립은 글로벌 파트너십 제고를 위한 정책적 이정표를 만드는 데 크게 기여할 수 있을 것이다.

따라서 유엔 주도로 추진되고 있는 국제사회의 대북협력 조정채널을 활용하여 남북이 공동으로 한반도를 통합한 지속가능발전목표 주요목표 및 세부목표별 대표지표를 선정하거나 공동 협력사업을 추진할 수 있는 기반을 수립하는 것이 시급하다. 주목되는 것은 북한도 유엔 지원 하에 지속가능발전목표 이행방안을 수립하고 국가경제개발 5개년 전략과 지속가능발전목표의 달성목표를 연계한 다양한 이행계획과 협력체제를 적극 추진하고 있고, 자발적 국별평가(VNR)가 조만간 추진될 예정이므로 글로벌 파트너십 제고와 효과적인 지속가능발전목표 이행체제를 모색할 수 있는 한반도 통합 지속가능발전목표 수립에 보다 적극적인 노력이 필요한 시점이다. 현재 국제사회의 대북제재로 인해 인도적인 긴급원조에 한정되어 있지만, 지속가능발전목표 이행을 위한 글로벌 파트너십을 강화하고 구체적인 이행수단을 마련하는 데 남북협력이 공동노력을 추진하기 위해서는 유엔을 중심으로 추진되고 있는 글로벌 파트너십을 적극 활용할 필요가 있고, 남북을 연계한 한반도 지속가능발전목표 이행을 위한 제반 활동과 국제적 지원체제가 강화할 수 있도록 향후 남북협력방향을 모색하는 것이 중요하다.

따라서 본 장에서는 국제사회의 지속가능발전목표 추진체계와 이행 메커니즘을 살펴보고, 유엔이 채택한 지속가능발전목표의 주요 내용과 17번 목표와 관련하여 국제사회의 북한지원 현황과 성과를 검토하고자 한다. 특히 유엔 주도로 추진되고 있는 전략적 프레임워크와 지속가능발전목표 이행성과를 분석하고 K-SDGs와 연계된 한반도 지속가능발전목표 수립을 위한 남북협력과제를 제시하고자 한다. 국제사회의 대북제재가 지속되고 있기 때문에 글로벌 파트너십을 추진하기 위한 지속가능발전목표 17 이행현황과 성과를 종합적으로 분석하기에는 많은 한계가 있지만, 북한의 지속가능발전목표 이행체계와 추진방향을 한반도 지속가능발전목표 수립을 위한 분야별 성과분석에 중점을 둠으로써 향후 남북협력을 위한 국제사회의 협력과 지원체제를 수립하는 데 다양한 정책적 시사점을 도출하고자 한다. 이를 통해 한반도 평화정착과 북한을 위한 국제사회의 지원체제 수립에 있어서 지속가능발전목표 이행을 위한 다양한 정책과제와 향후 목표를 명확히 하고, 국제사회에 있어서 한국의 역할과 위상강화를 위한 K-SDGs 개선방향을 제시하는 데 중점을 두고자 한다.

II. 유엔 지속가능발전목표 17의 주요 특징[1]

2015년 9월 25일 제70차 유엔개발정상회의에서는 '지속가능발전을 위한 2030 어젠다'가 채택되었다.[2] 새천년개발목표(Millennium Development Goals, 이하 MDGs)와는 달리 지속가능발전목표는 선진국과 개도국이 공동으로 추진해야 할 포괄적인 목표를 제시하고 있는 것이 특징적이다.[3] 2030 의제의 핵심인 지속가능발전목표는 2016~2030년 동안 국제사회 차원의 새로운 통합적 개발목표로서 경제, 사회, 환경 등 3가지 측면에서 사람(People), 지구환경(Planet), 번영(Prosperity), 평화(Peace), 파트너십(Partnership)을 5P 원칙으로 제시하였다(〈그림 1〉 참조).[4]

---

1) 권율, "국제사회의 지속가능발전목표(SDGs)와 한국의 추진과제: K-SDGs 수립과정과 추진체제 개선을 중심으로,"『글로벌정치연구』(서울: 한국외대, 2019)에 게재된 논문을 기초로 수정·보완함.

2) 공식명칭은 'Transforming Our World: The 2030 Agenda for Sustainable Development'임. 지속가능발전목표의 주요 내용은 국제사회의 지속가능발전 추구를 위한 선언(Declaration)과 지속가능발전목표(Sustainable Development Goals and Targets), 이행수단과 글로벌협력(Means of implementation and the Global Partnership), 후속조치(Follow-up and Review)로 구성되어 있음.

3) 권율 외(2015), p.5 참조.

4) https://sustainabledevelopment.un.org/sdgs 참조. 지속가능발전목표 중에서 사람중

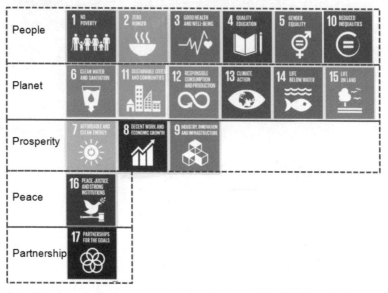

그림 1 　　　　　　　　 **지속가능발전목표와 5P**

자료: UN Sustainable Development Knowledge Platform과 권율 외(2016), p.34 참조

2030년까지 빈곤을 종식시키고 지속가능한 개발을 실현하기 위해 지속가능발전목표는 분야별로 17개의 목표(goals)와 169개의 관련 세부목표(target)가 설정되고, 이행성과를 측정하기 위한 232개 지표(indicator)로 구성되어 있다. 이는 MDGs에서 제시한 빈곤퇴치목표를 지속가능발전목표의 필요조건(indispensible requirement)임을 전제하면서도 개발격차와 불평등의 심화, 기후변화를 포함한 환경 문제 등 변화한 국제환경과 새로운 도전과제를 극복하기 위한 개발목표와 정책과제를 제시하였다는 점에 있

심의 목표는 빈곤, 기아, 보건, 교육, 젠더, 불평등 등 지속가능발전목표 1~5과 지속가능발전목표 10이 해당되고, 인간, 물, 도시, 책임있는 소비 및 생산, 기후, 해양, 육상생태계 등 지구환경 보호와 관련하여 지속가능발전목표 6, 지속가능발전목표 11~15가 포함됨. 또한 환경, 에너지, 고용 및 경제성장, 산업 및 인프라 등 지속가능발전목표 7~9는 경제적 번영과 연관되어 있으며, 평화는 지속가능발전목표 16, 글로벌 파트너십은 지속가능발전목표 17에 다양한 이행수단과 함께 제시되어 있음.

어서 그 의의가 크고, 이는 한반도 지속가능발전목표 세부목표와 이행지
표를 설정하고 효과적인 추진체제를 수립하는데도 면밀히 검토되어야 할
부분이다. 지속가능발전목표의 주요 특징을 MDGs와 비교하여 정리하면
다음과 같다.

우선, 기존의 MDGs가 사회·경제적 성장을 강조하였던 것에 비해 지
속가능발전을 위한 사회·경제·환경적 측면을 균형있게 고려하면서 목표
간 연계성을 강조하고 있는 것이 특징적이다. 지속가능발전목표 이행을
위해서는 5P 측면의 상호연관성과 통합성이 중요하고, 다양한 개발과제
가 상호 연계되어 있기 때문에 지속가능발전목표에 대한 통합적인 접근
이 이루어져야 한다.

둘째, 지속가능발전목표는 지속가능한 발전을 실현하기 위해서 선진
국과 개도국의 공동의 목표를 제시하여 글로벌 연대에 기반한 광범위하
고 보편적인(broad and universal) 과제를 수립하는 데 중점을 두고 있다.
기존의 MDGs가 개도국에 대한 지원에 중점을 두고 있다면, 지속가능발
전목표는 개도국 지원을 넘어서서 선진국을 포함한 국제사회의 모든 국
가가 공동으로 이행해야 할 국제적 목표를 제시하였다. 특히 지속가능발
전목표 17 목표의 경우 국제적 협력을 증대하기 위한 이행수단과 글로벌
파트너십을 위해 민간기업과 시민사회, 신흥공여국 등을 모두 포함하는
새로운 국제사회의 파트너십을 확립하는 중점을 두고 있다. 이를 위해 유
엔은 각 국가들 및 주요 이해관계자그룹들의 지속가능발전목표 이행과
모니터링에 시민사회 등 민간부문의 참여와 파트너십을 장려하고 있다.

셋째, 지속가능발전목표는 〈그림 1〉에서 알 수 있듯이 5P 분야별로
17개 목표와 관련 169개의 세부목표를 설정하고, 이행지표는 232개에 달
해 MDGs보다 이행과 점검 과정이 매우 복잡하다는 점이다. 지속가능발
전목표에 대한 국가별 이행 계획수립과 이행체제를 마련하고, 모니터링
메커니즘을 수립하는 데 많은 어려움에 직면하고 있다. 이에 따라 매년
유엔 고위급 정치포럼(HLPF)에서 각 국가 및 국제기구에서 받은 통계자료
를 기반으로 집중 점검목표에 대한 이행현황 점검과 보고서를 작성하고

있다. 이와 함께 자발적 국가보고서(Voluntary National Review)와 시민단
체 등 이해관계자그룹 보고서들을 유엔 웹사이트에 올려 공식 데이터베
이스를 운용 중이다.[5] 특히 이행지표와 관련해서는 데이터가 정기적으로
산출되고 집계가 용이한 지표(Tier I)는 82개에 불과하여 전체 지표 중에
서 35% 밖에 안 되는 실정이다. 통계방법론은 있으나 데이터 사용에 한계
가 있는 지표(Tier II)는 61개이고, 국제적으로 합의된 방법론이 아직 부재
한 지표(Tier III)도 많아 공식지표(Official indicator) 외에 유사지표나 대체
지표(Alternative indicator), 추가지표(Additional indicator)를 설정해야 하는
상황이다.[6] 이에 따라 유엔 지속가능발전목표 이행보고서에 따르면 통계
역량 강화를 위한 지원을 강조하고 있으며, 지속가능발전목표에 필요한
데이터 구축을 위해서 적극적인 노력이 필요한 실정이다.[7]

넷째, 새로운 목표의 단순한 제시에 머무르지 않고, 지속가능발전목표
달성을 위한 이행수단 및 글로벌 파트너십 제고에 중점을 두고 있다. 기
존 MDGs의 경우 구체적인 이행수단이 미흡했다는 비판에 따라 지속가능
발전목표 17의 경우 아디스아바바 개발의제(AAAA)를 토대로 목표달성을
위한 이행수단을 구체화하여 실현가능성을 제고하는 데 중점을 두고 있
다. 이에 따라 지속가능발전목표 17은 필요한 재원, 기술, 역량강화, 무역
등으로 구체적 지원과제를 제시하고, 지속가능발전목표 이행을 위한 시스
템 이슈로 정책과 제도의 일관성, 다자간 파트너십, 데이터 모니터링과
책무성 등 다양하고 광범위한 분야를 제시하고 있다. 〈표 1〉과 같이 지속

---

5) 한국시민사회 SDGs 네트워크(2017), p.2 참조.

6) 김지현(2016), p.6; United Nations Economic and Social Council(2016), p.9.

7) UN(2018), The Sustainable Development Goals Report 2018, pp.33-34 참조. SDGs
지표 전문가그룹(Inter Agency and Expert Group on SDG indicators, IAEG-SDGs)
을 중심으로 지표 산출에 필요한 데이터 수집 및 측정 방법론 개발을 진행 중이나, 사하라
이남 아프리카 최빈국의 경우 아직까지 지표 산출에 필요한 데이터의 가용 수준은 높지
않은 상황임. 이미 2017년 케이프타운에서 개최된 48차 통계위원회에서 지속가능발전을
위한 데이터 구축을 위해 통계시스템 강화와 현대화가 주요 과제로 추진된 바 있음.

표 1 지속가능발전을 위한 이행수단 및 글로벌 파트너십 강화
(지속가능발전목표 17)

주요 항목	유엔 세부목표 (Targets)	유엔 지표 (Indicators)
재원	17.1. 조세 및 기타 수익 징수 국내역량 개선을 위해 국내재원 동원 강화 (개발도상국에 대한 국제지원 포함)	• 총 GDP 대비 정부 세수 총액(출처별) • 국가 예산 대비 세금이 차지하는 비율
	17.2. GNI의 0.7%를 ODA로 제공하고 GNI의 0.15~0.20%를 최빈국에 제공하도록 선진국의 공약에 포함하고 ODA 공약 이행; ODA 제공 국가는 적어도 GNI의 0.20%를 최빈국에 제공하는 것을 목표로 고려할 것을 권장	• OECD/개발 원조 위원회(DAC) 공여국의 국민총소득 대비 1) ODA 순지출액의 비율, 2) ODA 총액의 비율, 3) LDC(최빈국)에 대한 ODA 비율
	17.3. 다양한 원천으로부터 개발도상국을 위한 추가재원을 동원	• 국가 총예산 대비 해외직접투자(FDI), ODA, 남-남 협력 규모 • 총 GDP 대비 해외송금 규모(US달러 기준)
	17.4. 필요할 경우, 채권금융, 채무 탕감 및 채무 재조정 촉진을 목표로 하는 정책조정을 통해 개발도상국의 장기 채무건전성 확보를 지원하고, 채무위기 완화를 위해 고채무빈곤국의 외채 문제에 대응	• 상품 및 서비스 수출 규모 대비 채무상환 비율
	17.5. 최빈국을 위한 투자 촉진 체제 도입 및 이행	• 최빈개도국을 위한 투자증진 체제를 채택하고 이행하는 국가의 수
기술	17.6. 과학, 기술, 혁신으로의 접근에 대한 북-남, 남-남, 지역 및 국제 삼각협력 강화; 기존 메커니즘, 특히 유엔 차원의 메커니즘 간의 조정과 세계적인 기술촉진 메커니즘 등을 통해 상호합의된 사항에 대한 지식공유 강화	• 국가 간 과학기술 협력을 위한 협정과 프로그램의 수(협력 형태별) • 거주자 100명당 고정형 광대역 인터넷 가입률(속도별)
	17.7. 상호합의에 의한 양해적, 우호적 조건을 포함, 개발도상국에 우대 조건으로 친환경적인 기술 개발, 이전, 보급, 확산 촉진	• 환경적으로 건전한 기술의 개발, 이전, 배포 및 확산을 촉진하기 위해 개발도상국에 지원되는 지원액 중 총 승인금액
	17.8. 2017년까지 최빈국을 위한 기술은행 및 과학기술혁신 역량구축	• 인터넷 이용자 비율

	메커니즘 운영을 전면 가동하고 정보통신기술(ICT) 위주의 핵심 기술 사용을 강화	
역량강화	17.9. 개발도상국의 지속가능한 목표를 효과적으로 달성하기 위하여 북-남, 남-남, 삼각협력을 포함한 국제협력 강화	• 개도국에 대한 재정 및 기술 지원 (남북, 남남, 3자협력 등) 규모(US달러로 가치 환산)
무역	17.10. 도하개발의제상의 협상결과를 포함하여 WTO 하에서의 비차별적, 평등, 공개적, 규칙기반적인 다자무역제도 촉진	• 국제 가중 관세 평균치
	17.11. 최빈국의 글로벌 수출 비중이 2020년까지 2배로 증가한다는 전망 하에 개발도상국의 수출 증대	• 세계 수출규모 대비 개도국 및 최빈국의 수출 비중
	17.12. 최빈국 수입품에 대한 특혜 원산지규정 투명성 및 명료성을 포함하여 최빈국의 무관세 및 수량규제 없는 시장접근에 대한 WTO 결정을 시의성 있게 이행	• 개도국, 최빈국, 군소도서국가에 부과되는 평균 관세
정책제도 일관성	17.13. 정책일관성 및 조율을 통하여 글로벌 거시경제 안정성 강화	• 세계거시경제 추이와 현황 (Dashboard)
	17.14. 지속가능발전 관련 정책일관성 강화	• 지속가능발전에 대한 정책 일관성을 강화하는 메커니즘을 수립한 국가의 수
	17.15. 각 국가의 정책 공간(policy space) 및 리더십을 존중하고 빈곤 퇴치, 지속가능발전 정책 수립 및 이행	• 개발협력 공여국이 개도국의 성과체계 및 계획 수단들을 활용하는 범위
파트너십	17.16. 지식, 기술, 재원 공유를 통하여 각 국가별 지속가능발전목표를 달성하도록 지속가능발전 글로벌 파트너십 강화	• 지속가능발전목표 달성을 지원하기 위한 다양한 이해관계자 개발협력 모니터링체계의 진전을 보고하는 국가의 수
	17.17. 경험축적 및 전략공유를 통하여 효과적인 공공, 공공-민간 및 시민사회 간 파트너십 권장 및 촉진	• 공공-민간 및 시민단체 파트너십을 위해 약속된 비용(US달러 기준)
데이터, 모니터링, 책임성	17.18. 2020년까지 고품질의 시의성 있고 신뢰도 높은 데이터를 소득, 성, 인종, 민족, 이민, 이주	• 공식통계의 기본원칙에 준하여, 지속가능발전 세부목표와 관련해, 국가 차원에서 생산된 완전히 세분화된 지속

상태, 장애상태, 지리적 위치, 기타 국가별 상황에 맞는 특성별로 세분하여 제공할 수 있도록 개발도상국의 역량 구축 지원	가능발전 지표의 비율 • 공식통계 기본원칙에 준한 국가 통계 법령을 가진 국가의 수 • 전적으로 재정적인 지원을 받고 이행 중에 있는 국가 통계 계획을 가진 국가의 수(재정지원 출처별)
17.19. 2030년까지 GDP 보완을 위한 지속가능발전 성과 측정치 개발에 대한 기존의 노력을 발전시키고, 개발도상국의 통계역량 개발을 지원	• 개발도상국의 통계역량 강화에 사용되는 모든 자원의 달러가치 • (a) 지난 10년간 최소한 1회 인구 및 주택 총조사를 실시하고, (b) 출생신고율 100%, 사망신고율 80%를 달성한 국가의 수

자료: UN(2015); 권율 외(2015) 참조

가능발전목표 17번 목표의 경우 주요 세부목표(17.1~19)를 19개 항목으로 구분하여 제시할 수 있는데, 북한의 경우 국제사회의 대북제재조치로 많은 제약요인에도 불구하고 지속가능발전목표 이행을 위한 정책역량 강화와 모니터링 체제 구축을 위해 유엔의 적극적인 지원이 추진되고 있어서 주목된다.

이와 같이 지속가능발전목표의 효과적인 달성을 위한 이행수단과 메커니즘을 구축하고, 글로벌 파트너십 활성화와 다양한 개발주체들의 파트너십 확대를 위해 유엔은 지속가능발전목표 17과 관련하여 19개 세부목표와 25개 지표를 설정하였다. 우선 재원과 관련하여 2030년까지 GNI 대비 ODA 비율을 0.7%로 확대(지속가능발전목표 17.2) 및 다양한 출처로부터 추가적인 재원조성(지속가능발전목표 17.3)을 목표로 제시하고 있다(〈그림 2〉 참조). 특히 지속가능발전목표 달성을 위해 가장 많은 재원이 요구되는 최빈국의 경우 민간재원의 유입을 기대하기 어려우므로 공공재원이 큰 역할을 담당할 것으로 예상됨에 따라 지속가능발전목표 17.2는 GNI 대비 0.15~0.20%의 공적재원을 최빈국에 제공하도록 명시하였다. 이는 아프리카 국가를 포함한 최빈개도국, 내륙국, 소규모 도서국가 등에 대한 지원과 분쟁국가 및 분쟁 이후 재건을 필요로 하는 취약국가에 대한 특별한

● 그림 2　　　　**DAC 회원국의 GNI 대비 ODA 비율 국제비교(2017)**

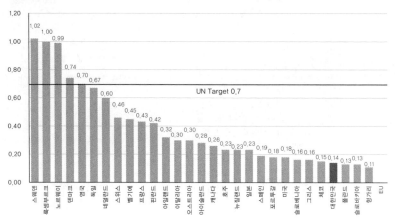

주: 순지출액, 경상가격(current price) 기준
자료: OECD.Stat 기초로 저자 작성(검색일: 2019.5.10)

고려가 필요하기 때문이다.

　　2017년 OECD DAC 회원국의 총 ODA 규모(〈표 2〉 참조)는 1,472억
달러이며, 다자기구를 통한 지원비중은 2017년 전체 ODA의 약 43.6%에
달하는 수준인데, 최근 지정기여 방식의 다자성 양자가 지속적으로 확대
됨에 따라 국제기구를 활용하는 다자협력이 확대되는 추세이다. 그동안

● 표 2　　　　**DAC 회원국의 ODA 지원 규모: 2008~17년**

(단위: 백만 달러)

	2008	2009	2010	2011	2012	2013	2014	2015	2016	2017
양자원조(A)	87,128	83,968	90,647	94,827	88,467	93,458	94,806	94,239	103,110	105,560
- 다자성 양자	14,017	15,200	14,516	17,741	16,602	18,082	19,618	18,151	20,712	22,601
다자원조(B)	35,763	36,707	37,837	40,284	38,563	41,389	42,733	37,325	41,810	41,600
총 ODA(A+B)	122,891	120,675	128,484	135,111	127,030	134,847	137,539	131,563	144,921	147,160

주: 순지출액, 경상가격(current price) 기준
자료: OECD.Stat 기초로 저자 작성

범세계적 차원에서 해결해야 할 지구적 과제와 국제 공공재에 대한 지원이 확대되면서 유엔 산하 국제기구를 포함하여 다자기구(multilateral organization)의 역할과 기능이 확대되고 있는 것이다.

　북한도 새로운 전략 프레임워크(UNSF) 수립에 따라 유엔기구는 분야별로 전문성과 현지 네트워크를 통해 국제기구의 중립성과 신뢰성을 바탕으로 효율적이고 통합적인 지원체제 수립에 역점을 두고 있다. 이에 따라 평양에 상주하고 있는 유엔기구의 협력체제 강화는 물론 지속가능발전목표 이행을 지원하기 위한 다양한 이해관계자 개발협력 모니터링체계를 강화하고 있다. 그동안 양자원조를 직접 공여하기 어려운 국가나 지역에 인도적 지원이나 식량안보 등을 효과적으로 지원할 수 있기 때문에 다자기구를 활용한 간접적 원조가 확대되어 왔다. 따라서 북한과 같이 국제적인 제재조치로 인해 직접적 지원이 어려운 국가를 대상으로 다자기구를 활용한 지원과 협력이 중요한 정책수단으로 부상하고 있는 것이다.[8] OECD 개발원조위원회(DAC) 회원국의 ODA 공여현황을 살펴보면, 2017년 양자원조 규모는 1,056억 달러이고, DAC 회원국이 지원하는 순수 다자원조 규모는 416억 달러로 전체 ODA의 약 28.3% 수준이다. 특히 지정기여 방식의 다자성 양자원조 규모는 지속적으로 확대하여 226억 달러를 기록하는 등 전체 ODA의 15.4%를 차지하고 있다(〈표 2〉 참조).

　우리나라의 경우 남북협력기본법에 따라 북한에 대한 지원은 ODA로 계상하기 어렵지만 국제사회와의 공조를 통해 북한지원을 활성화하고 실질적인 협력체제를 강화하기 위한 정책적 노력을 확대해 왔다. 특히 국제사회의 지구적 과제와 국제 공공재에 대한 지원이 확대되면서 최근 다자기구를 활용한 다자협력이 중요해지고 있다. 2018년 11월 OECD에서 발간된 『다자개발재원』 보고서에 따르면, 최근 ODA 규모가 증가하고 다자협력 주체가 점차 다원화되고 있으며, 국제기구를 통한 특정 목적 사업의

---

8) 다자원조의 일반적 특징에 대해서는 권율 외, 『우리나라 다자원조 추진전략과 정책과제』 (2010), p.18 참고. 지정기여에 대해서는 국제기구의 권율·이주영(2019) 참조.

지정기여(earmarked funding)가 확대되고 있음을 고려할 때 국제사회의 대북제재에도 불구하고 국제기구를 활용한 북한 지원체제 강화에 주목할 필요가 있다. 국제사회의 대북제재에도 불구하고 인도적 지원 문제가 지속적으로 제기되면서 2018년 8월 유엔 대북제재위원회가 인도적 지원 가이드라인을 수립하는 등 국제기구의 인도적 지원규모는 점차 증가할 것으로 예상된다.

그동안 대북 경제제재조치가 확대됨에 따라 2013~14년을 전후로 국제사회의 ODA 지원이 지속적으로 감소하는 추세이나 2017년 기준 총 지원액의 39%가 다자원조로 지원되고 있다는 점에 주목할 필요가 있다. 또한 OECD 개발원조위원회(DAC) 회원국은 지난 3년간 연평균 2,584만 달러를 지원하였으나, 국제기구를 활용한 지정기여 방식의 다자성 양자 규모는 평균 1,134만 달러로 양자간 대북원조의 43%에 달하고 있다. 2019년 1월 말 대북제재위원회는 대북제재 결의에 따라 인도주의 지원 면제승인을 하고, 유엔아동기금(UNICEF)을 포함하여 4개 지원단체의 대북물품 반입을 허가하였다. 세계식량계획(WFP)도 대북지원 계획을 수립하고, 북한 주민에 대한 영양지원사업을 본격적으로 추진하고 있다. 그동안 국제사회의 북한지원은 대북제재조치로 인해 인도적 원조에 한정되었으나, 앞으로는 지속가능발전목표 이행을 위한 글로벌 파트너십 제고를 위해 국제기구를 활용한 다자협력과 남북협력을 효과적으로 연계해 나가야 할 것이다.

III. 국제사회의 북한지원 추이와 ODA 공여 현황[9]

국제사회는 1995년 북한의 요청에 따라 인도적 지원을 확대하기 시작하였으나, 시기별로 국제정세와 남북관계에 따라 지원방식이나 지원 규모 면에서 큰 변화를 겪어 왔다. 북한은 1973년부터 유엔무역개발회의(UNCTAD), 세계보건기구(WHO) 등 주요 유엔기구에 가입하기 시작하였으며, 남북이 유엔을 동시 가입한 1991년 이후 유엔 산하 기관과 프로그램에 대한 활동과 참여를 본격화한 바 있다. 특히 UNDP가 1991년부터 추진하기 시작한 두만강개발계획(TRADP) 사업에 북한이 적극적으로 참여하여 나진·선봉 지역을 자유무역지대로 개발하기도 했으나, 투자재원의 부족과 북한의 핵개발로 실질적인 성과를 거두지는 못했다.

그러나 국제사회의 대북원조가 본격화된 것은 1995년 8월 북한이 유엔대표부를 통해 국제사회의 긴급구호를 공식적으로 요청한 이후라고 할수 있다. 국제사회의 대북지원은 유엔기구 간 공동지원호소(UN Consolidated Inter-Agency Appeal for DPRK)에 따라 2004년까지 10개년에 걸쳐 유엔 통합지원이 진행되었다.[10] 북한은 유엔 가입 이후 국제기구를 활용하여 경제난에 대처하고 국제사회의 실질적인 지원을 받으려고 노력했으나, 북한의 핵개발로 유엔을 포함한 국제기구의 대북지원이 크게 감소함에 따라 긴급구호와 같은 인도주의적 지원에 한정되어 ODA 사업이 추진되었다.

2000년 6.15 남북정상회담을 계기로 국제사회의 대북지원이 증가하였고, 북한의 요청에 따라 국제기구와 일부 공여국들은 단순 인도적 원조

---

9) 권율·이주영(2019), pp.5-12 참조.

10) 북한의 '도움' 요청에 국제사회가 적극적으로 호응할 수 있었던 이면에는 1994년 10월의 제네바 합의에 따른 1차 북핵위기의 해소와 북한의 대외관계 개선이 일정하게 작용하였으며, 북·미 간의 '제네바 기본합의서' 체결에 따라 북한이 핵확산금지조약(NPT) 복귀와 국제원자력기구(IAEA)의 핵안전 조치를 이행하면서 본격화됨. 자세한 내용은 이종운, 「국제사회의 북한 개발협력의 평가와 시사점」(2018), pp.42-45 참고.

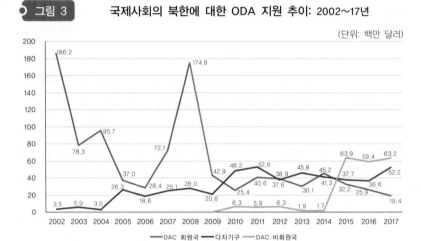

🔵 **그림 3**　　　　**국제사회의 북한에 대한 ODA 지원 추이: 2002~17년**

(단위: 백만 달러)

주: 총지출액, 경상가격(current price) 기준
자료: OECD.Stat 기초로 저자 작성(검색일: 2019.1.28); 권율·이주영(2019) 재인용

지원에서 벗어나 기술 및 자금 지원을 추진하려고 시도했다. 그러나 2002
년 12월 제네바 합의 폐기와 핵동결 해제조치로 북한개발을 위한 지원은
본격화되지 못하였다. 이후 북미 관계의 급속한 악화와 국제사회의 북핵
문제에 대한 우려에도 불구하고 북한에 대한 식량원조와 인도적 지원은
지속되었지만, 2005년 북한의 6자 회담 중단과 2006년 1차 핵실험으로
국제사회의 대북지원 실적은 급격히 감소하여 4,700만 달러에 불과하였
다(〈그림 3〉 참조). 유엔의 통합지원이 제한적이자 북한 당국의 거부의사
로 인해 2005년부터 유엔인도주의업무조정국(UNOCHA)은 평양사무소를
철수하였으나, 유엔개발계획(UNDP), 유엔아동기금(UNICEF) 등과 개별적
인 업무협의는 지속되었다.

　그러나 2007~08년 사이에는 국제사회의 식량지원과 미국의 북한 테
러지원국 적용 해제, 6자 회담 참가국의 중유 제공을 계기로 일시적으로
대북지원이 증가하기도 하였다. 이는 2007년 식량지원을 포함하여 대북
원조를 1억 달러 수준으로 확대하였고, 북한이 우라늄농축프로그램을 포
함한 핵개발을 포기함에 따라 미국의 북한 테러지원국 적용이 해제되었

기 때문이다. 6자 회담 참가국들이 중유 100만 톤을 제공하는 등 다자간 합의가 도출됨에 따라 일시적으로 지원이 증가하였던 것이다.

이와 같이 2000년대 중반까지는 대부분의 대북 인도적 지원이 유엔기구 통합지원에 참여하는 방식으로 수행되었으며, 2005년 이후부터는 국제기구와 개별 정부가 북한을 독자적으로 지원하는 형식을 취하고 있는데, 현지 사무소에 북한 국적자의 채용이 확대되는 등 상호 간에 비교적 활발한 관계를 유지하고 있다. UNOCHA 통계에 따르면, 2000년 이후 국제사회가 북한에 지원한 인도적 지원 금액 중 약 67%에 해당하는 14억 4,146만 달러가 국제기구를 통해 이루어졌다.[11]

2005년부터 유엔기구에 의한 통합지원은 중단되고, 국제기구와 개별 정부가 독자적으로 지원하는 형식을 취하고 있는데, 그동안 북한은 유엔개발계획(UNDP)을 포함하여 유엔아동기금(UNICEF), 세계식량계획(WFP), 식량농업기구(FAO), 유엔인구기금(UNFPA), 세계보건기구(WHO) 등 주요 국제기구와 비교적 활발한 관계를 유지하면서 평양에 사무소 개소를 허용한 바 있다.

2008년 북·미 간의 비핵화를 위한 검증방법과 절차협의에 있어서 대립이 지속되고, 이명박 정부 출범 이후 남북관계가 경색되면서 북한의 2차 핵실험(2009년 5월) 이후 국제사회의 대북지원은 취약계층을 위한 인도적 사업에 한정되었다. 특히 김정은 위원장 집권 이후 2013년 2월 3차 핵실험이 실시되면서 국제기구와 주요 공여국의 대북지원은 크게 감소하여 연간 7,000~8,000만 달러 수준에 불과하였다. 유엔 산하 국제기구에 근무하는 북한 국적자는 37명인 데 비해(10개 기구 합산기준), 북한에 주재하고 있는 6개 기관의 현지사무소에는 2015년 기준으로 46명의 직원이 근무하고 있으며,[12] 유엔기구 현지 사무소 직원 중에서 유엔개발계획(UNDP)에

---

11) UNOCHA에 의하면 2000~16년 기간 중 북한에 대한 인도적 지원사업은 1,665건, 21억 6,147만 달러 규모로 추진되었음. 자세한 내용은 https://fts.unocha.org; 이종운 (2018) p.49 참고.

12) 유엔 고위경영위원회(HLCM)의 인력통계자료(2016), https://www.voakorea.com/a/

표 3 　　　　　국제사회의 대북 ODA 지원 규모: 2007~17년

(단위: 백만 달러)

	2007	2008	2009	2010	2011	2012	2013	2014	2015	2016	2017
양자원조(A) – DAC 회원국	72.1	174.8	42.9	25.4	40.6	38.9	30.1	45.2	32.2	25.9	19.4
└ 다자성 양자	–	–	–	–	20.3	18.8	12.9	15.5	15.3	11.2	7.6
다자원조(B) – 다자기구	25.1	28.0	20.6	48.2	52.6	37.6	45.8	41.3	37.7	36.6	52.2
양자원조(C) – DAC 비회원국	–	–	–	6.3	5.9	6.3	1.9	1.7	63.9	59.4	63.2
총 ODA (A+B+C)	97.2	202.7	63.6	79.8	99.1	82.8	77.7	88.2	133.8	121.9	134.9

주: 순지출액, 경상가격(current price) 기준
자료: OECD.Stat 기초로 저자 작성(검색일: 2019.1.28). 권율·이주영(2019) 재인용

16명, 유엔아동기금(UNICEF)에 12명이 근무 중이다.

　　그동안 대북 지원 현황을 살펴보면, 2017년 기준 국제사회는 북한에 대한 ODA를 총 1억 3,487만 달러 공여하였으며, 이 중 국제기구를 통한 지원 비중은 44%에 달한다(〈표 3〉 참조). DAC 회원국은 지난 3년간 연평균 2,584만 달러를 지원하였으며, 지원 규모는 점차 감소하는 추세이다. DAC 회원국인 주요 선진공여국들은 북한에 현지사무소를 개설한 주요 국제기구를 활용하여 인도적 지원사업을 지정기여방식으로 지원하고 있고, 다자성 양자원조 규모는 평균 1,134만 달러로 양자간 대북지원 ODA의 43%에 달하고 있다. 유엔을 포함한 다자기구는 2015~17년 3년간 평균 4,220만 달러를 지원하였으며, 2013년 이후 대북제재가 강화됨에 따라 지원 규모가 감소하고 있으나, 양자차원의 직접원조가 사실상 어렵기 때문에 국제기구를 활용한 다자협력이 유지되고 있다. 2017년 기준 총 지원

3694364.html 참고.

| 표 4 | | 다자기구별 대북 ODA 지원 규모 | | | |

(단위: 백만 달러)

기구 \ 연도	2015	2016	2017	2015~17 평균
다자원조 총합	37.7	36.6	52.2	42.2
글로벌 펀드(Global Fund)	10.6	13.0	9.5	11.1
글로벌백신면역연합(GAVI)	9.7	4.4	11.2	8.4
유럽연합(EU)	8.5	6.9	6.3	7.2
유엔중앙긴급구호기금(CERF)	0.0	0.0	12.3	4.1
유엔아동기금(UNICEF)	3.5	2.6	4.0	3.4
유엔개발계획(UNDP)	1.7	3.0	4.3	3.0
세계보건기구(WHO)	1.8	3.7	1.9	2.5
유엔세계식량계획(WFP)	0.6	2.4	1.9	1.6
유엔인구기금(UNFPA)	1.3	0.7	0.8	0.9

주: 총지출 기준
자료: OECD.Stat 기초로 저자 작성(검색일: 2019.1.28). 권율·이주영(2019) 재인용

액의 39%가 북한에 다자원조로 지원되었다. 한편 DAC 비회원국의 경우 최근 북한의 주요 ODA 지원 공여국으로서 OECD DAC에 자발적으로 통계보고를 시작하였으며, 지난 3년간 평균 6,215만 달러를 지원하였다.

다자기구 중에서는 유엔중앙긴급구호기금(CERF), 유엔아동기금(UNICEF), 유엔개발계획(UNDP) 등 다양한 유엔 기금 및 프로그램이 다수 지원되었고, 그 외 보건, 식량안보, 아동지원과 관련된 기금 및 다자기구가 지원하고 있다(〈표 4〉 참조). 최근 다자기구 중 가장 활발히 북한을 지원하는 기구는 글로벌 펀드로서 최근 연평균 1,106만 달러를 지원하였는데, 주로 북한에서 결핵과 말라리아 치료 지원을 담당하고 있다. 글로벌백신면역연합(GAVI)의 지원 규모도 연평균 842만 달러로 큰 편이며, 주로 감염병 관련 예방접종 사업을 지원하였다.

유럽연합(EU)은 북한 인도적 지원을 담당하는 주요 다자기구로서 최

근 3년 평균 724만 달러를 지원하였으며, 유럽연합은 북한 내 상주하는 유럽 NGO들을 통해 유럽연합지원계획을 실시해오고 있다. 유엔중앙긴급구호기금(CERF)은 2017년 1,234만 달러를 지원하면서 가장 큰 지원 규모를 기록했으나, 그 이전의 지원 기록은 없다. 유엔아동기금(UNICEF), 유엔개발계획(UNDP), 세계보건기구(WHO), 유엔세계식량계획(WFP), 유엔인구기금(UNFPA)은 북한에 현지 사무소를 개소하고 꾸준히 대북지원 및

● 표 5 　　　DAC 회원국의 양자간 대북 ODA 지원 규모

(단위: 백만 달러)

국가 ＼ 연도	2015	2016	2017	2015~17 평균
DAC 회원국 총합	32.2	25.9	19.4	25.8
스위스	9.9	11.8	8.3	10.0
스웨덴	4.0	3.7	2.5	3.4
독일	3.4	2.9	2.7	3.0
캐나다	2.1	2.0	1.6	1.9
호주	4.5	0.0	0.0	1.5
노르웨이	1.9	1.2	1.2	1.4
미국	2.0	2.1	0.0	1.4
프랑스	1.3	0.9	1.6	1.3
핀란드	0.7	0.4	0.7	0.6
아일랜드	0.7	0.4	0.5	0.6
영국	1.2	0.3	0.1	0.5
이탈리아	0.5	0.0	0.2	0.2
오스트리아	0.03	0.06	0.04	0.04
폴란드	0.04	0.02	0.02	0.03
네덜란드	0.00	0.03	0.03	0.02
체코	0.008	0.000	0.000	0.003

주: 총지출액, 경상가격(current price) 기준
자료: OECD.Stat 기초로 저자 작성(검색일: 2019.1.28). 권율·이주영(2019) 재인용

개발사업을 실시하고 있다.

지난 3년간 DAC 회원국이 지원한 북한 지원규모는 7,750만 달러이고, 2015~17년 기간 중 연평균 2,580만 달러가 공여되었다. 국별로 살펴보면 2017년의 경우 스위스(830만 달러), 스웨덴(250만 달러), 독일(270만 달러), 캐나다(160만 달러), 노르웨이(120만 달러) 등이 장학생 지원, 연수 등 인력교류사업을 포함한 양자간 대북 ODA 지원을 추진하고 있다(〈표 5〉참고). 스위스의 경우 개발협력청(Swiss Agency for Development and Cooperation, SDC)을 통해 대북한 지원 사업을 추진하고 있으며, 1997년에 평양사무소를 개설하여 UNDP와 함께 2011년까지 농업 및 전력지원을 추진한 바 있다. OCHA에 따르면, 2018년 인도적 지원사업의 스위스 비중은 64.1%를 차지하고 있고, 지원규모는 761만 달러에 달하였다.[13]

DAC 비회원국 중에도 일부 국가들은 OECD DAC에 ODA 지원 규모를 보고하고 있는데, 이 중에서 러시아의 지원 규모가 최근 3년 평균 5,870만 달러에 달하여 높은 수준을 기록하였다(〈표 6〉 참조). 특히 러시아의

표 6   DAC 비회원국의 양자간 대북 ODA 지원 규모

(단위: 백만 달러)

국가 \ 연도	2015	2016	2017	2015~17 평균
DAC 비회원국 총합	63.855	59.370	63.230	62.152
러시아	59.773	58.627	57.713	58.704
쿠웨이트	3.948	0.606	5.258	3.271
태국	0.000	0.130	0.240	0.123
터키	0.090	0.000	0.000	0.030
루마니아	0.044	0.007	0.019	0.023

주: 총지출액, 경상가격(current price) 기준
자료: OECD.Stat 기초로 저자 작성(검색일: 2019.1.28). 권율·이주영(2019) 재인용

---

13) https://fts.unocha.org/countries/118/summary/2019 참고.

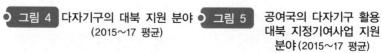

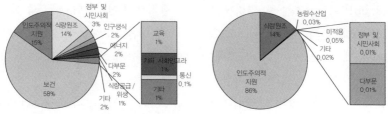

주: 총지출액, 경상가격(current price) 기준   주: 총지출액, 경상가격(current price) 기준
자료: OECD.Stat 기초로 저자 작성(검색일: 2019.   자료: OECD.Stat 기초로 저자 작성(검색일: 2019.
　 1.28). 권율·이주영(2019) 재인용   1.28)

● 표 7   DAC 회원국의 대북한 ODA 사업유형별 지원 현황

(단위: 백만 달러)

구분＼연도	2007	2008	2009	2010	2011	2012	2013	2014	2015	2016	2017
합계	72.1	174.8	42.9	25.4	40.6	38.9	30.1	45.2	32.2	25.9	19.4
국제기구 지정기여	–	–	3.6	4.1	3.0	9.5	3.1	6.7	8.0	4.4	8.2
프로젝트	–	1.6	13.5	19.5	32.6	25.6	22.5	24.1	19.6	19.2	6.9
기타 민간/ 연구 기관 비지정기여	0.0	1.0	0.4	0.4	0.5	0.9	0.9	0.6	0.9	1.0	1.6
행정비용	0.7	1.2	0.8	–	1.5	0.9	1.2	1.0	1.1	0.6	1.3
공여국 내 장학생지원	0.9	1.4	1.0	1.0	0.8	1.0	0.9	12.4	1.1	0.5	0.9
기술협력	–	–	–	0.4	1.0	1.0	1.4	0.5	1.5	0.2	0.5
기타 공여국 내 지출	0.0	0.0	–	–	–	–	–	0.0	0.0	–	–
미적용	70.4	169.5	23.5	–	1.2	–	–	–	–	–	–

주: 총지출액, 경상가격(current price) 기준
자료: OECD.Stat 기초로 저자 작성(검색일: 2019.1.28). 권율·이주영(2019) 재인용

경우 대북 영양지원 사업으로 밀가루를 지원하는 등 대규모로 구호물자를 지원하고 있고, 이외에도 쿠웨이트(327만 달러), 태국(12만 달러), 터키(3만 달러), 루마니아(2만 달러) 등이 양자간 ODA를 지원하였다(3년간 평균 지원액 기준).

지난 3년간 다자기구를 통한 대북지원의 58%가 보건 분야에 집중되어 있었으며(〈그림 4〉 참조), 공여국이 다자기구를 통해 수행하는 지정기여 사업의 86% 이상이 보건, 식량원조, 인도주의적 지원 등에 한정되었다(〈그림 5〉 참조).

국제사회의 대북 ODA 지원 유형은 일반적으로 프로젝트 형태가 가장 많았고, 국제기구를 통한 지정기여와 기타 민간이나 연구기관을 통한 비지정기여도 꾸준히 지원되었다(〈표 7〉 참조).

공여국 내 장학생 지원 규모는 연간 50만~140만 달러 내외로 지속적으로 지원되어 왔고, 2014년에는 1,241만 달러로 일시적으로 증가하였고, 2017년 90만 달러 규모를 기록하였다. 기술협력사업은 2010년 이후 연간 40만 달러에서 2015년 150만 달러로 지속적으로 확대되었으며, 2017년 50만 달러 내외로 다소 감소되었다.

IV. 북한의 지속가능발전목표 이행체계와 지원성과

북한에 대한 국제사회의 지원 경로는 크게 유엔 등 다자기구를 통한 지원, 정부 간 양자지원, 국제 NGO를 통한 지원 등으로 구분되며, 그중에서도 대북지원에서 가장 많이 활용된 방식은 유엔 산하의 국제기구를 통한 지원이다. 이미 북한은 경제난 극복을 위해 2010년 북한의 국가경제개발 10개년 전략(2011~2020)과 5개년 전략(2011~2016)을 수립하였고, 평양에 상주하는 유엔기구들과 함께 국가개발전략(NDR)에 부합하는 전략적 프레임워크(2011~2015)를 2010년 작성한 바 있다. 당시 기상악화로 2011~12년 북한의 식량부족이 심화됨에 따라 취약계층에 대한 구호활동이 증가하였고, 이로 인해 일시적으로 국제사회의 대북지원 금액이 확대되기도 하였다.

김정은 집권 이후 연이은 핵실험과 국제사회의 경제제재조치로 DAC 회원국의 대북 ODA 지원 규모는 크게 감소하였으나, 유엔 등 주요 국제기구를 중심으로 지원체제가 유지되고 있다. 특히 평양에 상주하고 있는 6개 유엔기관이 주도하여 유엔의 지속가능발전목표 이행을 위해 2016년 새로운 전략적 프레임워크(UN Strategic Framework 2017-2021)을 수립하였다. 또한 북한 외무성과 UNDP가 주도하는 UNCT(UN Country Team)는 UNSF 운영위원회(Steering Committee)를 구성하여 글로벌 파트너십 제고와 이행수단을 위해 구체적인 노력을 기울이고 있다. 현재 북한에 상주하는 유엔기관의 대표로서 조정역할(UN Resident Coordinator)을 맡고 있는 UNDP는 FAO, UNFPA, UNICEP, WFP, WHO 등과 함께 UNSF 운영위원회에 참여하고 있지만, 필요시 비상주 기관(non-resident agencies, NRAs)들도 참여하여 북한 당국과 협의체제를 구축하고 있다.

UNSF 운영위원회는 북한 외무성 산하의 국가조정위원회(National Co-ordination Committee)가 유엔기관 대표와 공동의장을 맡고 있다. 운영위원회 산하에는 UNSF에서 제시된 우선순위에 따라 네 개의 주제별 그룹(Thematic Group, TG)이 운영되고, 부문별 작업반(Sectoral Working Group, SWG)을 통해 양자 및 다자협력사업에 참여하는 국제개발 NGO, 주요 원조수행기관 등이 폭넓게 참여하여 지속가능발전목표 이행과 사업방향을 논의하고 있다. 국제사회의 대북제재로 인해 본격적인 개발협력사업을 추진하기에는 많은 제약요인이 있지만, 유엔을 중심으로 글로벌 파트너십과 조정체제가 수립되어 지속가능발전목표 이행을 위한 제반 활동과 지원이 이루어지고 있다는 점에서 시사하는 바가 크다.

새로운 UNSF 수립을 위해 2015년 9월 방콕에서 기존의 UNSF에 대한 검토가 이루어졌고 수차례의 자문 및 협의를 위한 워크숍과 동년 10월 말 평양에서 개최된 우선순위에 대한 협의(Prioritisation Workshop)를 통해 새로운 UNSF 초안이 마련되었다. 북한도 지속가능발전목표 이행을 위한 주요 계획을 2016년 5월 개최된 제7차 당대회에서 채택한 5개년 국가경제발전전략에 반영하고, UNSP 초안을 바탕으로 북한 외무성의 국가조정위원회(NCC) 및 주요 관련부처의 참여를 통해 이해관계자들의 의견이 수렴되고 UNSF 운영위원회의 협의를 거쳐 최종안이 마련된 것이다.

2016년 수립된 새로운 전략적 프레임워크(UNSF 2017-2021)의 주요내용은 북한 사회경제개발과 취약계층 지원을 위해 다음과 같은 네 가지 우선순위와 중점지원방향을 제시하고 있는데, 식량 및 영양개선 보장, 사회개발 서비스, 복원력과 지속가능성, 데이터와 개발 관리 등이다. UNSF는 국별프로그램(country programme)이 아닌 전략적 지원방향과 지침으로서 주요 협력기관 및 프로그램, 펀드의 개별사업이나 국별지원프로그램의 지침을 제시하기 위한 것이다. 북한에서 유엔이 가용할 수 있는 재원의 한계와 상대적인 불확실성(relative uncertainty) 때문에 탄력적인 대응이 필요하고, 2021년까지 5년 동안 추진해야 할 우선순위와 전략적 지침을 제공하는 데 중점을 두고 있는 것이다. 이를 기반으로 북한과 주요협력기관의 효과적인 사업추진을 위해 UNCT 주도하에 상주직원의 파견과 협력사업지에 대한 접근 확대, 기초선 조사와 데이터 수집, 주기별 모니터링과 평가 등을 통해 효과적인 인도적 개발사업 추진이 가능하도록 지속적인 노력을 추진하고자 하는 것이다.

UNSF 추진을 위해 유엔은 포괄적 접근을 통해 북한에 대한 정책대화와 기술지원을 확대하여 북한의 국가역량을 제고하고 국제적 규범과 기준을 전수하고, 북한의 국가개발전략을 고려하면서 국제적, 지역적 공공재를 제공할 뿐만 아니라 시급한 인도적 필요에 부합하는 다양한 자원을 지원하는 데 역점을 두고 있다. 북한 개발과 인도적 지원을 통합한 지원체제 수립을 위해 지속가능성과 복원력 제고가 중요하고 북한이 직면하고 있는 자연재해와 인도적 지원확대를 위해 매년 북한의 "수요와 우선순위"라는 보고서를 작성하고 있다.

북한 당국과 유엔은 지속가능발전목표 이행을 위해 UNSF 체제 하에서 지속가능발전목표 2, 3, 4, 5, 6, 7, 9, 11, 12, 13, 15 등에 중점적인 노력을 기울이고, 불평등 감소를 위한 지속가능발전목표 10과 글로벌 파트너십 제고를 위한 지속가능발전목표 17을 크로스컷팅 과제로 추진하고 있다. 또한 UNSF의 프로그램 원칙과 가이드라인으로 인권에 기반한 접근 (HRBA)을 통한 지속가능발전목표 16 이행, 젠더평등을 위한 지속가능발전목표 5, 환경적 지속가능성, 제도적 지속가능성, 복원력, 성과기반 관리 (RBM)를 통해 결과중심의 비용효과적 사업 추진 등을 제시하였다. 이를 기반으로 네 가지 우선분야가 지속가능발전목표 주요 목표들과 상호 연계하여 통합적으로 추진하기 위해 주요 우선순위별로 성과목표를 검토하여 총 14개 세부목표를 제시하였다. 특히 네 번째 우선순위인 '데이터와 개발관리'를 위해 신뢰할 수 있는 인도적 분야의 개발데이터를 집계하고 국제적 표준과 기준을 적용하기 위한 북한의 역량개발, 국제적 조약과 협약에 부합되는 증거(evidence)에 기반한 보고체계 수립을 통해 북한지원 체제의 투명성과 보고체제의 개선을 도모하는 데 중점을 두고 있다. 이는 지속가능발전목표 이행을 위한 17번 목표와도 긴밀히 연계되어 있고, 향후 북한지원을 위한 글로벌 파트너십 제고에 실질적으로 기여할 수 있는 부분이라고 평가할 수 있다.

이와 같이 UNSF에서 제시되고 있는 우선순위와 지속가능발전목표 이행을 위한 통합적 접근을 위해 유엔은 기술적 자문과 지원을 제공하면서 북한지원을 위한 글로벌 파트너십을 제고하고 있다. 특히 UNCT는 북한 외무성 산하의 국가조정위원회를 통해 전략적인 우선순위별로 네 가지 분야의 주제별 그룹(TGs)이 구성되어 추진되고, 관련 작업반(WGs) 활동을 통해 주요 사업 및 이슈별로 유엔 상주기관 외에도 비상주기관 및 주요 원조공여기관, 국제 NGO 등과 활발하게 협력하고 있고 다양한 조정을 하고 있다. 예를 들어 유엔 상주대표로서 조정관을 맡고 있는 UNDP는 인도적 사업 추진을 위해 인도적 국별지원팀(Humanitarian Country Team, HCT)을 구성하고 기관 간 상임위원회(Inter-Agency Standing Committee, IASC)의 운영절차에 따라 시급한 인도적 사업을 추진하고 있다. HCT는 유엔기관과 함께 NGOs, 양자원조기관 등이 참여하고 UNCT는 운영관리팀(Operation Management Team, OMT)을 두고 프로그램과 개별사업 간의 연계업무를 추진한다. 인도적인 긴급원조의 경우 해당연도별로 상이하기 때문에 예측하기 어렵지만 UNSF 추진을 위한 5년간의 재원은 유엔의 중앙긴급대응자금(Central Emergency Response Fund, CERF) 등을 포함하여 GAVI, GFATM, MLF 등 다자기금을 통해 조달하고 있으나, 상당 부분을 개별회원국들이 특정 목적 사업의 지정기여(earmarked funding)로서 사업분담금(non-core funding)을 통해 이루어진다.

UNSF의 전략적 우선순위와 성과를 모니터링 평가하기 위해 주요 지표와 기초선, 목표와 수단 간의 성과프레임워크는 지속가능발전목표 이행과 관련된 모니터링 및 평가체제를 적용하고, UNSF 운영위원회는 매년 연간보고서를 작성하고 있다. 국제사회가 합의한 지속가능발전목표는 기존의 MDGs가 사회·경제적 성장을 강조하였던 것에 비해 지속가능발전을 위한 사회·경제·환경적 측면을 균형있게 고려하면서 목표 간 연계성을 강조하고 있다. 유엔은 지속가능발전목표 이행을 위해서 글로벌 차원의 후속조치를 적극 추진하고 있고, 매년 유엔 경제사회이사회(ECOSOC) 주관으로 고위급 정치포럼(HLPF)이 개최되고 있다. 유엔 사무총장 주관 하에 지속가능발전목표 연간 이행 보고서가 작성되어 글로벌 차원의 후속조치 및 이행이 검토되고 있다. 이와 관련하여 북한은 유엔과 함께 공동으로 수립한 UNSF(2017~2021)에 따라 매년 "수요와 우선순위(Needs and Priorities)"라는 연차보고서를 통해 단기적인 인도적 수요와 추진전략, 필요한 재원을 포괄적으로 제시하고 있다.

유엔 상주대표 조정관이 의장을 맡고 있는 인도적 국별지원팀(Humanitarian Country Team, HCT)이 2019년 3월 발표한 북한의 '수요와 우선순위' 보고서에 따르면, 북한의 2018년 식량생산이 495만 톤을 기록하여 2017년보다 9% 감소하였고 최근 10년간 최저생산을 기록함으로써 1,100만 명이 식량 및 식수 부족에 처해 있고 보건 및 위생과 같은 기초서비스가 충분히 제공되지 못하고 있다고 우려를 표한 바 있다. 특히 천만 명에 달하는 인구가 안전한 식수공급을 받지 못하고 그중에서 16%는 기본적인 위생시설에 접근하기 어려워 질병과 영양실조에 직면하고 있어서 보건시스템 개선이 시급한 실정이다. 그럼에도 불구하고 2012년 이후 아동들의 만성적인 영양결핍은 기존 28%에서 19%로 줄어드는 긍정적인 성과를 보이고 있는데 2018년의 경우 필요한 재원의 1/4만이 조달되어 이러한 성과들을 지속적으로 유지하기 어려운 실정이라고 언급하였다.[14] 2019년의 경우 지원이 필요한 대상자는 1,090명에 달하나 재원부족으로 수혜대상자를 380만 명으로 목표를 조정하여 인도적 사업을 추진하기 위한 필요재원은 1억 2천만 달러 규모로 산정되었다.

그동안 유엔은 국제적인 개발체제의 일관성 있고 통합적인 지원을 보장하면서 국가 주도의 자체적인 모니터링 과정으로 자발적인 국별 평가(VNR)를 실시해 왔다. 그동안 144개국이 자발적 국별평가를 받았고 한국은 2016년 VNR을 추진한 바 있다. 북한도 2018년 12월 유엔 경제사회이사회(ECOSOC)를 통해 VNR을 추진할 것을 공식적으로 요청하여 조만간 국제사회로부터 지속가능발전목표 이행상황을 점검받을 예정이다.

그동안 북한은 국가경제개발 5개년 전략과 국제사회의 공동목표인 지속가능발전목표(SDGs)를 연계하여 향후 집중적으로 추진해야 할 중점과제들을 설정하였으나, 국제사회의 대북 제재와 미국과의 마찰로 의료 및 구호 품목의 제공이 연기되는 등 어려움을 겪고 있는 실정이다. 특히 미국은 2018년 하반기 비핵화 협상이 더디게 진행된 데 따른 불만의 표시로 대북 인도적 지원 규모를 급격하게 축소하는 결정을 내렸고, 북한에 제공되는 병원용 수술 장비, 보육원이 사용하는 스테인리스 우유병, 결핵과 말라리아 치료 약품 등의 수출 허가를 지속적으로 연기해 왔다. 이에 대해 국제 민간 구호 단체들은 유엔에서 미국에 강력하게 항의했고, 유엔 안전

---

14) UN Humanitarian Country Team(2019), p.12 참조. 2018년의 경우 1,030만 명의 지원대상자 중에서 600만 명을 수혜자로 목표를 설정하고 1억 1,100만 달러의 필요재원을 산정했으나 실제로 조달된 재원규모는 24%에 불과하였고, 수혜자는 200만 명에 불과하였음.

보장이사회(안보리) 산하 대북제재위원회의 비공개회의에서는 미국의 인도적 지원 단체 구호 활동 차단 및 지연 문제가 비공개로 논의된 바 있다.

이에 따라 유엔 대북제재위원회는 북한에 대한 인도적 지원 가이드라인을 수립하고 지원조건을 명시하여 국제기구 및 국제 NGO의 인도적 사업을 허용하였다.[15] 국제사회의 대북제재에도 불구하고 북한주민의 기본적 생존권 보장을 위한 인도적 지원 문제가 지속적으로 제기됨에 따라 2018년 8월 유엔 대북제재위원회가 북한에 대한 인도적 지원 가이드라인을 승인하고, 10가지 지원조건을 명시하여 국제기구 및 국제 NGO의 인도적 지원 사업이 가능하게 되었다. 2019년 1월 말 대북제재위원회는 대북제재 결의 2270호와 2397호에 따라 인도주의 지원 면제승인을 하고, 유니세프를 포함하여 4개 지원단체의 대북물품반입을 허가하였다. 그러나 유엔아동기금(UNICEF)의 오마 아브디 사무차장은 2018년 12월 유엔 대북제재위에 보낸 비공개 서한에서 미국이 결핵 치료 병원의 앰뷸런스용 태양열 발전기 등 의료 및 구호 품목의 제공을 허용하지 않아 북한에서 질병 퇴치 활동이 사실상 중단되었다고 언급한 바 있다.

이에 따라 미국 정부는 인도적 지원에 대한 일부 대북제재 완화를 결정하고 북한에 대한 미국인 구호단체 관계자들의 방북 금지를 해제하여 북한으로 향하는 인도주의 물자에 대한 봉쇄를 일부 완화하였다. 베트남 하노이에서 개최된 제2차 북미정상회담과 관련 북미관계 개선을 위해 미국 정부는 인도적 지원에 대한 일부 대북제재 완화를 결정함에 따라 국무부가 북한에 대한 미국인 구호단체 관계자들의 방북 금지를 해제하는 등 북한에 대한 인도주의 물자지원에 대해 긍정적인 입장으로 일부 선회하기도 하였다. 실제로 2019년 1월 초 스티븐 비건 미국 국무부 대북정책특별대표가 이 같은 결정을 국제구호단체들에 전달하고, 국제적십자·적신

---

15) 유엔안전보장이사회 산하 대북제재위원회는 2006년 10월 북한의 제1차 핵실험 이후 안보리 결의 1718호에 의해 설립되었으며, 전문가 패널을 두고 북한에 대한 제재조치를 조사하고 있음. 특히 북한으로 지원되는 모든 인도주의적 물자를 확인하고 승인하는 권한을 갖고 있음.

월사연맹(IFRC), 국제구호단체(Mercy Corps) 등의 대표들과 간담회를 통해 콜레라, 결핵 등 전염병 치료를 위한 의약품이 북한에 전달될 수 있도록 조치한 바 있다.

　그러나 2019년 6월 북미정상회담이 성과없이 결렬됨에 따라 미국은 비핵화 이전까지 제재유지 입장을 고수하면서 북한방문을 제한하는 등 실질적으로 대북지원사업을 제한해 왔다. 그러나 최근 북한의 보건 및 의료지원이 열악해지면서 의료기기 교체 및 진료환경 개선, 의료소모품과 의약품 지원, 산모와 어린이를 위한 지원 등이 대북제재위원회의 승인을 받고 있다. 최근에는 전 세계적으로 퍼지는 코로나 19 발생을 막기 위해 국경없는 의사회를 통해 북한에 진단장비 제공이 승인되었다.

V. 결론 : 한반도 지속가능발전목표 수립을 위한 남북협력과제

국제사회의 대북제재에도 불구하고 북한의 지속가능발전목표 이행전략은 유엔기관 지원 하에 대북협력 조정채널을 통해 추진되고 있다. 북한도 유엔 지원 하에 지속가능발전목표 이행방안을 수립하고 국가경제개발 5개년 전략과 연계한 다양한 이행계획을 수립한 바 있다. 북한의 자발적 국별평가(VNR)가 금년 상반기 추진될 예정이므로 글로벌 파트너십 제고와 효과적인 지속가능발전목표 이행체제를 모색할 수 있는 한반도 통합 지속가능발전목표 수립에 보다 적극적인 노력이 필요한 시점이다. 남북이 공동으로 한반도 지속가능발전목표를 설정하고 주요목표 및 이행지료를 선정하거나 공동 협력사업을 추진할 수 있는 기반을 마련하기 위해서는 북한개발을 위한 전략적 우선순위와 연계하여 유엔의 세부목표를 통합적으로 설정하고 K-SDGs와 한반도 상황에 부합되도록 다양한 협력이 필요하다.

　이를 위해서는 한반도 지속가능발전목표 수립에 있어서 유엔의 지표에 있는 것이 남북협력여건에 맞을 경우 해당 지표를 활용하고, 유엔의 지표에는 없더라도 남북이 공동으로 추진해야 할 중장기 협력과제를 도출하는 것이 중요하다. 따라서 한반도 지속가능발전목표 수립에 있어서도 지표구성과 목표치 설정 등 큰 틀에서는 유엔 지속가능발전목표를 따르되 남북협력 여건을 고려하여 한반도 상황에 맞는 세부목표를 재구성하는 방향으로 마련되어야 한다.

한국의 경우 국제적으로 지속가능발전목표와 도전과제에 부합하는 지속가능발전목표 수립을 위해 다양한 추진계획과 이행방안을 마련해 왔고,[16] 환경부 주도로 경제, 사회, 환경 등 국정 전분야의 지속가능성을 확보하기 위한 국가 지속가능발전목표(K-SDGs)가 2018년 12월 국무회의에서 최종 심의·확정되었다.[17]

그동안 K-SDGs 수립을 위한 전문가 작업반이 구성되고 일반국민 및 시민사회의 참여를 위해 주요 이해관계자(MGoS) 그룹대표가 선정되어[18] 한국적 여건과 특성을 반영한 K-SDGs 세부목표와 지표체계 수립을 위해 2018년 4월 14개 작업반이 구성된 바 있다. 지속가능발전목표 17번 작업반의 경우 민간전문가 5명을 포함하여 13명이 활동하였는데, 유엔목표와 세부목표를 검토한 후 한국적 여건과 상황을 고려하여 필요한 세부목표와 지표를 반영하고 유엔지표에는 없더라도 한국 상황과 여건에 필요한 신규지표를 추가하였다(〈그림 6〉 참조).

이와 같이 새롭게 수립된 K-SDGs는 2030년까지 우리사회의 지속가

---

16) 국정기획자문위원회, 『문재인정부 국정운영 5개년 계획』, p.95 참조.

17) '모두를 포용하는 지속가능국가'라는 비전을 제시하고 모두가 사람답게 살 수 있는 포용사회 구현, 모든 세대가 누리는 깨끗한 환경보전, 삶의 질을 향상시키는 경제성장, 인권보호와 남북평화구축, 지구촌협력 등 5대 전략과 이를 실천하기 위한 원칙으로서 17개 목표가 제시되었으며, 122개 세부목표와 214개 지표가 최종 설정되었음.

18) 한국시민사회 SDGs 네트워크(2018), pp.2-5 참조. 유엔의 다양한 주체그룹 참여체계(MGoS)를 준용한 것으로 2017년 4월 설립된 '한국시민사회 SDGs 네트워크(SDGs시민넷)'과 함께 가 주도하는 20여개 시민단체의 참여플랫폼에 기반하여 기존의 전문가 중심의 정부위원회나 수동적인 시민공청회 방식의 의견수렴체계를 보완하기 위한 것임.

● **그림 6**   K-SDGs 지표 유형

글로벌 지표	국내 지표		데이터가용성		지표 유형 (UN SDGs 기준)
					* K-SDGs 관리
○	○	→	○	→	A (공식 지표)
○	○	→	×	→	B (유사 지표)
×	○	→	–	→	C (신규 지표)
○	×	→	○	→	A (공식 지표)

자료: 민관학 공동작업반 운영지침(2018), 권율(2019) 재인용

능한 발전과 국민 삶의 질 개선을 위한 이정표 역할을 할 것이기 때문에 앞으로도 남북관계를 고려하여 한반도 지속가능발전목표 이행계획을 수립하고 계속적인 사회적 대화의 장을 만들어 새로운 글로벌 파트너십을 확립하는 것이 무엇보다도 시급하다. 2018년 12월 말 확정된 K-SDGs는 '지속가능발전법'에 따른 국가 지속가능성 진단 시 기준 자료로서 활용할 예정인데, 지속가능발전법 제13조에 따라 매 2년마다 국가 지속가능성 진단을 하여야 하기 때문에 남북관계를 고려한 한반도 지속가능발전목표 추진전략을 마련하고, 북한과 유엔기관이 수립한 UNSF 2017-2021 추진과 관련하여 북한의 지속가능발전목표 이행을 체계적으로 지원하기 위한 정책프레임워크, 협력방안 및 모니터링 및 평가 방안에 대해 충분히 협의해 나가야 할 것이다. 필요하다면 UNCT와 공동으로 한반도 지속가능발전목표 이행을 위한 정책일관성 확보를 위한 가이드라인 제시, 개발효과성 제고방안 등을 체계적으로 준비해야 한다.

　K-SDGs의 글로벌 파트너십과 관련하여 17번 목표는 '지구촌협력강화'로 설정되어 7개 세부목표와 9개 지표가 설정되었다(〈표 8〉 참조). 유엔 지속가능발전목표 17과 마찬가지로 개발을 위한 재원, 기술, 역량강화, 무역 외에도 시스템 이슈로 정책과 제도의 일관성, 다자간 파트너십, 데이터 모니터링과 책무성 등 다양하고 광범위한 분야로 구성되어 있지만, 한국의 국제적 위상과 역할을 고려하여 남북관계를 연계한 글로벌 파트너십

표 8 K-SDG 17(지구촌 협력)의 세부목표와 지표

구분	세부목표(7)	지표(9)	소관부처
17-1	개도국의 지속가능발전목표 이행 지원에 필요한 재원을 확대한다.	• 개도국(최빈국)에 대한 공적개발원 조의 GNI 비율	외교부 기재부 국조실
17-2	다자무역체제를 촉진하고 개도국의 교역 및 투자증대를 지원한다.	• 개도국(최빈국)과의 교역비중 • 개도국(최빈국)에 대한 투자비율	외교부 기재부
17-3	개도국의 과학기술 혁신시스템 강화를 지원한다.	• 국제개발협력위원회 논의 통해 지표확정 필요	외교부 기재부
17-4	개발도상국의 지속가능발전목표 이행 국가계획 역량과 국제사회 지원을 강화한다.	• 국제개발협력위원회 논의 통해 지표확정 필요	외교부 환경부
17-5	지속가능발전을 위한 정책 일관성을 강화한다.	• 지속가능발전위원회 정책조정건수 (국내 및 국외사항 포함) • K-SDGs 수립 및 이행평가	외교부 환경부 국조실
17-6	개도국의 지속가능발전을 위한 다양한 글로벌 파트너십을 강화한다.	• 국제개발협력위원회 논의 통해 지표확정 필요	외교부 환경부 국조실
17-7	효과적인 공공, 공공-민간 및 시민사회 간 파트너십을 권장하고 촉진한다.	• 지속가능발전목표 이행을 위한 민관협의체 참여기관 및 정례회의 건수	외교부 환경부 국조실

자료: 환경부, 「국가 지속가능발전목표(K-SDGs) 수립 기념 토론회 자료집」, p.33 참조

을 위해 이행수단을 확대하고 정책적 일관성과 민관파트너십을 촉진하는 데 중점을 둘 필요가 있다.

〈표 8〉에 제시된 17번 목표의 주요 내용을 살펴보면 우선 개도국의 지속가능발전목표 이행을 지원하기 위하여 공적개발원조(ODA) 규모를 지속적으로 확대해야 한다. 우리나라는 2010년 '국제개발협력 기본법'을 제정하여 ODA 정책의 법적 안정성 확보, 정책 일관성, 원조효과성 증진을 도모하고 있다. K-SDGs 이행지표는 '제2차 국제개발협력 기본계획(2016~2020)'의 재원규모 확대 계획에 따라 2017년 0.14% 수준의 국민총소득(GNI) 대비 ODA 비율을 2030년까지 개발원조위원회(DAC) 회원국 평균 수준인 0.3%

로 확대하는 것을 목표로 하였다. 북한의 UNSF는 전략적 우선순위와 지속가능발전목표 달성을 위한 북한의 국가계획 수립과 목표 이행을 지원하기 위한 역량강화 사업을 확대하고 있는데, 책임성과 투명성을 제고함으로써 국제사회의 효과적인 지원체제를 구축하기 위한 북한의 정책역량 개선에 중점을 두고 있다. 따라서 북한 스스로 투명하고 일관성 있게 지속가능한 발전전략을 수립하고 지속가능발전목표 이행을 추진할 수 있도록 유엔기관과 함께 공동으로 정책역량 강화사업을 확대하는 것이 중요하다.

정부는 2010년 OECD 개발원조위원회(DAC)에 가입한 후 신흥공여국으로서 ODA 정책을 선진화하고 원조규모를 지속적으로 확대하면서 글로벌 파트너십을 강화해 왔다. 지속가능발전목표의 이행은 우리나라 개발협력의 새로운 도전과 기회를 제공하고 있으나, 재정규모의 제약 때문에 선진 공여국으로서의 책임과 역할을 확대해 나가는 데 많은 한계와 제약요인을 갖고 있다. 개도국에 대한 협력을 보다 실질적으로 확대하기 위해서는 지속가능발전목표에 제시된 바와 같이 ODA뿐만 아니라 특혜무역관세를 통한 시장접근(market access) 확대, 투자 및 기술이전, 등 다양한 개도국 지원정책의 통합과 상호 연계가 시급하다.

그럼에도 불구하고 지속가능발전목표 이행수단을 확보하고 글로벌 파트너십을 위해 우리가 중점을 두어야 할 부분은 개발재원 확충이라고 할 수 있으며, 민관파트너십을 통한 민간자금 동원과 혁신적인 개발재원 마련에 중점을 두어야 한다. 이미 언급한 바와 같이 GNI 대비 ODA 규모는 OECD/DAC 회원국 평균은 0.31% 수준이나, 한국은 2017년 기준으로 0.14%에 불과하여 국제수준에 크게 낮은 실정이다(〈그림 2〉 참조).

국제사회에 약속한 ODA/GNI 목표는 2020년까지 0.20%이고 2030년까지 0.30%를 준수해야 하나, 북한지원을 고려하여 적정 재정투자규모를 보다 체계적으로 검토할 필요가 있다. 국제사회에서 DAC는 가치공유그룹(Like-minded Group)으로서 원조규모 확대목표는 강제규범은 아니나, 지속가능발전목표 이행과 글로벌 가치를 위해 ODA 지원 확대는 시급하다.

ODA 예산 확정기준으로 2019년 3.2조 원을 기록하고 있지만, 한국과 경제규모가 유사한 호주와 캐나다의 ODA 규모(〈그림 7〉 참조)를 감안하여 4조 수준으로 원조규모를 지속적으로 확대하되 국제사회의 대북제재 해제 시 북한에 대한 지원이 급속히 확대될 경우 적정 ODA 지원규모를 검토할 필요가 있다. 남북협력은 민족 간 거래를 기반으로 하기 때문에 대북지원 규모를 ODA로 계상하기 어려우나, 국제사회에 적극적 홍보가 필요하고, 단계적으로 개도국 지원과 북한지원의 비중을 적정하게 조정해 나가야 한다. 2018년 남북정상회담 이후 북미관계가 고착되어 있지만, 향후 북한의 비핵화와 개혁개방정책이 가시화될 경우 중장기적으로 한반도 평화와 안정을 위한 국제사회의 역할 분담을 통한 대규모 북한지원을 조성하기 위해서는 DAC 회원국으로서 ODA규모의 지속 확대와 규범준수가 필요한 실정이다. 2030년까지 0.30% 수준으로 확대할 경우 연간 5~6조 규모로 개도국 지원과 북한지원을 통합하여 균형있게 조정할 필요가 있다. 북한지원 규모와 국내 재정여건을 감안하여 2030년 ODA/GNI 비율 0.3% 지원 목표 달성을 위해 '21~'30년 기간 중 매년 0.01%씩 ODA/GNI 비율을 확대 하되 대북경협사업 규모에 연동되는 재정계획을 수립할

그림 7   한국의 ODA/GNI 비율 추이와 원조예산 규모

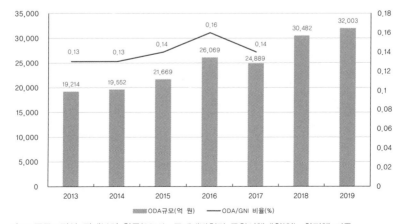

자료: 국무조정실·관계부처 합동(2019), 국제개발협력 종합시행계획(안), 확정액 기준

필요가 있다. 특히 북한도 국제사회의 일원으로서 지속가능발전목표(SDGs)를 달성하기 위한 주요 수단으로서 다자협력을 주목하고 있고, 국제사회가 당면한 도전과제를 해결하기 위해 효과적이고, 포용적이며, 신뢰성 있는 추진체제가 시급한 실정이어서 남북협력을 보완하는 다자협력 방식의 적극적인 활용이 필요하다.

북한도 지속가능발전목표 이행을 위한 주요 계획을 2016년 5월 개최된 제7차 당대회에서 채택한 5개년 국가경제발전략에 반영하고, 에너지, 식량 및 농업, 식수 및 위생, 삼림복구 및 환경보호 등 주요 분야별 추진계획을 발표한 바 있다. UNDP 주도로 북한의 전략적 우선순위를 고려한 지속가능발전목표 이행방안이 마련되었고, 북한의 국가경제개발 5개년 전략과 지속가능발전목표 달성목표를 연계한 다양한 이행계획과 기술협력사업도 단계적으로 확대해 나갈 것으로 전망된다. 따라서 북한은 국제사회의 일원으로서 지속가능발전목표를 달성하기 위한 주요 수단으로서 다자협력을 주목하고 있고, 국제사회가 당면한 도전과제를 해결하기 위해 효과적이고, 포용적이며, 신뢰성 있는 추진체제가 시급한 실정이어서 남북협력을 통해 한반도 통합 지속가능발전목표 수립과 파트너십 제고를 위해 다양한 협력 메커니즘을 수립해 나가야 한다.

그동안 범세계적 차원에서 해결해야 할 지구적 과제와 국제 공공재에 대한 지원이 확대되면서 유엔 산하 국제기구를 포함하여 다자기구(multilateral organization)의 역할과 기능이 확대되고 있기 때문에 북한과도 한반도 통합 지속가능발전목표를 공동으로 수립하여 주요 협력사업을 협의하고 발굴할 수 있는 플랫폼을 만들어 나가는 것이 시급하다. 지속가능발전목표 달성을 지원하기 위한 다양한 이해관계자 개발협력 모니터링체계에 기반하여 조만간 북한은 VNR을 추진할 예정인데,[19] 유엔기구와 협력하여 정부 주도로 북한 지속가능발전목표 이행을 지원하는 방안도 적극 검토할 수 있을 것이다. 또한 남북정상회담 이후 북미관계가 개선됨에 따

---

19) KCOC, SDGs 토론회 자료집, p.12 참조.

라 주요 선진공여국들은 북한에 대한 직접 지원보다 주요 국제기구를 활용하여 인도적 지원사업을 확대하고 있어서 국제사회의 다자성 양자원조의 지원기준과 절차에 따라 공동 협력방안을 모색할 필요가 있다. 특히 유엔개발계획(UNDP), 유엔아동기금(UNICEF), 세계보건기구(WHO), 식량농업기구(FAO), 세계식량계획(WFP), 유엔인구기금(UNFPA)은 북한에 현지 사무소를 개소하고 있고, 전문성이 높으므로 북한 취약계층 지원을 위한 체계적 조사와 향후 개발사업 추진을 대비한 다양한 지원계획 수립에 적극 참여해야 한다. 향후 유엔과의 지속적인 협력기반을 강화하기 위해서는 개발협력을 담당하는 유엔 산하 32개 기관으로 구성된 유엔개발그룹(UNDG)과 협력기반을 강화하고 북한지원을 위한 포괄적 업무협정 체결과 인도적 지원을 포함한 분야별 신탁기금 설립을 면밀히 검토할 필요가 있다. 또한 유엔기구 외에도 북한을 지원하는 다자기구로 글로벌펀드와 글로벌백신면역연합(GAVI)과 협력하여 결핵, 말라리아 등 주요 보건분야 관련 공동사업을 확대할 필요가 있다.

국제사회의 대북제재조치가 선별적·단계적으로 완화될 경우 대북 ODA 지원은 개별프로젝트 형태보다는 국제기구를 통한 지정기여와 민간이나 연구기관을 통한 비지정기여도 꾸준히 확대될 것이므로 지원방식을 보다 다양화할 필요가 있다. 이러한 측면에서 한반도 통합 지속가능발전목표 수립과 이행을 위한 실질적인 논의를 다각도로 모색하는 한편 지속가능발전위원회가 북한 당국과 실무적으로 협의를 하고 국제정세를 감안하여 범정부 차원으로 정책대화를 확대해 나가는 전략이 필요하다. 국제사회의 대북제재가 지속되고 있기 때문에 인도적 지원에 중점을 두되 국제사회의 지속가능발전목표 이행이라는 측면에서 '지속가능하고 복원력있는 인적개발사업'과 제도적 역량강화사업에 보다 중점적인 지원이 필요하다. 주요 선진공여국의 경우 초청 연수 및 장학생 지원이 상당 기간 지속되어 왔으므로 주요국과 삼각협력차원에서 참여를 모색하고, 주요 대학이나 연구기관과의 협력체제도 강화해나가야 할 것이다. 지속가능발전목표 이행을 위해 본격적인 개발협력을 추진하기 위해서는 북한의 제도구축(institution building)과 인적 역량강화가 핵심이므로 다양한 국제기구 및 민간기관을 활용하여 기술협력사업 기반을 확충해 나가야 하고, 북한의 개혁·개방에 대비하여 남북협력과 ODA의 연계 방안을 마련할 필요가 있다.

참고문헌

국무조정실·관계부처 합동. 2019. 국제개발협력 종합시행계획(안).

권　율. 2015. "SDGs 이행과 개발재원." 『2030 개발의제 시대의 지속가능발전목표(SDGs)와 이행전략』. 국회입법조사처·국제개발협력학회 세미나 자료집.

_____. 2015. "개발재원을 위한 아디스아바바 어젠더: 한국의 역할과 과제." 『UN 2030 지속가능발전어젠다와 한국』. 한국 SDSN·대외경제정책연구원 세미나 자료집.

_____. 2019. "국제사회의 지속가능발전목표(SDGs)와 한국의 추진과제: K-SDGs 수립과정과 추진체제 개선을 중심으로." 『글로벌정치연구』.

권　율 외. 2009. 『OECD/DAC 주요 규범과 ODA 정책 개선방안』. 연구보고서 09-11. 대외경제정책연구원: 서울.

_____. 2012. 『최빈개도국 개발과제와 한국의 ODA 정책방향』. KIEP 연구보고서 12-14. 대외경제정책연구원.

_____. 2015. "Post-2015 개발어젠다의 주요 특징과 이행과제." 『KIEP 오늘의 세계경제』 Vol.15, No.27. 대외경제정책연구원.

_____. 2019. 『국제사회의 취약국 개발협력의 지원성과와 과제』. KIEP 연구보고서 19-10. 대외경제정책연구원.

권　율·김지현·김은주 외. 2018. 『K-SDGs 작업반 보고서: 지구촌 협력』. KIEP 연구보고서 12-14. 대외경제정책연구원.

권　율·이주영. 2019. "국제사회의 다자 ODA 추진현황과 북한 지원의 정책과제." 『KIEP 오늘의 세계경제』 Vol.19, No.2. 대외경제정책연구원.

김지현. 2016. "SDGs 지표 체계와 모니터링: 불평등성 완화 논의를 중심으로." 『국제개발협력』 2016 No.2. 한국국제협력단.

손혁상·김소위·서진희·이윤미. 2012. "개발을 위한 정책일관성(PCD)과 대(對)개도국 무역정책: OECD DAC와 주요 선진공여국 사례를 중심으로." 연세대학교 동서문제연구원. 『동서연구』 24권 3호, pp.137-170.

외교부. 2016. "한국정부의 SDGs 국내외 이행전략." 국제개발협력학회/한국개발정책학회 세미나. 2016.5.12.

정지원·권　율 외. 2014. 『Post-2015 개발재원 확대 논의와 한국의 대응방안』. IEP 연구보고서 14-12. 대외경제정책연구원.

_____. 2015. 『기후변화 대응을 위한 국제사회의 지원체제 비교연구』. KIEP 연구보고서. 대외경제정책연구원.

정지원·송지혜. 2014. "Post-2015 개발의제: 논의동향 및 시사점." 『지역경제포커스』 제14-30호. 대외경제정책연구원.

지속가능발전위원회·관계부처 합동. 2016. "제3차 지속가능발전 기본계획(2016~2035)."

통계개발원. 2016. 『지속가능발전목표(SDGs) 이행을 위한 모니터닝 체계 구축방안』. 서울대 사회발전연구소 용역과제 결과보고서.

한국국제협력단. 2015. 『지속가능개발목표 수립현황과 대응방안』.

한국시민사회 SDGs 네트워크. 2017. 『빈곤퇴치와 변화하는 세계에서의 반영』. 2017 유엔 SDGs HLPF 대응 한국시민사회보고서.

_____. 2018. 『K-SDGs작업반 목표 및 지표초안에 대한 NGO그룹 입장문서』.

_____. 2018. 『지속가능하고 복원력있는 사회로의 변혁』. 2018 HLPF 한국시민사회보고서.

환경부. 2018. 제2차 국민토론회 발표자료.

_____. 2019. 국가 지속가능발전목표(K-SDGs) 수립 기념 토론회 자료집.

EU Commission Communication. 2015. *A Global Partnership for Poverty Eradication and Sustainable Development after 2015.*

EU Council Conclusions. 2014. *On a Transformative Post-2015 Agenda.*

_____. 2015. *A New Global Partnership for Poverty Eradication and Sustainable Development after 2015.*

Intergovernmental Committee of Expert on Sustainable Development Financing. 2014. *Report of the Intergovernmental Committee of Experts on Sustainable Development Financing.*

Le Blanc, David. 2015. *Towards Integration at Last? The Sustainable Development Goals as a Network of Targets.* DESA Working Paper No.141.

OECD. 2013. *Beyond the Millennium Development Goals: Towards an OECD Contribution to the Post-2015 Agenda.*

_____. 2014. *Possible New Measure of Total Support for Development: Options Regarding Peace and Security, Climate Change and Global Programmes.*

_____. 2015. *Development Cooperation Report 2015: Making Partnerships Effective Coalitions for Action.*

OECD DAC. 2016. "Follow up to decisions at the February 2016 DAC High Level Meeting." DCD/DAC(2016)15.

_____. 2016. "Progress among DAC Members towards Improved Targeting of ODA." DCD/DAC/RD(2016)2/RD1.

SDSN. 2015. "Indicators and a Monitoring Framework for the Sustainable Development Goals."

Susanna Gable, Hans Lofgren, Istael Osorio-Rodarte. 2014. *The Post-2015 Global Agenda: A Framework for Country Diagnostics.* World Bank.

UN. 2015. *Transforming Our World: the 2030 Agenda for Sustainable Development.* Finalised text for adoption, as of 1 August.

_____. 2018. *The Sustainable Development Goals Report 2018.*

UN·DPRK Korea. 2016. *Strategic Framework 2017-2021.*

UN Humanitarian Country Team. 2019. DPR Korea "Needs and Priorities."

UNICEP DPR Korea Country Office. 2018. *Annual Report for 2018.*

UNTT Working Group on Sustainable Development Financing. 2013. *Financing for Sustainable Development: Review of Global Investment Requirement Estimates.*

World Bank Group. 2015. *Information Note: Post-2015 Financing for Development in the World Bank Group.*

찾아보기

필자 소개 (가나다순)

■ **강우철**

한국수출입은행 북한·동북아연구센터 책임연구원

Keio University 정책학 박사

주요 저서 및 논문 |

『지속가능발전을 위한 북한개발협력 재원 조달 방안』(한국수출입은행, 2020)

"한일 공적개발원조 정책의 비교: 학습, 선택적 수용, 전략적 파트너 관계를 중심으로"(『일본연구논총』, 2016) 외 다수

■ **권 율**

대외경제정책연구원 선임연구위원

서강대학교 경제학 박사

주요 저서 및 논문 |

"국제사회의 지속가능발전목표(SDGs)와 한국의 추진과제"(『글로벌정치연구』, 2019)

『국제사회의 취약국 개발협력 지원성과와 과제』(KIEP, 2019) 외 다수

■ **김성진**

한국환경정책·평가연구원 부연구위원

서울대학교 외교학 박사

주요 저서 및 논문 |

"파리기후체제는 효과적으로 작동할 것인가?"(『국제정치논총』, 2016)

"2030년 한국 온실가스 감축목표달성을 위한 전력 부문 시나리오 분석"(『환경정책』, 2017) 외 다수

▪ **김지영**

숭실대학교 정치외교학과 부교수

University of California, Irvine 정치학 박사

주요 저서 및 논문 |

"Aid and State Transition in Ghana and South Korea"(*Third World Quarterly*, 2015)

"The Politics of Foreign Aid in North Korea"(*The Korean Journal of International Studies*, 2014) 외 다수

▪ **김태균**

서울대학교 국제대학원 교수

University of Oxford 사회정책학 박사

Johns Hopkins University 국제관계학 박사

주요 저서 및 논문 |

"Forging Soft Accountability in Unlikely Settings: A Conceptual Analysis on Mutual Accountability in the Context of South-South Cooperation"(*Global Governance*, 2017)

『한국비판국제개발론』(박영사, 2019) 외 다수

▪ **문경연**

전북대학교 국제인문사회학부 부교수

Cranfield University 국제개발협력 박사

주요 저서 및 논문 |

Conflict Prevention and Peacebuilding in Asia: Lessons in South-South Cooperation (공저)(KDI, 2019)

Introduction to International Development Cooperation Issues and Actors in the Global Arena (공저)(Korea University Press, 2017) 외 다수

■ **박지연**

전북대학교 국제인문사회학부 조교수

이화여자대학교 북한학 박사

주요 저서 및 논문 |

"지속가능산업화 논의의 북한 적용"(『국가전략』, 2020)

"The clean development mechanism (CDM) as a financial platform for North Korea's development"(*JOURNAL OF THE ASIA PACIFIC ECONOMY*, 2018) 외 다수

■ **박환보**

충남대학교 교육학과 부교수

서울대학교 교육학 박사

주요 저서 및 논문 |

"Perceptions of Korean NGOs for Education and Educational Development Projects"(공저)(*International Journal of Educational Development*, 2015) 외 다수

■ **손혁상**

경희대학교 공공대학원 교수

경희대학교 정치학 박사

주요 저서 및 논문 |

"북한개발협력을 위한 취약국 지원 전략 유용성에 대한 비판적 검토"(『국제정치논총』, 2019) 외 다수

■ 윤인주

한국해양수산개발원 북방·극지연구실 부연구위원

고려대학교 북한학 박사

주요 저서 및 논문 |

　"북한의 제도주창자 연구: 사실상의 사유화를 위한 제도 주창활동 사례를
　　중심으로"(『통일정책연구』, 2014)

　"북한의 사유화 현상 연구: 실태와 함의를 중심으로"(『북한연구학회보』,
　　2014) 외 다수

■ 이지선

경희대학교 국제개발협력연구센터 연구교수

King's College London 개발학 박사

주요 저서 및 논문 |

　"Rethinking the Resource Curse Thesis in Fragile and Conflict-
　　affected Contexts"(『지역발전연구』, 2019)

　"Unintended Dynamics of Foreign Aid at the Development-
　　Conflict Nexus"(『평화연구』, 2019) 외 다수

■ 이혜원

연세대학교 의과대학 인문사회의학교실 객원교수

Johns Hopkins Bloomberg School of Public Health 보건학 석사

주요 저서 및 논문 |

　『통일의료: 남북한 보건의료 협력과 통합』(공저)(서울대학교출판문화원,
　　2017)

　『한반도 건강공동체 준비』(공저)(박영사, 2018) 외 다수

■ **이효정**

　　한국농촌경제연구원 부연구위원

　　건국대학교 이학 박사

　　주요 저서 및 논문 |

　　『농림업 분야 중점 협력국별 국제개발협력 전략수립』(공저)(한국농촌경제
　　　연구원, 2019)

　　"개발도상국의 농업 가치 사슬 확대를 위한 디지털 기술의 적용"(『국제
　　　개발협력』, 2018) 외 다수

■ **장은하**

　　한국여성정책연구원 국제개발협력센터 센터장/부연구위원

　　연세대학교 국제학 박사

　　주요 저서 및 논문 |

　　『동남아 사회주의 국가의 여성연맹 연구를 통한 북한여성 관련 개발협력
　　　사업에의 시사점: 베트남, 라오스, 미얀마 여성연맹 사례를 중심으로』
　　　(공저)(대외경제정책연구원, 2020)

　　"Gender Equality on the Korean Peninsula"(*Focus Asia, Institute for
　　　Security & Development Policy*, 2018) 외 다수

■ **정은이**

　　통일연구원 부연구위원

　　일본 Tohoku University 경제학 박사

　　주요 저서 및 논문 |

　　『김정은 시대 서부 주요도시의 기업현황 및 가동률 결정요인분석』
　　　(통일연구원, 2019) 외 다수

▪ 최은희

한국토지주택공사 토지주택연구원 연구위원

서울대학교 도시계획학 박사

주요 저서 및 논문 |

『주거빈곤가구 유형별 주거지원 강화 방향 연구』(LHI, 2018)

『공공임대주택 미래 모델 개발과 향후 정책 로드맵 구상 연구』
(LHI, 2017) 외 다수

▪ 홍제환

통일연구원 연구위원

서울대학교 경제학 박사

주요 저서 및 논문 |

『북한 민생 실태 및 협력 방안』(공저)(통일연구원, 2018)

『김정은 정권 5년의 북한경제』(통일연구원, 2017) 외 다수

▪ 홍지영

경희대학교 국제개발협력연구센터 연구교수

서울대학교 정치학 박사

주요 저서 및 논문 |

"UN의 인도적 지원 체계연구: UN OCHA 크러스터를 중심으로"(『국제
개발협력연구』, 2019)

"한국의 원조분절화 현상에 관한 실증연구"(『한국정치학회보』, 2020) 외
다수